Beck-Rechtsberater

Altersvorsorge von A–Z

W0046078

dtv

Beck-Rechtsberater

Altersvorsorge von A–Z

Betriebliche Altersversorgung
Eigenvorsorge · Entgeltumwandlung
Gesetzliche Rentenversicherung

Von Dr. h. c. Günter Schaub,
Vorsitzender Richter am Bundesarbeitsgericht a. D.,
Schauenburg
Dr. Volker Matthießen, Richter am Arbeitsgericht Limburg
Andreas Polster, Verwaltungsdirektor,
Deutsche Rentenversicherung Bund, Berlin

1. Auflage
Stand: April 2006

Deutscher Taschenbuch Verlag

Im Internet:
dtv.de
beck.de

Originalausgabe
Deutscher Taschenbuch Verlag GmbH & Co. KG,
Friedrichstraße 1a, 80801 München
© 2006. Redaktionelle Verantwortung: Verlag C.H. Beck oHG
Druck und Bindung: Druckerei C.H. Beck, Nördlingen
(Adresse der Druckerei: Wilhelmstraße 9, 80801 München)
Satz: Fotosatz Otto Gutfreund GmbH, Darmstadt
Umschlaggestaltung: Agentur 42 (Fuhr & Partner), Mainz,
unter Verwendung eines Fotos von Taxi.

ISBN (10) 3 423 05695 9 (dtv)
ISBN (10) 3 406 53427 9 (C.H. Beck)
ISBN (13) 978 3 423 05695 3 (dtv)
ISBN (13) 978 3 406 53427 0 (C.H. Beck)

Verzeichnis der Bearbeiter

Die Stichwörter wurden von den unten stehenden Autoren bearbeitet. Am Ende eines jeden Stichwortes steht das jeweilige Autoren-Kürzel.

Dr. h.c. Günter Schaub, Vorsitzender Richter am Bundesarbeitsgericht a.D., Schauenburg *(Sch)*

Dr. Volker Matthießen, Richter am Arbeitsgericht Limburg *(M)*

Andreas Polster, Verwaltungsdirektor, Deutsche Rentenversicherung Bund, Berlin *(P)*

Vorwort

Die Altersversorgung hat einen hohen Stellenwert. Sie steht im Mittelpunkt des politischen und rechtlichen Interesses. Im Allgemeinen setzt sie sich aus der gesetzlichen Sozialversicherung und der Beamtenversorgung, der betrieblichen Altersversorgung und der Eigenvorsorge zusammen. Sie ist durch eine komplexe und bis ins Einzelne gehende Gesetzgebung, Rechtsprechung und Vertragsgestaltung für viele Bürger zu einem kaum zu durchschauenden Dickicht geworden. Die Anhebung des Rentenalters macht eine eigene Vorsorge für das Alter immer dringlicher. Die steigende Lebenserwartung erfordert zusätzlich Vorsorgemaßnahmen. Die in allen Zweigen der Altersversorgung eingetretenen Veränderungen der letzten Zeit machen es für jeden notwendig zu wissen, was in Bezug auf die eigene Altersvorsorge geregelt ist und wie sich die Maßnahmen auf das Einkommen im Alter auswirken. Wir haben es uns zur Aufgabe gesetzt, die grundlegenden Begriffe der Altersvorsorge allgemein verständlich und unter Berücksichtigung der neuesten Gesetzgebung und Rechtsprechung zu erläutern.

Das Nachschlagewerk umfasst Stichwörter aus der gesetzlichen Rentenversicherung, der Versorgung des öffentlichen Dienstes einschließlich der Beamtenversorgung, der betrieblichen Altersversorgung einschließlich der Entgeltumwandlung und der Eigenvorsorge. Besonderer Wert wurde auf die Erläuterung der vielfältigen Arten staatlicher Förderung und der steuerlichen Behandlung gelegt.

Ein alphabetisch-lexikalischer Aufbau nach Stichwörtern wurde gewählt, um einen schnellen Zugriff auf die gewünschte Information zu ermöglichen.

Gesetzgebung, Rechtsprechung und Schrifttum sind bis Ende April 2006 berücksichtigt.

Schauenburg, Limburg, Berlin im Mai 2006   Die Verfasser

Stichwortübersicht

Abkürzungsverzeichnis

a. A.	anderer Ansicht
aaO	am angegebenen Ort
Abs.	Absatz
a. E.	am Ende
AG	Arbeitgeber
AN	Arbeitnehmer
AP	Arbeitsgerichtliche Praxis – Nachschlagewerk des Bundesarbeitsgerichts
ArbG	Arbeitsgericht
ArbGG	Arbeitsgerichtsgesetz
Art.	Artikel
AVmG	Altersvermögensgesetz
BAG	Bundesarbeitsgericht
BAT	Bundes-Angestelltentarifvertrag
BB	Betriebs-Berater, Zeitschrift
BBG	Beitragsbemessungsgrenze
BetrAVG	Gesetz zur Verbesserung der betrieblichen Altersversorgung
BetrVG	Betriebsverfassungsgesetz
BFH	Bundesfinanzhof
BGB	Bürgerliches Gesetzbuch
BMF	Bundesfinanzministerium
BSG	Bundessozialgericht
BVerfG	Bundesverfassungsgericht
bzw.	beziehungsweise
CTA	Contractual Trust Arrangement
DB	Der Betrieb, Zeitschrift
d. h.	das heißt
EG	Europäische Gemeinschaft(en)
EStG	Einkommensteuergesetz
EU	Europäische Union

EuGH	Gerichtshof der Europäischen Gemeinschaft
EWG	Europäische Wirtschaftsgemeinschaft
f, ff	folgende
FG	Finanzgericht
GG	Grundgesetz für die Bundesrepublik Deutschland
GmbH	Gesellschaft mit beschränkter Haftung
GmbHG	Gesetz betreffend die Gesellschaften mit beschränkter Haftung
GS	Großer Senat
HGB	Handelsgesetzbuch
h. M.	herrschende Meinung
HZvNG	Hüttenknappschaftliches Zusatzversicherungs-Neuregelungs-Gesetz
i. d. F.	in der Fassung
InsO	Insolvenzverordnung
i. S.	im Sinne
i. V. m.	in Verbindung mit
KG	Kommanditgesellschaft
KGaA	Kommanditgesellschaft auf Aktien
KSchG	Kündigungsschutzgesetz
LAG	Landesarbeitsgericht
LAGE	Entscheidungen der Landesarbeitsgerichte
LG	Landgericht
MuSchG	Mutterschutzgesetz
n. F.	neuer Fassung
NJW	Neue Juristische Wochenschrift, Zeitschrift
Nr.	Nummer(n)
NRW	Nordrhein-Westfalen
NZA	Neue Zeitschrift für Arbeitsrecht
NZA-RR	Neue Zeitschrift für Arbeitsrecht – Rechtsprechungs-Report

oHG	offene Handelsgesellschaft
OLG	Oberlandesgericht
PSV	Pensionssicherungsverein
RRG	Rentenreformgesetz
Rspr.	Rechtsprechung
s.	siehe
S.	Seite
SGB	Sozialgesetzbuch
sog.	so genannt
SprAuG	Sprecherausschussgesetz
str.	streitig
TVG	Tarifvertragsgesetz
TzBfG	Teilzeit- und Befristungsgesetz
u. a.	unter anderem
UmwG	Umwandlungsgesetz
v.	von
VAG	Versicherungsaufsichtsgesetz
vgl.	vergleiche
VO	Verordnung
VVG	Versicherungsvertragsgesetz
z. B.	zum Beispiel
ZPO	Zivilprozessordnung

A

▶ **Abfindung von Versorgungsanwartschaften und Versorgungsansprüchen**

Vereinbarungen über die Abfindung von betrieblichen Versorgungsanwartschaften sind Verträge zwischen Anwartschaftsberechtigtem und Arbeitgeber über den Verzicht auf die Versorgungsanwartschaft gegen Zahlung einer entsprechenden Entschädigung. Auch wenn ein Arbeitgeber mit einem Betriebsrentner bei Eintritt des Versorgungsfalles vereinbart, dass ihm statt einer versprochenen monatlichen Betriebsrente eine einmalige Kapitalzahlung gewährt wird, spricht man von einer Abfindung.

Bei Ausscheiden eines Arbeitnehmers aus dem Arbeitsverhältnis behält der Arbeitnehmer, dem eine betriebliche Versorgungszusage erteilt worden ist und dessen Versorgungszusage eine gewisse Zeitdauer bestanden hatte, eine → unverfallbare Anwartschaft auf eine Betriebsrentenzahlung bei Eintritt des Versorgungsfalles. Die Aufrechterhaltung einer Versorgungsanwartschaft eines ausgeschiedenen Arbeitnehmers bedeutet für den Arbeitgeber einen nicht unbeträchtlichen Verwaltungsaufwand, den dieser dadurch vermeiden könnte, dass er dem ausgeschiedenen Arbeitnehmer die zu erwartende Betriebsrente in Form eines einmaligen Betrags als Abfindung zahlt. Dieser Betrag würde aber häufig in den Konsum des Arbeitnehmers fließen und nicht mehr der Altersversorgung des Arbeitnehmers dienen. Aus diesem Grund verbietet § 3 Abs. 1 BetrAVG die Abfindung von unverfallbaren Versorgungsanwartschaften bei Ausscheiden des Arbeitnehmers, soweit es sich nicht um besonders geringfügige Anwartschaften handelt. Was eine geringfügige Anwartschaft ist, die abgefunden werden darf, hat der Gesetzgeber bis zum 31. 12. 1998 anhand der Zusagedauer bestimmt (weniger als 10 Jahre), nach der ab dem 1. 1. 1999 geltenden Rechtslage wird an die geringe zu erwartende Höhe der Versorgungsleistung angeknüpft. Auch laufende Betriebsrenten, die erstmals am 1.1.2005 und später gezahlt worden sind, dürfen nicht abgefunden werden, soweit es sich nicht um eine besonders geringfügige Betriebsrente handelt.

I. Das Verbot der Abfindung von unverfallbaren Anwartschaften ausgeschiedener Arbeitnehmer

Betriebliche Versorgungsanwartschaften, die nach § 1b BetrAVG gesetzlich → unverfallbar sind, dürfen im Rahmen der Beendigung des Arbeitsverhältnissses nicht abgefunden werden. Dieses **Abfindungsverbot** ergibt sich mittelbar aus § 3 Abs. 1 BetrAVG, der die Fälle einer erlaubten Abfindung beschreibt. Eine Vereinbarung, die gegen das Abfindungsverbot des § 3 BetrAVG verstößt, ist gemäß § 134 BGB unwirksam. Unter das Abfindungsverbot fallen auch Vereinbarungen zwischen Arbeitgeber und Arbeitnehmer über die Verrechnung künftiger Rentenansprüche mit einer **Abfindung für den Verlust des Arbeitsplatzes** (BAG NZA 2001, 963). Möglich ist allerdings eine inhaltliche Änderung der Versorgungsregelung, wenn die neuen Versorgungsleistungen wirtschaftlich gleichwertig sind (BAG AP § 3 BetrAVG Nr. 12).

Erfasst werden vom Abfindungsverbot nur **gesetzlich unverfallbare Anwartschaften** nach §§ 1 b, 2 BetrAVG, nicht dagegen Anwartschaften auf eine betriebliche Altersversorgung, bei denen nur vertraglich eine Unverfallbarkeit vereinbart ist. Wenn eine höhere als die in § 2 BetrAVG vorgesehene Anwartschaft vereinbart ist, kann der über die gesetzliche Garantie hinausgehende Teil abgefunden werden. Eine Vereinbarung über eine Abfindung wird aber nicht dadurch zulässig, dass der Wert der vereinbarten Abfindung höher ist, als nach § 3 Abs. 2 BetrAVG erforderlich wäre (BAG AP § 3 BetrAVG Nr. 1). Anwartschaften, die auf eigenen Beiträgen des Arbeitnehmers beruhen, können abgefunden werden, nicht dagegen Anwartschaften aus → Entgeltumwandlungen.

Da dem Arbeitnehmer die Versorgungsanwartschaft bis zum Eintritt des Versorgungsfalls erhalten bleiben soll, ist nicht nur jede Abfindung einer gesetzlich unverfallbaren Anwartschaft verboten, die in einem zeitlichen Zusammenhang mit der Beendigung des Arbeitsverhältnisses steht, sondern auch jede Abfindung, bei der der Versorgungsfall noch nicht eingetreten ist (BAG NZA 2001, 1308).

Das Abfindungsverbot gilt unabhängig davon, in welchem → Durchführungsweg die betriebliche Altersversorgung erfolgt. Das Abfindungsverbot gilt auch im Falle der Unternehmensliquidation (h. M.). Angesichts der Möglichkeit einer → Übertragung besteht keine Notwendigkeit einer Ausnahme.

Wenn bei der Beendigung eines Arbeitsverhältnisses eine betriebliche Versorgungsanwartschaft nicht abgefunden werden darf, darf sie erst recht nicht erlassen werden. Eine Vereinbarung über einen **Verzicht** ist deshalb unter den gleichen Voraussetzungen wie in § 3 Abs. 1 BetrAVG unwirksam (BAG AP § 3 BetrAVG Nr. 4).

Bei einem **Verstoß gegen das Abfindungsverbot** hat der Arbeitnehmer bei Eintritt des Versorgungsfalls weiterhin einen Anspruch gegen den Arbeitgeber auf Zahlung der Betriebsrente aus der unverfallbaren Anwartschaft (BAG AP § 3 BetrAVG Nr. 12). Ob der Arbeitgeber den bereits gezahlten Abfindungsbetrag wegen ungerechtfertigter Bereicherung gem. § 812 BGB zurückfordern kann oder ob die Rückforderung gem. § 817 Abs. 2 BGB deshalb ausgeschlossen ist, weil dem Arbeitgeber als Leistendem ein Verstoß gegen ein gesetzliches Verbot zur Last fällt, ist umstritten; das BAG (NZA 2001, 963) hat die Anwendung des § 817 Satz 2 BGB verneint.

II. Das Verbot der Abfindung von Versorgungsansprüchen

Bei laufenden **Betriebsrenten** war bis 31. 12. 2004 eine Abfindungsvereinbarung zulässig; seit dem 1. 1. 2005 können Arbeitgeber und Arbeitnehmer nicht mehr vereinbaren, Betriebsrenten durch eine einmalige Zahlung abzufinden. Dieses Verbot gilt für alle Betriebsrenten, die ab dem 1. Januar 2005 und später erstmals gezahlt werden (§ 30g Abs. 2 BetrAVG). Versuche, sich im Rahmen von Sanierungsbemühungen von laufenden Betriebsrentenverpflichtungen durch Vereinbarungen mit einzelnen Betriebsrentnern zu befreien, sind rechtlich unzulässig. Sie sind gem. § 134 BGB nichtig (BAG AP § 3 BetrAVG Nr. 1), und zwar unabhängig davon, ob die laufende Rente durch eine einmalige Zahlung abgefunden werden soll oder ob die Parteien einen teilweisen oder vollständigen Erlass der Versorgungsverpflichtung vereinbaren wollen (vgl. BAG AP § 17 BetrAVG Nr. 13). Versorgungszusagen auf eine Kapitalzahlung sind weiterhin zulässig, wie sich bereits aus dem Wortlaut des § 3 Abs. 2 BetrAVG ergibt.

III. Zulässige Abfindungsvereinbarungen

1. Zeitliche Ausnahmen

Das Abfindungsverbot des § 3 Abs. 1 BetrAVG betrifft nur die Abfindung von unverfallbaren Versorgungsanwartschaften bei Ausscheiden des Arbeitnehmers. Dagegen ist eine Abfindung während des **bestehenden Arbeitsverhältnisses** möglich. Bis 31. 12. 2004 war auch eine Abfindung bei **Eintritt des Versorgungsfalls** möglich. Notwendig ist eine **Vereinbarung** zwischen Arbeitgeber und Arbeitnehmer. Die Zustimmung des Arbeitnehmers zu einer Abfindung kann nicht erzwungen werden. Ob die Zustimmung vertraglich vorweggenommen werden kann, ist zweifelhaft. Versorgungsberechtigte Angehörige (bei einer → Hinterbliebenenversorgung) müssen einer Abfindungsvereinbarung nicht zustimmen. Bei jeder Abfindung ist zu bedenken, dass es nicht mehr zu einer → Anpassungsprüfung gem. § 16 BetrAVG wie bei einer laufenden Betriebsrente kommen kann.

Soweit das Abfindungsverbot in zeitlicher Hinsicht nicht gilt, kann die Höhe der Abfindung frei vereinbart werden. Während eines bestehenden Arbeitsverhältnisses kann sogar eine Vereinbarung über den vollständigen Erlass der Versorgungsanwartschaft getroffen werden (BAG AP § 3 BetrAVG Nr. 4). Auch ein Teilverzicht ist möglich (BAG DB 2006, 959). Nur anlässlich eines → Betriebsübergangs kann ein Erlassvertrag nicht geschlossen werden, da darin eine Umgehung des § 613a BGB liegen würde (BAG AP § 1 BetrAVG Betriebsveräußerung Nr. 14).

2. Abfindung geringfügiger unverfallbarer Anwartschaften und Betriebsrenten

§ 3 BetrAVG lässt für bestimmte Ausnahmefälle die Abfindung von unverfallbaren Versorgungsanwartschaften bei Ausscheiden des Arbeitnehmers zu. Vor dem 1. 1. 1999 knüpfte die Ausnahmevorschrift an eine bestimmte geringe Zusagedauer an. Jetzt können gesetzlich unverfallbare Anwartschaften auch bei Ausscheiden eines Arbeitnehmers abgefunden werden, wenn die zu erwartende

Betriebsrente eine **bestimmte Höhe nicht überschreitet**. Die Abfindung ist stets **gesondert auszuweisen** und einmalig zu zahlen (§ 3 Abs. 6 BetrAVG).

Die Rechtslage bezüglich der Zulässigkeit von Abfindungen hat sich zum 1.1.2005 geändert. **Bis 31.12.2004** konnten bei Rentenanwartschaften bis zu einem monatlichen Wert von 1 % der monatlichen → Bezugsgröße des § 18 SGB IV (2004: 2.415 €) sowohl Arbeitgeber als auch Arbeitnehmer einseitig eine Abfindung verlangen. Dies betraf also Betriebsrenten bis zu einer Höhe von maximal 24,15 € im Monat. Bei einer Anwartschaft aus einer Entgeltumwandlungszusage, die nach dem 1.1.2001 erteilt worden war, war eine Abfindung grundsätzlich nur mit Zustimmung des Arbeitnehmers möglich. War statt einer monatlichen Betriebsrente eine Kapitalleistung versprochen, konnte diese vorzeitig ausgezahlt (abgefunden) werden, wenn der zu erwartende Betrag 120 % der Bezugsgröße (2004: 2.898 €) nicht überstieg. Waren sich beide Parteien einig, so konnten sie eine Abfindung von unverfallbaren Anwartschaften vereinbaren, wenn der Monatsbetrag bis zu 2 % der Bezugsgröße bzw. bei Kapitalleistungen bis zu 240 % betrug. Bis zur Höhe von 4 % der monatlichen Bezugsgröße bzw. bei Kapitalleistungen bis zu 480 % der monatlichen Bezugsgröße war eine Abfindung mit Zustimmung des Arbeitnehmers zulässig, wenn der Abfindungsbetrag vom Arbeitgeber unmittelbar zur Zahlung von Beiträgen zur gesetzlichen Rentenversicherung oder zum Aufbau einer Versorgungsleistung bei einer Direktversicherung, Pensionskasse oder einem Pensionsfonds verwendet wurde (§ 3 Abs. 1 Satz 3 Ziffer 2 BetrAVG a. F.).

Für Abfindungen **ab dem 1.1.2005** werden die Grenzen für zulässige Abfindungen herabgesetzt. Gem. § 3 Abs. 2 BetrAVG darf der Monatsbetrag der aus der Anwartschaft resultierenden laufenden Leistung bei Erreichen der vorgesehenen Altersgrenze nicht mehr als 1 % der monatlichen Bezugsgröße nach § 18 SGB IV betragen, d. h. die zu erwartende Altersrente darf nicht höher als monatlich 24,15 € (2005) bzw. 24,50 € (2006) sein. Eine Kapitalleistung darf 120 % der monatlichen Bezugsgröße des § 18 SGB IV nicht übersteigen. Das Recht, eine geringfügige Anwartschaft oder Rente abzufinden, steht nach neuem Recht nur noch dem Arbeit-

geber zu; eine Vereinbarung mit dem Arbeitnehmer oder Betriebsrentner ist nicht mehr vorgesehen – ebenso wenig wie das bislang
vorhandene Recht der Arbeitnehmer, eine Abfindung zu verlangen. Anders als nach § 3 Abs. 1 Satz 3 Nr. 4 BetrAVG a. F. gilt dies
auch für Anwartschaften aus Entgeltumwandlungszusagen. Abfindungen bei einer höheren zu erwartenden Betriebsrente sind nicht
mehr zulässig. Das Recht des Arbeitgebers, geringfügige Versorgungsanwartschaften abzufinden, ist gem. § 3 Abs. 2 Satz 3 Betr-
AVG ausgeschlossen, wenn der Arbeitnehmer von seinem Recht
auf → Übertragung der Anwartschaft Gebrauch macht.

In zwei Fällen war und ist eine Abfindung einer gesetzlich unverfallbaren Versorgungsanwartschaft bei Ausscheiden des Arbeitnehmers unabhängig von der Höhe der zu erwartenden Betriebsrente
zulässig: Sind die Beiträge zur gesetzlichen Rentenversicherung
gem. § 210 SGB VI erstattet, kann auch die betriebliche Versorgungsanwartschaft abgefunden werden (§ 3 Abs. 3 BetrAVG). Diese
Regelung beruht auf dem Gesetz zur Förderung der Rückkehr-
bereitschaft von Ausländern vom 22. 11. 1983 und soll den Ausländern, die sich die Beiträge zur gesetzlichen Rentenversicherung
haben erstatten lassen, auch die Möglichkeit zur Abfindung der
Betriebsrentenanwartschaften geben. Außerdem kann der Anteil
der Versorgungsanwartschaft ohne Zustimmung des Arbeitnehmers abgefunden werden, der während eines Insolvenzverfahrens
erdient worden ist, wenn die Betriebstätigkeit vollständig eingestellt
ist und das Unternehmen liquidiert wird (§ 3 Abs. 4 BetrAVG).

3. Höhe der Abfindung

Die Berechnung der Höhe der Abfindung erfolgt gem. § 3 Abs. 5
BetrAVG in der gleichen Weise wie die Berechnung des → Übertragungswerts nach § 4 Abs. 5 BetrAVG. Es ist somit der **Barwert
der** → **unverfallbaren Versorgungsanwartschaft** auszurechnen. Zugrunde gelegt wird dabei der für die jeweilige Form der betrieblichen Altersversorgung vorgeschriebene Rechnungszinsfuß und
die Rechnungsgrundlagen sowie die anerkannten Regeln der Versicherungsmathematik.

Für **unmittelbare Versorgungszusagen** bedeutet dies, dass zunächst einmal der bei Eintritt des Versorgungsfalls zu zahlende Ka-

pitalbetrag ermittelt werden muss; bei einem Anspruch auf laufende Rentenleistungen muss also eine Kapitalisierung nach den anerkannten Regeln der Versicherungsmathematik erfolgen, die vor allen Dingen die wahrscheinliche Zahlungsdauer nach Eintritt des Versorgungsfalls berücksichtigt. Wegen der vorzeitigen Auszahlung wird eine Abzinsung vorgenommen, wobei sich der Zinssatz nach steuerrechtlichen Grundsätzen bemisst. Er beträgt zurzeit 6 %. Die kapitalisierte und abgezinste Versorgungsanwartschaft wird außerdem entsprechend der Wahrscheinlichkeit, mit der der Eintritt des Versorgungsfalls zu erwarten ist, versicherungsmathematisch reduziert. Diese Rechenmethode führt häufig zu relativ niedrigen Abfindungssummen, zumal in der Praxis zukünftige Anpassungen der laufenden Rente nach § 16 BetrAVG nicht berücksichtigt werden. Trotz des zwingenden Charakters der Normen des BetrAVG ist ein gerichtlicher Vergleich über die Höhe der zu zahlenden Abfindung zulässig (BAG NZA 1995, 421). Allerdings darf die Abfindungssumme nicht erheblich vom Barwert abweichen (BGH NJW 2002, 3632). Die Abfindungssumme ist einkommensteuerpflichtig, allerdings in der Regel steuerbegünstigt über § 34 EStG. Die Abfindung einer laufenden Versorgungsleistung unterliegt der Beitragspflicht in der Krankenversicherung der Rentner und der Pflegeversicherung.

Bei Ansprüchen aus **Direktversicherungen** oder gegenüber **Pensionskassen** und **Pensionsfonds** berechnet sich die Abfindung nach dem geschäftsplanmäßigen Deckungskapital im Zeitpunkt der Beendigung des Arbeitsverhältnisses. Soweit die Berechnung des Deckungskapitals nicht zum Geschäftsplan gehört, wird der Zeitwert nach § 176 Abs. 3 VVG zur Berechnungsgrundlage genommen. *(M)*

▶ **Alterseinkünftegesetz**

I. Inhalt

Das Gesetz zur Neuordnung der einkommensteuerrechtlichen Behandlung von Altersvorsorgeaufwendungen und Altersbezügen (Alterseinkünftegesetz – AltEinkG) vom 5. 7. 2004 (BGBl. I 1427) diente zunächst der Umsetzung einer Entscheidung des BVerfG vom 6. 3. 2002 NJW 2002, 1103. Das BVerfG hatte beanstandet, dass die unterschiedliche Besteuerung von Renten und Beamten-pensionen verfassungswidrig sei. Renten aus der gesetzlichen Sozialversicherung wurden nachgelagert nach dem Ertragswert besteuert, was weitgehend zur Steuerfreiheit geführt hat. Beamten-pensionen wurden dagegen voll versteuert. Das AltEinkG enthält neben der steuerrechtlichen Bereinigung auch zahlreiche Änderungen der betrieblichen Altersversorgung, die im Rahmen der einzelnen Stichworte eingearbeitet sind. Zu den Änderungen der betrieblichen Alterversorgung zählen vor allem die sog. Portabilität, d. h. die Verbesserung der Mitnahmemöglichkeit erworbener Betriebsrentenanwartschaften und deren Konzentration bei einem einzigen Versorgungsträger (§ 4 BetrAVG), die weitere Einschränkung der Abfindung (§ 3 BetrAVG) und die Änderung der Insolvenzsicherung (§§ 7 ff BetrAVG). Im Mittelpunkt steht die steuerrechtliche Behandlung, die hier allein behandelt wird. Im Übrigen → Portabilität, → Abfindung, → Insolvenzsicherung.

Das Alterseinkünftegesetz geht von der sog. → Dreisäulentheorie bzw. einer Dreischichtenversorgung aus. Danach basiert die ideale betriebliche Altersversorgung auf drei Säulen (1) der gesetzlichen Sozialversicherung bzw. der Beamtenversorgung (Basisversorgung), (2) einer betrieblichen Altersversorgung bzw. einer kapitalgedeckten Zusatzversorgung und (3) der Eigenersparnisbildung bzw. dem Aufbau eines privaten Kapital- und Rentenaufbaus.

II. Steuerrechtliche Behandlung

1. Bisherige Rechtslage

Nach bisherigem Recht war eine Sozialversicherungsrente nach dem sog. Ertragsanteil zu besteuern (§ 22 Abs. 1 S. 3 EStG 2004). Der Ertragsanteil lässt sich aus einer Tabelle zu § 22 EStG 2004 ablesen (siehe folgende Seite). Er hat weitgehend zur Steuerfreiheit geführt. In der Ansparphase wurde dem Abzug von Sozialversicherungsbeiträgen durch den Sonderausgabenabzug nach § 10 EStG Rechnung getragen.

Die betriebliche Alterversorgung galt steuerrechtlich als Arbeitslohn, der gemäß § 19 Abs. 2 Nr. 2 EStG 2004 eine steuerbare Einnahme darstellt.

Lebensjahr bei Rentenbeginn	Ertragsanteil v. H.	Lebensjahr bei Rentenbeginn	Ertragsanteil v. H.	Lebensjahr bei Rentenbeginn	Ertragsanteil v. H.
0 bis 3	73	44	49	68	23
4 bis 5	72	45	48	69	22
6 bis 8	71	46	47	70	21
9 bis 11	70	47	46	71	20
12 bis 13	69	48	45	72	19
14 bis 15	68	49	44	73	18
16 bis 17	67	50	43	74	17
18 bis 19	66	51	42	75	16
20 bis 21	65	52	41	76	15
22 bis 23	64	53	40	77	14
24 bis 25	63	54	39	78	13
26 bis 27	62	55	38	79	12
28	61	56	37	80 bis 81	11
29 bis 30	60	57	36	82	10
31	59	58	35	83	9
32 bis 33	58	59	34	84 bis 85	8
34	57	60	32	86 bis 87	7
35	56	61	31	88	6
36 bis 37	55	62	30	89 bis 91	5
38	54	63	29	92 bis 93	4
39	53	64	28	94 bis 96	3
40	52	65	27	ab 97	2
41 bis 42	51	66	26		
43	50	67	25		

Die Beamtenversorgung stellt einen beamtenrechtlichen Versorgungsbezug i. S. von § 19 Abs. 1 und Abs. 2 EStG 2004 dar.

2. Neue Rechtslage (Rürup-Rente)

Bei Renten aus der Basisversorgung (Sozialversicherungsrenten) beginnt ab dem Veranlagungszeitraum 2005 die Phase der nachgelagerten Besteuerung. Danach wird bei allen Steuerbürgern, bei denen das Renteneintrittsalter im Jahre 2005 liegt (sog. Rentenkohorte 2005), die Rente pauschal mit 50 % besteuert. Bis zum Jahr 2040 wird der zu versteuernde Anteil der Renten von 50 % auf 100 % erhöht. Der steuerfreie Anteil der Rente wird für jeden Rentnerjahrgang festgeschrieben und gilt für diese Rentner dann auf Dauer als fester Freibetrag. Alle Rentensteigerungen sind damit voll steuerpflichtig. Verfügt ein Sozialversicherungsrentner über zusätzliche Einnahmen, so besteht das Grundprinzip der Besteuerung darin, dass die wiederkehrenden Bezüge gemäß § 22 Nr. 1 S. 3 a) aa) EStG n. F. zu 50 % in Ansatz gebracht werden. Hiervon werden die Werbungskosten abgesetzt und die Nebeneinkünfte hinzugerechnet.

Für die betriebliche Altersversorgung und Beamtenpensionen gilt folgende Regelung: Werkspensionen und Beamtenpensionen werden nach Ablauf der Überleitungsphase (2040) steuerrechtlich gleich behandelt. Bis dahin wird der Versorgungsfreibetrag nach § 19 Abs. 2 EStG kontinuierlich abgebaut. Danach wird den Beziehern von Beamten- und Werkspensionen der gleiche Freibetrag gewährt. Auch hier gibt es umfangreiche Tabellen (siehe folgende Seite).

3. Umstellungsprobleme

Die Umstellung zur nachgelagerten Rentenbesteuerung birgt zahlreiche verfassungsrechtliche Probleme, weil es zu Doppelbesteuerungen kommen kann.

4. Weitere Änderungen

Die zusätzliche betriebliche Altersversorgung in der kapitalgedeckten Variante (z. B. Direktversicherung, Pensionskasse) kann wegen der Beiträge nicht mehr pauschal besteuert werden (§ 40 b EStG). Sie werden in die Steuerfreiheit des § 3 Nr. 63 EStG (Ar-

Jahr des Versorgungsbeginns	Versorgungsfreibetrag Prozentsatz	Versorgungsfreibetrag Höchstbetrag in €	Zuschlag zum Versorgungsfreibetrag in €
Bis 2005	40	3000	900
Ab 2006	38,4	2880	864
2007	36,8	2760	828
2008	35,2	2640	792
2009	33,6	2520	756
2010	32,0	2400	720
2011	30,4	2280	684
2012	28,8	2160	648
2013	27,2	2040	612
2014	25,6	1920	576
2015	24,0	1800	540
2016	22,4	1680	504
2017	20,8	1560	468
2018	19,2	1440	432
2019	17,6	1320	396
2020	16,0	1200	360
2021	15,2	1140	342
2022	14,4	1080	324
2023	13,6	1020	306
2024	12,8	960	288
2025	12,0	900	270
2026	11,2	840	252
2027	10,4	780	234
2028	9,6	720	216
2029	8,8	660	198
2030	8,0	600	180
2031	7,2	540	162
2032	6,4	480	144
2033	5,6	420	126
2034	4,8	360	108
2035	4,0	300	90
2036	3,2	240	72
2037	2,4	180	54
2038	1,6	120	36
2039	0,8	60	18
2040	0,0	0	0

beitgeberanteil) einbezogen. Beim Arbeitnehmer zählen sie zu den abzugsfähigen Vorsorgeaufwendungen gem. §§ 10, 10a EStG. Voraussetzung ist, dass es sich bei der Auszahlungsphase um eine lebenslange Altersversorgung handelt. Für umlagefinanzierte Altersversorgungen bleibt es bei der alten Regelung, nach der die Beiträge pauschal gem. § 40b EStG versteuert werden und in der Auszahlungsphase die nachgelagerte Besteuerung mit dem Ertragsanteil eingreift. Vereinfachungen und Erleichterungen werden bei der sog. → Riester-Rente eingeführt.

III. Übersicht der Fördermöglichkeiten

- **Schicht 1:** Basisrente (Kapitalgedeckte Leibrente → Rürup-Rente). Die Leistung erfolgt immer als lebenslange Rente, frühestens ab dem 60. Lebensjahr. Im Todesfall wird die Hinterbliebenenleistung an den Ehepartner oder die kindergeldberechtigten Kinder ausgezahlt.
- **Schicht 2:** Private Altersversorgung mit Beitragsförderung → Riester-Rente. Betriebliche Altersversorgung → Riester-Rente, Kap. II
- **Schicht 3:** Privater Kapital- und Rentenaufbau. *(Sch)*

▶ Altersgrenze

I. Gesetzliche Rentenversicherung

1. Begriffsbestimmung

In der **gesetzlichen Rentenversicherung** bezeichnet der Begriff Altersgrenze die Vollendung eines bestimmten Lebensjahres als Voraussetzung für einen Rentenanspruch. Daneben muss stets die erforderliche Wartezeit (= Mindestversicherungszeit) und ggf. weitere Voraussetzungen erfüllt werden (→ Altersrenten). Wird die gesetzliche Rentenversicherung als „normale" Versicherung angesehen, stellt das Erreichen der Altersgrenze für sich allein genommen keinen Schaden dar. Es ist deshalb „Risiko" der gesetzlichen Rentenversicherung, weil der Arbeitnehmer grundsätzlich mit dem Erreichen der Altersgrenze aus dem Erwerbsleben ausscheidet und damit sein Gehalt oder Einkommen verliert. Das ist die typische Bedarfslage, die hinter den Altersrenten steht und die von diesen Leistungen „ersetzt" wird. Insoweit ist die gesetzliche Rentenversicherung eine reine Risikoversicherung. Verstirbt beispielsweise ein 63-jähriger Versicherter, werden keine Leistungen fällig, wenn er keine Angehörige hinterlässt.

(a) Bei **Renten an Versicherte** liegt die Regelaltersgrenze beim 65. Lebensjahr. Man spricht daher auch von **Regelaltersrente** (siehe auch § 35 SGB VI). Bestimmte Altersrenten können bereits mit dem 60. oder 63. Lebensjahr bezogen werden. Die Grenzen betragen

- 63 Jahre für die Altersrente für langjährig Versicherte (§§ 36, 236 SGB VI)
- 60 Jahre für die Altersrente für schwer behinderte Menschen (§§ 37, 236a SGB VI)
- 60 Jahre für langjährig unter Tage beschäftigte Bergleute (§ 38 SGB VI)
- 60 Jahre für die Altersrente für Arbeitslose oder nach Altersteilzeitarbeit (§ 237 SGB VI)
- 60 Jahre für die Altersrente für Frauen (§ 237a SGB VI).

Bis auf die Altersrente für schwer behinderte Menschen werden für alle Altersrenten die Grenzen auf die Regelgrenze 65 Jahre schrittweise angehoben. Diese Altersgrenzen werden stufenweise auf die Regelaltersgrenze von 65 Jahren bzw. für die Altersrente für schwer behinderte Menschen auf das 63. Lebensjahr angehoben. Der Koalitionsvertrag der neuen Bundesregierung sieht vor, dass 2007 die gesetzlichen Regelungen zur Anhebung der Regelaltersgrenze auf 67 Jahre beschlossen werden sollen. Der Prozess soll 2012 beginnen und bereits 2029 abgeschlossen sein. Die vorzeitige Inanspruchnahme mit versicherungsmathematischen Abschlägen (so genannte Rentenabschläge; siehe auch § 77 Abs. 2 SGB VI) oder ein späterer Bezug nach dem 65. Lebensjahr mit versicherungsmathematischen Zuschlägen ist möglich. Der Versicherte ist somit in der Lage, selbst den Zeitpunkt zu bestimmen, in dem das versicherte Risiko (= Erreichen der Altersgrenze) eintreten soll. Man spricht deshalb auch von Flexibilisierung.

Vom verfassungsrechtlichen **Eigentumsschutz** der Renten werden auch die Altersgrenzen erfasst, denn die Leistung die die gesetzliche Rentenversicherung für die gezahlten Beiträge erbringt, ergibt sich – neben der Höhe der Renten – auch aus der Laufzeit. Der

Barwert der Rentenleistung ergibt sich aus der Multiplikation von Laufzeit und Höhe der Rente. Bei gleich hoher Rente ist der Barwert umso höher, je länger die Leistung gezahlt wird. Je höher der Barwert der Leistungen ist, umso mehr muss an Beiträgen gezahlt werden. Die versicherungsmathematischen Abschläge in der Rentenformel gleichen die Vor- oder Nachteile eines vorgezogenen oder hinausgeschobenen Rentenbeginns aus. Daher lässt sich die Laufzeit aus dem Eigentumsschutz der Renten nicht herausrechnen. Allerdings kann der Gesetzgeber Inhalt und Schranken des Eigentums bestimmen und die Altersgrenzen neu festlegen.

(b) Bei **Renten an Hinterbliebenen** wird zwischen Witwen- und Witwerrenten sowie Waisenrenten unterschieden. Die Altersgrenze ist insoweit von Bedeutung, als die große Witwen- oder Witwerrente nur gezahlt wird, wenn der Witwer oder die Witwe das 45. Lebensjahr vollendet haben. Bei Waisenrenten berührt die Altersgrenze den Auszahlungsanspruch. Bis zum 18. Lebensjahr wird die Waisenrente vorbehaltlos gezahlt. Danach, bis zur Vollendung des 27. Lebensjahres, nur unter bestimmten Voraussetzungen.

(c) Bei der **Rentenberechnung** spielt die Altersgrenze nur eine mittelbare Rolle bei der Bewertung von Zeiten, in denen keine Beiträge zur Rentenversicherung gezahlt wurden, also bei der Bewertung von Schul- oder Ausbildungszeiten, Krankheits- oder Arbeitslosigkeitszeiten oder den Ersatzzeiten.

2. Berechnung und Nachweis des Alters

Maßgeblich für die Erreichung einer Altersgrenze ist die Tag der Geburt. Die Fristberechung erfolgt durch Anwendung der §§ 187 Abs. 2 und 188 Abs. 2 BGB. Danach ist ein Lebensjahr mit Ablauf des dem Geburtstag vorangehenden Tages vollendet. Der Nachweis des Geburtsdatums erfolgt durch das Geburtenbuch, wobei Personenstandsurkunden, zu denen Geburtsschein und Geburtsurkunde zählen, dieselbe Beweiskraft besitzen. Ausländische Personenstandsurkunden sind sowohl im Inhalt wie in der Echtheit vom Rentenversicherungsträger in freier Beweiswürdigung zu beurteilen. Diskrepanzen können sich hier ergeben, wenn im Ausland geborene Versicherte (beispielsweise türkische oder griechische Staatsangehörige) aufgrund ihres Heimatrechts eine Änderung ihres amtlichen Geburtsdatums erreichen können. Verbindlich ist hier jeweils die erste Angabe des Berechtigten oder Verpflichteten oder seiner Angehörigen gegenüber einem Sozialleistungsträger oder sogar gegenüber dem Arbeitgeber (§ 33a SGB I).

II. Betriebliche Altersversorgung

Wie der Name „betriebliche Altersversorgung" schon sagt, gewährt der Arbeitgeber, der eine betriebliche Versorgungszusage erteilt, Versorgungsleistungen ab einem bestimmten Alter des Arbeitnehmers. Mit Erreichen der festen Altersgrenze und der Erfüllung der Leistungsvoraussetzungen der Versorgungszusage tritt der → **Versorgungsfall** ein. Eine übliche oder typische Altersgrenze, ab wann man eine betriebliche Altersrente beziehen kann, schreibt das BetrAVG nicht vor. Für die Gewährung der betrieblichen Altersrente ist die Vollendung des 65. Lebensjahres heute üblich, aber auch niedrigere Altersgrenzen sind zumindest, wenn sie nicht niedriger als 60 sind, rechtlich unbedenklich.

Der PSV sieht Ruhegeldansprüche auch dann als → insolvenzgeschützt an, wenn die betriebliche Altersrente ab einer festen Altersgrenze von 60 Jahren gewährt wird. **Feste Altersgrenze** ist der Zeitpunkt, zu dem der Berechtigte in den Ruhestand treten und seine Altersrente ungekürzt in Anspruch nehmen kann (BAG NZA 1986, 607). Eine niedrigere feste Altersgrenze als das 65. Lebensjahr berechtigt den Arbeitgeber bei Inanspruchnahme der Betriebsrente zu diesem Zeitpunkt nicht zu versicherungsmathematischen Abschlägen (anders u. U. bei einer → vorzeitigen Altersrente).

In der Regel stellt die betriebliche Altersversorgung lediglich eine Zusatzversorgung zur gesetzlichen Sozialversicherungsrente dar. Versorgungswerke nehmen deshalb oft Bezug auf das gesetzliche Rentenalter oder setzen die Vollendung z. B. des 60., 63. oder 65. Lebensjahres als maßgebliche Altersgrenze fest. **Unterschiedliche Altersgrenzen** für Männer und Frauen sind für die betriebliche Altersversorgung angesichts des Entgeltcharakters und der Geltung des → Gleichbehandlungsgrundsatzes in Entgeltfragen heute unzulässig. *(P/M)*

▶ **Altersrente**

1. Allgemeines

Das klassische Risiko, gegen das die gesetzliche Rentenversicherung Schutz bietet, ist das Erreichen bestimmter Altersgrenzen. Der Versicherte ist nicht darauf angewiesen, bis an sein Lebensende seine materiellen Lebensgrundlagen durch Erwerbstätigkeit zu sichern. Altersrenten haben damit die Funktion Erwerbseinkommen zu ersetzen. Die gesetzliche Rentenversicherung zahlt Altersrenten (oder auch „Renten wegen Alters" genannt) bei Erreichen des 65. Lebensjahres (Regelaltersrente) und unter bestimmten Voraussetzungen auch vor Erreichen des 65. Lebensjahres, nicht jedoch vor Vollendung des 60. Lebensjahres (→ Altersgrenze). Bei vorzeitigen Altersrenten kann bis zur Vollendung des 65. Lebensjahres nicht unbeschränkt hinzuverdient werden. Hier sind → Hinzuverdienstgrenzen zu beachten. Die Altersrente kann auch als Teilrente in Höhe von einem Drittel, der Hälfte oder zwei Drittel der erreichten Vollrente in Anspruch genommen werden. Dabei ist der Anteil der Teilrente umso kleiner, desto höher der mögliche Hinzuverdienst ist. Grundsätzlich werden die Altersrenten nur auf Antrag gezahlt. Nach dem Beschluss der Bundesregierung vom 1. Februar 2006 ist ab 2012 die schrittweise Anhebung der Altersgrenze bei der Regelaltersrente von 65 auf 67 Jahren geplant.

2. Rentenarten

Die Renten wegen Alter werden nach § 33 Abs. 2 SGB VI u. a. geleistet als (a) Regelaltersrente, (b) Altersrente für langjährig Versicherte, (c) Altersrente für schwer behinderte Menschen, (d) Altersrente für langjährig unter Tage beschäftigte Bergleute sowie (e) Altersrente wegen Arbeitslosigkeit oder nach Altersteilzeitarbeit und (f) Altersrente für Frauen.

3. Voraussetzung

Voraussetzung für alle Altersrenten ist neben dem Erreichen eines Lebensalters die Erfüllung einer Mindestversicherungszeit (→ Wartezeit). Darüber hinaus sind – je nach Rentenart – weitere Voraussetzungen zu erfüllen, die neben versicherungsrechtlichen

Voraussetzungen einen besonderen Rentenzugangsgrund erfordern.

4. Umwandlung

Der **Wechsel** von einer Rente wegen Alters in eine andere Rente wegen Alters ist ausgeschlossen. Das bedeutet, dass sowohl der Wechsel von einer vorzeitigen Altersrente in eine andere vorzeitige Altersrente als auch der Wechsel von einer vorzeitigen Altersrente in die Regelaltersrente ausgeschlossen ist.

5. Wegfall

Entfällt der Anspruch auf die Altersrente, weil beispielsweise die Hinzuverdienstgrenzen überschritten wurden, kann zu einem späteren Zeitpunkt erneut Anspruch auf eine (andere) Altersrente erhoben werden. Es ist auch möglich, eine Rente wegen Erwerbsminderung oder eine Erziehungsrente in Anspruch zu nehmen, wenn der Versicherte das 65. Lebensjahr noch nicht vollendet hat.

6. Kündigung

Der Anspruch auf Altersrente kann nicht als ein die Kündigung des Arbeitsverhältnisses sozial rechtfertigender, in der Person des Arbeitnehmers liegender Grund im Sinne des § 1 Abs. 2 Kündigungsschutzgesetz angesehen werden.

Die in § 41 SGB VI getroffene Regelung ist für die Praxis der Rentenversicherungsträger ohne Bedeutung. Es handelt sich um eine rein arbeitsrechtliche Vorschrift, die insoweit das Kündigungsschutzgesetz erweitern soll.

Mit der Aufnahme dieser Regelung in das Sozialgesetzbuch sollte die geplante Flexibilisierung der Altersrenten unterstützt werden. Weder ein Altersrentenanspruch vor Vollendung des 65. Lebensjahres noch ein Anspruch auf Regelaltersrente kann einen alleinigen Kündigungsgrund darstellen.

Zwar ist es grundsätzlich zulässig, die automatische Beendigung des Arbeitsverhältnisses mit dem Zeitpunkt, zu dem der Arbeitnehmer eine Altersrente vor dem 65. Lebensjahr beantragen kann, zu vereinbaren. Diese Vereinbarungsmöglichkeit ist jedoch zum Schutz des Arbeitnehmers insoweit eingeschränkt, als der Abschluss der Vereinbarung oder die Bestätigung einer früheren Vereinbarung durch den Arbeitnehmer nicht länger als drei Jahre vor dem Entstehen des Rentenanspruches liegen darf. Ansonsten gilt die Vereinbarung als auf das 65. Lebensjahr geschlossen. *(P)*

▶ **Altersrente für Arbeitslose und nach Altersteilzeitarbeit**

1. Allgemeines

Die Altersrente für Arbeitslose geht auf eine lange Tradition zurück. Bereits im Gesetz vom 7. 3. 1929 wurde für die Rentenversicherung der Angestellten eine Vergünstigung für ältere Arbeitslose geschaffen, die die Not der Angestellten in der Wirtschaftskrise mildern sollte. Eine entsprechende Regelung wurde erst 1957 auch auf die Rentenversicherung der Arbeiter übertragen. So wurde das Risiko der Arbeitslosigkeit bei älteren Versicherten schon frühzeitig in den Schutz der gesetzlichen Rentenversicherung einbezogen. Auch heute noch wird die Altersrente wegen Arbeitslosigkeit damit begründet, dass ein 60-jähriger oder älterer Arbeitnehmer nach längerer Arbeitslosigkeit in der Regel nicht mehr in eine neue Arbeitsstelle vermittelt werden kann. Der Gesetzgeber hat die Altersgrenze für diese Altersrente bereits 1997 auf das 65. Lebensjahr angehoben und darüber hinaus festgelegt, dass eine Altersrente wegen Arbeitslosigkeit oder nach Altersteilzeitarbeit künftig nur noch von Versicherten bis einschließlich Geburtsjahrgang 1951 in Anspruch genommen werden kann. Versicherte der Geburtsjahrgänge ab 1952 haben keinen Anspruch mehr auf diese Altersrente. Mit dem Rentenversicherungs-Nachhaltigkeitsgesetz wurde die frühestmögliche Inanspruchnahme dieser Altersrente schrittweise auf das 63. Lebensjahr heraufgesetzt.

2. Voraussetzung

Die Altersrente wegen Arbeitslosigkeit oder nach Altersteilzeitarbeit erhalten Versicherte, die vor dem 1. 1. 1952 geboren sind und das 60. Lebensjahre vollendet haben sowie nach Vollendung eines Lebensalters von 58 Jahren und sechs Monaten insgesamt 52 Wochen arbeitslos gewesen sind und bei Beginn der Rente arbeitslos sind oder die Arbeitszeit aufgrund von Altersteilzeitarbeit für mindestens 24 Monate vermindert haben sowie in den letzten zehn

Jahren vor Beginn der Rente mindestens acht Jahre Pflichtbeiträge für eine versicherte Beschäftigung oder Tätigkeit zurückgelegt haben und die Wartezeit von 15 Jahren erfüllt haben.

Für diese Altersrente wurde die Altersgrenze von 60 Jahren, beginnend mit dem Geburtsjahrgang 1937, seit dem 1.1.1997 in monatlichen Schritten bis Ende 2001 auf das 65. Lebensjahr angehoben. Damit ist eine Inanspruchnahme dieser Altersrente vor dem 65. Lebensjahr immer mit Rentenabschlägen verbunden.

Mit dem Rentenversicherungs-Nachhaltigkeitsgesetz wird die Altersgrenze für die vorzeitige, im Ergebnis also frühestmögliche Inanspruchnahme vom Jahr 2006 an für die Geburtsjahrgänge 1946 und jünger im Monatsschritten von derzeit 60 Jahren auf 63 Jahre angehoben. Diese schrittweise Anhebung ist dann für im Dezember 1948 geborene und jüngere Versicherte Ende 2008 abgeschlossen. Für die Geburtsjahrgänge 1949 und jünger ist die Altersrente wegen Arbeitslosigkeit oder nach Altersteilzeitarbeit dann erst frühestens nach Vollendung des 63. Lebensjahres möglich.

3. Vertrauensschutz

Der Gesetzgeber hatte auch bei dieser Altersrente für die Anhebung der Altersgrenze umfangreiche Vertrauensschutzregelungen für Versicherte, die vor dem 1.1.1942 geboren sind, vorgesehen. Diese Regelungen für ältere Arbeitnehmer, die es diesen ermöglichten, die Altersrente auch noch mit 60 Jahren ohne Rentenabschläge in Anspruch zu nehmen, sind weitgehend ausgelaufen.

Für die Anhebung der Altersgrenze für die frühestmögliche Inanspruchnahme der Altersrente vom 60. Lebensjahr auf das 63. Lebensjahr sind Vertrauensschutzregelungen getroffen worden für Versicherte, (a) die am 1.1.2004 arbeitslos waren oder (b) deren Arbeitsverhältnis aufgrund einer Kündigung oder Vereinbarung, die vor dem 1.1.2004 erfolgt ist, nach dem 31.12.2003 beendet worden ist oder (c) deren letztes Arbeitsverhältnis vor dem 1.1.2004 beendet worden ist und die am 1.1.2004 beschäftigungslos i.S.v. § 118 Abs. 1. Nr. 1 SGB III waren oder (d) die vor dem 1.1.2004 Altersteilzeitarbeit vereinbart haben oder (e) die Anpassungsgeld für entlassene Arbeitnehmer des Bergbaus bezogen haben.

4. 52-wöchige Arbeitslosigkeit

Zur Beurteilung, ob Arbeitslosigkeit in diesem Sinne vorliegt, sind die §§ 119–121 SGB III heranzuziehen. Arbeitslos ist hiernach, wer objektiv und subjektiv arbeitslos ist.

Objektiv arbeitslos ist der Arbeitnehmer, der vorübergehend nicht in einem Beschäftigungsverhältnis steht und der keine Tätigkeit als mithelfender Familienangehöriger oder als Selbständiger ausübt; eine weniger als 15 Stunden wöchentlich umfassende Beschäftigung oder Tätigkeit (§ 119 SGB III) steht der Annahme von objektiver Arbeitslosigkeit nicht entgegen. Bei dem Versicherten muss es sich um einen Arbeitslosen handeln. Versicherte, die bisher überhaupt nicht oder seit längerer Zeit nicht mehr berufstätig gewesen sind oder aber eine selbständige Tätigkeit ausgeübt haben, müssen ernsthaft die Absicht bekunden, erstmalig bzw. erneut als Arbeitnehmer tätig sein zu wollen.

Subjektiv arbeitslos ist, wer eine Beschäftigung unter den üblichen Bedingungen des allgemeinen Arbeitsmarktes von mindestens 15 Stunden wöchentlich ausüben kann und darf sowie bereit ist, jede zumutbare Beschäftigung auf dem allgemeinen Arbeitsmarkt anzunehmen, die er ausüben kann. Der Versicherte muss also in seinen persönlichen Umständen in der Lage sein, eine Beschäftigung auch tatsächlich ausüben zu können. Liegen Umstände vor, die ein konkretes Eingehen eines Arbeitsverhältnisses verhindern, kann nicht vom Vorliegen von Arbeitslosigkeit ausgegangen werden. Dies ist z. B. immer dann der Fall, wenn Auslandsaufenthalt, Verbüßung einer Freiheitsstrafe oder auch Arbeitsunfähigkeit vorliegen.

Für das Vorliegen von Arbeitslosigkeit ist nicht erforderlich, dass der Versicherte während der Zeit der Arbeitslosigkeit bei einer deutschen Agentur für Arbeit gemeldet war. Die objektive und subjektive Arbeitslosigkeit wird in diesen Fällen vom Rentenversicherungsträger geprüft.

52 Wochen entsprechen 364 Tagen, wobei Samstage, Sonntage und gesetzliche Feiertage bei Beginn, während und am Ende der Arbeitslosigkeit mitgezählt werden. Diese Anspruchsvoraussetzung ist demnach mit dem 364. Tag entsprechender Arbeitslosig-

keit erfüllt. Die Auslegung des Begriffs „Arbeitslosigkeit" in § 237 Abs. 1 SGB VI richtet sich nach den zum Zeitpunkt der jeweiligen Beschäftigungslosigkeit gelten Regelungen in der Arbeitslosenversicherung.

Weitere Voraussetzung für die Altersrente wegen Arbeitslosigkeit ist das Vorliegen von Arbeitslosigkeit bei Beginn der Rente.

5. 24-monatige Altersteilzeitarbeit

Altersteilzeitarbeit liegt vor, wenn die Voraussetzungen des Altersteilzeitgesetzes erfüllt sind. Siehe hierzu → Altersteilzeitarbeit.

6. Acht Jahre Pflichtbeiträge

Der Versicherte muss in einem Zehn-Jahreszeitraum mindestens für acht Jahr Pflichtbeiträge gezahlt haben. Der Zehn-Jahreszeitraum beginnt an dem Tag vor zehn Jahren, der dem Rentenbeginn entspricht, und endet mit dem letzten Tag des Kalendermonats, der dem Monat des Rentenbeginns vorausgeht. Bestimmte Zeiten führen zu einer Verlängerung dieses Zeitraumes in die Vergangenheit. Hierzu zählen beispielsweise Anrechnungszeiten und Berücksichtigungszeiten. Acht Jahre Pflichtbeiträge für eine versicherte Beschäftigung oder Tätigkeit liegen vor, wenn in dem maßgebenden Zehn-Jahreszeitraum mindestens 96 mit Pflichtbeitragszeiten belegte Kalendermonate vorhanden sind, wobei ein nur zum Teil belegter Kalendermonat nach § 122 Abs. 1 SGB VI als voller Monat zu zählen ist. Die 96 Kalendermonate Pflichtbeiträge brauchen hierbei nicht in einem zusammenhängenden Zeitraum liegen. *(P)*

▶ Altersrente für Frauen

1. Allgemeines

Die Altersrente für Frauen ist bereits 1957 eingeführt worden und sollte die geänderte Lebenslage von Frauen berücksichtigen, die durch Beruf und Haushalt doppelt belastet sind und infolge dieser Doppelbelastung ihre Kräfte vorzeitig abnutzen. Obgleich diese Rentenart die Zugehörigkeit zum weiblichen Geschlecht voraussetzt, ist sie verfassungsgemäß. Das Bundesverfassungsgericht hat in seiner Entscheidung 1987 (BVerfGE 74, 163, 173 ff) ausgeführt, dass der Gesetzgeber zu einer Ungleichbehandlung dann befugt sei, wenn er einen sozialstaatlich motivierten typisierenden Ausgleich von Nachteilen anordnet, die ihrerseits auch auf biologische Nachteile zurückgehen. Solche Nachteile lägen beispielsweise darin, dass Frauen infolge der Unterbrechung der Erwerbstätigkeit durch Kindererziehung häufig niedrigere versicherte Entgelte und kürzere Versicherungszeiten haben, so dass sie vielfach die 35-jährige Wartezeit für die Altersrente an langjährig Versicherte nicht erfüllen.

2. Voraussetzungen

Anspruch auf die Altersrente für Frauen besteht nach § 237 a SGB VI, wenn die Versicherte vor dem 1. 1. 1952 geboren ist, das 60. Lebensjahr vollendet hat und nach ihrem 40. Lebensjahr mindestens zehn Jahre und einen Monat Pflichtbeiträge für eine versicherte Beschäftigung oder Tätigkeit zur gesetzlichen Rentenversicherung gezahlt und die Wartezeit von 15 Jahren erfüllt hat. Die Altersgrenze wurde ab 1. 1. 2000 für Versicherte, die nach dem 31. 12. 1939 geboren sind, stufenweise auf da 65. Lebensjahr angehoben. Das bedeutet, dass das beim Versicherten individuell vorhandene Lebensalter – beginnend mit dem Geburtsmonat Januar 1940 – je weiterer Geburtsmonat um einen Monat angehoben wird. Dieser Prozess ist bereits abgeschlossen, so dass die im Dezember 1944 und später geborenen – also jüngeren – Frauen bereits in ihrer Altersgrenze bis auf das 65. Lebensjahr angehoben wurden. Damit führt die Inanspruchnahme dieser Altersrente vor Vollendung des 65. Lebensjahres bei den im Jahr 2005 in Rente gehenden Frauen zu Rentenabschlägen.

3. Vertrauensschutzregelung

Für Frauen, die vor dem 1. 1. 1942 geboren sind, besteht **Vertrauensschutz**. Das bedeutet, das keine oder nur eine geringere Anhebung der Altersgrenze zu berücksichtigen ist.

(a) Der Vertrauensschutz wird nur Frauen gewährt, die bei Rentenbeginn 45 Jahre mit Pflichtbeiträgen für eine versicherte Beschäftigung oder Tätigkeit nachweisen können.

Zu den zu berücksichtigenden Zeiten zählen beispielsweise:

- Pflichtbeiträge von Beschäftigten
- Pflichtbeiträge von geringfügig Beschäftigten, die auf die Versicherungsfreiheit verzichtet haben
- Pflichtbeiträge aufgrund von Konkursausfallgeld
- Pflichtbeiträge von Selbständigen
- Pflichtbeiträge für die Zeit der Kindererziehung
- Pflichtbeiträge für Zeiten der nicht erwerbsmäßigen Pflege
- Pflichtbeiträge für Zeiten des Wehr- und Zivildienstes
- Pflichtbeiträge aufgrund des Bezuges von Vorruhestandsgeld
- Beiträge aufgrund einer Nachversicherung.

Nicht berücksichtigt werden nach § 1587b BGB übertragene oder begründete Rentenanwartschaften aus einem Versorgungsausgleich sowie Zeiten der Versicherungspflicht wegen des Bezugs von Arbeitslosengeld oder -hilfe.

(b) Für Frauen, die nicht mindestens 45 Jahre mit Pflichtbeiträgen für eine versicherte Beschäftigung oder Tätigkeit nachweisen können, die aber bis zum 7.5.1941 geboren sind, besteht ebenfalls Vertrauensschutz, wenn

- sie am 7.5.1996 arbeitslos waren, Anpassungsgeld für entlassene Arbeitnehmer des Bergbaus, Vorruhestandsgeld oder auch Überbrückungsgeld der Seemannskasse bezogen haben oder
- das Arbeitsverhältnis aufgrund einer Kündigung oder Vereinbarung, die vor dem 7.5.1996 erfolgte, nach dem 6.5.1996 beendet wurde. Eine vor diesem Tag vereinbarte Befristung des Arbeitsverhältnisses oder Bewilligung einer arbeitsmarktpolitischen Maßnahme steht der genannten Vereinbarung gleich.

(c) Für Versicherte, die ehemalige Beschäftigte der Montanindustrie und bis zum 7.5.1944 geboren sind, besteht Vertrauensschutz, wenn sie aufgrund einer Maßnahme nach Art. 56 Abs. 2 Buchstabe b des Vertrages über die Gründung der Europäischen Gemeinschaft für Kohle und Stahl, die vor dem 7.5.1996 genehmigt worden ist, aus einem Betrieb der Montanindustrie ausgeschieden sind.

Die Vertrauensschutzregelungen zu a und b finden wegen Zeitablaufs in den aktuellen Fällen keine Anwendung mehr.

4. Keine Altersrente für Frauen

Für Frauen **ab Geburtsjahrgang 1952** wird es eine besondere Altersrente **nicht mehr** geben. Sie können dann nur noch eine Altersrente für langjährig Versicherte ab dem 62. Lebensjahr in Anspruch nehmen, wenn sie insgesamt 35 Jahre mit rentenrechtlichen Zeiten zurückgelegt haben. *(P)*

▶ Altersrente für langjährig unter Tage beschäftigte Bergleute

1. Allgemeines

Die Altersrente für langjährig unter Tage beschäftigte Bergleute nach § 40 SGB VI ist eine knappschaftsspezifische Leistung und berücksichtigt die besonderen Belastungen unter Tage beschäftigter Bergleute. Bei dieser Leistung geht der Gesetzgeber davon aus, dass langjährig unter Tage beschäftigte Versicherte infolge der schweren bergmännischen Arbeit frühzeitig erwerbsunfähig werden, so dass von einer individuellen Prüfung der Leistungsfähigkeit abgesehen werden kann. Die besonderen berufsbedingten Belastungen ermöglichen so einen vorzeitigen Eintritt in den Ruhestand. Damit werden auch Vorgaben des internationalen Sozialrechts berücksichtigt (vgl. Übereinkommen Nr. 128 der Internationalen Arbeitskonferenz vom 29. 6. 1967). Sozialpolitisch ist diese Altersrente von untergeordneter Bedeutung, da den Versicherten auch andere vorgezogene Altersrenten offen stehen, deren Voraussetzungen oft leichter zu erfüllen sind.

2. Voraussetzungen

Bergleute erhalten diese Altersrente, wenn sie das 60. Lebensjahr vollendet und die Wartezeit von 25 Jahren (300 Kalendermonate) mit einer Beschäftigung mit ständigen Arbeiten unter Tage erfüllt haben (§ 40 SGB VI). Diese Altersrente soll der Schwere der Arbeit und der damit verbundenen vorzeitigen Abnutzung der Arbeitskraft Rechnung tragen. Eine Anhebung der Altersgrenze für diese Leistung ist aus diesem Grund nicht vorgesehen. Sie wird nur auf Antrag gezahlt.

3. Ständige Arbeiten unter Tage

So genannte „ständige Arbeiten unter Tage" sind Arbeiten, die nach ihrer Natur ausschließlich unter Tage ausgeübt werden (§ 61 SGB VI). Diese Arbeiten dürfen also während einer Schicht nicht teilweise über und teilweise unter Tage verrichtet worden sein. Früher wurden diese Arbeiten als Hauerarbeiten bezeichnet. Diesen Arbeiten werden unter bestimmten Voraussetzungen andere Arbeiten gleichgestellt, wie beispielsweise „gemischte Arbeiten", Arbeiten der Mitglieder der Grubenwehr und die Arbeit der Mitglieder von Betriebsräten.

4. Wartezeit

Auf die erforderlichen 25 Jahre mit einer Beschäftigung mit ständigen Arbeiten unter Tage als Beitragszeiten werden auch Anrechnungszeiten wegen des Bezugs von Anpassungsgeld angerechnet, wenn zuletzt vor Beginn des Anpassungsgeldes eine Beschäftigung unter Tage ausgeübt worden ist.

5. Hinzuverdienst

Die Altersrente für langjährig unter Tage beschäftigte Bergleute kann darüber hinaus nur beansprucht werden, wenn die Hinzuverdienstgrenzen nicht überschritten werden. *(P)*

▶ Altersrente für langjährig Versicherte

1. Allgemeines

Die Altersrente für langjährig Versicherte ermöglicht Versicherten vor dem Erreichen der Regelaltersgrenze von 65 Jahren eine Altersrente in Anspruch zu nehmen. Da der Gesetzgeber die Altersgrenze für diese Altersrente seit 1.1.2000 angehoben hat, regelt § 36 SGB VI den Anspruch auf diese Leistung für Versicherte, die ab 1.1.1948 geboren sind. Für Versicherte, die bis zum 31.12. 1947 geboren sind, regelt § 236 SGB VI die Voraussetzungen für den Bezug dieser Altersrente.

2.Voraussetzungen

(a) Für Versicherte, die ab dem 1.1.1948 geboren sind: Die Altersrente für langjährig Versicherte erhalten Versicherte, die das

62. Lebensjahr vollendet und die Wartezeit von 35 Jahren erfüllen (§ 36 SGB VI). Für Versicherte, die in dem Zeitraum Januar 1948 bis Oktober 1949 geboren wurden, besteht eine Übergangsregelung. Für diese Jahrgänge wird die frühestmögliche Inanspruchnahme der Altersrente für langjährig Versicherte stufenweise vom 63. Lebensjahr auf das 62. Lebensjahr gesenkt. Erst für Versicherte, die ab November 1949 geboren wurden, ist die frühestmögliche Inanspruchnahme dieser Altersrente mit dem 62. Lebensjahr möglich. Wird die Altersrente für langjährig Versicherte vor Vollendung des 65. Lebensjahres bezogen, so ist dies immer mit Rentenabschlägen verbunden. Maßgebend wird die Regelung damit erst ab dem Jahr 2010.

(b) für Versicherte, die vor dem 1. 1. 1948 geboren sind: Die Altersrente für langjährig Versicherte erhalten Versicherte auf Antrag, die das 63. Lebensjahr vollendet haben und die Wartezeit von 35 Jahren erfüllen. Die Altersgrenze wurde ab 1. 1. 2000 für Versicherte der Geburtsjahrgänge ab 1937 stufenweise auf das 65. Lebensjahr angehoben. Das bedeutet, dass das beim Versicherten individuell vorhandene Lebensalter – beginnend mit dem Geburtsmonat Januar 1937 – je weiteren Geburtsmonat um jeweils einen Monat angehoben wird. Dieser Prozess ist bereits abgeschlossen, so dass die im Dezember 1938 oder später geborenen – also jüngeren – Versicherten bereits in ihrer Altersgrenze bis auf das 65. Lebensjahr angehoben wurden. Damit führt die Inanspruchnahme dieser Altersrente vor Vollendung des 65. Lebensjahres zu Rentenabschlägen.

3. Vertrauensschutz

Für Versicherte, die vor dem 1. 1. 1942 geboren sind, besteht Vertrauensschutz. Das bedeutet, dass keine oder nur eine geringere Anhebung der Altersgrenze zu berücksichtigen ist.

(a) Der Vertrauensschutz wird nur Versicherten gewährt, die bei Rentenbeginn 45 Jahre mit Pflichtbeiträgen für eine versicherte Beschäftigung oder Tätigkeit nachweisen können.

Zu den zu berücksichtigenden Zeiten zählen beispielsweise:
- Pflichtbeiträge von Beschäftigten

- Pflichtbeiträge von geringfügig Beschäftigten, die auf die Versicherungsfreiheit verzichtet haben
- Pflichtbeiträge aufgrund von Konkursausfallgeld
- Pflichtbeiträge von Selbständigen
- Pflichtbeiträge für die Zeit der Kindererziehung
- Pflichtbeiträge für Zeiten der nicht erwerbsmäßigen Pflege
- Pflichtbeiträge für Zeiten des Wehr- und Zivildienstes
- Pflichtbeiträge aufgrund des Bezuges von Vorruhstandsgeld
- Beiträge aufgrund einer Nachversicherung.

Nicht berücksichtigt werden nach § 1587b BGB übertragene oder begründete Rentenanwartschaften aus einem Versorgungsausgleich sowie Zeiten der Versicherungspflicht wegen des Bezugs von Arbeitslosengeld oder -hilfe.

(b) Für Versicherte, die nicht mindestens 45 Jahre mit Pflichtbeiträgen für eine versicherte Beschäftigung oder Tätigkeit nachweisen können, die aber bis zum 14. 2. 1941 geboren sind, besteht ebenfalls Vertrauensschutz, wenn sie am 14. 2. 1996 Vorruhestandsgeld oder auch Überbrückungsgeld der Seemannskasse bezogen haben. *(P)*

▶ **Altersrente für schwer behinderte Menschen**

1. Allgemeines

Die Altersrente für schwer behinderte Menschen ermöglicht Versicherten, die durch Krankheit oder Behinderung in ihrer Erwerbsfähigkeit beeinträchtigt sind, vor dem Erreichen der Regelaltersgrenze von 65 Jahren eine Altersrente in Anspruch zu nehmen. Eine Sonderregelung erschien dem Gesetzgeber bei Einführung dieser Altersrentenart im Jahr 1972 deshalb für vertretbar, weil sowohl bei schwer behinderten Menschen eine messbare und festgestellte Gesundheitsbeeinträchtigung vorliegt, die gerade im Alter zu einer besonderen Herabsetzung der individuellen Leistungsfähigkeit führt. Da der Gesetzgeber die Altersgrenze für diese Altersrente seit 1. 1. 2001 angehoben hat, regelt § 37 SGB VI den Anspruch auf diese Leistung für Versicherte, die ab dem 1. 1. 1951 geboren sind. Für Versicherte, die bis zum 31. 12. 1950 geboren sind, regelt § 236a SGB VI die Voraussetzungen für den Bezug dieser Altersrente.

2. Voraussetzungen

(a) Für Versicherte, die nach dem 31.12.1950 geboren sind: Die Altersrente für schwer behinderte Menschen erhalten Versicherte, die das 63. Lebensjahr vollendet haben, bei Beginn der Altersrente als schwer behinderte Menschen nach § 2 Abs. 2 SGB IX anerkannt sind und die Wartezeit von 35 Jahren erfüllt haben. Die vorzeitige Inanspruchnahme einer solchen Altersrente nach Vollendung des 60. Lebensjahres ist möglich, aber mit Rentenabschlägen verbunden. Maßgebend wird die Regelung erst ab dem Jahr 2011.

(b) Für Versicherte, die vor dem 1.1.1951 geboren sind: Die Altersrente für schwer behinderte Menschen erhalten Versicherte, die das 60. Lebensjahr vollendet haben, bei Beginn der Altersrente als schwer behinderte Menschen nach § 2 Abs. 2 SGB IX anerkannt sind oder berufs- oder erwerbsunfähig nach dem bis zum 31.12.2000 geltenden Rentenrecht sind sowie die Wartezeit von 35 Jahren erfüllt haben. Grundsätzlich wird die Altersgrenze von 60 Jahren für Versicherte, die nach dem 31.12.1940 geboren sind, stufenweise auf das 63. Lebensjahr angehoben. Die Anhebung der Altersgrenze wirkt sich seit 2001 in der Weise aus, dass das jeweils individuell vorhandene Lebensalter – beginnend mit dem Geburtsmonat Januar 1941 – je weiteren Geburtsmonat um einen Monat angehoben wird. Dieser Prozess ist bereits abgeschlossen, so dass die im Dezember 2003 oder später geborenen – also jüngeren – Versicherten bereits in ihrer Altersgrenze bis auf das 63. Lebensjahr angehoben wurden.

3. Vertrauensschutz

Für Versicherte, die vor dem 1.1.1942 geboren sind, besteht Vertrauensschutz. Das bedeutet, dass keine Anhebung der Altersgrenze zu berücksichtigen ist.

Der Vertrauensschutz wird nur Versicherten gewährt, die bei Rentenbeginn 45 Jahre mit Pflichtbeiträgen für eine versicherte Beschäftigung oder Tätigkeit nachweisen können.

Zu den zu berücksichtigenden Zeiten zählen beispielsweise:

- Pflichtbeiträge von Beschäftigten
- Pflichtbeiträge von geringfügig Beschäftigten, die auf die Versicherungsfreiheit verzichtet haben
- Pflichtbeiträge aufgrund von Konkursausfallgeld
- Pflichtbeiträge von Selbständigen
- Pflichtbeiträge für die Zeit der Kindererziehung
- Pflichtbeiträge für Zeiten der nicht erwerbsmäßigen Pflege
- Pflichtbeiträge für Zeiten des Wehr- und Zivildienstes
- Pflichtbeiträge aufgrund des Bezuges von Vorruhstandsgeld
- Beiträge aufgrund einer Nachversicherung.

Nicht berücksichtigt werden nach § 1587 b BGB übertragene oder begründete Rentenanwartschaften aus einem Versorgungsausgleich sowie Zeiten der Versicherungspflicht wegen des Bezugs von Arbeitslosengeld oder -hilfe.

Ausnahme: Für Versicherte, die nicht mindestens 45 Jahre mit Pflichtbeiträgen für eine versicherte Beschäftigung oder Tätigkeit nachweisen können oder die nicht vor dem 1.1.1942 geboren sind, besteht ebenfalls Vertrauensschutz, wenn sie bis zum 16.11. 1950 geboren sind und am 16.11.2000 schwer behindert oder berufs- oder erwerbsunfähig nach dem am 31.12.2000 geltenden Recht waren.

4. Schwerbehinderung

Eine Schwerbehinderung i. S. v. § 2 Abs. 2 SGB IX bedeutet, dass ein Grad der Behinderung von 50 % erreicht wird.

5. Berufs- oder Erwerbsunfähigkeit

Eine Berufs- oder Erwerbsunfähigkeit nach dem bis zum 31.12. 2000 geltenden Recht bedeutet, dass die Erwerbsfähigkeit nach den „alten" Regelungen des Rentenversicherungsrechts gemindert ist. Die entsprechende Feststellung wird durch den zuständigen Rentenversicherungsträger getroffen. *(P)*

▶ **Altersrente und Kündigungsschutz**

Eine entsprechende arbeitsrechtliche Regelung wurde in § 41 SGB VI eingeführt und soll die Flexibilisierung der Altersrenten

unterstützen, indem Arbeitgebern kein arbeitsrechtlicher Ansatz-
punkt zur Verdrängung älterer Arbeitnehmer aus dem Erwerbsleben gegeben wird. Die Anhebung der Altersgrenze für die Altersrenten auf die Vollendung des 65. Lebensjahres (→ Altersrenten)
und die Inanspruchnahme einer Rente wegen Alters vor diesem
Zeitpunkt wird durch einen entsprechenden Kündigungsschutz
flankiert. Ein möglicher Altersrentenanspruch soll sich nicht nachteilig auf die Fortsetzung des Arbeitsverhältnisses auswirken. Dies
wird einerseits durch den Ausschluss einer Altersgrenze als Kündigungsgrund erreicht (§ 41 Satz 1 SGB VI). Das bedeutet, bei einer
personenbedingten Kündigung ist weder ein möglicher vorzeitiger
Altersrentenanspruch ab Vollendung des 60. Lebensjahres, noch
die Vollendung des 65. Lebensjahres ein Rechtfertigungsgrund
nach dem Kündigungsschutzgesetz. Andererseits schränkt § 41
Satz 2 SGB VI die Möglichkeit ein, die im Recht der gesetzlichen
Rentenversicherung bestehenden Altersgrenzen für das Ende des
Arbeitsverhältnisses im Wege der Vereinbarung festzulegen. So
sind nur Vereinbarungen möglich, die die Beendigung des Arbeitsverhältnisses zu einem Zeitpunkt vorsehen, in dem der Arbeitnehmer vor vollendetem 65. Lebensjahr eine Altersrente beantragen
kann. Diese gelten dem Arbeitnehmer gegenüber als auf die Vollendung des 65. Lebensjahr abgeschlossen, wenn sie nicht innerhalb der letzten drei Jahre davor abgeschlossen oder vom Arbeitnehmer bestätigt worden sind.

Zum Schutz älterer Arbeitnehmer bei einer betrieblichen Kündigung regelt außerhalb des Sozialgesetzbuches das Kündigungsschutzgesetz, dass der Anspruch auf eine Altersrente nicht zu den
berücksichtigungsfähigen sozialen Gesichtspunkten gehört. *(P)*

▶ **Altersteilzeit**

1. Allgemeines

Mit dem Gesetz zur Förderung eines gleitenden Übergangs in
den Ruhestand (Altersteilzeitgesetz) wurde mit Wirkung vom
1. 8. 1996 für Arbeitgeber und Arbeitnehmer Rahmenbedingungen
für Vereinbarungen über Altersteilzeitarbeit geschaffen. Das Altersteilzeitgesetz bietet älteren Arbeitnehmern die Möglichkeit, ihre

Arbeitszeit nach Vollendung des 55. Lebensjahres auf die Hälfte zu vermindern. Die Altersteilzeitvereinbarung muss mindestens bis zum Rentenalter reichen. Das Gesetz ist zwischenzeitlich wiederholt geändert und ergänzt worden, zuletzt durch das Dritte Gesetz für moderne Dienstleistungen am Arbeitsmarkt („Hartz III") vom 23. 12. 2003. Die gesetzliche Regelung ist bis zum 31. 12. 2009 befristet.

2. Begriff der Altersteilzeitarbeit

(a) Im Kern bedeutet Altersteilzeitarbeit schlicht die Reduzierung der tarifvertraglichen Wochenarbeitszeit, das ist arbeitsrechtlich zunächst Teilzeitarbeit. Teilzeitarbeit hat einerseits Auswirkungen auf das verfügbare Einkommen des Arbeitnehmers und wirkt andererseits langfristig mindernd auf die sich daraus erwachsenen Rentenansprüche. Die rentenversicherungsrechtliche Absicherung älterer Arbeitnehmer musste deshalb attraktiver gestaltet werden. Deshalb wird das während der Altersteilzeit verminderte Arbeitsentgelt vom Arbeitgeber aufgestockt, so dass mindestens 70 Prozent des bisherigen Nettoarbeitsentgelts erreicht werden. Der Aufstockungsbetrag ist für den Arbeitnehmer steuer- und beitragsfrei. Zusätzliche Beiträge zur Rentenversicherung sind allein vom Arbeitgeber mindestens in Höhe des Beitrags zu zahlen, der auf den Unterschiedsbetrag zwischen 90 Prozent des bisherigen Arbeitsentgelts und dem Arbeitsentgelt für die Altersteilzeit entfällt. Durch diese zusätzlichen Beiträge des Arbeitgebers sind die Auswirkungen auf die Rentenhöhe minimiert.

(b) Der Gesetzgeber hat den Begriff Altersteilzeit wie folgt festgelegt:
Altersteilzeitarbeit liegt vor, wenn Arbeitnehmer, die
- das 55. Lebensjahr vollendet haben,
- nach dem 14. 2. 1996 (spätestens ab 31. 12. 2009) aufgrund einer Vereinbarung mit ihrem Arbeitgeber, der sich zumindest auf die Zeit bis zu einem Anspruch auf Altersrente erstreckt, ihre Arbeitszeit auf die Hälfte der bisherigen wöchentlichen Arbeitszeit vermindert haben,
- weiterhin versicherungspflichtig beschäftigt i.S. des Sozialgesetzbuch III (SGB III) sind,

- innerhalb der letzten fünf Jahre vor Beginn der Altersteilzeitarbeit mindestens 1080 Kalendertage (= 3 Jahre) aufgrund einer Beschäftigung, einer Entgeltersatzleistung oder eines Krankentagegeldes von einem privaten Krankenversicherungsunternehmen der Versicherungspflicht nach dem SGB III oder aufgrund einer Beschäftigung der Versicherungspflicht nach den Vorschriften eines Mitgliedstaates der Europäischen Gemeinschaften unterstanden und

der Arbeitgeber

- aufgrund eines Tarifvertrages, einer Regelung der Kirchen und der öffentlich-rechtlichen Religionsgemeinschaften, einer Betriebsvereinbarung oder einer Vereinbarung mit dem Arbeitnehmer
- das Regelarbeitsentgelt um mindestens 20 % aufstockt, wobei die Aufstockung auch weitere Entgeltbestandteile umfassen kann, und
- zusätzlich Rentenversicherungsbeiträge mindestens in der Höhe des Beitrags zahlt, der auf 80 % des Regelarbeitsentgelts für Altersteilzeitarbeit entfällt, begrenzt auf den Unterschiedsbetrag zwischen 90 % der monatlichen Beitragsbemessungsgrenze und dem Regelarbeitsentgelt, höchstens bis zur Beitragsbemessungsgrenze.

3. Arbeitszeit

(a) Die Arbeitszeit des Arbeitnehmers muss auf die Hälfte der bisherigen wöchentlichen Arbeitszeit **reduziert** werden. Hier ist die Arbeitszeit gemeint, die der Arbeitnehmer unmittelbar vor der Altersteilzeitarbeit ausgeübt hat. Als Höchstwert gilt die im Durchschnitt der letzten 24 Monate vereinbarten Arbeitszeit. Nach der Reduzierung der Arbeitszeit muss der Arbeitnehmer noch arbeitslosenversicherungspflichtig sein, also mehr als geringfügig beschäftigt bleiben. Mehr als geringfügig ist eine Beschäftigung nur dann, wenn das aus dieser Beschäftigung erzielte Arbeitsentgelt mehr als 400 € monatlich beträgt.

(b) Die Gestaltung der Altersteilzeit ist von tarifvertraglichen Gegebenheiten abhängig und ist zwischen Arbeitgeber und Arbeitnehmer zu vereinbaren, da diese am besten beurteilen können, welche Ausgestaltung der Altersteilzeit der Arbeitsplatzsituation

Rechnung trägt. So muss die Halbierung der Arbeitszeit nicht pro Tag durchgeführt werden; denkbar ist auch eine Verteilung der Arbeits- und Freistellungsphasen auf einen Zeitraum von bis zu drei Jahren. Eine Mindestdauer für die Altersteilzeitarbeit ist gesetzlich nicht vorgeschrieben. Bestehende Tarifverträge sehen eine Aufteilung der Arbeits- und Freistellungsphasen auf einen Zeitraum von bis zu sechs Jahren vor. Eine Förderung durch die Bundesagentur für Arbeit ist höchstens für sechs Jahre möglich.

Als bevorzugtes Altersteilzeitmodell hat sich das „**Blockmodell**" herausgestellt. Hier werden grundsätzlich zwei gleich große Zeitblöcke gebildet. In der ersten Hälfte der Altersteilzeitarbeit steht der Arbeitnehmer dem Betrieb weiterhin voll zur Verfügung (Arbeitsphase). In der zweiten Hälfte der Altersteilzeitarbeit ist der Arbeitnehmer nicht mehr im Betrieb beschäftigt (Freistellungsphase). Der Verteilzeitraum, innerhalb dessen die Arbeits- und Freistellungsphase bei der Altersteilzeitarbeit liegen muss, beträgt ohne Tarifvertrag höchstens drei Jahre (also eineinhalb Jahre Arbeitsphase gefolgt von eineinhalb Jahre Freistellungsphase). Der Verteilzeitraum kann sich auch über drei Jahre hinaus erstrecken, wenn dies in einem Tarifvertrag vereinbart wurde. Hier kann der Gesamtzeitraum bis zu zehn Jahre umfassen. Beispielsweise kann die Arbeitsphase vom 55. bis zum 60. Lebensjahr und die Freistellungsphase von 60. bis zum 65. Lebensjahr andauern. Der Versicherte könnte dann mit dem 65. Lebensjahr die Regelaltersrente beanspruchen. Derzeit sehen Tarifverträge in aller Regel Verteilzeiträume von bis zu fünf bzw. bis zu sechs Jahren vor.

4. Aufstockungsbeträge

(a) Der Arbeitgeber hat das so genannte **Regelarbeitsentgelt** um mindestens 20 Prozent aufzustocken, so dass mindestens 70 Prozent des bisherigen Nettoarbeitsentgelts erreicht werden. Gemeint ist hier das regelmäßig zu zahlende sozialversicherungspflichtige Arbeitsentgelt bis zur Beitragsbemessungsgrenze. Hierzu gehören neben dem laufenden Arbeitsentgelt auch die vermögenswirksamen Leistungen, Prämien und Zulagen (z. B. Schmutzzulage oder Erschwerniszulagen), Zuschläge für Sonntags-, Feiertags- und Nachtarbeit, Sachbezüge und sonstige geldwerte Vorteile. Der

Aufstockungsbetrag ist steuer- und beitragsfrei. Er unterliegt jedoch dem steuerlichen Progressionsvorbehalt.

(b) Der Arbeitgeber muss für den Arbeitnehmer **zusätzliche Beiträge zur Rentenversicherung** zahlen. Die Höhe der zusätzlichen Beiträge zur Rentenversicherung errechnet sich aus dem Unterschiedsbetrag zwischen 90 Prozent des bisherigen Arbeitsentgelts und dem Arbeitsentgelt für die Altersteilzeit. Begrenzt wird dieser Betrag auf die Höhe der Beiträge, die auf den Unterschiedsbetrag zwischen 90 Prozent der monatlichen Beitragsbemessungsgrenze und dem Regelarbeitsentgelt entfallen. Die zusätzlichen Beiträge zur Rentenversicherung trägt der Arbeitgeber allein.

5. Leistungen der Bundesagentur für Arbeit

Die Bundesagentur für Arbeit erstattet dem Arbeitgeber:
- den Aufstockungsbetrag in Höhe von 20 Prozent des Regelarbeitsentgelt und
- die zusätzlichen Beiträge zur Rentenversicherung in Höhe des Betrags, der auf 80 Prozent des Regelarbeitsentgelts entfällt.

Macht der Arbeitgeber von der Förderung durch die Bundesagentur für Arbeit Gebrauch, ist der durch Altersteilzeitarbeit freigemachte oder durch Umsetzung frei gewordene Arbeitsplatz wieder zu besetzen. Die Wiederbesetzungspflicht kann erfüllt werden durch
- die Einstellung eines bei der Bundesagentur für Arbeit arbeitslos gemeldeten Arbeitnehmers oder
- die Einstellung bzw. Übernahme eines Arbeitnehmers nach Abschluss der Ausbildung auf dem frei gewordenen Arbeitsplatz.

Bei Kleinunternehmen sieht das Gesetz eine erleichterte Wiederbesetzung vor.

6. Altersteilzeitarbeit in Sonderfällen

(a) Eintritt von Arbeitsunfähigkeit: Besteht zu Beginn der vereinbarten Altersteilzeitarbeit Arbeitsunfähigkeit, kann Altersteilzeitarbeit sozialversicherungsrechtlich nur vorliegen während der Zeit der Entgeltfortzahlung sowie während des anschließenden Bezuges von Krankengeld, dem ausschließlich das Regelentgelt aus der Altersteilzeitarbeit zugrunde liegt, und bei Bezug von Krankentagegeld eines privaten Krankenversicherungsunternehmens.

Wird bei Zeiten längerer Arbeitsunfähigkeit in der Arbeitsphase nach Ablauf der Entgeltfortzahlung keine Arbeitsleistung mehr erbracht, die in der Freistellungsphase „verbraucht" werden könnte, besteht die Möglichkeit, die vorgesehene Freistellungsphase zu verkürzen oder der Arbeitgeber auf freiwilliger Basis einen Ausgleich schafft.

(b) Eintritt von Erwerbsminderung: Da die Altersteilzeitarbeit Versicherungspflicht in der Arbeitslosenversicherung begründen muss, liegt keine Altersteilzeitarbeit mehr vor, wenn Anspruch auf Rente wegen voller Erwerbsminderung zuerkannt ist. Mit Beginn der Rente liegt Versicherungsfreiheit in der Arbeitslosenversicherung vor. Wird dem Arbeitnehmer während der Arbeitsphase eine Rente wegen teilweiser Erwerbsminderung zuerkannt und wird die versicherungspflichtige Beschäftigung in reduziertem Umfang weiterhin ausgeübt, wird dies in der Freistellungsphase berücksichtigt und mit dem Arbeitgeber vereinbart werden.

(c) Eintritt des Insolvenzfalles: Der Eintritt eines Insolvenzfalles während der Arbeits- oder der Freistellungsphase steht dem Fortbestand des versicherungspflichtigen Beschäftigungsverhältnisses, unabhängig von der tatsächlichen Auszahlung des Arbeitentgelts, nicht entgegen, solange der Anspruch des Arbeitnehmers auf Arbeitsentgelt besteht. Bis zur rechtlichen Beendigung des Beschäftigungsverhältnisses (z. B. Kündigung nach § 113 Insolvenzordnung) besteht in allen Zweigen der Sozialversicherung Versicherungspflicht.

Um den Schutz der im Blockmodell beschäftigten Arbeitnehmer zu gewährleisten, wurde eine spezielle Insolvenzsicherung im Altersteilzeitgesetz verbindlich vorgeschrieben. Der Arbeitgeber muss damit entsprechende Vorsorge treffen. Geeignete Insolvenzsicherungsmodelle könnten beispielsweise sein:

- Bankbürgschaften,
- Absicherung im Wege dinglicher Sicherheiten (beispielsweise Verpfändung von Wertpapieren) zugunsten der Arbeitnehmer,
- bestimmte Versicherungsmodelle der Versicherungswirtschaft oder
- das Modell der doppelseitigen Treuhand. *(P)*

▶ Änderung von Versorgungszusagen

Versorgungszusagen auf betriebliche Altersversorgung sind als Verträge grundsätzlich einzuhalten („pacta sunt servanda"). Das Recht, eine Versorgungszusage dennoch abzuändern oder gar zu beseitigen, hängt davon ab, auf welcher **rechtlichen Grundlage** diese basiert. Maßgeblich sind im Grundsatz die Regeln des Vertragsrechts, ergänzt durch die besonderen Regeln des Arbeitsrechts, insbesondere zum Kündigungsschutz, zum Betriebsverfassungsrecht und zum Tarifrecht. Einige Besonderheiten ergeben sich darüber hinaus im Betriebsrentenrecht daraus, dass es sich bei einer betrieblichen Versorgungszusage um eine besonders lang dauernde Vertragsbeziehung handelt, die verschiedenen wirtschaftlichen, sozialen und rechtlichen Einflüssen unterliegt.

Die Möglichkeiten, betriebliche Versorgungszusagen zu ändern, sind nicht im BetrAVG geregelt, sondern haben sich aus der **rechtlichen Kontrolle** der von den Arbeitgebern vorgenommenen Änderungen durch die Arbeitsgerichte ergeben. Die Gerichte greifen dabei zurück auf die Grundwertungen des BetrAVG und die wesentlichen Grundgedanken der betrieblichen Altersversorgung, also insbesondere, dass betriebliche Versorgungszusagen nach einer gewissen Zeitdauer unverfallbar sind und dass das Verhältnis von Leistung und Gegenleistung bei einem Versorgungsvertrag so konstruiert ist, dass zunächst der Arbeitnehmer eine Gesamtheit von Arbeitsleistungen erbringt und danach der Arbeitgeber ein Entgelt in Form der Übernahme eines bestimmten lebensversicherungsähnlichen Risikos.

Grundsätzlich können betriebliche Versorgungszusagen mit Hilfe des rechtlichen Instrumentariums verändert werden, mit dem sie einmal begründet worden sind, also individuelle Zusagen durch individuelle Vereinbarungen, Betriebsvereinbarungen durch abändernde Betriebsvereinbarungen, Tarifverträge durch abändernde Tarifverträge. Die Ablösung von Individualvereinbarungen durch eine Kollektivvereinbarung ist nur begrenzt zulässig. Günstigere, von einer Betriebsvereinbarung oder einem Tarifvertrag abweichende Vereinbarungen können jederzeit einzelvertraglich vereinbart werden. Dagegen kann durch **Einzelvertrag** nicht auf ein durch

Betriebsvereinbarung oder Tarifvertrag begründetes Versorgungsversprechen ganz oder teilweise verzichtet werden. Verschlechterungen von Versorgungszusagen können einzelvertraglich erfolgen
(I), durch Betriebsvereinbarung oder durch **Tarifvertrag** (IV). Verschlechternde **Betriebsvereinbarungen** (II) werden dabei einer Inhaltskontrolle unterworfen, wobei differenziert werden muss, ob
die Betriebsvereinbarung eine frühere Betriebsvereinbarung **ab-
ändert** oder bisher bestehende Einzelzusagen, die in einem gewissen kollektiven Bezug zueinander stehen, **ablöst** (III). Änderungen
einer Versorgungszusage können sich auch darüber ergeben, dass
die Versorgungszusage über eine **Jeweiligkeitsklausel** auf andere Bestimmungen verweist (V), zum Beispiel die jeweils geltenden Unterstützungskassenrichtlinien. Werden diese geändert, ändert sich bei
Vorliegen sachlicher Gründe auch die Versorgungszusage. Unabhängig von diesen im weitesten Sinn vertraglichen Lösungen
besteht in einem gewissen Rahmen die Möglichkeit für den Arbeitgeber, Versorgungszusagen **einseitig** durch entsprechende Erklärungen zu ändern (VI und VII).

I. Einzelvertragliche Änderungen

Ist eine betriebliche Versorgungszusage durch einen einzelnen
Vertrag mit einem Arbeitnehmer vom Arbeitgeber begründet worden, können beide diesen Vertrag einvernehmlich wieder ändern.
Dies gilt auch, soweit der Arbeitgeber einer Vielzahl von Arbeitnehmern einzelne Versorgungszusagen erteilt hat (etwa durch → vertragliche Einheitsregelung oder → Gesamtzusage). Erforderlich ist
eine ausdrückliche Zustimmung des Arbeitnehmers zu einem Verzicht, Teilverzicht oder einer Änderung der Versorgungszusage.

Die Änderung darf nicht gegen zwingende Bestimmungen des
BetrAVG verstoßen (§ 17 Abs. 3 Satz 3 BetrAVG). Die → Unabdingbarkeit des BetrAVG beinhaltet jedoch kein allgemeines Ver-
schlechterungsverbot. In einem laufenden Arbeitsverhältnis kann
ein Arbeitnehmer auf in der Vergangenheit erdiente verfallbare
und unverfallbare Anwartschaften wirksam verzichten (BAG NZA
2004, 331). Ein → **Verzicht** ist nur unwirksam, wenn er im Zusammenhang mit der Beendigung des Arbeitsverhältnisses getroffen
wird (BAG AP § 17 BetrAVG Nr. 13). Auch auf laufende Leistun-

gen aus Betriebsrentenzahlungen, die ab dem 1.1.2005 und später begonnen haben, kann ein Betriebsrentner nicht wirksam verzichten (§§ 3 Abs. 1, 30g Abs. 2 BetrAVG). Erfolgt ein Verzicht während des bestehenden Arbeitsverhältnisses im Zusammenhang mit einer Veränderung der Verteilungsgrundsätze für die Mittel der betrieblichen Altersversorgung, so bedarf es zu seiner Wirksamkeit der Zustimmung des Betriebsrats (BAG NZA 2004, 331).

Auf ein durch Betriebsvereinbarung oder Tarifvertrag begründetes Versorgungsversprechen kann durch Einzelvertrag ohne Zustimmung des Betriebsrats oder der Tarifparteien nicht ganz oder teilweise verzichtet werden (§§ 77 Abs. 4 Satz 2 BetrVG, 4 Abs. 3 und 4 TVG).

II. Abändernde Betriebsvereinbarungen

Eine betriebliche Versorgungszusage, die durch eine → Betriebsvereinbarung begründet worden ist, kann durch eine spätere Betriebsvereinbarung abgeändert werden. Erforderlich ist hierzu eine Einigung zwischen Betriebsrat und Arbeitgeber, die schriftlich niedergelegt werden muss, gegebenenfalls nach Einschaltung der Einigungstelle. Die jüngere Norm ersetzt in diesem Falle nach dem **Ablösungsprinzip** die ältere Norm.

1. Nicht erfasster Personenkreis

Die Betriebspartner können jedoch nicht durch Betriebsvereinbarung Rechte und Pflichten derjenigen Mitarbeiter begründen oder modifizieren, die aus dem Arbeitsverhältnis ausgeschieden sind. Dies gilt sowohl für Arbeitnehmer, bei denen bereits der Versorgungsfall eingetreten ist **(Betriebsrentner)** als auch für **Arbeitnehmer,** die mit einer **unverfallbaren** Versorgungsanwartschaft aus dem Unternehmen **ausgeschieden** sind. Für Letztere ergibt sich dies aus § 2 Abs. 5 Satz 1 BetrAVG – bei der Berechnung der Höhe der unverfallbaren Versorgungsanwartschaft bleiben Veränderungen der Versorgungsregelung, soweit sie nach dem Ausscheiden des Arbeitnehmers eintreten, außer Betracht. Auch diejenigen Arbeitnehmer, die bei In-Kraft-Treten einer Neuregelung bereits im Ruhestand leben und Leistungen nach einer früheren Betriebsvereinbarung erhalten, werden von einer abändernden Betriebsvereinbarung grundsätzlich nicht mehr erfasst. Der Betriebsrat hat nämlich keine Legitimation hinsichtlich der bereits ausgeschiedenen Betriebsrentner, die weder aktiv noch passiv wahlberechtigt sind. Mit dem Ausscheiden ändert sich die Rechtsgrundlage der zugesagten Leistungen. Der Betriebsrentner erwirbt einen schuldrechtlichen Anspruch, der der kollektivvertraglichen Zusage entspricht. Dieser besteht grundsätzlich unabhängig von der Betriebsvereinbarung und über deren Ende hinaus. Dies gilt auch für eine zugesagte Hinterbliebenenversorgung (offener insoweit BAG NZA 2005, 580). Etwas anderes gilt nur dann, wenn in der Versorgungszusage eine → **Jeweiligkeitsklausel** enthalten ist, die z. B. auf die jeweils geltenden Versorgungsbestimmungen verweist. Bei Änderung von Versorgungsbestimmungen, auf die in einer Versorgungszusage über eine Jeweiligkeitsklausel verwiesen wird, nimmt das BAG nach den gleichen Kriterien eine Rechtskontrolle vor wie bei abändernden Betriebsvereinbarungen (BAG NZA 1998, 817).

Auch die Versorgungszusagen für **leitende Angestellte** oder gar für Geschäftsführungsmitglieder können über eine Betriebsvereinbarung nicht geändert werden, da der Betriebsrat diesen Personenkreis nicht vertritt (§ 5 BetrVG).

2. Billigkeitskontrolle nach der Dreistufentheorie

Die Rechtsprechung nimmt bei abändernden Betriebsvereinbarungen eine Rechts- oder Billigkeitskontrolle nach den Grundsätzen der **Verhältnismäßigkeit** vor. Die Änderungsgründe sind gegen die Bestandsschutzinteressen der betroffenen Arbeitnehmer abzuwägen (BAG AP § 1 BetrAVG Unterstützungskassen Nr. 4). Einerseits haben sich die Arbeitnehmer auf eine bestimmte Versorgungsregelung eingestellt, andererseits ändern sich für die zusagenden Unternehmen im Zeitablauf die wirtschaftlichen Daten und die rechtlichen Rahmenbedingungen. Je stärker der Besitzstand ist, den die Arbeitnehmer erworben haben, umso gewichtiger muss der Grund sein, der einen Eingriff gestattet.

Den **Besitzstand** unterteilt das BAG in drei Stufen:

- die **erdiente Versorgungsanwartschaft** (§ 2 Abs. 1 BetrAVG),
- die **zeitanteilig erdiente Anwartschaftsdynamik,**
- die **noch nicht erdienten dienstzeitabhängigen Steigerungsraten.**

Bei den Eingriffsgründen unterscheidet das BAG zwischen **zwingenden, triftigen** und **sachlich-proportionalen** Gründen.

In die erdiente Versorgungsanwartschaft darf grundsätzlich nur aus zwingenden Gründen eingegriffen werden; in die zeitanteilig erdiente Dynamik darf nur aus triftigen Gründen eingegriffen werden, während für den Eingriff in noch nicht erdiente dienstzeitabhängige Steigerungsraten sachlich-proportionale Gründe genügen (BAG AP § 1 BetrAVG Ablösung Nr. 9).

Auch wenn die Dreistufentheorie zum Schutz des Besitzstands von Versorgungsanwartschaften vom BAG erst 1985 entwickelt worden ist (BAG AP § 1 BetrAVG Unterstützungskassen Nr. 4), wendet das BAG diese auch auf **ältere Änderungen** von Versorgungszusagen an, da die Abstufung von Besitzständen und Eingriffsgründen nur die Aufgabe hätten, die allgemeinen Grundsätze des Vertrauensschutzes und der Verhältnismäßigkeit zu verdeutlichen und für die Praxis handhabbar zu machen (BAG AP § 1 BetrAVG Besitzstand Nr. 13).

Für die jeweiligen sachlichen Gründe trägt in einem Prozess, in dem ein Arbeitnehmer oder Rentner sich auf die Unwirksamkeit einer Änderung beruft, der Arbeitgeber die Darlegungs- und Beweislast.

(a) Am stärksten geschützt sind die **erdienten Anwartschaften.** Wie sich aus den Unverfallbarkeitsvorschriften (§§ 1 b, 2 BetrAVG) und dem gesetzlichen Insolvenzschutz (§ 7 Abs. 2 BetrAVG) ergibt, hat der Arbeitnehmer zum Ablösungsstichtag insoweit bereits seine Arbeitsleistung erbracht; die Gegenleistung in → Höhe der zu diesem Zeitpunkt erreichten unverfallbaren Versorgungsanwartschaft kann ihm nur aus zwingenden Gründen genommen werden. Die Höhe der erdienten Anwartschaft ist gem. § 2 BetrAVG genauso zu berechnen, als würde der Arbeitnehmer zum Ablösungsstichtag aus dem Unternehmen ausscheiden. Gem. § 2 Abs. 5 Satz 1 BetrAVG wird dabei bei → endgehaltsabhängigen Versorgungszusagen bei der Berechnung der erreichbaren Vollrente das Gehalt zum Ablösungsstichtag zugrunde gelegt. Da ein Arbeitnehmer auch für verfallbare Versorgungsanwartschaften bereits Arbeitsleistungen erbracht hat, unterscheidet das BAG (AP

§ 1 BetrAVG Unterstützungskassen Nr. 1) hinsichtlich der erdienten Versorgungsanwartschaften nicht zwischen verfallbaren und unverfallbaren Anwartschaften. Soweit bei den Arbeitnehmern kein Vertrauen auf das Fortbestehen der bisherigen Versorgungsregelung entstehen konnte, etwa weil der Arbeitgeber sein Änderungsverlangen bekannt gemacht und ein Einigungsstellenverfahren eingeleitet hat, kann der erdiente Besitzstand auch zu einem früheren Zeitpunkt als dem Ablösungsstichtag eingefroren werden (BAG AP § 1 BetrAVG Ablösung Nr. 36). Eine einmal erdiente Anwartschaft, die durch eine Neuordnung nicht beeinträchtigt werden soll, darf auch später nicht gekürzt werden, sei es durch eine weitere abändernde Betriebsvereinbarung, sei es durch ein vorzeitiges Ausscheiden des Arbeitnehmers mit einer unverfallbaren Versorgungsanwartschaft (BAG DB 2003, 2794), den Eintritt eines Insolvenzfalles (BAG NZA 2001, 387) oder durch eine vorzeitige Inanspruchnahme der vollen betrieblichen Altersrente gem. § 6 BetrAVG.

Als **zwingenden Grund,** bei dem die Betriebsparteien auch in die erdiente Versorgungsanwartschaft nach § 2 Abs. 1 BetrAVG eingreifen können, hat das BAG früher auch wirtschaftliche Gründe angesehen, bei denen sich der Arbeitgeber in einer schweren, konkursgleichen → **wirtschaftlichen Notlage** befunden hat (BAG AP § 1 BetrAVG Ablösung Nr. 13). In diesem Fall war jedoch gleichzeitig nach der bis zum 31. 12. 1998 geltenden Rechtslage der → Sicherungsfall des § 7 Abs. 1 Satz 3 Nr. 5 BetrAVG a. F. gegeben, so dass der Pensionssicherungsverein bei entsprechender Zustimmung bzw. Verurteilung zur Zustimmung für die erdienten Versorgungsanwartschaften eintreten musste. Durch Art. 91 EGInsO ist mit Wirkung vom 1. 1. 1999 der Sicherungsfall der wirtschaftlichen Notlage gestrichen worden. Wegen einer wirtschaftlichen Notlage kann deshalb nicht mehr in insolvenzgeschützte erdiente Versorgungsanwartschaften eingegriffen werden (BAG AP § 7 BetrAVG Widerruf Nr. 24).

nzelfall kann ein Eingriff in erdiente Versorgungsanwart- durch zwingende Gründe gerechtfertigt sein, wenn die **Ge-** undlage für die Versorgungszusage **weggefallen** ist. Dies AG (AP § 1 BetrAVG Ablösung Nr. 26) dann als möglich angesehen, wenn sich die zugrunde gelegte Rechtslage nach Erteilung der Zusage ganz wesentlich und unerwartet geändert hat und dies beim Arbeitgeber zu erheblichen Mehrbelastungen geführt hat (Steigerung des Versorgungsaufwands um mehr als 60 % durch Änderungen im Steuer- und Sozialversicherungsrecht).

Der heute wichtigste zwingende Grund, der zum Eingriff in eine erdiente Versorgungsanwartschaft berechtigt, ist die planwidrige → **Überversorgung.** Das Vertrauen der Arbeitnehmer auf eine Gesamtversorgung von mehr als 100 % des letzten Nettoeinkommens ist dann, wenn dies nicht ursprünglich zugesagt war, nicht schutzwürdig (BAG NZA 1991, 242). Die Betriebsparteien können in erdiente Versorgungsanwartschaften eingreifen, solange es Zweck der Änderung ist, die Versorgung auf das ursprünglich vereinbarte Niveau zurückzuführen. Ein weitergehender Eingriff ist jedoch nicht zulässig (BAG NZA 1999, 780).

(b) Die nach § 2 Abs. 1 BetrAVG berechnete Versorgungsanwartschaft lässt gem. § 2 Abs. 5 BetrAVG Änderungen der Berechnungsgrundlagen nach dem Ausscheiden des Arbeitnehmers außer Betracht. Während bei einem ausscheidenden Arbeitnehmer weitere Einkommenssteigerungen nur aufgrund einer Fiktion ermittelt werden könnten, lassen sich diese bei einem im Betrieb verbleibenden Arbeitnehmer durchaus feststellen. Hier lässt sich die erreichbare Vollrente bei einer endgehaltsabhängigen Versorgungszusage mit dem tatsächlichen Endgehalt ermitteln und – im Nachhinein – die zu einem bestimmten Ablösungsstichtag erdiente Versorgungsanwartschaft errechnen. Diese bis zum Ablösungsstichtag **zeitanteilig erdiente Dynamik** darf einem Arbeitnehmer durch eine abändernde Betriebsvereinbarung nur genommen werden, wenn hierfür triftige Gründe vorliegen (BAG AP § 1 BetrAVG Unterstützungskassen Nr. 4).

Wird eine dynamische, auf ein Endgehalt bezogene Versorgungszusage durch eine abändernde Betriebsvereinbarung vollständig aufgegeben und nur noch die erdiente Versorgungsanwartschaft aufrechterhalten (also ein fester Betrag), steht der Eingriff in die erdiente Dynamik von vornherein fest. Sieht dagegen eine abändernde Neuregelung zwar das Einfrieren der Dynamik, wohl aber die Möglichkeit weiterer Steigerungen der Versorgungsanwart-schaft vor, steht zum Ablösungsstichtag noch nicht fest, ob der Arbeitnehmer bei Eintritt des Versorgungsfalles auf der Grundlage der ablösenden Neuregelung weniger erhält als wenn bei Aufrecht-erhaltung der Dynamik der zum Ablösungsstichtag erdiente Besitz-stand garantiert worden wäre. In diesem Fall kann erst bei Eintritt des Versorgungsfalls festgestellt werden, ob im Ergebnis in die erdiente Dynamit eingegriffen worden ist (BAG NZA 2003, 1407).

Ein **triftiger Grund,** der einen Eingriff in die erdiente Dynamik rechtfertigen kann, liegt vor, wenn ein unveränderter Fortbestand des Versorgungswerks langfristig zu einer **Substanzgefährdung** des zusagenden Unternehmens führen würde. Dies ist dann der Fall, wenn die Kosten des bisherigen Versorgungswerks nicht mehr aus den Unternehmenserträgen und etwaigen Wertzuwächsen des Unternehmensvermögens erwirtschaftet werden können, so dass eine die Entwicklung des Unternehmens beeinträchtigende Substanz-aufzehrung droht. Die Maßstäbe sind ähnlich wie diejenigen, bei deren Vorliegen ein Arbeitgeber aufgrund seiner wirtschaftlichen Lage die → Anpassung der Betriebsrenten gem. § 16 BetrAVG verweigern darf (BAG NZA 2003, 1411). Bei nicht auf Gewinn-erzielung ausgerichteten Unternehmen wird man dagegen fragen müssen, ob bei Aufrechterhaltung des Versorgungswerkes noch genügend Sach- und Personalmittel vorhanden sind, um die Unternehmensziele weiterzuverfolgen (vgl. für den DGB BAG AP § 1 BetrAVG Unterstützungskassen Nr. 43).

Dringende betriebliche Bedürfnisse **nicht wirtschaftlicher Art** können triftige Gründe sein, wenn ohne Schmälerung des Gesamtauf-wandes für die Versorgung Leistungskürzungen durch Verbesserung des Versorgungsschutzes aufgewogen werden (BAG AP § 1 Be-trAVG Besitzstand Nr. 8). Auch das Bestreben nach einer Verein-heitlichung verschiedener unterschiedlicher Versorgungsordnun-gen unter Zustimmung des Betriebsrats und ohne Schmälerung des Gesamtaufwands für die Versorgung ist vom BAG als triftiger Grund bewertet worden (BAG AP § 1 BetrAVG Besitzstand Nr. 11).

(c) In noch **nicht erdiente dienstzeitabhängige Steigerungsraten** darf aus sachlich-proportionalen Gründen eingegriffen werden.

Solange die bislang erdiente Versorgungsanwartschaft und bei endgehaltsabhängigen Systemen auch die zeitanteilig erdiente Dynamik unberührt bleibt, reichen für eine Änderung zukünftig zu erdienender Anwartschaftsteile Gründe aus, die nicht willkürlich sind und nachvollziehbar erkennen lassen, welche Umstände und Erwägungen zur Änderung der Versorgungszusage Anlass geben. Können die Versorgungsberechtigten nach der Neuordnung nicht mehr erkennen, wie hoch die Altersrente sein wird, kann ein sachlicher Grund nicht vorliegen (BAG NZA 2004, 1099).

Sachliche Gründe sind jedoch stets nach dem Verhältnismäßigkeitsgrundsatz zu kontrollieren. Regelungszweck und Mittel der Kürzung müssen in einem vernünftigen Verhältnis zueinander stehen (BAG AP § 1 BetrAVG Unterstützungskassen Nr. 8). In Betracht kommen sowohl wirtschaftliche wie nicht wirtschaftliche Gründe, etwa veränderte Vorstellungen über die Verteilungsgerechtigkeit und unvorhersehbare Änderungen der Rechtslage. Bejaht worden sind diese vom BAG für die Harmonisierung von Versorgungsregelungen innerhalb eines Unternehmens (BAG AP § 1 BetrAVG Ablösung Nr. 1), veränderte Vorstellungen der Arbeitnehmer über die Leistungsgerechtigkeit (BAG AP § 1 BetrAVG Ablösung Nr. 9), Beseitigung bisher bestehender Ungleichbehandlungen (BAG AP § 1 BetrAVG Besitzstand Nr. 14), unerwartete Kostensteigerungen durch Veränderung von Rechtsvorschriften wie die Einführung der vorgezogenen Altersgrenze (§ 6 BetrAVG) und des gesetzlichen Insolvenzschutzes (§§ 7ff BetrAVG) – nicht jedoch die Regelung der Unverfallbarkeit von Versorgungsanwartschaften und die Pflicht zur Anpassungsprüfung bei Betriebsrenten (BAG AP § 1 BetrAVG Unterstützungskassen Nr. 8). Sachliche Gründe können auch auf einer wirtschaftlich ungünstigen Lage des Arbeitgebers oder einer Fehlentwicklung des betrieblichen Versorgungswerks beruhen. Ein Sanierungsbedarf, der nicht mit einer wirtschaftlichen Notlage identisch sein muss, kann von einem unabhängigen Sachverständigen festgestellt werden. Ein allgemeiner Hinweis auf wirtschaftliche Schwierigkeiten reicht dagegen nicht aus, um die Willkürfreiheit eines Eingriffs zu belegen. Anderweitige nahe liegende Einsparmöglichkeiten müssen zumindest erwogen und ihre Unterlassung plausibel erklärt werden. Ein ausgewogener

Sanierungsplan ist jedoch nicht erforderlich (BAG AP § 1 Betr-AVG Ablösung Nr. 34).

(d) Abändernde Betriebsvereinbarungen müssen darüber hinaus eine **Härteklausel** enthalten, die verhindert, dass ungewöhnliche Sonderfälle, die im Rahmen einer generellen Regelung verständlicherweise nicht berücksichtigt werden konnten, unbillig hart getroffen werden. Insoweit nimmt das BAG zusätzlich eine **konkrete Billigkeitskontrolle** vor (BAG AP § 1 BetrAVG Ablösung Nr. 1 und 9). Übergangsregelungen für rentennahe Jahrgänge sind in der Regel erforderlich; sie dürfen jedoch nicht durch sachfremde Erwägungen bestimmt sein und müssen ihrerseits verhältnismäßig sein (BAG AP § 1 BetrAVG Besitzstand Nr. 11).

III. Ablösende Betriebsvereinbarung

Ist eine betriebliche Versorgungszusage individualvertraglich begründet worden, kann sie nicht durch eine nachfolgende ablösende Betriebsvereinbarung ohne Zustimmung des einzelnen Arbeitnehmers nachteilig verändert werden. Das Günstigkeitsprinzip bewirkt, dass eine nachteilige Betriebsvereinbarung grundsätzlich hinter einer günstigeren einzelvertraglichen Regelung zurücktritt. In drei Ausnahmefällen ist eine Ablösung von individualvertraglichen Versorgungszusagen durch eine Betriebsvereinbarung dennoch möglich: (1) bei individualvertraglichen Versorgungszusagen mit kollektivem Bezug, wenn die Neuregelung insgesamt für die Belegschaft nicht ungünstiger ist als bisher; (2) wenn die Einzelzusage auf die Möglichkeit einer Veränderung durch eine spätere Betriebsvereinbarung hinweist oder (3) wenn die Geschäftsgrundlage für die Versorgungszusage weggefallen ist.

1. Umstrukturierende Betriebsvereinbarung

Geht die betriebliche Altersversorgung auf eine → vertragliche Einheitsregelung, eine → Gesamtzusage oder eine → betriebliche Übung zurück, stehen diese Individualvereinbarungen für die Arbeitnehmer erkennbar in einem kollektiven Bezugssystem. Nach einer umstrittenen Grundsatzentscheidung des Großen Senats des BAG vom 16.9.1986 (NZA 1987, 168) können durch eine Einheitsregelung, eine Gesamtzusage oder eine betriebliche Übung vertraglich begründete Ansprüche einzelner Arbeitnehmer durch eine nachfolgende Betriebsvereinbarung eingeschränkt werden, wenn die Neuregelung insgesamt bei kollektiver Betrachtung keine Nachteile für die Belegschaft zur Folge hat (**„kollektives Günstigkeitsprinzip"**). Die Betriebsvereinbarung darf die Individualzusagen in ihrer Gesamtheit nicht verschlechtern, sondern nur innerhalb des bestehenden → Dotierungsrahmens die Mittel umverteilen. Bei einer derartigen **umstrukturierenden Betriebsvereinbarung** gibt es stets Arbeitnehmer, die schlechter gestellt werden, und solche, die besser gestellt werden. Der Bezugsrahmen für den Dotierungsrahmen muss dabei vor und nach der Neuordnung weitgehend identisch sein. Das Unternehmen, in welchem die abgelöste alte Regelung galt, und das Unternehmen, in dem die ablösende Neuregelung gelten soll, müssen zumindest in der Grundstruktur identisch sein (BAG NZA 2004, 1099). Dies ist zum Beispiel dann nicht der Fall, wenn eine größere Anzahl nicht versorgter Arbeitnehmer (wegen einer längere Zeit zurückliegenden → Schließung des Versorgungswerkes) in den Vergleich mit einbezogen werden. Von einer bloßen Umstrukturierung kann auch dann nicht gesprochen werden, wenn der Arbeitgeber zwar gleich hohe Beträge bisher aufwendet, aber durch Einführung einer → Entgeltumwandlung Sozialversicherungsbeiträge einspart (BAG NZA 2003, 986).

Ist eine umstrukturierende Betriebsvereinbarung grundsätzlich zulässig, weil es sich um Individualzusagen in einem kollektiven Bezugssystem handelt und der Dotierungsrahmen nicht verkleinert wird, wird die ablösende Betriebsvereinbarung anschließend vom BAG einer Rechtskontrolle nach den Grundsätzen der Verhältnismäßigkeit und des Vertrauensschutzes unterworfen (BAG NZA 2003, 986).

Da die Rechtsprechung früher davon ausging (BAG AP § 242 BGB Ruhegehalt Nr. 142), dass Individualzusagen durch Betriebsvereinbarungen auch zum Nachteil der Arbeitnehmer verändert werden können, genießen Arbeitgeber, die in den siebziger Jahren entsprechende Änderungen von Versorgungszusagen vorgenommen haben, Vertrauensschutz. Das BAG (NZA 1991, 477) wendet die Rechtsprechung zum kollektiven Günstigkeitsvergleich (NZA 1987, 168) deshalb nicht auf ablösende Betriebsvereinbarungen an, die bis zum Bekanntwerden des Urteils des BAG vom 12. 8. 1982 abgeschlossen worden sind.

2. Betriebsvereinbarungsoffene Zusagen

Die Beschränkungen, die das BAG hinsichtlich der Änderbarkeit von individuellen Versorgungszusagen mit kollektivem Bezug durch das kollektivem Günstigkeitsprinzip vorgenommen hat, können nur dann gelten, wenn der Arbeitnehmer darauf vertrauen konnte, seine Versorgungszusagen würden nicht durch eine nachfolgende Betriebsvereinbarung beeinträchtigt. War die Versorgungszusage jedoch **betriebsvereinbarungsoffen,** gilt dieser Vertrauensschutz nicht.

Betriebsvereinbarungsoffenheit liegt vor, wenn sich der Arbeitgeber eine Änderung der Versorgungszusage durch eine nachfolgende betriebsverfassungsrechtliche Regelung vorbehalten hat. Dieser Vorbehalt kann **ausdrücklich,** bei entsprechenden Begleitumständen aber auch **stillschweigend** erfolgen (BAG AP § 77 BetrVG 1972 Nr. 25). Hierzu genügt der Hinweis, dass der Inhalt der Versorgungszusage mit dem Betriebsrat abgestimmt ist (BAG NZA 2004, 271). Bejaht hat das BAG eine Betriebsvereinbarungsoffenheit auch in einem Fall, in dem es keine schriftliche Versorgungsregelung gab, die Vertragspraxis aber auf einem unter Mitwirkung des Betriebsrats zustande gekommenen Beschluss einer Vertreterversammlung der Pensionskasse beruhte (BAG AP § 1 BetrAVG Ablösung Nr. 33). Die Inbezugnahme auf einen Tarifvertrag stellt keinen Vorbehalt einer späteren Änderung durch eine Betriebsvereinbarung dar (BAG NZA 1990, 352). Auch die steuerunschädlichen Mustervorbehalte oder ein Freiwilligkeitsvorbehalt begründen keine Betriebsvereinbarungsoffenheit (BAG NZA 1991, 477).

War die abgelöste vertragliche Einheitsregelung oder Gesamtzusage betriebsvereinbarungsoffen, unterliegt die nachfolgende Betriebsvereinbarung der **Billigkeitskontrolle** nach der Dreistufentheorie des BAG für eine abändernde Betriebsvereinbarung.

3. Wegfall der Geschäftsgrundlage

Haben sich seit Erteilung der Versorgungszusage die tatsächlichen oder rechtlichen Verhältnisse so erheblich geändert, dass von einem Wegfall der Geschäftsgrundlage gesprochen werden

kann, darf der Arbeitgeber einzelvertraglich erteilte Versorgungszusagen widerrufen. Ein solcher → **Widerruf** ist denkbar vor allen
Dingen bei einer planwidrigen **Überversorgung** oder bei einer unerwarteten und ganz wesentlichen **Änderung der Rechtslage.** Hierbei ist das Mitbestimmungsrecht des Betriebsrats zu beachten.
Statt eines Widerrufs kann deshalb der Arbeitgeber auch eine ablösende Betriebsvereinbarung mit dem Betriebsrat beschließen,
ohne an die Grenzen des kollektiven Günstigkeitsprinzips gebunden zu sein. Auch in diesem Fall unterliegt die Betriebsvereinbarung der Billigkeitskontrolle nach der Dreistufentheorie des BAG
für eine abändernde Betriebsvereinbarung.

IV. Änderung durch Tarifvertrag

Eine betriebliche Altersversorgung, die auf einem Tarifvertrag beruht, kann durch einen nachfolgenden Tarifvertrag verschlechtert
werden. Dieser kann von den Gerichten nur darauf überprüft werden, ob er gegen das Grundgesetz, gegen zwingendes Gesetzes-
recht, gegen die guten Sitten oder gegen tragende Grundsätze des
Arbeitsrechts verstößt (BAG AP § 1 BetrAVG Ablösung Nr. 19).
Eine Billigkeitskontrolle wie bei Betriebsvereinbarungen findet
nicht statt. Allerdings dürfen Tarifverträge die vorhandenen Besitzstände nicht völlig unberücksichtigt lassen (BAG AP § 1 BetrAVG
Besitzstand Nr. 1). Die Tarifvertragsparteien sind an die Grundsätze des Vertrauensschutzes und der Verhältnismäßigkeit gebunden (BAG NZA 2006, 335). Ob Rentner oder andere ausgeschiedene Arbeitnehmer von einem verschlechternden Tarifvertrag erfasst werden können, ist umstritten; erfasst werden sie jedenfalls
von einer Änderung, wenn im Arbeitsvertrag eine Jeweiligkeitsklausel enthalten ist und sie noch Mitglied der Gewerkschaft sind
(BAG AP § 1 BetrAVG Ablösung Nr. 19). In einem solchen Fall
kann durch Tarifvertrag auch zu Lasten der Rentner eine Überversorgung abgebaut werden (BAG AP § 1 BetrAVG Zusatzversorgungskassen Nr. 43). Auch in Anwartschaften ausgeschiedener
Arbeitnehmer kann eingegriffen werden (BAG NZA 2006, 456).
Ob durch Tarifverträge günstigere individuelle Versorgungszusagen
(auch mit kollektivem Bezug) abgelöst werden können, erscheint
wegen des Günstigkeitsprinzips (§ 4 Abs. 3 TVG) zweifelhaft.

V. Änderung infolge einer Jeweiligkeitsklausel

Wird durch eine → Jeweiligkeitsklausel in einer betrieblichen Versorgungszusage auf eine andere Regelung Bezug genommen, wirken **Änderungen** der in Bezug genommenen Regelung im Zweifel **automatisch** für oder gegen den Versorgungsberechtigten. Änderungen von Versorgungszusagen infolge von Jeweiligkeitsklauseln unterwirft das BAG der gleichen **Verhältnismäßigkeitskontrolle** wie abändernde Betriebsvereinbarungen (BAG AP § 5 BetrAVG Nr. 25).

VI. Einseitige Änderung durch den Arbeitgeber

Unter bestimmten Umständen kann der Arbeitgeber durch einseitige Erklärung den Inhalt der Versorgungszusage ändern. Er kann gegenüber dem Arbeitnehmer eine Änderungskündigung aussprechen, die Versorgungszusage widerrufen oder sich auf den Wegfall der Geschäftsgrundlage berufen. S. auch → Kündigung, → Widerruf.

1. Änderungskündigung

Eine betriebliche Versorgungszusage kann nicht getrennt vom Arbeitsverhältnis gekündigt werden; eine **Teilkündigung** ist **unzulässig.** Will der Arbeitgeber einseitig gegenüber einem Arbeitnehmer den Inhalt der Versorgungszusage ändern oder diese beseitigen, muss er das Arbeitsverhältnis insgesamt kündigen und dem Arbeitnehmer ein Arbeitsverhältnis zu geänderten Bedingungen anbieten. Unterliegt das Arbeitsverhältnis dem allgemeinen Kündigungsschutz (§§ 1, 23 KSchG), hat der Arbeitgeber in einem Kündigungsschutzprozess darzulegen, inwieweit die Fortsetzung des Arbeitsverhältnisses zu geänderten Bedingungen durch dringende betriebliche Erfordernisse bedingt ist. Bei der Kürzung einer betrieblichen Versorgungszusage müssen sonst Verluste entstehen, die absehbar zu einer Reduzierung der Belegschaft oder zu einer Schließung des Betriebes führen (BAG NZA 2003, 147). Eine Änderungskündigung ist deshalb für den Arbeitgeber in einem Prozess sehr schwer zu begründen.

2. Widerruf von Versorgungszusagen

In drei Fällen kann der Arbeitgeber die betriebliche Versorgungszusage einseitig widerrufen: bei einer **Treuepflichtverletzung,** bei einem Wegfall der Geschäftsgrundlage und bei Vorliegen bestimmter sachlicher Gründe, wenn die betriebliche Altersversorgung über eine Unterstützungskasse durchgeführt wird. Die steuerunschädlichen → **Widerrufsvorbehalte** stellen dagegen keinen eigenständigen Rechtsgrund zum Widerruf von Versorgungszusagen dar, sondern umschreiben nur (in einer zum großen Teil veralteten Fassung) Voraussetzungen für einen Widerruf wegen Wegfalls der Geschäftsgrundlage.

Ein → **Widerruf** ist möglich bei einer planwidrigen → **Überversorgung** oder bei einer unerwarteten und ganz wesentlichen **Änderung der Rechtslage.** Auch dieser unterliegt jeweils einer Verhältnismäßigkeitsprüfung.

Anwartschaften auf **Unterstützungskassenleistungen** können vom Arbeitgeber beim Vorliegen sachlicher Gründe einseitig widerrufen werden. Einen solchen → Widerruf kontrolliert das BAG im Hinblick auf die Verhältnismäßigkeit und den Vertrauensschutz der Arbeitnehmer entsprechend der Dreistufentheorie, die oben bereits für abändernde Betriebsvereinbarungen dargestellt worden ist. Für Versorgungszusagen aus der Zeit vor In-Kraft-Treten des BetrAVG gilt ein für die Arbeitgeber großzügigerer Überprüfungsmaßstab.

VII. Kündigung von Kollektivvereinbarungen

Beruht die betriebliche Altersversorgung auf einer Betriebsvereinbarung oder einem Tarifvertrag, können die jeweiligen Vertragsparteien auf die Versorgungszusage auch darüber Einfluss nehmen, dass sie die Vereinbarung kündigen. Eine Kündigung ist vorbehaltlich anderer Vereinbarungen grundsätzlich formlos und ohne Begründung möglich. Ansonsten unterscheiden sich die Kündigung einer Betriebsvereinbarung und die Kündigung eines Tarifvertrags in ihren Wirkungen auf die Versorgungszusagen der Arbeitnehmer erheblich. Näher → **Kündigung.**

1. Kündigung einer Betriebsvereinbarung

→ Betriebsvereinbarungen zwischen Betriebsrat und Arbeitgeber können mit einer Frist von drei Monaten gekündigt werden. Kündigungsschutz genießt die Betriebsvereinbarung nicht. Die

→ Kündigung einer Betriebsvereinbarung über betriebliche Altersversorgung bewirkt nicht nur eine **Schließung** des Versorgungswerks für die Zukunft, sondern betrifft auch die aktiven Arbeitnehmer, die zum Zeitpunkt des Wirksamwerdens der Kündigung
durch die Betriebsvereinbarung begünstigt werden. Nach der Kündigung der Betriebsvereinbarung über betriebliche Altersversorgung ist der **Besitzstand** je nach den Gründen für die Kündigung
aufrechtzuerhalten. Die Rechtsfolgen der Kündigung werden mit
Hilfe der Grundsätze des Vertrauensschutzes und der Verhältnismäßigkeit entsprechend der von BAG entwickelten Dreistufentheorie bestimmt (BAG NZA 2000, 322).

2. Kündigung eines Tarifvertrags

Beruht die Versorgungszusage auf einem → Tarifvertrag, kann
der Tarifvertrag durch eine der Tarifvertragsparteien innerhalb der
vom Tarifvertrag festgelegten Frist ordentlich gekündigt werden.
Nach Ablauf der Kündigungsfrist wirken die Normen des Tarifvertrags weiter, bis sie durch eine andere Abmachung ersetzt werden
(**Nachwirkung,** § 4 Abs. 5 TVG). *(M)*

▶ Anpassung von Betriebsrenten

Wie alle regelmäßigen Geldzahlungen, die über viele Jahre laufen, unterliegt eine monatlich gezahlte Betriebsrente dem inflationsbedingten Wertverfall. Sozialversicherungsrenten werden über
einen Anpassungsfaktor regelmäßig angepasst (→ Anpassung von
Sozialversicherungsrenten). AN können in laufenden Tarifver-
handlungen Lohnsteigerungen durchsetzen. Für Betriebsrentner
existiert in § 16 BetrAVG eine Vorschrift, wie laufende Betriebsrenten anzupassen sind. Selbstverständlich können AG und AN bzw.
Betriebsrentner Regelungen vereinbaren, die für den AN günstiger
sind, oder der AG kann von sich aus freiwillig eine Anpassung der
laufenden Renten vornehmen.

I. Überblick

Schon **vor In-Kraft-Treten des BetrAVG** hat das BAG (BAG AP
§ 242 BGB Ruhegehalt – Geldentwertung Nr. 4 und 5) den AG
nach Treu und Glauben für verpflichtet gehalten, mit dem Empfän-

ger einer Betriebsrente über die Anpassung der Versorgung zu verhandeln, wenn seit der letzten Absprache über die Ruhegeldregelung eine 40-prozentige Verteuerung der Lebenshaltungskosten eingetreten ist. Bei fehlender Einigung hatte der AG nach billigem Ermessen zu entscheiden, ob und in welcher Höhe er das Ruhegehalt anheben wollte. Diese Entscheidungen sind Vorbild für die gesetzliche Grundregelung des § 16 BetrAVG geworden.

1. Die Grundregel: Anpassungsprüfung alle drei Jahre

Nach der Grundregel des § 16 Abs. 1 BetrAVG soll der AG die Notwendigkeit einer Anpassung der laufenden Leistungen der betrieblichen Altersversorgung alle drei Jahre überprüfen und nach billigem Ermessen darüber entscheiden. Dabei soll er insbesondere die Belange des Versorgungsempfängers und seine wirtschaftliche Lage berücksichtigen. Mit dieser Regelung stellt der Gesetzgeber den Betriebsrentner trotz Verlustes der Arbeitskampffähigkeit ein Verfahren zur Verfügung, mit dem Betriebsrentner den Kaufkraftschwund in etwa ausgleichen können sollen. Die Entscheidungskriterien – die wirtschaftliche Lage des AG und die Belange des Versorgungsempfängers – nehmen dabei sowohl auf den Entgeltcharakter der betrieblichen Altersversorgung Rücksicht als auch auf ihren Charakter als freiwillige Sozialleistung des AG.

2. Ausnahmen

Wenn der AG die betriebliche Altersversorgung über eine → **Direktversicherung** oder eine → **Pensionskasse** durchführt, kann eine Anpassungsprüfung unterbleiben, wenn ab Rentenbeginn sämtliche auf den Rentenbestand entfallende Überschussanteile zur Erhöhung der laufenden Leistungen verwendet werden.

Für die ab 1. 1. 2002 mögliche → **Beitragszusage mit Mindestleistung** lässt § 16 Abs. 3 Ziff. 3 BetrAVG die Anpassungsprüfungspflicht entfallen.

Bei **Entgeltumwandlungszusagen,** die ab dem 1. 1. 2001 erteilt sind, ist der AG verpflichtet, die Leistungen jährlich mindestens um 1% anzupassen. Soweit die Entgeltumwandlung in eine Direktversicherung oder in eine Pensionskassenzusage erfolgt ist, hat der AG wiederum sämtliche Überschussanteile zur Verbesserung der laufenden Leistungen zu verwenden. Dies ist ein gesetzlicher

Anspruch (§ 16 Abs. 5 BetrAVG), der unabhängig von einer entsprechenden vertraglichen Zusage besteht.

Versorgungszusagen, in die ab dem 1.1.1999 erteilt sind, können vorsehen, dass der AG sich verpflichtet, die laufenden Leistungen jährlich um wenigstens ein Prozent anzupassen. Bei einer solchen **jährlichen Anpassungspflicht** entfällt die Anpassungsprüfungspflicht.

3. Günstigere Regelungen

Unabhängig von der gesetzlichen Anpassungsprüfungspflicht des § 16 Abs. 1 BetrAVG können AG und AN eine für den Rentner günstigere Regelung über die Anpassung der laufenden Rentenleistungen vereinbaren. Möglich sind zum Beispiel **Dynamisierungsklauseln,** wenn die Rente sich nach dem letzten Einkommen des AN richtet und die Rente laufend der Tariflohnentwicklung angepasst wird. Andere vertragliche Anpassungsklauseln sind beispielsweise so genannte **Spannenklauseln,** die die Höhe der laufenden Rentenzahlungen mit der Höhe anderer Leistungen verbinden, beispielsweise den Bezügen von bestimmten Beamten- oder Angestelltengruppen, oder **Wertsicherungsklauseln,** die die Höhe der Rente an den Preis einer Ware oder Leistung binden. Derartige Wertsicherungsklauseln waren früher nach § 3 WährG und sind heute nach Einführung des Euro nach § 2 des Preisangaben- und Preisklauselgesetzes i.V.m. § 1 Preisklauselverordnung genehmigungspflichtig. Es finden sich auch **Verhandlungsklauseln,** bei denen in der Versorgungszusage vereinbart ist, dass die Vertragspartner zunächst über die Anpassung der Versorgungsbezüge verhandeln sollen und im Falle des Scheiterns der Vertragsverhandlungen die Neufestsetzung durch einen Sachverständigen erfolgen soll.

Ob die Vereinbarung eines festen Steigerungssatzes für die Rente eine günstigere Regelung als diejenige des § 16 Abs. 1 BetrAVG ist, ist jeweils anhand der durchschnittlichen Veränderung der Verbraucherpreise zu ermitteln. Zulässig ist eine Zusage mit einem festen Prozentsatz von mindestens 1% seit dem 1.1.1999.

II. Die Anpassungsprüfungspflicht nach § 16 Abs. 1 BetrAVG

1. Anpassungsgegenstand

Die Pflicht des AG zur Anpassungsprüfung bezieht sich nur auf Rentenansprüche, nicht dagegen auf Rentenanwartschaften (BAG AP § 16 BetrAVG Nr. 5). Einen Wertverfall der Versorgungsanwartschaft muss ein Versorgungsberechtigter während der Zeit als aktiver AN selbst durch Vertragsverhandlungen versuchen auszugleichen.

Anzupassen sind nur **laufende Rentenleistungen,** nicht einmalige Kapitalleistungen oder sonstige Einmalzahlungen.

Nach dem am 1. 1. 2002 in Kraft getretenen § 16 Abs. 6 BetrAVG müssen monatliche Raten eines Auszahlungsplans nicht angepasst werden. Wird also ein feststehender Einmalbetrag in Raten ausgezahlt, ist eine Anpassungsprüfung nicht erforderlich. Dies betrifft vor allen Dingen Auszahlungspläne im Sinne des § 1 Abs. 1 Satz 1 Nr. 4 und 5 des Altersvorsorgeverträge-Zertifizierungsgesetzes (→ Zertifizierung). Bei einem **Auszahlungsplan** verspricht ein Pensionsfonds, eine Pensionskasse oder ein Lebensversicherungsunternehmen, ab Beginn der Auszahlungsphase für eine bestimmte Zeit eine gleich bleibende oder steigende monatliche oder vierteljährliche Rate zu zahlen. Zertifizierte Verträge sehen eine Auszahlungsphase bis zur Vollendung des 85. Lebensjahres vor, danach eine gleich bleibende oder steigende lebenslange Leibrente aus einer Rentenversicherung. Auch diese Leibrente muss nicht nach § 16 BetrAVG angepasst werden.

Naturalleistungen unterlegen nicht den Geldwertverfall, so dass deren Anpassung nicht erforderlich ist. Dies ändert sich ab dem Zeitpunkt, in dem die Sachleistung in eine Geldleistung umgewandelt wird (BAG AP § 16 BetrAVG Nr. 11).

Der AG hat die Anpassung der laufenden Leistungen alle drei Jahre zu prüfen, unabhängig davon, über welchen Versorgungsträger er die betriebliche Altersversorgung durchführt. Allerdings besteht bei Abschluss einer Direktversicherung oder einer Pensionskassezusage die Möglichkeit, die Anpassungsprüfung zu vermeiden, indem seit Rentenbeginn die Überschussanteile zur Erhöhung der laufenden Leistungen verwendet werden.

2. Anpassungsverpflichteter

Die Pflicht zur Anpassungsprüfung trifft den AG als Schuldner einer Versorgungszusage, nicht den die Versorgung durchführenden selbständigen Versorgungsträger wie Unterstützungskasse, Pensionsfonds, Pensionskasse oder Direktversicherung. Allerdings kann der AG sich auch hinsichtlich der Anpassung der Betriebsrente dieser Versorgungsträger bedienen.

Die Anpassungsprüfungspflicht besteht unabhängig davon, ob der AG noch am wirtschaftlichen Leben teilnimmt oder nicht. Sie betrifft daher grundsätzlich auch den **privatisierenden Unternehmer** (den Unternehmer, der sein Unternehmen verkauft hat), seine Erben (BAG NZA 2000, 1057) oder dasjenige Unternehmen, dessen alleiniger Zweck nur noch in der Verwaltung von Betriebsrentenansprüchen besteht (→ **Rentnergesellschaften**, BAG NZA 1997, 1111; AP § 16 BetrAVG Nr. 51). Bei einer Liquidation einer Personengesellschaft haften die Gesellschafter persönlich weiter; die → **Liquidation** einer GmbH oder AG ist nur nach → Übertragung der Versorgungsverpflichtung gem. § 4 Abs. 3 BetrAVG auf ein Lebensversicherungsunternehmen oder eine Pensionskasse einschließlich der Anpassungsverpflichtung möglich.

Bei einem → **Betriebsübergang** oder einer → Unternehmensumwandlung ist derjenige Anpassungsverpflichteter, der die laufenden Betriebsrente zu zahlen hat, bei bereits ausgeschiedenen AN und Rentnern vor dem Betriebsübergang oder der Unternehmensumwandlung also der bisherige Betriebsinhaber.

Auch in einem **Konzern** trifft die Anpassungspflicht nur diejenige Gesellschaft, zu der der AN ein Arbeitsverhältnis gehabt hat.

Den **PSV** als Träger der Insolvenzsicherung trifft grundsätzlich keine Pflicht zur Anpassungsprüfung nach § 16 BetrAVG. Der gesetzliche Insolvenzschutz erfasst nur den Anspruch auf die zugesagte Rente, nicht die Pflicht zur Anpassung der Betriebsrente (BAG AP § 16 BetrAVG Nr. 28). Begründet wird dies damit, dass ein AG mit einer schlechten wirtschaftlichen Lage zur Anpassung der Betriebsrente nicht verpflichtet sei; dann müsse dies erst recht bei einem AG gelten, der insolvent geworden sei. Allerdings gibt es in der Marktwirtschaft kein Unternehmen, das sich dauerhaft in

einer schlechten wirtschaftlichen Lage befindet. Eine Anpassungsprüfungspflicht für den PSV ist zu bejahen, wenn sich der AG in
der Versorgungszusage vertraglich zu einer Anpassung der Betriebsrente verpflichtet hat, etwa im Wege einer Dynamisierungs-
klausel (BAG NZA 1995, 887).

3. Prüfungszeitpunkt und Prüfungszeitraum

Der AG hat die Anpassungsprüfung alle drei Jahre vorzunehmen. Die Frist beginnt mit dem Tag, von dem ab erstmals laufende
Rentenleistungen beansprucht werden können. Dies gilt auch für
→ vorgezogene betriebliche Altersversorgungsleistungen nach § 6
BetrAVG. Der AG ist berechtigt, alle in einem Unternehmen anfallenden Prüfungstermine zu einem einheitlichen jährlichen Termin
zu bündeln (BAG AP § 16 BetrAVG Nr. 52). Eine noch weitergehende Bündelung (etwa alle drei Jahre) wird allgemein nicht
akzeptiert. Die Zusammenfassung kann im Einzelfall zu einer erstmaligen Anpassungsprüfung erst drei Jahre und 11 Monate nach
Rentenbeginn führen. Es ist dann allerdings ein entsprechend höherer Inflationsausgleich zu berücksichtigen (BAG AP § 16 Betr-
AVG Nr. 24). Die Folgeprüfungen sind dann turnusgemäß im
Dreijahresrhythmus durchzuführen. Eine Verkürzung des Dreijah-
reszeitraums bei der erstmaligen Anpassungsprüfung ist zulässig,
da sie die AN nicht benachteiligt (BAG DB 2006, 732).

Für **Altrenten,** die am 1. 1. 1975 bereits drei Jahre und länger liefen, besteht ein fester Anpassungsrhythmus, da für diese das BAG
als ersten Prüfungsstichtag den 1. 1. 1975 bestimmt hat (BAG AP
§ 16 BetrAVG Nr. 1).

4. Anpassungsmaßstab

Maßstab für die Anpassungsprüfung sind nach § 16 Abs. 1 Betr-
AVG die Belange des Versorgungsempfängers und die wirtschaftlichen Lage des AG. In Anlehnung an die Rechtsprechung des
BAG sieht § 16 Abs. 2 Nr. 1 BetrAVG die Anpassungsverpflichtung
als erfüllt an, wenn die Anpassung nicht geringer ist als der **Anstieg
des Verbraucherpreisindexes** für Deutschland im Prüfungszeitraum. Anpassungsmaßstab ist daher grundsätzlich der Anstieg des
Verbraucherpreisindexes in den letzten drei Jahren. Dieser Maßstab ist zum 1. 1. 2003 in das BetrAVG eingeführt worden. Vorher

veröffentlichte das Statistische Bundesamt den Preisindex für die Lebenshaltung von 4-Personen-Haushalten von Arbeitern und Angestellten mit mittlerem Einkommen. Dies war bis zum 31. 12. 2002 der anzuwendende Anpassungsmaßstab gem. § 16 Abs. 2 Nr. 1 BetrAVG (§ 30c Abs. 4 BetrAVG). Wird der Kaufkraftschwund entsprechend diesem Maßstab voll ausgeglichen, ist der Anpassungsbedarf des Betriebsrentners nach dem Gesetz erfüllt.

Für die Ermittlung der Teuerungsrate ist von folgender Berechnungsformel auszugehen:

$$\frac{\text{Aktueller Verbraucherpreisindex am Anpassungsstichtag}}{\text{Verbraucherpreisindex vor drei Jahren}} = \text{Vervielfältigungsfaktor}$$

Da üblicherweise mit prozentualen Erhöhungen gerechnet wird, wird der Prozentsatz, um den die Betriebsrente anzupassen ist, auch mit folgender Berechnungsformel errechnet:

$$\frac{\text{Aktueller Verbraucherpreisindex am Anpassungsstichtag} \times 100}{\text{Verbraucherpreisindex vor drei Jahren}} - 100 = \text{Erhöhung um \%}$$

Um dies an einem Beispiel zu verdeutlichen:
Im Dezember 2002 betrug der Verbraucherpreisindex 104,0 (Basis: 2000 = 100);
im Dezember 1999 betrug der Verbraucherpreisindexes 99,1.
Dann ergibt sich für eine Anpassung zum 1. 1. 2003 folgende Rechnung:

$$\frac{104,0}{99,1} = 1,049445$$

oder

$$\frac{104,0 \times 100}{99,1} - 100 = 4,9445\%$$

Die monatliche Betriebsrente ist also zum 1. 1. 2003 um 4,9445 % zu erhöhen.

Die genaue Berechnung wird dadurch erschwert, dass zum 1. 1. 2003 der Anpassungsmaßstab vom Preisindex für 4-Personen-Haushalte von Arbeitern und Angestellten mit mittlerem Einkommen umgestellt worden ist auf den Preisindex für die Lebenshaltung aller privaten Haushalte und die Warenkörbe und damit zusammenhängend die jeweiligen Basisjahre, in denen der Preisindex = 100 gesetzt wurde, in den letzten Jahrzehnten mehrfach geändert wurden. Darüber hinaus existierten vorübergehend unterschiedliche Preisindizes für die alten und neuen Bundesländer.

Für Altrenten, die vor dem 1. 1. 1972 zu laufen begonnen haben, hat das BAG (AP § 16 BetrAVG Nr. 5) zum 1. Anpassungsstichtag 1. 1. 1975 (und nur zu diesem) es akzeptiert, wenn der AG den Kaufkraftverlust nur zur Hälfte ausgleicht (sog. **Hälftelungsprinzip**).

Der sich aus der Veränderung der Lebenshaltungskosten ergebende Anpassungsbedarf ist unabhängig von anderen Faktoren, die mit der Betriebsrente nicht unmittelbar zusammenhängen. Weder muss die Inflationsrate einen bestimmten Prozentsatz überschritten haben, wie dies nach der vorgesetzlichen Rechtsprechung der Fall sein musste (BAG AP § 242 BGB Ruhegehalt Geldentwertung Nr. 4 und 5), noch ist die Anpassung der Betriebsrente von der Entwicklung der Sozialversicherungsrenten in irgendeiner Weise abhängig, und zwar selbst dann, wenn der AG über eine → Gesamtversorgungszusage bei der Betriebsrentenberechnung einen Zusammenhang zu der Sozialversicherungsrente hergestellt hat (BAG AP § 16 BetrAVG Nr. 11). Auch wenn bei einer Gesamtversorgung die Summe aus Sozialversicherungsrente und Betriebsrente durch eine Anpassung der Betriebsrente zu einem höheren Nettoeinkommen als dem eines aktiven AN führen würde (absolute Obergrenze) oder beide Renten im Prüfungszeitraum stärker steigen würden als das Nettoeinkommen eines vergleichbaren aktiven AN (relative Obergrenze), kann dies vom AG nicht zu Lasten des Betriebsrentners berücksichtigt werden (BAG AP § 16 BetrAVG Nr. 8 und 17).

Wenn allerdings im Prüfungszeitraum die vergleichbaren aktiven AN des Unternehmens eine geringere Nettolohnsteigerung hinnehmen mussten als die Steigerung des Lebenshaltungskostenindexes, müssen sie sich nach der Rechtsprechung des BAG (AP § 16 BetrAVG Nr. 47) mit einer Rentenanpassung entsprechend der Nettolohnsteigerung begnügen. Vor dem 1. 1. 1999 konnte der

AG auf die Durchschnittsverdienste aller AN seines Unternehmens abstellen, konnte aber auch typische Teile seiner Belegschaft zu einer Gruppe zusammenfassen. In der Abgrenzung der Gruppe hat der AG einen weitgehenden Entscheidungsspielraum, solange sich die Gruppenbildung durch Gemeinsamkeiten im Hinblick auf das Arbeitsentgelt, auch bei den Betriebsrentnern, auszeichnet (BAG NZA 2001, 1076). Diese **reallohnbezogene Obergrenze** begründet das BAG aus dem Unverständnis der aktiven Arbeitnehmerschaft für eine höhere Rentenanpassung. Erklären kann man dies auch aus dem Normzweck des § 16 BetrAVG, der den Betriebsrentnern ein Verfahren zur Anpassung ihrer Rente zur Verfügung stellen will, das das Fehlen einer kollektivarbeitsrechtlichen Anpassung ausgleichen soll. Wenn aber bereits die aktiven AN, die gegenüber ihrem AG noch über Druckmittel verfügen, gegen ihren AG keine Anpassung ihrer Bezüge in Höhe der Inflationsrate durchsetzen können, dann kann erst recht den Betriebsrentnern kein Inflationsausgleich gewährt werden. Der Gesetzgeber hat diese Rechtsprechung des BAG zum 1. 1. 1999 aufgegriffen. Nach § 16 Abs. 2 Nr. 2 BetrAVG gilt die Anpassungsverpflichtung als erfüllt, wenn die Anpassung nicht geringer ist als der Anstieg der Nettolöhne vergleichbarer ANgruppen des Unternehmens im Prüfungszeitraum.

Der AG darf allerdings nicht zwischen Nettolohnsteigerung und Ausgleich der Inflationsrate ständig hin und her wechseln, sondern hat jedenfalls bei Anpassungen bis zum 31. 12. 1998 den Kaufkraftverlust beim nächsten Prüfungstermin voll auszugleichen, wenn er nur für einen Prüfungszeitraum zur reallohnbezogenen Obergrenze gewechselt ist (BAG AP § 16 BetrAVG Nr. 47).

5. Die Prüfung und Entscheidung des Arbeitgebers

Der AG hat alle drei Jahre zu prüfen, ob es einen Anpassungsbedarf bei den Betriebsrenten im Hinblick auf die Veränderung des Verbraucherpreisindexes oder der Nettolohnentwicklung gibt. Aufgrund dieser Prüfung hat der AG eine Entscheidung nach billigem Ermessen zu treffen, die insbesondere die **Belange des Versorgungsempfängers** und die **wirtschaftliche Lage des AG** berücksichtigt. Zwar hat der AG bei seiner Entscheidung einen Beurteilungsspielraum, doch sind die Belange des Versorgungsempfängers vom AG in seiner Entscheidung grundsätzlich so zu berücksichtigen, dass der Anpassungsbedarf in voller Höhe ausgeglichen wird. Eine Anpassung in voller Höhe kann nur dann unterbleiben, wenn dies die wirtschaftliche Lage des AG nicht gestattet. Prüfen und über eine Anpassung entscheiden muss ein AG alle drei Jahre in jedem Falle, auch wenn er zu der Entscheidung kommt, dass er eine Anpassung nicht vornehmen kann. Die Anpassungsentscheidung hat der AG dem Rentner unaufgefordert mitzuteilen (→ Auskunftspflichten des AG); auf Verlangen ist ihm auch die Begründung mitzuteilen (LAG Hamm NZA 1991, 938). Sie kann **gerichtlich überprüft** werden. In einem Prozess hat der Versorgungsempfänger die Höhe des Anpassungsbedarf darzulegen und ggf. zu beweisen; der AG hat die Kriterien seiner Anpassungsentscheidung darzustellen und darzulegen und ggf. zu beweisen, dass seine wirtschaftliche Lage eine Anpassung in voller Höhe nicht erlaubt.

6. Die wirtschaftliche Lage des Arbeitgebers

Der AG kann eine Anpassung der Betriebsrenten nach § 16 BetrAVG ganz oder teilweise ablehnen, so weit dadurch eine übermäßige Belastung des Unternehmens verursacht würde (BAG AP § 16 BetrAVG Nr. 16 und 17). Entscheidend ist dabei nicht die Belastung aus der Anhebung einer individuellen Betriebsrente, sondern die Gesamtbelastung aller zur Prüfung anstehenden Betriebsrenten (BAG AP § 16 BetrAVG Nr. 8).

(a) Eine **übermäßige Belastung des Unternehmens** ist dann anzunehmen, wenn es mit einiger Wahrscheinlichkeit unmöglich sein wird, den Kaufkraftausgleich aus den Erträgen und dem Wertzuwachs des Unternehmens in der Zeit nach dem Anpassungsstichtag aufzubringen (BAG AP § 16 BetrAVG Nr. 16). Die Wettbewerbsfähigkeit des Unternehmens, von der auch die Sicherung der Arbeitsplätze abhängt, darf durch die Betriebsrentenanpassung nicht gefährdet werden. Ein wettbewerbsfähiges Unternehmen benötigt genügend Eigenkapital, um sich am Markt zu behaupten. Einem Unternehmen ist eine angemessene Eigenkapitalverzinsung zuzubilligen (BAG NZA 2001, 1251). Die Anpassung muss nicht aus der Unternehmenssubstanz finanziert werden.

In einem Prozess darf ein AG seine wirtschaftliche Lage nicht nur punktuell oder vergangenheitsbezogen darstellen, sondern sie muss im Zeitablauf gesehen und gewürdigt werden. Erforderlich ist eine Prognose der Unternehmensentwicklung. Beurteilungsgrundlage für eine langfristig zu erstellende Prognose ist die bisherige wirtschaftliche Entwicklung des Unternehmens in der Zeit vor dem Anpassungsstichtag, soweit daraus Schlüsse für die Weiterentwicklung des Unternehmens gezogen werden können. Besondere Entwicklungen, die nicht fortwirken und sich voraussichtlich nicht wiederholen werden, sind aus der Prognose zu eliminieren. Aufzuzeigen sind die in den handelsrechtlichen Jahresabschlüssen ausgewiesenen Überschüsse oder Fehlbeträge. Diese sind gegebenenfalls betriebswirtschaftlich zu korrigieren, etwa bei überhöhten Abschreibungen oder bei durch Sondereinflüsse bedingten Schwankungen der Ergebniszahlen.

Erst wenn bei einem so bereinigten Jahresüberschuss dem AG mehr als eine **angemessene Eigenkapitalverzinsung** verbleibt, kann der AG die wirtschaftliche Last einer Rentenanpassung ganz oder zumindest teilweise tragen (vgl. Rechenbeispiel BAG NZA 2001, 1251). Eigenkapital ist derjenige Wert, den die Anteilseigner dem Unternehmen im jeweiligen Geschäftsjahr im Mittelwert zur Verfügung stellen. Es wird handelsrechtlich bestimmt (§ 266 Abs. 3 a HGB), allerdings bereinigt um steuerrechtliche Einflüsse (BAG NZA 2001, 1251). Zu berücksichtigen ist, dass die Eigenkapitalausstattung wegen früher eingetretener Substanzeinbußen unzureichend sein kann und vorübergehend die erforderliche Belastbarkeit des Unternehmens fehlt (BAG NZA 2002, 650). Kapitalrücklagen, die die Gesellschafter im Interesse der Substanzerhaltung in das Unternehmen einbringen, müssen nicht für Betriebsrentenanpassungen verwandt werden (BAG 18. 2. 2003 – 3 AZR 172/02).

Als angemessene Eigenkapitalverzinsung sieht das BAG (NZA 2002, 650) eine Verzinsung an, die der Umlaufrendite öffentlicher Anleihen **(Basiszinssatz)** entspricht, vermehrt um einen **Risikozuschlag.** Dieser wird vom BAG wegen des höheren Risikos, dem ein in einem Unternehmen investiertes Kapital ausgesetzt ist, mit 2 % angesetzt.

(b) Grundsätzlich kommt es auch bei einem Unternehmen, das zu einem **Konzern** gehört, auf die wirtschaftliche Lage des Unternehmens an, das die Versorgungszusage erteilt hat.

Etwas anderes kann sich aus **Vertrauensschutzgesichtspunkten** ergeben. Hat etwa das beherrschende Unternehmen Erklärungen abgegeben oder Verhaltensweisen gezeigt, die ein schützenswertes Vertrauen des AN darauf begründen konnten, das herrschende Unternehmen werde sicherstellen, dass die Versorgungsverbindlichkeit durch das beherrschte Unternehmen erfüllt werden, so ist die Betriebsrente des ehemaligen AN des beherrschten Unternehmens auch dann anzupassen, wenn zwar die wirtschaftliche Lage des beherrschten Unternehmens eine Anpassung nicht gestattet, wohl aber diejenige des herrschenden Unternehmens (BAG NZA 1995, 368).

Ein Anspruch auf Anpassung kann sich für einen Betriebsrentner auch bei schlechter wirtschaftlicher Lage der Konzernuntergesellschaft ergeben, wenn es sich um ein **konzerneinheitliches Versorgungswerk** handelt, alle AN des Konzerns üblicherweise einheitlich behandelt werden und die Renten der AN der anderen Konzerngesellschaften angepasst werden.

Ein **Berechnungsdurchgriff** von der wirtschaftlichen Lage einer Konzerntochtergesellschaft, die die betriebliche Altersversorgung zugesagt hat, zu derjenigen der Konzernmuttergesellschaft nimmt die Rechtsprechung dann vor, wenn zum einen zwischen der Konzerntochter und dem herrschenden Unternehmen eine verdichtete Konzernverbindung besteht. Diese Voraussetzung ist erfüllt, wenn ein Beherrschungs- oder Ergebnisabführungsvertrag abgeschlossen wurde. Es reicht aber auch aus, wenn die Obergesellschaft die Geschäfte des Tochterunternehmens tatsächlich dauernd und umfassend führt. Zum anderen muss die fehlende Anpassungsfähigkeit der Tochtergesellschaft darauf zurückzuführen sein, dass sich ein konzerntypisches Risiko realisiert hat. Dies ist dann der Fall, wenn die Konzernleitungsmacht in einer Weise ausgeübt worden ist, die auf die Belange der abhängigen Konzerntochter keine angemessene Rücksicht genommen hat und so die mangelnde Leistungsfähigkeit der Konzerntochter verursacht hat (BAG NZA 1997, 1111). Das ist zum Beispiel anzunehmen, wenn das herrschende Unternehmen das beherrschte Unternehmen veranlasst hat, gewinnbringende Geschäftsbereiche auszugliedern und verlustbringende Geschäftsbereiche zu behalten (BAG AP § 16 BetrAVG Nr. 51).

(c) Eine Pflicht zur Anpassungsprüfung besteht auch für den AG, der selbst nicht mehr unternehmerisch tätig wird. Nach Einstellung der unternehmerischen Aktivitäten ist ein Versorgungsschuldner allerdings nicht verpflichtet, die Anpassungslast durch Eingriffe in die Vermögenssubstanz zu finanzieren. Auch eine angemessene Eigenkapitalverzinsung (allerdings ohne Risikozuschlag) muss dem AG verbleiben (BAG NZA 2000, 1057). Zum maßgeblichen Eigenkapital zählt nicht das zur Begleichung der Versorgungsverbindlichkeiten erforderliche Kapital. Soweit hieraus Erträge erwirtschaftet werden, sind diese in vollem Umfang zur Finanzierung der Anpassungslast heranzuziehen. Diese Grundsätze wendet das BAG nicht nur auf **privatisierende Unternehmer** an, sondern auch auf Abwicklungsgesellschaften (BAG AP § 16 BetrAVG Nr. 51). Eine → **Rentnergesellschaft,** die im Wege der → Spaltung deshalb entstanden ist, um ein Unternehmen in Zukunft frei von Altersversorgungsverbindlichkeiten führen zu können, muss allerdings so mit Kapital ausgestattet werden, dass ihr zukünftig die Erbringung von Anpassungsleistungen möglich ist, wenn dies dem Unternehmen zum Zeitpunkt der Spaltung möglich war.

Bei einem AG, dessen unternehmerische Tätigkeit nicht auf Gewinnerzielung gerichtet ist, ist die Abwägung zwischen den Belangen des Versorgungsempfängers und der wirtschaftliche Lage des AG vor dem Hintergrund vorzunehmen, ob nach der Anpassung dem AG die Verfolgung der bislang gesteckten Ziele noch möglich ist.

Zur Anpassung beim Bochumer Verband und anderen Konditionenkartellen → **Bochumer Verband.**

7. Rechtsfolgen unterbliebener Anpassungen

Unterbleibt eine Anpassung der Betriebsrenten entsprechend der Veränderung des Verbraucherpreisindexes, kann dies zum einen darauf beruhen, dass der AG eine Anpassungsprüfung nach § 16 BetrAVG gar nicht vorgenommen hat oder weil er die Anpassung zu Unrecht verneint hat, zum anderen darauf, dass er die Anpassung zu Recht verweigert hat, weil ihm die Anpassung der

Betriebsrenten aufgrund seiner wirtschaftlichen Lage nicht möglich ist. Die Rechtsfolgen sind unterschiedlich.

(a) Die Möglichkeiten, eine **nachträgliche Anpassung** der Betriebsrenten zu fordern, wenn eine Anpassung vom AG zu Unrecht unterlassen worden ist, werden von der Rechtsprechung zeitlich begrenzt (BAG NZA 1997, 155).

Hat der AG einem Rentner seine Anpassungsentscheidung mitgeteilt und ist der Rentner mit dieser Entscheidung nicht einverstanden, so muss er die Änderung dieser Entscheidung dem AG gegenüber vor dem nächsten Anpassungsstichtag wenigstens außergerichtlich geltend machen. Mit dem nächsten Anpassungsstichtag entsteht ein neuer Anspruch auf Anpassungsprüfung und -entscheidung; der Anspruch auf Korrektur der früheren Anpassungsentscheidung erlischt.

Hat der AG keine ausdrückliche Anpassungsentscheidung getroffen und dem Rentner nichts mitgeteilt, so erklärt er damit stillschweigend, dass er zum fraglichen Anpassungszeitpunkt keine Betriebsrentenanpassung vornehmen will. Diese Erklärung des AG, nicht anpassen zu wollen, gilt nach Ablauf von drei Jahren als abgegeben. Von diesem Zeitpunkt an beginnt im Falle des Schweigens des AG die Frist, innerhalb derer der Arbeitnehmer seinen Anspruch auf eine Anpassungsentscheidung geltend machen muss. Bei pflichtwidriger Unterlassung der Anpassungsentscheidung kann deshalb der Arbeitnehmer die nachträgliche Entscheidung bis zum übernächsten Anpassungstermin rügen.

Auch bei einer fehlerhaften Anpassungsentscheidung oder einem völligen Unterlassen der Anpassungsentscheidung muss der Betriebsrentner tätig werden: bei einer falschen Anpassung bis zum nächsten Stichtag, bei einer fehlenden Entscheidung bis zum übernächsten Stichtag. Macht der Rentner dies rechtzeitig gegenüber dem AG geltend, ist die Rente nachträglich bezogen auf den früheren Anpassungsstichtag anzupassen, wenn dies die damalige wirtschaftliche Lage des Unternehmens erlaubte.

(b) Von der nachträglichen Anpassung zu unterscheiden ist die **nachholende Anpassung.** Während bei der nachträglichen Anpassung die frühere Anpassungsentscheidung des AG angegriffen wird und diese rückwirkend ab dem Anpassungsstichtag korrigiert wird, wenn die Anpassungsentscheidung des AG fehlerhaft war, geht es bei der nachholenden Anpassung um die Frage, ob die Betriebsrenten zu einem bestimmten Prüfungsstichtag zukünftig um den Kaufkraftschwund der letzten drei Jahre oder seit Rentenbeginn zu erhöhen sind. Das Problem der nachholenden Anpassung stellt sich unabhängig davon, ob in der Vergangenheit Anpassungen zu Recht oder zu Unrecht unterblieben sind. Ob Anpassungen nachzuholen sind oder nicht, ist unterschiedlich zu beantworten, je nachdem, ob die Anpassungsprüfung vor oder nach dem 1. Januar 1999 unterblieben ist (§ 30c Abs. 2 BetrAVG).

Hat ein AG **vor dem 1.1.1999** die Anpassungsprüfung durchgeführt und zu Recht eine Anpassung unterlassen, weil dies ihm seine wirtschaftliche Lage nicht erlaubte, ist der AG beim nächsten Anpassungsstichtag verpflichtet zu prüfen, ob nunmehr der Kaufkraftverlust insgesamt ausgeglichen werden kann. Der AG hat also zu prüfen, ob der Kaufkraftverlust seit Rentenbeginn auszugleichen ist. Begründet wird dies mit dem Zweck des § 16 BetrAVG, der dazu beitragen soll, die Gleichwertigkeit von Leistung und Gegenleistung zu erhalten (BAG AP § 16 BetrAVG Nr. 24–26). Damit ist für jeden Prüfungsstichtag bis zum 1.1.1999 der Kaufkraftschwund vom Rentenbeginn an zu ermitteln und zu prüfen, ob der sich hieraus ergebende Anpassungsbedarf befriedigt werden kann. Dies führt dazu, dass überobligationsmäßige freiwillige Anpassungen später angerechnet werden können (BAG AP § 16 BetrAVG Nr. 26). Andererseits ist eine vorübergehende Anpassung nur entsprechend dem Nettolohnanstieg später nachzuholen, wenn z.B. innerhalb des nächsten Prüfungszeitraums der Nettolohnanstieg höher als die Inflationsrate ist (BAG AP § 16 BetrAVG Nr. 47). Nur soweit die Arbeitnehmer sich bei der ersten Anpassung zum 1.1.1975 mit dem hälftigen Ausgleich des Kaufkraftverlustes begnügen mussten (BAG AP § 16 BetrAVG Nr. 5), kann eine Nachholung nicht verlangt werden (BAG AP § 16 BetrAVG Nr. 26). Ist aufgrund einer nachholenden Anpassung nicht nur der Kaufkraftverlust der letzten drei Jahre, sondern für einen darüber hinausgehenden Zeitraum auszugleichen, kann ein voller Ausgleich den AG wirtschaftlich überfordern. Sofern die wirtschaftliche Lage des

AG nur eine teilweise Anpassung zulässt, kann der AG nach seinem Ermessen entscheiden, ob er den Anpassungsbedarf jedes Betriebsrentners anteilsmäßig mit einer einheitlichen Quote befriedigt oder zuerst die länger zurückliegenden Versorgungslücken schließt oder zunächst den aktuellen Anpassungsbedarf der letzten drei Jahre befriedigt (BAG NZA 1997,155).

Anpassungen, die **nach dem 1.1.1999 zu Recht** unterblieben sind, braucht der AG nicht mehr nachzuholen (§ 30 Abs. 4 BetrAVG). Dass die Anpassung zu Recht unterblieben ist, muss der AG allerdings in einem Prozess darlegen und gegebenenfalls beweisen. Diese Notwendigkeit kann ein AG nur dadurch vermeiden, dass er dem Rentner die wirtschaftliche Lage des Unternehmens schriftlich darlegt, der Rentner nicht binnen drei Kalendermonaten nach Zugang der Mitteilung schriftlich widerspricht und der AG den Rentner auf die Rechtsfolgen eines nicht fristgemäßen Widerspruchs hingewiesen hat. Sind Anpassungen **nach dem 1.1.1999 zu Unrecht unterblieben,** sind diese weiterhin nachzuholen; außerdem sind frühere Anpassungen nachträglich vorzunehmen, soweit der Rentner die unter a) genannten Fristen eingehalten hat.

III. Anpassung bei Betriebsrenten aus einer Direktversicherungs- oder Pensionskassenzusage

Die Pflicht des AG, die Anpassung der laufenden Renten alle drei Jahre zu prüfen, entfällt bei Direktversicherungen und Pensionskassenleistungen, wenn ab Rentenbeginn sämtliche auf den Rentenbestand entfallenden **Überschussanteile zur Erhöhung der laufenden Leistungen** verwendet werden und zur Berechnung der garantierten Leistung der nach § 65 Abs. 1 Nr. 1 Buchst. a VAG festgesetzte Höchstzinssatz zur Berechnung der Deckungsrückstellung nicht überschritten wird (§ 16 Abs. 3 Nr. 2 BetrAVG). Diese Regelung beruht darauf, dass die von den Direktversicherungen und Pensionskassen erwirtschafteten Überschussanteile gegenüber dem garantierten Rechnungszinsfuß so hoch sind, dass durch sie Inflationsverluste i. d. R ohne weiteres aufgefangen werden. Dem Rentner müssen die Überschussanteile ab Rentenbeginn vertraglich zustehen und tatsächlich ihm zugute kommen. Ob ihm nur die Überschussanteile ab Rentenbeginn zufließen müssen oder auch die in der Anwartschaftsphase erzielten Überschüsse, ist unklar; über die gesetzliche Regelung zur → Höhe der unverfallbaren Anwartschaft auf eine Direktversicherungs- oder Pensionskassenleistung stehen dem Versorgungsberechtigten in der Praxis regelmäßig aber ohnehin auch die Überschüsse aus der Anwartschaftsphase zu. Auf Renten aus Pensionsfondszusagen findet diese Vorschrift keine Anwendung (str.), da es hier keinen garantierten Rechnungszinsfuß gibt. Da in der Praxis die meisten Pensionsfondszusagen ohnehin als Beitragszusagen mit Mindestleistung erteilt werden, besteht aber bereits nach § 16 Abs. 3 Nr. 3 BetrAVG keine Anpassungsprüfungspflicht.

IV. Alternative Anpassungsvorschriften bei neueren Versorgungszusagen

1. Anpassungsgarantie

Versorgungszusagen, die ab dem 1.1.1999 erteilt sind, können vorsehen, dass der AG sich verpflichtet, die laufenden Leistungen jährlich um wenigstens 1% anzupassen. Nach § 16 Abs. 3 Nr. 1 BetrAVG entfällt bei einer solchen **jährlichen Anpassungspflicht** die Anpassungsprüfungspflicht § 16 Abs. 1 BetrAVG. Es muss sich um völlig neu erteilte Versorgungszusagen handeln, nicht etwa um die Bestätigung oder Änderung einer früher erteilten Versorgungszusage (str.).

2. Beitragszusagen mit Mindestleistung

Die Anpassungspflicht nach § 16 Abs. 1 BetrAVG entfällt, wenn eine → Beitragszusage mit Mindestleistung erteilt wurde (ab 1.1. 2002). Dies gilt auch, soweit die Beitragszusage mit einer Mindestleistung aus einer Entgeltumwandlung resultiert. Begründet wird dies damit, dass dem Arbeitnehmer die gesamten Ertragschancen, die über die Mindestleistung hinausgehen, zugewendet werden.

3. Entgeltumwandlungen

Bei Entgeltumwandlungszusagen, die ab dem 1.1.2001 erteilt worden sind, besteht ein gesetzlicher Anspruch darauf, dass der AG die daraus resultierenden Leistungen jährlich um mindestens 1% anpasst. Eine Verpflichtung zur Anpassung entsprechend der Inflationsrate besteht daneben nicht. Für früher erteilte Entgeltumwandlungszusagen verbleibt es bei der gesetzlichen Regelung des § 16 Abs. 1 BetrAVG. Soweit die Entgeltumwandlung in eine Direktversicherungs- oder in eine Pensionskassenzusage erfolgt ist, hat der AG sämtliche Überschussanteile zur Verbesserung der laufenden Leistungen zu verwenden. Dies gilt sowohl für die Überschussanteile aus der Anwartschaftsphase (§ 1b Abs. 5 Nr. 1 BetrAVG) als auch für diejenigen der Rentenphase. Entgeltumwandlungen in eine Beitragszusage mit Mindestleistung müssen nicht angepasst werden. *(M)*

▶ Anpassung von Renten der gesetzlichen Rentenversicherung

1. Allgemein

Um die Rentner an der wirtschaftlichen Gesamtentwicklung zu beteiligen, werden die Renten in regelmäßigen, jährlichen, Abständen angepasst. Dies geschieht, indem die Rente jeweils zum 1. Juli eines Jahres mit dem dann gültigen aktuellen Rentenwert neu ermittelt wird. Der aktuelle Rentenwert wird seit 1992 durch eine Rechtsverordnung der Bundesregierung mit Zustimmung des Bundesrates festgeschrieben (§ 69 SGB VI). Insoweit ist die Anpassung der Renten den aktuellen politischen Entscheidungen entzogen, denn sie ergibt sich aus den Regelmechanismen des Sozialgesetzbuches. Will der Gesetzgeber Einfluss auf die Rentenanpassung nehmen, muss er die Formel für die Rentenberechung ändern oder ausdrücklich von ihr abweichen.

2. Begriff

Als Rentenanpassung wird die jährliche Dynamisierung (Erhöhung) der Renten bezeichnet. Die Renten folgen grundsätzlich der Bruttolohnentwicklung zwischen dem Vorjahr und dem vorangegangenen Jahr. Dabei werden in der Rentenformel die Veränderungen des Beitragssatzes und des Altersvorsorgeanteils (das sind die steuerlich geförderten Beiträge der Arbeitnehmer für eine zusätzliche private Altersvorsorge) berücksichtigt. Seit dem 1. 7. 2005 beeinflusst auch der so genannte Nachhaltigkeitsfaktor die Höhe der Renten. Zukünftig soll ein so genannter Nachholfaktor in die Rentenformel aufgenommen werden. Er soll dafür sorgen, dass die seit 2005 unterbliebenen Dämpfungen der Rentenanpassungen in Zeiten positiver Lohnentwicklung nachgeholt werden. Die Anpassung erfolgt, indem mit dem neuesten aktuellen Rentenwert die erhöhte Monatsrente errechnet wird. Jeweils zum 1. 7. eines Jahres wird ein neuer aktueller Rentenwert durch Rechtsverordnung bestimmt. Der Altersvorsorgefaktor und der Nachhaltigkeitsfaktor hätten im Jahr 2005 rechnerisch eine Minusanpassung bei der Rente ergeben. Diese ist jedoch durch eine Sicherungsklausel ausgeschlossen, solange sich die Löhne positiv entwickeln. Die Rentenanpassung erfolgt für alle Renten einheitlich. Rentenanpassung in Abhängigkeit von der Rentenhöhe wurde zwar in Fachkreisen diskutiert, aber nicht als Alternative anerkannt. Solange noch unterschiedliche Einkommensverhältnisse in den alten und neuen Bundesländern bestehen, ist ein eigener aktueller Rentenwert (Ost) vorgesehen. Damit wird die Anpassung der Ost-Renten an die Lohnentwicklung in den neuen Bundesländern gebunden. Im Vergleich an einer Orientierung an der gesamtdeutschen Lohnentwicklung hat dies zur Folge, dass in dem Maße, in dem sich die Löhne in den neuen Bundesländern an die in den alten Bundesländern angleichen, auch die Renten der neuen Bundesländer ihren Rückstand gegenüber den Renten in den alten Bundesländern aufholen.

3. Technische Anpassung

Sie wird durch die Deutsche Post AG vorgenommen, die die Renten der gesetzlichen Rentenversicherung in Deutschland auszahlt. Die Rentenanpassung erfolgt grundsätzlich ohne individuelle Sachbearbeitung. Die Rentner werden durch eine Anpassungsmitteilung informiert, die durch die Deutsche Post AG im Namen der Rentenversicherungsträger versandt wird. Bei der Anpassungsmitteilung handelt es ich um einen Verwaltungsakt, der mit dem Rechtsmittel angegangen werden kann.

4. Eigentumsschutz

Verfassungsrechtlich ist in der Rechtsprechung anerkannt, dass Rentenansprüche und Rentenanwartschaften aus der gesetzlichen Rentenversicherung dem Schutz des Art. 14 Abs. 1 GG unterliegen, denn sie tragen als vermögenswerte Güter die wesentlichen Merkmale verfassungsrechtlich geschützten Eigentums. Allerdings ist nicht unumstritten, ob sich der verfassungsrechtliche Eigentumsschutz auch auf die Rentenanpassung erstreckt. Das Bundesverfassungsgericht hat sich hierzu bislang nicht ausdrücklich geäußert. Es hat in verschiedenen Entscheidung lediglich darauf aufmerksam gemacht, dass eine unterlassene Anpassung bei steigendem Einkommen der Versicherten in ihrer Wirkung einer Rentenkürzung gleichkommen kann. Bedeutung hat diese Frage insbesondere dann, wenn die Rentenanpassungen nicht über die Inflationsrate hinausgehen. Das Bundessozialgericht hat hierzu jüngst entschieden, dass die lohn- und gehaltsorientierte Rentenanpassung nur insoweit unter Eigentumsschutz steht, als sie innerhalb der Systemgrenzen der gesetzlichen Rentenversicherung dem Schutz bereits erworbener geldwerter Rechte vor inflationsbedingten Einbußen zu dienen bestimmt sei.   *(P)*

▶ **Anrechenbare Zeiten/Anrechnung**

1. Allgemeines

In der gesetzlich Rentenversicherung werden für die Erfüllung der verschiedenen Wartezeiten rechtenrechtliche Zeiten „angerechnet" (siehe § 51 SGB VI), man spricht von „anrechenbaren Zeiten". Darüber hinaus wird bei verschiedenen Rentenleistungen Einkommen angerechnet und schließlich verfügt die gesetzliche Rentenversicherung über so genannte Anrechnungszeiten.

2. Anrechenbare Zeiten

Unter anrechenbaren Zeiten werden diejenigen Zeiten verstanden, die für die Erfüllung der verschiedenen Wartezeiten der gesetzlichen Rentenversicherung erforderlich sind. Dabei gibt es keine Konkurrenzregelung in dem Sinne, dass eine stärkere Zeit eine schwächere Zeit verdrängt. Der Gesetzgeber schreibt vor, dass immer Kalendermonate mit rentenrechtlichen Zeiten angerechnet werden. Daraus ergibt sich, dass keine doppelte Anrechnung eines Kalendermonats erfolgen kann, wenn im selben Kalendermonat unterschiedliche rentenrechtliche Zeiten zusammentreffen.

3. Anrechnung von Einkommen

Die Anrechnung von Einkommen hat eine besondere Bedeutung bei den Renten an Hinterbliebene. Auf die Witwen- und Witwerrenten werden nach Ablauf der ersten drei Monate (dem so genannten Sterbevierteljahr) Einkommen und Einkommensersatzleistungen zu 40 Prozent angerechnet, soweit sie einen dynamischen Freibetrag übersteigen. Angerechnet werden zunächst grundsätzlich alle Erwerbs- und Erwerbsersatzeinkommen, also Arbeitsentgelt aus abhängiger Beschäftigung oder Arbeitseinkommen aus selbständiger Tätigkeit. Als Erwerbsersatzeinkommen werden beispielsweise Versichertenrenten aus der gesetzlichen Rentenversicherung angerechnet.

4. Anrechnungszeiten

Dabei handelt es sich um Zeiten, in denen der Versicherte aus persönlichen Gründen an der Zahlung von Beiträgen zur gesetzlichen Rentenversicherung gehindert war und nicht wegen des Bezuges von Sozialleistungen kraft Gesetzes Versicherungspflicht bestanden hat.

Anrechnungszeiten sind Zeiten, in denen Versicherte

- wegen Krankheit arbeitsunfähig waren oder Rehabilitationsmaßnahmen erhielten,
- nach Vollendung des 17. und vor Vollendung des 25. Lebensjahres mindestens einen vollen Kalendermonat krank gewesen sind,
- wegen Schwangerschaft während der Mutterschutzfristen nicht versicherungspflichtig beschäftigt oder selbständig tätig waren,
- wegen Arbeitslosigkeit bei einer deutschen Agentur für Arbeit gemeldet waren und eine öffentlich-rechtliche Leistung bezogen oder nur wegen mangelnder Bedürftigkeit nicht bezogen haben,
- bei einer deutschen Agentur für Arbeit als Ausbildungssuchende gemeldet waren,
- nach dem 17. Lebensjahr eine schulische Ausbildung (Schule, Fachschule, Hochschule, berufsvorbereitende Bildungsmaßnahme) absolviert haben bis zu einer Höchstdauer von acht Jahren. Hier werden die ersten drei Jahre unmittelbar rentensteigernd bewertet, die weiteren Jahre sind anwartschaftserhaltend. Bei Beginn einer Rente ab dem Jahr 2009 werden Zeiten des Schul- oder

Hochschulbesuchs insgesamt nicht mehr unmittelbar rentensteigernd, sondern lediglich anwartschaftserhaltend berücksichtigt. Für Zeiten des Besuchs einer Fachschule und für die Teilnahme an berufsvorbereitenden Bildungsmaßnahmen bleibt es bei der rentensteigernden Bewertung von drei Jahren. Bei Rentenbeginn in den Jahren 2005 bis 2008 gelten Übergangsregelungen. Für Zeiten der schulischen Ausbildung, die keine Anrechnungszeiten sind (zum Beispiel eine Hochschulausbildung von mehr als acht Jahren), besteht die Möglichkeit der Beitragsnachzahlung,

- eine Rente bezogen haben, soweit diese Zeiten auch als Zurechnungszeit in der Rente berücksichtigt waren. Dies ist insbesondere bei einer Rente wegen verminderter Erwerbsfähigkeit der Fall. Auch eine vor dem Beginn der Rente liegende Zurechnungszeit ist Anrechnungszeit.

Anrechnungszeiten wegen Krankheit, Schwangerschaft, Arbeitslosigkeit und Ausbildungssuche liegen nur vor, wenn hierdurch eine versicherungspflichtige Beschäftigung oder Tätigkeit unterbrochen wird. Liegen solche Zeiten nach Vollendung des 17. und vor Vollendung des 25. Lebensjahres, werden sie auch ohne Unterbrechung angerechnet.

Zeiten der

- Arbeitslosigkeit nach dem 30. Juni 1978, für die Arbeitslosengeld oder Arbeitslosenhilfe (ab 1. Januar 2005 Arbeitslosengeld II) nicht gezahlt worden ist,
- Krankheit nach dem 31. Dezember 1983 ohne Beitragszahlung zur Rentenversicherung und
- Ausbildungssuche

werden nicht unmittelbar rentensteigernd, sondern lediglich anwartschaftserhaltend berücksichtigt. *(P)*

▶ **Anrechnung**

Die → drei Säulen der Altersversorgung – gesetzliche Altersrente, betriebliche Altersversorgung und private Lebensversicherung – bestehen grundsätzlich nebeneinander und folgen jeweils eigenen Rechtsvorschriften. Allerdings steht es dem Arbeitgeber frei, die betriebliche Versorgungszusage mit der Rente aus der gesetzlichen

Rentenversicherung zu verknüpfen. Früher waren → **Gesamtversorgungszusagen** mit einem Anrechnungssystem, bei dem ein bestimmter Prozentsatz des letzten Gehalts als Betriebsrente zugesagt wird, jedoch unter Anrechnung der Rente aus der gesetzlichen Rentenversicherung, weit verbreitet. Eine ähnliche Ausgestaltung der betrieblichen Altersversorgung wie bei einem Anrechnungssystem existiert bei einem Limitierungssystem, in dem ein bestimmter Prozentsatz eines Bruttoeinkommens versprochen wird, das jedoch unter Einschluss der Sozialversicherungsrente einen bestimmten Prozentsatz des letzten Brutto- oder Nettoeinkommens nicht übersteigen darf. In beiden Arten eines Gesamtversorgungssystems ist die Betriebsrente umso niedriger, je höher die Sozialversicherungsrente ist (und umgekehrt). Unter dem Gesichtspunkt einer optimalen Versorgung des Arbeitnehmers waren derartige Versorgungszusagen früher gebräuchlich und sind rechtlich zulässig. Mit der weitgehenden Abschaffung von Gesamtversorgungssystemen und der damit verbundenen Verknüpfung von verschiedenen Versorgungsbezügen sind die im BetrAVG vorgeschriebenen Beschränkungen der Anrechnung anderer Versorgungsbezüge in § 5 Abs. 2 BetrAVG bei der erstmaligen Festsetzung der Betriebsrente und das Verbot der → Auszehrung einer Betriebsrente während des laufenden Bezuges in § 5 Abs. 1 BetrAVG nur noch für ältere Versorgungszusagen von praktischer Bedeutung.

Nach § 5 Abs. 2 BetrAVG dürfen Leistungen der betrieblichen Altersversorgung durch Anrechnung oder Berücksichtigung anderer Versorgungsbezüge, soweit sie auf **eigenen Beiträgen des Versorgungsempfängers** beruhen, nicht gekürzt werden. Dies gilt nicht für Renten aus den gesetzlichen Rentenversicherungen, soweit sie auf Pflichtbeiträgen beruhen, sowie für sonstige Versorgungsbezüge, die mindestens zur Hälfte auf Beiträgen oder Zuschüssen des Arbeitgebers beruhen. § 5 Abs. 2 BetrAVG schützt damit eine mit eigenen Mitteln des Arbeitnehmers finanzierte Versorgung vor einer Anrechnung auf die Leistungen der betrieblichen Altersversorgung – Eigenvorsorge des Arbeitnehmers soll den Arbeitgeber nicht entlasten. Nur wenn der Arbeitgeber die Altersvorsorge mindestens zur Hälfte mitträgt (wie bei der gesetzlichen Rentenversicherung), kann eine Anrechnung vorgesehen werden.

Eine Anrechnung bedarf stets einer Anrechnungsabrede in der Versorgungszusage. Sollen auf Leistungen der betrieblichen Altersversorgung andere Leistungen angerechnet werden, müssen die Anrechnungstatbestände für den Arbeitnehmer erkennbar und **eindeutig** beschrieben werden (BAG NZA 1990, 269).

Das Anrechnungsverbot betrifft die **erstmalige Festsetzung** von Versorgungsleistungen, nicht dagegen Anwartschaften. Eine Versorgungszusage darf allerdings nicht so konzipiert sein, dass sie in der Regel unter Anrechnung anderer Leistungen überhaupt nicht zu einer Versorgungsleistung führt. Dementsprechend ist eine Versorgungszusage rechtsmissbräuchlich, die eine Betriebsrente von 800 € unter Anrechnung der Sozialversicherungsrente verspricht, weil hier regelmäßig die Sozialversicherungsrente höher als 800 € ist und es damit zu keiner Betriebsrente kommt.

Nicht angerechnet werden dürfen andere Versorgungsbezüge, die auf eigenen Mitteln des Versorgungsempfängers beruhen. Zu diesen **Versorgungsbezügen** können solche aus privaten Lebensversicherungen des Arbeitnehmers, aus → Entgeltumwandlungen oder einer Versorgungszusage, die auf eigenen Beiträgen des Arbeitnehmers beruht (§ 1 Abs. 2 Nr. 4 BetrAVG), gehören, aber auch Versorgungsleistungen von Berufsverbänden oder Leistungen aus der Weiterführung betrieblicher Versorgungszusagen eines früheren Arbeitgebers durch den Arbeitnehmer selbst oder Leistungen aus der freiwilligen Versicherung in der gesetzlichen Rentenversicherung. Nicht zu den Versorgungsbezügen zählen Arbeitseinkommen (BAG AP § 5 BetrAVG Nr. 37; str.), Übergangsgelder, Krankengeld, Einkünfte aus selbständiger Tätigkeit und Karenzentschädigungen aus nachvertraglichen Wettbewerbsverboten (str.). Diese dürfen auf die Betriebsrente angerechnet werden, solange dies nicht im Einzelfall gegen das Willkürverbot oder den Grundsatz der Gleichbehandlung verstößt.

Nur die Anrechnung **anderer** Versorgungsbezüge ist verboten; zulässig ist dagegen eine Versorgungszusage eines Arbeitgebers, in der beispielsweise die Leistungen aus einer Direktversicherung auf Leistungen aus einer unmittelbaren Versorgungszusage desselben Arbeitgebers angerechnet werden.

Die vom Anrechnungsverbot erfassten Versorgungsbezüge müssen auf **eigenen Beiträgen des Arbeitnehmers** beruhen. Anrechenbar sind deshalb zum Beispiel beamtenrechtliche Versorgungsbezüge (BAG AP § 5 BetrAVG Nr. 1) oder Versorgungsbezüge nach dem Regelungsgesetz (BAG AP § 5 BetrAVG Nr. 6), da sie nicht vom Beschäftigten finanziert worden sind.

Scheidet ein Arbeitnehmer mit einer → **unverfallbaren Versorgungsanwartschaft** gem. § 1 b BetrAVG aus dem Arbeitsverhältnis aus, dürfen betriebliche Versorgungsleistungen, die aus einem nachfolgenden Arbeitsverhältnis resultieren, nicht angerechnet werden. Gem. § 2 Abs. 5 Satz 4 BetrAVG dürfen Versorgungsanwartschaften, die der Arbeitnehmer nach seinem Ausscheiden erwirbt, nicht zu einer Kürzung der unverfallbaren Anwartschaft führen. Dagegen verbietet § 2 Abs. 5 Satz 4 BetrAVG oder § 5 Abs. 2 BetrAVG nicht, dass betriebliche Versorgungsleistungen früherer Arbeitgeber auf einen später entstehenden Versorgungsanspruch angerechnet werden (BAG AP § 5 BetrAVG Nr. 36).

Eine **Unfallrente** beruht zwar nicht auf eigenen Beiträgen des Arbeitnehmers; es verstößt aber gegen das Gleichbehandlungsgebot, wenn der Teil der Unfallrente angerechnet wird, der immaterielle Schäden und sonstige Einbußen ausgleichen soll (BAG AP § 1 BetrAVG Gesamtversorgung Nr. 4). Mindestens die anrechnungsfreie Grundrente eines Versorgungsberechtigten nach dem BVersG bei vergleichbarer Minderung der Erwerbsfähigkeit muss anrechnungsfrei bleiben (BAG AP § 5 BetrAVG Nr. 30).

Anrechenbar ist dagegen gem. § 5 Abs. 2 Satz 2 BetrAVG eine **Rente** aus der **gesetzlichen Rentenversicherung**, soweit sie auf Pflichtbeiträgen beruht. Die Anrechnung ist dabei zulässig, unabhängig davon, ob der Arbeitnehmer früher bei anderen Arbeitgebern sozialversicherungspflichtig beschäftigt gewesen ist (BAG AP § 5 BetrAVG Nr. 27). Anrechenbar ist nicht nur der Teil der Rente, der durch Arbeitgeberbeiträge finanziert worden ist, sondern die gesamte gesetzliche Rente. Die gesetzliche Altersrente kann auch insoweit angerechnet werden, wie sie auf der Anerkennung von Kindererziehungszeiten beruht (BAG NZA 1996, 761). Haben sich die anrechnungsfähigen Versorgungsbezüge bei der Durchführung eines **Versorgungsausgleichs** als Folge eines Scheidungsverfahrens gemindert, darf dennoch von der Rente ausgegangen werden, die dem Arbeitnehmer zugestanden hätte, wenn der Versorgungsausgleich nicht durchgeführt worden wäre (BAG AP § 1 BetrAVG Gesamtversorgung Nr. 3).

Auch Leistungen aus gesetzlichen Versorgungssystemen, die im **Ausland** finanziert wurden, sind anrechenbar, wenn die Rente mindestens zur Hälfte durch Arbeitgeberbeiträge finanziert wurde (BAG AP § 5 BetrAVG Nr. 41).

Sonstige Versorgungsbezüge mit hälftiger Beteiligung des Arbeitgebers dürfen ebenfalls voll angerechnet werden. Dies betrifft vor allen Dingen paritätisch finanzierte Leistungen aus Pensionskassen oder von Lebensversicherungsunternehmen. Unterschreiten die Beiträge zu den Versorgungsbezügen durch den Arbeitgeber die 50 %-Grenze, kann nur eine Anrechnung bezüglich des arbeitgeberfinanzierten Anteils vorgenommen werden. *(M)*

▶ Aufklärungspflichten des Arbeitgebers

Durch die Komplexität vieler betrieblicher Versorgungszusagen und die diese regelnden Gesetze und sie beeinflussenden Entscheidungen der Rechtsprechung ergibt sich ein hoher Informationsbedarf für die betroffenen Arbeitnehmer. Bestimmte → **Auskunftspflichten** sind im BetrAVG (früher § 2 Abs. 6 BetrAVG, seit dem 1. 1. 2005 § 4 a BetrAVG) ausdrücklich geregelt. Sie werden in Zukunft vom Gesetzgeber aufgrund der Richtlinie 2003/41/EG (Pensionsfondsrichtlinie) noch ausführlicher ausgestaltet werden müssen. Aufklärungspflichten des Arbeitgebers können sich aber auch aus allgemeinen Rechtsgrundsätzen, insbesondere § 241 Abs. 2 BGB ergeben.

Aufklärungspflichten können sich sowohl bei der Begründung der Versorgungszusagen während der Dauer des Arbeitsverhältnisses, aber auch bei der Beendigung des Arbeitsverhältnisses ergeben. Es besteht aber keine umfassende Aufklärungspflicht des Arbeitgebers. Grundsätzlich hat jeder Vertragspartner einer Versorgungszusage selbst für die Wahrnehmung seiner Interessen zu sorgen. Hinweis- und Aufklärungspflichten beruhen auf den besonderen **Umständen eines Einzelfalles** und sind das Ergebnis einer umfassen-

den Interessenabwägung (BAG AP § 1 BetrAVG Auskunft Nr. 2).
So muss sich auch vor Abschluss eines Auflösungsvertrages der Arbeitnehmer selbst über die rechtlichen Folgen dieses Schrittes Klarheit verschaffen, auch in Bezug auf den möglichen Verlust einer
Versorgungsanwartschaft (BAG AP § 1 BetrAVG Nr. 24). Allerdings
muss der Arbeitgeber oder Versorgungsträger, der dem Arbeitnehmer **Auskünfte** erteilt, diese sachlich **richtig** und **umfassend** erteilen,
wenn er sich nicht schadensersatzpflichtig machen will.

Bei **Beginn des Arbeitsverhältnisses** hat der Arbeitgeber dem Arbeitnehmer Auskünfte über die zu erreichende betriebliche Altersversorgung zu erteilen, wenn verschiedenen Entscheidungsalter-
nativen bezüglich einer möglichen Altersversorgung zur Auswahl
stehen (BAG AP § 1 BetrAVG Auskunft Nr. 1). Der Arbeitgeber
hat auch darauf hinzuweisen, dass er sich bei einem Versorgungswerk anmelden muss, um einen Versorgungsanspruch zu erreichen (BAG AP § 1 BetrAVG Zusatzversorgungskassen Nr. 56).

Insbesondere der Arbeitgeber des **öffentlichen Dienstes** ist verpflichtet, den Arbeitnehmer bei der Begründung des Arbeitsverhältnisses über die bestehenden Zusatzversorgungsmöglichkeiten
und die Mittel und Wege zu ihrer Ausschöpfung zu belehren
(BAG AP § 1 BetrAVG Zusatzversorgungskassen Nr. 32). Die Belehrungspflicht erstreckt sich regelmäßig nicht auf die Zweckmäßigkeit der zur Auswahl stehenden Gestaltungsmöglichkeiten.
Erteilt der Arbeitgeber aber Ratschläge über die Zweckmäßigkeit
des Versorgungsweges, so muss diese Beratung des Arbeitnehmers
bei dessen Versorgungsplanung richtig, eindeutig und vollständig
sein. Mit dem Hinweis auf die beitragsrechtlichen Lasten einer
Nachversicherung sind demgemäß auch Mitteilungen über sich
daraus ergebende wesentliche Rentenvorteile zu verbinden. Werden diese verschwiegen, so ist die Belehrung unvollständig und
irreführend. An der → VBL beteiligte Arbeitgeber sind verpflichtet,
deren Satzung jedem ihrer Arbeitnehmer auszuhändigen (BAG AP
§ 1 BetrAVG Zusatzversorgungskassen Nr. 12). Eine schuldhafte
Verletzung dieser Pflicht kann Schadensersatzansprüche begründen, soweit der Arbeitnehmer aus Unkenntnis keine sinnvollen
Versicherungsanträge stellt und dadurch einen Versorgungsscha-
den erleidet. Die Belehrungspflicht kann sich auch auf die Vorteile

einer rückwirkenden Versicherung erstrecken (BAG AP § 1 Betr-AVG Zusatzversorgungskassen Nr. 22).

Im Einzelfall kann der Arbeitgeber des öffentlichen Dienstes auch verpflichtet sein, den Arbeitnehmer nach Ablauf einer zwei-jährigen Betriebszugehörigkeit darauf aufmerksam zu machen, dass er nunmehr innerhalb einer Frist von einem Monat den **Antrag** auf Aufnahme in ein Versorgungswerk stellen muss. Von einem Arbeitnehmer kann nämlich nicht erwartet werden, dass er sich zwei Jahre im Voraus den Beginn der Antragsfrist notiert oder sich merkt. Dem Arbeitgeber kann die Überwachung einer solchen Frist jedenfalls dann zugemutet werden, wenn der Arbeitnehmer sich bereits zu Beginn des Arbeitsverhältnisses bereit erklärt hat, der Versorgungseinrichtung beizutreten (BAG AP § 1 BetrAVG Zusatzversorgungskassen Nr. 32).

Hinweispflichten bestehen auch **während des Arbeitsverhältnisses.** Führt der Arbeitgeber die versprochenen Leistungen nicht rechtzeitig zur Lebensversicherung ab, so hat er den durch den Verzug kausal entstandenen Schaden zu ersetzen. Durch **Beitragsrückstände** eintretende Einbußen bei einer Direktversicherung sind allerdings nicht insolvenzgeschützt. Der Arbeitnehmer hat gegen seinen Arbeitgeber einen Anspruch auf Auskunft, wenn Beträge zur Direktversicherung nicht bei Fälligkeit gezahlt werden (BAG AP § 7 BetrAVG Lebensversicherung Nr. 1). Der Schaden kann vor allem durch vorzeitige Kündigung des Versicherungsvertrages seitens der Versicherungsgesellschaft entstehen. Die Versicherungsgesellschaft hat jedoch einen Arbeitnehmer, dem ein unwiderrufliches Bezugsrecht eingeräumt worden ist, über den Rückstand des Arbeitgebers mit der Prämienzahlung so rechtzeitig zu unterrichten, dass dieser notfalls die Prämien selbst zahlen oder die Versicherung anstelle des Arbeitgebers fortführen kann (OLG Düsseldorf BB 2003, 2019).

Der Arbeitgeber wird den Arbeitnehmer oder die Arbeitnehmerin auch darauf hinweisen müssen, dass bei einer Direktversicherung bei einem vereinbarten Ruhen der beiderseitigen Hauptpflichten – etwa während eines Elternurlaubs – es zu einem **Verlust des Versicherungsschutzes** bei einem vorzeitigen Versorgungsfall kommt.

Bei Abschluss eines **Aufhebungsvertrages** muss der Arbeitnehmer sich in der Regel selbst über die Folgen der Beendigung des Arbeitsverhältnisses Klarheit verschaffen. Gesteigerte Hinweispflichten können den Arbeitgeber aber dann treffen, wenn der Aufhebungsvertrag auf seine Initiative hin und in seinem Interesse zustande kommt (BAG NZA 1990, 971). Insbesondere kann der Arbeitgeber im Rahmen des Aufhebungsangebots den Eindruck erwecken, er werde bei der vorzeitigen Beendigung des Arbeitsverhältnisses auch die Interessen des Arbeitnehmers wahren und ihn nicht ohne ausreichende Aufklärung erheblichen atypischen Versorgungsrisiken aussetzen.

Steht die einvernehmliche Auflösung des Arbeitsverhältnisses in einem engen zeitlichen und sachlichen **Zusammenhang mit dem Ruhestand** des Arbeitnehmers und drohen ihm bei Abschluss eines Auflösungsvertrags Versorgungsnachteile, von denen der Arbeitgeber nicht ohne weiteres erwarten kann, dass der Arbeitnehmer sie kennt, muss der Arbeitgeber hierauf hinweisen (BAG NZA 2001, 206). Hierzu gehört insbesondere der Verlust der → VBL-Versorgungsrente.

Die Sachlage ist jedoch anders, wenn der Arbeitnehmer die Vertragsbeendigung selbst vorschlägt und so begründet, dass auch etwaige Rentennachteile für seine Entscheidung offenbar bedeutungslos sind. Kann der Arbeitgeber davon ausgehen, dass der Arbeitnehmer nicht informationsbedürftig ist, und sind dem Arbeitgeber die Versicherungsabläufe auch nicht bekannt, braucht er den Arbeitnehmer nicht zu belehren (BAG AP § 1 BetrAVG Zusatzversorgungskassen Nr. 23). Bei Beendigung des Arbeitsverhältnisses auf Veranlassung des Arbeitnehmers besteht eine Belehrungspflicht somit nur, wenn der Arbeitnehmer wegen besonderer Umstände darauf vertrauen durfte, dass der Arbeitgeber auch seine Interessen in Bezug auf die Altersversorgung wahrt. *(M)*

▶ **Auskunftspflichten des Arbeitgebers**

Für eine optimale Planung der Altersvorsorge muss der Versorgungsberechtigte wissen, mit welchen Leistungen er im Alter, bei Invalidität oder bei seinem Tod zu rechnen hat. Das BetrAVG schreibt dem Arbeitgeber deshalb vor, die Arbeitnehmer unter bestimmten Voraussetzungen über die **zu erwartenden Versorgungsleistungen** zu informieren.

Bereits seit In-Kraft-Treten des Betriebsrentengesetzes hatte der Arbeitgeber oder der sonstige Versorgungsträger dem **ausgeschiedenen Arbeitnehmer** Auskunft darüber zu erteilen, ob für ihn die Voraussetzungen einer unverfallbaren betrieblichen Altersversorgung erfüllt sind und in welcher Höhe er Versorgungsleistungen bei Erreichen der in der Versorgungsregelung vorgesehenen Altersgrenze beanspruchen kann (§ 2 Abs. 6 BetrAVG a. F.; BAG NZA 1998, 1171). Wird die Auskunftspflicht erfüllt, stellt allein dieser Umstand weder ein abstraktes noch ein deklaratorisches Schuldanerkenntnis dar (BAG 8. 11. 1983 AP § 2 BetrAVG Nr. 3).

Nach der Neufassung des Auskunftsanspruchs in § 4a BetrAVG durch das Alterseinkünftegesetz ab dem 1. 1. 2005 steht der Auskunftsanspruch grundsätzlich auch dem **aktiven Arbeitnehmer** zu, um diesem eine bessere Vorsorgeplanung zu ermöglichen. Zur Auskunft ist der Arbeitgeber verpflichtet, wenn der Arbeitnehmer dies verlangt und er ein **berechtigtes Interesse** an der Auskunftserteilung hat. Die Auskunft hat schriftlich zu erfolgen. Der Auskunftsanspruch umfasst auch den einklagbaren Anspruch auf Herausgabe der einer Zusage zugrunde liegenden Versorgungsordnung (ArbG Berlin NZA-RR 2003, 85). Ein berechtigtes Interesse kann in der Absicht liegen, ergänzende Eigenvorsorge zu betreiben, aber auch in der ausgesprochenen oder beabsichtigten Beendigung des Arbeitsverhältnisses oder der Änderung der Versorgungszusage oder der Änderung des individuellen Versorgungsrisikos. An den Nachweis des berechtigten Interesses sind geringe Anforderungen zu stellen; die Einschränkung soll vor allen Dingen missbräuchliche Auskunftsverlangen ausschließen. Entgegen dem Gesetzeswortlaut sollte dabei die Auskunft nicht nur die bisher erworbene → unverfallbare Anwartschaft erfassen, sondern auch, mit welcher Leistung der Arbeitnehmer rechnen kann, wenn er bis zum Erreichen der Altersgrenze im Unternehmen verbleibt. Allerdings kann bei → endgehaltsabhängigen Versorgungszusagen gemäß § 2 Abs. 5 Satz 1 BetrAVG das gegenwärtige Gehalt zugrunde gelegt werden.

In Zusammenhang mit der Einführung der → Portabilität ab 1.1.2005 hat darüber hinaus der Arbeitnehmer Auskunftsansprüche gegenüber dem bisherigen und dem neuen Arbeitgeber. Wie hoch der **Übertragungswert** ist, hat der bisherige Arbeitgeber dem Arbeitnehmer auf dessen Verlangen schriftlich mitzuteilen (§ 4 a Abs. 1 Nr. 2 BetrAVG). Die Auskunft hat dabei nicht nur in der Mitteilung einer bestimmten Zahl zu bestehen, sondern muss in einer für den Arbeitnehmer überprüfbaren Form dargestellt werden, aufgrund welcher Bemessungsgrundlagen und mit welchem Rechenweg der Arbeitgeber den Übertragungswert ermittelt hat (so zu § 2 Abs. 6 BetrAVG bereits BAG 9. 12. 1997 NZA 1998, 1171). Für eine Entscheidung, ob der Arbeitnehmer einer Übertragung der Versorgungsanwartschaft zustimmt oder gar eine Übertragung des Übertragungswerts verlangt, muss er andererseits auch wissen, welche Versorgungsleistungen er vom neuen Arbeitgeber aus dem Übertragungswert zu erwarten hat. § 4 a Abs. 2 BetrAVG gibt deshalb dem Arbeitnehmer einen Anspruch gegenüber dem neuen Arbeitgeber oder Versorgungsträger, ihm auf sein Verlangen schriftlich mitzuteilen, in welcher Höhe aus dem Übertragungswert ein Anspruch auf Altersversorgung erwächst und ob eine Invaliditäts- oder Hinterbliebenenversorgung bestehen würde. Richtigerweise wird der Arbeitgeber auch deren Höhe und Leistungsvoraussetzungen mitteilen müssen.

Fehlerhafter Auskünfte des Arbeitgebers können zu Schadensersatzansprüchen des Versorgungsberechtigten führen (→ Haftung des Arbeitgebers). *(M)*

▶ **Ausschlussfristen**

1. Rechtsgrundlagen der Ausschlussfrist

(a) Ausschluss-, Verfall- oder Verwirkungsfristen sind Fristen für die Geltendmachung von Rechten. Bei Nichteinhaltung dieser Fristen erlischt das Recht, ohne dass es auf die Kenntnis der Parteien von diesen Folgen ankommt. Ausschlussfristen können für tarifliche Rechte nur in Tarifverträgen vereinbart werden (§ 4 Abs. 4 S. 3 TVG). Tarifliche Ausschlussfristen kamen in der Vergangenheit als einseitige, nur für Ansprüche des Arbeitnehmers, wie als zweiseitige, also auch für Ansprüche des Arbeitgebers, vor. Sollen nur Ansprüche des Arbeitnehmers erfasst werden, muss dies deutlich zum Ausdruck kommen. Einseitige tarifliche Ausschlussfristen, nach denen nur Ansprüche des Arbeitnehmers, dagegen nicht solche des Arbeitgebers erfasst werden, verstoßen nicht gegen Art. 3 Abs. 1 GG. Sie werden in Formularverträgen gegen das Recht der Allgemeinen Arbeitsbedingungen (Geschäftsbedigungen) verstoßen (§§ 305 ff BGB).

(b) Sind die Rechte eines Arbeitnehmers in einer Betriebsvereinbarung geregelt, so heißt es in § 77 Abs. 4 S. 4 BetrVG, dass Ausschlussfristen für ihre Geltendmachung nur insoweit zulässig sind, als sie in einem Tarifvertrag oder in einer Betriebsvereinbarung vereinbart werden. Dasselbe gilt für die Abkürzung der → Verjährung.

(c) Ausschlussfristen werden in arbeitsvertraglichen Einheitsregelungen (Gesamtzusagen, Arbeitsordnungen usw.) vereinbart. Sie erfassen keine Rechte aus Tarifverträgen oder Betriebsvereinbarungen, wenn diese mit unmittelbarer und zwingender Wirkung gelten. Dagegen hat man sie früher für zulässig gehalten. Ob dies noch immer gilt, ist zweifelhaft. Nach § 305 c BGB werden Bestimmungen in Allgemeinen Geschäftsbedingungen, die nach den Umständen, insbesondere nach dem äußeren Erscheinungsbild des Vertrags, so ungewöhnlich sind, dass der Vertragspartner des Verwenders mit ihnen nicht zu rechnen braucht, nicht Vertragsbestandteil. Dies gilt zumindest auch für arbeitsvertragliche Einheitsregelungen, denn das Recht der Allgemeinen Geschäftsbedingungen gilt auch im Arbeitsrecht (§ 310 Abs. 4 BGB). Es wird insoweit auch eine Inhaltskontrolle nach § 307 BGB eingreifen.

(d) Sind die Arbeitsvertragsparteien nicht tarifgebunden, werden vielfach Tarifverträge mit ihren Ausschlussfristen arbeitsvertraglich in Bezug genommen. Die Bezugnahmeklausel kann als Gleichstellungsabrede ausgelegt werden. Vor allem wenn der Arbeitgeber tarifgebunden ist, will er einheitliche Arbeitsbedingungen für tarifgebundene Arbeitnehmer und nicht tarifgebundene Arbeitnehmer herstellen. Tarifgebunden sind Arbeitgeber und Arbeitnehmer dann, wenn sie beide Mitglied desjenigen Arbeitgeberverbandes bzw. der Gewerkschaft sind, die den Tarifvertrag abgeschlossen

hat (§ 3 Abs. 1 TVG). Rechtsnormen eines Tarifvertrages über betriebliche und betriebsverfassungsrechtliche Fragen gelten für alle
Betriebe, deren Arbeitgeber tarifgebunden ist. Versorgungstarifverträge gehören aber nicht zu den Tarifverträgen über betriebliche
und betriebsverfassungsrechtliche Fragen. Schließlich besteht Tarifbindung bei Allgemeinverbindlichkeit des Tarifvertrags. Besteht
– wie beschrieben – keine Tarifbindung, greift die Verweisung auf
den Tarifvertrag. Aber auch hier ist in der Rechtsprechung und im
Schrifttum umstritten, in welchem Umfang das Recht der Allgemeinen Arbeitsbedingungen anzuwenden ist.

2. Ausschlussfristen in der betrieblichen Altersversorgung

(a) In der Rechtsprechung sind die Ausschlussfristen wegen der
Ansprüche auf betriebliche Altersversorgung unterschiedlich und
nicht immer widerspruchsfrei beurteilt worden. Erster Auslegungsgrundsatz ist aber immer, dass der Wortlaut der tariflichen Aus-
schlussklausel maßgebend ist, ob Ansprüche der betrieblichen
Altersversorgung überhaupt erfasst werden. Das BAG hat insoweit
angenommen, dass einzelne Ausschlussklauseln in einzelnen Tarifverträgen sich nicht auf Ansprüche der betrieblichen Altersversorgung beziehen. Für den Regelfall liegt der Rechtsprechung aber der
Auslegungsgrundsatz zugrunde, dass das Ruhegeldstammrecht von
tariflichen Ausschlussklauseln nicht erfasst wird. Ein Anspruch auf
betriebliche Altersversorgung kann mithin nicht erlöschen, weil
der Anspruch verspätet geltend gemacht wird. Vom Ruhegeldstammrecht sind die einzelnen Ruhegeldraten zu unterscheiden.
Insoweit kann es sein, dass der Anspruch auf eine Ruhegeldrate infolge Ablaufs der tariflichen Ausschlussfrist erlischt. Maßgebend
waren aber immer die im Einzelfall geltenden Regelungen.

(b) Dieses Grundprinzip der Rechtsprechung wird durch § 18a
BetrAVG überlagert. Hiernach verjähren Ansprüche auf betriebliche Altersversorgung in 30 Jahren. Ansprüche auf regelmäßig
wiederkehrende Leistungen unterliegen der regelmäßigen Verjährungsfrist nach den Vorschriften des BGB. Hieraus sind die
Schlussfolgerungen zu ziehen: (1) Das Ruhegeldstammrecht verjährt in 30 Jahren. (2) Die einzelnen Ruhegeldraten, also etwa das
monatlich fällig werdende Ruhegeld unterliegt der regelmäßigen

Verjährungsfrist von drei Jahren (vgl. Einzelheiten §§ 203 ff BGB
→ Verjährung). (3) Von der Regelung in § 18a kann nur begrenzt
abgewichen werden. § 18a ist unabdingbar (§ 17 Abs. 4 S. 1 Betr-
AVG). In Tarifverträgen können die Verjährungsfristen abgekürzt
werden. Die abweichenden Bestimmungen haben zwischen nicht
tarifgebundenen Arbeitgebern und Arbeitnehmern Geltung, wenn
zwischen diesen die Anwendung der einschlägigen tariflichen Regelung vereinbart ist. Im Übrigen kann von den Vorschriften des
Gesetzes nicht zuungunsten des Arbeitnehmers abgewichen werden. (4) Das hat die Konsequenzen, dass nur in Tarifverträgen
durch Ausschlussfristen von den Verjährungsfristen abgewichen
werden kann. Das wird auch ein Abweichen in Betriebsvereinbarungen nicht zulassen. Aber auch insoweit gilt der Grundsatz, dass
die Ausschlussfristen nicht kürzer als die Verjährungsfristen sein
können. Damit werden alle einzel- oder gesamtvertraglich vereinbarten, für den Arbeitnehmer ungünstigeren Ausschlussfristen ge-
genstandslos werden.

3. Anspruch auf Verschaffung der betrieblichen Altersversorgung

Der Anspruch auf Verschaffung der Altersversorgung unterliegt
den allgemeinen Ausschlussfristen.   *(Sch)*

▶ Auszahlung

I. Zahlungsort

Geld hat der Schuldner im Zweifel auf seine Gefahr und Kosten
dem Gläubiger an dessen Wohnsitz zu übermitteln (§ 269 BGB).
Versorgungsschulden sind Schickschulden. Im Allgemeinen ist in
den Versorgungsordnungen eine eingehende Regelung enthalten.
Dagegen besteht kein Anspruch, dass die Versorgung an den Ur-
laubsort übersandt wird.

II. Mitbestimmung

Nach § 87 Abs. 1 Nr. 4 BetrVG hat der Betriebsrat ein erzwing-
bares Mitbestimmungsrecht bei Zeit, Ort und Art der Auszahlung
des Arbeitsentgelts. Das Arbeitsentgelt bezieht sich nicht nur auf
das Arbeitsentgelt im engeren Sinne, sondern auch auf die Leistungen der betrieblichen Altersversorgung. Es besteht kein Grund

das Mitbestimmungsrecht auf das Arbeitsentgelt in der Erwerbsphase zu beschränken. Dies gilt jedenfalls bei Leistungen aufgrund
einer Direktzusage. Besonderheiten können sich ergeben, wenn
die Versorgung versicherungsförmig erbracht wird, also aufgrund
einer Direktversicherung, über eine → Pensionskasse oder einen
→ Pensionsfonds. Da die Versorgungsträger selbständige juristische Personen sind und ihre Leistungen aufgrund des Versicherungsvertrags erbringen, ist die Auszahlung mitbestimmungsfrei.
Ob dies auch bei Unterstützungskassen gilt, ist zweifelhaft. Sie
sind der verlängerte Arm des Arbeitgebers, mit dem dieser seine
Leistungen erbringt. Sofern ein Mitbestimmungsrecht besteht, ist
umstritten, ob dies sich auch auf die Kontoführungsgebühren bezieht. Das BAG hat ein Mitbestimmungsrecht wegen der Kontoführungsgebühren beim Arbeitsentgelt bejaht. Im Rahmen der
betrieblichen Altersversorgung kann der Arbeitgeber den Dotierungsrahmen bestimmen. Dies wird einer Mitbestimmung bei den
Kontogebühren entgegenstehen.   *(Sch)*

▶ **Auszahlungsplan**

Auszahlungspläne sind Ratenzahlungsvereinbarungen über eine
bestimmte Kapitalsumme. Während normalerweise in der betrieblichen Altersversorgung ein versicherungsähnliches Risiko durch
den Arbeitgeber abgedeckt wird, indem eine (i.d.R.) monatliche
Rentenzahlung oder eine Kapitalleistung bei Eintritt des Versorgungsfalls versprochen wird, ist es ausnahmsweise bei der Durchführung der betrieblichen Altersversorgung über einen → **Pensionsfonds** zulässig, statt einer lebenslänglichen Altersrente auch
Leistungen nach einem Auszahlungsplan vorzusehen. Während
bei einer lebenslangen Rente mit dem Tod des Versorgungsberechtigten die Leistungspflicht erlischt, fällt bei einem Auszahlungsplan
die Kapitalsumme in vollem Umfang in das Vermögen des Versorgungsberechtigten, so dass noch ausstehende Raten an die Erben
zu zahlen sind.

Die Zulässigkeit eines Auszahlungsplans ergibt sich aus § 16
Abs. 6 BetrAVG und § 82 Abs. 2 EStG. Vom Gesetzgeber gemeint
sind hier Auszahlungspläne im Sinne von § 1 Abs. 1 Satz 1 Nr. 4

und 5 AltZertG. Die Leistungen des Auszahlungsplans müssen bis zum 85. Lebensjahr gleich bleibend sein oder steigen; ein Teil kann auch variabel sein. Ab dem 85. Lebensjahr muss eine gleich bleibende oder steigende lebenslange Leibrente gewährt werden, deren erste monatliche Rate mindestens so hoch sein muss wie die letzte monatliche Auszahlung aus dem Auszahlungsplan. Bei einem so ausgestalteten Auszahlungsplan entfällt die → Anpassungsprüfungspflicht für Betriebsrenten gem. § 16 Abs. 6 BetrAVG.

(M)

▶ **Auszehrung**

Wenn eine Betriebsrente versprochen wird, deren Höhe auch von anderen Versorgungsleistungen abhängt, verhindert das in § 5 Abs. 1 BetrAVG normierte **Auszehrungsverbot,** dass die bei Eintritt des Versorgungsfalls festgesetzte betriebliche Versorgungsleistung im Zeitablauf durch Erhöhung der anderen Versorgungsleistungen vermindert wird. § 5 Abs. 1 BetrAVG sichert den bei Eintritt des Versorgungsfalls festgesetzten Betrag während der Dauer des Rentenbezugs als Mindestbetrag auch dann, wenn die Berechnung der Betriebsrente von anderen Größen abhängt. Von praktischer Bedeutung ist das Auszehrungsverbot nur für → **Gesamtversorgungssysteme,** bei denen eine Betriebsrente unter Anrechnung der Sozialversicherungsrente versprochen wird oder bei denen die gesamten Versorgungsbezüge auf einen bestimmten Prozentsatz des letzten Einkommens vor der Pensionierung beschränkt werden. Ohne Auszehrungsverbot würde jede Erhöhung der Sozialversicherungsrente zu einer Verminderung der Betriebsrente führen, wenn nicht die Gesamtversorgung dynamisiert wird oder zumindest die Höhe der einmal festgesetzten Betriebsrente garantiert wird. Von einer Erhöhung der Sozialversicherungsrenten würde nicht der Versorgungsempfänger, sondern der Arbeitgeber profitieren.

Beispiel: In der Versorgungszusage wird dem Arbeitnehmer 70 % des letzten Einkommens unter Anrechnung der Sozialversicherungsrente versprochen. Das letzte Einkommen vor Eintritt des Versorgungsfalls beträgt 2500 €. Die Sozialversicherungsrente beträgt bei Eintritt des Versorgungsfalls 1300 €. Zugesagt ist dem Arbeitnehmer eine Versorgung in Höhe von 70 % von 2500 € = 1750 €. Abzüglich der Sozialversicherungsrente von 1300 € beträgt die Betriebsrente 450 €. Im nächsten Jahr wird die Sozialversicherungsrente um 2 % = 26 € auf 1326 € erhöht. Beließe man die Betriebsrente bei 70 % des letzten Einkommens unter Anrechnung der Sozialversicherungsrente (1750 €), würde sich hierdurch die Betriebsrente auf 424 € verringern. Da das Auszehrungsverbot eine Absenkung der Betriebsrente verhindert, bleibt die Betriebsrente bei 450 €; die Gesamtversorgung beträgt damit nach der Erhöhung 1776 €.

Durch das Auszehrungsverbot geschützt ist der nach Eintritt des Versorgungsfalls **erstmals festgesetzte Betrag** der Betriebsrente, und zwar nicht nur vor der vollständigen Auszehrung, sondern vor jeder Verminderung, selbst wenn die Gesamtversorgung steigt (BAG AP § 5 BetrAVG Nr. 2). Unabhängig von dem Verbot der Auszehrung hat der Arbeitgeber außerdem alle drei Jahre die → Anpassung der Betriebsrente gem. § 16 BetrAVG zu prüfen. Auch die angepasste Betriebsrente ist vor einer Auszehrung geschützt. Ist dem Arbeitnehmer jedoch in der Versorgungszusage eine günstigere Dynamisierung der Betriebsrente zugesagt, etwa eine Anpassung jeweils entsprechend der Gehaltsentwicklung der beschäftigten Arbeitnehmer, verbietet § 5 Abs. 1 BetrAVG nicht, dass eine erhöhte Betriebsrente infolge einer Erhöhung der anzurechnenden Sozialversicherungsrente wieder abgesenkt wird, solange die erstmals festgesetzte Betriebsrente nicht unterschritten wird (einschließlich der inzwischen erfolgten Anpassungen gem. § 16 BetrAVG).

Andere Versorgungsbezüge, durch deren Anpassung eine verbotene Auszehrung möglich ist, sind vor allen Dingen Sozialversicherungsrenten, die Beamtenversorgung oder die Zusatzversorgung des öffentlichen Dienstes, aber auch Betriebsrenten aus unverfallbaren Anwartschaften von Vorarbeitgebern, nicht dagegen Versorgungsleistungen desselben Arbeitgebers.

Vom Anpassungsverbot betroffen sind solche Leistungserhöhungen, die in Anpassung an die **wirtschaftliche Entwicklung** vorgenommen werden. Dazu zählen vor allen Dingen die jährlichen → Anpassungen der Sozialversicherungsrenten durch Anhebung des aktuellen Rentenwerts (§ 63 Abs. 7 SGB VI) oder Anpassungen gem. § 16 BetrAVG von Betriebsrenten anderer Arbeitgeber. Nicht dazu gehören Erhöhungen aus persönlichen Gründen, etwa aufgrund des Eintritts eines anderen Versorgungsfalls.   *(M)*

B

▶ **Bausparkasse**

1. Allgemeines

Im Bereich der Altersvorsorge hat das Konzept des Bausparens insbesondere in den Nachkriegsjahren die Bedeutung gewonnen, die es heute hat. Bausparen ist ein Selbsthilfesystem mit dem Ziel der Wohnungsbaufinanzierung. Es handelt sich um ein geschlossenes System, in dem die Bausparverträge eine Sparphase und eine Darlehensphase durchlaufen. Mit der Ansparung eines Guthabens erwirbt der einzelne Bausparer einen Anspruch auf ein zinsgünstiges und zinsfestes Darlehn. Hierin liegt die eigentliche Attraktivität des Bausparens. Darüber hinaus ist das Darlehn unkündbar und nachrangig abgesichert. Ermöglicht wird das durch ebenfalls fixierte Zinssätze für die Bausparguthaben, welche die Bauspardarlehn refinanzieren. Staatlich gefördert wird das Bausparen durch so genannte Wohnungsbauprämien. Die geleisteten Sparbeiträge, Guthabenzinsen, Wohnungsbauprämien und Tilgungsanteile aus den Tilgungsbeiträgen aller Bausparer fließen in die so genannte Zuteilungsmasse.

2. Begriff

Bausparkassen sind Spezialkreditinstitute, die Einlagen von ihren Bausparern entgegennehmen und aus dem angesammelten Kapital Bauspardarlehn an Bausparer für wohnwirtschaftliche Maßnahmen zur Verfügung stellen. Bauparkassen unterliegen dem Bausparkassengesetz und der Kontrolle durch die Bundesanstalt für Finanzdienstleistungen. *(P)*

▶ **Beamtenversorgung**

I. Hergebrachte Grundsätze des Beamtenrechts

1. Verfassungsrechtliche Grundsätze

Das Recht des öffentlichen Dienstes ist unter Beachtung der hergebrachten Grundsätze des Berufsbeamtentums zu regeln (Art. 33

Abs. 5 GG). Nach h. M. ist hier die Garantie des überkommenen Versorgungssystems, der lebenslänglichen amts- und angemessenen Versorgung bei Erreichen der Altersgrenze oder bei Dienstunfähigkeit durch den Dienstherren unter Einbeziehung der Hinterbliebenenversorgung geregelt. Im Versorgungsbericht der BReg (BT-Drucks. 13/5840) war eine teilweise Finanzierung durch Pensionsrückstellungen vorgesehen.

2. Beamtenversorgungsrecht

(a) Die Versorgung der Bundesbeamten, der Beamten der Länder, der Gemeinden, der Gemeindeverbände sowie der sonstigen der Aufsicht eines Landes unterstehenden Körperschaften, Anstalten und Stiftungen des öffentlichen Rechts ist geregelt im Gesetz über die Versorgung der Beamten und Richtern in Bund und Ländern (Beamtenversorgungsgesetz – BeamtVG) i. d. F. vom 16. 3. 1999 (BGBl. I S. 352; ber. S. 847, S. 2033), zul. geänd. durch das Bundesbesoldungs- und Versorgungsanpassungsgesetz 2003/2004 BBV Anp. G. 2003/2004 vom 10. 9. 2003 (BGBl. I S. 1798). Das Gesetz gilt nach Maßgabe des Deutschen Richtergesetzes entsprechend für die Richter des Bundes und der Länder. Es gilt nicht für die öffentlich-rechtlichen Religionsgesellschaften und ihre Verbände (§ 1 BeamtVG).

(b) Die Versorgung der Beamten und ihrer Hinterbliebenen wird durch Gesetz geregelt. Versicherungen, Vereinbarungen und Zuschläge, die dem Beamten eine höhere als die im Gesetz zustehende Versorgung verschaffen sollen, sind unwirksam. Das Gleiche gilt für Versorgungsverträge, die zu diesem Zweck abgeschlossen werden. Auf die gesetzlich zustehende Versorgung kann weder ganz noch teilweise verzichtet werden (§ 3 BeamtVG).

(c) Im Entwurf eines Dienstrechtsreformgesetzes befinden sich Änderungen des Versorgungsrechts, die sich nach seiner Verabschiedung auswirken werden.

(d) Die Arten der Versorgung sind in § 2 BeamtVG geregelt. Es sind (1) Ruhegehalt oder Unterhaltsbeitrag, (2) Hinterbliebenenversorgung, (3) Bezüge bei Verschollenheit, (4) Unfallfürsorge, (5) Übergangsgeld, (6) Ausgleich bei besonderen Altersgrenzen, (7)

Erhöhungsbetrag nach § 14 Abs. 4 S. 3 Halbsatz 1, (8) Unterschiedsbetrag nach § 50 Abs. 1 S. 2, (9) Leistungen nach den §§ 50a bis 50e, (10) Ausgleichsbetrag nach § 50 Abs. 3, (11) Anpassungszuschlag nach § 69b Abs. 2 S. 5. Zur Versorgung gehört ferner die jährliche Sonderzahlung nach § 50 Abs. 4 und 5.

II. Anspruchsvoraussetzungen

1. Ruhegehalt

(a) Ein Ruhegehalt wird nur gewährt, wenn der Beamte (1) eine Dienstzeit von mindestens fünf Jahren abgeleistet hat oder (2) infolge Krankheit, Verwundung oder sonstiger Beschädigung, die er sich ohne grobes Verschulden bei Ausübung oder aus Veranlassung des Dienstes zugezogen hat, dienstunfähig geworden ist. Die Dienstzeit wird vom Zeitpunkt der ersten Berufung in das Beamtenverhältnis gewährt, soweit sie ruhegehaltsfähig ist. In die Dienstzeit können bestimmte Dienstzeiten eingerechnet werden. Nicht eingerechnet werden Dienstzeiten in der ehemaligen DDR. Der Anspruch entsteht mit dem Beginn des Ruhestandes, bei Versetzung in den einstweiligen Ruhestand nach Ablauf von drei Monaten. Das Ruhegehalt wird auf der Grundlage der ruhegehaltsfähigen Dienstbezüge und der ruhegehaltsfähigen Dienstzeit berechnet (§ 4 BeamtVG).

(b) Ruhegehaltsfähige Dienstbezüge sind (1) das Grundgehalt, (2) der Familienzuschlag (§ 50 BeamtVG) der Stufe 1, (3) sonstige Dienstbezüge, die im Besoldungsrecht als ruhegehaltsfähig bezeichnet sind, (4) Leistungsbezüge nach § 33 Abs. 1 BBesG, soweit sie nach § 33 Abs. 3 BBesG ruhegehaltsfähig sind, die dem Beamten in den Fällen der Nr. 1 und 2 zuletzt zugestanden haben oder in den Fällen der Nr. 2 nach dem Besoldungsrecht zustehen würden. Bei Teilzeitbeschäftigung und Beurlaubung ohne Dienstbezüge (Freistellung) gelten als ruhegehaltsfähige Dienstbezüge die dem letzten Amt entsprechenden vollen ruhegehaltsfähigen Dienstbezüge. Ist der Beamte wegen Dienstunfähigkeit aufgrund eines Dienstunfalls in den Ruhestand getreten, so ist das Grundgehalt der Besoldungsgruppe zugrunde zu legen, die er bis zum Eintritt in den Ruhestand wegen Erreichens der Altersgrenze hätte

erreichen können. Weitere Einzelheiten und Besonderheiten ergeben sich aus § 5 Abs. 3 bis 5 BeamtVG.

(c) Ruhegehaltsfähig ist die Dienstzeit, die der Beamte vom Tage
seiner ersten Berufung in das Beamtenverhältnis an im Dienst eines öffentlich-rechtlichen Dienstherrn im Beamtenverhältnis zurückgelegt hat. Unberücksichtigt bleiben die in § 6 Abs. 1 S. 2 Nr. 1
bis 7 BeamtVG aufgezählten Zeiten. Hierzu gehören Zeiten vor
Vollendung des 17. Lebensjahres, nebenberufliche und ehrenamt-
liche Tätigkeiten. Zeiten einer Teilzeitbeschäftigung sind nur zu
dem Teil ruhegehaltsfähig, der dem Verhältnis der ermäßigten zur
regelmäßigen Arbeitszeit entspricht. Ferner nicht ruhegehaltsfähig
sind Dienstzeiten, die auf einem Beamtenverhältnis beruhen, das
aus disziplinarischen Gründen beendet worden ist. Einzelheiten
§ 6 Abs. 2 und 3 BeamtVG.

(d) Aus den §§ 7 bis 15 BeamtVG ergeben sich zahlreiche Zeiten,
die zu berücksichtigen sind. Hierzu gehören Wehrdienstzeiten,
Ausbildungszeiten, Zeiten in der ehemaligen DDR usw. Zu den
Ausbildungszeiten können vor allem Studienzeiten gehören (§ 12
BeamtVG). Von besonderer Bedeutung ist § 10 BeamtVG. Als ruhegehaltsfähig sollen auch folgende Zeiten berücksichtigt werden,
in denen ein Beamter nach Vollendung des siebzehnten Lebensjahres vor der Berufung in das Beamtenverhältnis im privatrechtlichen Arbeitsverhältnis im Dienst eines öffentlich-rechtlichen
Dienstherrn ohne vom Beamten zu vertretende Unterbrechung
tätig war, sofern diese Tätigkeit zu seiner Ernennung geführt hat:
(1) Zeiten einer hauptberuflichen in der Regel einem Beamten ob-
liegenden oder später einem Beamten übertragenen entgeltlichen
Beschäftigung; ein innerer funktioneller Zusammenhang der Ernennung mit der Vordienstzeit ist gegeben, wenn der Beamte
durch die vorherige Tätigkeit Fähigkeiten und Erfahrungen erworben hat, die Grund für die Ernennung waren (BVerwG 19. 2. 1998
ZTR 1998, 382); oder (2) Zeiten einer für die Laufbahn des Beamten förderlichen Tätigkeit. Eine Tätigkeit ist förderlich, wenn
sie für die Dienstausübung eines Beamten nützlich ist, wenn diese
entweder aufgrund der früher gewonnenen Fähigkeiten und Erfahrungen ermöglicht oder wenn sie jedenfalls erleichtert oder

verbessert wird (BVerwG 14. 3. 2002 ZTR 2002, 400). Zeiten im Dienst von Einrichtungen, die von mehreren öffentlichen Dienstherren getragen werden, stehen den öffentlichen Dienstzeiten gleich.

2. Hinterbliebenenversorgung

(a) Die Hinterbliebenenversorgung umfasst (1) Bezüge für den Sterbemonat, (2) Sterbegeld, (3) Witwengeld, (4) Witwenabfindung, (5) Waisengeld, (6) Unterhaltsbeiträge, (7) Witwerversorgung.

(b) Den Erben eines verstorbenen Beamten, Ruhestandsbeamten oder entlassenen Beamten verbleiben für den Sterbemonat die Bezüge des Verstorbenen (§ 17 BeamtVG). Die an den Verstorbenen noch nicht gezahlten Teile der Bezüge für den Sterbemonat können statt an die Erben an den überlebenden Ehegatten und die Abkömmlinge gezahlt werden. Das Sterbegeld ist in Höhe des Zweifachen der Dienstbezüge oder Anwärterbezüge des Verstorbenen ausschließlich bestimmter Bezüge zu bezahlen (§ 18 BeamtVG). Sind die vorstehend genannten Anspruchsberechtigten nicht vorhanden, können auch Verwandte der aufsteigenden Linie, Geschwister usw. anspruchsberechtigt sein (§ 18 BeamtVG). Beihilfeansprüche sind vererblich (BVerwG 27. 5. 1982 ZBR 1983, 106).

(c) Die Witwe eines Beamten auf Lebenszeit, der die Voraussetzungen des Versorgungsanspruchs erfüllt hat, oder eines Ruhestandsbeamten erhält Witwengeld (§ 19 BeamtVG). Der Anspruch auf Witwengeld ist ausgeschlossen, wenn die Ehe mit dem Verstorbenen nicht mindestens ein Jahr gedauert hat, es sei denn, dass nach den besonderen Umständen des Falles die Annahme nicht gerechtfertigt ist, dass es der alleinige oder überwiegende Zweck der Heirat war, der Witwe eine Versorgung zu verschaffen. Der Anspruch ist ferner ausgeschlossen, wenn die Ehe erst nach dem Eintritt in den Ruhestand geschlossen worden ist und der Ruhestandsbeamte das 65. Lebensjahr vollendet hat. Die Kenntnis von der lebensbedrohenden Erkrankung schließt die Widerlegung der Vermutung grundsätzlich aus. Das ist nur dann anders, wenn die Eheschließung der Lebensplanung widerspricht. Das Witwengeld beträgt 55% des Ruhegehaltes, das der Verstorbene erhalten hat oder hätte erhalten können, wenn er am Todestag in den Ruhestand getreten wäre. Insoweit bestehen eine Reihe von Sonderregelungen. War die Witwe mehr als 20 Jahre jünger und ist aus der Ehe ein Kind nicht hervorgegangen, so wird das Witwengeld für jedes angefangene Jahr des Altersunterschieds über zwanzig Jahre um 5% gekürzt, jedoch höchstens um 50%. Nach mehr als fünf – jähriger Dauer der Ehe werden die Abschläge wieder abgebaut (§ 20 BeamtVG). Eine Witwenabfindung erhalten diejenigen, die Anspruch auf Witwengeld oder einen Anspruch auf einen Unterhaltsbeitrag haben (§ 21 BeamtVG).

(d) Ein Anspruch auf Unterhaltsbeitrag für nicht witwengeldberechtigte Witwen und frühere Ehefrauen besteht nach § 22 BeamtVG.

(e) Waisen von versorgungsberechtigten Beamten auf Lebenszeit, eines verstorbenen Ruhestandsbeamten oder eines Beamten auf Probe, der an einer Dienstbeschädigung verstorben ist, erhalten Waisengeld. Kein Waisengeld erhalten Kinder, deren Adoption erst nach Versetzung in den Ruhestand und nach Vollendung des 65. Lebensjahres erfolgt ist (§ 23 BeamtVG). Die Begrenzung des Waisengeldes auf das 27. Lebensjahr ist auch bei behinderten Personen nicht verfassungswidrig. Das Waisengeld beträgt für die Halbwaise 12. v. H. und für die Vollwaise 20 v. H. des Ruhegehalts, das der Verstorbene erhalten hat oder hätte erhalten können, wenn er am Todestag in den Ruhestand getreten wäre (§ 24 BeamtVG). Es ergeben sich Besonderheiten bei Bezug von Waisengeld nach mehreren Personen und wenn kein Anspruch auf Bezug von Witwengeld besteht (§ 24 BeamtVG). Witwen- und Waisengeld dürfen weder einzeln noch zusammen den Betrag des ihrer Berechnung zugrunde zu legenden Ruhegehalts übersteigen (§ 25 BeamtVG). Ergeben sich höhere Bezüge, werden sie im gleichen Verhältnis gekürzt. Nach dem Ausscheiden eines Berechtigten aus der Hinterbliebenenversorgung kann dies sich wieder erhöhen.

(f) Der Witwe, der geschiedenen Ehefrau und den Kindern eines Beamten kann nach § 26 BeamtVG ein Unterhaltsbeitrag bewilligt werden.

(g) Die vorstehenden Grundsätze gelten entsprechend für die Witwerversorgung (§ 28 BeamtVG).

(h) Der Beginn der Zahlungen der einzelnen Renten ist in § 27 BeamtVG geregelt.

3. Bezüge bei Verschollenheit

Verschollen ist eine Person, die mit hoher Wahrscheinlichkeit verstorben, aber deren Tod nicht festgestellt ist. Die Regelung spielte vor allem im 2. Weltkrieg eine Rolle. Sie kann aber auch bei Naturkatastrophen, wie Flutwellen von Bedeutung werden (§ 29 BeamtVG).

4. Unfallfürsorge

Wird ein Beamter durch einen Dienstunfall verletzt, so wird ihm und seinen Hinterbliebenen Unfallfürsorge gewährt (§ 30 BeamtVG). Die Unfallfürsorge umfasst die Erstattung von Sachschäden, Heilverfahren, Unfallausgleich, Unfallruhegehalt oder Unterhaltsbeitrag, Unfallhinterbliebenenversorgung, einmalige Unfallentschädigung, Schadensausgleich in besonderen Fällen und die Versorgung bei gefährlichen Dienstgeschäften im Ausland (§ 30 BeamtVG). Für jede einzelne Art der Unfallfürsorge bestehen besondere Anspruchsvoraussetzungen, für die auf § 30 bis § 46a BeamtVG verwiesen werden muss.

II. Höhe der Versorgungsbezüge

1. Grundregelung

Sie ergibt sich aus § 14 BeamtVG. Das Ruhegehalt beträgt für jedes Jahr ruhegehaltsfähiger Dienstzeit 1,79375 v. H. der ruhegehaltsfähigen Dienstbezüge (§ 5 BeamtVG), insgesamt jedoch höchstens 71,75 v. H. Der Ruhegehaltssatz ist auf zwei Dezimalstellen auszurechnen. Es findet eine Rundung statt. Zur Ermittlung der gesamten ruhegehaltsfähigen Dienstjahre sind etwa anfallende Tage unter Benutzung des Nenners 365 umzurechnen. Auch insoweit findet eine Rundung statt.

2. Verminderung

(a) Das Ruhegehalt vermindert sich um 3,6 v. H. für jedes Jahr, um das der Beamte (1) vor Ablauf des Monats, in dem er das 63. Le-

bensjahr vollendet, nach § 42 Abs. 4 Nr. 1 BBG als schwer behinderter Mensch in den Ruhestand versetzt worden ist, (2) vor
Ablauf des Monats, in dem er die für ihn geltende Altersgrenze
vollendet hat, auf seinen Antrag nach Vollendung des 63. Lebensjahres (bis 1997 62 Lebensjahr) vollendet hat, (3) vor Ablauf des
Monats, in dem er das 63. Lebensjahr vollendet hat, wegen Dienstunfähigkeit, die nicht auf einem Dienstunfall beruht, in den
Ruhestand versetzt wird. Die Minderung des Ruhegehalts darf
10,8 v. H. nicht übersteigen. Gilt für den Beamten eine Altersgrenze vor dem 63. Lebensjahr, tritt sie an die Stelle des 63. Lebensjahres. Liegt eine Altersgrenze nach dem 65. Lebensjahr, wird
bei vorzeitiger Versetzung in den Ruhestand nur die Zeit bis zum
Ablauf des Monats berücksichtigt, in dem der Beamte das 65. Lebensjahr berücksichtigt (§ 14 Abs. 3 BeamtVG).

(b) Die Mindestversorgung beträgt 35 v. H. der ruhegehaltsfähigen
Dienstbezüge. Ist es günstiger, tritt an die Stelle der vorstehenden
Mindestversorgung 65 v. H. der jeweils ruhegehaltsfähigen Dienst-
bezüge aus der Endstufe der Besoldungsgruppe A 4 (§ 14 Abs. 4
BeamtVG)

(c) Sonderregelungen bestehen bei dem Zusammentreffen von
Renten und der Mindestversorgung (§ 14 Abs. 5 BeamtVG) und bei
einstweiliger Versetzung in den Ruhestand (§ 14 Abs. 6 BeamtVG).

3. Vorübergehende Erhöhung des Ruhegehaltssatzes

Nach § 14a BeamtVG ist eine Erhöhung des Ruhegehaltssatzes
vorgesehen, wenn (1) der Beamte vor Vollendung des 65. Lebensjahres in den Ruhestand getreten ist und die Wartezeit in der
gesetzlichen Rentenversicherung erfüllt hat, (2) wegen Dienstunfähigkeit in den Ruhestand versetzt worden ist, (3) einen Ruhegehaltssatz von 66,97 v. H. noch nicht erreicht hat, (4) keine Einkünfte nach § 53 Abs. 7 BeamtVG aus selbständiger oder nicht
selbständiger Arbeit bezieht.

4. Besitzstandsregelung

Bis zum 31. 12. 2002 betrug das Ruhegehalt für jedes Jahr der
ruhegehaltsfähigen Dienstzeit 1,875 v. H. der ruhegehaltsfähigen
Bezüge (§ 5), insgesamt jedoch höchstens 75 v. H. Die Versor-

gungsbezüge der bereits im Ruhestand lebenden Beamten sind nach §§ 69 ff BeamtVG gekürzt worden. Aus den Übergangsregelungen aus Anlass des Versorgungsänderungsgesetzes 2001 sind sie nach Maßgabe des § 69 e BeamtVG gemindert worden. Ob die Kürzung verfassungsrechtlich zulässig ist, ist vom Beamtenbund verneint worden, und es ist die klageweise Geltendmachung empfohlen worden. Die Verfassungsbeschwerden sind durch Urteil vom 27. 9. 2005 – 2 BvR 1387/02 zurückgewiesen worden. Ab der ersten auf den 31. 12. 2002 folgenden Anpassung werden die der Berechnung der Versorgungsbezüge zugrunde liegenden ruhegehaltsfähigen Dienstbezüge bis zur siebten Anpassung durch einen Anpassungsfaktor nach Maßgabe einer Tabelle vermindert. Es hat nach meinen Erfahrungen kaum ein Beamter den Kürzungsmechanismus verstanden, so dass ich auch insoweit verfassungsrechtliche Bedenken habe. Die Tabelle der Anpassungsfaktoren lautet:

Anpassung nach dem 31. 12. 2002	Anpassungsfaktor
1	0,99458
2.	0,98917
3.	0,98375
4.	0,97833
5.	0,97292
6.	0,96750
7	0,96208

5. Hinterbliebenenversorgung

(a) Das Witwengeld beträgt 55 v. H. des Ruhegehaltes, das der Verstorbene erhalten hat oder hätte erhalten können, wenn er am Todestag in den Ruhestand getreten wäre (§ 20 BeamtVG). Bei Kindererziehungszeiten kann sich das Witwengeld erhöhen. War die Witwe mehr als 20 Jahre jünger als der Verstorbene und ist aus der Ehe ein Kind nicht hervorgegangen, so wird das Witwengeld für jedes angefangene Jahr des Altersunterschiedes über 20 Jahre um 5 v. H. gekürzt, jedoch höchstens um 50 v. H.

(b) Die vorstehende Rechtslage gilt für die Witwerversorgung entsprechend.

(c) Das Waisengeld beträgt für die Halbwaise 12 v. H. und die Vollwaise 20 v. H. Bei mehreren Personen können Kürzungen eintreten (§§ 24, 25 BeamtVG).

6. Scheidung

Sind im Falle einer Ehescheidung durch das Famliengericht Anwartschaften in der gesetzlichen Rentenversicherung nach § 1587 b BGB begründet worden, so greifen wegen der Beamtenversorgung Ruhens-, Kürzungs- und Anrechnungsvorschriften ein (§ 57 BeamtVG). Die Kürzung kann von dem Beamten oder Ruhestandsbeamten durch Zahlung eines Kapitalbetrages an den Diensttherren abgewendet werden (§ 58 BeamtVG). Der Kapitalbetrag bemisst sich grundsätzlich nach dem Betrag, der notwendig ist, um die durch das Familiengericht begründete Anwartschaft zu finanzieren.

III. Zusammentreffen von Versorgungsbezügen

1. Zusammentreffen von Versorgungsbezügen mit Erwerbs- und Erwerbsersatzeinkommen (§ 53 BeamtVG)

Bezieht ein Versorgungsberechtigter Erwerbs- oder Erwerbsersatzeinkommen, erhält er daneben seine Versorgungsbezüge nur bis zu dem Erreichen von Obergrenzen. Als Höchstgrenzen gelten (1) für Ruhestandsbeamte und Witwen die ruhegehaltsfähigen Dienstbezüge aus der Endstufe, (2) für Waisen vierzig v. H. des Betrags, der sich nach Nr. 1 ergibt, (3) für Ruhestandsbeamte, die wegen Dienstunfähigkeit, die nicht auf einem Dienstunfall beruht, ausgeschieden sind, bis zum Ablauf des Monats, in dem das 65. Lebensjahr vollendet wird, 71,75 v. H. (bis zum 31. 12. 2002 75 v. H.). Erwerbs- und Erwerbsersatzeinkommen sind Einkünfte aus nichtselbständiger Arbeit einschließlich Abfindungen, aus selbständiger Arbeit sowie aus Gewerbebetrieb und Land- und Forstwirtschaft. Einzelheiten § 53 BeamtVG.

2. Zusammentreffen mehrerer Versorgungsbezüge

Erhalten aus einer Verwendung im öffentlichen Dienst an neuen Versorgungsbezügen Ruhestandsbeamte Ruhegehalt oder eine ähnliche Versorgung, eine Witwe oder Waise aus der Verwendung des verstorbenen Beamten oder Ruhestandsbeamten Witwengeld, Waisengeld oder eine ähnliche Versorgung, eine Witwe oder Witwer Ruhegehalt oder eine ähnliche Versorgung, so wird diese nur bis zu bestimmten Höchstgrenzen gezahlt (§ 54 BeamtVG).

3. Zusammentreffen von Versorgungsbezügen mit Renten

Versorgungsbezüge werden neben Renten nur bis zum Erreichen der Höchstgrenzen gezahlt (§ 55 BeamtVG). Als Renten gelten Renten aus der gesetzlichen Rentenversicherung, Renten aus einer zusätzlichen Alters- und Hinterbliebenenversorgung des öffentlichen Dienstes, Renten aus der gesetzlichen Unfallversicherung, wobei ein dem Unfallausgleich entsprechender Betrag unberücksichtigt bleibt, sowie Leistungen aus einer berufständischen Versorgungseinrichtung (§ 55 BeamtVG).

4. Zusammentreffen von Versorgungsbezügen mit Versorgung aus zwischenstaatlicher und überstaatlicher Verwendung (§ 56 BeamtVG)

Die deutsche Versorgung kann ruhen, wenn bestimmte Grenzen überschritten werden.

IV. Festsetzung der Versorgung

1. Oberste Dienstbehörde

Die oberste Dienstbehörde setzt die Versorgungsbezüge fest, bestimmt die Person des Zahlungsempfängers und entscheidet über die Berücksichtigung von Zeiten als ruhegehaltsfähige Dienstzeit sowie über die Bewilligung von Versorgungsbezügen aufgrund von Kannvorschriften. Die Befugnis kann auf andere Stellen übertragen sein (§ 49 BeamtVG).

2. Abtretung; Verpfändung

Ansprüche auf Versorgungsbezüge können nur im Rahmen der Pfändungsfreigrenzen abgetreten oder gepfändet werden. Nur in diesem Rahmen kann vom Dienstherren mit Gegenforderungen aufgerechnet werden (§ 51 BeamtVG).

3. Rückforderung

Werden Versorgungsbezüge rückwirkend verschlechtert, können Überzahlungen nicht zurückgefordert werden. Im Übrigen richtet sich die Rückzahlung von Versorgungsbezügen nach dem Recht der ungerechtfertigten Bereicherung.

4. Erlöschen der Versorgungsbezüge

In den §§ 59 ff BeamtVG sind einige Erlöschenstatbestände, z. B. bei Verurteilung geregelt. *(Sch)*

▶ **Befreiung**

1. Allgemeines

Beherrschendes Prinzip der Sozialversicherung ist seit ihren ersten Anfängen 1889 der Versicherungszwang. Es sollte nicht dem freien Willen der Beteiligten überlassen bleiben, ob er einem System angehört, dass gegen die Wechselfälle des Lebens schützen sollte. In der gesetzlichen Rentenversicherung ist der Versicherungszwang eingeführt worden, um zunächst die Arbeitnehmer in einem abhängigen Beschäftigungsverhältnis gegen Invalidität und Alter zu schützen. Schrittweise ist der Versicherungszwang auch auf andere Personengruppen ausgedehnt worden. Die Befreiung von der Versicherungspflicht und die Versicherungsfreiheit sind Ausnahmeregelungen von der Pflichtversicherung. Gemeinsam ist ihnen der Gedanke, dass entweder eine Sicherung in der gesetzlichen Rentenversicherung nicht erforderlich ist, weil bereits eine anderweitige ausreichende Versorgung besteht, oder bereits von Beginn an feststeht, dass Ansprüche aus der gesetzlichen Rentenversicherung nicht mehr begründet werden können.

2. Befreiung von der Versicherungspflicht

Die Befreiung von der Versicherungspflicht erfolgt immer auf Antrag des Versicherten oder des Arbeitgebers. Sie tritt nicht automatisch ein, wenn bestimmte Tatbestände vorliegen. Die Befreiung ist grundsätzlich beschränkt auf die jeweilige Beschäftigung oder selbständige Tätigkeit, für die sie ausgesprochen worden ist. Berufsfremde Beschäftigungen oder Tätigkeiten werden nur in Ausnahmefällen erfasst.

(a) Auf ihren Antrag Versicherte, die einer **berufsständischen Versicherungs- oder Versorgungseinrichtung** angehören (§ 6 Abs. 1 SGB VI) . Hierzu zählen beispielsweise Ärzte, Zahnärzte, Apotheker und Rechtsanwälte. Voraussetzung für die Befreiung sind

- die Pflichtmitgliedschaft in einem berufsständischen Versorgungswerk,
- die Pflichtmitgliedschaft in einer berufsständischen Kammer bei Zugehörigkeit zu einer Berufsgruppe, für die am Beschäftigungsort bzw. in dem jeweiligen Bundesland bereits vor dem 1. 1. 1995 eine gesetzliche Verpflichtung zur Mitgliedschaft in einer berufsständischen Kammer bestand,
- die Zahlung des Regelbeitrags der gesetzlichen Rentenversicherung bzw. satzungsgemäß einkommensbezogener Beiträge unter Berücksichtigung der Beitragsbemessungsgrenzen der gesetzlichen Rentenversicherung und
- die Gewährleistung beitragsbezogener, dynamisierter Leistungen für den Fall der verminderten Erwerbsfähigkeit, des Alters und für Hinterbliebene.

Die Befreiung von der Versicherungspflicht ist damit immer von der Pflichtmitgliedschaft in einer Berufskammer vor dem 1. 1. 1995 abhängig. So haben beispielsweise Pflichtmitglieder einer berufsständischen Kammer kein Befreiungsrecht, wenn sie aufgrund einer nach dem 31. 12. 1994 erfolgten Erweiterung des Mitgliederkreises Pflichtmitglied der berufsständischen Kammer geworden sind (beispielsweise Bauingenieure in Nordrhein-Westfalen oder Bayern). Die freiwillige Mitgliedschaft zur Berufskammer reicht für die Befreiung nicht aus.

(b) Auf Antrag des Arbeitgebers bei **Lehrern und Erziehern an nicht-öffentlichen Schulen.** Voraussetzung für die Befreiung ist die gesicherte Gewährleistung einer Versorgungsanwartschaft nach beamtenrechtlichen Grundsätzen oder entsprechender kirchenrechtlicher Regelungen. Das Vorliegen dieser Voraussetzungen wird von der obersten Verwaltungsbehörde des Landes bestätigt, in dem der Schulträger (also der Arbeitgeber) seinen Sitz hat. Auf dieser Grundlage entscheidet der Rentenversicherungsträger über die Befreiung.

(c) Auf Antrag des Arbeitgebers bei **nichtdeutschen Besatzungsmitgliedern deutscher Seeschiffe,** wenn diese ihren Wohnsitz oder gewöhnlichen Aufenthalt nicht in der Bundesrepublik Deutschland haben.

(d) Auf Antrag des Versicherten bei **selbständig tätigen Handwerkern,** wenn sie für mindestens 18 Jahre Pflichtbeiträge zur gesetzlichen Rentenversicherung gezahlt haben. Davon sind ausdrücklich die Bezirksschornsteinfeger ausgenommen.

3. Befreiungen bis 31.12.1991

Die vor Einführung des Sozialgesetzbuchs ausgesprochenen Befreiungen bleiben weiterhin gültig. Das bedeutet, dass Befreiungen von der Rentenversicherungspflicht, die bereits am 31.12.1991 bestanden, grundsätzlich in derselben Beschäftigung oder selbständigen Tätigkeit aufrechterhalten bleiben. Hierzu gehören insbesondere:

- Angestellte, die im Zusammenhang mit der Erhöhung oder dem Wegfall der Jahresarbeitsverdienstgrenze in der Angestellten- und knappschaftlichen Rentenversicherung befreit wurden (Art. 2 § 1 AnVNG, Art. 2 § 1 KnVNG)
- freiberufliche Hebammen (Art. 2 § 1c AnVNG),
- selbständig tätige Handwerker (§ 7 HwVG),
- Ehegattenarbeitnehmer (Art. 2 § 1 Abs. 1 des 2. RVÄndG),
- Arbeitnehmer eines mit einem öffentlich-rechtlichen Dienstherrn gleichgestellten Arbeitgebers (Art. 2 § 2 ArVNG, Art. 2 § 3 AnVNG),
- Arbeitnehmer kommunaler Unternehmen und ihres Spitzenverbandes.

Handwerker und Angestellte, die im Zusammenhang mit der Erhöhung oder dem Wegfall der Jahresarbeitsverdienstgrenze von der Versicherungspflicht befreit waren, bleiben in jeder Beschäftigung oder Tätigkeit von der Versicherungspflicht befreit.

4. Versicherungsfreiheit

Die Versicherungsfreiheit erfasst Personengruppen, die eine an sich versicherungspflichtige Beschäftigung ausüben, aber nicht der Versicherungspflicht unterliegen. Hierzu gehören:

(a) Alle Personen, denen eine **anderweitige Versorgungsanwartschaft aufgrund ihres Status oder aufgrund beamten- oder kirchenrechtlicher Grundsätze** gewährleistet und gesichert ist. Gemeint sind Beamte und Richter auf Lebenszeit, auf Zeit oder auf Probe,

Berufssoldaten und Soldaten auf Zeit sowie Beamte auf Widerruf im Vorbreitungsdienst. Ihr Status ist an eine spezielle Versorgungszusage geknüpft oder die Versorgungszusage kann mit einer gewissen Wahrscheinlichkeit erwartet werden. Im Übrigen werden Geistliche und Kirchenbeamte erfasst oder Dienstordnungsangestellte, Beschäftigte des Deutschen Städtetages, des Deutschen Landkreises oder des Verbandes kommunaler Unternehmen.

(b) Personen, die lediglich eine **geringfügige Beschäftigung** (i. S. v. § 8 Abs. 1 und 2 SGB IV) ausüben, sind ebenfalls in dieser Beschäftigung versicherungsfrei. Hier handelt es sich um eine geringfügig entlohnte Dauerbeschäftigung oder eine kurzfristige Aushilfsbeschäftigung. Kurzfristig ist eine Beschäftigung dann, wenn sie innerhalb eines Kalenderjahres auf längstens zwei Monate oder 50 Arbeitstage begrenzt ist. Eine Dauerbeschäftigung mit geringem Arbeitsentgelt (so genannte „400-Euro-Jobs") liegt vor, wenn der monatliche Arbeitsverdienst 400 Euro nicht übersteigt. Der Versicherte kann bei geringfügig entlohnten Beschäftigungen auf die Versicherungsfreiheit verzichten. Bei Auszubildenden, Behinderten und Personen, die in Einrichtungen der Jugendhilfe und in Berufsbildungswerken für eine Erwerbstätigkeit befähigt werden sollen, tritt Versicherungsfreiheit wegen einer geringfügigen Beschäftigung nicht ein. Diese Personen sollen aus sozialen Gründen nicht versicherungsfrei werden. Dies gilt auch für Beschäftigungen im Rahmen eines freiwilligen sozialen oder ökologischen Jahres oder einer Beschäftigung aufgrund einer stufenweisen Wiedereingliederung in das Erwerbsleben.

(c) Personen, die lediglich eine **geringfügige nicht erwerbsmäßige Pflegetätigkeit** ausüben. Dies liegt vor, wenn die Beitragsbemessungsgrundlage für die Pflegetätigkeit auf den Monat bezogen 400 Euro nicht übersteigt.

(d) Versicherungsfrei sind auch **Studenten,** die ein in einer Studien- oder Prüfungsordnung vorgeschriebenes Praktikum ableisten, während dieser Beschäftigung. Studienbegleitende Praktika, die nicht vorgeschrieben sind, sind dann versicherungsfrei, wenn sie unentgeltlich sind oder gegen einen Verdienst von höchstens 400 Euro monatlich geleistet werden.

(e) Bezieher eine Vollrente wegen Alters aus der gesetzlichen Rentenversicherung sind ebenfalls versicherungsfrei. Erfasst werden alle Altersrenten, die als Vollrenten gezahlt werden.

(f) Bezieher einer Versorgung nach Erreichen einer Altersgrenze sind versicherungsfrei. Gemeint sind Altersversorgungen nach beamtenrechtlichen Vorschriften oder Grundsätzen oder entsprechenden kirchenrechtlichen Regelungen. Eine Altersgrenze hat der Gesetzgeber dabei nicht festgelegt. Der Bezug einer Altersversorgung aus einer berufsständischen Versorgungseinrichtung wird den übrigen Altersversorgungen gleichgestellt und begründet bei Ausüben einer Beschäftigung oder Tätigkeit in der gesetzlichen Rentenversicherung ebenfalls Versicherungsfreiheit.

(g) Schließlich sind auch Personen versicherungsfrei, die bis zur Vollendung des 65. Lebensjahres nicht versichert waren oder nach Vollendung des 65. Lebensjahres eine Beitragsersattung erhalten haben. Allerdings begründen Beitragserstattungen vor dem 65. Lebensjahr (beispielsweise aus Gründen der Eheschließung) keine Versicherungsfeiheit. *(P)*

▶ **Beitragsbemessungsgrenze**

1. Allgemeines

Die Beitragsbemessungsgrenze ist derjenige Grenzwert der so genannten Beitragsbemessungsgrundlagen, bis zu dem Beiträge zur gesetzlichen Rentenversicherung zu zahlen sind. Das bedeutet, dass das Einkommens eines Versicherten nur bis zu diesem Grenzbetrag bei der Rentenberechnung berücksichtigt wird, also Anwartschaften zur gesetzlichen Rentenversicherung erworben werden können. Übersteigt im Einzelfall das Einkommen eines Versicherten den Grenzwert, kann der übersteigende Einkommensteil durch zusätzliche private Altersvorsorge versichert werden, soweit ggf. eine betriebliche Altersvorsorge nicht eingreift. Damit stellt die Beitragsbemessungsgrenze zugleich auch eine Leistungsbemessungsgrenze dar.

Die Beitragsbemessungsgrenze der gesetzlichen Rentenversicherung (§ 159 SGB VI) ist identisch mit der Beitragsbemessungsgrenze der Arbeitslosenversicherung (§ 341 SGB III). Auch die

Beitragsbemessungsgrenze der gesetzlichen Krankenversicherung ist an ihr orientiert (§ 223 SGB V).

2. Die Höhe

Die Höhe der Beitragsbemessungsgrenze wird alljährlich von der Bundesregierung durch Rechtsverordnung mit Zustimmung des Bundesrates festgelegt. Dabei hat der Gesetzgeber angeordnet, dass sie sich zum 1. Januar eines jeden Jahres in dem Verhältnis ändert, in dem die Bruttolohn- und Gehaltssumme je durchschnittlich beschäftigtem Arbeitnehmer im vergangenen zur entsprechenden Bruttolohn- und Gehaltssumme im vorvergangenen Kalenderjahr steht. Die veränderten Beträge werden nur für das Kalenderjahr, für das die Beitragsbemessungsgrenze bestimmt wird, auf das nächsthöhere Vielfache von 1200 aufgerundet. Mit anderen Worten, für die Fortschreibung der Beitragsbemessungsgrenzen ist das Verhältnis der Entgelte des vergangenen gegenüber dem vorvergangenen Jahr maßgebend. Für die allgemeine Rentenversicherung und die knappschaftliche Rentenversicherung gibt es unterschiedliche Grenzwerte. Bis zur Angleichung der unterschiedlichen Einkommensverhältnisse in den alten und den neuen Bundesländern wird für das Beitrittsgebiet eine Beitragsbemessungsgrenze-Ost ausgewiesen. Die Beitragsbemessungsgrenze in der allgemeinen Rentenversicherung beträgt im Jahr 2006 monatlich 5.250,00 Euro in den alten Bundesländern und 4.400,00 Euro in den neuen Bundesländern. In der knappschaftlichen Rentenversicherung beträgt sie im Jahr 2006 monatlich 6.450,00 Euro in den alten Bundesländern und 5.400,00 Euro in den neuen Bundesländern. *(P)*

▶ Beitragsfreie Zeiten

1. Allgemeines

Beitragsfreie Zeiten gehören zu den rentenrechtlichen Zeiten. Kennzeichnend für diese Zeiten ist, dass für sie keine Beiträge zur gesetzlichen Rentenversicherung gezahlt worden sind oder als entrichtet gelten. Da sie zu den rentenrechtlichen Zeiten gehören, zählen sie für den Rentenanspruch und bei der Berechnung der Rente mit.

2. Begriff

Beitragsfreie Zeiten sind nach der Gesetzesdefinition Kalendermonate, die mit **Anrechnungszeiten,** mit einer **Zurechnungszeit** oder mit **Ersatzzeiten** belegt sind, wenn für sie nicht auch Beiträge gezahlt worden sind.

3. Anrechnungszeiten

Bei Anrechnungszeiten handelt es sich um Zeiten, in denen der Versicherte aus bestimmten persönlichen Gründen keine Beiträge zur gesetzlichen Rentenversicherung zahlen konnte. Anrechnungszeiten sollen damit Beiträge ersetzen. Die Anrechnungszeiten sind auf die Wartezeit von 35 Jahren anzurechnen. Für diese beitragsfreien Zeiten werden bei der Rentenberechnung Entgeltpunkte angerechnet, deren Höhe von der Höhe der in der übrigen Zeit versicherten Arbeitsentgelte und Arbeitseinkommen abhängig ist (Gesamtleistungsbewertung).

Zu den Anrechnungszeiten zählen nach § 58 SGB VI :

(a) Zeiten Arbeitsunfähigkeit, Leistungen zur Rehabilitation. Eine Anrechnungszeit liegt vor, wenn der Versicherte wegen Krankheit arbeitsunfähig gewesen ist oder Leistungen zur Rehabilitation erhalten hat und dadurch eine Beschäftigung oder eine selbständige Tätigkeit unterbrochen wurde. Für die Zeit der Entgeltfortzahlung durch den Arbeitgeber liegt weiterhin eine Beitragszeit und keine Anrechnungszeit vor.

(b) Krankheit zwischen dem 17. und 25. Lebensjahr, wenn diese mindestens einen Kalendermonat dauerte.

(c) Schwangerschaft, Schutzfristen bei Mutterschaft. Hat die Versicherte wegen Schwangerschaft oder Mutterschaft eine versicherungspflichtige Beschäftigung oder Tätigkeit nicht ausgeübt, sind die zu diesem Zeitpunkt geltenden Mutterschutzfristen Anrechnungszeiten. Dies gilt allerdings nicht, wenn der Arbeitgeber Entgelt fortgezahlt hat oder die Versicherte wegen des Bezuges von Sozialleistungen versicherungspflichtig war.

(d) Arbeitslosigkeit. Zeiten der Arbeitslosigkeit sind Anrechnungszeiten, wenn Arbeitslosigkeit nach dem Recht der Arbeitslosenversicherung bestand. Erforderlich ist grundsätzlich auch der Bezug einer öffentlich-rechtlichen Leistung. Besteht allerdings aufgrund des Bezuges von Sozialleistungen Versicherungspflicht in der gesetzlichen Rentenversicherung, sind diese Zeiten keine Anrechnungszeiten, sondern Pflichtbeitragszeiten.

(e) Ausbildungssuche ab dem 17. Lebensjahr.

(f) Zeiten einer schulischen Ausbildung ab dem 17. Lebensjahr bis zu acht Jahren. Hier handelt es sich um Zeiten der Schul-, Fachschul- und Hochschulausbildung.

(g) Rentenbezugszeiten vor dem 55. Lebensjahr bzw. die in einer früheren/bisherigen Rente enthaltene Zurechnungszeit. Die Regelung soll diejenigen Versicherten schützen, die vor dem 60. Lebensjahr erwerbsgemindert wurden und eine Rente wegen Erwerbsminderung bezogen haben und bei Eintritt eines neuen Leistungsfalles eine niedrigere Rente erhalten als bisher. Damit soll jede Zurechnungszeit in einer Rente bei der Zahlung einer späteren Rente als Anrechnungszeit berücksichtigt werden.

4. Zurechnungszeit

Diese Zeit hat die Funktion, die tatsächlich zurückgelegten Versicherungszeiten eines Versicherten zu verlängern, ohne dass hierzu besondere Anrechnungsvoraussetzungen erfüllt sein müssen. Sie wird nach § 59 SGB VI berücksichtigt, wenn der Versicherte vor Vollendung des 60. Lebensjahres Rentner wird oder verstorben ist. Dabei wird die gesamte Zeit vom Eintritt des Leistungsfalles (beispielsweise der Minderung der Erwerbsfähigkeit) bis zur Vollendung des 60. Lebensjahres als rentenrechtliche Zeit behandelt. Die Zurechnungszeit wird bei einer Rente wegen Erwerbsminderung, einer Hinterbliebenenrente oder einer Erziehungsrente zu den übrigen vom Versicherten tatsächlich zurückgelegten Zeiten hinzugerechnet und so gestellt, als hätte er entsprechend seiner bisherigen durchschnittlichen Beitragsleistung weiter Beiträge zur gesetzlichen Rentenversicherung gezahlt (siehe auch Gesamtleistungsbewertung). Damit soll diese Zeit Versicherten und Hinterbliebenen eine Rente in ausreichender Höhe sichern, wenn der Versicherte schon in frühen Jahren erwerbsgemindert geworden oder verstorben ist.

5. Ersatzzeit

Ersatzzeiten sind Zeiten, die ein Versicherter nach Vollendung seines 14. Lebensjahres zurückgelegt hat, in denen er durch außergewöhnliche Umstände keine Beiträge zur gesetzlichen Rentenversicherung zahlen konnte. Da sie Beitragszeiten ersetzen, sind sie wie diese auf die Wartezeiten anrechenbar. Der Versicherte soll dadurch, dass er den im Gesetz genannten außergewöhnlichen Umständen unterworfen war, keinen rentenrechtlichen Schaden erleiden. Pauschal wird unterstellt, dass allein der Ersatzzeittatbestand eine Beitragslücke verursacht hat. Allerdings ist für die Anrechnung von Ersatzzeiten Voraussetzung, dass die rechtliche Möglichkeit der Zahlung von Pflichtbeiträgen oder freiwilligen Beiträgen zur gesetzlichen Rentenversicherung bestand. Da nur Versicherte Ersatzzeiten zurücklegen können, ist weiterhin Voraussetzung, dass mindestens ein wirksamer Beitrag nachgewiesen ist. Ein Erwerb von Ersatzzeiten ist nach dem 31.12.1991 ausgeschlossen. Zu den Ersatzzeiten zählen nach § 250 SGB VI vor allem:

(a) Zeiten des militärischen oder militärähnlichen Dienstes vor und während des Zweiten Weltkrieges sowie einer anschließenden Kriegsgefangenschaft

(b) Zeiten der Internierung und Verschleppung (insbesondere in die frühere UdSSR)

(c) Zeiten, in denen der Versicherte – ohne Kriegsteilnehmer gewesen zu sein – während oder nach dem Ende eines Krieges durch feindliche Maßnahme an die Rückkehr in die Bundesrepublik gehindert wurde

(d) Zeiten der Verfolgungsmaßnahmen, wie Freiheitsbeschränkung und Freiheitsentziehung nach dem Bundesentschädigungsgesetz (insbesondere Haft in Konzentrationslagern oder Zwangsaufenthalt in einem Ghetto)

(e) Zeiten des politischen Gewahrsam nach dem Häftlingshilfegesetz

(f) Zeiten der Freiheitsentziehung im Gebiet der ehemaligen DDR in der Zeit vom 8.5.1945 bis 30.6.1990, soweit der Versicherte rehabilitiert oder das Strafurteil aufgehoben worden ist.   *(P)*

▶ **Beitragsorientierte Leistungszusage**

Bei einer beitragsorientierten Leistungszusage verspricht der Arbeitgeber dem Arbeitnehmer eine betriebliche Altersversorgungsleistung, die aus einem vom Arbeitgeber gewollten Finanzierungsaufwand errechnet wird. § 1 Abs. 2 Nr. 1 BetrAVG spricht davon, dass der Arbeitgeber sich verpflichtet, bestimmte Beiträge in eine Anwartschaft auf Alters-, Invaliditäts- oder Hinterbliebenenversorgung umzuwandeln.

Der Arbeitgeber bestimmt zunächst den Aufwand, den er für die betriebliche Altersversorgung zur Verfügung stellen will. Dieser Aufwand wird im Zeitpunkt der Einbringung mit Hilfe eines Verrentungsfaktors in einen versicherungsmathematisch gleichwertigen **Rentenbaustein** oder **Kapitalbaustein** umgerechnet. Die Höhe des Verrentungsfaktors bestimmt sich dabei zum einen nach dem Alter des Versorgungsberechtigten zum Zeitpunkt der Beitragszahlung (der Verrentungsfaktor ist umso geringer, je älter der Versorgungsberechtigte ist), dem zugrunde gelegten Zinssatz und in welchem Umfang neben der Altersversorgung ein Invaliditäts- oder Hinterbliebenenrisiko abgesichert werden soll. Durch die Höhe des vom Arbeitgeber aufgewandten Finanzierungsbeitrags wird im Wege der **versicherungsmathematischen Umrechnung** die Höhe der dem Arbeitnehmer versprochenen Leistung bestimmt. Gegenstand der Zusage ist dabei die Leistung, nicht etwa der Finanzierungsbeitrag des Arbeitgebers. Dies führt zu einem gewissen Finanzierungsrisiko des Arbeitgebers, wenn der tatsächlich vom Versorgungsträger erwirtschaftete Ertrag von dem in dem Verrentungsfaktor unterstellten Rechnungszins abweicht. Ist der Ertrag niedriger, muss der Arbeitgeber nachfinanzieren; ist er höher, erhält er einen Finanzierungsgewinn.

Da es sich um eine → Leistungszusage handelt, ist die dem Arbeitnehmer bei Eintritt des Versorgungsfalls zustehende Leistung in der Versorgungszusage festzulegen. In der Praxis werden darüber hinaus meistens Tabellen mit altersabhängigen versicherungsmathematischen Verrentungsfaktoren als Bestandteil des Versorgungsplans aufgestellt. Die **zugesagte Versorgungsleistung** ergibt sich aus dem Finanzierungsbeitrag des Arbeitgebers multipliziert mit dem Verrentungsfaktor, der jeweils für ein bestimmtes Alter eines Versorgungsberechtigten ermittelt wird.

In der Versorgungszusage festzulegen ist, nach welchen Kriterien sich der **Finanzierungsbeitrag** des Arbeitgebers bemisst. Der Arbeitgeber kann einmalig oder laufend Finanzierungsbeiträge aufwenden. Der Aufwand kann als absoluter Geldbetrag festgelegt werden, aber auch in Abhängigkeit vom Einkommen des Arbeitnehmers oder vom Gewinn oder Umsatz des Unternehmens bestimmt werden. Im Rahmen eines ergebnisorientierter Versorgungssystems erhalten die Arbeitnehmer z. B. einen bestimmten Anteil des Jahresüberschusses als Beitrag für die Altersversorgung, der nach einem bestimmten in der Versorgungsordnung festgelegten Schlüssel auf die einzelnen Arbeitnehmer verteilt und in eine Leistungszusage umgewandelt wird.

Eine beitragsorientierte Leistungszusage ist in allen → Durchführungswegen möglich. Sie kann durch eine Entgeltumwandlung oder eigene Beiträge des Arbeitnehmers ergänzt werden.

Die beitragsorientierte Leistungszusage unterliegt in gleichem Umfang wie die Leistungszusage den Vorschriften des BetrAVG, etwa im Hinblick auf die → Unverfallbarkeit, den → Insolvenzschutz, das → Abfindungsverbot, die Möglichkeit der Inanspruchnahme einer → vorzeitigen Altersrente und die → Anpassung laufender Betriebsrenten. Besonderheiten bestehen bei der Berechnung der → Höhe einer **unverfallbaren Anwartschaft**. § 2 Abs. 5a BetrAVG verweist insofern auf die Vorschriften zur Entgeltumwandlung. Bei Eintritt des Versorgungsfalls ist deshalb dem Arbeitnehmer diejenige Leistung auszuzahlen, die aus den bis zum Ausscheiden des Arbeitnehmers umgewandelten Beiträgen resultiert. *(M)*

▶ **Beitragszeiten**

1. Allgemeines

Beitragszeiten sind Zeiten, für die Beiträge zur gesetzlichen Rentenversicherung gezahlt werden oder als gezahlt gelten. Hierzu zählen in erster Linie Zeiten mit Pflichtbeiträgen aufgrund einer versicherungspflichtigen Beschäftigung als Arbeitnehmer oder einer selbständigen Tätigkeit. Darüber hinaus auch Zeiten mit freiwilligen Beiträgen. Zu den Pflichtbeitragszeiten gehören auch Kindererziehungszeiten und Zeiten, in denen beispielsweise öffentlich-rechtliche Sozialleistungen gezahlt worden sind.

2. Begriff

Der Gesetzgeber unterscheidet in § 55 SGB VI in Pflichtbeitragszeiten, Zeiten mit freiwilligen Beiträgen und Zeiten, in denen Pflichtbeiträge als gezahlt gelten.

(a) Pflichtbeitragszeiten sind Zeiten in denen Versicherungspflicht in der gesetzlichen Rentenversicherung bestand (beispielsweise aufgrund eines abhängigen Beschäftigungsverhältnisses) und Pflichtbeiträge wirksam gezahlt worden sind.

(b) Freiwillige Beiträge müssen grundsätzlich aufgrund der Berechtigung zur freiwilligen Versicherung entrichtet worden sein.

(c) Zeiten, in denen Pflichtbeiträge als gezahlt gelten, meint Zeiten, für die tatsächlich keine Beiträge zur gesetzlichen Rentenversicherung gezahlt wurden, die aber als gezahlt gelten. Hierzu zählen insbesondere:

- Zeiten der Kindererziehung
- Zeiten der nichterwerbsmäßigen Pflege eines Pflegebdürftigen
- Zeiten des Bezugs von Übergangsgeld während einer Rehabilitationsmaßnahme des Rentenversicherungsträgers
- Zeiten der Nachversicherung
- Zeiten des Wehr- und Zivildienstes.   *(P)*

▶ **Beitragszusage**

Von einer Beitragszusage spricht man in der betrieblichen Altersversorgung dann, wenn der Arbeitgeber in der Versorgungszusage dem Arbeitnehmer verspricht, bestimmte Beiträge zur Finanzierung einer Versorgungsleistung aufzubringen. Die Verpflichtung bezieht sich nur auf die Zahlung dieser Beiträge; ob und in welcher Höhe aus dem Beitrag eine Leistung resultiert, steht nicht fest. Die Höhe der Leistung kann erst zum Zeitpunkt des Eintritts des Versorgungsfalls ermittelt werden. Im Gegensatz zur Beitragszusage verspricht der Arbeitgeber bei der → Leistungszusage dem

Arbeitnehmer bei Eintritt des Versorgungsfalls eine bestimmte Leistung (einen bestimmten Geldbetrag, einen bestimmten Prozentsatz des letzten Einkommens o. Ä.), wobei der Arbeitgeber das Risiko übernimmt, die versprochene Leistung zu finanzieren.

Das Kapitalanlagerisiko und das Risiko einer höheren Lebenserwartung trägt bei einer Leistungszusage der Arbeitgeber, bei einer Beitragszusage der Arbeitnehmer.

Im angelsächsischen Raum wird eine Leistungszusage als → **defined benefit** und eine Beitragszusage als **defined contribution** bezeichnet.

Da mit der Verlängerung der durchschnittlichen Lebenserwartung („demographische Entwicklung") die von den Arbeitgebern zu tragenden Kosten der betrieblichen Altersversorgung in den letzten Jahren gestiegen sind, hat es in den letzten Jahren Forderungen nach Anerkennung von Altersversorgungszusagen gegeben, die sich ausschließlich über den Beitrag des Arbeitgebers definieren, bei denen also ein Arbeitgeber beispielsweise nur verspricht, einen bestimmten Geldbetrag zugunsten eines Arbeitnehmers an eine Lebensversicherungsgesellschaft zu zahlen.

Derartige **reine Beitragszusagen** sind jedoch als betriebliche Altersversorgung nach wie vor **nicht zulässig**. Dies ergibt sich aus der Aufzählung in § 1 Abs. 2 BetrAVG. Sie sind rechtlich nicht unwirksam, fallen aber nicht unter den Schutz des BetrAVG (BAG NZA 2005, 1239). Hat ein Arbeitgeber eine Beitragszusage erteilt, ist durch Auslegung zu ermitteln, ob die Arbeitsvertragsparteien eine betriebsrentenrechtlich zulässige Form der Versorgungszusage vereinbaren wollten (etwa eine Beitragszusage mit Mindestleistung).

Zulässig ist jedoch seit 1. 1. 2002 eine → **Beitragszusage mit Mindestleistung** (§ 1 Abs. 2 Nr. 2 BetrAVG). Hier verpflichtet sich der Arbeitgeber zur Zahlung von Beiträgen an einen Versorgungsträger. Das hieraus resultierende Versorgungskapital einschließlich der Erträge steht im Versorgungsfall dem Arbeitnehmer zu. Der Arbeitgeber hat jedoch zu garantieren, dass dem Arbeitnehmer mindestens die Summe der zugesagten Beiträge in ihrem Nominalwert zur Verfügung steht. Systematisch handelt es sich insoweit um eine Beitragszusage mit einer ergänzenden Leistungszusage.

Bei einer → **beitragsorientierten Leistungszusage** ist Ausgangspunkt für die Altersversorgung ebenfalls der Aufwand (Beitrag) des Arbeitgebers; dieser Beitrag wird jedoch versicherungsmathematisch in einen Renten- oder Kapitalbaustein umgerechnet oder einem Versorgungskonto des Arbeitnehmers mit einer gewissen Verzinsung gutgeschrieben. Auf die so umgewandelte Versorgungsanwartschaft hat der Arbeitnehmer bei Eintritt des Versorgungsfalls einen Anspruch. Im Ergebnis handelt es sich deshalb um eine Leistungszusage. *(M)*

▶ Beitragszusage mit Mindestleistung

Erteilt der Arbeitgeber in der betrieblichen Altersversorgung eine Beitragszusage mit Mindestleistung, so ist der Arbeitgeber verpflichtet, Beiträge zur Finanzierung von Leistungen der betrieblichen Altersversorgung an einen Pensionsfonds, eine Pensionskasse oder eine Direktversicherung zu zahlen und für Leistungen zur Altersversorgung das planmäßig zuzurechnende Versorgungskapital auf der Grundlage der gezahlten Beiträge, mindestens die Summe der zugesagten Beiträge, soweit sie nicht rechnungsmäßig für einen biometrischen Risikoausgleich verbraucht wurden, hierfür zur Verfügung zu stellen (§ 1 Abs. 2 Nr. 2 BetrAVG).

Die Beitragszusage mit Mindestleistung stellt eine **Mischform** zwischen einer → **Beitragszusage** und einer → **Leistungszusage** dar, bei der die Beitragszusage durch eine garantierte Leistung abgesichert wird. Diese Möglichkeit der Gestaltung einer betrieblichen Versorgungszusage ist seit 2002 in das BetrAVG eingeführt worden.

Nach der Erteilung einer → Versorgungszusage als Beitragszusage mit Mindestleistung wird bis zum Eintritt des → Versorgungsfalls zugunsten eines Arbeitnehmers ein Versorgungskapital aus den **Beiträgen des Arbeitgebers** aufgebaut. Dies geschieht dadurch, dass der Arbeitgeber Beiträge an einen Pensionsfonds, eine Pensionskasse oder eine Direktversicherung zahlt. Eine Zahlung an eine Unterstützungskasse oder im Rahmen einer unmittelbaren Versorgungszusage ist im Gesetz nicht vorgesehen (str.). Die Beiträge legen die Versorgungträger auf dem Kapitalmarkt an. Im Versorgungsfall ist das aus den Beiträgen entstandene Versorgungskapital an den Arbeitnehmer auszuzahlen. Dazu gehören auch sämtliche aus dem Kapital erzielten **Erträge.** Der Arbeitnehmer trägt insoweit das Anlagerisiko. Andererseits können dem Arbeitnehmer die Chancen, dass die Versorgungsträger durch ihre Vermögensanlage hohe Erträge erzielen, nicht dadurch genommen werden, dass in der Versorgungszusage bestimmt wird, dass die Erträge dem Arbeitgeber ganz oder zum Teil zufließen (str.). Im Versorgungsfall werden die Versorgungsleistungen vom Pensionsfonds, von der Pensionskasse oder der Direktversicherung erbracht, nicht etwa, wie der Gesetzeswortlaut nahe legt, vom Arbeitgeber. Dieser hat nur durch seine Beiträge dafür zu sorgen, dass die Versorgungsträger dem Arbeitnehmer das planmäßig zuzurechnende Versorgungskapital für Leistungen zur Altersversorgung zur Verfügung stellen.

Da die Erträge, insbesondere angesichts der liberalisierten Anlagevorschriften für den → Pensionsfonds, auch negativ sein können, bleibt der Arbeitgeber jedoch verpflichtet, dafür zu sorgen, dass der Arbeitnehmer zumindest die Summe der zugesagten Beiträge erhält **(Mindestleistung).** Verluste, die ein Versorgungsträger bei seiner Vermögensanlage erleidet, gehen also nicht zu Lasten des Arbeitnehmers, sondern diese hat grundsätzlich der Arbeitgeber auszugleichen. Es besteht allerdings keine Verpflichtung zum Ausgleich des Inflationsverlustes oder gar zu einer Verzinsung. Soweit eine Invaliditäts- oder Hinterbliebenenrente zugesagt wurde, können die hierfür verbrauchten Risikoprämien von den auszuzahlenden Beiträgen abgezogen werden **(biometrischer Risikoausgleich).**

Die Beitragszusage mit Mindestleistung unterliegt in gleichem Umfang wie die Leistungszusage den Vorschriften des BetrAVG, etwa im Hinblick auf die → Unverfallbarkeit, den → Insolvenzschutz, das → Abfindungsverbot, die Möglichkeit der Inanspruchnahme einer → vorzeitigen Altersrente. Besonderheiten bestehen bei der Berechnung der → Höhe einer **unverfallbaren Anwartschaft.** § 2 Abs. 5b BetrAVG sieht als aufrechtzuerhaltende Anwartschaft das dem Arbeitnehmer planmäßig zuzurechnende Versorgungskapital auf der Grundlage der bis zu seinem Ausscheiden geleisteten Beiträge vor, bestehend aus den Beiträgen und den bis zum Eintritt des Versorgungsfalls hierauf erzielten Erträgen. Wegen der garantierten Mindestleistung muss der Arbeitnehmer mindestens die Summe der bis zu seinem Ausscheiden zugesagten Beiträge erhalten, soweit sie nicht rechnungsmäßig für einen biometrischen Risikoausgleich verbraucht worden sind.

Im Gegensatz zu Betriebsrenten aus anderen Versorgungszusagen müssen laufende Leistungen, die aus einer Beitragszusage mit Mindestleistung resultieren, nicht gem. § 16 Abs. 1 BetrAVG regelmäßig auf eine → **Anpassung** hin überprüft werden. Dies beruht auf der Überlegung, dass das planmäßig zuzurechnende Versorgungskapital ohnehin Erträge abwirft, und zwar auch noch nach Eintritt des Versorgungsfalls. *(M)*

▶ Beleihung

Beleihungen sind bei Lebensversicherungen und damit auch bei → Direktversicherungen grundsätzlich möglich. Bei ihnen leistet das Lebensversicherungsunternehmen einen entgeltlichen Vorschuss auf die Versicherungssumme der rückkaufsfähigen Lebensversicherung bis zur Höhe der geleisteten Prämienzahlungen. Da bei der Direktversicherung der Arbeitgeber Versicherungsnehmer ist, kann er zunächst die Versicherung auch wirtschaftlich für sich nutzen, z. B. beleihen. Dies ist möglich, unabhängig davon, ob dem Arbeitnehmer ein widerrufliches oder unwiderrufliches → Bezugsrecht eingeräumt ist.

Scheidet ein Arbeitnehmer mit einer → unverfallbaren Versorgungsanwartschaft gem. § 1 b BetrAVG aus, muss der Arbeitgeber den Arbeitnehmer bei Eintritt des Versorgungsfalls so stellen, als sei die Beleihung nicht erfolgt (§ 1 b Abs. 2 Satz 3 BetrAVG). Wenn der Arbeitgeber die Höhe der unverfallbaren Versorgungsanwartschaft auf die vom Versicherer auf Grund des Versicherungsvertrags zu erbringende Versicherungsleistung beschränken will („versicherungsrechtliche Lösung" → unverfallbare Anwartschaft, Höhe III), darf spätestens nach 3 Monaten seit dem Ausscheiden des Arbeitnehmers eine Beleihung nicht mehr vorhanden sein (§ 2 Abs. 2 Satz 2 BetrAVG). Beliehene Direktversicherungen unterliegen der Insolvenzsicherungpflicht und damit dem gesetzlichen → Insolvenzschutz gem. § 7 BetrAVG.

Eine wirtschaftliche Nutzung der Deckungsmittel aus einer Pensionskasse oder einem Pensionsfonds durch Beleihung ist nicht möglich. *(M)*

▶ **Berufsunfähigkeit**

1. Allgemeines

Für alle Versicherungszweige hat der Gesetzgeber bis zum 31. 12. 2000 unterschieden zwischen Berufs- und Erwerbsunfähigkeit. Diese Differenzierung trug der Tatsache Rechnung, dass es Versicherte gab, die trotz einer Minderung ihrer Leistungsfähigkeit noch in der Lage waren, eine abhängige Beschäftigung auszuüben und daraus Einkommen zu erzielen. Zum früheren Recht hatte sich eine umfangreiche Rechtsprechung entwickelt und es war allgemein anerkannt, dass es wegen mehrerer Schwachstellen reformbedürftig war. Das neue Recht geht seit 1. 1. 2001 von einer zweistufigen Erwerbsminderungsrente aus.

2. Begriff

Bei Berufsunfähigen ging das Gesetz davon aus, dass der Versicherte nicht mehr in der Lage war, in seinem bisherigen Hauptberuf oder in einem zumutbaren Verweisungsberuf die Hälfte des Einkommens eines gesunden vergleichbaren Versicherten zu erzielen. Ob und in welchem Umfang er in irgendeinem anderen Beruf noch einsatzfähig war, spielte bei der Berufsunfähigkeit keine Rolle. Aus diesem Grunde war ein voller Lohnersatz nicht erforderlich, weil unterstellt wurde, dass das Restleistungsvermögen dem Versicherten erlaubt, noch Einkommen zu erzielen. Die Rente an Berufsunfähige war deshalb um ein Drittel geringer als an Erwerbsunfähige.

3. Berufsunfähigkeitsrente

Die **Rente für Berufsunfähige** wurde zwar zum 1. 1. 2001 abgeschafft, aber durch die Rente wegen teilweiser Erwerbsminderung ersetzt (→ Berufsunfähigkeitsrente). Die Berufsunfähigkeitsrente wird jedoch weiterhin gezahlt, wenn der Anspruch darauf vor dem 1. 1. 2001 entstanden ist.

(P)

▶ **Berufsunfähigkeitsrente**

Die Berufsunfähigkeitsrente wurde zum 1.1.2001 abgeschafft (→ Berufsunfähigkeit) und ersetzt durch eine zweistufige Erwerbsminderungsrente (→ Erwerbsminderungsrente). Im Rahmen des Vertrauensschutzes wurde für vor dem 2.1.1961 geborene Versicherte eine modifizierte Rente wegen Berufsunfähigkeit geschaffen und nennt sich Rente wegen teilweiser Erwerbsminderung bei Berufunfähigkeit (→ Erwerbsminderungsrente). *(P)*

▶ **Besitzstand**

Der Begriff des Besitzstandes spielt vor allen Dingen eine Rolle bei der → Änderung von betrieblichen Versorgungszusagen. Zwar hat man einen Anspruch auf eine betriebliche Versorgungsleistung erst mit Eintritt des Versorgungsfalls; man erwirbt aber bereits mit Erteilung der Versorgungszusage eine Anwartschaft auf die Betriebsrente, die sich im Laufe des Arbeitslebens durch die erbrachten Arbeitsleistungen immer weiter verfestigt. Dies erklärt sich aus dem Grundverständnis der betrieblichen Altersversorgung als einem Entgelt für eine Gesamtheit von Arbeitsleistungen, wie er in den Vorschriften des BetrAVG zur Unverfallbarkeit und zum Insolvenzschutz zum Ausdruck kommt. Der Umfang der vom Arbeitnehmer bereits erbrachten Leistung führt bei der Änderung von Versorgungszusagen zu einem unterschiedlichen Besitzstandsschutz hinsichtlich der Versorgungsanwartschaften. Während Renten nicht mehr gekürzt werden können (Ausnahme: → Jeweiligkeitsklausel), unterscheidet das BAG bei Versorgungsanwartschaften drei Besitzstandsstufen: die erdiente Versorgungsanwartschaft, die zeitanteilig erdiente Dynamik und die noch nicht erdienten dienstzeitabhängigen Steigerungsraten. Soweit eine Änderung der Versorgungszusagen überhaupt zulässig ist, z.B. bei einer abändernden Betriebsvereinbarung, bedarf es je nachdem, in welchen Besitzstand eingegriffen werden soll, unterschiedlich gewichtiger Gründe. Vgl. → Änderung von Versorgungszusagen. *(M)*

▶ **BetrAVG**

Das Betriebsrentengesetz (Gesetz zur Verbesserung der betrieblichen Altersversorgung – BetrAVG) regelt wesentliche arbeitsrechtliche Fragen bei betrieblichen Versorgungszusagen. Es hat jedoch nicht den Anspruch, das Betriebsrentenrecht umfassend zu regeln. Nach wie vor wird ein großer Teil des Betriebsrentenrechts durch eine Vielzahl unterschiedlicher Vertragsgestaltungen (→ Versorgungsmodelle, → Durchführungswege, → Versorgungszusage) und ihre Kontrolle durch die Rechtsprechung, insbesondere im Hinblick auf die Benachteiligung von Arbeitnehmern bei der Begründung von Versorgungszusagen (→ Gleichbehandlung), und die → Änderung von Versorgungszusagen geprägt.

Das BetrAVG regelt vor allen Dingen die Unverfallbarkeit von Versorgungsanwartschaften, das Verbot, unverfallbare Versorgungsanwartschaften beim Ausscheiden des Arbeitnehmers und Betriebsrenten abzufinden, das Verbot der Übertragung von Versorgungsanwartschaften auf andere Personen als den Arbeitgeber, das Verbot der Auszehrung von Versorgungsanwartschaften, die Harmonisierung von vorzeitigen Altersleistungen in der gesetzlichen Rentenversicherung mit der betrieblichen Altersversorgung, die Insolvenzsicherung von unverfallbaren Versorgungsanwartschaften und Betriebsrenten und die Anpassungsprüfungspflicht in Bezug auf laufende Betriebsrenten. Es finden sich außerdem Sondervorschriften für den öffentlichen Dienst sowie mehrere Paragraphen, die steuerrechtliche Vorschriften ändern. Hinzu gekommen sind in neuerer Zeit der gesetzliche Anspruch auf eine betriebliche Altersversorgung durch Entgeltumwandlung sowie der Anspruch auf Übertragung einer Versorgungsanwartschaft bei einem Arbeitgeberwechsel.

I. Zeitlicher Geltungsbereich

Das **Gesetz zur Verbesserung der betrieblichen Altersversorgung** (BetrAVG – heute: Betriebsrentengesetz) vom 19. 12. 1974 ist am **22. 12. 1974 in Kraft** getreten. Wesentliche Vorbereitungen hat die Rechtsprechung geleistet. Am 10. 3. 1972 entschied das BAG (AP § 242 BGB Ruhegehalt Nr. 156), dass Versorgungsanwartschaften trotz Verfallklausel nach einer Betriebszugehörigkeit von mehr als 20 Jahren als **unverfallbar** anzusehen sind. Am 30. 3. 1973 entschied das BAG (AP § 242 BGB Ruhegehalt – Geldentwertung Nr. 4 u. 5), dass ein Arbeitgeber nach Treu und Glauben verpflichtet ist, mit dem Empfänger einer Betriebsrente über eine Angleichung der Versorgung zu verhandeln, wenn seit der letzten Absprache über die Ruhegeldregelung eine 40 %ige Verteuerung der Lebenshaltungskosten eingetreten ist.

In der Folgezeit wurde das Betriebsrentengesetz zunächst nur in wenigen zentralen Vorschriften geändert. Auf dem Gebiet der neuen Bundesländer wurde es zum 1. Januar 1992 in Kraft gesetzt. Wichtige Änderungen erfuhr das BetrAVG erst im Rahmen der Rentenreformgesetze 1992 und des EGInsO mit Wirkung zum 1. 1. 1999 (Einführung der Möglichkeit der → Entgeltumwandlung, der → beitragsorientierten Leistungszusage, Streichung des → Sicherungsfalls der wirtschaftlichen Notlage) und durch das AVmG vom 26. 6. 2001 mit Wirkung vom 1. 1. 2001 (Verkürzung der → Unverfallbarkeitsfristen) und mit Wirkung vom 1. 1. 2002 (Einführung des Anspruchs auf → Entgeltumwandlung und des → Pensionsfonds als fünfter → Durchführungsweg), durch das HZvNG vom 21. 6. 2002 mit Wirkung vom 1. 7. 2002 (Einführung einer durch → Eigenbeiträge des Arbeitnehmers finanzierten kapitalgedeckten betrieblichen Altersversorgung) und durch das Alterseinkünftegesetz vom 5. 7. 2004 mit Wirkung vom 1. 1. 2005 (Vereinheitlichung der Besteuerung von betrieblichen Versorgungsleistungen; Erweiterung der Möglichkeit zur → Übertragung von Versorgungsanwartschaften, Begrenzung der Möglichkeit, Versorgungsleistungen und -anwartschaften abzufinden und Erweiterung der → Auskunftsrechte von Arbeitnehmern).

II. Räumlicher Geltungsbereich

Das BetrAVG gilt in der Bundesrepublik Deutschland. Für das Gebiet der **neuen Bundesländer** gilt es für Versorgungszusagen, die seit dem 1. 1. 1992 erteilt sind. Betriebszugehörigkeitszeiten können dabei auch vor dem 1. 1. 1992 mit Wirkung für die Unverfallbarkeit zurückgelegt worden sein (BAG AP § 1 BetrAVG Unverfallbarkeit Nr. 10). Der → Pensionssicherungsverein als Träger der Insolvenzsicherung ist auch für die Absicherung von Versorgungszusagen im Großherzogtum Luxemburg zuständig.

III. Persönlicher Geltungsbereich

1. Arbeitnehmer

Wie alle arbeitsrechtlichen Schutzgesetze gilt das BetrAVG grundsätzlich für alle Arbeitnehmer. Gemäß § 17 Abs. 1 BetrAVG sind Arbeitnehmer i. S. d. §§ 1–16 BetrAVG **Arbeiter** und **Angestellte** einschließlich der zu ihrer **Berufsausbildung** Beschäftigten.

Zu den Arbeitnehmern zählen nicht Beamte, Soldaten, Strafgefangenen oder Personen, deren Arbeitsleistung vornehmlich religiös oder karitativ motiviert ist (Angehöriger kirchlicher Orden und Diakonissen), wohl aber Arbeitnehmer, die im Haushalt beschäftigt sind, obwohl Haushalte keine Betriebe sind, oder Arbeitnehmer, die in einem Arbeitsverhältnis zu ihrem Ehegatten stehen. Ein Arbeitsverhältnis kann unabhängig von der Höhe des Entgelts bestehen und von der zeitlichen Dauer.

Familienmitglieder können ganz normal als Arbeitnehmer im Unternehmen tätig werden. Das gilt insbesondere für Ehegatten und Kinder. Diesen gegenüber erklärte Zusagen können durchaus aus Anlass des Arbeitsverhältnisses erfolgt sein. Da hier die Gefahr eines Rechtsmissbrauchs jedoch besonders groß ist, ist wie im Steuerrecht eine strenge Kontrolle hinsichtlich der Anerkennung von Familienarbeitsverhältnissen erforderlich. Im Einzelfall wird hier vor allen Dingen der tatsächliche Vollzug nachgewiesen werden müssen; weitere Indizien können sich aus dem Inhalt des abgeschlossenen Arbeitsvertrags ergeben.

2. Arbeitnehmerähnliche Personen und nicht abhängige Selbständige

Die §§ 1–16 BetrAVG sollen aber auch auf bestimmte Personen Anwendung finden, die zwar keine Arbeitnehmer sind, denen aber Leistungen der Alters-, Invaliditäts- oder Hinterbliebenenversorgung aus Anlass ihrer Tätigkeit für ein Unternehmen zugesagt worden sind (§ 17 Abs. 1 Satz 2 BetrAVG).

Unter den persönlichen Geltungsbereich des § 17 Abs. 1 Satz 2 BetrAVG fallen in jedem Fall Personen, die persönlich für ein Unternehmen tätig werden und einem Arbeitnehmer vergleichbar sozial schutzbedürftig sind, z. B. **arbeitnehmerähnliche Personen** oder Einfirmenhandelsvertreter i. S. v. § 92a HGB.

Außerdem werden auch sonstige **Selbständige** erfasst, denen aus Anlass ihrer Tätigkeit für ein Unternehmen von diesem eine Versorgung zugesagt wurde, z. B. Mitglieder freier Berufe wie Architekten, Steuerberater oder Rechtsanwälte, aber auch Handelsvertreter, Handwerker oder Franchisenehmer.

Entscheidend ist, dass die Zusage aus Anlass einer Tätigkeit für ein fremdes Unternehmen erteilt worden ist. Auf die besonderen Merkmale, die ein Arbeits- von einem Dienstverhältnis oder einer freien Mitarbeit unterscheiden, kommt es nicht an. Ausgegrenzt werden lediglich Leistungen, die in keinem Zusammenhang mit der Tätigkeit im Betrieb oder für das Unternehmen stehen. Das BetrAVG soll nur eingreifen, falls und soweit eine rechtliche Sonderbeziehung im Sinne eines Arbeitsverhältnisses oder einer Tätigkeit für ein Unternehmen besteht. Damit unterfallen dem Schutz des Betriebsrentengesetzes nicht diejenigen Zusagen, die aus anderen Anlässen (persönliche, verwandtschaftliche oder freundschaftliche Beziehungen) zugesagt worden sind, aufgrund einer Tätigkeit bei einem dritten Unternehmen (BAG NZA 2005, 927) oder ein Äquivalent für Kaufpreis- oder Rentenzahlungen sowie eine vorweggenommene Erbauseinandersetzung sind.

3. Gesellschafter und gesetzliche Vertreter juristischer Personen

Der sehr weit gefasste persönliche Geltungsbereich des BetrAVG ist vor allen Dingen vor dem Hintergrund problematisch, dass Personen, die wesentlich stärker auf den Inhalt einer Versorgungszusage Einfluss nehmen können als sonst Arbeitnehmer, über die Anwendbarkeit der §§ 7 ff BetrAVG in den Genuss des gesetzlichen Insolvenzschutzes für Betriebsrenten kommen können.

Auch Vorstandsmitglieder von Aktiengesellschaften, Geschäftsführer einer GmbH oder gar Gesellschafter einer Personenhandelsgesellschaft können von ihrer Gesellschaft eine Versorgungszusage erhalten, die aus Anlass ihrer Tätigkeit für das Unternehmen erteilt wird.

Um zu vermeiden, dass Personen, die selbst am Gewinn und Verlust eines Unternehmens beteiligt sind und dessen Geschicke im Wesentlichen bestimmen, im Insolvenzfall eine durch den PSV geschützte Versorgungsanwartschaft erhalten, hat der BGH § 17 Abs. 1 Satz 2 BetrAVG dahin gehend einschränkend ausgelegt, dass die Versorgung sich als Entgelt einer Tätigkeit für ein **fremdes Unternehmen** darstellt.

Daher werden nicht erfasst: **Einzelkaufleute** – diese können sich bereits formalrechtlich keine Versorgungszusage erteilen –, **persönlich haftende Gesellschafter** einer OHG oder Kommanditgesellschaft und **Alleingesellschafter einer Kapitalgesellschaft** (BGH § 17 BetrAVG Nr. 4). Bei Kommanditgesellschaften lässt der BGH bei geschäftsführenden Gesellschaftern eine Ausnahme zu, wenn diese bei wirtschaftlicher Betrachtungsweise nur angestellte Komplementäre sind, das heißt nur im Außenverhältnis als Gesellschafter auftreten und im Innenverhältnis eine einem Angestellten vergleichbare Position bekleiden (bei geringfügige Kapitalbeteiligung und Freistellung von der persönlichen Haftung – BGH § 17 BetrAVG Nr. 2). Ein **Kommanditist** ist dagegen in seiner Haftung und in seiner Gewinnbeteiligung beschränkt; er nimmt grundsätzlich an der Geschäftsführung oder Vertretung der Gesellschaft nicht teil. Er kann deshalb vom Geltungsbereich des BetrAVG nur unter den gleichen Voraussetzungen ausgeschlossen werden, die für Gesellschafter von Kapitalgesellschaften gelten (BGH § 17 BetrAVG Nr. 1).

Mehrheitsgesellschafter einer **Kapitalgesellschaft** und Gesellschafter-Geschäftsführer sowie sonstige Organmitglieder einer juristischen Person, die über eine (direkte oder indirekte) Kapitalmehrheit verfügen oder sonst ihren Willen durch Leitungsmacht im Unternehmen durchsetzen können, haben regelmäßig eine Stellung im Unternehmen, in der sie es als ihr eigenes betrachten können und in der sie nicht wie ein Arbeitnehmer schutzbedürftig sind.

Bei alledem kommt es nicht darauf an, ob dieser Personenkreis neben seiner Unternehmerstellung zu dem Unternehmen in einem Dienstverhältnis steht. Entscheidend sind die Umstände im Einzelfall. Beispielsweise können geschäftsführende Organe trotz

Minderheitsbeteiligung über den maßgeblichen Einfluss im Unternehmen verfügen. Andererseits können Organmitglieder mit Minderheitsbeteiligungen vom Willen der Inhaber der Kapitalmehrheit derart abhängig sein, dass sie den Schutz des Betriebsrentengesetzes genießen. Dementsprechend sind Versorgungsansprüche eines Geschäftsführers und Minderheitsgesellschafters einer GmbH jedenfalls dann insolvenzgeschützt, wenn der Geschäftsführer und Gesellschafter bei der Führung des Unternehmens keine rechtliche Möglichkeit zu beherrschendem Einfluss hatte. Dies ist nicht nur dann der Fall, wenn dem Versorgungsberechtigten während seiner Tätigkeit für das Unternehmen ein Mehrheitsgesellschafter gegenüberstand. Der Minderheitsgesellschafter ist vielmehr auch dann insolvenzgeschützt, wenn ihm ein anderer Minderheitsgesellschafter gegenübersteht, der aber aufgrund einer Stimmrechtsverteilungsregelung im Gesellschaftsvertrag die Mehrheit der Stimmen auf sich vereint (BAG AP § 17 BetrAVG Nr. 25).

Bei einer **GmbH & Co KG** ist zunächst danach zu unterscheiden, ob die Komplementär-GmbH einen eigenen Geschäftsbetrieb unterhält oder nicht. Führt die GmbH nur die Geschäfte der KG, werden beide Gesellschaften wie eine wirtschaftliche Einheit behandelt. Bei der Beherrschung der KG durch die GmbH und gleichzeitige Beherrschung der GmbH durch den Gesellschafter-Geschäftsführer ist eine direkte Beteiligung des Gesellschafter-Geschäftsführers an der KG überhaupt nicht erforderlich (BGH AP § 17 BetrAVG Nr. 2). Hat die GmbH einen eigenen Geschäftsbetrieb, so ist darauf abzustellen, wer die Versorgungszusage erteilt hat und ob der Gesellschafter diese Gesellschaft beherrscht (BGH § 17 BetrAVG Nr. 4).

Wechselt der Versorgungsberechtigte im Unternehmen von einer unabhängigen in eine abhängige Stellung oder umgekehrt, ist die Versorgung im Insolvenzfall in geschützte und ungeschützte Teile aufzuspalten.

Auch wenn eine Versorgungszusage erteilt worden ist, die nicht dem Schutz des BetrAVG unterfällt, ist diese im Verhältnis zwischen dem Zusagenden und dem Empfänger dieser Zusage rechtswirksam. Die Zusage genießt nur keinen Insolvenzschutz; Verfallbarkeit und Unverfallbarkeit einer Versorgungsanwartschaft sind frei vereinbar. Bei unangemessen hohen Versorgungszusagen prüft die Finanzrechtsprechung, ob eine verdeckte Gewinnausschüttung vorliegt. *(M)*

▶ Betriebliche Altersversorgung

Die betriebliche Altersversorgung ist neben der Rente aus der gesetzlichen → Sozialversicherung und der privaten Altersversorgung mit Hilfe einer → Lebensversicherung eine der drei Möglichkeiten (→ Dreisäulentheorie), Vorsorge für den Fall zu treiben, dass ein Erwerbseinkommen wegen des Erreichens eines bestimmten Alters, Invalidität oder Tod nicht mehr zur Verfügung steht.

I. Geschichte

Historisch und sozialpolitisch stehen betriebliche Altersversorgung und gesetzliche Sozialversicherung in einem engen Zusammenhang. Mitte des 19. Jahrhunderts gründeten die ersten Unternehmen betriebliche Unterstützungseinrichtungen für die bei ihnen beschäftigten in Not geratenen Arbeiter; die gesetzliche → Sozialversicherung wurde 1891 mit dem Gesetz betreffend die Invaliditäts- und Alterssicherung gegründet. Die Hilfs- oder Unterstützungskassen, die sozial denkende Unternehmer für die Versorgung ihrer Mitarbeiter gründeten, waren vielfach von dem Gedanken der **Fürsorge** für diejenigen Mitarbeiter und ihre Familienangehörigen geprägt, die ihr Leben lang (bis zum Eintritt des Versorgungsfalls) ihre Arbeitskraft für das Unternehmen eingesetzt hatten und nun der Unterstützung durch andere bedurften. Dieser historische Hintergrund findet heute noch seinen Niederschlag, wenn von der betrieblichen Altersversorgung als **Entgelt für Betriebstreue** die Rede ist oder wenn fast jede betriebliche Versorgungszusage eine Verfallklausel für den Fall enthält, dass der Arbeitnehmer vor Eintritt des Versorgungsfalls das Unternehmen verlässt.

Bis Anfang der 70er Jahre stand die Gewährung einer Betriebsrente stets unter dem Vorbehalt, dass ein Arbeitnehmer den Versorgungsfall im Unternehmen erlebt; ein vorher (aufgrund eigener oder Arbeitgeberkündigung) ausscheidender Arbeitnehmer erhielt also keine Altersversorgungsleistungen **(Verfallbarkeit)**. Darüber hinaus waren die Renten weder vor Insolvenz des Arbeitgebers noch vor dem inflationsbedingten **Wertverfall** geschützt. In die bereits einsetzende gesetzgebungspolitische Debatte um die Schaffung eines Betriebsrentenrechts hat hier das BAG rechtsfortbildend durch zwei Grundsatzurteile eingegriffen: Am 10. 3. 1972 entschied das BAG (AP § 242 BGB Ruhegehalt Nr. 156), dass Versorgungsanwartschaften trotz Verfallklausel nach einer Betriebszugehörigkeit von mehr als 20 Jahren als **unverfallbar** anzusehen sind. Am 30. 3. 1973 entschied das BAG (AP § 242 BGB Ruhegehalt – Geldentwertung Nr. 4 u. 5), dass ein Arbeitgeber nach Treu und Glauben verpflichtet ist, mit dem Empfänger einer Betriebsrente über eine Angleichung der Versorgung zu verhandeln, wenn seit der letzten Absprache über die Ruhegeldregelung eine 40 %ige Verteuerung der Lebenshaltungskosten eingetreten sei.

Am 22. 12. 1974 trat dann das **Gesetz zur Verbesserung der betrieblichen Altersversorgung** (BetrAVG – heute: Betriebsrentengesetz) vom 19. 12. 1974 in Kraft, das sowohl eine Unverfallbarkeit von Versorgungsanwartschaften ab zehn Jahren Betriebszugehörigkeit, eine Anpassung von Betriebsrenten unter bestimmten Voraussetzungen und einen Insolvenzschutz von unverfallbaren Versorgungsanwartschaften und Versorgungsansprüchen vorsah sowie eine Reihe von steuerrechtlichen Vorschriften. Wesentliche Teile des Betriebsrentenrechts bleiben jedoch weiterhin der Rechtsprechung überlassen. Zu den nachfolgenden Änderungen siehe → BetrAVG, zeitlicher Geltungsbereich.

II. Bedeutung

Die betriebliche Altersversorgung ist heute nach wie vor die wohl wichtigste arbeitgeberseitige **Sozialleistung.** Sie ist gesetzlich nicht vorgeschrieben; ihre Einführung ist grundsätzlich jedem Arbeitgeber überlassen. Ob eine betriebliche Altersversorgung versprochen wird und wie diese ausgestaltet ist, unterliegt weitgehend der **Vertragsfreiheit.** Nur in wenigen Fällen gibt es eine gesetzliche Regelung der betrieblichen Altersversorgung (vgl. die Ruhegeldgesetze für die Arbeitnehmer des öffentlichen Dienstes in Hamburg und Bremen und das Hüttenknappschaftliche Zusatzversorgungsgesetz für Bergleute im Saarland); für bestimmte Branchen ist eine betriebliche Altersversorgung in → Tarifverträgen vorgesehen. Neben der herkömmlichen, aus den Mitteln des Arbeitgebers finanzierten betrieblichen Altersversorgung ist in den letzten Jahren eine betriebliche Altersversorgung entstanden, die der Arbeitnehmer durch Umwandlung künftiger Entgeltansprüche in eine Anwartschaft auf eine Versorgungsleistung finanziert. Bei derartigen Entgeltumwandlungszusagen handelt es sich ebenfalls um betriebliche Altersversorgung, weil der Arbeitgeber nach der Umwandlung des Entgelts in eine betriebliche Altersversorgung das Versorgungsrisiko des Arbeitnehmers übernimmt. Allerdings unterliegen → Entgeltumwandlungszusagen teilweise eigenen rechtlichen Regelungen, die auf die unterschiedliche Herkunft der finanziellen Mittel für die Altersversorgung Rücksicht nehmen. Anders als bei der herkömmlichen betrieblichen Altersversorgung hat ein Arbeitnehmer auf Erteilung einer Entgeltumwandlungszusage seit dem 1. 1. 2002 einen gesetzlichen Anspruch (§ 1a BetrAVG).

Mit dem Absinken der gesetzlichen Sozialversicherungsrente wächst für die Arbeitnehmer die Notwendigkeit einer zusätzlichen Altersversorgung. Die Differenz zwischen dem letzten Nettoeinkommen als aktiver Arbeitnehmer und der gesetzlichen Sozialversicherungsrente (→ **Versorgungslücke**) muss durch eine betriebliche oder private Altersvorsorge zumindest verringert werden. Dies gilt in besonderem Maße für Arbeitnehmer, deren Einkommen oberhalb der → Beitragsbemessungsgrenze in der gesetzlichen Rentenversicherung liegt, und bei denen deshalb die Versorgungslücke zwischen dem letzten Nettoeinkommen und der gesetzlichen Sozialversicherungsrente besonders groß ist. Für Unternehmen ist die Zusage einer betrieblichen Altersversorgung besonders deshalb personalpolitisch interessant, weil dadurch Arbeitnehmer an das Unternehmen gebunden werden können und bei der Bildung von Pensionsrückstellungen **Steuerstundungseffekte** auftreten. Der Gesetzgeber fördert die betriebliche Altersversorgung, weil er um die Notwendigkeit ergänzender Altersversorgung angesichts sinkender Sozialversicherungsrenten weiß.

In den alten Bundesländern haben etwa 65 % aller Arbeitnehmer in den Industrieunternehmen und knapp 30 % aller Arbeitnehmer in Handelsunternehmen von ihrem Arbeitgeber eine betriebliche

Versorgungszusage erhalten; in den neuen Bundesländern liegt der Anteil der Arbeitnehmer mit einer betrieblichen Versorgungszusage im 10 %-Bereich.

Ende 2002 beliefen sich die Deckungsmittel der betrieblichen Altersversorgung in der Bundesrepublik Deutschland auf ein Gesamtvolumen von etwa 354 Mrd. €, wovon mehr als die Hälfte auf Pensionszusagen entfallen, die ohne Zwischenschaltung eines fremden Versorgungsträgers von den Unternehmen selbst über Pensionsrückstellungen finanziert werden.

Durch die Rentenreform im **Altersvermögensgesetz** vom 26. 6. 2001 hat die betriebliche Altersversorgung ab dem 1. 1. 2002 einerseits eine erheblich größere Bedeutung dadurch gewonnen, dass Altersvorsorgeverträge in Abhängigkeit von der Höhe eines Eigenbeitrags des Arbeitnehmers durch eine staatliche Zulage gefördert werden oder die Aufwendungen zu Altersvorsorgeverträgen als Sonderausgaben steuerlich geltend gemacht werden können. Diese Möglichkeit besteht nicht nur für die private Eigenvorsorge, sondern auch für die betriebliche Altersversorgung. Im Betriebsrentengesetz wird parallel dazu in § 1a BetrAVG ein gesetzlicher Anspruch der Arbeitnehmer gegen den Arbeitgeber auf Umwandlung künftigen Entgelts in eine betriebliche Altersversorgung vorgesehen. Andererseits werden mit diesem neuen Konzept der betrieblichen Altersversorgung die drei Säulen der Altersvorsorge miteinander verwischt und unter den Begriff der betrieblichen Altersversorgung sowohl arbeitgeberfinanzierte betriebliche Sozialleistungen wie auch arbeitnehmerfinanzierte Altersvorsorge gefasst.

III. Begriff der betrieblichen Altersversorgung

Nach der gesetzlichen Definition des § 1 Abs. 1 BetrAVG umfasst eine betriebliche Altersversorgung Leistungen der Alters-, Invaliditäts- oder Hinterbliebenenversorgung, die ein Arbeitnehmer aus Anlass seines Arbeitsverhältnisses vom Arbeitgeber zugesagt erhält.

1. Rechtscharakter der betrieblichen Altersversorgung

Nach wie vor ist unter Juristen umstritten, ob den betrieblichen Altersversorgungsleistungen des Arbeitgebers dessen Fürsorge zugrunde liegt oder ob damit die Dienste des Arbeitnehmers abgegolten werden oder ob diese Leistungen sowohl Fürsorge- als auch Entgeltcharakter haben.

Das Bundesarbeitsgericht ist zunächst vom Fürsorge- und Entgeltcharakter ausgegangen, betont aber in letzter Zeit zunehmend den Entgeltgedanken. So hat es etwa die Anwartschaft auf betriebliche Altersversorgung, soweit erdient, als eigentumsähnlich geschützten Vermögenswert qualifiziert (BAG NZA 1988, 732).

In Anlehnung an die früher häufig im Vordergrund der rechtspolitischen Diskussion stehende Verfallbarkeit von Versorgungsanwartschaften wird häufig auch vom „**Entgelt für Betriebstreue**" geredet. Für den Arbeitnehmer hat die betriebliche Altersversorgung vor allen Dingen Versorgungscharakter. Er erbringt im Rahmen einer Vorleistung zunächst seine Arbeitsleistung und erhält dafür im Gegenzug vom Arbeitgeber anschließend nach Eintritt des Versorgungsfalls Versorgungsleistungen, die regelmäßig im Zeitpunkt der Zusage auf der erwarteten und im Zeitpunkt des Versorgungsfalls bereits erbrachten Betriebstreue beruhen. Der Arbeitgeber übernimmt dabei ein lebensversicherungsähnliches Risiko, da er zumindest bei der Invaliditäts- und Hinterbliebenenversorgung nicht für den einzelnen Arbeitnehmer vorhersehen kann, wann der Versorgungsfall eintritt, und bei allen Versorgungsformen nicht absehen kann, wie lange seine Leistungspflicht dauert („Langlebigkeitsrisiko"). Moderner ausgedrückt kann daher der Begriff der betrieblichen Altersversorgung wie folgt zusammengefasst werden: Ein Arbeitgeber übernimmt vertraglich nach Eintritt des Versorgungsfalls ein versicherungsähnliches Risiko, ggf. unter Einschaltung bestimmter Dritter, als **Entgelt für eine Gesamtheit von Arbeitsleistungen** für ein (nicht eigenes) Unternehmen.

2. Betriebliche Altersversorgung als Teil des Rechtssystems

Als betriebliche Sozialleistung ist die betriebliche Altersversorgung häufig auf Initiative von Arbeitgebern eingeführt und ausgestaltet worden. Über die Mitbestimmungsrechte des BetrVG haben die Betriebsräte zwar Einfluss auf die Gestaltung betrieblicher Versorgungssysteme genommen; in einzelnen Branchen haben auch die Tarifparteien betriebliche Versorgungssysteme geschaffen. Ob eine vom Arbeitgeber finanzierte betriebliche Altersversorgung in einem Unternehmen eingeführt wird, bleibt jedoch zunächst einmal eine Entscheidung des Arbeitgebers. Der Begriff der Sozialleistung oder der Versorgungszusage des Arbeitgebers sollte jedoch nicht darüber hinwegtäuschen, dass es sich rechtlich bei der Versorgungszusage nicht um einen einseitigen Akt des Arbeitgebers handelt, sondern um einen **Vertrag.** Es tritt deshalb wie bei jedem anderen Vertrag eine rechtliche Bindung ein. Von diesem kann der Arbeitgeber sich nicht ohne weiteres lösen und bei der Ausgestaltung des Vertrags sind die Normen des Arbeitsrechts und des allgemeinen Vertragsrechts zu beachten. Da es im Bereich der betrieblichen Altersversorgung nur selten einzeln ausgehandelte Versorgungszusagen gibt, werden → Versorgungszusagen vielfach von der Rechtsprechung einer Rechtskontrolle unterzogen. Dies gilt vor allen Dingen bei einer nachträglichen → Änderung von Versorgungszusagen.

Die Rechtsprechung des BAG, des EuGH und des BVerfG einerseits, wirtschaftliche und demographische Entwicklungen andererseits können für den die Altersversorgung versprechenden Arbeitgeber zu unerwarteten finanziellen Mehrbelastungen führen. In den letzten Jahren besteht eine sich verstärkende Tendenz, die einer Versorgungszusage innewohnenden **Risiken** (sinkende Sozialversicherungsrenten, Verlängerung der Rentenbezugsdauer, Anpassung von Betriebsrenten, Langfristigkeit der eingegangenen Versorgungsverpflichtung) durch entsprechende Vertragsgestaltungen zu vermindern. Dies geschieht u. a. dadurch, dass beispielsweise statt einer lebenslangen Rente eine Kapitalzahlung versprochen wird und statt einer reinen Leistungszusage eine beitragsorientierte Leistungszusage (im Gesetz vorgesehen seit 1. 1. 1999, § 1 Abs. 2 Nr. 1 BetrAVG) oder eine Beitragszusage mit Mindestleistung (im Gesetz vorgesehen seit 1. 1. 2002, § 1 Abs. 2 Nr. 2 BetrAVG). Noch weitergehend sind Tendenzen, die Mittel der betrieblichen Altersversorgung nicht mehr aus den Personalkosten des Arbeitgebers zu finanzieren, sondern ganz oder teilweise aus dem den Arbeitnehmern gewährten Arbeitsentgelt, indem zukünftige Entgeltansprüche des Arbeitnehmers in betriebliche Altersversorgungsleistungen umgewandelt werden (Entgeltumwandlung:

§ 1 Abs. 2 Nr. 3 BetrAVG). Hier besteht der für den Arbeitnehmer vom Arbeitgeber gewährte Vorteil vor allen Dingen in den häufig günstigeren Gruppenversicherungstarifen der Lebensversicherung, der Möglichkeit der Inanspruchnahme staatlicher Förderung und bei höheren Einkommen durch die steuerlichen Vorteile einer „deferred compensation". Noch weitergehender ist die ab 1. 1. 2003 (§ 30 e BetrAVG) bestehende Möglichkeit, Beiträge der Arbeitnehmer ohne vorherige Umwandlung von Entgeltansprüchen in Ansprüche auf betriebliche Altersversorgung gegen den Arbeitgeber als betriebliche Altersversorgung zu behandeln, solange nur die Zusage des Arbeitgebers auch die Leistungen aus diesen arbeitnehmerfinanzierten Beiträgen mitumfasst (§ 1 Abs. 2 Nr. 4 BetrAVG).

Die immer wieder eintretenden Änderungen in der rechtlichen Beurteilung durch Gesetzesänderungen und neue Entscheidungen der Rechtsprechung einerseits und die immer wieder vom Arbeitgeber versuchten oder vorgenommenen Änderungen am Inhalt einer Versorgungszusage führen in Zusammenhang mit der **langen Vertragsdauer** bei einer betrieblichen Versorgungszusage (häufig vom Eintritt des Arbeitnehmers in den Betrieb bis zu dessen Tod) häufig zu schwierigen Rechtsfragen.

3. Leistungen der betrieblichen Altersversorgung

In der betrieblichen Altersversorgungszusage können Leistungen der **Alters-, Invaliditäts- oder Hinterbliebenenversorgung** zugesagt werden. Die Zusage muss dabei nicht die Absicherung aller drei genannten Versorgungsfälle umfassen, sondern kann sich beispielsweise auf die Altersversorgung oder die Invaliditätsversorgung beschränken.

(a) Üblicherweise wird bei einer Leistung der betrieblichen Altersversorgung an eine **Geldrente** gedacht. Möglich ist aber auch – wie aus der Praxis der privaten Lebensversicherung bekannt – eine einmalige **Kapitalzahlung** bei Eintritt des Versorgungsfalls oder mehrere Ratenzahlungen aufgrund eines Auszahlungsplans. Auch **Sach- und Naturalleistungen** des Arbeitgebers (Deputate), die der Arbeitgeber (auch) nach Eintritt des Versorgungsfalls zu leisten verspricht, sind Leistungen der betrieblichen Altersversorgung. Dies ist eindeutig, wenn der Arbeitgeber seinen Arbeitnehmern und Rentnern eine bestimmte Menge von Naturalien umsonst zur Verfügung stellt (Kohledeputat – BAG AP § 611 BGB Deputat Nr. 9, Haustrunk einer Brauerei, Stromlieferungen eines Stromerzeugers, Überlassung eines Dienstwagens). Aber auch wenn ein Arbeitgeber einem Arbeitnehmer bestimmte Vergünstigungen nach Eintritt des Versorgungsfalls gewährt, handelt es sich in der Regel um eine Leistung der betrieblichen Altersversorgung. Denkbar ist dies für den Fall von Zuschüssen zur Krankenversicherung, Mietzuschüssen, wohl auch für die Gewährung von Personalrabatten (str.). Die Einordnung als betriebliche Altersversorgung hat zur Konsequenz, dass der Arbeitgeber die Lieferung der Naturalleistung nicht ohne weiteres einstellen kann. Kann er beispielsweise keine Kohle mehr liefern, weil er die Zeche stillgelegt hat, hat er Geldersatz zu leisten.

(b) Die Arbeitgeberleistung muss dem Zweck dienen, zur Versorgung des Arbeitnehmers im Alter, bei Invalidität oder der Hinterbliebenen bei Tod des Arbeitnehmers beizutragen. Hat die Leistung einen anderen Zweck, etwa die Unterstützung bei Arbeitslosigkeit, Krankheit, die besondere Honorierung einer Arbeitsleistung oder die Entschädigung für den Verlust des Arbeitsplatzes, handelt es sich nicht um betriebliche Altersversorgung.

Bei verschiedenen Leistungen des Arbeitgebers bzw. diesen gegenüberstehenden Ansprüchen des Arbeitnehmers ist nicht unbedingt zweifelsfrei zu erkennen, ob diese im Rechtssinne jeweils als Leistungen der betrieblichen Altersversorgung zu qualifizieren sind. Nur dann, wenn es sich bei diesen Leistungen um solche der betrieblichen Altersversorgung handelt, sind diese zum einen unverfallbar und zum anderen insolvenzgesichert. Entscheidend kommt es jeweils auf den **Versorgungszweck** an. Diese Leistungen müssen also wegen der ausdrücklichen Legaldefinition in § 1 Abs. 1 Satz 1 BetrAVG zum Zwecke der betrieblichen Altersversorgung zugesagt worden sein aus Anlass des Arbeitsverhältnisses als Leistung der Alters-, Invaliditäts- oder Hinterbliebenenversorgung.

Entscheidend für die Abgrenzung ist der Wille der Parteien, der ggf. ausgelegt werden muss (§§ 133, 157 BGB). Unter Berücksichtigung der konkreten Umstände sowie der Verkehrsauffassung ist zu prüfen, ob die Leistung für die Versorgung des Arbeitnehmers nach dem Erreichen der Altersgrenze, bei Invalidität oder der Versorgung seiner Hinterbliebenen im Falle seines Todes vorgesehen ist. Der Anspruch auf die Leistungen muss durch ein **biologisches Ereignis** ausgelöst werden (Alter, Invalidität oder Tod –. BAG NZA 1995, 373). Die Bezeichnung der in Aussicht gestellten Geldleistung ist dagegen ebenso unerheblich für die Beurteilung, ob es sich um betriebliche Altersversorgung handelt oder nicht, wie die in einer betrieblichen Versorgungsordnung vorgesehenen Rechtsfolgen (BAG NZA 2004, 98).

In der Regel **nicht** zu den Leistungen der betrieblichen Altersversorgung zählen **Arbeitsentgelt,** Gewinnbeteiligung, Tantiemen, Ausgleichszahlungen nach § 89 b HGB, Prämien und Leistungen zur Vermögensbildung. Arbeitsvergütung wird in der Regel für eine bestimmte Lohnperiode gezahlt, während die betriebliche Altersversorgung Entgelt für die gesamte Arbeitsleistung des Arbeitnehmers im Unternehmen („Entgelt für Betriebstreue") ist. Ob betriebliche Altersversorgung vorliegt, hängt stets vom Zweck der Leistung ab. Soll zum Beispiel durch eine Gewinnbeteiligungszusage eine bestimmte Betriebstreue entlohnt werden, dann kann darin eine Zusage auf betriebliche Altersversorgung liegen (BAG AP § 1 BetrAVG Nr. 4).

Auch **Weihnachtsgelder,** die an Ruhegeldempfänger ausgezahlt werden, dienen der betrieblichen Altersversorgung (BAG NZA 2004, 98). Von monatlichen Zahlungen unterscheiden sie sich im Wesentlichen durch die jährliche Zahlweise.

Bei Schenkungen, Jubiläumsgeldern, Sterbegeldern, **Unterstützungen** und Beihilfen **in Notfällen** wird der Versorgungscharakter regelmäßig nur zu bejahen sein, wenn die betreffenden Leistungen erst beim Erreichen der Altersgrenze, bei Invalidität oder im Falle des Todes des Versorgungsempfängers gezahlt werden und sie außerdem dazu bestimmt sind, den Bedachten über eine längere Zeit im Anschluss an die Zeit des betreffenden Ereignisses zu unterstützen. Deshalb muss bei einer als Rente gezahlten Nachprovision für einen Versicherungs- oder Handelsvertreter oder bei Ratenzahlungen auf Rentenbasis geprüft werden, ob diese Leistung überhaupt wegen Erreichens der Altersgrenze oder aufgrund von Invalidität oder wegen Todes an die Hinterbliebenen gezahlt wird.

Zahlungen in Zusammenhang mit der Beendigung des Arbeitsverhältnisses dienen in der Regel nicht der betrieblichen Altersversorgung, sie beruhen nicht auf einem biologischen, sondern einem wirtschaftlichen bzw. rechtlichen Ereignis. **Abfindungen** für den Verlust des Arbeitsplatzes sollen einen möglichen Einkommensverlust ausgleichen und nicht die Versorgung ab einem bestimmten Alter sicherstellen. Das gilt auch, wenn in einer Abfindung eine verminderte gesetzliche Altersrente wegen der Abschläge aufgrund niedrigerer Zugangsfaktoren ausgeglichen werden soll. Sozialplanabfindungen, Übergangs- und **Überbrückungsgelder** oder Gnadenbezüge, die wegen einer Entlassung bezahlt werden, sollen nur den Übergang von der Erwerbstätigkeit in die erwerbslose Zeit bzw. in den anschließenden Ruhestand erleichtern. Solche vorübergehenden Überbrückungsleistungen für Zeiten der Arbeitslosigkeit – auch im Anschluss an eine vorzeitige Berufsunfähigkeit – stellen keine betriebliche Altersversorgung dar (BAG NZA 1999, 594). Anders ist es dagegen, wenn ein Übergangsgeld für die Fälle des Erreichens der Altersgrenze oder vorzeitig eintretender Invalidität versprochen wird – hier handelt es sich um eine falsch bezeichnete betriebliche Altersversorgung (BAG NZA 1994, 757).

Auch → **Vorruhestandsleistungen** oder Aufstockungsbeträge im Rahmen einer → **Altersteilzeit** stellen keine Leistungen der betrieblichen Altersversorgung dar. Sie dienen als Ausgleich für die vorzeitige Aufgabe des Arbeitsplatzes. Etwas anderes kann allenfalls in engen Ausnahmegrenzen dann gelten, wenn die Vorruhestandsleistung Bestandteil einer einheitlichen Versorgungsregelung ist.

Sieht die Satzung einer Unterstützungskasse lediglich einmalige oder laufende Beihilfen in außergewöhnlichen, unverschuldeten wirtschaftlichen Notlagen vor, handelt es sich nicht um Zusagen auf Leistungen der betrieblichen Altersversorgung; diese Leistungen werden nämlich nicht durch ein biologisches Ereignis ausgelöst und dienen auch nicht der Versorgung (BAG NZA 1995, 373).

(c) Es kommt nicht darauf an, ob die Leistungen später durch den **Arbeitgeber** selbst oder durch **Dritte** (Direktversicherung, Pensionskasse, Pensionsfonds oder Unterstützungskasse) erbracht werden.

Bei **Versicherungen** ist allerdings genau zu prüfen, ob es sich um eine Versicherung handelt, die der Arbeitgeber zugunsten eines Arbeitnehmers zu Versorgungszwecken geschlossen hat (dann handelt es sich um betriebliche Altersversorgung) oder nicht. Schließt der Arbeitnehmer selbst die Lebensversicherung mit eigenen Mitteln ab, handelt es sich um private Altersvorsorge. Schließt der Arbeitgeber eine Versicherung ab, die zwar auf das Leben des Arbeitnehmers abgeschlossen ist, jedoch ausschließlich zur Refinanzierung der vom Arbeitgeber in Aussicht gestellten Versorgungsleistungen dient (→ Rückdeckungsversicherung), handelt es sich nicht um eine Leistung der betrieblichen Altersversorgung, weil nicht eine Leistung zugunsten des Arbeitnehmers Vertragsgegenstand ist, sondern eine zugunsten des die Versorgung versprechenden Arbeitgebers. Dagegen ist eine Gehaltsumwandlungsversicherung betriebliche Altersversorgung, da hier der Arbeitgeber die Altersversorgung über eine Lebensversicherung dem Arbeitnehmer verspricht, auch wenn letztlich die Mittel hierfür aus dem Gehaltsverzicht des Arbeitnehmers resultieren.

(d) Die Zusage muss aus **Anlass eines Arbeitsverhältnisses** erfolgen. Zwischen dem maßgeblichen Beschäftigungsverhältnis (das gem. § 17 Abs. 1 Satz 2 BetrAVG auch ein Dienstverhältnis eines Geschäftsführers einer GmbH sein kann, → BetrAVG, persönlicher Geltungsbereich) und der Versorgungszusage muss ein ursächlicher Zusammenhang bestehen (BAG NZA 2001, 959). Verwandtschaftliche oder freundschaftliche Motive reichen nicht aus, ebenso wenig, dass der Begünstigte Gesellschafter des zusagenden Unternehmens ist.

Bei Versorgungszusagen gegenüber **Ehegatten** und **Kindern** wird deshalb entsprechend den steuerrechtlichen Vorschriften geprüft, ob ein Arbeitsvertrag schriftlich abgeschlossen wurde und ob das Arbeitsverhältnis entsprechend dem schriftlichen Vertrag auch tatsächlich vollzogen wurde. Arbeitsvertrag und Abwicklung des Arbeitsverhältnisses haben mit den sonst üblichen Regelungen übereinzustimmen (BAG AP § 1 BetrAVG Unverfallbarkeit Nr. 4).

In einem solchen Fall ist es auch nicht zu beanstanden, wenn ein Arbeitgeber seiner im Betrieb als kaufmännische Leiterin voll mitarbeitenden Ehefrau eine Betriebsrente verspricht, die deutlich über das hinausgeht, was die anderen Arbeitnehmer als Ruhegeld erhalten. Dagegen hat das BAG eine Altersversorgung „aus Anlass" des Arbeitsverhältnisses oder der Tätigkeit für ein Unternehmen verneint, soweit eine GmbH nur ihren **Gesellschaftern** eine Versorgung verspricht und wenn deren Art und Höhe bei Beschäftigten, die nicht Gesellschafter sind, wirtschaftlich nicht vertretbar wäre (BAG NZA 2001, 959).

Eine Versorgungszusage wird auch dann aus Anlass des Arbeitsverhältnisses gegeben, wenn eine **Konzerngesellschaft** hinsichtlich der Versorgungszusage als Arbeitgeber auftritt, dies jedoch nur eine Gegenleistung dafür darstellt, dass der Arbeitnehmer mit einer ausländischen zum Konzern gehörenden Tochtergesellschaft ein Arbeitsverhältnis begründet und durchgeführt hat (BAG NZA 1989, 177).

Die Versorgungszusage muss nicht unbedingt **während** des Bestehens des **Arbeitsverhältnisses** erteilt werden, sie kann auch vor Beginn des Arbeitsverhältnisses oder **nach** dessen **Beendigung** gegeben werden (BAG AP § 7 BetrAVG Nr. 58). Auch eine Altersversorgung, die versprochen wird, um den Arbeitnehmer zur Aufgabe seines Arbeitsplatzes zu bewegen, fällt unter das BetrAVG und wird nicht etwa wegen des Motivs des Arbeitgebers zu einer Kündigungsabfindung. *(M)*

▸ **Betriebliche Übung**

Ein Anspruch auf betriebliche Altersversorgung kann auch durch betriebliche Übung entstehen (§ 1 b Abs. 1 Satz 4 BetrAVG). Wenn ein Arbeitgeber durch gleichförmiges und mehrfach **wiederholtes Verhalten** bei den Arbeitnehmern ein schützenswertes Vertrauen darauf begründet, ihnen werde eine bestimmte Leistung auch in Zukunft gewährt, er wolle sich durch dieses Verhalten auch entsprechend für die Zukunft verpflichten, spricht man von einer betrieblichen Übung (BAG NZA 2004, 1099). Bei der betrieblichen Übung erweckt der Arbeitgeber durch ein bestimmtes

Verhalten ein **Vertrauen,** das auf einen Vertragsbindungswillen schließen lässt. Auf die Vorstellungen des Arbeitgebers kommt es dabei nicht an. Entscheidend ist, ob der Arbeitnehmer dem Verhalten des Arbeitgebers einen entsprechenden Verpflichtungswillen entnehmen kann (BAG NZA 2005, 889). Die neuere Rechtsprechung tendiert dahin, Ansprüche aus betrieblicher Übung als **vertragliche Ansprüche** zu verstehen.

Das vertrauensbegründende Verhalten des Arbeitgebers kann darin liegen, dass der Arbeitgeber allen Arbeitnehmern innerhalb bestimmter Fristen übereinstimmend **Versorgungszusagen** erteilt (BAG AP § 1 BetrAVG Betriebliche Übung Nr. 2), oder darin, dass er Arbeitnehmern nach Beendigung des Arbeitsverhältnisses eine Betriebsrente zahlt (BAG AP § 1 BetrAVG Betriebliche Übung Nr. 1). Eine betriebliche Übung durch **Zahlung** von Ruhegeldleistungen kann nicht nur durch die Gewährung von Ruhegeld überhaupt begründet werden, sondern auch bezüglich bestimmter, über eine Ruhegeldordnung hinausgehender Leistungen. Das BAG hat dies für die mehrfache Zahlung eines **13. Ruhegehaltes** ebenso angenommen (BAG AP § 1 BetrAVG Betriebliche Übung Nr. 1) wie für regelmäßige **Anpassungen** an die Lohn- oder Preisentwicklung (BAG AP § 16 BetrAVG Nr. 18, 20, 28). Gegenstand einer betrieblichen Übung kann auch eine bestimmte Berechnungsweise der Betriebsrente sein (BAG AP § 1 BetrAVG Berechnung Nr. 22), auch bezüglich der Berechnung bei → vorgezogener Inanspruchnahme der Betriebsrente (BAG AP § 77 BetrVG 1972 Betriebsvereinbarung Nr. 4).

Entstehungsvoraussetzung ist eine gleichmäßige Behandlung einer genügenden Anzahl von im Wesentlichen gleich liegenden Fällen (BGH AP § 242 BGB Ruhegehalt Nr. 137). Die betriebliche Übung kann sich dabei auch auf bestimmte Arbeitnehmergruppen beziehen (BAG NZA 1997, 664). Werden aber nicht alle Arbeitnehmer der vergleichbaren Gruppe gleich behandelt, schließt dies das Entstehen einer betrieblichen Übung aus (BAG AP § 1 BetrAVG Nr. 25). Wie häufig ein Arbeitgeber sein Verhalten wiederholt haben muss, um eine betriebliche Übung entstehen zu lassen, kann angesichts der Bedeutung der betrieblichen Altersversorgung nicht generell beurteilt werden. Für ein Rentnerweihnachtsgeld kann die Rechtsprechung des BAG zur dreimaligen vorbehaltlosen

Gewährung einer Weihnachtsgratifikation übertragen werden (BAG AP § 1 BetrAVG Betriebliche Übung Nr. 1). Die Höhe des aus einer betrieblichen Übung resultierenden Anspruchs ist für dessen Entstehen unerheblich (BAG 3 AZR 247/02, 3 AZR 339/02; a. A. BAG NZA 1998, 423).

Das Entstehen einer betrieblichen Übung kann ein Arbeitgeber dadurch verhindern, dass er erklärt, dass aus seinem Verhalten keine in die Zukunft wirkende Bindung entstehen soll. Ein solcher **Vorbehalt** muss nicht nur die Freiwilligkeit betonen, sondern gerade den fehlenden Rechtsbindungswillen für die Zukunft (BAG NZA 2003, 557). Eine Bindung tritt nicht ein, wenn eine nur auf das jeweilige Kalenderjahr bezogene Zusage vorliegt (BAG NZA 1998, 423).

Eine tarifvertraglich vereinbarte **Schriftform** verhindert das Entstehen einer betrieblichen Übung (BAG NZA 2003, 337) – allerdings nicht, wenn sich die Entscheidungsträger des Unternehmens über diese jahrelang bewusst hinwegsetzen (BAG NZA 1997, 664).

Meint der Arbeitgeber, einer vertraglichen Verpflichtung folgen zu müssen und berechnet die Höhe einer Betriebsrente unter Bezugnahme auf die Versorgungsordnung wiederholt falsch, kann aus diesem **Irrtum** des Arbeitgebers kein Vertrauen der Arbeitnehmer auf Fortsetzung dieser Praxis erwachsen (BAG AP § 1 BetrAVG Berechnung Nr. 22). Nur wenn der Arbeitgeber für die Arbeitnehmer erkennbar bewusst über die Versorgungsordnung hinaus Leistungen der betrieblichen Altersversorgung gewähren will, kann aus einer wiederholten Verhaltensweise ein Anspruch aus betrieblicher Übung entstehen. Die Nichtanwendung einer Versorgungsordnung kann dagegen nicht eine betriebliche Übung zu Lasten eines Arbeitnehmers entstehen lassen (BAG AP Internationales Privatrecht Nr. 11).

Die Bindung des Arbeitgebers aufgrund betrieblicher Übung erstreckt sich auf sämtliche und damit auch auf die erst **neu eingetretenen Arbeitnehmer** des Betriebs. Die **Unverfallbarkeitsfrist** des § 1 b BetrAVG beginnt mit dem Zeitpunkt, in dem das Arbeitsverhältnis von der betrieblichen Übung erfasst wird, frühestens mit dem Beginn des Arbeitsverhältnisses. Ist die Bindung des Arbeitgebers bereits zu Anfang des Arbeitsverhältnisses eingetreten, lau-

fen die Unverfallbarkeitsfristen ebenfalls ab Beginn der Betriebszugehörigkeit (BAG NZA 1986, 786).

Beendet werden kann eine betriebliche Übung gegenüber neu
eintretenden Arbeitnehmern durch eine eindeutige Erklärung des
Arbeitgebers (BAG AP § 1 BetrAVG Betriebliche Übung Nr. 1).
Gegenüber Arbeitnehmern und Rentnern, die bereits eine Versorgungsanwartschaft oder einen Anspruch auf Betriebsrentenleistungen aufgrund betrieblicher Übung haben, kann der Arbeitgeber
nur versuchen, mit Hilfe von Änderungsvereinbarungen oder Än-
derungskündigungen die betriebliche Übung zu beenden. Im Übrigen lässt sich eine betriebliche Übung durch eine verschlechternde
Betriebsvereinbarung nur in den gleichen Grenzen abändern wie
eine → Gesamtzusage (→ **Änderung** von Versorgungszusagen): die
Neuregelung darf bei kollektiver Gesamtbetrachtung nicht ungünstiger sein als die bisherige Regelung, es sei denn, es hat eine
wesentliche Störung der Geschäftsgrundlage gegeben oder die betriebliche Übung hat erkennen lassen, dass sie durch eine spätere
Betriebsvereinbarung verschlechtert werden kann (BAG NZA
2004, 1099). *(M)*

▶ **Betriebsrente**

Oberbegriff für alle Leistungen der betrieblichen Altersversorgung. Ein Arbeitgeber kann einem Arbeitnehmer Leistungen der
Alters-, Invaliditäts- oder Hinterbliebenenversorgung zusagen. Die
Finanzierung der Betriebsrente kann über den Arbeitgeber selbst
erfolgen oder über bestimmte Versorgungsträger wie eine Direktversicherung, einen Pensionsfonds, eine Pensionskasse oder eine
Unterstützungskasse. Die Gewährung der Betriebsrente kann
durch regelmäßig wiederkehrende Leistungen geschehen, aber
auch als einmalige Kapitalleistung oder als Naturalleistung. Zu
Einzelheiten → betriebliche Altersversorgung. *(M)*

▶ **Betriebsrentengesetz**

Kurzbezeichnung für das Gesetz zur Verbesserung der betrieblichen Altersversorgung vom 19. 12. 1974 (BetrAVG), seit dem → Alterseinkünftegesetz offizielle Bezeichnung des → BetrAVG. *(M)*

▶ Betriebsübergang

Nach § 613a BGB tritt der Erwerber eines Betriebs oder Betriebsteils, auf den dieser durch ein Rechtsgeschäft übergegangen ist, in die Rechte und Pflichten aus den im Zeitpunkt des Übergangs bestehenden Arbeitsverhältnissen ein. Zum Begriff des Betriebsübergangs existiert eine umfangreiche Rechtsprechung des BAG und des EuGH. Bei einem Betriebsübergang muss eine auf Dauer angelegte **wirtschaftliche Einheit** übergehen, die sich auf eine organisierte Gesamtheit von Personen und Sachen zur Ausübung einer wirtschaftlichen Tätigkeit mit eigener Zielsetzung bezieht. Zu den zu berücksichtigenden Tatsachen, ob es sich um eine wirtschaftliche Einheit handelt, sind die Art des betreffenden Unternehmens oder Betriebes, der etwaige Übergang der materiellen Betriebsmittel wie Gebäude und bewegliche Güter sowie eine etwaige Übernahme der Hauptbelegschaft durch den neuen Inhaber, der etwaige Übergang der Kundschaft sowie der Grad der Ähnlichkeit zwischen den vor und nach dem Übergang verrichteten Tätigkeit und die Dauer einer eventuellen Unterbrechung dieser Tätigkeiten heranzuziehen (EuGH NZA 1997, 433; 2003, 1385). Der Übergang muss durch Rechtsgeschäft geschehen.

I. Auswirkungen auf die betriebliche Altersversorgung

Zu den Rechten aus dem Arbeitsverhältnis, die gemäß § 613a Abs. 1 Satz 1 BGB auf den Erwerber übergehen, gehören auch Anwartschaften auf betriebliche Altersversorgung (BAG AP § 613a BGB Nr. 6), und zwar **verfallbare** Anwartschaften ebenso wie **unverfallbare Anwartschaften** aktiver Arbeitnehmer (BAG AP § 1 BetrAVG Betriebsveräußerung Nr. 4).

Da nur bestehende Arbeitsverhältnisse vom Betriebsübergang nach § 613a BGB erfasst werden, gehen Versorgungsverpflichtungen gegenüber **Betriebsrentnern** und aus **unverfallbaren Versorgungsanwartschaften** bereits ausgeschiedener Arbeitnehmer nicht auf dem Betriebserwerber über (BAG AP § 613a BGB Nr. 6). Auch soweit ein Arbeitnehmer nach Eintritt in den gesetzlichen Ruhestand ein geringfügiges Beschäftigungsverhältnis bei seinem bisherigen Arbeitgeber fortsetzt, geht das mit dem Eintritt in den gesetzlichen Ruhestand begründete Ruhestandsverhältnis nicht bei Fortführung des geringfügigen Beschäftigungsverhältnisses durch einen Betriebserwerber auf diesen über (BAG NZA 2004, 848). Für die vom Betriebsübergang nicht erfassten Verpflichtungen haftet weiterhin der bisherige Betriebsinhaber, selbst wenn er seine wirtschaftliche Tätigkeit mit der Betriebsveräußerung aufgibt (→ Liquidation). Außerdem haftet der Betriebsveräußerer gem. § 613a Abs. 2 BGB gesamtschuldnerisch neben dem Betriebserwerber für Versorgungsverpflichtungen, die innerhalb des ersten Jahres nach dem Betriebsübergang fällig werden.

Eine Übernahme der Versorgungsverpflichtungen gegenüber Rentnern und ausgeschiedenen Arbeitnehmern durch den Erwerber ist nur als **Schuldbeitritt** möglich. Eine befreiende Schuldübernahme widerspricht dem Übertragungsverbot des § 4 BetrAVG. Danach ist eine → Übertragung einer unverfallbaren Anwartschaft, aber auch von laufenden Betriebsrenten (BAG NZA 1988, 21) nur auf den nachfolgenden Arbeitgeber, bei dem der Versorgungsberechtigte beschäftigt wird, möglich, nicht auf einen Dritten. Eine befreiende Schuldübernahme durch einen Dritten ist er wegen der Bedeutung für den Insolvenzschutz nur mit Zustimmung des PSV möglich, die dieser jedoch regelmäßig nicht erteilt.

Angesichts der zwingenden Vorschriften der §§ 4 BetrAVG, 613a BGB findet deshalb bei einem Betriebsübergang stets folgende Zuordnung der Versorgungsverpflichtungen statt: Die Anwartschaften der Arbeitnehmer, deren Arbeitsverhältnis übergeht, muss der Betriebserwerber übernehmen; die Verpflichtungen gegenüber den Rentnern und ausgeschiedenen Arbeitnehmern sowie den Arbeitnehmern, die nicht vom Betriebsübergang erfasst werden, verbleiben beim bisherigen Betriebsinhaber.

Versuche, diese Vorschriften zu umgehen, sind vom BAG als unwirksam beurteilt worden. Eine **Umgehung** hat das BAG beispielsweise angenommen, als Arbeitnehmer mit dem Hinweis auf eine geplante Betriebsveräußerung veranlasst wurden, Erlassverträge über ihre beim Veräußerer erdienten Versorgungsanwartschaften abzuschließen, um dann mit dem Erwerber neue Arbeitsverträge ohne Zusage einer betrieblichen Altersversorgung abzuschließen (BAG NZA 1992, 1080). Nichts anderes gilt für Kündigungen des

Betriebsveräußerers gegenüber den Arbeitnehmern, die anschließend mit dem Betriebserwerber neue Arbeitsverträge abschließen (BAG AP § 613 a BGB Nr. 31). Schließt der Arbeitgeber mit der übernommenen Belegschaft aus Anlass des Betriebsinhaberwechsels Arbeitsverträge, die die Übernahme von Versorgungsanwartschaften aus einer Unterstützungskassenzusage ausschließen, so verstößt dies jedenfalls dann gegen § 613 a BGB, wenn sachliche Gründe fehlen, die einen Widerruf der Leistungen der Unterstützungskasse gerechtfertigt hätten (BAG AP § 1 BetrAVG Betriebsveräußerung Nr. 4). Werden schließlich Arbeitnehmer unter Hinweis auf eine geplante Betriebsveräußerung und durch Arbeitsplatzgarantien des Erwerbers veranlasst, ihre Arbeitsverhältnisse mit dem Betriebsveräußerer selbst fristlos zu kündigen oder Auflösungsverträgen zuzustimmen, um dann mit dem Erwerber neue Verträge abschließen zu können, so liegt darin eine Umgehung des § 613 a Abs. 4 Satz 1 BGB (BAG AP § 1 BetrAVG Betriebsveräußerung Nr. 5).

Die **Unverfallbarkeitsfristen** (§ 1 b BetrAVG) laufen nach einem Betriebsübergang grundsätzlich weiter. Die Betriebszugehörigkeitszeiten und die Zeiten der Zusagedauer beim Betriebsveräußerer und beim Betriebserwerber werden zusammengezählt (BAG NZA 1994, 121), die Betriebszugehörigkeitszeiten selbst dann, wenn der Betriebsveräußerer keine Versorgungszusage erteilt hatte (BAG AP § 1 BetrAVG Betriebsveräußerung Nr. 19). Das gilt auch dann, wenn der Betriebsinhaberwechsel schon vor In-Kraft-Treten des § 613 a BGB, also vor dem 19. 1. 1972 stattgefunden hat (BAG DB 1984, 301). Soweit nach dem Inhalt der Versorgungszusage die **Höhe der Betriebsrente** von der Anzahl der erreichten Dienstjahre abhängt, ist es gleichgültig, ob diese vor oder nach dem Betriebsübergang abgeleistet worden sind. Erteilt allerdings der Betriebserwerber den von ihm übernommenen Arbeitnehmern eine eigene Versorgungszusage, muss er die früheren Beschäftigungszeiten beim Betriebsveräußerer bei der Berechnung der Versorgungsleistungen nicht mitberücksichtigen (BAG NZA 2002, 520).

II. Besonderheiten bei selbständigem Versorgungsträger

Da nur die laufenden Arbeitsverhältnisse von § 613a BGB erfasst werden, werden von einem Betriebsübergang die selbständigen Versorgungsträger, mit deren Hilfe der Arbeitgeber bislang seine Versorgungsverpflichtungen durchgeführt hat, nicht erfasst. Will oder kann der Betriebserwerber den auf ihn übergegangenen Arbeitnehmern eine Versorgung nicht über den bisherigen selbständige Versorgungsträger zukommen lassen, muss er die Versorgungsverpflichtungen selbst erfüllen (BAG NZA 2002, 1391). Ohne gesonderte Vereinbarung verbleibt eine **Unterstützungskasse** beim Veräußerer (BAG AP § 613a BGB Nr. 15); diese erbringt nur noch Leistungen gegenüber den Betriebsrentnern und früher ausgeschiedenen Arbeitnehmern mit einer unverfallbaren Versorgungsanwartschaft, nicht gegenüber den vom Erwerber übernommenen Arbeitnehmern.

III. Zusammentreffen verschiedener Versorgungszusagen

Bestand bei dem bisherigen Betriebsinhaber ein durch **individualrechtliche Zusagen** begründetes Versorgungswerk und im Unternehmen des Betriebserwerbers ein anders ausgestaltetes individualrechtlich begründetes Versorgungswerk, existieren nach dem Betriebsübergang beide Versorgungsmodell nebeneinander weiter, ohne dass hierin ein Gleichbehandlungsverstoß liegt (BAG AP § 613a BGB Nr. 16).

Ist die bisherige betriebliche Versorgungszusage durch **Tarifvertrag** begründet worden, gilt die Versorgungsregelung tariflich weiter, wenn der Betriebserwerber noch tarifgebunden ist. Ist die betriebliche Altersversorgung durch eine **Betriebsvereinbarung** begründet worden, wirkt sie nach dem Betriebsübergang fort, wenn der Betrieb als Ganzes unter Wahrung seiner Identität übertragen worden ist. Sind die Voraussetzungen für eine kollektivrechtliche Weitergeltung nicht gegeben, gilt die Versorgungsregelung individualrechtlich gemäß § 613a Abs. 1 Satz 2 BGB weiter. Sie darf dann erst ein Jahr nach dem Übergang zum Nachteil des Arbeitnehmers (durch Vereinbarung mit diesem) geändert werden.

Bestand beim Betriebsveräußerer keine betriebliche Versorgungszusage, wohl aber beim Betriebserwerber, werden die Arbeitnehmer des übernommenen Betriebs bei einem unternehmensweiten Versorgungswerk automatisch in das Versorgungswerk aufgenommen. Ob hinsichtlich der Höhe der Versorgungszusage Betriebszugehörigkeitszeiten beim Betriebsveräußerer mitgerechnet werden, richtet sich nach dem Inhalt der Versorgungszusage.

Bestehen sowohl beim Betriebsveräußerer wie beim Betriebserwerber **Betriebsvereinbarungen** über eine betriebliche Altersversorgung und wird durch den Betriebsübergang ein einheitlicher Betrieb bildet, so verdrängt gemäß § 613a Abs. 1 S. 3 BGB die Betriebsvereinbarung des neuen Inhabers die Betriebsvereinbarung des bisherigen Inhabers. Die Arbeitnehmer erhalten also bei Eintritt des Versorgungsfalls eine Betriebsrente nach den Regeln der Betriebsvereinbarung des Betriebserwerbers. Dies führt allerdings dann, wenn die Betriebsvereinbarung des Erwerbers eine wesentlich geringere betriebliche Altersversorgung vorsieht als die des Veräußerers, zu untragbaren Ergebnissen, wenn die übernommenen Arbeitnehmer so behandelt würden, als hätten sie die gesamte Zeit unter der Betriebsvereinbarung des Veräußerers gearbeitet. Der Vertrauensschutzgedanke erfordert eine Modifizierung des § 613a Abs. 1 Satz 3 BGB dahin gehend, dass bis zum Betriebsübergang der Besitzstand gemäß § 2 BetrAVG aufrechtzuerhalten ist und lediglich für die Zeit nach dem Betriebsübergang die Altersversorgung entsprechend der Betriebsvereinbarung des Erwerbers fortzuführen ist (BAG NZA 2002, 520). Dabei zählt zum Besitzstand auch die Dynamik des Besitzstandes. Allerdings sind nach der Rechtsprechung des BAG nicht der Versorgungsbesitzstand beim bisherigen Betriebsinhaber und der Versorgungsanspruch aus der Betriebsvereinbarung des Betriebserwerbers zu addieren; vielmehr erhält der Betriebsrentner bei Eintritt des Versorgungsfalls grundsätzlich eine Betriebsrente, berechnet nach der Versorgungsregelung des Betriebserwerbers. Nur wenn diese niedriger wäre als der Versorgungsbesitzstand zum Zeitpunkt des Betriebsübergangs, erhält der Arbeitnehmer den zum Zeitpunkt des Betriebsübergangs erdienten Besitzstand. Damit werden die Arbeitnehmer des übernommenen Betriebs letztlich so behandelt, als wäre zum Zeitpunkt des Betriebsübergangs eine abändernde Betriebsvereinbarung abgeschlossen worden, die beide Versorgungsregelungen aus sachlichem Grund auf Basis der Betriebsvereinbarung des Erwerbers harmonisiert. Ob eine Harmonisierung auf dem jeweils niedrigeren Niveau als sachlicher Grund anzuerkennen ist, ist allerdings von der Rechtsprechung noch nicht entschieden. Der Betriebsübergang selbst kann kein sachlicher Grund sein.

IV. Besonderheiten bei einem Betriebsübergang in der Insolvenz

Für den Fall des Betriebsübergangs im Rahmen einer **Insolvenz** hat das BAG (AP § 613a BGB Nr. 18) die soeben genannten Grundsätze modifiziert: Der Betriebserwerber haftet nur für die Versorgungsansprüche der aktiven Arbeitnehmer, deren Arbeitsverhältnis nach § 613a BGB übergeht, in Höhe des ab Betriebsübergang erdienten Teils, während der Pensionssicherungsverein für die Versorgungsansprüche aus unverfallbaren Anwartschaften aktiver Arbeitnehmer in Höhe des bisher erdienten Teils haftet sowie für die Versorgungsansprüche vorher ausgeschiedener Rentner und mit einer unverfallbaren Versorgungsanwartschaft ausgeschiedener Arbeitnehmer. Zum Zeitpunkt der Eröffnung des Insolvenzverfahrens verfallbare Anwartschaften sind hinsichtlich des bis zu diesem Zeitpunkt erdienten Teils auch bei einem Betriebsübergang Insolvenzforderungen (BAG AP § 1 BetrAVG Betriebsveräußerung Nr. 4). Die Grundsätze einer von § 613a BGB abweichenden Aufteilung der Versorgungsansprüche zwischen PSV, Veräußerer und Erwerber eines Betriebes in der Insolvenz gelten dann nicht, wenn der Betrieb bereits vor Eröffnung des Insolvenzverfahrens auf einen Betriebsnachfolger übertragen worden ist. Dann muss der Betriebserwerber in die Versorgungsanwartschaften so eintreten wie jeder andere Betriebserwerber auch (BAG AP § 1 BetrAVG Betriebsveräußerung Nr. 6). *(M)*

▶ **Betriebsvereinbarung**

Eine Betriebsvereinbarung ist ein Vertrag, der zwischen Arbeitgeber und Betriebsrat im Rahmen von dessen Zuständigkeit zur Festlegung von Rechtsnormen über den Inhalt, den Abschluss und die Beendigung von Arbeitsverhältnissen sowie über betriebliche und betriebsverfassungsrechtliche Fragen schriftlich für einen oder mehrere Betriebe geschlossen wird. Da die betriebliche Altersversorgung Teil des dem Arbeitnehmer gezahlten Entgeltes ist, kann diese durch Betriebsvereinbarung geregelt werden. Die **Zulässigkeit** von Betriebsvereinbarungen folgt für die Errichtung von Pensions- und Unterstützungskassen unmittelbar aus § 88 Nr. 2 BetrVG. Im Übrigen folgt die Zulässigkeit aus der umfassenden funktionellen Zuständigkeit des Betriebsrats in sozialen Angelegenheiten.

Die → Mitbestimmung des Betriebsrats kann zwar auch formlos (durch Regelungsabrede) ausgeübt werden, eine unmittelbare und **zwingende** Wirkung für die einzelnen Arbeitsverhältnisse hat jedoch nur eine Betriebsvereinbarung (§ 77 Abs. 4 BetrVG). Ist ein Anspruch auf eine betriebliche Versorgungsleistung durch eine Betriebsvereinbarung begründet, kann ein Arbeitnehmer hierauf nicht ohne Zustimmung des Betriebsrats verzichten (§ 77 Abs. 4 Satz 2 BetrVG).

Betriebsvereinbarungen sind von Betriebsrat und Arbeitgeber gemeinsam zu beschließen und **schriftlich** niederzulegen (§ 77 Abs. 2 BetrVG).

Parteien einer Betriebsvereinbarung sind der Arbeitgeber und der zuständige Betriebsrat. Soweit die Versorgungsregelung das gesamte Unternehmen erfassen soll und dieses aus mehreren Betrieben besteht, ist der **Gesamtbetriebsrat** zuständig. Bei einer konzernweiten Versorgungsregelung wird der **Konzernbetriebsrat** beteiligt.

Soweit die betriebliche Altersversorgung betriebs- oder unternehmensbezogen gewährt wird, ist die **Rechtsgrundlage** des Versorgungsanspruchs häufig eine Betriebsvereinbarung. Da die Verteilung der Mittel für betriebliche Altersversorgung ohnehin dem Mitbestimmungsrecht des Betriebsrats gemäß § 87 Abs. 1 Nr. 8 bzw. Nr. 10 BetrVG unterliegt, bietet es sich an, von vornherein auch die Begründung von betrieblichen Versorgungszusagen über eine Betriebsvereinbarung zu regeln. Da aufgrund der Entscheidung des Großen Senats des BAG vom 16. 9. 1986 (AP § 77 BetrVG 1972 Nr. 17) die durch Betriebsvereinbarung begründeten Altersversorgungszusagen leichter änderbar sind als individualvertraglich begründete Versorgungszusagen, hat in der Praxis die Bedeutung von Betriebsvereinbarungen über Altersversorgung zugenommen.

Eine Betriebsvereinbarung kann, soweit nichts anderes vereinbart ist, mit einer Frist von drei Monaten vom Arbeitgeber oder vom Betriebsrat gekündigt werden (§ 77 Abs. 5 BetrVG). Die **Kündigung** einer Betriebsvereinbarung selbst bedarf keines besonderen sachlichen Grundes. Allerdings begrenzen die Grundsätze des Vertrauensschutzes und der Verhältnismäßigkeit die Kündigungswirkungen (BAG NZA 2000, 498). Je tiefer ein Arbeitgeber mit seiner Kündigung in Besitzstände und Erwerbschancen eingreifen will, umso gewichtigere Gründe braucht er. Hierbei greift das BAG auf das dreistufige Prüfungsschema für die rechtliche Kontrolle der → Änderung von Versorgungszusagen im Wege der abändernden Betriebsvereinbarung zurück (BAG NZA 2000, 322). *(M)*

▶ **Bezugsgröße**

Die Bezugsgröße ist ein „Rechenwert", der einen Geldbetrag angibt und in allen Teilen des Sozialgesetzbuches genutzt wird. Er ist das durchschnittliche Arbeitsentgelt aller Versicherten der gesetzlichen Rentenversicherung im vorvergangenen Kalenderjahr, aufgerundet auf den nächst höheren durch 420 teilbaren Betrag. Die Bezugsgröße wird jährlich durch Rechtsverordnung mit Zustimmung des Bundesrates festgelegt. Wegen der noch unterschiedlichen wirtschaftlichen Verhältnisse in den alten und den neuen Bundesländern werden eine Bezugsgröße-West und eine Bezugsgröße-Ost festgelegt.

Auf die Bezugsgröße wird beispielsweise in folgenden Fällen Bezug genommen:

- Bestimmung des Mindest-Jahresarbeitsverdienstes in der gesetzlichen Unfallversicherung
- Festsetzung des Mindestgrundlohns in der Krankenversicherung und in der Pflegeversicherung
- Bemessung der Beiträge zur Kranken., Pflege-, Renten- und Arbeitslosenversicherung für behinderte Menschen, die in anerkannten Werkstätten für behinderte Menschen oder in Blindenwerkstätten tätig sind

- Beitragspflichtige Einnahmen in der gesetzlichen Rentenversicherung für Personen, die in der Berufsausbildung beschäftigt werden, oder selbständig Tätige oder Wehr- und Zivildienstleistende.
  Höhe der Bezugsgröße-West im Jahr 2006: 29.400 Euro (2.450 Euro monatlich)
  Höhe der Bezugsgröße-Ost im Jahr 2006: 24.780 Euro (2.065 Euro monatlich). *(P)*

▶ **Bezugsrecht**

Im Versicherungsrecht versteht man als **Bezugsrecht** eine Anwartschaft auf die Versicherungsleistung. Das Bezugsrecht kann widerruflich, unwiderruflich und eingeschränkt unwiderruflich ausgestaltet und mit Bedingungen verknüpft sein. Ohne ausdrückliche Regelung ist das Bezugsrecht widerruflich (§ 166 Abs. 1 VVG). Bei einer Direktversicherung kann der Arbeitnehmer als Versicherter und Bezugsberechtigter vom Lebensversicherungsunternehmen bei Eintritt des Versorgungsfalls die Versicherungsleistung beanspruchen (§ 330 BGB, § 166 Abs. 2 VVG). → Direktversicherung; → Lebensversicherung. *(M)*

▶ **Blankettzusage**

Unter einer Blankettzusage versteht man eine → Versorgungszusage, bei der der Arbeitgeber lediglich verspricht, überhaupt Leistungen der betrieblichen Altersversorgung erbringen zu wollen. Auch diese Zusage ist verbindlich; eine Konkretisierung hat nach billigem Ermessen zu erfolgen (BAG AP § 242 BGB Ruhegehalt Nr. 110; BAG NZA 2005, 1431). *(M)*

▶ **Bochumer Verband**

Der Bochumer Verband ist eine überbetriebliche Einrichtung, die Richtlinien für die Versorgung der Arbeitnehmer der angeschlossenen Unternehmen herausgibt. Die Finanzmittel werden im Unternehmen gehalten. Die betriebliche Altersversorgung wird von den einzelnen Unternehmen gezahlt. Der Bochumer Verband ist zuständig für die Versorgung von höheren Angestellten des Bergbaus. Die Beiträge und die Leistungen des Bochumer Verbandes ergeben sich aus der Satzung und der Leistungsordnung des Bochumer Verbandes. Ob der Bochumer Verband die → Anpassung einheitlich regeln kann, ist umstritten (BAG 20. 5. 2003 NZA 2004, 944). In Fragen der Altersversorgung berät auch der Verband die Führungskräfte – VAF VDF (www.die-Führungskräfte.de – VAF VDF) mit Geschäftsstellen in Köln und Essen.   *(Sch)*

C

▶ CTA

Mit Hilfe von **Contractual Trust Arrangements** (CTA) werden in neuerer Zeit betriebliche Versorgungsverpflichtungen auf externe Vermögenstreuhänder ausgelagert. Die erforderlichen Geldmittel für die Finanzierung von Versorgungszusagen werden vollständig ausfinanziert unternehmensextern angesammelt. Im Gegensatz zu Pensionsrückstellungen, die in der Unternehmensbilanz berücksichtigt werden müssen, müssen in einer internationalen Bilanz, die nach den Regeln des IFRS (International Financial Reporting Standards) bzw. IAS (International Accounting Standards) aufgestellt wird, das auf einen Treuhänder übereignete Vermögen nicht ausgewiesen werden, so dass es zu einer Verbesserung des Bilanzbildes kommt. Darüber hinaus ermöglichen derartige Treuhandmodelle einen privatrechtlichen → Insolvenzschutz (außerhalb des gesetzlichen Insolvenzschutzes durch den PSV).

Grundsätzlich wird bei einem CTA das für die betriebliche Altersversorgung erforderliche Vermögen auf einen Treuhänder übertragen. Der Treuhänder verwaltet das Vermögen nach Weisungen des Arbeitgebers; er ist Eigentümer des Vermögens (des „Treuguts"); wirtschaftlicher Eigentümer bleibt der Arbeitgeber. Der Treuhänder hat das Vermögen nach Weisungen des Arbeitgebers so zu verwalten, dass es der Erfüllung der Versorgungsverpflichtungen dient. Bei Eintritt des Versorgungsfalls kann je nach Ausgestaltung des Treuhandvertrages entweder der Arbeitgeber selbst die Leistungen der Altersversorgung erbringen und sich diese vom Treuhänder erstatten lassen oder der Treuhänder unmittelbar die Leistungen der Altersversorgung an die Rentner auszahlen. Der Treuhandvertrag kann vorsehen, dass der Treuhänder die Vermögenswerte nicht selbst verwaltet, sondern hiermit wiederum eine Kapitalanlagegesellschaft (Bank ö. Ä.) beauftragt (sog. **zweistufige Treuhand**).

Der Rückübertragungsanspruch, den der Arbeitgeber gegenüber dem Treuhänder nach Übertragung des Vermögens hat, kann dem Arbeitnehmer **verpfändet** werden. Hierzu bedarf es einer ausdrücklich getroffenen Verpfändungsvereinbarung zwischen Arbeitgeber und Arbeitnehmer. Bei dieser vertraglichen Konstruktion bleibt der Treuhänder aufgrund des Treuhandvertrages nur dem Arbeitgeber gegenüber verpflichtet **(einseitige Treuhand)**. Im Insolvenzfall hat der Treuhänder das aus der Treuhandschaft Erlangte an die Masse herauszugeben; allerdings steht dem Versorgungsberechtigten aufgrund des Pfandrechts ein Absonderungsrecht (§ 50 Abs. 1 InsO) zu. Wenn der Arbeitgeber seine versprochene Versorgungsleistung nicht erbringt, tritt Pfandreife ein und der Versorgungsberechtigte kann die Forderung einziehen – vorbehaltlich möglicher auf den → PSV gem. § 9 BetrAVG übergegangener Ansprüche.

Im Treuhandvertrag kann aber auch zwischen Arbeitgeber und Treuhänder vereinbart werden, dass der Treuhänder nicht nur das Vermögen im Interesse des Arbeitgebers verwaltet (Verwaltungstreuhand), sondern darüber hinaus, dass der Versorgungsberechtigte im Fall der Insolvenz des Arbeitgebers den Treuhänder unmittelbar in Anspruch nehmen kann (Sicherungstreuhand). Bei einer solchen **doppelseitigen Treuhand** steht dem Treuhänder bei Insolvenz des Arbeitgebers ein Absonderungsrecht zu (h.M.); der Versorgungsberechtigte kann dann den Treuhänder auf Zahlung der betrieblichen Versorgungsleistungen in Anspruch nehmen.   *(M)*

D

▶ **Deferred Compensation**

Mit dem Begriff der deferred compensation bzw. aufgeschobenen Vergütung wird das Phänomen umschrieben, dass Entgelt nicht zeitnah zur erbrachten Arbeitsleistung gezahlt wird, sondern erst ab Erreichen einer bestimmten Altersgrenze. Er wird häufig synonym mit dem Begriff der → Entgeltumwandlung gebraucht. *(M)*

▶ **Defined Benefit/Defined Contribution**

Betriebliche Versorgungszusagen werden im angelsächsischen Sprachraum danach unterschieden, ob dem Arbeitnehmer eine bestimmte Leistung zugesagt wird (defined benefit) oder ob der Arbeitgeber sich verpflichtet, bestimmte Beiträge zur Altersversorgung zu erbringen (defined contribution). Es sind daher die englischsprachigen Ausdrücke für eine → **Leistungszusage** (defined benefit) bzw. eine → **Beitragszusage** (defined contribution). *(M)*

▶ **Direktversicherung**

Unter Direktversicherung versteht man denjenigen → Durchführungsweg der betrieblichen Altersversorgung, bei dem der Arbeitgeber zur Durchführung der Altersversorgung eine Lebensversicherung zugunsten des anspruchsberechtigten Arbeitnehmers abschließt. § 1 b Abs. 2 Satz 1 BetrAVG definiert die Direktversicherung in der Weise, dass vom Arbeitgeber eine **Lebensversicherung** auf das Leben des Arbeitnehmers abgeschlossen wird und der Arbeitnehmer oder seine Hinterbliebenen hinsichtlich der Leistungen des Versicherers ganz oder teilweise bezugsberechtigt sind. Die Versicherung muss für die betriebliche Altersversorgung abgeschlossen sein, es muss sich also um eine Versicherung handeln, die der Arbeitgeber in Erfüllung einer Versorgungszusage als Alters-, Invaliditäts- oder Hinterbliebenenversorgung abgeschlossen hat.

I. Abgrenzung

Bei einer Direktversicherung entsteht ein **dreiseitiges Vertragsverhältnis** zwischen dem Arbeitgeber, dem Arbeitnehmer und dem Unternehmen der Versicherungswirtschaft. Im arbeitsrechtlichen Grundverhältnis verspricht der Arbeitgeber dem Arbeitnehmer eine betriebliche Altersversorgung. Hierzu schließt der Arbeitgeber mit dem Versicherungsunternehmen einen Versicherungsvertrag, bei dem der Arbeitgeber Versicherungsnehmer und der Arbeitnehmer Versicherter ist. Bei Eintritt des Versorgungsfalles hat dann der Arbeitnehmer gegenüber dem Lebensversicherungsunternehmen einen Anspruch auf die Versicherungsleistung. Das Bezugsrecht des Arbeitnehmers auf die Versicherungsleistung kann im Versicherungsvertrag unterschiedlich ausgestaltet sein: widerruflich, unwiderruflich oder eingeschränkt unwiderruflich.

Nur bei einem derartigen dreiseitigen Vertragsverhältnis liegt eine Direktversicherung als Durchführungsform der betrieblichen Altersversorgung vor. Schließt der Arbeitnehmer die **Lebensversicherung** selbst im **eigenen** Namen ab, so liegt keine Direktversicherung vor. Auf eine solche Versicherung findet das Betriebsrentengesetz keine Anwendung. Das gilt auch dann, wenn der Arbeitgeber dem Arbeitnehmer die Versicherungsbeiträge erstattet oder die Versicherung im Rahmen eines vom Arbeitgeber vermittelten Gruppenversicherungsvertrages abgeschlossen worden ist (BAG NZA 1993, 25). Ebenso wenig liegt eine Direktversicherung vor, wenn der Arbeitgeber eine **Rückdeckungsversicherung** abschließt, um das Risiko einer von ihm selbst eingegangenen Versorgungsverpflichtung über eine Versicherung abzudecken.

Unschädlich ist es, wenn der Arbeitnehmer sich an den Beitragszahlungen des Arbeitgebers beteiligt. Diese Möglichkeit wird in § 2 Abs. 2 Satz 1 BetrAVG unterstellt. Versicherungsrechtlich bleibt auch bei **Eigenbeitragsanteilen** des Arbeitnehmers der Arbeitgeber Verpflichteter des Versicherungsvertrags.

Wirtschaftlich können die Beiträge zu einer Lebensversicherung aus dem Gehalt des Arbeitnehmers finanziert sein. → **Entgeltumwandlungen** in eine Direktversicherung sind seit geraumer Zeit weit verbreitet und als betriebliche Altersversorgung anerkannt (BAG AP § 1 BetrAVG Lebensversicherung Nr. 11); nach der Umwandlungsvereinbarung besteht statt des Gehaltsanspruchs eine Zusage auf betriebliche Altersversorgung.

II. Versorgungsverhältnis

Bei Durchführung der betrieblichen Altersversorgung über eine Direktversicherung verspricht der Arbeitgeber dem Arbeitnehmer im **arbeitsrechtlichen Grundverhältnis,** Altersversorgungsleistungen über eine Versicherung zu erbringen. Unerheblich ist es dabei, ob der Arbeitgeber zusagt, die Versicherung erst später abzuschließen (BAG AP § 1 BetrAVG Lebensversicherung Nr. 1). Der Arbeitgeber hat dafür Sorge zu tragen, dass der Arbeitnehmer im Versorgungsfall die Versicherungsleistung erhält (BAG AP § 242 BGB Ruhegehalt – VBL Nr. 7). Zahlt er die Versicherungsbeiträge nicht oder nicht rechtzeitig, macht er sich schadensersatzpflichtig. Über eine verspätete Beitragszahlung hat der Arbeitgeber den Arbeitnehmer zu informieren. Die dadurch eintretenden Einbußen bei der Direktversicherung sind allerdings nicht insolvenzgesichert (BAG AP § 7 BetrAVG Lebensversicherung Nr. 1).

Möglich ist, dass unmittelbare Versorgung und Direktversicherung nebeneinander zugesagt werden, auch unter → Anrechnung der Direktversicherungsleistungen auf die Leistungen aus der unmittelbaren Versorgungszusage.

III. Versicherungsverhältnis

Der Arbeitgeber kann eine Einzel- oder eine Gruppenversicherung abschließen. Bei einer **Gruppenversicherung** wird eine größere Anzahl von Arbeitnehmern nach einem einheitlichen Plan versichert. Das Aufnahmeverfahren, insbesondere die sonst bei Lebensversicherungen vorgesehene Gesundheitsprüfung, ist vereinfacht; es existieren ermäßigte Beitragssätze. Das mit der Versorgungszusage verbundene Risiko wird auf die Versicherungsgesellschaft übertragen. Deshalb ist die Direktversicherung vor allem für kleinere Betriebe interessant.

Nach §§ 159 Abs. 2, 179 Abs. 3 VVG ist zur Gültigkeit eines Lebensversicherungsvertrages die schriftliche **Einwilligung** des versicherten Arbeitnehmers erforderlich. Fehlt diese, ist der Vertrag unwirksam (BGH NJW 1999, 950). Allerdings wird für die betriebliche Altersversorgung vielfach vertreten, dass auf die schriftliche Einwilligung des Arbeitnehmers zumindest dann verzichtet werden kann, wenn der Arbeitgeber nicht bezugsberechtigt (auch nicht teilweise) ist.

Da das Versicherungsvertragsverhältnis zwischen Arbeitgeber und Lebensversicherungsunternehmen besteht, hat hierauf der Arbeitnehmer grundsätzlich keinen Einfluss. Verändert der Arbeitgeber des Versicherungsverhältnis in einer Weise, dass die Versicherung bei Eintritt des Versorgungsfalls nicht mehr an den Arbeitnehmer zahlt, haftet der Arbeitgeber selbst aus der erteilten Versorgungszusage (§ 1 Abs. 1 Satz 3 BetrAVG).

IV. Bezugsrecht

Der Arbeitnehmer kann bei einer Direktversicherung als Versicherter vom Lebensversicherungsunternehmen die Versicherungsleistung beanspruchen (§ 330 BGB, § 166 Abs. 2 VVG). Bis zum Eintritt des Versorgungsfalles besteht eine Anwartschaft auf die Versicherungsleistung, die man im Versicherungsrecht als **Bezugsrecht** bezeichnet. Das Bezugsrecht kann widerruflich, unwiderruflich und eingeschränkt unwiderruflich ausgestaltet und mit Bedingungen verknüpft sein. Ohne ausdrückliche Regelung ist das Bezugsrecht widerruflich (§ 166 Abs. 1 VVG).

Bei einem **widerruflichen Bezugsrecht** kann der Arbeitgeber einseitig die Person des Bezugsberechtigten verändern. Die Ausübung des Widerrufs vor Eintritt des Versicherungsfalls führt dazu, dass der begünstigte Arbeitnehmer die Ansprüche aus dem Versicherungsvertrag im Verhältnis zur Versicherungsgesellschaft verliert. Davon zu trennen sind die Ansprüche des Arbeitnehmers gegenüber dem Arbeitgeber aus dem Versorgungsvertrag. Nach Eintritt der Unverfallbarkeitsvoraussetzungen ist der Widerruf des Bezugsrechts zwar versicherungsrechtlich möglich, arbeitsrechtlich jedoch unwirksam. Der Arbeitgeber muss in diesem Fall dem Arbeitnehmer eine Versicherungsanwartschaft verschaffen, deren Wert dem widerrufenen Bezugsrecht entspricht (BAG AP § 1 BetrAVG Lebensversicherung Nr. 4).

Hat der Arbeitgeber als Versicherungsnehmer in einem Lebensversicherungsvertrag dem Arbeitnehmer ein widerrufliches Bezugsrecht auf die Versicherungsleistungen eingeräumt, so gehört der Anspruch auf die Versicherungsleistung in der **Insolvenz** des Arbeitgebers zur Insolvenzmasse (BGH DB 2002, 2104). Ein Insolvenzverwalter ist verpflichtet, ein widerrufliches Bezugsrecht zur Verwertung in der Insolvenzmasse zu widerrufen; ist die Versorgungsanwartschaft unverfallbar, tritt insoweit der PSV ein (BAG AP § 1 BetrAVG Lebensversicherung Nr. 15). Das gilt auch dann, wenn der Arbeitnehmer nach § 6 BetrAVG vorzeitiges Altersruhegeld aus der gesetzlichen Rentenversicherung in Anspruch nimmt (BAG NZA 1996, 36). Aus diesem Grund besteht für Direktversicherungen mit widerruflichem Bezugsrecht eine Insolvenzsicherungspflicht.

Bei einem widerruflichen Bezugsrecht kann der Arbeitgeber die Rechte aus dem Versicherungsvertrag auch ohne Einwilligung des Arbeitnehmers abtreten, **beleihen** oder verpfänden. Diese Belastungen hat der Arbeitgeber bei einem Ausscheiden des Arbeitnehmers mit einer → unverfallbaren Versorgungsanwartschaft rückgängig zu machen, wenn er die Ansprüche des Arbeitnehmers auf die vom Versicherer aufgrund des Versicherungsvertrags zu erbringende Versicherungsleistung beschränken will (§ 2 Abs. 2 Satz 2 BetrAVG).

Räumt der Arbeitgeber als Versicherungsnehmer dem Arbeitnehmer, dessen Angehörigen oder Erben ein **unwiderrufliches Bezugsrecht** auf die Versicherungsleistung aus dem Lebensversicherungsvertrag ein, so hat der Arbeitgeber im Verhältnis zur Versicherungsgesellschaft nicht mehr die Möglichkeit, die Position des Arbeitnehmers gegenüber der Versicherungsgesellschaft zu dessen Nachteil zu beeinflussen. Da im Insolvenzfall auch der Insolvenzverwalter das Bezugsrecht des Arbeitnehmers nicht mehr beeinträchtigen kann, bedarf es keines → Insolvenzschutzes durch den PSV. Allerdings kann der Arbeitnehmer auch bei einem unwiderruflichen Bezugsrecht der Beleihung der Ansprüche aus dem Lebensversicherungsvertrag zustimmen. Für diesen Fall besteht Insolvenzsicherungspflicht gem. § 7 BetrAVG. Die durch die Zustimmung des Arbeitnehmers entstehende Versorgungslücke schließt den Insolvenzschutz nicht wegen fehlender Schutzbedürftigkeit aus (BAG AP § 1 BetrAVG Lebensversicherung Nr. 11).

Das unwiderrufliche Bezugsrecht kann durch Vorbehalte eingeschränkt werden. Ein solches **eingeschränkt unwiderrufliches Bezugsrecht** liegt vor, wenn der Arbeitgeber dem Arbeitnehmer zwar ein unwiderrufliches Bezugsrecht einräumt, sich aber vorbehält, sämtliche Versicherungsleistungen selbst in Anspruch zu nehmen, falls das Arbeitsverhältnis vor der Unverfallbarkeit der Versorgungsanwartschaft endet. Aufgrund der Vorbehalte kann der Arbeitgeber die Ansprüche aus dem Versicherungsvertrag in der Regel auch beleihen. Eine Zustimmung des Arbeitnehmers hierzu ist nicht erforderlich. Eine auf diese Weise beliehene Direktversicherung genießt Insolvenzschutz, soweit kein → Versicherungsmissbrauch zu Lasten des PSV vorliegt (BAG AP § 7 BetrAVG Lebensversicherung Nr. 2). Wenn die Voraussetzungen der Vorbehalte nicht erfüllt sind, hat der eingeschränkt unwiderruflich Bezugsberechtigte in der Insolvenz des Arbeitgebers die gleiche Rechtsposition wie ein uneingeschränkt unwiderruflich Bezugsberechtigter (BAG NZA 1991, 60).

Das Bezugsrecht muss nicht einheitlich für die gesamte versicherungsvertragliche Leistung geregelt sein. Es kann auch teilweise widerruflich und teilweise unwiderruflich gestaltet sein **(gespaltenes Bezugsrecht)**, etwa hinsichtlich verschiedener Leistungsarten oder in Bezug auf den Grundanspruch und die Überschussanteile.

V. Betriebsrentenrechtliche Besonderheiten

Betriebsrentenrechtlich bestehen für Versorgungszusagen auf eine Direktversicherung Besonderheiten vor allen Dingen im Hinblick auf den → Insolvenzschutz: Anwartschaften mit einem widerruflichen Bezugsrecht unterliegen dem Insolvenzschutz, Anwartschaften mit einem unwiderruflichen Bezugsrecht dagegen nicht, es sei denn, die Rechte aus dem Versicherungsvertrag sind beliehen, abgetreten oder verpfändet. Die → Höhe der unverfallbaren Versorgungsanwartschaft kann auf Verlangen des Arbeitgebers auf die vom Versicherer aufgrund des Versicherungsvertrages zu erbringende Versicherungsleistung beschränkt werden (§ 2 Abs. 2 BetrAVG). Der Arbeitnehmer kann nach Beendigung des Arbeitsverhältnisses gegenüber seinem ehemaligen Arbeitgeber verlangen, dass dieser den → Übertragungswert auf seinen neuen Arbeitgeber überträgt (§ 4 Abs. 3 BetrAVG). Eine → Anpassungsprüfungspflicht (§ 16 BetrAVG) entfällt für Versorgungszusagen auf eine Direktversicherung, bei der ab Rentenbeginn sämtliche auf den Rentenbestand entfallende Überschussanteile zur Erhöhung der laufenden Leistungen verwendet werden. *(M)*

▶ Direktzusage

Bei der Direktzusage verpflichtet sich der Arbeitgeber, einem Arbeitnehmer oder mehreren Arbeitnehmern nach Eintritt des Versorgungsfalls Versorgungsleistungen selbst zu erbringen. Das BetrAVG verwendet hierfür den Ausdruck → „unmittelbare Versorgungszusage". *(M)*

▶ Dotierungsrahmen

In der betrieblichen Altersversorgung umschreibt der Dotierungsrahmen den voraussichtlichen **Gesamtaufwand** des Arbeitgebers für alle von ihm erteilten Versorgungszusagen. Dieser Gesamtumfang der finanziellen Belastungen eines Arbeitgebers lässt sich versicherungsmathematisch errechnen, und zwar als **Barwert der zukünftigen Versorgungsverpflichtungen.** Am besten lässt sich dieser mit der Einmalprämie umschreiben, die der Arbeitgeber an eine Versicherung zahlen müsste, um sämtliche künftigen Pensionsleistungen voll zu bezahlen.

Der vom Arbeitgeber vorgegebene Dotierungsrahmen begrenzt das → **Mitbestimmungsrecht** des Betriebsrats. Er ist außerdem von erheblicher Bedeutung bei jeder → **Änderung von Versorgungszusagen.** Der Arbeitgeber kann den Dotierungsrahmen mitbestimmungsfrei verändern; über die Verteilung der durch den Dotierungsrahmen dann vorgegebenen Mittel hat der Betriebsrat mitzubestimmen. Beruhte die frühere Versorgungsregelung nicht auf einer Betriebsvereinbarung, sondern auf einer Gesamtzusage, vertraglichen Einheitsregelung oder betrieblichen Übung ohne Hinweis auf eine spätere Abänderbarkeit durch eine Betriebsvereinbarung, kann eine ablösende Betriebsvereinbarung nur die Mittel innerhalb desselben

Dotierungsrahmens umverteilen (**kollektiver Günstigkeitsvergleich**). Der Dotierungsrahmen für die betriebliche Altersversorgung muss dann vor und nach der Änderung identisch sein. Dies ist nicht der Fall, wenn der Arbeitgeber Aufwendungen erspart (und seien es nur Sozialversicherungsbeiträge, vgl. BAG NZA 2003, 986). Auch der Bezugsrahmen für die Ermittlung des Dotierungsrahmens muss mindestens weitgehend identisch sein. Hat sich die Grundstruktur eines Unternehmens durch die Einbeziehung weiterer Betriebe mit unversorgten Arbeitnehmern verändert, können nur die Dotierungsrahmen mit gleicher Grundstruktur verglichen werden (BAG NZA 2004, 1099). Ist ein betriebliches Versorgungswerk für neu eintretende Arbeitnehmer geschlossen worden, kann der Dotierungsrahmen für das wieder geöffnete Versorgungswerk nicht ohne weiteres unter Einschluss der bislang unversorgten Mitarbeiter bestimmt werden (BAG NZA 2004, 1100). *(M)*

▶ **Dreisäulentheorie/Dreischichtentheorie**

Die Altersversorgung des Arbeitnehmers resultiert in der Regel aus drei Quellen, (1) der gesetzlichen Rentenversicherung oder der Beamtenversorgung, (2) einer Zusatzversorgung, zumeist der betrieblichen Altersversorgung, und (3) der Eigenversorgung. Hierzu gehören das Einkaufen in ein Versorgungssystem des Arbeitgebers, Lebensversicherungen oder die Veräußerung von Vermögensbestandteilen, z. B. Häusern und Wohnungen. Nach In-Kraft-Treten des → Alterseinkünftegesetzes wird von den drei Schichten der Altersvorsorge gesprochen: 1. Schicht Basisversorgung; 2. Schicht kapitalgedeckte Zusatzversorgung; 3. Schicht Privater Kapital- und Rentenaufbau. Zur 2. Schicht gehört die → Riester-Rente. *(Sch)*

▶ **Dreistufentheorie**

Die Rechtsprechung des BAG unterscheidet bei der Änderung betrieblicher Versorgungszusagen aufgrund des Verhältnismäßigkeitsgrundsatzes drei verschiedene Stufen des Besitzstandes:
- die **erdiente Versorgungsanwartschaft** (§ 2 Abs. 1 BetrAVG),
- die **zeitanteilig erdiente Anwartschaftsdynamik,**
- die **noch nicht erdienten dienstzeitabhängigen Steigerungsraten.**

In diese Besitzstände darf der Arbeitgeber nur aus unterschiedlich gewichtigen sachlichen Gründen eingreifen. Auch die Eingriffsgründe unterteilt das BAG in drei Stufen: den **zwingenden, triftigen** und **sachlich-proportionalen** Gründen. Für diese Methode der Kontrolle von → Änderungen von Versorgungszusagen hat sich deshalb der Name „Dreistufentheorie" eingebürgert.   *(M)*

▶ **Durchführungswege**

Ein Arbeitgeber kann die betriebliche Altersversorgung über verschiedene Durchführungswege gestalten. Er kann die Mittel für die betriebliche Altersversorgung aus dem Unternehmen selbst erbringen oder hierfür einen externen Versorgungsträger einschalten. § 1 Abs. 1 Satz 2 BetrAVG unterscheidet zwischen unmittelbaren und mittelbaren Versorgungszusagen. Bei den mittelbaren Versorgungszusagen bedient sich der Arbeitgeber eines Versorgungsträgers, mit dessen Hilfe er die Verpflichtung aus der betrieblichen Altersversorgungszusage erfüllt. § 1 Abs. 1 Satz 3 BetrAVG stellt klar, dass der Arbeitgeber auch bei Durchführung der Altersversorgung über einen Versorgungsträger für die Erfüllung der vom Arbeitgeber zugesagten Leistungen weiterhin selbst haftet, also etwa dann, wenn die Unterstützungskasse vermögenslos ist oder die Performance eines Pensionsfonds auf dem Kapitalmarkt schlecht gewesen ist.

Seit dem 1. 1. 2002 gibt es fünf Durchführungswege der betrieblichen Altersversorgung:

- → unmittelbare Versorgungszusage oder Direktzusage,
- → Direktversicherung,
- → Pensionskasse,
- → Pensionsfonds,
- → Unterstützungskasse.

Die verschiedenen Durchführungswege oder Gestaltungsformen sind – mit Ausnahme des erst 2002 neu geschaffenen Pensionsfonds – historisch gewachsen und sind mit ihren unterschiedlichen Rechtsbeziehungen vom Gesetzgeber des BetrAVG 1974 akzeptiert worden. Dementsprechend befinden sich im BetrAVG häufig für die verschiedenen Durchführungswege auch unterschiedliche rechtliche Regelungen (vgl. nur Abs. 1 bis 4 in § 1 b BetrAVG und § 2 BetrAVG). Welchen Durchführungsweg der Arbeitgeber wählt, kann dieser selbst frei entscheiden, ein → Mitbestimmungsrecht des Betriebsrats besteht insoweit nicht. Er kann die betriebliche Altersversorgung auch über verschiedene Durchführungswege gleichzeitig abwickeln (zum Beispiel wird eine Direktversicherungszusage durch eine unmittelbare Versorgungszusage ergänzt). Die Gründe, warum ein Arbeitgeber den einen oder den anderen Durchführungsweg wählt, liegen häufig in der unterschiedlichen Art und Weise der Finanzierung und den damit zusammenhängenden bilanzrechtlichen und steuerrechtlichen Konsequenzen für das Unternehmen. Auch für den Arbeitnehmer gab es bis zum 31. 12. 2004 und gibt es jetzt für eine Übergangszeit unterschiedliche steuerliche Konsequenzen, über welchen Durchführungsweg die betriebliche Altersversorgung vom Arbeitgeber finanziert wird. Wichtig für beide Vertragspartner einer Versorgungszusage sind Unterschiede in der Berechnung der → Höhe der unverfallbaren Versorgungsanwartschaft und der → Anpassung von laufenden Betriebsrenten und hinsichtlich des Anspruchs auf → Übertragung einer Versorgungsanwartschaft bei einem Arbeitgeberwechsel. Auch hinsichtlich der → Insolvenzsicherung und der Art und Weise, wie die → Mitbestimmung des Betriebsrats durchgeführt wird, gibt es bei den verschiedenen Durchführungswegen Unterschiede. Die Möglichkeiten, Versorgungszusagen zu ändern, sind dagegen im Laufe der Zeit von der Rechtsprechung für alle Durchführungswege weitgehend angeglichen worden. *(M)*

▶ **Dynamisierung**

Der Begriff **dynamische Rentenformel** stammt noch aus der Zeit der Rentenreform von 1957. Das bis dahin geltende Prinzip der Rentenberechnung aus Grundbeträgen, Steigerungsbeträgen, Kinderzuschuss, Zuschlägen, Zulagen usw. wurde aufgegeben und durch eine Rente ersetzt, die vom Nennwert des alten Betrags unabhängig war und stattdessen an den realen Bruttolohnzuwachs der Arbeitnehmer gekoppelt wurde. Einzelheiten siehe → Anpassung, → Rentenformel. *(P)*

E

▶ **Eigenbeitragszusage** → Umfassungszusage

▶ **Eigenheim** → Bausparkasse, → Riester-Rente

▶ **Eigenvorsorge**

I. Formen der Eigenvorsorge

1. Formen der Eigenersparnisbildung

Der Dreisäulentheorie/Dreischichtentheorie entspricht, dass die Altersversorgung des Arbeitnehmers i. d. R. auf der gesetzlichen Rentenversicherung bzw. der Beamtenversorgung, der → betrieblichen Altersversorgung und der Eigenersparnisbildung des Arbeitnehmers beruht.

2. Grundsätze der Anlage

Für jede Form der Eigenvorsorge gelten drei Grundsätze: (1) Sicherheit. Sie bedeutet die Erhaltung des angelegten Vermögens. Sie hängt u. a. ab von der Bonität des Schuldners, dem Kursrisiko und bei Auslandsanlagen der Stabilität der politischen Verhältnisse. (2) Liquidität. Sie hängt davon ab, wie schnell ein Betrag, der in einem bestimmten Wert investiert wurde, wieder in ein Bankguthaben oder Bargeld umgewandelt werden kann. (3) Rentabilität. Die Rentabilität bestimmt sich nach dem Ertrag. Zu den Erträgen zählen Zins-, Dividendenzahlungen, sonstige Ausschüttungen und bei Wertpapieren Kurssteigerungen. Rendite ist das Verhältnis des jährlichen Ertrages bezogen auf den Kapitaleinsatz unter Berücksichtigung der Restlaufzeit eines Wertpapiers. Die Grundsätze hängen voneinander ab. Sie können aber nicht in Einklang gebracht werden. Je nach den verfolgten Zielen wird einer der Grundsätze überwiegen. Für den privaten Anleger ist vor allem die Rendite nach Steuern entscheidend.

3. Kapitalbildung

(a) Zur Eigenersparnisbildung gehört das Ansparen von Kapital in Form von Sparverträgen, Festgeldanlagen und Geldmarktpapieren oder Geldmarktsparen. Im Allgemeinen sind diese Anlagen bei einer Bank nicht mit Risiken oder einer langfristigen Bindung verbunden. Sie werden nach der Vertragsdauer, die begrenzt werden kann, im Fälligkeitszeitpunkt in vollem Umfang zurückgezahlt. Dagegen ist die Verzinsung gering. Zur Ersparnisbildung gehört auch der Erwerb von Obligationen und Bundesschatzbriefen. Nicht zuletzt gehört hierhin der Abschluss von → Lebensversicherungen. Die Verzinsung ist höher, aber die Fungibilität ist eingeschränkt.

(b) Verzinsliche Wertpapiere (Anleihen, Renten, Bonds, Obligationen) sind auf den anonymen Inhaber oder einen bestimmten Inhaber lautende Schuldverschreibungen. Sie werden zu pari, mit einem Abschlag (Disagio) oder einem Aufschlag (Agio) ausgegeben. Die Ausstattungsmerkmale ergeben sich aus den Anleihebedingungen oder Emissionsbedingungen. Diese enthalten alle zwischen dem Emittenten und dem Anleger wichtigen Einzelheiten. Hierzu gehören die Laufzeit, die Tilgung, Verzinsung, Währung, Rang des Gläubigers im Insolvenzfall des Schuldners. Bei der Rückzahlung wird die Rückzahlung der gesamten Anlage zu einem bestimmten Zeitpunkt, die Annuitäten – Anleihen, die in gleich bleibenden Raten zurückgezahlt werden, und die Auslosungsanleihen, die nach Auslosung in Tranchen zurückgezahlt werden, unterschieden. Die Verzinsung bietet ein buntes Bild von Varianten. Sonderformen von Anleihen sind die Wandelanleihen. Dies sind festverzinsliche Wertpapiere, die zumeist von Aktiengesellschaften begeben werden und dem Anleger das Recht einräumen, innerhalb einer bestimmten Zeit oder zu einem bestimmten Zeitpunkt Aktien zu beziehen. Die Wandelanleihen werden zum Fälligkeitszeitpunkt zum Nennwert zurückgezahlt. Ihr Kurs unterliegt aber Schwankungen wie bei Aktien. Die Aktienanleihe funktioniert umgekehrt. Es sind Wertpapiere, die üblicherweise mit einem über den Marktzins liegenden Kupon ausgestattet sind. Die Aktiengesellschaft hat das Recht, die Anleihe zurückzuzahlen oder in Aktien zurückzuzahlen.

(c) Anleihen mit indexorientierter Verzinsung sind Wertpapiere mit einer festen Laufzeit, deren Wertentwicklung von einem bestimmten Index abhängt. Sie gibt es als Anleihen mit und ohne Kupon.

(d) Die öffentliche Hand bedient sich zur Beschaffung ihres Kapitalbedarfs (1) der Bundesanleihen; dies sind börsennotierte, mit einem festen Zinssatz ausgestattete Schuldverschreibungen mit einer Laufzeit von zehn bis dreißig Jahren; (2) der Bundesobligationen, die ebenfalls mit einem festen Zinssatz ausgestattet sind, aber nur eine mittlere Laufzeit (fünf Jahre) haben; (3) der Bundesschatzbriefe. Sie sind mit einem Festzins ausgestattet, der aber ansteigt. Bei dem Typ A werden die Zinsen jährlich ausgezahlt. Bei dem Typ B werden die Zinsen am Ende der Laufzeit ausgezahlt und versteuert.

(e) Die Sicherheit festverzinslicher Wertpapiere hängt von der Zahlungsfähigkeit und Zahlungswilligkeit des Emittenten ab. Zum Schutz der Vermögenswerte von unter Vormundschaft stehenden Personen sind in §§ 1807 ff BGB nur bestimmte Anlageformen vorgesehen, z. B. Forderungen gegen den Bund und die Länder, Forderungen, die durch Hypotheken gesichert sind, Forderungen gegen öffentliche Sparkassen, die als mündelsicher anerkannt sind. Das Versicherungsaufsichtgesetz (VAG) schreibt zur Sicherheit der Versicherungsnehmer die Bildung von Deckungsstocks vor; das sind abgesonderte Vermögensteile, die aus den laufenden Prämien zu bilden sind. Bestimmte Wertpapiere, die hohen Qualitätsansprüchen genügen müssen, können von Banken bei der Deutschen Bundesbank oder der Europäischen Zentralbank beliehen werden (Lombardfähigkeit).

4. Grundbesitz

Sind die vorhandenen Mittel größer, kommt der Erwerb von Grundbesitz in Form von Häusern oder Eigentumswohnungen in Betracht. Bei dem Erwerb von Grundbesitz, insbesondere auch dem Erwerb von Eigentumswohnungen, muss aber stets erwogen werden, ob die entstehenden Kosten langfristig aufgebracht werden können oder ob Finanzengpässe zu erwarten sind. Finanzengpässe können die mannigfachsten Ursachen haben wie Arbeitslosigkeit,

Unfall oder Scheidung. Andererseits muss bedacht werden, dass der Erwerb einer älteren Immobilie ohne sachverständigen Rat mit erheblichen Risiken belastet ist. Die Folgekosten aufgrund von Reparaturen, Einbau von Umweltschutzmaßnahmen usw. können risikoreich sein. Bei dem Erwerb von Immobilien muss das Grundbuch eingesehen werden. Bei dem Erwerb von Wohnungseigentum muss die Teilungserklärung eingesehen werden, ob und in welchem Umfang Kosten entstehen können, insbesondere wie die Gemeinkosten des gemeinschaftlichen Eigentums verteilt werden. Für die Kosten des Gemeinschaftseigentums haften die Wohnungseigentümer entsprechend ihrem Anteil (§ 16 WEG). Einmal erworbener Immobilienbesitz lässt sich nur schwer und häufig nur mit Verlusten wieder veräußern. Die Zeiten, in denen Immobilienbesitz zweistellige Wertzuwachsraten hatte, sind längst vorbei.

5. Erwerb von Aktien

(a) Der Erwerb von Aktien kann die ertragsreichste, aber auch die risikoreichste Art sein, Vermögen anzusammeln. Spätestens mit dem Zusammenbruch der Aktienkurse Anfang 2002 ist das jedermann bewusst. Der Wert der Telekomaktie liegt weit unter dem Ausgabepreis. Die Aktienkurse können aus den großen Tageszeitungen entnommen werden. Die Kurstabellen sind gegliedert nach dem EuroStoxx, Dax, TecDax, M-Dax und sonstigen Aktien. Die US-amerikanischen Aktienindices heißen Dow Jones bzw. S&P, der japanische Nikkei.

Dies sind Indizes, um die Wertentwicklung an Wertpapiermärkten darzustellen. Aktienindizes werden in einer Zahl dargestellt. Veränderungen im Stand eines Aktienindex geben die Kursveränderungen der ihm zugrunde liegenden Aktien wieder

(b) Dax ist der Deutsche Aktienindex, der an der Frankfurter Wertpapierbörse während der Börsenlaufzeit minütlich berechnet wird. Er enthält 30 Aktienwerte, die nach der Höhe des Grundkapitals der jeweiligen Aktiengesellschaft im Index gewichtet sind. Über diese Standardwerte werden über 80 % der Deutschen Börsenumsätze abgewickelt. Im Unterschied zu anderen deutschen Indizes hat der Dax den Vorteil, dass über die Kursschwankungen hinaus auch die Dividendenausschüttungen berücksichtigt sind.

(c) Der Aktionär ist Teilhaber der Aktiengesellschaft, dagegen nicht Gläubiger.

6. Investmentfonds

(a) Das Kursrisiko kann gemischt sein bei dem Erwerb von Investmentzertifikaten. Das Grundprinzip eines Investmentfonds besteht darin, dass die Fondsverwaltung – eine Kapitalanlagegesellschaft – eine größere Zahl von Aktien der unterschiedlichsten Branchen gekauft und in einen Topf verbracht hat. Das können Aktien aus dem In- und Ausland sein. Je nach der gewünschten Performanz werden risikoreichere und weniger risikoreiche Aktien zusammengestellt. Bei der Anlage von Kapital in Investmentfonds müssen das eigene Anlageziel, die Wertentwicklung der verschiedenen Fonds und der Vergleich der verschiedenen Fonds bedacht werden. Die Wahl des Investmentfonds hängt aber häufig einfach davon ab, bei welcher Bank die eigenen Konten geführt werden.

(b) Eine besondere Art der Fonds sind die sog. thesaurierenden Fonds. Bei ihnen werden die Gewinne nicht ausgeschüttet, sondern thesauriert. Das war in der Vergangenheit für solche Leute von Interesse, die keine der Versteuerung unterliegende Einkünfte wollten, sondern die thesaurierten Einkünfte in Zeiten niedriger oder fehlender Einkünfte versteuerten.

(c) Immobilieninvestmentfonds legen das gesammelte Vermögen nicht in Aktien oder Wertpapieren, sondern in Immobilien an. Regelmäßig werden aber Wertpapiere beigemischt. Vornehmlich wird in Geschäftshäusern, Hotels, aber auch in Wohnhäusern in bester Lage angelegt. Die Anlage kann je nach Fonds in Deutschland, Europa oder in der ganzen Welt erfolgen. Bei Immobilienfonds sollte man sich aber vergewissern, wo und in welchen Ländern investiert ist und wie hoch der durchschnittliche Vermietungsstand ist. Handelt es sich um einen Fonds außerhalb der Euro-Zone, insbesondere in den USA, muss zusätzlich das Währungsrisiko bedacht werden. Allerdings kann die Anlage in einem Immobilienfonds in den USA von besonderem Interesse sein, wenn die Einkünfte in den USA versteuert werden. Hierzu muss eine Steuernummer in den USA beantragt werden, die regelmäßig von den

Fonds beschafft wird. Aufgrund des Doppelbesteuerungsabkommens können sich in Deutschland Steuervorteile ergeben.

(d) Es wird zwischen offenen und geschlossenen Immobilienfonds unterschieden. Ein offener Immobilienfonds ist dann gegeben, wenn die Zahl der Anteile offen und unbestimmt ist und jedermann beitreten kann. Die Fondsgesellschaft gibt je nach Bedarf neue Anteile aus und nimmt ausgegebene Anteile zurück. Ein geschlossener Immobilienfonds kann eine Vielzahl von Anlegern haben; er ist aber geschlossen, weil die Anteile bestimmt sind und über eine fest begrenzte Anlagesumme ausgegeben werden. Bei Erreichen des geplanten Volumens wird die Ausgabe eingestellt. Bei geschlossenen Fonds besteht keine Verpflichtung der Kapitalanlagegesellschaft die Anteile zurückzunehmen. Sie sind daher schwer verkäuflich, wenn überraschend Liquidität benötigt wird.

(e) Auch bei Immobilienfonds, aber auch bei Investmentfonds kann eine Besonderheit gewollt sein. Vielfach wird von Investment- und Immobilienfonds eine Wiederanlage der Einkünfte eingeräumt. Die Einkünfte müssen versteuert werden. Die Fonds räumen zumeist einen Wiederanlagerabatt von 3 % ein. Dieser ist aber auch nicht höher, wenn eine fortlaufende Wiederanlage stattfinden soll. Alsdann kann man auch von Fall zu Fall entscheiden, ob man das Geld braucht oder wieder anlegt.

7. Besondere Anlageformen

Nach den Börsenverlusten der letzten Jahre sind auch für kleine und mittlere Anleger besondere Fondsformen geschaffen worden, die das Risiko mindern sollen. Sie unterscheiden sich bei den einzelnen Banken.

- Hedge-Fonds. Es sind privat organisierte Anlage-Produkte, welche teilweise Hedging-Techniken nutzen und auf die Erzielung absoluter Erträge ausgerichtet sind. Sie wollen auch in Zeiten sinkender Börsenkurse einen Gewinn erzielen. Erfolg und Risiko eines Hedge Fonds hängen von seiner Strategie (Hedge Fund Style) und von der Güte des Managers ab. Bei den herkömmlichen Hedgefonds wird vornehmlich in Aktien, Renten oder gemischten Fonds investiert. Es werden fünf Hedge Fonds Styles unterschieden: (1) Equity Hedged: Equity Strategien mit

Long und Short Positionen, (2) Relative Value; ein gehedgter Hedge Fonds, ausgerichtet auf Arbitrage, (3) Event Driven: Investition in speziellen Situationen (Übernahmen, Mergens, Umstrukturierungen), (4) Global Macro: Spekulative und globale Investition in alle Anlageklassen, (5) CTAs Managed Future Strategien. Gemäß dem Investmentgesetz werden Hedgefonds als Fonds mit besonderen Risiken bezeichnet. Sie dürfen nur als Dachfonds angeboten werden, um die Risiken auszugleichen.

- Bonus-Zertifikat. Dieser bietet die Chance auf einen besonderen Bonus, wenn der zugrunde liegende Index während der Laufzeit nicht unter eine festgesetzte Barriere fällt. Wird dieser Wert berührt oder unterschritten, wird das Bonus-Zertifikat zu einem herkömmlichen Indexzertifikat.

- Diskont-Zertifikat. Bei ihm nehmen Anleger an der Kursentwicklung eines Indexes oder einer Aktie bis zu einer bestimmten Obergrenze teil. Dafür ist der Preis günstiger als bei einem Basiswert.

- Double-Chance. Bei dieser Produktform werden Wertpapiere, i. d. R. Aktien zum Kurs eines bestimmten Tages erworben. Fällt der Kurs, ist der Anleger ganz oder zum Teil gesichert. Steigt der Kurs, so wird die Kurssteigerung nur bis zu einem bestimmten Prozentsatz dem Anleger gutgeschrieben. Im Übrigen fließt sie in das Vermögen des Trägers. Es ist eine Anlageform, die das Verlustrisiko, aber auch den Gewinn eingrenzt.

- Fallschirmzertifikat. Bei einem Fallschirmzertifikat ist das Verlustrisiko bis zu einer bestimmten Schwelle abgesichert.

- Pepp-Zertifikat. Bei ihnen verzichten Anleger auf Dividenden. Stattdessen können höhere Gewinne eingefahren werden.

- Rolling Diskont-Zertifikate. Sie bilden die Wertentwicklung einer Serie kurzfristiger Diskontzertifikate ab. Dabei werden die Caps jeden Monat neu angepasst.

- Umbrella-Fonds, das ist ein Dach-Fonds mit verschiedenen Unterfonds unterschiedlicher Anlagestrategien.

- X-pert Zertifikate. So heißen Zertifikate, deren Besonderheit ihre endlose Laufzeit ist. Sie funktionieren wie normale Zertifikate. Der Anleger nimmt an der Kursentwicklung teil.

8. Altersvorsorge-Sondervermögen

Sie legen das eingelegte Geld mindestens zur Hälfte in sachwert-bezogenen Anlagen an. Das können sein Aktien, Grundstücke oder Anteilscheine an Immobilien-Sondervermögen. Ziel ist ein Langfristiges Sparen. Es besteht die Möglichkeit Verträge von min-destens 18 Jahren oder bis zur Vollendung des 60. Lebensjahres abzuschließen. Der Anleger verpflichtet sich in regelmäßigen Ab-ständen Geld bei der Kapitalanlagegesellschaft zum Bezug weiterer Anteilscheine anzulegen (Altersvorsorge-Sparplan). Nach Ablauf von mindestens $^3/_4$ der vereinbarten Laufzeit hat der Anleger die Möglichkeit, die Anteilscheine ohne Berechnung eines Ausgabe-aufschlages oder sonstiger Kosten in andere Anteilscheine, z. B. einen Rentenfonds umzutauschen. Der Umtausch in einen Ren-tenfonds kann sinnvoll sein, um das Risiko der Aktienanlage abzu-federn.

9. Optionsgeschäft

Eine Fondsgesellschaft darf für Rechnung des Sondervermögens im Rahmen der Anlagegrundsätze am Wertpapieroptionshandel teilnehmen. Sie kann einem Dritten gegen Entgelt (Optionsprämie) das Recht einräumen, zu einem von vornherein vereinbarten Preis (Optionspreis) während einer bestimmten Zeit die Lieferung oder die Abnahme von Wertpapieren zu verlangen. oder entsprechende Optionsrechte zu erwerben. Man unterscheidet die Kaufoption (CALL) und die Verkaufsoption (PUT). Daraus ergeben sich vier Formen des Optionsgeschäfts: (1) Long call, d. i. der Kauf einer Kaufoption in Wertpapieren; (2) Short call, der Verkauf einer Kauf-option in Wertpapieren; (3) Long put, Kauf einer Verkaufsposition in Geld; (4) Short put, Verkauf einer Verkaufsoption in Geld. Die Optionsanleihe ist ein festverzinsliches mit einem niedrigen Zins-satz ausgestattetes Wertpapier, das mit einem Optionsschein (War-rant) ausgestattet ist Der Optionsschein ist an der Börse handelbar. Er berechtigt zum Bezug von Aktien, Devisen usw. Man unter-scheidet Optionsanleihen mit und ohne Optionsschein. Die Op-tionsscheine unterscheiden sich von Wandelanleihen. Sie bleiben bestehen, auch wenn das Optionsrecht ausgeübt wird. Die Op-tionsanleihe hat aber mit dem Optionsgeschäft nichts zu tun.

10. Spezielle Aktien- und Rentenfonds

Spezielle Aktienfonds sind die Branchenfonds, die Aktien bestimmter Industriezweige oder Wirtschaftssektionen wie Energie, Rohstoffe und Energie sammeln. Small Cap-Fonds investieren in Aktien mittlerer und kleinerer Unternehmen (Nebenwerte). Aktienindexfonds bilden einen bestimmten Aktienindex, z. B. den Dax nach.

Spezielle Rentenfonds konzentrieren sich auf spezielle Rentenfonds und bestimmte Ausschnitte des Rentenmarktes:

- Low Coupon sind niedrig verzinsliche Anleihen, die aus steuerlichen Gründen interessant sein können. Die Zinsen unterliegen der Einkommensteuer; die Kursgewinne bei sich verändernden Zinsen auf dem allgemeinen Markt dagegen nicht.
  Fonds mit variabel verzinslichen Anleihen.
- High Yield Fonds sind hochverzinsliche Anleihen unterschiedlicher Bonität.
- Junk Bonds-Fonds sind hoch verzinsliche Anleihen geringer Bonität.
- High Grade-Rentenfonds sammeln Anleihen höchster Bonität.
- Geldmarktnahe Fonds/Kurzläufer Fonds sammeln Wertpapiere mit kurzen Restlaufzeiten.

11. Risikoanlagen/Steuersparmodelle

In der Vergangenheit sind zahlreiche Steuersparmodelle entwickelt worden, die sich aber nur für höhere Einkommen und größere Anlagen gerechnet haben. Es können nur die Grundstrukturen erklärt werden. Die Prospekte und Vertragsgestaltungen umfassen i. d. R. ganze Bücher.

(a) Rechtliche und Steuerliche Gestaltungsformen. Die Fonds kommen i. d. R. in zwei Formen vor. Bei der ersten Form werden durch einen Fonds Wirtschaftsgüter erworben wie Flugzeuge, Lokomotiven der österreichischen Eisenbahnen. Der Anleger erwirbt z. B. einen Anteil von 50.000 €. Die Kosten dieser Anlage wurden durch Eigenmittel in Höhe von 30 % und zu 70 % durch einen Bankkredit finanziert. Die Kreditkosten wurden vom Anleger in der Steuererklärung als Werbungskosten abgesetzt. Der Fonds seinerseits schloss über die Wirtschaftsgüter Miet-, Pacht- oder

Leasingverträge mit Dritten, die an den Fonds Raten bezahlen mussten. Mit den Erträgnissen des Fonds wurde der Bankkredit zurückgezahlt und die Eigenmittel des Anlegers verzinst. Nach einem Anlagezeitraum von i. d. R. 12 bis 14 Jahren wurde vom Fonds das Wirtschaftsgut verkauft, der Fonds geschlossen und der Verkaufserlös ausgeschüttet.

(b) Bei der zweiten Form werden dieselben Grundprinzipien verwandt. Der Fonds erwirbt Anlagegüter, z. B. Kraftwerke. Diese werden an ein Drittunternehmen verleast, das bestimmte Leasingraten zu bezahlen hat. Mit diesen wird der Eigenkapitaleinsatz verzinst und der Bankkredit zurückgezahlt. Der Anleger macht wiederum seine Aufwendungen steuerlich geltend. Am Ende des Anlagezeitraums erfolgt aber keine Rückzahlung der Eigenmittel.

(c) Im Zuge der Steuerreformen sind diese Anlagemöglichkeiten weitgehend unattraktiv geworden, weil die steuerlichen Absetzungsmöglichkeiten eingeschränkt worden sind. Gleichwohl existieren – nach Meinung des Verfassers – noch spekulative Anlageformen bei dem Erwerb von Seeschiffen, insbesondere bei dem Erwerb von Tankern und Containerschiffen. Hier bestehen noch steuerrechtliche Vergünstigungen. Sie sind aber besonders risikoreich, weil die Frachtraten nicht langfristig zu kalkulieren sind.

II. Beteiligungsformen

1. Unmittelbare Beteiligung

(a) Bei den unter I.2.(a) beschriebenen Sparformen durch Sparbuch, Festgeld oder Geldmarktpapieren liegt ein Vertrag mit einer Bank vor. Der Anleger ist Inhaber der Forderung; die Bank ist Schuldner. Das Rechtsverhältnis ist aber durch deren Allgemeine Geschäftsbedingungen näher ausgestaltet (§§ 305 ff BGB).

(b) Bei dem Erwerb von Immobilien vom Bauträger müssen die aufzuwendenden Leistungen in ausreichendem Maße gegen Insolvenz gesichert sein. Dasselbe gilt aber auch bei dem Erwerb einer alten Immobilie. Insoweit sind die Reparatur- und Renovierungskosten in die Erwägung einzubeziehen. Vor allem können aber auch Umweltauflagen zu Kosten führen wie etwa bei älteren Heizungsanlagen.

(c) Vor allem bei dem Erwerb von Immobilien vermittelt die VO über die Pflichten der Makler, Darlehens- und Anlagenvermittler, Bauträger und Baubetreuer (Makler- und Bauträgerverordnung – MaBV –) i. d. F. der Bekanntmachung vom 7. 11. 1990 (BGBl. I S. 2479) m. spät. Änd., zul. 21. 6. 2005 (BGBl. I S. 1666) einigen Schutz.

2. BGB-Gesellschaft

(a) In der Vergangenheit sind Beteiligungsmodelle in Form von BGB-Gesellschaften angeboten worden. Der Anleger trat in eine BGB-Gesellschaft ein, die ihrerseits das Anlageobjekt erwarb oder erstellte. Die BGB-Gesellschaft erwirbt das Grundstück und baut darauf ein Hotel oder ein Wohnhaus. Die Anlage von Beteiligungen in BGB-Gesellschaften ist risikoreich. Es ist zu unterscheiden zwischen der Geschäftsführung, der Vertretung und der Schuldenhaftung.

(b) Nach § 709 BGB steht die Geschäftsführung der Gesellschaft den Gesellschaftern gemeinschaftlich zu; für jedes Geschäft ist die Zustimmung aller Gesellschafter notwendig. In aller Regel ist aber eine Geschäftsführung aller Gesellschafter wegen der auftretenden tatsächlichen Schwierigkeiten nicht möglich. § 710 BGB trägt dem Rechnung. Hiernach ist vorgesehen, dass die Geschäftsführung einem oder mehreren Gesellschaftern übertragen wird. Die übrigen Gesellschafter sind alsdann von der Geschäftsführung ausgeschlossen. Das ist in der Praxis fast ausnahmslos der Fall. Die Geschäftsführungsbefugnis dient der Verwirklichung des Gesellschaftszwecks. Ihr Umfang ist begrenzt durch den Gesellschaftszweck. Hierzu können aber durchaus ungewöhnliche Handlungen im Rahmen des Gesellschaftszwecks gehören. Aus der Geschäftsführungsbefugnis ergibt sich im Innenverhältnis der Gesellschafter, was der Geschäftsführer darf. Unzulässig ist eine Umorganisation der Gesellschaft.

(c) Soweit einem Gesellschafter nach dem Gesellschaftsvertrag die Befugnis zur Geschäftsführung zusteht, ist er im Zweifel auch ermächtigt die Gesellschafter Dritten gegenüber zu vertreten (§ 714 BGB). Der geschäftsführende Gesellschafter kann mithin Kauf- und Arbeitsverträge abschließen, durch die der Gesellschafter verpflichtet wird und auch mit seinem Privatvermögen einstehen muss. In Rechtsprechung und Wissenschaft gibt es Modelle zur Begrenzung der Vertretung und der Haftung. Hierzu ist aber im Einzelfall juristischer Rat schon bei Begründung des Gesellschaftsvertrags notwendig.

(d) Verpflichten sich mehrere durch Vertrag zu einer teilbaren Leistung, so haften sie im Zweifel als Gesamtschuldner (§ 427 BGB). Schulden mehrere eine Leistung in der Weise, dass jeder die ganze Leistung zu bewirken verpflichtet ist, der Gläubiger aber die Leistung nur einmal zu fordern berechtigt ist (Gesamtschuldner), so kann der Gläubiger die Leistung nach seinem Belieben von jedem der Schuldner ganz oder zum Teil fordern. Bis zur Bewirkung der ganzen Leistung bleiben sämtliche Schuldner verpflichtet. Hieraus folgt, jeder Gesellschafter haftet als Gesamtschuldner und muss mit seinem gesamten Vermögen für die Schulden der Gesellschaft und der Mitgesellschafter, soweit sie gesellschaftlich bedingt sind, einstehen.

3. Kommanditgesellschaft

(a) Größere Fondsgesellschaften haben häufig die Rechtsform einer Kommanditgesellschaft. Komplementär dieser Gesellschaft sind in aller Regel juristische Personen, deren Kapitalvermögen nicht immer üppig ausgestattet ist. Der Komplementär führt die Geschäfte der Gesellschaft und ist zu deren Vertretung befugt (§ 170 HGB). Er haftet für die Schulden der KG mit seinem gesamten Vermögen. Der Kommanditist haftet den Gläubigern der Gesellschaft bis zur Höhe seiner Einlage unmittelbar. Die Haftung ist ausgeschlossen, soweit die Einlage geleistet ist.

(b) Die Anleger treten als Kommanditisten in die KG ein. Der Kommanditist ist grundsätzlich von der Geschäftsführung ausgeschlossen. Ihm stehen Kontrollrechte zu (§§ 164, 166 HGB). Er kann also nicht sagen, er wolle hinfort nebenberuflich den Rasen vor der Hauptverwaltung mähen. Er haftet gegenüber der Gesellschaft auf die gezeichnete Einlage. Es können in der Praxis Nachschusspflichten vorkommen. Sie sind aber selten.

(c) Im Außenverhältnis haftet der Kommanditist den Gläubigern der Gesellschaft bis zur Höhe seiner Einlage unmittelbar. Die Haftung ist ausgeschlossen, soweit die Einlage geleistet ist (§ 171 HGB). Mehr als die gezeichnete Einlage kann er im Allgemeinen nicht verlieren. Soweit die Einlage zurückgezahlt wird, gilt sie den Gläubigern gegenüber als nicht geleistet (§ 172 Abs. 4 HGB).

(d) Bei dem Eintritt in eine Kommanditgesellschaft wird der Kommanditist im Allgemeinen in das Handelsregister eingetragen. Dies ist mit Formvorschriften verbunden, die Kosten verursachen. Häufig wird die Eintragung in das Handelsregister dadurch vermieden, dass ein Treuhänder eingetragen wird, dem die Kommanditanteile treuhänderisch übertragen sind. Dieses Modell kann steuerrechtliche Nachteile bei der Erbschaftsteuer haben.

4. Aktien

(a) Die Aktie ist ein Anteils- und Teilhabepapier, das die Mitgliedschaftsrechte des Aktionärs an einer Aktiengesellschaft verbrieft. Der Aktionär ist Teilhaber an einer Aktiengesellschaft und nicht Gläubiger. Zu den Pflichten des Aktionärs gehört insbesondere die Leistung der Einlage und eines besonders bestimmten Agios. Zu unterscheiden sind die Nennwertaktie und die Stückaktie. Der Nennwert ist die rechnerische Größe, die die Höhe des Anteils am Grundkapital der Aktiengesellschaft darstellt. Er lautet in Deutschland auf 1 € oder ein Vielfaches davon. Auch Stückaktien repräsentieren einen bestimmten Anteil des in der Satzung festgelegten Grundkapitals. Der Anteil wird jedoch nicht in einem Geldbetrag ausgedrückt. Die Aktienurkunden lauten auf eine bestimmte Stückzahl, z. B. 10, 100. Die Beteiligungsquote ergibt sich aus dem Verhältnis der gehaltenen Aktien zu den insgesamt ausgegebenen Aktien. Für die Vermögensanlage in Aktien ist unerheblich, ob es sich um Nennwert- oder Stückaktien handelt.

(b) Die Rechte des Aktionärs bestehen aus den Vermögens- und Verwaltungsrechten. Die Aktie bietet im Allgemeinen dem Anleger Dividendenausschüttungen und Wertsteigerungen. Sie ist aber ein Risikopapier, dass diese nicht garantiert. Die jährliche Gewinnausschüttung wird in Euro pro Stück ausgedrückt. Die Höhe der Dividende ist aber vom Bilanzgewinn abhängig. Die Hauptversammlung beschließt unter Berücksichtigung der Vorgaben des AktG über die Dividenden. Bei einer Kapitalerhöhung kann es vorkommen, dass die jungen Aktien zunächst mit einer geringeren Dividendenberechtigung ausgestattet werden. Von der beschlossenen Dividende wird eine Kapitalertragsteuer von zzt. 25 % einbehalten, die bei der späteren Steuerveranlagung als Vorauszahlung berücksichtigt wird (Einzelheiten: § 43 bis § 45 d EStG). Daneben erhält der Aktionär eine Steuergutschrift in Höhe der auf seinen Anteil entfallenden Körperschaftsteuer. Bei ausreichendem Steuerfreibetrag und Vorlage der entsprechenden Bescheinigung zahlt das Kreditinstitut die Steuern aus.

(c) Bezugsrecht ist das Recht eines Aktionärs bei Kapitalerhöhungen, einen Teil der jungen Aktien zu beziehen, der seinem Anteil am Grundkapital entspricht. Für die Ausübung des Bezugsrechts werden Fristen bestimmt; i. d. R. zwei Wochen. In dieser Zeit werden die Bezugsrechte an der Börse gehandelt. Wenn das Bezugsrecht ausgeübt wird, bleibt die Beteiligung an der Aktiengesellschaft gleich. Das Bezugsrecht hat aber auch die Aufgabe, den Kursgewinn und Kursverlust zu kompensieren. Bei Ausgabe neuer Aktien mit niedrigerem Kurs als der Notierung der alten Aktien bildet sich nach der Kapitalerhöhung ein Mittelkurs, der über dem Emissionskurs und unter dem Kurs der alten Aktie liegt. Es findet dabei aber lediglich eine Vermögensumschichtung von liquiden Mitteln in Aktien und umgekehrt statt. Ein finanzieller Vorteil wird nur erzielt, wenn nach einer Kapitalerhöhung Kurssteigerungen eintreten und die Dividende pro Aktien zumindest gleich bleibt. Das Bezugsverhältnis ist das Verhältnis zwischen dem bisherigen Aktienkapital und dem Erhöhungsbetrag. Es ist das Verhältnis, zu dem der Aktionär aufgrund seines Bestandes neue Aktien beziehen kann. Am ersten Tag des Bezugsrechtshandels wird die alte Aktie ex – Bezugsrecht gehandelt. Das Bezugsrecht wird selbständig gehandelt. Besitzt der Aktionär nicht genügend Aktien, um über das Bezugsrecht neue Aktien zu beziehen, kann er Bezugsrechte hinzukaufen. Andererseits kann er auch Bezugsrechte verkaufen. Wird dem Kreditinstitut bis zum vorletzten Tag des Tag des Bezugsrechtshandels keine Weisung erteilt, was mit dem Bezugsrecht geschehen soll, wird es verkauft.

(d) Genussscheine verbriefen Vermögensrechte, die in den jeweiligen Genussscheinbedingungen genannt werden. Es handelt sich um Papiere, die auf einen Nominalwert lauten und mit einem Gewinnanspruch verbunden sind. Gesellschaftsrechtliche Mitwirkungsrechte bestehen nicht. Häufig sind Genussscheine am Verlust der Gesellschaft beteiligt, in dem im Falle der Rückzahlung ein Abschlag vorgesehen ist. Für den Fall der Insolvenz ist häufig ein Nachrang vorgesehen.

(e) Zusatz- und Berichtigungsaktien, gelegentlich auch Gratisaktien werden von der Gesellschaft ausgegeben, wenn diese eine Kapitalerhöhung aus eigenen Mitteln vornimmt. Sie ändern an dem Vermögen des Anlegers nichts. Im Umfang der Zusatz- und Berichtigungsaktien sinkt der Kurs.

(f) Die Verwaltungsrechte eines Aktionärs erschöpfen sich in dem Recht zur Teilnahme an der Hauptversammlung und auf bestimmte Auskunftsrechte.

(g) Die Ausgestaltung der einzelnen Aktien unterscheidet sich vor allem in der Übertragbarkeit.

- Namensaktien lauten auf den Namen einer bestimmten natürlichen oder juristischen Person, der in das Aktienbuch der Gesellschaft eingetragen wird. Gegenüber der Gesellschaft gelten nur die in das Aktienbuch eingetragenen Personen als Aktionäre. Nur diese können die Aktionärsrechte wahrnehmen. Die Zahlung von Dividenden ist nicht von der Eintragung in das Aktionärsbuch abhängig. Der nicht eingetragene Aktionär erhält aber von der Gesellschaft keine Informationen über die Gesellschaft. Gegen die Namensaktien sprach früher die Schwierigkeit der Übertragung. Im Zeitalter der Elektronik ist dies kein Problem mehr.

- Vinkulierte Namensaktien sind Namensaktien, zu deren Übertragung auf einen neuen Inhaber die Zustimmung der Gesellschaft erforderlich ist. Für die Gesellschaft sind sie von Vorteil, weil sie den Überblick über die Aktionäre behält. Sie kommen in Deutschland nur wenig vor.

- Inhaberaktien lauten nicht auf den Namen, sondern auf den jeweiligen Inhaber. Bei ihnen ist ein Eigentumswechsel ohne besondere Formalitäten möglich. Sie können wie alle Gegenstände übertragen werden.

- Vorzugsaktien sind mit Vorrechten ausgestaltet. Die Vorrechte können sich auf die Verteilung des Gewinns oder des Liquidationserlöses im Insolvenzfall beziehen. Es gibt Vorzugsaktien mit und ohne Stimmrecht. Vorzugsaktien ohne Stimmrecht sind der Regelfall. Sie dienen der Beschaffung von Eigenmitteln, ohne dass die Stimmrechtsverhältnisse in der Hauptversammlung verschoben werden.

5. Zertifikate

Unter dem Begriff der Zertifikate verbergen sich zahlreiche Produkte, die bei den verschiedenen Banken unterschiedliche Bedeutung haben und sich häufig nur geringfügig unterscheiden. Indexzertifikate verbriefen das Recht auf Zahlung eines Geld- oder Abrechnungsbetrags, dessen Wert von dem zugrunde liegenden Wert abhängt. Bei dem Aktienzertifikat ist der Anleger nicht an den Aktien beteiligt. Die Anlage ist i. d. R. mehrjährig. Der Wert folgt den im Zertifikat enthaltenen Wertpapieren. Der Index ist ein statistischer Messwert wie z. B. der Dax. Indexzertifikate werden börslich und außerbörslich gehandelt. Der Emittent stellt i. d. R. den Wert täglich fest. Bei Fälligkeit hat der Anleger nur Anspruch auf den Abrechnungsbetrag, nicht aber auf den Wert der zugrunde liegenden Wertpapiere. Die Diskontzertifikate sind mit einer festen Laufzeit ausgestattete Wertpapiere, bei denen die Art der Rückzahlung bei Fälligkeit vom Preis des Referenzgegenstandes (Aktien, Indizes) abhängt. Es wird entweder ein fester Preis zurückgezahlt oder der Referenzgegenstand herausgegeben. Diskontzertifikate liegen in der Regel unter dem Wert des Referenzgegenstandes (Diskont). Der Rückzahlungsbetrag ist in der Regel auf einen Maximalbetrag begrenzt. Die Höhe des Diskonts tendiert gegen Ende der Laufzeit auf null. Für den Anleger ist die maximale Ertragschance die Differenz zwischen dem Kaufpreis und der maximale Rückzahlungsbetrag.

III. Sicherung von Kapitalanlagen

1. Kapitalanlagegesellschaften

Sie sind nach deutschem Recht Kreditinstitute, deren Geschäftsbereiche darauf gerichtet ist, das eingelegte Geld im eigenen Namen für gemeinschaftliche Rechnung der Anleger nach dem Grundsatz der Risikomischung gesondert vom eigenen Vermögen anzulegen. Die Kapitalanlagegesellschaft hat über die sich ergebenden Rechte der Anleger (Anteilsinhaber) Anteilsscheine auszustellen. Die Anlage kann in Wertpapieren (Aktien, Obligationen usw.) erfolgen. Deutsche Kapitalanlagegesellschaften unterliegen dem Gesetz über Kapitalanlagegesellschaften Kapitalanlagegesetz (KAGG) vom 16. 4. 1957 (BGBl. I 378), zul. geänd. 22. 12. 2003 (BGBl. I 2840) und dem Gesetz über das Kreditwesen (KWG) i. d. F. vom 9. 9. 1998 (BGBl. I 2776), zul. geänd. 22. 9. 2005 (BGBl. I 2809). Das KAGG wurde zum Schutz der Investmentanleger geschaffen. Soweit sich seine Vorschriften auf das Rechtsverhältnis zwischen Anleger und Kapitalanlagegesellschaft auswirken, sind sie in die Vertragsbedingungen der Fonds eingearbeitet. Das KAGG gilt noch für eine Übergangszeit. Im Übrigen hat es Eingang in das Investmentgesetz (InvG) vom 15. 12. 2003 (BGBl. I S. 2676), zul. geänd. 22. 6. 2005 (BGBl. I S. 1698), gefunden.

2. Beratung, Anlage- und Ersparnismöglichkeiten

(a) Es gibt eine Fülle von Anlage- und Ersparnismöglichkeiten, die ein Anlageberater oder eine Bank vermittelt. Es kann nur eine kurze Übersicht der wichtigsten Anlage- und Ansparmöglichkeiten geboten werden, um nachfragen zu können. Welche Anlagemöglichkeiten ausgenutzt werden können, hängt von dem Einsatz der Geldmittel, der Risikobereitschaft und den verfolgten Zielen ab. Die Banken teilen ihre Kunden nach Risikogruppen ein. Bei Anlage außerhalb der Risikogruppe können Schadensersatzansprüche erwachsen.

(b) Fragerecht. Bei langfristiger Bindung sollte man sich sorgfältig erkundigen, welche laufenden Belastungen entstehen, welche Rendite zu erwarten ist und welche sonstigen Kosten entstehen. Jeder Anlageberater einer Bank wird zunächst die Produkte seines Hauses anbieten. Das braucht nicht immer die beste Anlage zu sein. Bei einer Anlage in Aktien und Investmentfonds sollte man die Kursentwicklung der in Aussicht genommenen Wertpapiere oder vergleichbarer Papiere verfolgen. Ein Anlageberater wird häufig argumentieren, dass sich bei einer langfristigen Anlage Kursschwankungen ausgleichen werden. Aber es braucht nicht gerade die Anlage zu einem Höchstkurs zu erfolgen.

3. Typische Risiken bei Wertpapieranlagen

(a) Unter Konjunkturrisiko wird die Gefahr von Kursverlusten verstanden. Der typische Konjunkturzyklus dauert zwischen drei und acht Jahren, der in vier Phasen aufgeteilt wird: (1) Ende der Rezession/Depression, (2) Aufschwung, Erholung, (3) Konjunkturboom, oberer Wendepunkt, (4) Abschwung, Rezession. Die Veränderungen der wirtschaftlichen Aktivität hat Auswirkungen auf die Kursentwicklung der Wertpapiere. Diese schwanken mit einem zeitlichen Vorlauf. Für die Anlage ist das richtige Timing maßgebend.

(b) Das Inflationsrisiko beschreibt die Gefahr, dass der Anleger infolge einer Geldentwertung Verluste erleidet. Bei einem Geldwertschwund von vier bis fünf Prozent würde in sechs Jahren ein Vermögensverlust von rund 25 % eintreten. Bei der Anlage ist auf die Realverzinsung zu achten. Das ist bei festverzinslichen Wertpapieren die Differenz zwischen der Rendite und der Inflationsrate. Bei Sachwertanlagen ist bei großen Währungsumstellungen i. d. R. ein besseres Anlageergebnis zu erzielen. Es hat aber auch Zeiten gegeben, in denen Geldwertanlagen zu einem besseren Ergebnis geführt haben.

(c) Von einem Länder- oder Transferrisiko wird gesprochen, wenn ein ausländischer Schuldner trotz eigener Zahlungsfähigkeit und Zahlungsbereitschaft aus seinem Sitzland keine oder keine fristgerechten Zahlungen leisten kann.

(d) Ein Währungsrisiko entsteht, wenn auf eine fremde Währung ausgestellte Wertpapiere gehalten werden. Der Devisenkurs hängt ab von der Inflationsrate des Landes, der Zinsdifferenz zum Ausland, der Einschätzung der Konjunkturentwicklung, der weltpolitischen Situation und der Sicherheit der Geldanlage. Ein Zinsvorsprung im Ausland kann schnell durch das Währungsrisiko aufgezehrt werden.

(e) Ein Liquiditätsrisiko entsteht, wenn der Anleger seine Anlage nicht jederzeit zu marktgerechten Preisen verkaufen kann.

(f) Kreditfinanzierte Wertpapierkäufe sind sehr risikoreich. Ein Wertpapierdepot lässt sich beleihen. Das Risiko besteht aber darin, dass der Kreditzinssatz sich verändert, durch Kursverfall der Beleihungswert des Depots sich verändert und ein Nachschuss liquider Mittel notwendig wird.

(g) Steuerliche Risiken können bestehen. Bei einem Privatanleger, dessen Strategie auf Rendite und Substanzerhaltung ausgerichtet ist, kommt es auf den Ertrag nach Abzug der Steuern an. Bei Wertpapiergeschäften ist auf die Spekulationsfrist zu achten. Anschaffung und Veräußerung sind nicht vor Ablauf von zwölf Monaten möglich. Bei Auslandsanlagen besteht das Risiko der Doppelbesteuerung.

(h) Die Eigenverwahrung von Wertpapieren ist mit einem großen Verlustrisiko verbunden. Hinzu kommt die fehlende Übersicht über wichtige Termine. Es können auch steuerliche Nachteile erwachsen.   *(Sch)*

▶ **Endgehaltssystem**

Ein Endgehaltssystem stellt ein → Versorgungsmodell der betrieblichen Altersversorgung dar, in dem die Höhe der betrieblichen Altersrente vom letzten Gehalt des Arbeitnehmers abhängt.

Endgehaltsabhängige Systeme gewähren einen bestimmten Prozentsatz des letzten Einkommens (oder des Durchschnitts der letzten Einkommen) als Altersversorgung zur Abdeckung der im Alter bestehenden Versorgungslücke. Mit jeder Gehaltssteigerung wächst damit auch die betriebliche Altersrente. Da die zugesagte Rente während der Anwartschaftsphase entsprechend der Einkommensentwicklung steigt, gehören Endgehaltssysteme zu den dynamischen Leistungszusagen. Diese **Dynamik** macht Endgehaltssysteme für den Arbeitgeber im Vergleich zu Festbetragsystemen oder beitragsorientierten Leistungszusagen relativ teuer. Andererseits sind sie in besonderer Weise dazu geeignet, Versorgungslücken des Arbeitnehmers im Alter zu schließen. Aus diesem Grund unterliegt die in einem Endgehaltssystem erdiente Dynamik bei der → Änderung einer Versorgungszusage einem besonderen Schutz – in sie darf nur aus → triftigen Gründen eingegriffen werden (BAG AP §1 BetrAVG Besitzstand Nr. 13). Bei der Berechnung der → Höhe der unverfallbaren Versorgungsanwartschaft eines ausgeschiedenen Arbeitnehmers wird dagegen die weitere

Einkommensentwicklung nach dem Ausscheiden nicht berücksichtigt (§ 2 Abs. 5 Satz 1 BetrAVG).

Da die Höhe der betrieblichen Altersversorgung von der Höhe des Gehaltes abhängt, ist bei derartigen Versorgungssystemen wichtig, in der Versorgungszusage festzulegen, welche Gehaltsbestandteile zum **ruhegeldfähigen Einkommen** zählen. Geklärt (ggf. durch Auslegung der Versorgungszusage) werden muss dies etwa für einmalige Sonderzahlungen, variable Gehaltsbestandteile wie Überstundenvergütungen (BAG AP § 1 BetrAVG Berechnung Nr. 23), Prämien, Tantiemen oder Bonuszahlungen, aber auch für geldwerte Leistungen wie das Überlassen eines Dienstwagens (BAG AP § 77 BetrVG 1972 Auslegung Nr. 10).

Endgehaltszusagen können **dienstzeitunabhängig** oder **dienstzeitabhängig** gestaltet sein. Bei einer dienstzeitunabhängigen Endgehaltszusage wird beispielsweise eine „Altersrente in Höhe von 15 % des letzten Bruttoeinkommens" versprochen. Eine dienstzeitabhängige Endgehaltszusage ist eine Regelung, wonach eine betriebliche Altersrente für jedes Beschäftigungsjahr in Höhe eines bestimmten Prozentsatzes vom letzten Gehalt gewährt wird (z. B. 0,5 % pro Beschäftigungsjahr).

Für Einkommensbestandteile oberhalb der → Beitragsbemessungsgrenze in der gesetzlichen Rentenversicherung zahlt der Rentenversicherungsträger keine gesetzliche Sozialversicherungsrente. Aus diesem Grund wird bei Endgehaltssystemen häufig eine **gespaltene Rentenformel** verwendet, indem für Einkommensbestandteile über dieser Grenze ein höherer Prozentsatz gewährt als für Einkommensbestandteile unterhalb (z. B. 0,4 % des ruhegeldfähigen Einkommens pro Dienstjahr für Einkommensbestandteile bis zur Beitragsbemessungsgrenze und 1,2 % des ruhegeldfähigen Einkommens pro Dienstjahr für Einkommensbestandteile oberhalb der Beitragsbemessungsgrenze).   *(M)*

▶ **Entgeltpunkte**

1. Allgemeines

Entgeltpunkte sind eine Rechengröße und ein Bestandteil der Rentenformel, mit deren Hilfe die Höhe einer Rente berechnet wird. Jeder Versicherte erhält für seine rentenrechtlichen Zeiten Entgeltpunkte auf seinem Rentenkonto gutgeschrieben.

2. Begriff

Die Versicherung eines Arbeitsentgelts oder Arbeitseinkommens in Höhe des Durchschnittsverdienstes aller Versicherten eines Kalenderjahres ergeben einen Entgeltpunkt (§ 63 Abs. 2). Damit repräsentieren die Entgeltpunkte in der Rentenformel die individuelle Grundgröße des Versicherten. Sie werden aus allen Beitrags- und beitragsfreien Zeiten berechnet.

(a) Für **Beitragszeiten** ergeben sich die Entgeltpunkte, indem das vorhandene individuelle Bruttoarbeitentgelt eines Jahres durch das durchschnittliche Bruttoarbeitsentgelt aller Versicherten des Jahres, in dem es erzielt wurde, geteilt wird. Daher ergibt die Versicherung eines Arbeitseinkommens in Höhe des Durchschnittsentgelts eines Kalenderjahres einen Entgeltpunkt, denn das Divisionsergebnis beträgt 1.

(b) Für **beitragsfreie Zeiten** richten sich die Entgeltpunkte nach der individuellen Beitragsdichte (Gesamtleistungsbewertung). Hierzu → Rentenberechnung. *(P)*

▶ Entgeltumwandlung

Bei der Entgeltumwandlung vereinbaren Arbeitgeber und Arbeitnehmer, künftige Entgeltansprüche des Arbeitnehmers nicht bar zu vergüten, sondern in eine wertgleiche Anwartschaft auf betriebliche Altersversorgung umzuwandeln. Anders als bei der herkömmlichen betrieblichen Altersversorgung handelt es sich bei der Entgeltumwandlung nicht um eine Sozialleistung des Arbeitgebers, sondern um einen bereits vereinbarten Entgeltanspruch des Arbeitnehmers, der jedoch noch nicht fällig ist und auf den dieser verzichtet zugunsten einer betrieblichen Versorgungszusage. Andererseits handelt es sich nach der Erteilung der Versorgungszusage um betriebliche Altersversorgung, so dass die rechtlichen Regeln des BetrAVG Anwendung finden, die jedoch für Entgeltumwandlungszusagen teilweise modifiziert werden.

Die Anerkennung der Entgeltumwandlung als betriebliche Altersversorgung beruhte vor dem 1.1.1999 auf der Rechtsprechung des BAG, seit dem 1.1.1999 auf der gesetzlichen Definition in § 1 Abs. 5 BetrAVG. Im Jahre 2001 fand sich die gesetzliche Definition der Entgeltumwandlung in § 1 Abs. 2 BetrAVG und ab dem 1.1.2002 steht sie in § 1 Abs. 2 Ziff. 3 BetrAVG.

I. Entstehungsgeschichte

Die Attraktivität der Entgeltumwandlung hat zwei Ursachen: einerseits die verringerte Neigung der Unternehmen, betriebliche Versorgungszusagen zu erteilen und damit verbunden das Entstehen von größeren → Versorgungslücken; andererseits eine vergleichende Betrachtung der Nettoeinkommen als Rentner und als Arbeitnehmer. Die Erhöhung der Einkommensteuerlast für höhere Gehälter (Steuerprogression) und die verhältnismäßig geringere Besteuerung der Alterseinkünfte macht es steuerlich attraktiv, hoch besteuertes Aktiveneinkommen in die Phase der niedriger besteuerten Alterseinkünfte zu verschieben (**„deferred compensation"**). Darüber hinaus wird für Einkommensbestandteile oberhalb der Beitragsbemessungsgrenze in der gesetzlichen Rentenversicherung von den Sozialversicherungsträgern keine dem bisherigen Einkommen adäquate gesetzliche Altersrente geleistet.

Diese Vergleichsbetrachtung hat in den 80er Jahren zu vertraglichen Vereinbarungen vor allen Dingen bei Arbeitnehmern mit höherem Einkommen geführt, bei denen diese gegenüber ihrem Arbeitgeber auf einen Teil des ihnen zugesagten Einkommens verzichtet haben und dafür mit dem Arbeitgeber den Abschluss einer Lebensversicherung vereinbart haben (**Gehaltsumwandlungsversicherung**). Nachdem der PSV zunächst den Insolvenzschutz für derartige Gehaltsumwandlungsversicherungen abgelehnt hatte, weil nach seiner Auffassung es sich bei einer betrieblichen Altersversorgung um eine zusätzlich zum Barlohn entrichtete freiwillige Arbeitgeberleistung handle, hat das Bundesarbeitsgericht (BAG NZA 1991, 60, 144) ein derartiges zusätzliches ungeschriebenes Tatbestandsmerkmal abgelehnt und den Barlohnverzicht gegen Abschluss einer Lebensversicherung durch den Arbeitgeber als betriebliche Altersversorgung anerkannt. Der PSV hat jedoch gegen diese Rechtsprechung des BAG lange Zeit seinen Widerstand auf-rechterhalten. Erst mit der gesetzlichen Klarstellung im damaligen § 1 Abs. 5 BetrAVG seit dem 1. 1. 1999 war eindeutig geregelt, dass betriebliche Altersversorgung auch dann vorliegt, wenn künftige Entgeltansprüche in eine wertgleiche Anwartschaft auf Versor-gungsleistungen umgewandelt werden. Eine wesentlich größere Gefahr für den eine Gehaltsumwandlung vereinbarenden Arbeit-nehmer lag darin, dass ein Insolvenzschutz grundsätzlich erst nach Eintritt der gesetzlichen Unverfallbarkeit, also erst zehn Jahre nach Zusageerteilung – oder bei zwölfjähriger Betriebszugehörigkeit drei Jahre nach Zusageerteilung – eintrat. Zwar hat das BAG (AP § 1 BetrAVG Unverfallbarkeit Nr. 3) eine Auslegungsregel entwickelt, dass bei Gehaltsumwandlungszusagen in der Regel davon auszu-gehen ist, dass der Arbeitgeber dem Arbeitnehmer von vornherein eine unentziehbare Rechtsposition einräumen und damit die Un-verfallbarkeit der Anwartschaft zusagen wollte, dies führte jedoch nur zu einer vertraglichen Unverfallbarkeit und damit nicht zu einem › Insolvenzschutz durch den PSV. Taugliches Mittel für eine insolvenzfeste Gehaltsumwandlungszusage war insoweit nur die Gehaltsumwandlung in eine → Direktversicherung mit einem unwiderruflichen Bezugsrecht. Eine Gehaltsumwandlungsver-sicherung mit widerruflichem Bezugsrecht führte dagegen dazu, dass der Konkurs- oder Insolvenzverwalter im Konkurs- bzw. Insolvenzfall entsprechend seinen Verwalterpflichten das Bezugs-recht widerrief und der Arbeitnehmer entsprechend wie jeder Konkursgläubiger weitgehend leer ausging (BAG AP § 1 BetrAVG Lebensversicherung Nr. 23 und 26).

Durch das Altersvermögensgesetz vom 26. 6. 2001 ist die Bedeu-tung der Entgeltumwandlung in eine betriebliche Altersversorgung erheblich gesteigert worden. Steuerlich beruht dies darauf, dass neben den Vorteilen bei einem Vergleich von Nettoeinkommen als Aktiver und als Rentner die Möglichkeit einer **steuerlichen För-derung** nach §§ 10 a, 82 EStG (Riester-Rente) getreten ist. Arbeits-rechtlich hat sich für ab dem 1. 1. 2001 erteilte Entgeltumwand-lungszusagen die Lage insoweit verbessert, dass diese gemäß § 1 b Abs. 5 gesetzlich sofort unverfallbar und damit insolvenzgeschützt sind.

Für vorher erteilte Entgeltumwandlungszusagen verbleibt es dagegen bei der bisherigen Regelung und den damit zusammenhängenden rechtlichen Problemen (§ 30 f Satz 2 BetrAVG). Insofern bleiben für vor dem 1. 1. 2001 erteilte Entgeltumwandlungszusagen die bisherigen rechtlichen Probleme bestehen: Vor Eintritt der gesetzlichen Unverfallbarkeit besteht nur die Möglichkeit einer vertraglich vereinbarten Unverfallbarkeit. Ein Insolvenzschutz durch den PSV besteht vor Eintritt der gesetzlichen Unverfallbarkeit nicht. Vor einer Insolvenz des Arbeitgebers ist eine betriebliche Altersversorgung aus Entgeltumwandlung nur geschützt, soweit eine Direktversicherung mit unwiderruflichem Bezugsrecht vereinbart wurde oder bei einer Gehaltsumwandlung in eine unmittelbare Versorgungszusage gleichzeitig mit dem Arbeitgeber vereinbart wurde, dass der Arbeitgeber für die Versorgungszusage eine Rückdeckungsversicherung abschließt, deren Mittel dem Arbeitnehmer verpfändet worden sind. Darüber hinaus ist eine Entgeltumwandlung bezüglich tariflicher Lohnbestandteile vor dem Hintergrund von § 4 Abs. 3 und 4 TVG rechtlich zweifelhaft.

II. Entgeltumwandlung nach dem AVmG

Nach § 1 Abs. 2 Ziff. 3 BetrAVG liegt eine betriebliche Altersversorgung auch vor, wenn künftige Entgeltansprüche in eine wertgleiche Anwartschaft auf Versorgungsleistungen umgewandelt werden.

1. Umzuwandelndes Entgelt

Umgewandelt werden können nur künftige Entgeltansprüche, also nur solche, die noch nicht durch Arbeitsleistung verdient worden sind. Dies können sowohl Teile des laufenden Arbeitslohns sein, aber auch Einmal- oder Sonderzahlungen oder zukünftige vermögenswirksame Leistungen. Ob erdiente, aber noch nicht fällige Entgeltansprüche umgewandelt werden dürfen, ist streitig. Für Jahressonderzahlungen und Wertguthaben aus Arbeitszeitkonten wird die Zulässigkeit von der Finanzverwaltung bejaht (möglich ist also im November 2004 ein Verzicht auf eine Jahressonderzahlung, die im Dezember 2004 fällig ist). Mit der Umwandlung in eine betriebliche Versorgungszusage verliert der bisherige Entgeltanspruch seinen Rechtscharakter (etwa als Vergütung für eine bestimmte Belastung oder als freiwillige Leistung).

Umgewandelt werden können zukünftige Entgeltansprüche, die nicht tariflich vereinbart sind. Darüber hinaus können nicht tarifgebundene Arbeitnehmer alle Lohnbestandteile in eine betriebliche Versorgungszusage umwandeln, und zwar auch dann, wenn im Arbeitsvertrag auf die tariflichen Bestimmungen Bezug genommen wird. Dagegen wird für tarifgebundene Arbeitnehmer über § 17 Abs. 5 BetrAVG eine Entgeltumwandlung von Tariflohn nach dem 29. 6. 2001 (§ 30h BetrAVG) nur zugelassen, wenn dies in einem entsprechenden Tarifvertrag vorgesehen ist.

Wird statt einer Barvergütung eine betriebliche Altersversorgung versprochen, liegt keine Entgeltumwandlung vor, sondern eine originäre, herkömmliche betriebliche Altersversorgung.

2. Umwandlungsvereinbarung

Über die Entgeltumwandlung muss eine Vereinbarung zwischen Arbeitgeber und Arbeitnehmer getroffen werden, bei der künftige Ansprüche auf Arbeitsentgelt gesenkt werden und der Arbeitgeber sich zu Versorgungs- und Beitragsleistungen verpflichtet. Festgelegt werden muss dabei die Dauer der Umwandlung. Zulässig ist sowohl eine einmalige Umwandlung von Entgelt als auch eine laufende Umwandlung. Die Umwandlung hat durch einen **Einzelvertrag** zwischen dem Arbeitgeber und dem Arbeitnehmer zu erfolgen; sie kann auch in einem **Tarifvertrag** vorgesehen sein (§ 17 Abs. 5 BetrAVG). Durch Betriebsvereinbarung können nur die Rahmenbedingungen für eine Entgeltumwandlung festgelegt werden, nicht jedoch die Entgeltumwandlung selbst vorgenommen werden (str.). Die Vereinbarung muss zu ihrer Wirksamkeit nicht schriftlich erfolgen; für den Arbeitgeber besteht jedoch gem. § 2 NachwG die Pflicht, dem Arbeitnehmer über die Vereinbarung eine Niederschrift auszuhändigen.

Zum **Inhalt** der Vereinbarung gehört die Art und Weise der Entgeltkürzung und die Beschreibung der erteilten Versorgungszusage, also welche Art von Leistungen gewährt werden sollen (Alters-, Invaliden-, Hinterbliebenenleistungen), nach welcher Versorgungsformel (z. B. Festbetragszusage, beitragsorientierte Leistungszusage, Beitragszusagen mit Mindestleistung) und in welchem Durchführungsweg. Darüber hinaus kann die Vereinbarung bestimmte Rahmenbedingungen festlegen, etwa ob für bestimmte Arbeitsvertragsbedingungen (z. B. Erfolgsbeteiligungen) das ursprüngliche Gehalt vor der Entgeltumwandlung im Wege eines Schattengehalts fortgeschrieben werden soll. Geregelt werden sollte, wie zu verfahren ist, wenn bei einer längerfristigen Entgeltumwandlung entgeltfreie Beschäftigungszeiten (Erziehungs- bzw. Elternurlaub, Krankengeldbezug) auftreten. Nach dem seit 1. 1. 2005 geltenden § 1 a Abs. 4 BetrAVG hat der Arbeitnehmer in diesem Fall das Recht, die Versicherung oder Versorgung mit eigenen Beiträgen fortzusetzen. Damit räumt der Gesetzgeber den Arbeitnehmern die Möglichkeit ein, Betriebsrentenansprüche auch dann weiter aufzubauen, wenn sie kein Entgelt beziehen. Für die hieraus resultierenden Betriebsrentenansprüche aus Beiträgen des Arbeitnehmers hat der Arbeitgeber einzustehen (§ 1 a Abs. 4 Satz 2 BetrAVG); die Anwartschaften werden rechtlich ebenso behandelt wie die übrigen Anwartschaften aus einer Entgeltumwandlungszusage.

3. Umwandlung in eine wertgleiche Anwartschaft

Die Entgeltumwandlung muss zu einer wertgleichen Anwartschaft auf Versorgungsleistungen führen. Diese ist bei unmittelbaren Versorgungszusagen und Unterstützungskassenzusagen **versicherungsmathematisch** zu **berechnen** (str.). Bei Direktversicherungen und Pensionskassen ergibt sich die Wertgleichheit aus dem Entgelt, auf das der Arbeitnehmer verzichtet, und der an die Versicherung bzw. Pensionskasse zu zahlenden Beitragsleistung, aus der ein versicherungsmathematisch zu berechnendes Bezugsrecht resultiert, wobei die Überschussbeteiligung dem Arbeitnehmer zusteht.

Wird das Entgelt nicht in eine wertgleiche Anwartschaft auf Versorgungsleistung umgewandelt, so entsteht bei einer Umwandlung in einen höheren Versorgungswert, als dies dem Entgeltanspruch entspricht, bezüglich des überschießenden Teils eine normale arbeitgeberfinanzierte betriebliche Altersversorgung. Bei einer unterproportionalen Entgeltumwandlung kann man entweder zu einer

Nachschuss- oder Auffüllpflicht bezüglich der Differenz durch den Arbeitgeber kommen oder zu einer Unwirksamkeit der Entgeltvereinbarung, die zwar möglicherweise dem Schutz des BetrAVG für diese Entgeltumwandlung für den Arbeitnehmer unberührt lässt, aber sozialversicherungsrechtlich wegen der Unwirksamkeit zu einer Nachforderung der Sozialversicherungsbeiträge gegenüber dem Arbeitgeber führen kann.

III. Anspruch auf Entgeltumwandlung

Ab 1.1.2002 haben Arbeitnehmer grundsätzlich einen Anspruch auf Entgeltumwandlung gegen ihren Arbeitgeber gemäß § 1a BetrAVG.

1. Anspruchsberechtigte

Anspruchsberechtigt sind gemäß § 17 Abs. 1 Satz 3 BetrAVG alle **Arbeitnehmer** und ihnen gemäß § 17 Abs. 1 Satz 1 und 2 BetrAVG Gleichgestellte, soweit sie in der gesetzlichen Rentenversicherung → **pflichtversichert** sind. Der Anspruch besteht unabhängig vom Lebensalter des Arbeitnehmers, der Betriebszugehörigkeit, des Umfangs der Beschäftigung oder der Betriebsgröße des Arbeitgebers. Auch → geringfügig beschäftigte Arbeitnehmer, die auf ihre Versicherungsfreiheit in der gesetzlichen Rentenversicherung verzichtet haben, haben damit einen Anspruch auf Entgeltumwandlung. Dagegen sind Arbeitnehmer, die einem berufsständischen Versorgungswerk angehören, vom gesetzlichen Anspruch auf eine Entgeltumwandlung ausgeschlossen.

2. Umfang

Der Anspruch besteht auf Umwandlung künftigen Entgelts bis **maximal 4% der** jeweiligen → **Beitragsbemessungsgrenze** (2006: 2.520 € pro Jahr). Der Umfang des Entgeltumwandlungsanspruchs geht damit zzt. über die Beträge hinaus, für die ein Arbeitnehmer die staatliche Förderung nach § 10a EStG, §§ 79 ff EStG in Anspruch nehmen kann.

Um das Entstehen von Minirenten zu vermeiden und die Verwaltungskosten für den Arbeitgeber relativ gering zu halten, muss ein Arbeitnehmer **mindestens** $^{1}/_{160}$ **der** → **Bezugsgröße** des § 18 SGB IV (2006: 183,75 €) umwandeln (§ 1a Abs. 1 Satz 4 Betr

AVG). Im Übrigen kann der Arbeitgeber vom Arbeitnehmer verlangen, dass dann, wenn der Arbeitnehmer Teile seines regelmäßigen Entgelts für betriebliche Altersversorgung verwenden will, dies durch gleich bleibende monatliche Beträge während eines Kalenderjahres geschieht (§ 1a Abs. 1 Satz 5 BetrAVG).

Bei einer **bestehenden Entgeltumwandlung** ist der Anspruch gemäß § 1a Abs. 2 BetrAVG auf eine Entgeltumwandlung ausgeschlossen. Sind allerdings die Höchstgrenzen des § 1a Abs. 1 Satz 1 BetrAVG noch nicht ausgeschöpft, besteht ein entsprechender Auffüllungsanspruch des Arbeitnehmers.

Da der Entgeltumwandlungsanspruch des Arbeitnehmers mit der staatlichen Förderung (→ Riester-Rente) verknüpft sein soll, kann der Arbeitnehmer vom Arbeitgeber verlangen, dass die Entgeltumwandlung im Rahmen der **staatlichen Förderung** nach den §§ 10a, 82 Abs. 2 EStG erfolgt (§ 1a Abs. 3 BetrAVG).

Beiträge des Arbeitgebers aufgrund von Entgeltumwandlung an Pensionskassen oder Pensionsfonds sind für Arbeitnehmer lohnsteuerfrei, soweit sie insgesamt im Kalenderjahr 4 % der Beitragsbemessungsgrenze der gesetzlichen Rentenversicherung nicht übersteigen. Dies gilt allerdings nicht, soweit der Arbeitnehmer nach § 1a Abs. 3 BetrAVG eine Gehaltsumwandlung mit Zulagengewährung oder Sonderausgabenabzug gemäß § 1a Abs. 3 BetrAVG verlangt hat. Hinsichtlich der **Sozialversicherungsbeiträge** besteht eine Beitragsfreiheit gemäß § 2 Abs. 2 Nr. 5 Arbeitsentgeltverordnung nur bis zum 31. Dezember 2008. Ist die Entgeltumwandlung zivilrechtlich unwirksam, wird nachträglich die Sozialversicherungspflicht ausgelöst.

3. Durchführung des Anspruchs

Über welchen Durchführungsweg die betriebliche Altersversorgung nach Entgeltumwandlung durchgeführt werden soll, bedarf der **Vereinbarung** zwischen Arbeitgeber und Arbeitnehmer. Im Falle der Nichteinigung setzt § 1a Abs. 1 Satz 3 BetrAVG für die eine oder andere Seite bestimmte Prioritäten: Wenn der Arbeitgeber eine Direktversicherung, eine Pensionskasse oder einen Pensionsfonds zur Durchführung der betrieblichen Altersversorgung dem Arbeitnehmer anbietet, muss dies der Arbeitnehmer akzeptieren. Entscheidet der Arbeitgeber sich nicht oder bietet einen anderen Durchführungsweg an, kann der Arbeitnehmer verlangen, dass der Arbeitgeber für ihn eine Direktversicherung abschließt. Dieses Recht des Arbeitnehmers umfasst jedoch nicht die Auswahl eines bestimmten Versicherungsunternehmens (BAG DB 2005, 2252).

Hinsichtlich des zu wählenden Versorgungsmodells besteht vorbehaltlich dessen, dass eine wertgleiche Anwartschaft versprochen wird, grundsätzlich Vertragsfreiheit. Es kann also jede Art der Leistungszusage einschließlich der Beitragszusage mit Mindestleistung vereinbart werden.

IV. Arbeitsrechtliche Besonderheiten der Entgeltumwandlung

Nach einer durchgeführten Entgeltumwandlung ist die daraus resultierende Versorgungszusage grundsätzlich genauso zu behandeln wie jede andere betriebliche Versorgungszusage. Allerdings gelten für Entgeltumwandlungszusagen einige arbeitsrechtliche Besonderheiten.

1. Unverfallbarkeit

Für ab dem 1. 1. 2001 vereinbarte Entgeltumwandlungen tritt die gesetzliche Unverfallbarkeit **sofort** ein, also unabhängig von einer bestimmten Zusagedauer oder einem bestimmten Mindestalter (§ 1 b Abs. 5 BetrAVG). Für vor dem 1. 1. 2001 vereinbarte Entgeltumwandlungen verbleibt es bei dem bisherigen Recht (§ 30 f Satz 2 BetrAVG). Wird das Entgelt in eine Direktversicherungszusage umgewandelt, ist dem Arbeitnehmer mit Beginn der Entgeltumwandlung (nicht erst bei Ausscheiden!) ein unwiderrufliches Bezugsrecht einzuräumen; die Überschussanteile aus der Direktversicherung, Pensionskassen- oder Pensionsfondszusage dürfen nur zur Verbesserung der Leistung verwendet werden. Außerdem muss der Arbeitnehmer das Recht haben, die Versicherung oder Versorgung nach seinem Ausscheiden mit eigenen Beiträgen fortzusetzen. Außerdem ist für den Arbeitgeber das Recht zur Verpfändung, Abtretung oder Beleihung (vor allen Dingen bei Direktversicherungen) ausgeschlossen (ebenfalls von Anfang an).

Hinsichtlich der → **Höhe** der unverfallbaren Versorgungsanwartschaft wird in § 2 Abs. 5a BetrAVG für Entgeltumwandlungen in

Direktzusagen, Pensionsfonds- und Unterstützungskassenzusagen das ratierliche Berechnungsverfahren des § 2 Abs. 1 BetrAVG ersetzt durch die Anwartschaft, die aus den bis dahin umgewandelten Entgeltbestandteilen resultiert.

2. Abfindung und Übertragbarkeit

Bis 31. 12. 2004 war eine → **Abfindung** von Anwartschaften aus Entgeltumwandlungszusagen auch bei geringfügigen Renten nur mit Zustimmung des Arbeitnehmers möglich (§ 3 Abs. 1 Satz 3 Nr. 4 BetrAVG a. F.). Seit 1. 1. 2005 kann eine Anwartschaft oder ein Anspruch aus einer Entgeltumwandlungszusage nur nach den allgemeinen Regeln für Abfindungen von betrieblichen Versorgungsansprüchen (§ 3 BetrAVG) abgefundenen werden (laufende Rente und unverfallbare Anwartschaft mit einer zu erwartenden Rente bis 1 % der monatlichen Bezugsgröße des § 18 SGB IV durch einseitige Entscheidung des Arbeitgebers).

Ebenfalls bis 31. 12. 2004 war gemäß § 4 Abs. 4 BetrAVG der Arbeitgeber verpflichtet, auf Verlangen des Arbeitnehmers den Barwert der nach § 1 b Abs. 5 BetrAVG unverfallbaren Anwartschaft auf einen neuen Arbeitgeber zu → **übertragen,** bei dem der ausgeschiedene Arbeitnehmer beschäftigt ist, wenn der neue Arbeitgeber dem Arbeitnehmer eine dem übertragenden Barwert wertmäßig entsprechende Zusage erteilt. Seit dem 1. 1. 2005 ist diese Regelung in der Neufassung des § 4 BetrAVG für alle betrieblichen Versorgungszusagen aufgegangen.

3. Insolvensicherung

Aus der gesetzlich sofort eintretenden unverfallbaren Anwartschaft aus einer Entgeltumwandlungszusage resultiert grundsätzlich auch ein **sofortiger** Insolvenzschutz. Zwar wurde teilweise vertreten, dass gemäß § 7 Abs. 5 Satz 3 BetrAVG ein Insolvenzschutz erst zwei Jahre nach Zusageerteilung eintritt, dieser Ansicht ist jedoch durch die gesetzliche Änderung des § 7 Abs. 5 Satz 3 BetrAVG durch das HZvNG der Boden entzogen worden: Entgeltumwandlungen, die nach dem 1. 1. 2002 vereinbart worden sind und 4 % der Beitragsbemessungsgrenze nicht überschreiten, unterliegen dem sofortigen Insolvenzschutz.

4. Anpassung

Hinsichtlich der Anpassung laufender Versorgungsverpflichtungen aus Entgeltumwandlungszusagen sieht § 16 Abs. 5 BetrAVG für ab dem 1. 1. 2001 erteilte Zusagen die Verpflichtung des Arbeitgebers vor, die Leistungen **jährlich** mindestens um **1 %** anzupassen oder bei Durchführung über eine Pensionskasse oder eine Direktversicherung sämtliche **Überschussanteile** zur Erhöhung der laufenden Leistungen zu verwenden (§ 16 Abs. 5 BetrAVG i. V. m. § 16 Abs. 3 Nr. 1 und 2 BetrAVG). *(M)*

▶ Erwerbsminderungsrente

1. Allgemeines

Versicherte, die in ihrer Leistungsfähigkeit gemindert sind, können aus der gesetzlichen Rentenversicherung eine Rente wegen voller Erwerbsminderung oder eine Rente wegen teilweiser Erwerbsminderung erhalten. Entscheidend für die Beurteilung ist dabei das verbliebene Restleistungsvermögen des Versicherten. Die konkrete Situation auf dem Arbeitsmarkt ist dabei ohne Bedeutung. Alle Erwerbsminderungsrenten werden nach Vollendung des 65. Lebensjahres als Regelaltersrente weiter gezahlt.

2. Anspruch

Anspruch auf eine Erwerbsminderungsrente nach § 43 SGB VI haben auf Antrag Versicherte bis zur Vollendung des 65. Lebensjahres, wenn
- teilweise oder volle Erwerbsminderung vorliegt,
- die versicherungsrechtlichen Voraussetzungen erfüllt sind und
- vor Eintritt der teilweisen oder vollen Erwerbminderung die allgemeine Wartezeit erfüllt ist.

(a) Das **Vorliegen von Erwerbsminderung** beurteilt der Rentenversicherungsträger abstrakt ohne Rücksicht auf die konkreten Gegebenheiten auf dem allgemeinen Arbeitsmarkt. Unter dem allgemeinen Arbeitsmarkt ist jede denkbare Tätigkeit zu verstehen, die mit den vorhandenen Kenntnissen und Fähigkeiten ausgeübt werden kann.

Die Rente wegen **voller Erwerbsminderung** setzt voraus, dass das Restleistungsvermögen auf dem allgemeinen Arbeitsmarkt unter drei Stunden täglich gesunken ist. Voll erwerbsgemindert sind auch Versicherte, die wegen der Art und Schwere der Behinderung nicht auf dem allgemeinen Arbeitsmarkt tätig sein können (behinderte Menschen).

Die Rente wegen **teilweiser Erwerbsminderung** setzt voraus, dass noch ein Restleistungsvermögen auf dem allgemeinen Arbeitsmarkt von drei bis unter sechs Stunden täglich besteht. Die Rentenversicherungsträger wenden bei der Beurteilung dieser Erwerbsminderung eine konkrete Betrachtung an und gewähren einem arbeitslosen Versicherten, der ein Leistungsvermögen von drei bis unter sechs Stunden besitzt, eine volle Erwerbsminderungsrente.

Bei einem Restleistungsvermögen auf dem allgemeinen Arbeitsmarkt von sechs Stunden täglich und mehr liegt eine rentenrechtlich relevante Erwerbsminderung nicht vor. Dabei ist ohne Bedeutung, ob der Versicherte seine Leistungsfähigkeit tatsächlich umsetzen kann oder arbeitslos ist. Die Arbeitsmarktlage ist hier unbeachtlich.

Die Rentenversicherungsträger beurteilen die Leistungsfähigkeit des Versicherten auf der Basis von medizinischen Gutachten. Dabei wird die Erwerbsfähigkeit abgegrenzt nach der

- körperlichen Belastbarkeit,
- zumutbaren geistigen Beanspruchung,
- zumutbaren täglichen Arbeitszeit für eine Fünf-Tage-Woche sowie ggf.
- zu berücksichtigenden zusätzlichen Einschränkungen der Erwerbsfähigkeit.

(b) Neben den medizinischen Voraussetzungen müssen auch die **versicherungsrechtlichen Voraussetzungen** gegeben sein:

- Der Versicherte muss in den letzten fünf Jahren vor Eintritt der teilweisen oder vollen Erwerbsminderung mindestens drei Jahre Pflichtbeiträge zur gesetzlichen Rentenversicherung zurückgelegt haben.
- Sind in den Zeitraum von fünf Jahren keine drei Jahre mit Pflichtbeiträgen vorhanden, kann sich der Rahmenzeitraum um bestimmte Zeiten verlängern. Dabei handelt es ich im Wesentlichen um Anrechnungszeiten, Zeiten des Bezuges einer Rente wegen verminderter Erwerbsfähigkeit oder Berücksichtigungszeiten.

Auf das Vorliegen dieser besonderen versicherungsrechtlichen Voraussetzungen kann verzichtet werden, wenn die teilweise oder volle Erwerbsminderung aufgrund eines Arbeitsunfalls oder einer Berufskrankheit oder aufgrund einer Wehr- oder Zivilbeschädigung eingetreten ist. Dies gilt auch, wenn die Erwerbsminderung innerhalb von sechs Jahren nach Beendigung einer Ausbildung eingetreten ist.

Für Übergangsfälle wird ebenfall auf das Vorliegen der besonderen versicherungsrechtlichen Voraussetzungen verzichtet, wenn ein Versicherter vor dem 1.1.1984 die allgemeine Wartezeit von fünf Jahren erfüllt hat und jeder Kalendermonat ab 1.1.1984 mit so genannten Anwartschaftserhaltungszeiten belegt ist. Dabei handelt es sich u.a. um Beitragszeiten, beitragsfreie Zeiten und Berücksichtigungszeiten.

(c) Eine Grundvoraussetzung für die Beanspruchung eine Rente wegen Erwerbsminderung ist das Vorhandensein einer **Mindestversicherungszeit.** Gemeint ist hier die allgemeine Wartezeit von fünf Jahren, die mit Beitragszeiten und Ersatzzeiten erfüllt werden kann.

Auf das Vorliegen einer Mindestversicherungszeit wird ausnahmsweise dann verzichtet, wenn die allgemeine Wartezeit als vorzeitig erfüllt gilt. Dies ist gegeben, wenn der Versicherte durch einen Arbeitsunfall oder eine Berufskrankheit, einer Wehrdienst- oder Zivildienstbeschädigung erwerbsgemindert wurde. Voraussetzung ist allerdings, dass der Betreffende bei Eintritt der Erwerbsminderung „Versicherter" war, also mindestens einen Beitrag zur gesetzlichen Rentenversicherung nachweisen kann. Ist der Arbeitsunfall oder die Berufskrankheit Grundlage für die vorzeitige Wartezeiterfüllung, muss der Versicherte zusätzlich bei Eintritt des Arbeitsunfalls oder der Berufskrankheit versicherungspflichtig gewesen sein oder aber in den letzten zwei Jahren davor mindestens ein Jahr mit Pflichtbeiträgen für eine versicherte Beschäftigung oder Tätigkeit belegt haben.

3. Befristung

Renten wegen teilweiser oder voller Erwerbsminderung sind grundsätzlich als Renten auf Zeit zu leisten. Eine Dauerrente kommt nur in Betracht, wenn es unwahrscheinlich ist, dass die

Leistungsminderung behoben werden kann. Die Befristung erfolgt auf einen Zeitpunkt, der längstens drei Jahre nach Beginn der Rente liegt. Die Zeitrente kann auf Antrag wiederholt befristet geleistet werden. Besteht nach einer Gesamtdauer der Befristung von neun Jahren weiterhin teilweise oder volle Erwerbsminderung, muss die Rente als Dauerrente weitergezahlt werden.

4. Sonderfälle

Die zweistufige Erwerbsminderungsrente ist ab 1.1.2001 eingeführt worden. Bis dahin wurden **Renten wegen Berufsunfähigkeit** und **Renten wegen Erwerbsunfähigkeit** gewährt. Der Gesetzgeber hat sichergestellt, dass für Versicherte, die am 31.12.2000 bereits eine Berufs- oder Erwerbsunfähigkeitsrente erhielten, diese Renten auch weiterhin gezahlt werden. Darüber hinaus sind auch die alten Vorschriften weiterhin anzuwenden, wenn beispielsweise die weitere Anspruchsberechtigung bei Zeitrenten zu prüfen ist.

Für Versicherte, die vor dem 2.1.1961 geboren sind, wurde aus Gründen des Vertrauensschutzes eine modifizierte Rente wegen Berufsunfähigkeit geschaffen. Es handelt sich dabei um die **Rente wegen teilweiser Erwerbminderung bei Berufsunfähigkeit.** Einen Anspruch auf diese Rente haben nach § 240 SGB VI Versicherte, die vor dem 2.1.1961 geboren und berufsunfähig sind. Dabei sind berufsunfähig die Versicherten, die in ihrem Beruf oder in einem zumutbaren Verweisungsberuf aus gesundheitlichen Gründen nicht mehr mindestens sechs Stunden täglich erwerbstätig sein können.

5. Hinzuverdienst

Neben der Erwerbminderungsrente kann der Versicherte einen Hinzuverdienst erzielen. Dies ist bei Renten wegen teilweiser Erwerbsminderung auch erwünscht. Allerdings hat der Gesetzgeber hier besondere Grenzen gesetzt. Hierzu → Hinzuverdienst. *(P)*

▶ Erwerbsunfähigkeit

1. Allgemeines

Für alle Versicherungszweige hat der Gesetzgeber bis zum 31.12.2000 unterschieden zwischen Berufs- und Erwerbsunfähigkeit. Diese Differenzierung trug der Tatsache Rechnung, dass es

Versicherte gab, die trotz einer Minderung ihrer Leistungsfähigkeit noch in der Lage waren, eine abhängige Beschäftigung auszuüben und daraus Einkommen zu erzielen. Zum früheren Recht hatte sich eine umfangreiche Rechtsprechung entwickelt und es war allgemein anerkannt, dass es wegen mehrerer Schwachstellen reformbedürftig war. Das neue Recht geht seit 1.1.2001 von einer zweistufigen Erwerbsminderungsrente aus.

2. Begriff

Bei Erwerbsunfähigen ging das Gesetz davon aus, dass der Versicherte auf nicht absehbarer Zeit außerstande war, irgendeine Erwerbstätigkeit entweder mit gewisser Regelmäßigkeit oder von nur mehr als geringfügigem Umfang auszuüben. Da der Erwerbsunfähige kein verwertbares Restleistungsvermögen mehr hatte, benötigte er eine volle Einkommensersatzleistung. Seine Rente wurde daher wie eine Altersrente berechnet. Die Rente an Erwerbsunfähige war deshalb um ein Drittel höher als an Berufsunfähige.

3. Rente für Erwerbsunfähige

Diese Rente wurde zum 1.1.2001 abgeschafft und durch die Rente wegen teilweiser oder voller Erwerbsminderung ersetzt (→ Erwerbsminderungsrente). Die Erwerbsunfähigkeitsrente wird jedoch weiterhin gezahlt, wenn der Anspruch darauf vor dem 1.1.2001 entstanden ist.   *(P)*

▶ **Erwerbsunfähigkeitsrente**

Die Erwerbsunfähigkeitsrente wurde zum 1.1.2001 abgeschafft (→ Erwerbsunfähigkeit) und ersetzt durch eine zweistufige Erwerbsminderungsrente (→ Erwerbsminderungsrente).   *(P)*

▶ **Erziehungszeiten**

1. Allgemeines

In der gesetzlichen Rentenversicherung werden Zeiten der Kindererziehung sowohl für den Rentenanspruch als auch für die Höhe der Rente berücksichtigt. Es handelt sich dabei um Leistungen des Familienlastenausgleichs. Die Kosten werden deshalb vom Bund übernommen.

2. Kindererziehungszeiten

Für Zeiten der Erziehung eines ab dem 1.1.1992 geborenen Kindes gelten nach § 56 GB VI in dessen ersten drei Lebensjahren Pflichtbeiträge als gezahlt. Für Kinder, die vor dem 1.1.1992 geboren sind, endet die Kindererziehungszeit nach einem Jahr. Die Kindererziehungszeit beginnt nach Ablauf des Monats der Geburt und endet 36 bzw. 12 Kalendermonaten später. Bei gleichzeitiger Erziehung von mehreren Kindern verlängert sich dieser Zeitraum um die Zeit der gleichzeitigen Erziehung, bei Zwillingen beispielsweise auf sechs Jahre.

(a) Anspruchsberechtigt sind Mütter und Väter, die ihr Kind im Inland erzogen haben und sich mit ihm dort auch gewöhnlich aufhalten. Mütter und Väter in diesem Sinne sind neben den leiblichen Eltern auch Adoptiveltern sowie Stief- und Pflegeeltern. Für Eltern, die während der Kindererziehungszeit zu den versicherungsfreien oder von der Versicherungspflicht befreiten Personen gehören, tritt Versicherungspflicht wegen Kindererziehung nicht ein. Begünstigt werden nur die Angehörigen der Jahrgänge ab 1921. Ältere Mütter erhalten die Kindererziehungsleistung.

(b) Versicherungsdauer. Die Anrechnung der gesamten Kindererziehungszeit von 12 bzw. 36 Kalendermonaten je Kind setzt voraus, dass der berechtigte Elternteil das Kind auch tatsächlich in diesem Zeitraum erzieht. Liegen diese Bedingungen nicht während dieses Zeitraums vor (beispielsweise wegen eines Auslandsaufenthalts), wird die Erziehung nur für den entsprechenden Teilzeitraum berücksichtigt.

(c) Erziehung des Kindes bedeutet die Sorge für die sittliche, geistige und seelische Entwicklung des Kindes. Leben Kind und Erziehende in einem gemeinsamen Haushalt, wird in der Regel auch von einer Erziehung ausgegangen. Ist das Kind aber beispielsweise bei den Großeltern untergebracht, wird es nur dann durch den Elternteil erzogen, wenn dieser auch konkrete Maßnahmen zur Erziehung ergreift. Hat ein Elternteil beispielsweise bei Heimunterbringung auf Anordnung des Vormundschaftsgerichts keinen erzieherischen Einfluss auf das Kind, liegt keine Erziehung vor. Auch kommt es allein auf das Sorgerecht oder das Umgangsrecht nicht an.

(d) Zuordnung. Die Kindererziehungszeit wird stets dem Elternteil zugeordnet, der sein Kind in seinem Haushalt allein erzieht. Unabhängig vom Umfang der tatsächlichen Erziehung können die Eltern durch Abgabe einer gemeinsamen übereinstimmenden Erklärung bestimmen, welchem Elternteil die Kindererziehung zugeordnet werden soll. Die Erklärung gilt nur für zukünftige Monate und rückwirkend für bis zu zwei Kalendermonate. Die Eltern haben die Möglichkeit, durch eine gemeinsame Erklärung die Kindererziehungszeit mehrfach untereinander aufzuteilen.

(e) Auslandsaufenthalt. Die Kindererziehung im Ausland löst grundsätzlich keine Versicherungspflicht wegen Kindererziehung in der Bundesrepublik aus. Allerdings sieht das über- und zwischenstaatliche Sozialversicherungsrecht hier Ausnahmen vor. Dies gilt beispielsweise bei einer Erziehung in einem Mitgliedstaat der Europäischen Union oder wenn im Rahmen eines inländischen Beschäftigungsverhältnisses eine im Voraus befristete Auslandsbeschäftigung ausgeübt wird.

(f) Auswirkungen auf die gesetzliche Rente. Zeiten der Kindererziehung sind Beitragszeiten und stehen grundsätzlich den Pflichtbeiträgen für eine versicherungspflichtige Beschäftigung oder Tätigkeit gleich. Mit Kindererziehungszeiten können die Anspruchsvoraussetzungen für Renten erfüllt werden, außerdem wirken sie sich wie andere Beitragszeiten auf die Rentenhöhe aus. Dies geschieht, indem sie Entgeltpunkte erhalten. Für jeden Kalendermonat Kindererziehungszeit werden 0,0833 Entgeltpunkte gutgeschrieben. Das sind für jedes Jahr Kindererziehungszeit fast ein Entgeltpunkt (genau 0,9996 Entgeltpunkte). Damit wird der Kinder erziehende Versicherte so behandelt, als habe er das Durchschnittsentgelt aller Versicherten versichert. Das entspricht im Jahr 2006 derzeit 29.304 Euro in den alten und 24.603 Euro in den neuen Bundesländern. Drei Jahre Kindererziehungszeiten bringen also später

– in den alten Bundesländern 78,36 Euro zusätzliche Monatsrente und

– in den neuen Bundesländern 68,88 Euro zusätzliche Monatsrente.

Hat die Mutter oder der Vater neben der Erziehung weiter gearbeitet, treffen Kindererziehungszeiten mit anderen Beitragszeiten zusammen. In diesen Fällen werden die Entgeltpunkte für Kindererziehungszeiten additiv berücksichtigt. Das bedeutet, zu den für die sonstigen Beitragszeiten ermittelten Entgeltpunkte wird pro Monat Kindererziehungszeit 0,0833 Entgeltpunkte hinzugerechnet. Maximal können jedoch nur Entgeltpunkte bis zur Beitragsbemessungsgrenze berücksichtigt werden.

3. Kinderberücksichtigungszeiten

Berücksichtigungszeiten begründen allein weder einen Rentenanspruch, noch erhöhen sie direkt die Rente. Nur im Zusammenspiel mit sonstigen Regelungen machen sie sich positiv bemerkbar. Beispielsweise zählen sie als Anwartschaftserhaltungszeit für eine Rente wegen Erwerbsminderung oder werden auf die Wartezeit von 35 Jahren angerechnet und können sich bei der Bewertung der beitragsfreien Zeiten rentensteigernd auswirken (Gesamtleistungsbewertung). Berücksichtigungszeiten wegen Kindererziehung werden unter den gleichen Voraussetzungen angerechnet, die auch für Kindererziehungszeiten gelten. Im Umfang wird sie allerdings bis zu zehn Jahren angerechnet. Sie beginnt mit dem Tag der Geburt und endet mit dem vollendeten 10. Lebensjahr des Kindes.

4. Kindererziehungsleistung

Die 1986 eingeführten rentenbegründenden und rentensteigernden Kindererziehungszeiten begünstigten lediglich Frauen der Geburtsjahrgänge ab 1921. Dies ließ sich politisch nicht durchhalten. Daher wurde für Mütter der Geburtsjahrgänge vor 1921 die Kindererziehungsleistung eingeführt. Die Leistung besteht aus der Rentenzahlung eines Festbetrages in Höhe des aktuellen Rentenwertes pro Kind. Sie wird wie die Renten angepasst und ist unabhängig davon, ob die Mutter jemals Beiträge zur gesetzlichen Rentenversicherung gezahlt hat oder eine Rente bezieht.

5. Betriebliche Altersversorgung

Besteht eine betriebliche Versorgungszusage, kann die Inanspruchnahme der Elternzeit Auswirkungen auf die Höhe der Anwartschaft bei einer arbeitgeberfinanzierten betrieblichen Altersversorgung und bei einer Entgeltumwandlung haben.

Die Inanspruchnahme der Elternzeit (§§ 15 ff BErzGG) lässt ebenso wie früher die Zeit des gesetzlichen Erziehungsurlaubs den Bestand des Arbeitsverhältnisses unberührt. Die Elternzeit unterbricht nicht den Lauf der → **Unverfallbarkeitsfristen** des § 1 b BetrAVG und die Dauer der Betriebszugehörigkeit. Der Arbeitgeber ist aber nicht gehindert, Zeiten des Erziehungsurlaubs von Steigerungen einer Anwartschaft auf Leistungen der betrieblichen Altersversorgung bei einer dienstzeitabhängigen Versorgungszusage auszunehmen (BAG NZA 1994, 794). Bezieht eine Arbeitnehmerin während der Elternzeit Entgelt vom Arbeitgeber, muss diese Zeit anwartschaftssteigernd berücksichtigt werden (EuGH NZA 2005, 347).

Bei einer längerfristigen → **Entgeltumwandlung** muss in der Umwandlungsvereinbarung geregelt werden, wie während des Elternurlaubs zu verfahren ist. Nach dem seit 1. 1. 2005 geltenden § 1 a Abs. 4 BetrAVG hat der Arbeitnehmer in diesem Fall das Recht, die Versicherung oder Versorgung mit eigenen Beiträgen fortzusetzen. Damit räumt der Gesetzgeber den Arbeitnehmern die Möglichkeit ein, Betriebsrentenansprüche auch dann weiter aufzubauen, wenn sie kein Entgelt beziehen. Für die hieraus resultierenden Betriebsrentenansprüche aus Beiträgen des Arbeitnehmers hat der Arbeitgeber einzustehen (§ 1 a Abs. 4 Satz 2 BetrAVG); die Anwartschaften werden rechtlich ebenso behandelt wie die übrigen Anwartschaften aus einer Entgeltumwandlungszusage. *(P/M)*

▶ **Essener Verband**

Der Essener Verband erlässt ebenso wie der → Bochumer Verband Richtlinien für eine gemeinsame Altersversorgung der leitenden Angestellten der Eisen- und Stahlindustrie. Einzelheiten ergeben sich aus der Satzung und einer Leistungsordnung. Mit Fragen der → Anpassung beschäftigen sich Urteile des BAG vom 25. 7. 2000 (AP BetrAVG § 1 Ablösung Nr. 31). *(Sch)*

F

▶ **Festbetragssystem**

Ein Festbetragssystem stellt ein → Versorgungsmodell der betrieblichen Altersversorgung dar, in dem die Höhe der betrieblichen Altersrente durch einen bestimmten festen DM- oder Euro-Betrag bestimmt wird. Dieser kann für jeden Arbeitnehmer gleich sein, unabhängig davon, welche Beschäftigungszeiten der jeweilige Arbeitnehmer im Betrieb verbracht hat, er kann aber auch dienstzeitabhängig gestaltet sein oder zwischen verschiedenen Arbeitnehmergruppen ausdifferenziert sein oder im Zeitablauf dynamisiert werden.

Die einfachste Form einer Versorgungszusage verspricht einfach einen bestimmten DM- oder Euro-Betrag als laufende Altersrente **(reines Festbetragssystem** – Beispiel: 200 € als Altersrente).

Ein Arbeitnehmer kann auch für jedes zurückgelegte Beschäftigungsjahr einen bestimmten Betrag zugesagt erhalten **(dienstzeitabhängiges Festbetragssystem** – Beispiel: 20 € pro Dienstjahr). Es kann auch zunächst ein bestimmter Sockelbetrag für die ersten Dienstjahre festgelegt sein und danach Steigerungsbeträge für einzelne Dienstjahre. Sockel- und Steigerungsbeträge können dabei unterschiedlich hoch sein (Beispiel: 100 € nach einer zehnjährigen Betriebszugehörigkeit, danach 5 € pro Dienstjahr).

Um Einkommensunterschiede auch bei der Altersversorgung zu berücksichtigen, können die Steigerungsbeträge auch variieren, je nachdem, in welcher Gehaltsstufe oder Lohngruppe ein Arbeitnehmer seine Beschäftigungszeit verbracht hat **(einkommensgruppenbezogenes Festbetragssystem** – Beispiel: 20 € pro Dienstjahr in der Tarifgruppe 1, 22 € pro Dienstjahr in der Tarifgruppe 2).

Festbetragszusagen sind zwar leicht zu überschauen, unterliegen aber im besonderen Maße der inflationsbedingten Auszehrung, da sie – wie jede andere betriebliche Versorgungszusage – im Anwartschaftszeitraum nicht angepasst werden müssen.

Dies kann vermieden werden, indem die Steigerungsbeträge pro Dienstjahr in Relation zu einer bestimmten Bezugsgröße, z. B. der Beitragsbemessungsgrenze der gesetzlichen Rentenversicherung jeweils angehoben werden (**Eckwertsystem** – Beispiel: 10 € pro Dienstjahr; der Festbetrag erhöht sich jedes Jahr um den Prozentsatz, um den die Beitragsbemessungsgrenze in der gesetzlichen Rentenversicherung erhöht wird). *(M)*

▶ **Flexible Altersgrenze**

Der Begriff „Flexible Altersgrenze" ist 1971 eingeführt worden und meinte die Möglichkeit für Versicherte, die ab dem 60. Lebensjahr eine Teilzeitbeschäftigung ausüben wollen, neben dem Teilzeitentgelt auch eine Teilrente zu beziehen. Dieser Grundgedanke ist nach vielen Jahren verwirklicht worden, denn der Versicherte hat die Möglichkeit zu entscheiden, ob er die Altersrente vorzeitig (also vor dem 65. Lebensjahr bzw. zukünftig vor dem 67. Lebensjahr) in Anspruch nehmen will und ob er die Rente als Vollrente oder als Teilrente beziehen will. Siehe auch → Altersgrenzen, → Hinzuverdienst, → Altersrenten. *(P)*

▶ **Fondssparpläne**

Ein Fondsparplan ist bei Investmentfonds möglich. In monatlichen oder vierteljährlichen Sparraten werden Beträge in Investmentfonds eingezahlt. Es gibt unterschiedliche Arten von Investmentfonds, die sich durch ihre Anlagestrategie unterscheiden. Man unterscheidet zwischen Aktien-, Renten-, Geldmarkt- und Immobilienfonds und Kombinationen dieser Formen. Aktienfonds investieren in börsennotierte Wertpapiere, Rentenfonds setzen auf festverzinsliche Staats- oder Unternehmensanleihen. Der Fondssparplan ist ein förderfähiges Produkt der privaten Altersvorsorge. Fördervoraussetzung ist die Zertifizierung des Vertrages.

Im Rahmen der förderfähigen Altersvorsorgeverträge wird zwischen vier grundlegenden Fondssparvarianten unterschieden:
- Anlage in einen Mischfonds
- Ansparen nach dem Lebenszyklusmodell
- ein gemanagter Sparplan und
- ein Garantiefonds.

Bei den Fondssparplänen handelt es sich um die risikoreichste Anlagemöglichkeit der geförderten Altersvorsorge. So ist beispielsweise die Rendite der einzelnen Fonds von der Güte des Fondsmanagements abhängig. Sie bietet aber gleichzeitig auch die größten Ertragschancen. Staatlich zertifizierte Fondssparpläne müssen das angesparte Kapital garantieren. Eine Mindestrendite gibt es nicht. *(P)*

▶ **Freiwillige Versicherung**

1. Allgemeines

Die gesetzliche Rentenversicherung kennt – wie die gesetzliche Krankenversicherung und die Unfallversicherung – neben der Pflichtversicherung die Versicherungsberechtigung in Form der freiwilligen Versicherung. Seit Bestehen der gesetzlichen Rentenversicherung wurden die Vorschriften hierzu mehrmals grundlegend geändert. So wurde lange Zeit zwischen der so genannten Selbstversicherung und der freiwilligen Weiterversicherung unterschieden. Die heutige Regelung in §7 SGB VI ist eine Kombination aus Selbstversicherung und Weiterversicherung. Die freiwillige Versicherung begründet keine Pflicht zur Zahlung von Beiträgen, sondern nur eine Beitragslast. Sie werden zwar für den Rentenanspruch berücksichtigt und beeinflussen die Höhe der Rente. Sie führen aber dann nicht zu einem Rentenanspruch, wenn versicherungsrechtliche Voraussetzung den Zugang zu einer Rentenart ausdrücklich an Pflichtbeiträge knüpft, wie beispielsweise die Rente wegen Erwerbsminderung.

2. Zugangsvoraussetzungen

Das Recht, sich freiwillig zu versichern, haben alle Deutsche, die das 16. Lebensjahr vollendet haben und nicht in der gesetzlichen Rentenversicherung pflichtversichert sind. Auf den Aufenthalt im Inland oder im Ausland kommt es nicht an. Ausländer haben unter den gleichen Voraussetzungen wie Deutsche ein Recht auf freiwillige Versicherung, wenn sie sich in der Bundesrepublik aufhalten. Bei einem Aufenthalt im Ausland ist zu prüfen, ob das über- und zwischenstaatliche Sozialversicherungsrecht unter besonderen Voraussetzungen das Recht zur freiwilligen Versicherung ermöglicht.

Grundsätzlich haben Personen, die versicherungsfrei und von der Versicherungspflicht befreit sind (→ Befreiung), die also beispielsweise wegen einer anderweitigen Versorgung kraft Gesetzes (Beamte, Richter usw.) oder auf ihren Antrag hin versicherungsfrei (berufsständisches Versorgungswerk) sind, keine Möglichkeit der freiwilligen Versicherung in der gesetzlichen Rentenversicherung. Dies gilt nur dann nicht, wenn sie einen Anspruch auf eine Regelaltersrente mit Vollendung des 65. Lebensjahres realisieren können, das bedeutet, wenn sie die Wartezeit von 60 Monaten erfüllen.

Eine Erwerbsminderung steht der freiwilligen Versicherung nicht entgegen. Allerdings können freiwillige Beiträge, die nach Eintritt der Erwerbminderung gezahlt worden sind, nur für einen späteren Leistungsfall berücksichtigt werden.

3. Nachzahlung

Freiwillige Beiträge können – von Sondervorschriften abgesehen – bis 31. März des Jahres, das dem Jahr folgt, für das sie gelten sollen, gezahlt werden. Hierbei ist zu beachten, dass sich bei Beitragszahlung im Zeitraum Januar bis März eines Jahres für das vorangegangene Kalenderjahr die Beitragswerte ändern.

4. Sondernachzahlungsmöglichkeiten

In bestimmten Fällen können freiwillige Beiträge auch für länger zurückliegende Zeiten nachgezahlt werden. Außerordentliche Nachzahlungsmöglichkeiten bestehen für

- Versicherte mit Zeiten schulischer Ausbildung, die nicht als Anrechungszeiten berücksichtigt werden,
- Versicherte, die aufgrund einer Nachversicherung für Zeiten vor 1984 die allgemeine Wartezeit erfüllen,
- Vertriebene, Flüchtlinge und Evakuierte, die als Selbständige tätig waren,
- Geistliche und Ordensleute, Beschäftigte der Religionsgesellschaften und Angehörige vergleichbarer karitativer Gemeinschaften aus den Vertreibungsgebieten,
- Deutsche, die aus dem Dienst einer internationalen Organisation ohne Versorgungsansprüche ausgeschieden sind,

- Versicherte nach Strafverfolgungsmaßnahmen mit Ansprüchen nach dem Strafverfolgungsmaßnahmen-Entschädigungsgesetz,
- Versicherte, für die irrtümliche Pflichtbeiträge gezahlt wurden,
- Verfolgte nach Maßgabe des Gesetzes über die Wiedergutmachung nationalsozialistischen Unrechts in der Sozialversicherung, wenn sie sich die Beiträge wegen Heirat haben erstatten lassen.
- Personen im Zeugenschutz.

Die Voraussetzungen und Bedingungen einer außerordentlichen Nachzahlung sind sehr unterschiedlich und können im Einzelnen hier nicht erläutert werden.

5. Beitragshöhe

Die **Höhe** der freiwilligen Beiträge kann innerhalb bestimmter Grenzen frei gewählt werden und richtet sich nach dem gültigen Beitragssatz. Den unteren Grenzwert bestimmt die Geringfügigkeitsgrenze für abhängige Beschäftigungen in Höhe von 400 Euro und ergibt sich durch Multiplikation mit dem Beitragssatz. Den obere Grenzwert bestimmt die Beitragsbemessungsgrenze. Auch hier ergibt sich der Höchstbeitrag durch Multiplikation des Beitragssatzes mit der Beitragsbemessungsgrenze. Es besteht auch keine Verpflichtung eine bestimmte Anzahl von freiwilligen Beiträgen im Laufe eines Jahres zu zahlen.

6. Rentenrechtliche Wirkung

Mit freiwilligen Beiträgen kann die Wartezeit für eine Rente erfüllt werden. Die Wartezeit für die Regelaltersrente, die Altersrente für langjährig Versicherte und die Altersrente für schwer behinderte Menschen sowie für Renten an Hinterbliebene kann sowohl mit Pflichtbeiträgen als auch mit freiwilligen Beiträgen erfüllt werden. Die Wartezeit für die Altersrente an Frauen, die Altersrente wegen Arbeitslosigkeit oder nach Altersteilzeitarbeit und die Rente wegen Erwerbsminderung kann mit freiwilligen Beiträgen erfüllt werden, die besonderen Voraussetzungen hingegen nur mit Pflichtbeiträgen. Für freiwillige Beiträge werden – wie für Pflichtbeiträge – Entgeltpunkte ermittelt. Sie beeinflussen damit direkt die Rentenhöhe und über das Beitragsdichtemodell (Gesamtleistungsbewertung) auch die Bewertung von beitragsfreien Zeiten.   *(P)*

G

▶ **Geringfügig Beschäftigte**

1. Allgemeines

Geringfügig ausgeübte abhängige Beschäftigungen oder selbständige Tätigkeiten sind grundsätzlich versicherungsfrei in der gesetzlichen Rentenversicherung. Unterschieden wird in kurzfristigen Beschäftigungen und geringfügig entlohnte Dauerbeschäftigungen. Im Rahmen der Empfehlungen der Kommission Moderne Dienstleistungen am Arbeitsmarkt („Hartz-Kommission") wurden die Regelungen für geringfügig Beschäftigte überarbeitet. Seitdem werden für geringfügig entlohnte Dauerbeschäftigungen die Bezeichnungen „Mini-Job", „400-Euro-Job" und „Midi-Job" verwendet.

2. Kurzfristige Beschäftigungen

Hierbei handelt es sich dem Grunde nach um versicherungspflichtige Beschäftigungen, die nach ihrer Eigenart oder im Voraus vertraglich begrenzt, innerhalb eines Kalenderjahres längsten zwei Monate (bei einer Fünf-Tage-Woche) oder 50 Arbeitstage (bei weniger als fünf Arbeitstagen pro Woche) ausgeübt werden. Die Höhe des Verdienstes ist unerheblich. Entscheidend ist, dass die kurzfristige Beschäftigung nicht regelmäßig ausgeübt wird. Mehrere kurzfristige Beschäftigungen im Laufe eines Jahres werden zusammengerechnet, auch wenn sie beispielsweise bei verschiedenen Arbeitgebern ausgeübt wurden. Die kurzfristige Beschäftigung ist auch dann nicht versicherungsfrei, wenn sie berufsmäßig (beispielsweise während einer Arbeitslosmeldung, eines Erziehungsurlaubs oder einem unbezahlten Urlaub) ausgeübt wird.

3. Mini-Jobs

Hierbei handelt es sich um eine dem Grunde nach versicherungspflichtige Beschäftigung mit einem Arbeitsentgelt, das regelmäßig monatlich 400 Euro nicht übersteigt. Die Dauer der wöchentlichen Arbeitszeit ist ohne Bedeutung. Zum „regelmäßigen"

Arbeitseinkommen gehören auch einmalige Einnahmen (beispielsweise Urlaubsgeld oder Weihnachtsgeld). Verzichtet der Arbeitnehmer im Voraus auf Einkommensteile oder einmalige Leistungen, mindert sich das zu berücksichtigende Arbeitseinkommen. Wird die Verdienstgrenze nur gelegentlich aber nicht vorhersehbar überschritten, bleibt die Beschäftigung geringfügig. Als „gelegentlich" wird ein Zeitraum von bis zu zwei Monaten innerhalb eines Jahres angesehen. Mehrere Mini-Jobs bei verschiedenen Arbeitgebern nebeneinander werden zusammengerechnet. Überschreiten sie zusammen die 400-Euro-Entgeltgrenze, besteht in allen Beschäftigungen Versicherungspflicht. Wird neben einer versicherungspflichtigen Hauptbeschäftigung noch ein Mini-Job ausgeübt, bleibt der Mini-Job versicherungsfrei. Werden dagegen mehrere Mini-Jobs neben einer versicherungspflichtigen Hauptbeschäftigung ausgeübt, bleibt nur der zeitlich erste davon versicherungsfrei. Die übrigen Mini-Jobs werden versicherungspflichtig.

Auszubildende bleiben versicherungspflichtig, wenn ihr Verdienst die 400-Euro-Entgeltgrenze nicht überschreitet.

4. Beitragszahlung

Bei geringfügig Beschäftigten häuften sich die Missbrauchsfälle. Arbeitgeber haben verstärkt geringfügig Beschäftigte im Rahmen von Mini-Jobs eingestellt, um Lohnnebenkosten zu sparen. Der Gesetzgeber hat daher festgelegt, dass der Arbeitgeber bei geringfügig entlohnten Dauerbeschäftigungen Pauschalbeiträge zur Rentenversicherung in Höhe von 12 Prozent des Arbeitsentgelts zu zahlen hat. Zur Krankenversicherung muss der Arbeitgeber einen Pauschalbeitrag in Höhe von 11 Prozent des Arbeitsentgelts zahlen. Nach dem Gesetzentwurf der Bundesregierung zum Haushaltsbegleitgesetz 2006 ist ab 1. Juli geplant, den pauschalen Abgabesatz für Mini-Jobs im gewerblichen Bereich zu erhöhen. Künftig beträgt der Pauschalbeitrag zur Rentenversicherung 15 Prozent und zur Krankenversicherung 13 Prozent. Für die Arbeitslosenversicherung und die Pflegeversicherung müssen keine Pauschalbeiträge gezahlt werden.

Wurde der Mini-Job durch einen Privathaushalt begründet und wird eine Tätigkeit ausgeübt, die gewöhnlich durch Mitglieder des privaten Haushalts erledigt werden, handelt es sich in erster Linie um Beschäftigungsverhältnisse von Haushaltshilfen oder Reinigungskräften. In diesen Fällen hat der Arbeitgeber-Privathaushalt die geringeren Pauschalbeiträge zur Renten- und Krankenversicherung in Höhe von je fünf Prozent zu zahlen. Ab 1. Juli 2006 ist hier keine Änderung geplant. Privathaushalte melden die geringfügige Beschäftigung über das so genannte Haushaltsscheckverfahren. Zuständig sind hier nicht die Krankenkassen, sondern die so genannte „Minijob-Zentrale" (in 45115 Essen). Der Haushaltsscheck steht unter www.haushaltsscheck.de zur Verfügung.

Hinweis zur Krankenversicherung: Aus den Pauschalbeiträgen des Arbeitgebers an die Krankenkasse erwerben die Versicherten keine zusätzlichen Ansprüche gegenüber der Krankenkasse. Es bleibt bei dem bestehenden Schutz als Versicherte oder Familienangehörige. Bei Arbeitnehmern, die privat (beispielsweise Beamte oder Selbständige) oder gar nicht krankenversichert sind, braucht der Arbeitgeber keine Pauschalbeiträge zur Krankenversicherung zahlen.

Im Gegensatz zu den geringfügig entlohnten Beschäftigungen sind für kurzfristige Beschäftigungen keine Pauschalbeträge zur Kranken- und Rentenversicherung zu zahlen.

5. Verzicht auf die Befreiung

Der Arbeitnehmer kann bei Mini-Jobs auf die Versicherungsfreiheit verzichten und in seiner geringfügig entlohnten Dauerbeschäftigung versicherungspflichtig werden. Er muss dann den Differenzbetrag zwischen dem Pauschalbetrag des Arbeitgebers (12 Prozent; bei Beschäftigungen in Privathaushalten 5 Prozent) und dem aktuellen Beitragssatz zur Rentenversicherung von 19,5 Prozent (im Jahr 2006) selbst zahlen. Man spricht hier von Aufstockung. Die Beiträge müssen jedoch so aufgestockt werden, dass sie einem Verdienst von mindestens 155 Euro entsprechen. Dadurch entrichtet der Arbeitnehmer Pflichtbeiträge. Ab 1. Juli 2006 müssen Minijobber voraussichtlich nur noch 4,5 Prozent statt bisher 7,5 Prozent ihres Verdienstes zahlen, um aus dem Pauschalbeitrag des Arbeitgebers zur Rentenversicherung einen vollen Pflichtbeitrag zu machen.

6. Rentenrechtliche Wirkung

Die Pauschalbeiträge des Arbeitgebers zur gesetzlichen Rentenversicherung sind keine „normalen" Pflichtbeiträge und haben auch nicht deren rechtliche Wirkung. Da jedoch keine vollen Beiträge zur Rentenversicherung geleistet werden, entstehen auch nur geminderte Ansprüche. Sie bewirken einen so genannten Zuschlag an Entgeltpunkten, mit der Folge, dass sie sich in geringer Weise auf die Rentenhöhe auswirken (eine einjährigen Beschäftigung mit 400 Euro Monatsverdienst ergibt zurzeit eine monatliche Rentenhöhe von 2,60 Euro). Aus dem Zuschlag an Entgeltpunkten werden auch Monate für die Wartezeit ermittelt. Auch hier nicht im vollen Umfang. Nach einer komplizierten Formel ergeben sich beispielsweise aus einer einjährigen Beschäftigung mit 400 Euro Monatsverdienst 5,11 Wartezeitmonate. Da sich die Wartezeitmonate keinem konkreten Zeitraum zuordnen lassen, können mit diesen Zeiten nicht die besonderen versicherungsrechtlichen Voraussetzungen für Altersrenten an Frauen, Altersrenten wegen Arbeitslosigkeit oder Altersteilzeitarbeit und Erwerbsminderungsrenten erfüllt werden.

Verzichtet der Arbeitnehmer auf die Versicherungsfreiheit und zahlt den Differenzbetrag zum vollen Rentenversicherungsbeitrag, liegen vollwertige Pflichtbeiträge vor, die sich auch vollwertig auf den Rentenanspruch und auf die Rentenhöhe auswirken.

7. Midi-Jobs

Arbeitnehmer werden im so genannten Niedriglohnbereich bei den Sozialversicherungsbeiträgen entlastet. Beschäftigungen mit einem monatlichen Verdienst von 400,01 Euro bis 800,00 Euro sind zwar versicherungspflichtig, der Arbeitnehmer hat jedoch nicht mehr die Hälfte, sondern nur einen reduzierten Beitragsanteil zur Rentenversicherung zu zahlen. Der Beitragsanteil steigt linear mit der Höhe des Arbeitsentgelts. Die beitragspflichtigen Einnahmen des Versicherten werden über eine komplizierte Formel festgelegt: $F \times 400 + (2\text{-}F) \times (AE - 400)$. Dabei sind AF das tatsächlich erzielte Arbeitsentgelt und F ein Faktor, der jedes Jahr durch Rechtsverordnung neu festgelegt wird. Übt der Arbeitnehmer mehrere Beschäftigungen aus, werden die Verdienste daraus zusammengerechnet. Nur wenn die Verdienstsumme innerhalb der Gleitzone liegt, ist der geringere Arbeitnehmeranteil fällig. Der Arbeitgeber zahlt davon unabhängig seinen hälftigen Anteil am Rentenversicherungsbeitrag.

Der niedrigere Arbeitnehmer-Beitrag hat – wie bei Mini-Jobs – auch nur einen dementsprechend niedrigeren Rentenzuwachs zur Folge. Der Versicherte kann auf den niedrigeren Arbeitnehmeranteil in der Gleitzone verzichten und den vollen Beitragsanteil zahlen.

8. Betriebliche Altersversorgung

Zu einem möglichen Anspruch geringfügig Beschäftigter auf Erteilung einer betrieblichen Versorgungszusage, soweit den übrigen Mitarbeitern eine Versorgungszusage erteilt ist, siehe → **Gleichbehandlung III.3.(b).** Soweit Arbeitnehmer ab 1.1.2002 grundsätzlich einen Anspruch auf Entgeltumwandlung gegen ihren Arbeitgeber gemäß § 1a BetrAVG haben, gehören hierzu auch geringfügig beschäftigte Arbeitnehmer, die auf ihre Versicherungsfreiheit in der gesetzlichen Rentenversicherung verzichtet haben.   *(P/M)*

▶ Gesamtversorgungssystem

Ein Gesamtversorgungssystem stellt ein → Versorgungsmodell der betrieblichen Altersversorgung dar, in dem die Höhe der betrieblichen Altersrente von der Höhe der Sozialversicherungsrente abhängt, die der Arbeitnehmer erhält. Es macht die Ergänzungsfunktion der betrieblichen Altersversorgung im Verhältnis zur gesetzlichen Rente besonders augenfällig. Die betriebliche Altersversorgung soll zusammen mit den Leistungen aus der gesetzlichen Rentenversicherung eine Vollversorgung des Betriebsrentners sichern.

Da in Gesamtversorgungssystemen die Betriebsrente umso höher ist, je niedriger die Sozialversicherungsrente ist (und umgekehrt), ist aus heutiger Sicht ein Gesamtversorgungssystem für einen Arbeitnehmer das günstigste und für einen Arbeitgeber das ungünstigste Versorgungsmodell in der betrieblichen Altersversorgung. Für die Privatwirtschaft birgt eine Gesamtversorgungszusage deshalb heute nicht kalkulierbare Risiken. Die Höhe der Versorgung hängt von der Entwicklung der gesetzlichen Rentenversicherung ab. Ist sie rückläufig, muss der Arbeitgeber für die Absenkung der Sozialversicherungsrente einstehen.

Früher waren **Anrechnungssysteme,** bei denen ein bestimmter Prozentsatz des letzten Gehalts als Betriebsrente zugesagt wird, jedoch unter Anrechnung der Rente aus der gesetzlichen Rentenversicherung im öffentlichen Dienst und in Unternehmen, die den öffentlichen Dienst nahe standen, verbreitet. Im Zuge sinkender Sozialversicherungsrenten sind derartige Versorgungsmodelle weitgehend abgeschafft und in andere Leistungspläne überführt worden.

Für die Arbeitnehmer des öffentlichen Dienstes sah beispielsweise § 41 der Satzung der Versorgungsanstalt des Bundes und der Länder (→ VBL) in der bis 31. 12. 2000 geltenden Fassung vor, dass als Altersversorgung pro Beschäftigungsjahr 1,875 % des durchschnittlichen Bruttoentgelts der letzten drei Beschäftigungsjahre, maximal 75 Prozent des Bruttoentgelts unter Anrechnung der Sozialversicherungsrente gewährt wird. Die Höchstgrenze ist später auf 91,75 % des Nettoeinkommens herabgesetzt worden.

Eine Begrenzung auf einen Prozentsatz des Bruttoeinkommens von 75 Prozent kann bei langjährig Beschäftigten zu einer Nettoaltersrente führen, die über dem Nettolohn als aktiver Arbeitnehmer liegt (→ „Überversorgung").

Die → Anrechnung von Sozialversicherungsrenten auf Leistungen der betrieblichen Altersversorgung ist grundsätzlich zulässig, soweit diese Rente auf Pflichtbeiträgen beruht. Andere Versorgungsbezüge, die auf eigenen Beiträgen des Versorgungsempfängers beruhen, dürfen dagegen nicht zur Kürzung der Betriebsrente führen (§ 5 Abs. 2 BetrAVG).

Eine ähnliche Ausgestaltung der betrieblichen Altersversorgung wie bei einem Anrechnungssystem existiert bei einem **Limitierungssystem,** in dem ein bestimmter Prozentsatz eines Bruttoeinkommens versprochen wird, das jedoch unter Einschluss der Sozialversicherungsrente einen bestimmten Prozentsatz des letzten Brutto- oder Nettoeinkommens nicht übersteigen darf (Beispiel: 1 % des ruhegeldfähigen Einkommens pro Dienstjahr, unter Einschluss der Sozialversicherungsrente nicht mehr als 90 % des letzten Nettoeinkommens).

Sowohl bei der steuerlichen Bildung von Pensionsrückstellungen gem. § 6a EStG als auch bei der Berechnung der → Höhe einer unverfallbaren Versorgungsanwartschaft eines ausgeschiedenen Arbeitnehmers ist bei einer Gesamtversorgungszusage die voraussichtliche Sozialversicherungsrente zu schätzen (vgl. § 2 Abs. 5 Satz 2 BetrAVG). Hierzu hat die Finanzverwaltung ein → Näherungsverfahren entwickelt. *(M)*

▶ **Gesamtzusage**

Bei einer Gesamtzusage erteilt der Arbeitgeber einer Gesamtheit von Arbeitnehmern oder einer bestimmten Arbeitnehmergruppe eine Zusage auf betriebliche Versorgungsleistungen. Die Zusage wird ausdrücklich, aber in allgemeiner Form, etwa durch Rundschreiben oder mündliche Bekanntgabe einer Versorgungsordnung (BAG DB 1982, 2470) o. Ä. oder durch Aushang am schwarzen Brett erteilt. Von der vertraglichen Einheitsregelung unterscheidet sich die Gesamtzusage vor allen Dingen dadurch, dass der Arbeitgeber nicht mit den einzelnen Arbeitnehmern ausformulierte Verträge abschließt, sondern dass der Arbeitgeber ein **allgemeines Vertragsangebot** abgibt, das die einzelnen Arbeitnehmer ausdrücklich oder stillschweigend annehmen. Die Gesamtzusage wird Bestandteil des Arbeitsvertrages und kann vom Arbeitgeber nicht mehr einseitig verändert werden, soweit nicht ausnahmsweise die Voraussetzungen für einen → Widerruf der Versorgungszusage gegeben sind. Zwar ist bei einer Gesamtzusage der Bezug auf andere Arbeitnehmer und damit ein Kollektivbezug von vornherein ersichtlich. Hinsichtlich der → Änderung einer Versorgungszusage, die als Gesamtzusage erteilt ist, ist damit jedoch für den Arbeitgeber lediglich die Möglichkeit gegeben, mit dem Betriebsrat eine Umstrukturierung der Betriebsvereinbarung abzuschließen, die bei kollektiver Gesamtbetrachtung nicht ungünstiger ist als die bisherige Regelung, es sei denn, aus der Gesamtzusage ergibt sich, dass sie durch eine spätere Betriebsvereinbarung verschlechtert werden kann (BAG AP § 77 BetrVG 1972 Nr. 17). *(M)*

▶ **Gesellschafter-Geschäftsführer**

1. Allgemeines

Die Entscheidung, ob Versicherungspflicht in der gesetzlichen Rentenversicherung vorliegt, knüpft nicht an das Arbeitsrecht, sondern an das Beschäftigungsverhältnis an. Der Begriff der Beschäftigung ist im Sozialgesetzbuch definiert als „die nichtselbständige Arbeit, insbesondere in einem Arbeitsverhältnis". Entscheidend ist damit die im Einzelfall schwierige Abgrenzung zwischen abhängig Beschäftigten und selbständig Tätigen.

2. Versicherungspflicht

Die Versicherungspflicht in der Kranken-, Pflege-, Renten- und Arbeitslosenversicherung wird nicht dadurch ausgeschlossen, dass eine in einer Gesellschaft mit beschränkter Haftung (GmbH) beschäftigte Person zugleich Gesellschafter der GmbH ist. Mitarbeitende Gesellschafter können durchaus in einem abhängigen und damit sozialversicherungspflichtigen Beschäftigungsverhältnis zur Gesellschaft stehen. Nach der ständigen Rechtsprechung des Bundessozialgerichts liegt bei mitarbeitenden Gesellschaftern – und das gilt auch für Gesellschafter-Geschäftsführer – ein abhängiges Beschäftigungsverhältnis zur Gesellschaft allerdings nur dann vor, wenn die Gesellschafter einerseits funktionsgerecht dienend am Arbeitsprozess der Gesellschaft teilhaben, für ihre Beschäftigung ein entsprechendes Arbeitsentgelt erhalten und andererseits keinen maßgeblichen Einfluss auf die Geschicke der Gesellschaft kraft ihres Anteil am Stammkapital geltend machen können. Gesellschafter-Geschäftsführer leisten in der Regel fremdbestimmte Arbeit, wenn ihr Gesellschaftsanteil weniger als 50 Prozent des Stammkapitals beträgt. Dies gilt auch, wenn aufgrund besonderer Vereinbarung im Gesellschaftsvertrag der Gesellschafts-Geschäftsführer die Beschlüsse der anderen Gesellschafter nicht verhindern kann. Ein GmbH-Gesellschafter, der zugleich Alleingesellschafter, Mehrheitsgesellschafter oder Inhaber einer Sperrminorität ist, ist grundsätzlich regelmäßig sozialversicherungsfrei, weil er nicht als persönlich abhängig, sondern als Selbständiger eingestuft wird. Nach § 2 Satz 1 Nr. 9 SGB VI sind seit 1. Januar 1999 aber auch alle solche

Selbständigen in die Rentenversicherungspflicht einbezogen, die auf Dauer und im Wesentlichen „nur für einen Auftraggeber tätig sind" und im Zusammenhang mit dieser Tätigkeit selbst „keinen versicherungspflichtigen Arbeitnehmer beschäftigen." Nach Auffassung der Rentenversicherungsträger ist es ausreichend, wenn die Voraussetzungen für die Versicherungspflicht des Gesellschafters von der Gesellschaft erfüllt werden. Es ist somit maßgebend, wie viele versicherungspflichtige Arbeitnehmer bei der Gesellschaft beschäftigt sind und für wie viele Auftraggeber die Gesellschaft tätig ist. Das Bundessozialgericht vertritt demgegenüber in seiner Entscheidung vom 24. November 2005 die Auffassung, dass bei der Prüfung der Voraussetzungen für die Rentenversicherungspflicht nicht auf die Verhältnisse der Gesellschaft, sondern auf die Verhältnisse des selbständigen GmbH-Gesellschafter-Geschäftsführers abzustellen sei. Dies hätte zur Folge, dass bislang nicht rentenversicherungspflichtige Einzelkaufleute mit mehreren Arbeitnehmern und Auftraggebern versicherungspflichtig werden, sobald sie eine Gesellschaft gründen, in der sie eine beherrschende Stellung einnehmen. Die Deutsche Rentenversicherung folgt diesem Urteil über den entschiedenen Einzelfall hinaus nicht. Die Bundesregierung hat eine klarstellende gesetzliche Regelung zugesagt.

Seit 1. 1. 2005 ist für geschäftsführende Gesellschafter ein so genanntes Statusfeststellungsverfahren obligatorisch. Über das Statusfeststellungsverfahren entscheidet der Rentenversicherungsträger.

3. Betriebsrentenrecht

Zur Einbeziehung von Geschäftsführern einer GmbH in den Geltungsbereich des BetrAVG siehe → BetrAVG III.3.   *(P/M)*

▶ Gesetzliche Rentenversicherung

1. Allgemeines

Die gesetzliche Rentenversicherung ist das wichtigste und größte Einzelsystem der sozialen Sicherung in der Bundesrepublik. In ihrer heutigen Ausprägung kann sie auf viele Reformschritte in ihrer mehr als 110-jährigen Geschichte zurückblicken. Ihre Leistungen haben sich von einem bloßen Zuschuss zum allgemeinen Lebensbedarf zur maßgeblichen Grundlage für ein finanziell gesichertes Alter entwickelt. Mit 51,4 Mio. Versicherten ohne Rentenbezug im Jahre 2003, davon $^2/_3$ aktiv Versicherten, über 19,8 Mio. Rentnern und einem Jahresetat von über 235 Mrd. Euro (2004) ist sie eine zentrale Größe in der Volkswirtschaft der Bundesrepublik. Ihr Anteil am gesamten Sozialbudget beträgt fast 50 Prozent. Rund 80 Prozent der erwerbstätigen Bevölkerung sind Mitglied der gesetzlichen Rentenversicherung. Das daraus resultierende Beitragsaufkommen macht 2004 etwa 73 % der gesamten Einnahmen der Rentenversicherung aus. Die restlichen Einnahmen ergeben sich aus den Bundeszuschüssen, aus Erstattungen und aus Vermögenserträgen. Der Beitragssatz beträgt seit dem 1. 1. 2003 19,5 Prozent (25,9 Prozent für die knappschaftliche Rentenversicherung) und die Beitragsbemessungsgrenze liegt 2006 bei einem Jahreseinkommen von 63.000 Euro in den alten und 52.800 Euro in den neuen Bundesländern. Die Ausgaben 2004 von 235,5 Mrd. Euro umfassen zu rund 89,4 Prozent Rentenzahlungen. Im Rentenbestand gab es 2005 über 24 Mio. Renten, wovon 18 Mio. Versichertenrenten und rund 6 Mio. Renten wegen Todes waren. Die durchschnittliche Rentenlaufzeit hat sich von 1960 bis 2004 von 9,9 auf 16,9 Jahre verlängert.

Die gesetzliche Rentenversicherung ist ein grundsätzlich auf Versicherungs- und Beitragspflicht beruhendes Vorsorgesystem. Seine Aufgabe ist es zunächst, Versicherte, deren Erwerbsfähigkeit gefährdet oder bereits eingeschränkt ist, sozial und beruflich einzugliedern. Die Rentenversicherung bietet ihren Versicherten darüber hinaus Schutz bei Erwerbsminderung, im Alter und sorgt für die Absicherung der Hinterbliebenen (§ 4 Abs. 2 SGB I). Über die dynamische Anpassung der Rentenleistungen partizipieren auch die Rentner an der allgemeinen Lohnentwicklung. Um diese Aufgaben zu erfüllen, gewährt die Rentenversicherung ihren Versicherten Leistungen zur medizinischen und beruflichen Rehabilitation, Renten vor allem wegen Minderung ihrer Erwerbsfähigkeit und wegen Alters, Renten wegen Todes an Hinterbliebene, Zuschüsse zur Kranken- und Pflegeversicherung der Rentner und Leistungen wegen Kindererziehung (§ 23 Abs. 1 SGB I).

Die Versicherten und ihre Arbeitgeber finanzieren mit ihren Beiträgen die Leistungen an Rehabilitanden und Rentner. Die heute geleisteten Beiträge werden im Umlageverfahren zur Finanzierung jetzt anfallender Ausgaben herangezogen. Der Bund beteiligt sich mit Zuschüssen an der Finanzierung (insbesondere der nicht durch Beiträge gedeckten Leistungen) und garantiert die Liquidität der Rentenversicherung.

Die gesetzliche Rentenversicherung ist zwar die Hauptsäule, aber nicht die alleinige Basis der Alterssicherung in Deutschland. Um den erreichten Lebensstandard auch im Alter annähernd aufrechtzuerhalten, ist eine ergänzende Absicherung sinnvoll und notwendig. Die betriebliche Altersversorgung und die private Altersvorsorge bilden daher die zweite und die dritte Säule der Alterssicherung. Weil die Lebenserwartung steigt und den Beitragszahlenden in Zukunft immer mehr Rentnerinnen und Rentner gegenüberstehen, werden diese ergänzenden Säulen immer wichtiger. Seit 2002 werden daher betriebliche und private Altersvorsorge unter bestimmten Voraussetzungen staatlich gefördert.

2. Organisation

Die gesetzliche Rentenversicherung unterschied bis Ende 2004 die Versicherungszweige „Rentenversicherung für Arbeiter" und „Rentenversicherung für Angestellte", und war bis zum 30. 9. 2005 organisatorisch in einer Bundesebene und in einer Landesebene organisiert. Auf Bundesebene in vier bundesunmittelbaren Körperschaften: der Bundesversicherungsanstalt für Angestellte (BfA) und den so genannten Sonderanstalten Bundesknappschaft, Seekasse und Bahnversicherungsanstalt. Auf Landesebene für den Bereich der Arbeiterrentenversicherung 22 Landesversicherungsanstalten, die als landesunmittelbare Körperschaften des öffentlichen Rechts organisiert waren. Alle 26 Rentenversicherungsträger waren in dem als Verein organisierten Verband Deutscher Rentenversicherungsträger (VDR) zusammengeschlossen, der als Spitzenverband die gemeinsamen Angelegenheiten der Träger der Rentenversicherung wahrnahm.

Mit dem Rentenversicherungs-Organisationsgesetz wurde die überholte Unterscheidung in Arbeiter und Angestellte aufgegeben und die gesetzliche Rentenversicherung ab 1. Oktober 2005 neu organisiert. Die BfA und der VDR wurden zu einer Körperschaft

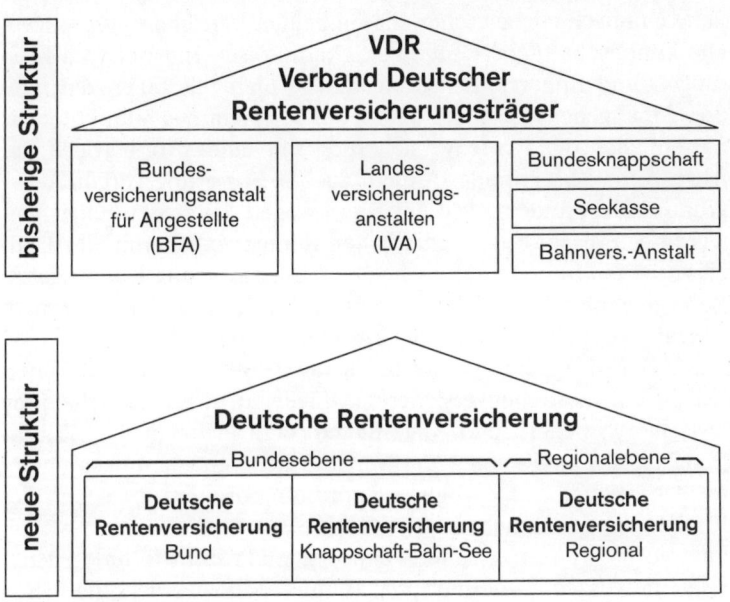

zusammengefasst, der Deutschen Rentenversicherung Bund. Diese nimmt neben Aufgaben eines Rentenversicherungsträgers für ihre Versicherten auch so genannte Grundsatz- und Querschnittsaufgaben für die gesamte Rentenversicherung wahr. Die bisherigen Einzelkörperschaften Bundesknappschaft, Bahnversicherungsanstalt und Seekasse wurden zu einem einheitlichen zweiten Bundesträger mit Sonderzuständigkeit zusammengefasst, die Deutsche Rentenversicherung Knappschaft-Bahn-See.

Die Landesversicherungsanstalten bleiben auch nach der Organisationsreform als „Regionalträger" erhalten, wurden aber zum 1. 10. 2005 umbenannt und heißen beispielsweise Deutsche Rentenversicherung Baden-Württemberg oder Deutsche Rentenversicherung Westfalen.

An der Unterscheidung zwischen allgemeiner und knappschaftlicher Rentenversicherung wird auch nach der Organisationsreform festgehalten. Hierfür sprechen zahlreiche materiell-rechtliche Unterschiede zwischen diesen beiden Versicherungszweigen. Die knappschaftliche Rentenversicherung ist – mit höheren Leistungen und höheren Beiträgen, die zu mehr als 60 Prozent von den Arbeitgebern zu tragen sind – ein so genanntes bifunktionales System, das die Rentenversicherung mit einer Art betrieblicher Altersvorsorge verbindet. Auch das Finanzierungsverfahren ist grundsätzlich anders, weil der Bund wegen der strukturellen Verwerfungen in der knappschaftlichen Rentenversicherung ihr Defizit zu tragen hat. Die Deutsche Rentenversicherung Knappschaft-Bahn-See nimmt sowohl Aufgaben der knappschaftlichen als auch Aufgaben der allgemeinen Rentenversicherung wahr.

Seit dem 1. 1. 2005 kommt es für die Zuordnung des Versicherten zu einem Rentenversicherungsträger auf die Unterscheidung zwischen Arbeitern und Angestellten nicht mehr an. Die Zuordnung erfolgt im Rahmen der Vergabe der Versicherungsnummer nach gesetzlich vorgegebenen Zuordnungsquoten. Zwischen der Bundes- und Regionalebene soll eine stabile Versichertenverteilung von 45 Prozent (Bundesebene) zu 55 Prozent (Landesebene) erreicht werden, Innerhalb der Bundesebene werden die Versicherten im Verhältnis 40 Prozent zu fünf Prozent zwischen der Deutschen Rentenversicherung Bund und der Deutschen Rentenversicherung Knappschaft-Bahn-See verteilt. Für die Beschäftigten in den Branchen der Knappschaft, der Bahn und der See ist vorrangig die Deutsche Rentenversicherung Knappschaft-Bahn-See zuständig. Diese Versicherten werden auf die Quote von fünf Prozent angerechnet. Innerhalb der Regionalebene (also Landesebene) bestimmt sich die Zuständigkeit nach dem Wohnsitz des Versicherten. Bei der festgelegten Zuständigkeitszuweisung zwischen der Bundes- und der Regionalebene bleibt es unabhängig von der später ausgeübten Beschäftigung oder selbständigen Tätigkeit. Eine Ausnahme bilden nur Beschäftigte, die in den Branchen der Knappschaft, Bahn oder See tätig sind oder waren. Wird erstmalig eine Beschäftigung in diesen Branchen aufgenommen, wechselt die Zuständigkeit vom bisherigen Träger zur Deutschen Rentenversicherung Knappschaft-Bahn-See.

Personen, die bis zum 31. 12. 2004 bereits eine Versicherungsnummer erhalten haben, werden grundsätzlich von dem Rentenversicherungsträger weiter betreut, der den Versicherten bisher betreut hat. Die Versicherten der Geburtsjahrgänge 1945 und jünger werden in einem Zeitraum von 15 Jahren in einem Ausgleichsverfahren im Verhältnis von 45 Prozent zu 55 Prozent zwischen den Bundes- und Regionalträgern aufgeteilt.

Weil das Leistungsrecht im Bereich der gesetzlichen Rentenversicherung weitestgehend vereinheitlicht ist, spielt die Frage der Zuordnung zu einem bestimmten Rentenversicherungsträger für den Einzelnen praktisch keine Rolle mehr. Dies gilt umso mehr, weil die Beratungsnetze der Rentenversicherungsträger seit Jahren im Rahmen von Kooperationsvereinbarungen immer stärker zusammengeführt wurden und werden. Schon heute ist es praktisch möglich, jede beliebige Auskunfts- und Beratungsstelle in der Rentenversicherung aufzusuchen, um sich beraten zu lassen.

3. Selbstverwaltung

Die Träger der gesetzlichen Rentenversicherung haben ein Recht auf Selbstverwaltung. Ziel der Selbstverwaltung ist es, Versicherte, Arbeitgeber und Verwaltung möglichst eng zu verbinden, Erfahrungen und Nöte der Versicherten der Verwaltung nahe zu bringen und die Entscheidungen der Verwaltung sozial und lebensnah zu machen. Dies gelingt ihnen in besonderem Maße in der Mitarbeit bei den Widerspruchsstellen der Rentenversicherungsträger. Im 4. Buch des Sozialgesetzbuches ist die gesetzliche Grundlage für die Selbstverwaltung geregelt. Allerdings ergeben sich aus dem Recht auf Selbstverwaltung nur bedingt Möglichkeiten der Einflussnahme auf die sehr umfangreiche staatliche Gestaltung der gesetzlichen Rentenversicherung. Schwerpunkte ihrer Gestaltungsmöglichkeiten liegen in Fragen der inneren Verwaltung und Organisation (einschließlich der Personalauswahl) und dem Bereich der Rehabilitation.

4. Rechtsgrundlagen

Das Recht der gesetzlichen Rentenversicherung ist Bundesrecht. Es ist Teil des Sozialgesetzbuches und dort im 6. Buch (kurz: SGB VI) kodifiziert. Die übrigen Bücher des Sozialgesetzbuches gelten auch für die gesetzliche Rentenversicherung. Hierzu gehören die allgemeinen Regelungen (SGB I), die „Gemeinsamen

Vorschriften" (SGB IV), die Vorschriften über das Verwaltungsver-
fahren, den Schutz der Sozialdaten und über die Zusammenarbeit
der Leistungsträger und ihre Beziehungen zu Dritten (SGB X) sowie das Rehabilitationsrecht (SGB IX).

5. Versicherung

(a) Die gesetzliche Rentenversicherung ist eine staatlich organisierte
Versicherung. Der Gesetzgeber regelt das Versicherungsverhältnis
durch Gesetz oder Rechtsverordnung und lässt dem überwiegenden
Teil der Versicherten keine Wahl, ob er ihr beitreten will. Wenn die
gesetzlichen Vorgaben erfüllt sind, sind Arbeitnehmer oder einige
Selbständige versicherungspflichtig. Einigen Selbständigen wird die
Möglichkeit eingeräumt, kraft Antrag pflichtversichert zu werden.
Personen, die nicht versicherungspflichtig sind, haben grundsätz-
lich das Recht, der Rentenversicherung freiwillig beizutreten.

(b) Die Rentenversicherung ist eine reine **Risikoversicherung.** Der
Gegenstand der Versicherung ist auf die Leistung von Renten ab
Erreichen der Altersgrenze, nach Eintritt der Erwerbsminderung
oder nach Tod zugunsten der Hinterbliebenen gerichtet. Nur
wenn eines der Risiken eintritt, werden Leistungen gezahlt.

(c) Die Rentenversicherung ist ein **beitragsfinanziertes Vorsorgesystem.** Grundsätzlich ist beitragspflichtig, wer auch versicherungspflichtig ist. Die Beitragspflicht erfasst Einkommen bis zur
Beitragsbemessungsgrenze. Nur das Einkommen, das der Beitragspflicht zugrunde gelegen hat, ist auch versichert. Das hat Folge-
wirkung auf die Leistung: Die Höhe einer Rente richtet sich vor
allem nach der Höhe der während des Versicherungslebens durch
Beiträge versicherten Arbeitsentgelte und Arbeitseinkommen.
Man spricht von der Äquivalenz zwischen Beitrag und Leistung
(Äquivalenzprinzip).

(d) Arbeitnehmer und Arbeitgeber tragen zu gleichen Teilen den
Beitrag zur gesetzlichen Rentenversicherung **(Prinzip der Beitrags-
parität).**

6. Leistungen

(a) Die Risiken, gegen die die Rentenversicherung Schutz bietet,
sind die Erwerbsminderung, das Erreichen bestimmter Altersgren-

zen und der Tod unter Zurücklassung von Hinterbliebenen. Geschiedenen Ehegatten, die nicht wieder geheiratet haben, kann nach dem Tode ihres früheren Ehegatten eine Erziehungsrente gewährt werden, wenn und soweit ihnen wegen der Erziehung von Kindern eine Erwerbstätigkeit nicht zugemutet werden kann. Die Erziehungsrente wird zwar aus eigener Versicherung geleistet. Da sie vom Tod des früheren Ehegatten abhängig ist, handelt es sich um eine Hinterbliebenenrente. In der knappschaftlichen Rentenversicherung werden darüber hinaus Bergmannsrenten wegen verminderter bergmännischer Berufsfähigkeit erbracht. Nur noch übergangsweise werden Renten wegen teilweiser Erwerbsminderung bei Berufsunfähigkeit gezahlt.

(b) Es gehört auch zu den Aufgaben der gesetzlichen Rentenversicherung, einer vorzeitigen Rentenzahlung wegen Minderung der Erwerbsfähigkeit durch **Rehabilitation** des Versicherten entgegenzuwirken. Unter Rehabilitation wird der gleichzeitige und koordinierte Einsatz von medizinischen, sozialen, schulischen und beruflichen Maßnahmen mit dem Ziel verstanden, die aus gesundheitlichen Gründen eingeschränkten Betätigungsmöglichkeiten und damit die funktionelle Leistungsfähigkeit des Betroffenen möglichst weitgehend wiederherzustellen. Der Betroffene soll, wenn schon die z. B. chronische Krankheit nicht heilbar ist, lernen, mit ihr im Alltag umzugehen und im Beruf zurechtzukommen. Anknüpfungspunkt der Rehabilitation ist das Vorliegen einer Behinderung, wobei die Personen, denen eine Behinderung droht, im Allgemeinen gleichgestellt sind. Die Leistungen zur Rehabilitation zielen daher darauf ab,

- eine Behinderung abzuwenden, zu beseitigen, zu mindern, ihre Verschlimmerung zu verhüten oder ihre Folgen zu mildern,
- Einschränkungen der Erwerbsfähigkeit zu vermeiden, zu überwinden, zu mindern oder eine Verschlimmerung zu verhüten,
- den vorzeitigen Bezug von Renten zu vermeiden oder laufende Renten zu mindern,
- Behinderten einen ihren Neigungen und Fähigkeiten entsprechenden Platz im Arbeitsleben zu sichern,
- die Entwicklung Behinderter zu fördern und ihre Teilhabe am Leben in der Gesellschaft und eine möglichst selbständige und

selbst bestimmte Lebensführung zu ermöglichen oder zu erleichtern sowie

• Benachteiligungen aufgrund der Behinderung entgegenzuwirken.

(c) Sonstige Leistungen der gesetzlichen Rentenversicherung sind die Beteiligung der Rentenversicherung an den Beiträgen der Rentner zu ihrer Kranken- und Pflegeversicherung **(Krankenversicherung der Rentner – KVdR – und Pflegeversicherung der Rentner)**. Der Rentenversicherungsträger und der Rentner zahlen die Beiträge jeweils zur Hälfte. Die Zahlung der **Leistungen wegen Kindererziehung** und die **Beitragserstattung** gehören ebenfalls zum Leistungsspektrum der gesetzlichen Rentenversicherung.

7. Finanzierung

Die Leistungen der Rentenversicherung werden über ein **Umlageverfahren** finanziert. Dabei werden die Ausgaben eines Kalenderjahres durch die Einnahmen des gleichen Kalenderjahres gedeckt. Das bedeutet, die jeweils Erwerbstätigen sorgen für das Alterseinkommen der Rentner. Sie erwerben ihrerseits damit das Anrecht gegenüber der ihnen nachfolgenden Generation, in ihrem Alter ebenfalls versorgt zu werden **(Generationenvertrag)**. Die Renten werden jeweils aus dem laufenden Volkseinkommen finanziert. Die in den letzten Jahren abnehmende Geburtenhäufigkeit stellt damit ein großes Problem der Finanzierung der Rentenversicherung dar.

Die Höhe der Einnahmen der gesetzlichen Rentenversicherung wird wesentlich durch die voraussichtliche Wirtschaftsentwicklung und den Beitragssatz bestimmt. Dieser wird durch Rechtsverordnung festgelegt und muss immer so bemessen sein, dass die Rentenversicherung über liquide Finanzmittel in einer Bandbreite von 0,2 bis 0,7 Monatsausgaben am Ende eines Jahres verfügt. Man nennt diese Bandbreite auch Nachhaltigkeitsrücklage.

Neben den Einnahmen durch Beiträge hat die gesetzliche Rentenversicherung auch Einnahmen durch Bundeszuschüsse. Sie dienen dem Ausgleich der der Rentenversicherung auferlegten nicht durch Beitragseinnahmen gedeckten Leistungen. Der allgemeine Bundeszuschuss zur Rentenversicherung betrug im Jahr 2004 37,1 Mrd. Euro. Der zusätzliche Bundeszuschuss und dessen Erhöhungsbetrag beliefen sich auf 17,3 Mrd. Euro. Davon machte der zusätzliche Bundeszuschuss, der vom Aufkommen der Mehrwertsteuer abhängig ist, 8,1 Mrd. Euro aus. Der aus der Ökosteuer fließende Erhöhungsbetrag lag 2004 bei 9,2 Mrd. Euro. Insgesamt sind im Jahr 2004 23,9 Prozent der Ausgaben der gesetzlichen Rentenversicherung aus Bundeszuschüssen finanziert worden.   *(P)*

▶ **Gleichbehandlung**

I. Rechtsgrundlagen

Der Gesetzgeber ist bei allen Sozialsystemen, also auch bei der gesetzlichen Rentenversicherung an den **Gleichheitssatz** des Art. 3 Absatz 1 GG und das **Gleichberechtigungsgebot** von Mann und Frau in Artikel 3 Abs. 2 GG gebunden. Darüber hinaus darf nach Art. 3 Abs. 3 GG niemand wegen seines Geschlechtes, seiner Abstammung, seiner Rasse, seiner Sprache, seiner Heimat und Herkunft, seines Glaubens, seiner religiösen und politischen Anschauungen oder seiner Behinderung benachteiligt oder bevorzugt werden. Die Gleichbehandlungsgebote des Grundgesetzes haben bereits vielfach zu Korrekturen des gesetzlichen Rentenversicherungssystems durch das BVerfG geführt (vgl. z.B. BVerfG DB 1975, 598 – unterschiedliche Voraussetzungen für Witwen- und Witwerrenten; BVerfGE 105, 73 – unterschiedliche Besteuerung von Alterseinkommen). Der allgemeine Gleichheitssatz ist Teil der objektiven Wertordnung, die als verfassungsrechtliche Grundentscheidung für alle Bereiche des Rechts Geltung beansprucht (BVerfG AP RVO § 1542 Nr. 9). Der allgemeine Gleichheitssatz ist dann verletzt, wenn eine Gruppe von Normadressaten im Vergleich zu anderen Normadressaten anders behandelt wird, obwohl zwischen beiden Gruppen keine Unterschiede von solcher Art und solchem Gewicht bestehen, dass sie die ungleiche Behandlung rechtfertigen könnten (BVerfG NJW 1981, 271).

Während der allgemeine Gleichheitssatz sich vor allen Dingen an die Gesetzgebung, die Verwaltung und die Rechtsprechung richtet, sind Adressat des **arbeitsrechtlichen Gleichbehandlungsgrundsatzes** in erster Linie der Arbeitgeber, aber auch die Tarifvertragsparteien (BAG AP BetrAVG § 1 Besitzstand Nr. 1) und über § 75 BetrVG auch die Betriebsparteien. Von besonderer Bedeutung für das Betriebsrentenrecht ist darüber hinaus der Grundsatz des **gleichen Entgelts für Männer und Frauen** bei gleicher Arbeit, der für die Mitgliedstaaten der EG in Art. 141 Absatz 1 EG-Vertrag (früher: Art. 119 EWG-Vertrag) verankert ist. Diese Bestimmung gilt nicht nur für die Gesetzgebung der Mitgliedstaaten, sondern auch für die Arbeitsvertragsparteien (EuGH AP BAT § 23 a Nr. 25 – Defrenne). Entgelt i. S. dieser Vorschrift sind auch Leistungen der betrieblichen Altersversorgung (EuGH AP EWG-Vertrag Art. 119 Nr. 10 – Bilka).

Der unterschiedliche Adressatenkreis des arbeitsrechtlichen Gleichbehandlungsgebotes und des verfassungsrechtlichen Gleichheitssatzes kann auch zu unterschiedlichen Bewertungen führen. Im Sozialversicherungsrecht oder Steuerrecht getroffene Differenzierungen sind wegen ihrer öffentlich-rechtlichen Zwecksetzung nicht ohne weiteres auf das Arbeitsrecht übertragbar (BAG NZA 1996, 48). Der Entgeltgleichheitsgrundsatz im Betriebsrentenrecht hat deshalb bereits mehrfach dazu geführt, dass Versorgungsregelungen von der Rechtsprechung als gleichbehandlungswidrig verworfen wurden, die der Gesetzgeber in ähnlicher Form im Sozialversicherungsrecht beanstandungsfrei praktiziert hat.

Als weitere Rechtsgrundlage für Ansprüche auf Erteilung von Versorgungszusagen oder eine bestimmte Ausgestaltung der Versorgungszusagen wird in Zukunft auch der **Diskriminierungsschutz** eine Rolle spielen. Die Richtlinien 2000/43/EG und 2000/78/EG verpflichten die Mitgliedstaaten der EG, zur Verwirklichung des Gleichbehandlungsgrundsatzes Maßnahmen zu ergreifen, die der Bekämpfung der Diskriminierung wegen der Religion oder Weltanschauung, einer Behinderung, des Alters oder der sexuellen Ausrichtung in Beschäftigung und Beruf beziehungsweise aufgrund der Rasse oder der ethnischen Herkunft dienen. Die Umsetzung dieser Richtlinien in nationales Recht sollte bis zum Ende des Jahres 2003 erfolgen.

II. Der arbeitsrechtliche Gleichbehandlungsgrundsatz als Anspruchsgrundlage für eine betriebliche Versorgungszusage

1. Allgemeine Grundsätze

Wenn ein Arbeitgeber aufgrund eines erkennbar **generalisierenden Prinzips** Versorgungszusagen erteilt, so hat der Arbeitnehmer grundsätzlich Anspruch darauf, so gestellt zu werden wie ein vergleichbarer Arbeitnehmer bei Vorliegen gleicher Voraussetzungen. § 1b Abs. 1 Satz 4 BetrAVG erwähnt ausdrücklich, dass eine Versorgungsverpflichtung auch auf dem Grundsatz der Gleichbehandlung beruhen kann. Ist ein generalisierbares Prinzip nicht erkennbar, sondern verfolgt der Arbeitgeber individuelle Zuwendungszwecke mit den Versorgungszusagen, hat ein benachteiligter Arbeitnehmer bei Besserstellung einzelner Arbeitnehmer keinen Anspruch auf Gleichbehandlung.

Zwischen vergleichbaren Arbeitnehmergruppen darf ein Arbeitgeber nicht ohne **sachlichen Grund** differenzieren. Umgekehrt darf der Arbeitgeber wesentlich Ungleiches nicht gleich behandeln; wesentlich Ungleiches muss entsprechend seiner Eigenart unterschieden werden (BAG NZA 1988, 609). Der Gleichbehandlungsgrundsatz ist allerdings nicht bereits dann verletzt, wenn Tatbestände einheitlich geregelt werden, die sich nur in unwesentlichen Einzelheiten voneinander unterscheiden.

Im Rahmen einer Gruppenbildung darf nach typischen abstrakten Gruppenbildungsmerkmalen unterschieden werden. Soweit ein Arbeitgeber bei der betrieblichen Altersversorgung zwischen verschiedenen Arbeitnehmergruppen differenziert, muss die **Gruppenbildung** gemessen am Leistungszweck sachlichen Kriterien entsprechen. Der Differenzierungsgrund muss sich aus der betrieblichen Versorgungsordnung selbst gegeben. Die Versorgungsordnung darf dem behaupteten Differenzierungsgrund nicht widersprechen (BAG AP BetrAVG § 1 Gleichbehandlung Nr. 40). Ist der Grund der Ungleichbehandlung nicht ohne weiteres erkennbar, muss der Arbeitgeber ihn spätestens dann offen legen, wenn ein von der Vergünstigung ausgeschlossene Arbeitnehmer Gleichbehandlung verlangt (BAG AP § 1 BetrAVG Gleichbehandlung Nr. 11).

Der Ausschluss eines Arbeitnehmers oder einer Gruppe von Arbeitnehmern ist unwirksam, wenn er sich nicht aus den generalisierenden Kriterien oder der allgemeinen Ordnung selbst ergibt. Ob die jeweils begünstigten oder durch Ausschluss benachteiligten Arbeitnehmer die Mehrheit bzw. Minderheit im Rahmen der insgesamt gleich zu behandelnden Arbeitnehmergruppe darstellen, ist ohne rechtliche Bedeutung (BAG AP § 242 BGB Gleichbehandlung Nr. 67 und 68)

Ein Arbeitgeber kann bei der Gewährung von Versorgungsleistungen insbesondere wegen eines nachvollziehbar unterschiedlichen Interesses an der fortdauernden **Betriebstreue** oder wegen eines typischerweise unterschiedlichen **Versorgungsbedarfs** einzelner Arbeitnehmergruppen differenzieren. Sachliche Gründe können auch sein: besondere **Qualifikation,** herausragende Arbeitsleistungen, Berufserfahrung oder unterschiedliche **Anforderungen** am Arbeitsplatz (BAG AP § 1 BetrAVG Gleichbehandlung Nr. 18).

Es können deshalb beispielsweise betriebliche Versorgungsregelungen ausschließlich für leitende Angestellte aufgestellt werden (BAG NZA 1987, 449) oder auch **leitende Angestellte** von einer betrieblichen Versorgungsregelung ausgeschlossen werden. Die Zusage einer betrieblichen Invaliditäts- und Hinterbliebenenversorgung darf auf eine Gruppe von Arbeitnehmern beschränkt werden, die besonders gefährliche Arbeiten verrichten.

2. Geltungsbereich

Da der Adressat des Gleichbehandlungsgrundsatzes der Arbeitgeber ist, dessen Regelungskompetenz nicht auf einen Einzelbetrieb beschränkt ist, hat dieser den Gleichbehandlungsgrundsatz nicht nur bezogen auf einen **Betrieb** zu beachten, sondern im ganzen Unternehmen (BAG NZA 1999, 606). Dagegen besteht nach der Rechtsprechung des BAG keine Pflicht zur Gleichbehandlung im **Konzern** (BAG AP § 1 TVG Tarifverträge: Seniorität Nr. 6).

3. Adressat

An den Gleichbehandlungsgrundsatz ist nicht nur der **Arbeitgeber** gebunden, sondern auch der selbständige **Versorgungsträger,** mit dessen Hilfe der Arbeitgeber die Versorgungsverpflichtung durchführt, z. B. eine Pensionskasse (EuGH NZA 2001, 1301; BAG NZA 2003, 380).

Auch die **Tarifvertragsparteien** sind an den Gleichbehandlungs-grundsatz gebunden. Die Ungleichbehandlung in einem Tarifver-trag stellt als solche keinen sachlichen Grund dar (BAG AP § 1 BetrAVG Gleichbehandlung Nr. 18). Für die **Betriebsparteien** folgt diese Bindung bereits aus § 75 BetrVG (BAG AP § 1 BetrAVG Gleichbehandlung Nr. 38).

4. Prozessrechtliche Probleme

Fühlt ein Arbeitnehmer sich gleichbehandlungswidrig von einer Versorgungsregelung ausgeschlossen oder durch sie benachteiligt, muss er seine **Benachteiligung** gegenüber anderen Arbeitnehmern darlegen und beweisen (BAG AP § 1 BetrAVG Gleichbehandlung Nr. 54). Gelingt dies dem Arbeitnehmer, muss der Arbeitgeber vor-tragen und beweisen, dass er den betreffenden Arbeitnehmer zu Recht aus **sachlichen Gründen** von der Ruhegeldgewährung aus-geschlossen hat. Insbesondere hat der Arbeitgeber darzulegen, wie er den begünstigten Personenkreis abgegrenzt hat und warum der klagende Arbeitnehmer nicht dazugehört (BAG NZA 1992, 837).

Bei einem gleichheitswidrigen Ausschluss aus einem rechtlich selbständigen Versorgungswerk ist es prozessrechtlich ausrei-chend, wenn der Arbeitnehmer auf **Feststellung** klagt, dass der Ar-beitgeber verpflichtet ist, den Arbeitnehmer so zu stellen, als wäre er während der Beschäftigungszeit Mitglied des betreffenden Ver-sorgungswerks gewesen (beispielsweise als wäre der Arbeitnehmer vom/bis bei der Versorgungsanstalt des Bundes und der Länder versichert gewesen – BAG NZA 1996, 992).

5. Rechtsfolgen bei einem Verstoß gegen das Gleichbehand-lungsgebot

Wird eine Person oder werden mehrere Personen zu Unrecht von einer betrieblichen Versorgungsregelung ausgenommen, so haben die zu Unrecht von der Versorgung ausgeschlossenen Per-sonen ebenfalls **Anspruch auf Ruhegeld.** Der rechtswidrige Aus-schluss von bestimmten Personen führt nicht dazu, dass die ge-samte Versorgungsordnung nichtig ist, sondern nur dazu, dass die einschränkenden Bestimmungen einer Versorgungsordnung entfallen, die eine Arbeitnehmergruppe ohne sachlichen Grund benachteiligen (BAG NZA 1998, 1173). Entsteht durch den Gleichbehandlungsverstoß in der Versorgungsregelung eine Lücke, kann diese durch die Gerichte durch ergänzende Vertragsauslegung geschlossen werden (BAG NZA 1999, 999).

Die durch die Einbeziehung der zu Unrecht in der Vergangenheit ausgenommenen Personen entstehende **Kostensteigerung** geht grundsätzlich zu Lasten des Arbeitgebers (BAG AP Art. 119 EWG-Vertrag Nr. 11), nur für die Zukunft kann der Arbeitgeber die Versorgungsregelung so korrigieren, dass der → Dotierungsrahmen für die betrieblichen Altersversorgungsleistungen wieder gewahrt wird.

Da dem Gleichheitssatz auch rückwirkend für die Vergangenheit zu entsprechen ist, muss der Arbeitgeber – wenn die Versorgungszusage dies beispielsweise bei einer Zusatzversorgungskasse aufgrund nachträglicher Versicherung nicht zulässt – sich eines anderen Durchführungsweges bedienen, um die Versorgung des benachteiligten Arbeitnehmers sicherzustellen.

III. Gleichbehandlungsprobleme in der betrieblichen Altersversorgung

In der Praxis der betrieblichen Altersversorgung stellt sich eine Vielzahl von allgemeinen Gleichbehandlungsproblemen, die die Rechtsprechung beschäftigt haben. Daneben hat es immer wieder Versorgungsregelungen gegeben, die gegen das Verbot der Diskriminierung wegen des Geschlechts unmittelbar oder mittelbar verstoßen haben.

1. Allgemeine Gleichbehandlungsprobleme

(a) Stichtagsregelungen, die etwa bei der Neuordnung betrieblicher Versorgungsansprüche danach differenzieren, ob ein Arbeitnehmer vor oder nach dem In-Kraft-Treten der Neuordnung in das Unternehmen eingetreten ist, sind in der betrieblichen Altersversorgung üblich und allgemein akzeptiert. Jedoch bedarf die Wahl des jeweiligen Stichtags eines sachlichen Grundes. Auch die zeitliche Differenzierung muss auf die jeweiligen Leistung und deren Besonderheiten abgestimmt sein (BAG NZA 2002, 148).

Dabei kann die wirtschaftliche Leistungsfähigkeit eines Unternehmens und die Verbesserung seiner Konkurrenzfähigkeit auf dem Arbeitsmarkt durchaus ein Grund für eine sachliche Differenzierung in zeitlicher Hinsicht sein (BAG AP § 242 BGB Ruhegehalt Nr. 187).

(b) Zwischen **aktiven Arbeitnehmern** und **Ruheständlern** kann differenziert werden. Der Gleichbehandlungsgrundsatz gibt den Betriebsrentnern keinen Anspruch darauf, dass sie den noch weiter aktiven und erst später in Ruhestand tretenden Arbeitnehmern gleichgestellt werden. Der Versorgungsfall ist ein Einschnitt, auf den die Versorgungsordnung abstellen darf (BAG NZA 1997, 535).

(c) Zwischen verschiedenen **Arbeitnehmergruppen** kann ein Arbeitgeber bei der Gewährung von Leistungen der betrieblichen Altersversorgung aus sachlichen Gründen differenzieren, insbesondere wegen eines nachvollziehbaren unterschiedlichen Interesses an fortdauernder Betriebstreue oder wegen eines typischerweise unterschiedlichen Versorgungsbedarfs einzelner Arbeitnehmergruppen. Diese Differenzierung muss sich aus der betrieblichen Versorgungsordnung selbst heraus ergeben (BAG NZA 1998, 1173). Ein Arbeitgeber kann ohne Verstoß gegen den arbeitsrechtlichen Gleichbehandlungsgrundsatz Arbeitnehmer von einer betrieblichen Altersversorgung ausschließen, die ein erheblich höheres Einkommen als die in das Versorgungswerk einbezogene Gruppe haben. Er kann aus sozialen Gründen nur solchen Arbeitnehmern einen betrieblichen Versorgungsanspruch einräumen, die nicht in vergleichbarer Weise wie die von der Versorgung ausgenommenen Arbeitnehmer zur Eigenvorsorge in der Lage sind. Eine Herausnahme einer bestimmten Arbeitnehmergruppe kann dann gerechtfertigt sein, wenn in dem laufenden Entgelt für diese Arbeitnehmergruppe Vergütungsbestandteile enthalten sind, die einen gleichwertigen Ausgleich der Benachteiligung im Bereich der Versorgung bewirken. Allein aus der Art der Arbeitsleistung und der besonderen Vergütungsstruktur heraus können **Außendienstmitarbeiter** nicht im Gegensatz zu Innendienstmitarbeitern völlig von der betrieblichen Altersversorgung ausgeschlossen werden (BAG NZA 1998, 1173). Andererseits kann es durchaus zulässig sein,

Mitarbeitern im Außendienst eine höhere Altersversorgung zu versprechen als Mitarbeitern im Innendienst, wenn das Unternehmen damit den Zweck verfolgt, Außendienstmitarbeiter stärker an das Unternehmen zu binden (BAG NZA 1998, 782). Ebenso wenig verstößt eine Versorgungsordnung gegen den Gleichbehandlungsgrundsatz, die ausschließlich für Arbeitnehmer in gehobenen Positionen oder ausschließlich für **leitende Angestellte** gilt (vgl. BAG AP § 5 BetrAVG Nr. 48).

(d) Ein in der betrieblichen Altersversorgung verbreitetes Differenzierungskriterium ist es, ob das Einkommen des Arbeitnehmers die → **Beitragsbemessungsgrenze** in der gesetzlichen Rentenversicherung überschreitet oder nicht. Da für Einkommen oberhalb der Beitragsbemessungsgrenze in der gesetzlichen Rentenversicherung keine Sozialversicherungsrentenansprüche entstehen, ergibt sich für diese Arbeitnehmer ein höherer Versorgungsbedarf.

(e) In einer Versorgungsregelung, die Leistungen von der Bedingung abhängig macht, dass die Begünstigten bei Beginn des Arbeitsverhältnisses ein bestimmtes Höchsteintrittsalter noch nicht überschritten haben, hat das BAG (AP § 1 BetrAVG Gleichbehandlung Nr. 5) keinen Verstoß gegen den Gleichbehandlungsgrundsatz gesehen. Durch → Wartezeitregelungen darf der Arbeitgeber zulässigerweise die Gewährung einer betrieblichen Altersversorgung von einer bestimmten Mindestbetriebszugehörigkeitszeit abhängig machen. Für das Erreichen der Unverfallbarkeit sieht das BetrAVG selbst bestimmte **Altersgrenzen** vor. Altersgrenzen als Leistungsvoraussetzung stellen in der betrieblichen Altersversorgung keine Diskriminierung wegen des Alters dar, solange in diesen nicht gleichzeitig eine Diskriminierung wegen des Geschlechts liegt (vgl. Art. 6 Abs. 2 RL 2000/78/EG).

(f) Die unterschiedliche Behandlung von **Arbeitern und Angestellten** bei Versorgungszusagen war früher sehr verbreitet. In zwei Beschlüssen von 1982 und 1990 hat das BVerfG (AP § 622 BGB Nr. 16; NZA 1990, 721) jedoch entschieden, dass ein Gesetz, das allein nach dem Status des Arbeitnehmers als Arbeiter oder Angestellter differenziert, gegen den Gleichheitssatz der Verfassung verstößt. Hieran hat das BAG (NZA 2004, 321) für die betriebliche

Altersversorgung angeknüpft und unterschiedliche Versorgungsordnungen, die nur an den Status von Arbeitern und Angestellten
anknüpfen, als gleichheitswidrig angesehen. Ob im Einzelfall dennoch eine Differenzierung möglich ist, weil der Arbeitgeber ein unterschiedliches Interesse an der Betriebstreue von Arbeitern und
Angestellten nachweisen kann oder die Versorgungsordnung auf
einem unterschiedlichen Versorgungsbedarf bei Angestellten und
Arbeitern aufbaut (vgl. zu den Möglichkeiten sachlicher Differen-
zierungsgründe bei den Kündigungsfristen BAG NZA 1991, 803),
ist damit noch nicht entschieden. Erstaunlicherweise hat das BAG
Arbeitgebern mit unterschiedlichen Versorgungsregelungen für
Arbeiter und Angestellten trotz des festgestellten Gleichbehand-
lungsverstoßes eine Übergangsfrist analog zur Übergangsfrist für
die gesetzlichen Kündigungsfristen eingeräumt: erst für Betriebszugehörigkeitszeiten ab dem 1. 7. 1993 ist eine Gleichstellung von
Arbeitern und Angestellten erforderlich.

(g) Eine Versorgungszusage für **Angestellte des öffentlichen Dienstes** muss nicht die gleichen Versorgungsregelungen vorsehen wie
die Beamtenversorgung – Vergütung und Versorgung beider Gruppen sind völlig unterschiedlich (BAG AP § 1 BetrAVG Zusatzversorgungskassen Nr. 10).

(h) Freie Mitarbeiter, die von einer tarifvertraglich eingeräumten
Möglichkeit Gebrauch machen, in ein unbefristetes Arbeitsverhältnis übernommen zu werden, können vom Arbeitgeber ohne
Gleichbehandlungsverstoß erst ab dem Zeitpunkt des abzuschlie-
ßenden Einzelarbeitsvertrags in ein betriebliches Altersversor-
gungssystem einbezogen werden (BAG DB 03, 2554).

(i) Für **befristete Arbeitsverhältnisse,** namentlich ABM-Kräfte, hat
das BAG (AP § 1 BetrAVG Gleichbehandlung Nr. 23) bislang vertreten, dass diese wegen des regelmäßigen Zwecks der Versorgungszusage, die Betriebstreue zu fördern und Arbeitnehmer an
den Betrieb zu binden, aus betrieblichen Versorgungsregelungen
herausgenommen werden können. Angesichts des seit dem 1. 1.
2001 geltenden Diskriminierungsverbots in § 4 Abs. 2 TzBfG erscheint es jedoch zweifelhaft, ob die Rechtsprechung an dieser
Auffassung festhalten kann.

(k) Ausländische Arbeitnehmer dürfen in einer Versorgungsordnung nicht schlechter gestellt werden (Art. 3 Abs. 3 GG).

(l) Es gibt keinen billigenswerten Grund, einen Arbeitnehmer allein deshalb, weil er noch einer anderen beruflichen Tätigkeit nachgeht, aus der betrieblichen Altersversorgung auszunehmen (BAG AP § 1 BetrAVG Gleichbehandlung Nr. 36). Auch eine **Nebentätigkeit** begründet daher einen Anspruch auf betriebliche Altersversorgung. Das Gleiche gilt für zwei nebeneinander bestehende Arbeitsverhältnisse: ein Arbeitnehmer darf nicht allein deshalb aus einem betrieblichen Versorgungswerk ausgeschlossen werden, weil er in einem zweiten Arbeitsverhältnis steht (BAG NZA 1995, 733).

(m) Stark diskutiert wird zurzeit, ob die Verpflichtung des Verleihers, gem. § 3 Abs. 1 Nr. 3 **AÜG** i. d. F. der Hartz-Gesetze seinen Arbeitnehmern die gleichen wesentlichen Arbeitsbedingungen zu gewähren wie den Arbeitnehmern des Entleihbetriebs, auch die Verpflichtung zur Gewährung von betrieblicher Altersversorgung einschließt – ein angesichts der Unverfallbarkeitsfristen weitgehend theoretischer Streit (vgl. jedoch BAG DB 2003, 2189).

(n) Nach einem → **Betriebsübergang** oder einer **Verschmelzung** müssen die unterschiedlichen Belegschaftsteile im Hinblick auf die betriebliche Altersversorgung nicht notwendig gleichbehandelt werden – eine Differenzierung nach Herkunftsbetrieben ist rechtlich zulässig (BAG AP § 613 a BGB Nr. 16).

2. Unmittelbare Diskriminierung wegen des Geschlechts

Die unterschiedliche Behandlung von Männern und Frauen hinsichtlich der Ausgestaltung der betrieblichen Altersversorgung hat die Rechtsprechung bereits vielfach beschäftigt. Sprachliche Ungenauigkeiten werden vom BAG (AP § 1 BetrAVG Gleichberechtigung Nr. 4) als unerheblich angesehen – Versorgungsordnungen, die nicht geschlechtsneutral gefasst sind, sondern nur die männliche Sprachform verwenden, meinen im Zweifel männliche und weibliche Arbeitnehmer gleichermaßen.

(a) Versorgungsregelungen, die nur Witwen-, aber keine **Witwerrente** vorsehen, sind diskriminierend (BAG AP § 1 BetrAVG Hinterbliebenenversorgung Nr. 8). Dies gilt auch dann, wenn die Gewährung einer Witwerrente davon abhängig gemacht wird, dass die verstorbene Arbeitnehmerin den Unterhalt ihrer Familie überwiegend bestritten hat (BAG NZA 2003, 380).

(b) Versorgungsregelungen, die unterschiedliche Leistungsvoraussetzungen für Männer und Frauen aufstellen, verstoßen gegen den Gleichberechtigungsgrundsatz. Hinsichtlich des **Eintrittsalters** oder der anrechnungsfähigen Dienstzeiten darf eine Versorgungsordnung nicht geschlechtsspezifisch differenzieren (BAG AP § 1 BetrAVG Gleichberechtigung Nr. 1).

(c) Ein unterschiedliches **Pensionierungsalter** (für Frauen das 60. und für Männer das 65. Lebensjahr) war in der gesetzlichen Rentenversicherung früher Gesetz und in betrieblichen Versorgungsregelungen üblich. Der EuGH hat am 17. 5. 1990 (AP EWG-Vertrag Artikel 119 Nr. 20 – Barber) entschieden, dass die Festsetzung eines nach dem Geschlecht unterschiedlichen Alters als Voraussetzung für die Eröffnung eines Rentenanspruchs im Rahmen eines an die Stelle des gesetzlichen Systems getretenen betrieblichen Versorgungssystems gegen das Lohngleichheitsgebot des Art. 119 EWG-Vertrag verstößt, selbst wenn eine differenzierende Regelung dem nationalen Sozialversicherungsrecht entspricht. Die gilt auch für das deutsche Betriebsrentenrecht (EuGH NZA 1994, 165 – Moroni). Allerdings hat der EuGH eine Rückwirkung seiner Entscheidung vom 17. 5. 1990 ausgeschlossen. Dementsprechend sind Männer bei einer sie hinsichtlich des Rentenzugangs benachteiligenden Betriebsrentenabrede nur für die Zeit ab dem 18. 5. 1990 so zu behandeln, als gelte für sie das günstigere Rentenzugangsalter für Frauen. Hinsichtlich der Anspruchsberechtigung ergibt sich das auch aus § 30 a BetrAVG. Da die Berechnung der → Höhe der unverfallbaren Versorgungsanwartschaft auf die in der Versorgungszusage festgelegte feste Altersgrenze abstellt, muss bei einer geschlechterdiskriminierenden Altersgrenze die unverfallbare Versorgungsanwartschaft für Beschäftigungszeiten bis zum 17. 5. 1990 anders berechnet werden als für Zeiten danach (BAG AP § 1 BetrAVG Gleichbehandlung Nr. 35). Das unterschiedliche Pensionierungsalter kann sich auch anders auf die Höhe der

Betriebsrente auswirken. Auch hier ist zwischen Beschäftigungszeiten vor und nach dem 17. 5. 1990 zu differenzieren. Versicherungsmathematische Abschläge für den → vorzeitigen Altersren-
tenbezug können für Männer höher sein als für Frauen, soweit es
Beschäftigungszeiten vor dem 17. 5. 1990 betrifft (BAG NZA 1999,
1213). Dagegen dürfen für Beschäftigungszeiten nach dem 17. 5.
1990 keine unterschiedlichen Abschläge vorgesehen werden
(BAG NZA 2005, 1239). Ein Arbeitgeber ist auch nicht aus Gründen der Gleichbehandlung verpflichtet, einem schwer behinderten
Arbeitnehmer ebenso wie einer Arbeitnehmerin die Möglichkeit
zu geben, eine betriebliche Altersrente mit Vollendung des 60. Lebensjahres ohne Abschläge in Anspruch zunehmen, soweit ein
Betriebsrentenanspruch auf Beschäftigungszeiten vor dem 17. Mai
1990 beruht (BAG NZA 2001, 47).

Soweit sich Frauen hinsichtlich des Anschlusses an ein Betriebs-
rentensystem auf den Entgeltgleichheitsgrundsatz des Art. 119
EWG-Vertrag berufen, können sie dies seit dem 8. 4. 1976 (EuGH
NJW 1976, 2068 – Defrenne; EuGH NZA 1997, 83); die zeitliche
Beschränkung der Wirkung des Urteils des EuGH vom 17. Mai
1990 gilt insoweit nicht (BAG NZA 1999, 1213).

3. Mittelbare Diskriminierung wegen des Geschlechts

Eine Benachteiligung wegen des Geschlechts liegt nicht nur
dann vor, wenn eine Regelung ausdrücklich nach dem Geschlecht
differenziert, sie kann auch dann gegen das Diskriminierungsverbot verstoßen, wenn zunächst unabhängig vom Geschlecht objektive Bedingungen für die Gewährung einer Vergütung aufgestellt
werden, die zwar formal von Frauen und Männern erfüllt werden
können, deren Kriterien aber von Frauen aus geschlechtsspezifi-
schen Gründen in bedeutend geringerem Umfang erfüllt werden
können als von Männern (mittelbare Diskriminierung).

Ist der objektive Tatbestand einer mittelbaren Diskriminierung
gegeben, muss der Arbeitgeber zur Rechtfertigung seiner Regelung
darlegen und beweisen, dass die Differenzierung einem wirklichen
Bedürfnis des Unternehmens dient und für die Erreichung dieses
Ziels geeignet und unter Berücksichtigung der Bedeutung des
Grundsatzes der Lohngleichheit nach den Grundsätzen der Ver-

hältnismäßigkeit erforderlich ist (BAG AP § 1 BetrAVG Gleichberechtigung Nr. 5).

(a) Weil **Teilzeitbeschäftigte** überwiegend Frauen sind, stellt der Ausschluss von Teilzeitbeschäftigten aus einer Versorgungsordnung eine mittelbare Diskriminierung dar, soweit der Arbeitgeber nicht besondere Rechtfertigungsgründe darlegen und beweisen kann. Kein sachlicher Grund für eine Differenzierung ist die Teilzeit selbst oder eine unterhälftige Teilzeit (BAG NZA 1996, 48). Den von der betrieblichen Altersversorgung zu Unrecht ausgeschlossenen Teilzeitkräften steht ein Erfüllungsanspruch gegenüber dem Arbeitgeber darauf zu, so gestellt zu werden, als wären sie ebenso wie Vollzeitbeschäftigte dem betrieblichen Versorgungswerk angeschlossen. Da das Verbot der Ungleichbehandlung ohne sachlichen Grund in Bezug auf Teilzeitbeschäftigte nicht erst seit In-Kraft-Treten des § 2 BeschFG oder des § 4 Abs. 1 TzBfG gilt, sind Arbeitgeber auch rückwirkend zu einer Gleichbehandlung von Teilzeitbeschäftigten verpflichtet (BAG NZA 1993, 215). Die Kostensteigerung, die durch die Einbeziehung der Teilzeitbeschäftigten dem Arbeitgeber entsteht, kann dieser nur für die Zukunft durch eine anpassende Betriebsvereinbarung korrigieren; in der Vergangenheit erdiente Versorgungsansprüche und Anwartschaften müssen hingegen nach der alten Versorgungsordnung berechnet werden (BAG AP Art. 119 EWG-Vertrag Nr. 11).

Auch die Tarifvertragsparteien dürfen unterhälftig Teilzeitbeschäftigte nicht von Leistungen der betrieblichen Altersversorgung ausschließen; die tarifliche Regelung stellt keinen sachlichen Grund dar.

Teilzeitbeschäftigte müssen jedoch nicht eine Betriebsrente in gleicher Höhe erhalten wie Vollzeitbeschäftigte, sondern nur anteilig im Verhältnis des Umfangs der Teilzeitbeschäftigung zur Vollzeitbeschäftigung. Bei → Endgehaltssystemen ist darauf zu achten, dass Arbeitnehmer, die zum Schluss ihrer Beschäftigungszeit in Teilzeit arbeiten, bei der **Berechnung** ihrer **Betriebsrente** nicht unverhältnismäßig belastet werden (BAG AP § 1 BetrAVG Gleichbehandlung Nr. 41).

(b) Bei **geringfügig Beschäftigten** innerhalb der Grenzen des § 8 SGB IV ist zu differenzieren: Bis zum 31. 3. 1999 hatten diese aus dem Gesichtspunkt der Gleichbehandlung nicht unbedingt einen Anspruch auf Leistung der betrieblichen Altersversorgung. Dieser Personenkreis war bis zu diesem Zeitpunkt von der gesetzlichen Kranken- und Rentenversicherung ausgenommen. Dieser gesetzliche Grundgedanke dürfte auch für die Leistung der betrieblichen Altersversorgung zumindest bei Gesamtversorgungssystem maßgeblich sein. Die Anknüpfung an das Sozialversicherungsrecht ist insoweit mit dem Leistungszweck der betrieblichen Altersversorgung so verzahnt, dass ein Ausschluss bis zu diesem Zeitpunkt gerechtfertigt ist (BAG AP § 1 BetrAVG Gleichbehandlung Nr. 44). Ob dies auch für andere betriebliche Versorgungssysteme als Gesamtversorgungssysteme gilt, ist dagegen zweifelhaft. Der Ausschluss gilt auch dann nicht, wenn ein Arbeitnehmer aufgrund der Zusammenrechnung mehrerer geringfügiger Beschäftigungen der gesetzlichen Rentenversicherung unterfällt (BAG AP § 1 BetrAVG Gleichbehandlung Nr. 28). Mit der Einbeziehung der geringfügig Beschäftigten in das System der gesetzlichen Sozialversicherung seit dem 1. 4. 1999 dürfte der Ausschluss geringfügig Beschäftigter aus betrieblichen Versorgungssystemen kaum noch zu rechtfertigen sein. Dies gilt erst recht nach der Neuregelung der geringfügigen Beschäftigungsverhältnisse ab 1. 4. 2003 durch das Zweite Gesetz für moderne Dienstleistungen am Arbeitsmarkt.

(c) Vor dem Hintergrund der mittelbaren Diskriminierung problematisch sind die aus unterschiedlichen **Versicherungstarifen** für Männer und Frauen bei gleichem Beitrag resultierenden unterschiedlichen Leistungen einer Direktversicherung. Zwar hat der EuGH (DB 1994, 484 – Neath) die Verwendung unterschiedlicher versicherungsmathematischer Faktoren für Männer und Frauen toleriert, doch scheint es unter dem Aspekt der Entgeltgleichheit (Art. 141 EG-Vertrag) zweifelhaft, ob es wirklich zulässig ist, dass aus → beitragsorientierten Versorgungszusagen unterschiedliche Leistungen für Männer und Frauen resultieren oder etwa bei einer → Entgeltumwandlung das gleiche umgewandelte Entgelt zu einer unterschiedlichen wertgleichen Anwartschaft auf Versorgungsleistungen führt, je nachdem, ob es sich um einen Mann oder eine Frau handelt.

(d) Mittelbar diskriminierend ist auch eine Versorgungsregelung, die für Witwer früherer Arbeitnehmerinnen nur dann eine **Hinterbliebenenrente** gewährt, wenn diese den Unterhalt überwiegend bestritten haben, während Witwen früherer Arbeitnehmer ohne weitere Voraussetzung eine betriebliche Witwenrente erhalten (BAG NZA 2003, 380).   *(M)*

H

▶ **Haftung des Arbeitgebers**

Für die Erfüllung einer betrieblichen Versorgungszusage hat ein Arbeitgeber grundsätzlich einzustehen, und zwar auch dann, wenn er die Durchführung der betrieblichen Altersversorgung einem mittelbaren Versorgungsträger überträgt, also die Versorgung über eine Direktversicherung, eine Pensionskasse, einen Pensionsfonds oder eine Unterstützungskasse abgewickelt wird (§ 1 Abs. 1 Satz 3 BetrAVG). Auch bei mittelbaren Versorgungszusagen beruhen die Rechte des Arbeitnehmers auf der im arbeitsrechtlichen Grundverhältnis erteilten Versorgungszusage. Dies gilt unabhängig davon, nach welchem Leistungsplan (→ Versorgungsmodelle) die Altersversorgung aufgebaut wird und ob die Mittel für die betriebliche Altersversorgung ursprünglich vom Arbeitgeber oder vom Arbeitnehmer (etwa bei einer → Entgeltumwandlung oder → Umfassungszusage) stammen.

Kann beispielsweise eine → **Unterstützungskasse** mangels Zuwendungen des Arbeitgebers die Leistungen nicht erbringen, muss der Arbeitgeber für diese aufkommen (BAG AP § 242 BGB Ruhegehalt – Unterstützungskassen Nr. 6). Das Gleiche gilt bei Einbußen bei einer → **Direktversicherung,** weil der Arbeitgeber die Beiträge an den Versicherer nicht vertragsgemäß entrichtet hat (BAG AP § 7 BetrAVG Lebensversicherung Nr. 1). Soweit das BAG hier für den aus dem Beitragsrückstand resultierenden Schadensersatzanspruch einen → Insolvenzschutz ablehnt, wird zu prüfen sein, ob dieser auch noch für den Erfüllungsanspruch gegenüber dem Arbeitgeber gem. § 1 Abs. 1 Satz 3 BetrAVG ausgeschlossen werden kann. Der Arbeitgeber haftet auch, wenn er das Bezugsrecht aus einer Lebensversicherung widerruft, weil das Arbeitsverhältnis mit dem begünstigten Arbeitnehmer geendet hat, obwohl dessen Versorgungsanwartschaft bereits unverfallbar war (BAG AP § 1 BetrAVG Lebensversicherung Nr. 4).

Verstößt der Leistungsplan einer **selbständigen Versorgungsein-richtung** gegen Rechtsvorschriften, beispielsweise den → **Gleich-behandlungsgrundsatz,** hat der Arbeitgeber dafür zu sorgen, dass der Arbeitnehmer die ihm von Rechts wegen zustehenden Ver-sorgungsleistungen erhält. Bei einem gleichbehandlungswidrigen Ausschluss aus dem Versorgungswerk hat der Arbeitgeber dem be-nachteiligten Arbeitnehmer die entsprechende Versorgung zu ver-schaffen – entweder indem er dies gegenüber dem Versorgungs-träger durchsetzt oder indem selbst für die Versorgung aufkommt (BAG AP § 1 BetrAVG Gleichbehandlung Nr. 18).

Eine Haftung des Arbeitgebers kann sich im Übrigen nicht nur daraus ergeben, dass dieser oder der die Versorgung durchfüh-rende Versorgungsträger seiner Hauptleistungspflicht, der Zahlung der versprochenen Betriebsrente nicht nachkommt, sondern auch dadurch, dass der Arbeitgeber vertragliche **Nebenpflichten** (§ 241 Abs. 2 BGB) **verletzt.** Hierzu gehören beispielsweise Informations-und → **Aufklärungspflichten.** *(M)*

▶ Hinterbliebenenrente

Sowohl die gesetzliche als auch die betriebliche Altersversorgung kennen Hinterbliebenenrenten. Die gesetzliche Rentenversiche-rung bezeichnet diese als Rente wegen Todes und unterteilt diese in Witwenrente, Witwerrente, Waisenrente, Erziehungsrente und Rente wegen Todes bei Verschollenheit.

I. Gesetzliche Hinterbliebenenrente

1. Allgemeines

Der Tod eines Versicherten hat für seine unterhaltsberechtigten Angehörigen finanzielle Einbußen zur Folge, weil der vom Ver-storbenen geleistete Unterhalt wegfällt. Dieser Unterhaltsverlust wird durch Renten an Hinterbliebene ausgeglichen. Die gesetz-liche Rentenversicherung zahlt Leistungen an Hinterbliebene für Witwen, Witwer und Waisen. Seit 2002 haben die Ehegatten die Möglichkeit statt der Hinterbliebenenrente ein so genanntes Ren-tensplitting zu wählen. Zu den Hinterbliebenenrenten zählt auch die Erziehungsrente.

2. Witwen- und Witwerrente nach dem letzten Ehegatten

Dabei werden nicht nur Ehegatten als Anspruchsberechtigte einbezogen, sondern auch ein überlebender Lebenspartner aus einer eingetragenen Lebenspartnerschaft. Das Gesetz unterscheidet in den Anspruch auf die kleine Witwen-/Witwerrente und auf große Witwen-/Witwerrente.

(a) Anspruch auf eine **kleine Witwen-/Witwerrente** besteht (nach § 46 Abs. 1 SGB VI) bei dem Tod eines Versicherten, wenn

- der Witwen-/Witwerstatus vorliegt,
- keine Versorgungsehe vorliegt,
- ein Rentensplitting unter Ehegatten/Lebenspartnern nicht durchgeführt wurde,
- die Witwe/der Witwer nicht wieder geheiratet hat/der überlebende Lebenspartner keine erneute Lebenspartnerschaft begründet hat und
- der/die verstorbene Versicherte die allgemeine Wartezeit von fünf Jahren erfüllt hat.

Dieser Anspruch besteht nur für 24 Kalendermonate nach dem Tod des Ehegatten/des Lebenspartners.

(b) Anspruch auf eine **große Witwen-/Witwerrente** besteht (nach § 46 Abs. 2 SGB VI) darüber hinaus, wenn die Witwe oder der Witwer oder der überlebende Lebenspartner

- ein eigenes oder ein Kind des Versicherten unter 18 Jahren erzieht oder
- bereits das 45. Lebensjahr vollendet hat oder
- erwerbsgemindert ist.

Auf die Todesursache kommt es bei den Hinterbliebenenrenten der gesetzlichen Rentenversicherung nicht an. Auch der Selbstmord kann Hinterbliebenenrenten auslösen. Wer allerdings den Versicherten vorsätzlich getötet hat, hat keinen Anspruch auf Rente (§ 105 SGB VI).

Witwe/Witwer/überlebender Lebenspartner ist die diejenige/derjenige, die/der im Zeitpunkt des Todes des/der Versicherten mit diesem/dieser in rechtsgültiger Ehe verheiratet war/eine rechtsgültige Lebenspartnerschaft begründet hat. Die Ehe/Lebenspartnerschaft besteht bis zum Eintritt der Rechtskraft einer gerichtlichen

Entscheidung über die Scheidung, Aufhebung oder Nichtigkeit der Ehe/Eintritt der Rechtskraft einer gerichtlichen Entscheidung über die Aufhebung oder Auflösung der Lebenspartnerschaft. Soweit die Witwe/der Witwer eine neue Ehe schließt/eine neue Lebenspartnerschaft begründet, entfällt der Anspruch auf Witwen-/Witwerrente mit Ablauf des Kalendermonats der Wiederheirat/der Begründung einer neuen Lebenspartnerschaft. Aufgrund dieser Wiederheirat/Begründung einer neuen Lebenspartnerschaft entsteht ein Anspruch auf Rentenabfindung.

Es besteht grundsätzlich kein Anspruch auf Witwen-/Witwerrente, wenn die Ehe/Lebenspartnerschaftszeit nicht mindestens ein Jahr gedauert hat. Der Gesetzgeber geht in diesen Fällen pauschal von der Annahme einer „Versorgungsehe"/„Versorgungslebenspartnerschaft" aus. Die Annahme kann widerlegt werden, beispielsweise wenn der Tod durch ein unvorhersehbares Ereignis (z. B. Unfalltod) eingetreten ist.

3. Witwen- und Witwerrente nach dem vorletzten Ehegatten

Nach § 46 Abs. 3 SGB VI haben überlebende Ehegatten, die wieder geheiratet haben, Anspruch auf kleine oder große Witwen-/Witwerrente, wenn die erneute Ehe aufgelöst oder für nichtig erklärt ist. Dabei gelten die gleichen Voraussetzungen wie bei der Witwen- und Witwerrente nach dem letzten Ehegatten. Die Anspruchsvoraussetzungen werden zum Zeitpunkt der Auflösung der 2. Ehe (letzten Ehe) erneut geprüft, weil dieser ehemalige (weggefallene) Rentenanspruch als neuer Rentenanspruch eigenständig entsteht. Es tritt infolge der Wiederheirat lediglich die Auflösung der neuen Ehe als Anspruchsvoraussetzung hinzu. Die Auflösung der Ehe erfolgt durch Tod/Todeserklärung des Ehegatten, Aufhebung (§§ 28–34 Ehegesetz) oder Scheidung der Ehe; die Nichtigkeit einer Ehe beurteilt sich nach den §§ 16–22 Ehegesetz. Dieser Anspruch kann nur einmal geltend gemacht werden, d. h. der Anspruch aus der 1. Ehe kann nur bei Auflösung der 2. Ehe, nicht jedoch bei der 3. oder folgenden Ehe geltend gemacht werden.

4. Witwen- und Witwerrente an vor dem 1. 7. 1977 geschiedene Ehegatten

Es handelt sich um Ansprüche, die nur Eheauflösungen nach dem bis zum 30. 6. 1977 geltenden Recht (EheG vom 20. 2. 1946) betreffen. Es wird unterschieden zwischen der kleinen und der großen Witwen-/Witwerrente an vor dem 1. 7. 1977 geschiedene Ehegatten.

5. Ehegattensplitting

Das Hinterbliebenenrentenrecht wurde ab 2002 grundlegend reformiert. Kernstück der Reform ist das Rentensplitting unter Ehegatten (§§ 120a–120c SGB VI). Ab 1. 1. 2002 können bestimmte Versicherte durch Abgabe einer Erklärung von dem Modell der „abgeleiteten Hinterbliebenenrente" (also der Rente an den überlebenden Ehegatten/Lebenspartner nach dem Tod des Versicherten) abweichen, so dass eine abgeleitete Hinterbliebenenrente dann nicht mehr gezahlt wird. Anstelle einer abgeleiteten Hinterbliebenenrente findet in diesem Fall ein so genanntes Rentensplitting statt, d. h. die gemeinsam in der Ehezeit erworbenen Rentenanwartschaften werden gleichmäßig zwischen den Ehepartnern aufgeteilt. Der Ehegatte, der in der Ehezeit die höheren Rentenansprüche erworben hat, gibt in diesem Fall einen Teil seiner in der Ehezeit erworbenen Rentenansprüche an den anderen Ehegatten ab. Dieser Teil entspricht der Hälfte des Wertunterschiedes zwischen den von beiden Ehegatten während der Ehezeit erworbenen Rentenansprüchen. Nach Durchführung dieses Rentensplittings sind die von den Ehegatten während der Ehe erworbenen Rentenansprüche in der gesetzlichen Rentenversicherung gleich hoch.

Für das Rentensplitting können sich nur Ehepaare entscheiden, die nach dem 31. 12. 2001 geheiratet haben oder bei denen beide Ehepartner nach dem 1. 1. 1962 geboren sind.

Der Gesetzgeber will durch diese Regelung nur den Ehepaaren das Rentensplitting ermöglichen, für die auch die anderen Neuregelungen des Hinterbliebenenrentenrechts zum Tragen kommen. Dies betrifft in erster Linie die so genannten „Jung-Ehen", die nach dem 31. 12. 2001 geschlossen wurden. Bestand die Ehe hingegen bereits am 31. 12. 2001, können sich nur die Ehepaare für das Rentensplitting entscheiden, die bei In-Kraft-Treten der neuen Regelung (1.1.2002) noch nicht 40 Jahre alt gewesen sind. Dies bedeutet, dass für „Alt-Ehepaare" das Rentensplitting unter Ehegatten nicht in Betracht kommt, wenn der ältere Partner vor dem 2.1. 1962 geboren ist.

Das Rentensplitting kann nach der rechtlichen Konstruktion frühestens durchgeführt werden, wenn entweder das Versicherungsleben beider Ehegatten abgeschlossen ist oder einer der beiden Ehegatte verstorben ist.

Der Anspruch auf das Rentensplitting nach abgeschlossenem Versicherungsleben besteht, wenn 25 Jahre rentenrechtliche Zeiten vorhanden sind, der Entscheidungszeitpunkt für das Rentensplitting (frühestmöglicher „Splittingzeitpunkt") erreicht ist und beide Ehegatten erklären, dass ein Rentensplitting durchgeführt werden soll.

Bei beiden Eheleuten müssen zum Zeitpunkt der Durchführung des Rentensplittings 25 Jahre mit rentenrechtlichen Zeiten vorhanden sein. Hierdurch soll gewährleistet sein, dass vom Rentensplitting unter Ehegatten nur diejenigen Versicherten begünstigt werden, die ihren Schwerpunkt der Versorgung in der gesetzlichen Rentenversicherung haben.

Der früheste Splittingzeitpunkt ist der Zeitpunkt, zu dem erstmalig beide Ehegatten Anspruch auf eine Vollrente wegen Alters aus der gesetzlichen Rentenversicherung haben. Das Rentensplitting ist somit erst dann möglich, wenn zu dem Bezug einer Vollrente wegen Alters des einen Ehegatten der Bezug einer Vollrente des anderen Ehegatten hinzutritt.

Es werden auch Ehepaare erfasst, bei denen ein Ehegatte kein Anspruch auf eine Vollrente wegen Alters hat. Hier tritt der früheste Splittingzeitpunkt ein, wenn die Vollrente wegen Alters für den ersten Ehepartner begonnen hat und der zweite Ehepartner das 65. Lebensjahr vollendet.

Unabhängig davon, ob es sich um den frühesten Splittingzeitpunkt „Zwei Vollrenten wegen Alters" oder „65. Lebensjahr des jüngeren Ehegatten" handelt, müssen beide Ehegatten dem für den jüngeren Ehepartner zuständigen Rentenversicherungsträger schriftlich erklären, dass das Rentensplitting durchgeführt werden soll.

Der Anspruch auf das Rentensplitting nach dem Tod eines Ehegatten besteht, wenn ein Ehepartner verstorben ist und zu Lebzeiten kein Anspruch auf das Rentensplitting bestanden hat, eine Rentenabfindung bei Wiederheirat nicht geleistet worden ist 25 Jahre rentenrechtliche Zeiten vorhanden sind und der überlebende Ehegatte erklärt, dass ein Rentensplitting durchgeführt werden soll.

Verstirbt einer der Ehegatten, kann der überlebende Ehegatte das Rentensplitting allein herbeiführen. Voraussetzung ist hierfür, dass der Tod nach dem 31. 12. 2001 eingetreten ist und zum Zeitpunkt des Todes eine rechtsgültige Ehe bestanden hat. Außerdem darf zu Lebzeiten des Verstorbenen für die Ehegatten noch keine Möglichkeit zur Durchführung des Rentensplitting bestanden haben. Im Ergebnis bedeutet dies, dass das Rentensplitting nach dem Tod des Ehegatten immer dann in Betracht kommt, wenn dieser noch keine Vollrente wegen Alters bezogen hat bzw. das 65. Lebensjahr noch nicht vollendet hatte.

Das Vorliegen von 25 Jahren rentenrechtlicher Zeit ist auch dann gefordert, wenn ein Ehegatte vor dem Splittingzeitpunkt „nach abgeschlossenem Versicherungsleben" verstorben ist und der überlebende Ehegatte das Splitting allein durchführt. Die 25 Jahre rentenrechtliche Zeiten brauchen aber nur bei dem überlebenden Ehegatten vorliegen. Als Endzeitpunkt gilt hier der Ablauf des Todesmonats des verstorbenen Ehegatten. Da es bei frühen Todesfällen sehr wahrscheinlich ist, dass der überlebende Ehegatte noch keine 25 Jahre rentenrechtliche Zeiten zurückgelegt hat, werden bestimmte Zeiten bis zur Vollendung des 65. Lebensjahres fiktiv berücksichtigt.

Im Falle dessen, dass der überlebende Ehegatte das Rentensplitting allein durchführt, hat dieser dem zuständigen Rentenversicherungsträger gegenüber eine entsprechende schriftliche Erklärung abzugeben. Diese Erklärung ist an keine bestimmte Frist gebunden Sie kann somit zu jeder Zeit nach dem Tode des Ehegatten abgegeben werden. Dies gilt auch dann, wenn zunächst aus der Versicherung des Verstorbenen eine Hinterbliebenenrente geleistet wird und sich der überlebende Ehegatte erst später für das Rentensplitting entscheidet. Diese Vorgehensweise bietet sich sogar an, da zur endgültigen Beurteilung der Vor- oder Nachteile eines Rentensplittings zunächst eine ausführliche und individuelle Beratung durch den Rentenversicherungsträger notwendig ist. Hierbei ist aber zu beachten, dass der Anspruch auf Zahlung einer Witwen-/Witwerrente mit Ablauf des Monats wegfällt, in dem eine Entscheidung des Rentenversicherungsträgers über das Rentensplitting bestandskräftig wird.

Die Erklärung kann selbst dann noch abgegeben werden, wenn der überlebende Ehegatte zunächst eine Witwen-/Witwerrente bezogen hat und später erneut geheiratet hat. Dies ist allerdings nur dann der Fall, wenn bei der Wiederheirat keine Rentenabfindung wegen der Wiederheirat beantragt wird, da im Falle der Zahlung einer Rentenabfindung kein Anspruch mehr auf das Rentensplitting besteht.

Ausgeglichen werden die während der Splittingzeit von beiden Eheleuten erworbenen Rentenanwartschaften. Anders als beim Versorgungsausgleich werden Anwartschaften aus anderen Alterssicherungssystemen (z. B. Beamtenpension) nicht ausgeglichen.

In Anlehnung an die Regelungen über den Versorgungsausgleich beginnt die Splittingzeit mit dem Kalendermonat, in dem die Ehegatten geheiratet haben. Sie endet mit dem Kalendermonat, in dem das Versicherungsleben des Ehegatten endet, dessen Vollrente wegen Alters zuletzt beginnt bzw. in dem der zweite Ehegatte das 65. Lebensjahr vollendet. Im Falle des vorzeitigen Todes endet die Splittingzeit mit dem Kalendermonat, in dem der Versicherte verstorben ist.

Liegen dem zuständigen Rentenversicherungsträger die Auskünfte über die in der Splittingzeit erworbenen Entgeltpunkte für beide Ehegatten vor, werden diese Entgeltpunkte gegenübergestellt. Die Differenz der während der Splittingzeit ermittelten Entgeltpunkte wird halbiert und dem Ehegatten übertragen, der weniger Entgeltpunkte während der Splittingzeit erworben hat. Die übertragene Rentenanwartschaft beim Begünstigten nennt man „Splittingzuwachs". Hieraus werden auch Wartezeitmonate ermittelt.

Lebenspartner können gemeinsam bestimmen, dass die von ihnen in der Lebenspartnerschaft erworbenen Ansprüche auf eine anpassungsfähige Rente zwischen ihnen aufgeteilt werden (Rentensplitting unter Lebenspartnern). Die Durchführung des Rentensplittings, der Anspruch auf eine nicht aufgrund des Rentensplittings gekürzte Rente und die Abänderung des Rentensplittings unter Lebenspartnern richtet sich nach den vorangegangenen Vorschriften dieses Unterabschnitts. Dabei gelten als Eheschließung die Begründung einer Lebenspartnerschaft, als Ehe eine Lebenspartnerschaft und als Ehegatte ein Lebenspartner.

Ein Rentensplitting unter Lebenspartnern ist ausgeschlossen, wenn während der Lebenspartnerschaft eine Ehe geschlossen wurde.

Durch die Einführung des § 120 d SGB VI haben Lebenspartner künftig das Recht zum Rentensplitting unter Lebenspartnern, wenn die in § 120 a SGB VI genannten Voraussetzungen vorliegen. Darüber hinaus gelten für die Lebenspartner auch die Härteregelung des § 120 b SGB VI nach dem Tod eines Ehegatten vor Empfang angemessener Leistungen und die Regelung des § 120 c SGB VI über die Abänderung des Rentensplittings unter Ehegatten.

6. Erziehungsrente

Nach § 47 SGB VI haben Versicherte bis zur Vollendung des 65. Lebensjahres Anspruch auf Erziehungsrente, wenn

- ihre Ehe nach dem 30. 6. 1977 geschieden wurde,
- ihr geschiedener Ehegatte gestorben ist,
- sie ein eigenes oder ein Kind des geschiedenen Ehegatten erziehen,
- sie nicht wieder geheiratet haben und
- sie bis zum Tode des geschiedenen Ehegatten die allgemeine Wartezeit von fünf Jahren erfüllt haben.

Für einen Anspruch auf Erziehungsrente gelten als Scheidung einer Ehe auch die Aufhebung einer Lebenspartnerschaft, als geschiedener Ehegatte auch der frühere Lebenspartner, als Heirat auch die Begründung einer Lebenspartnerschaft, als verwitweter Ehegatte auch ein überlebender Lebenspartner und als Ehegatte auch der Lebenspartner. Erziehungsrenten sind auf Zeiten bis zur Vollendung des 65. Lebensjahres begrenzt. Nach Vollendung des 65. Lebensjahres ist nur noch die Leistung einer Altersrente möglich. Diese Renten können selbst dann nicht mehr gezahlt werden, wenn Versicherte die Altersrente nicht in Anspruch nehmen sollten.

Maßgebend ist, dass das Scheidungsurteil nach dem 30.6.1977 verkündet wurde. Eine Lebenspartnerschaft wird auf Antrag eines der beiden Lebenspartner durch gerichtliches Urteil aufgehoben (§ 15 Abs. 1 LPartG). Geschiedenen Ehegatten/früheren Lebenspartnern stehen Ehegatten/Lebenspartnern gleich, deren Ehe/Lebenspartnerschaft für nichtig erklärt oder aufgehoben wurde. Nach § 47 Abs. 3 SGB VI stehen bei Tod eines Ehegatten ab 1.1. 2002/Tod eines Lebenspartners verwitwete Ehegatten/der überlebende Lebenspartner, für die ein Rentensplitting (§§ 120 a, 120 d SGB VI) durchgeführt wurde, geschiedenen Ehegatten/früheren Lebenspartnern gleich.

Anspruch auf Erziehungsrente besteht, wenn und solange ein eigenes oder ein Kind des geschiedenen Ehegatten/des früheren Lebenspartners erzogen wird. Kinder i. S. von § 46 Abs. 2 SGB VI sind zunächst die leiblichen Kinder und Adoptivkinder. Den eigenen Kindern oder den Kindern des geschiedenen Ehegatten/des früheren Lebenspartners stehen

- Stief- und Pflegekinder, die in den Haushalt aufgenommen sind, und
- Enkel und Geschwister, die in den Haushalt aufgenommen sind oder von ihr(m) überwiegend unterhalten werden gleich.

Erziehung ist regelmäßig so lange anzunehmen, wie sich das Kind in häuslicher Gemeinschaft mit dem überlebenden Ehegatten/dem überlebenden Lebenspartner befindet. Eine räumliche Trennung schließt eine Erziehung nicht aus. Erziehung liegt dagegen nicht (mehr) vor, wenn der überlebende Ehegatte/der überlebende Lebenspartner keinen erzieherischen Einfluss auf das Kind haben kann. Die Erziehung endet mit der Volljährigkeit des Kindes, nach derzeitigem Recht die Vollendung des 18. Lebensjahres. Erziehung entfällt auch, wenn ein nicht volljähriges Kind heiratet, weil mit der Eheschließung des Kindes die tatsächliche Personensorge erlischt. Der Anspruch entfällt mit Ablauf des Kalendermonats, in dem die Erziehung endet.

Der Erziehung steht die Sorge für ein Kind gleich, das sich wegen körperlicher, geistiger oder seelischer Gebrechen nicht selbst unterhalten kann, soweit sich dieses Kind im Haushalt des überlebenden Ehegatten/des überlebenden Lebenspartners aufhält. Die

Vollendung des 18. Lebensjahres beendet die Sorge nicht, so dass ein Anspruch auf Erziehungsrente auch weiterhin besteht. Ob eine den Anspruch begründende Behinderung vorliegt, ist eine Frage der medizinischen Beurteilung des Einzelfalles. Vom Bestehen einer häuslichen Gemeinschaft wird man nicht mehr ausgehen können, wenn sich das Kind auf Dauer und ständig in einem Heim befindet. Der Anspruch entfällt also, wenn die Behinderung behoben oder die häusliche Gemeinschaft auf Dauer unterbrochen ist.

Soweit eine neue Ehe geschlossen wird/neue Lebenspartnerschaft begründet wird, entfällt der Anspruch auf Erziehungsrente nach § 100 Abs. 3 SGB VI mit Ablauf des Kalendermonats der Wiederheirat/Wiederbegründung einer neuen Lebenspartnerschaft.

Die Erziehungsrente ist nach § 102 Abs. 3 SGB VI auf das Ende der Kindererziehung zu befristen, was im Regelfall der Ablauf des Kalendermonats der Vollendung des 18. Lebensjahres des jüngsten Kindes ist.

7. Waisenrenten

Hinterlässt ein Versicherter nach seinem Tod unterhaltsberechtigte Kinder, haben diese Anspruch auf eine Waisenrente. Dabei wird zwischen einem Anspruch auf Halbwaisenrente und einem Anspruch auf Vollwaisenrente unterschieden, je nachdem, ob noch ein unterhaltspflichtiger Elternteil vorhanden ist. Als Kinder werden außer den ehelichen, die für ehelich erklärten, die nichtehelichen und die Adoptiv-, Stief- und Pflegekinder und – unter bestimmten Voraussetzungen – auch Enkel und Geschwister berücksichtigt, die im Haushalt des Verstorbenen leben oder von ihm unterhalten wurden. Berücksichtigt werden auch Kinder des Lebenspartners. Es wird insoweit wie ein Stiefkind behandelt. Das Lebenspartnerschaftsgesetz lässt auch die Adoption eines Kindes des Lebenspartners zu (so genannte Stiefkindadoption).

Der Anspruch besteht grundsätzlich bis zur Vollendung des 18. Lebensjahres. Darüber hinaus grundsätzlich bis zur Vollendung des 27. Lebensjahres, wenn die Waise sich in Schul- oder Berufsausbildung befindet oder wegen körperlicher, geistiger oder seelischer Behinderung außerstande ist, sich selbst zu unterhalten. Der Anspruch auf Waisenrente kann noch einmal um die Dauer

von Wehr- oder Zivildienst verlängert werden, wenn die Schul-
oder Berufsausbildung dadurch unterbrochen oder aufgeschoben
worden ist.

8. Einkommensanrechnung

Auf Witwen- und Witwerrenten, → Erziehungsrenten und Waisenrenten wird selbst erworbenes Einkommen, das einen bestimmten Freibetrag übersteigt, zu 40 Prozent angerechnet. Bei den
Witwen- und Witwerrenten in den alten Bundesländern ist zu beachten, dass bei Erfüllung bestimmter Voraussetzungen das Einkommen nicht (bei Abgabe einer gemeinsamen Erklärung i. S. v.
§ 314 Abs. 1 SGB VI) oder nur abgestuft (Tod des Versicherten in
der Zeit bis zum 31. 12. 1995) anzurechnen ist. Für die „Sterbe-
übergangszeit", die den Sterbemonat und die nachfolgenden drei
Kalendermonate umfasst, entfällt die Einkommensrechnung generell. Bezieht der überlebende Ehegatte/der überlebende Lebenspartner zusätzlich eine Hinterbliebenenrente aus der gesetzlichen
Unfallversicherung, werden die eigenen Einkünfte vorrangig auf
die Unfallrente angerechnet. Mit dem ggf. danach noch nicht verbrauchten Teil des Einkommens wird die Rente aus der Rentenversicherung – ohne Berücksichtigung des Freibetrages – gekürzt.

Nach § 18a Abs. 1 SGB IV sind Erwerbseinkommen, Erwerbsersatzeinkommen und Vermögenseinkommen – mit Ausnahme
der meisten steuerfreien oder der aus steuerlich geförderten Altersvorsorgeverträgen resultierenden Einnahmen – anzurechnen.

Erwerbseinkommen sind nach § 18a Abs. 2 SGB IV Arbeitsentgelt, Arbeitseinkommen und vergleichbare Einkommen. Erwerbsersatzeinkommen sind Leistungen, die erbracht wurden, um Erwerbseinkommen zu ersetzen. Sie gliedern sich in kurzfristige und
dauerhafte Leistungen. Vermögenseinkommen ist die positive
Summe der positiven oder negativen Überschüsse, Gewinne oder
Verluste aus Einnahmen aus z. B. Kapitalvermögen, Vermietung
und Verpachtung oder privaten Veräußerungsgeschäften.

Grundlage für die Einkommensanrechnung sind zunächst die
vom überlebenden Ehegatten/überlebenden Lebenspartner bezogenen „Bruttoeinkommen", wobei beim Bezug von Erwerbseinkommen die Beitragsbemessungsgrenze der Rentenversicherung

unbeachtlich ist. Auf das Vorliegen von Versicherungspflicht (z. B. Beamte) kommt es ebenfalls nicht an. Neben den laufenden Einkünften sind auch alle geleisteten oder zu erwartenden Sonderzahlungen zu berücksichtigen. Werden mehrere Einkommen bezogen, sind sie zusammenzurechnen.

Für die Einkommensanrechnung erfolgt grundsätzlich eine pauschale Kürzung auf „Nettobeträge". Nicht mit Pauschalwerten, sondern um den Anteil der vom Berechtigten zu tragenden Beiträge zur Sozialversicherung und zur Bundesagentur für Arbeit, sind zu kürzen: Kurzfristige Erwerbsersatzeinkommen, Versichertenrenten der Rentenversicherung, → Altersrenten der landwirtschaftlichen Alterskassen.

Bei den Renten aus der gesetzlichen Rentenversicherung sind jedoch Besonderheiten zu beachten. Sofern eine Pflichtversicherung zur Kranken- und Pflegeversicherung der Rentner besteht, ist die „Bruttorente" um den vom Berechtigten zu tragenden Anteil zu kürzen. Besteht eine freiwillige/private oder keine Versicherung, ist die Bruttorente der Einkommensanrechnung zugrunde zu legen.

Nach § 97 Abs. 2 SGB VI ergibt sich der Freibetrag als Produkt von Multiplikator (abhängig von der Rentenart) und aktuellem Rentenwert. Je nach Anzahl der waisenrentenberechtigten Kinder erhöht sich der Freibetrag durch Multiplikation des Wertes 5,6 mit dem aktuellen Rentenwert.

Soweit sich der Wohnort/gewöhnliche Aufenthalt des Hinterbliebenen im Beitrittsgebiet befindet, ist nach § 228a Abs. 3 SGB VI anstelle des aktuellen Rentenwertes der aktuelle Rentenwert (Ost) zu berücksichtigen.

Für den Zeitraum vom 1. 7. 2006 bis 30. 6. 2007 ergeben sich folgende Freibeträge:

	Witwen-, Witwer-, Erziehungsrente	Waisenrente	Erhöhungsbetrag*
West	689,83 EUR	459,89 EUR	146,33 EUR
Ost	606,41 EUR	404,27 EUR	128,63 EUR

* Der erhöhte Freibetrag ist für jedes Kind schon allein dann zu berücksichtigen, wenn es sich um ein Kind des Berechtigten i. S. v. § 48 Abs. 1 und 3 SGB VI handelt, solange die Voraussetzungen nach § 48 Abs. 4 und 5 SGB VI (z. B. Schul- oder Berufsausbildung des Kindes nach Vollendung des 18. Lebensjahres) vorliegen.

Da sich der aktuelle Rentenwert/aktuelle Rentenwert (Ost) zum 1. Juli eines jeden Jahres verändert, ergeben sich zu diesem Zeitpunkt neue Freibeträge (Dynamisierung).

9. Rentenabfindung

Witwen- und Witwerrenten werden nach § 107 SGB VI bei der ersten Wiederheirat abgefunden. Für eine Rentenabfindung gelten als erste Wiederheirat auch die erste Wiederbegründung einer Lebenspartnerschaft, die erste Heirat nach einer Lebenspartnerschaft sowie die erste Begründung einer Lebenspartnerschaft nach einer Ehe.

Erfasst werden hiervon die Witwen- oder Witwerrenten nach dem letzten Ehegatten/dem letzten Lebenspartner und die Witwen- oder Witwerrente an frühere Ehegatten/früheren Lebenspartner. Witwen- und Witwerrenten nach dem vorletzten Ehegatten/vorletzten Lebenspartner können dagegen bei einer erneuten Wiederheirat/erneuten Wiederbegründung einer Lebenspartnerschaft aufgrund der ausdrücklichen Regelung in § 107 SGB VI nicht abgefunden werden.

Die Abfindungssumme beträgt das 24 fache eines Durchschnittsbetrages (einschließlich evtl. Steigerungsbeträge aus der Höherversicherung). Im Regelfall ergibt sich dieser Durchschnittsbetrag aus der für die letzten 12 Kalendermonate gezahlten Witwen- oder Witwerrente. Bei einer Wiederheirat/Wiederbegründung einer Lebenspartnerschaft vor Ablauf des 15. Kalendermonats nach dem Tod des Versicherten errechnet sich der Durchschnittsbetrag aus den Rentenbeträgen, die nach Ablauf des dritten auf den Sterbemonat folgenden Kalendermonats gezahlt werden. Erfolgt die Wiederheirat/Wiederbegründung einer Lebenspartnerschaft noch vor Ablauf dieser drei Kalendermonate, ergibt sich der Durchschnittsbetrag aus einem fiktiv für den vierten Kalendermonat ermittelten Rentenbetrag.

Nach § 107 Abs. 1 SGB VI verringert sich ab 1. 1. 2002 die Abfindung der kleinen Witwen/Witwerrente, soweit der Zeitraum von zwei Jahren bereits durch den Bezug einer entsprechenden Rente ausgeschöpft wurde (Anpassung an den gekürzten Anspruchszeitraum).

II. Betriebliche Hinterbliebenenrente

1. Allgemeines

In der betrieblichen Altersversorgung kann nicht nur für den begünstigten Arbeitnehmer selbst eine Versorgung zugesagt sein, sondern auch für seine Hinterbliebenen. Ob eine Hinterbliebenenversorgung neben einer Altersversorgung zugesagt wird, ist eine Frage der Vertragsfreiheit.

Auch wenn die Versorgungszusage hier zugunsten eines Dritten erteilt ist, stellt die zugesagte betriebliche Hinterbliebenenleistung ein **Entgelt** für die Arbeitsleistung des beschäftigten Arbeitnehmers dar (BAG NZA 2003, 380). Rechtsfragen wie etwa Gleichbehandlungsprobleme oder Probleme der Änderbarkeit der Versorgungszusage betreffen das Rechtsverhältnis zwischen Arbeitnehmer und Arbeitgeber. Der Versorgungsanspruch eines Hinterbliebenen beruht auf dem **Rentenstammrecht des Arbeitnehmers**; er teilt das Schicksal der Hauptrente. Dementsprechend ist ein Hinterbliebener an die materielle Beurteilung eines Versorgungsanspruchs aus einem Vorprozess mit dem Inhaber des Rentenstammrechts gebunden (BAG AP § 1 BetrAVG Hinterbliebenenversorgung Nr. 10).

Die Versorgungszusage kann die Hinterbliebenenleistung auf den Tod des Arbeitnehmers während des Beschäftigungsverhältnisses beschränken **(Aktiventod)** oder auch auf den Tod des Empfängers einer Alters- oder Invaliditätsrente **(Rentnertod)**.

Begünstigte können die Witwen, Witwer, Waisen (Halb- oder Vollwaisen) sein. Bei einer weitergehenden Begünstigung (alle Erben) ist zu prüfen, ob es sich noch um → betriebliche Altersversorgung handelt.

2. Witwen- und Witwerrente

Der im Todesfall bezugsberechtigte Ehepartner kann in der Versorgungszusage konkret benannt sein. In diesem Fall wird ausschließlich der dort bezeichnete Ehepartner im Todesfall bezugsberechtigt. Das Versterben dieser Ehefrau und die anschließende Wiederverheiratung macht die zweite Ehefrau nicht zur Bezugsberechtigten dieser Hinterbliebenenversorgung. Für den Fall der Scheidung ist dies vom BAG (DB 1955, 876) seit langem anerkannt.

Im Zweifel sind jedoch mit dem Begriff „Hinterbliebene" die bei Eintritt des Versorgungsfalls vorhandenen Hinterbliebenen gemeint und nicht etwa die Hinterbliebenen, die zum Zeitpunkt der Erteilung der Versorgungszusage oder des Ausscheidens aus dem Betrieb vorhanden waren. Eine Witwenrente wird also im Zweifel an diejenige **Ehefrau** zu gewähren sein, mit der der Versorgungsberechtigte zum Zeitpunkt seines Todes verheiratet war. Insoweit hat eine bestehende zweite Ehe Vorrang vor der geschiedenen ersten Ehe (BAG DB 1972, 2067). Der Arbeitgeber kann allerdings die Hinterbliebenenversorgung auch auf diejenigen Hinterbliebenen beschränken, zu denen familiäre Beziehungen bereits während des bestehenden Arbeitsverhältnisses bestanden. Das BAG (NZA 2001, 1260) hat es auch für zulässig erachtet, die Gewährung einer Hinterbliebenenrente an die Voraussetzung zu knüpfen, dass die Ehe vor dem vorzeitigen Ausscheiden (mit einer unverfallbaren Versorgungsanwartschaft) geschlossen worden ist.

Lebensgefährten werden von den meisten Versorgungsordnungen nicht als Hinterbliebene anerkannt. Dies kann jedoch vorgesehen werden. Es ist zu erwarten, dass nach der Umsetzung der Richtlinie 2000/78/EG durch ein Antidiskriminierungsgesetz Hinterbliebenen aus einer eingetragenen Lebenspartnerschaft nicht von einer Hinterbliebenenversorgung ausgeschlossen werden dürfen, wenn eine Versorgungszusage Leistungen für Witwen und Witwer vorsieht. Sieht eine vertragliche Regelung vor, dass die Hinterbliebenenversorgung nicht an die ursprünglich begünstigte Ehefrau, sondern an die jetzige Lebensgefährtin ausgezahlt werden soll, ist zu prüfen, ob diese Regelung gemäß § 138 Abs. 1 BGB nichtig ist wegen Verstoß gegen die guten Sitten (BAG AP § 1 BetrAVG Hinterbliebenenversorgung Nr. 2).

Eine Hinterbliebenenversorgung darf nicht auf männliche Arbeitnehmer beschränkt werden. Sagt der Arbeitgeber nur eine Witwenrente zu, kann auch der Witwer ohne ausdrückliche Regelung in der Versorgungsordnung eine Betriebsrente verlangen. Dies folgt aus dem Gleichbehandlungsgrundsatz, dem Diskriminierungsverbot (Art. 3 GG) sowie aus dem Lohngleichheitsgebot (Art. 141 EU-Vertrag). Demgemäß hat das BAG einen Anspruch auf **Witwerversorgung** auch für Zeiten anerkannt, in denen dies selbst in der gesetzlichen Rentenversicherung nicht selbstverständlich war (BAG NZA 1990, 271). Auch eine Regelung, die für Witwen früherer Arbeitnehmer ohne weitere Voraussetzungen eine betriebliche Witwenrente, für Witwer früherer Arbeitnehmerinnen aber nur dann eine Witwerrente in Aussicht stellt, wenn diese den Unterhalt ihrer Familie überwiegend bestritten haben, stellt eine Entgeltdiskriminierung wegen des Geschlechts dar (BAG NZA 2003, 380). Es spricht viel dafür, dass eine **Haupternährerklausel**, die den Anspruch auf eine Hinterbliebenenversorgung davon abhängig macht, dass der Verstorbene den Unterhalt seiner Familie überwiegend bestritten hat, gegen das Verbot der mittelbaren Diskriminierung wegen des Geschlechts verstößt.

Um das vom Arbeitgeber übernommene Versorgungsrisiko überschaubar zu halten, werden Hinterbliebenenrenten in der Praxis vielfach von besonderen Voraussetzungen abhängig gemacht.

Für die Hinterbliebenenversorgung sind folgende Vertragsklauseln verbreitet und von der Rechtsprechung für zulässig gehalten:

Getrennt lebende oder **geschiedene** Ehegatten können von einer Hinterbliebenenversorgung ausgeschlossen werden (BAG NZA 1995, 1032).

Eine Versorgungsregelung kann rechtswirksam vorsehen, dass eine Hinterbliebenenversorgung nur geleistet wird, wenn die Ehe des versorgungsberechtigten Arbeitnehmers eine gewisse Zeit bestanden hat (BAG AP § 1 BetrAVG Hinterbliebenenversorgung Nr. 4). Durch solche **Mindestehedauerklauseln** soll verhindert werden, dass Ehen bewusst geschlossen werden, um im Hinblick auf den schlechten Gesundheitszustand des Arbeitnehmers eine Versorgung des Ehegatten zu erreichen.

Den gleichen Zweck verfolgen Klauseln, die den Ausschluss einer Hinterbliebenenversorgung bei einer **Versorgungsehe** vorsehen (BAG AP § 1 BetrAVG Hinterbliebenenversorgung Nr. 7).

Andere Versorgungsregelungen schließen eine Hinterbliebenenversorgung aus, wenn die Ehe erst nach Vollendung eines bestimmten Höchstalters des Arbeitnehmers geschlossen wurde. Solche **Spätehenklauseln** sind grundsätzlich zulässig (BAG AP § 1 BetrAVG Ablösung Nr. 27).

Altersdifferenzklauseln, wonach Versorgungsleistungen entfallen, wenn der hinterbliebene Ehegatte wesentlich jünger ist als der begünstigte Arbeitnehmer, sind seit langem von der Rechtsprechung anerkannt (BAG AP § 242 BGB Ruhegehalt Nr. 158).

Eine **Mindestaltersgrenze** für den hinterbliebenen Ehegatten etwa in der Weise, dass der Begünstigte im Zeitpunkt des Todes des Arbeitnehmers das 50. Lebensjahr vollendet haben muss, wird ebenfalls nicht beanstandet (BAG NZA 2002, 1286).

Wiederverheiratungsklauseln, die ein Erlöschen des Anspruchs auf Witwen- oder Witwerversorgung mit der Wiederverheiratung vorsehen, werden von der Rechtsprechung gebilligt, weil mit der Wiederverheiratung die Witwe bzw. der Witwer den Familienverband verlässt, für den der Arbeitgeber Versorgungspflichten übernommen hatte (BAG AP § 1 BetrAVG Hinterbliebenenversorgung Nr. 16). Ein Wiederaufleben des Anspruchs, wie es § 46 Abs. 3 SGB VI für die gesetzliche → Witwenrente oder Witwerrente vorsieht, muss eine betriebliche Versorgungsregelung nicht enthalten.

Rechtlich ungeklärt ist bislang, ob eine betriebliche Hinterbliebenenversorgung ausgeschlossen werden kann, wenn der Arbeitnehmer seinen Tod durch Selbstmord herbeigeführt hat. § 169 VVG lässt für Lebensversicherungen den Ausschluss zu, wenn die Tat nicht in einem die freie Willensbestimmung ausschließenden Zustand krankhafter Störung der Geistestätigkeit begangen worden ist. Die Rechtswirksamkeit einer solchen **Freitodklausel** wird zunehmend bezweifelt, weil in der betrieblichen Altersversorgung die Einschränkung der Zusage Arbeitsentgelt betrifft, für das der Arbeitnehmer zugunsten seiner Hinterbliebenen eine Vorleistung bereits ganz oder teilweise erbracht hat.

Sind beide Ehegatten bei demselben Arbeitgeber beschäftigt und beide im Rahmen des gleichen Versorgungswerkes versorgungsberechtigt, kann nicht ein Ehegatte von der Hinterbliebenenversorgung ausgeschlossen werden, weil er über einen eigenen Altersversorgungsanspruch verfügt (BAG AP § 1 BetrAVG Hinterbliebenenversorgung Nr. 5). Der Ausschluss einer **„Doppelversorgung"** benachteiligt Ehepartner unter Verstoß gegen Art. 6 GG. Eine → Anrechnung der Hinterbliebenenversorgung auf die Altersrente ist jedoch möglich.

Anwartschaften auf eine betriebliche Hinterbliebenenversorgung werden genauso unverfallbar wie jede andere Anwartschaft auf eine Leistung der betrieblichen Altersversorgung (BAG AP § 1 BetrAVG Hinterbliebenenversorgung Nr. 17). Bei einer → **Änderung** der Versorgungszusage ist diese Anwartschaft grundsätzlich genauso geschützt wie jede andere Anwartschaft auf eine betriebliche Altersversorgung (BAG AP § 1 BetrAVG Ablösung Nr. 27). Nach Eintritt des Versorgungsfalls können allenfalls noch geringfügige Verschlechterungen der zugesagten Hinterbliebenenversorgung gerechtfertigt sein (BAG NZA 2005, 580). Der zwangsweise Austausch eines Teils der Hinterbliebenenversorgung gegen eine höhere eigene Altersversorgung des Arbeitnehmers ist nicht ohne weiteres zulässig, sondern bedarf sachlicher Gründe (BAG NZA 2002, 851).

3. Waisenrente

Neben Hinterbliebenen-Versorgungsleistungen für Ehepartner werden in Versorgungsregelungen auch Waisenrenten an **Voll- und Halbwaisen** vorgesehen. Dadurch werden eheliche, für ehelich erklärte, an Kindes statt angenommene und nichteheliche Kinder des Arbeitnehmers versorgt. Ein Ausschluss nichtehelicher Kinder ist gemäß Art. 6 Abs. 5 GG unzulässig. Die Zahlungspflicht für Waisenrenten wird häufig an die Bezugsberechtigung nach dem Bundeskindergeldgesetz gekoppelt (regelmäßig also das 18. Lebensjahr und bei Berufsausbildung das 27. Lebensjahr). Gelegentlich wird auch das Ende der Bezugsdauer an ein festes Lebensalter wie an die Vollendung des 25. Lebensjahres oder an den Eintritt in ein regelmäßiges Arbeitsverhältnis angeknüpft. Ein Entfallen der Waisenrente bei Heirat verstößt gegen Art. 6 GG (LAG Hamm DB 1980, 1550). *(P/M)*

▶ Hinzuverdienst

1. Allgemeines

Die Renten der gesetzlichen Rentenversicherung stellen einen Ersatz für ausgefallene Einkommen (Altersrenten und Erwerbsminderungsrenten) oder Unterhaltsersatzleistungen dar. Werden neben der Rente zusätzliche Erwerbs- oder Erwerbsersatzeinkommen bezogen, so bestehen für die Versichertenrenten bestimmte Hinzuverdienstgrenzen. Als Hinzuverdienst berücksichtigt werden Arbeitsentgelt, Arbeitseinkommen und vergleichbares Einkommen. Nicht als Arbeitsentgelt gilt das Entgelt, das eine Pflegeperson von dem Pflegebegünstigten erhält, wenn es den entsprechenden Pflegegeldbetrag nicht übersteigt, oder Entgelt, das ein Behinderter in einer Werkstatt für behinderte Menschen erhält. Bei Hinterbliebenenrenten erfolgt eine Einkommensanrechnung.

2. Altersrenten

(a) Bei Bezug einer **Regelaltersrente** wegen Vollendung des 65. Lebensjahres darf ohne Verlust der Rente jede Berufstätigkeit ausgeübt werden. Der Rentenbezieher darf also arbeiten und hinzuverdienen, so lange und so viel er will. Wurde schon vor dem 65. Lebensjahr eine Altersrente bezogen, gilt das Gleiche vom Ablauf des Monats, in dem das 65. Lebensjahr vollendet wird. Auch dann sind unbeschränkte Hinzuverdienste zulässig. Die bis dahin erforderliche Meldung über die Aufnahme einer Berufstätigkeit ist nicht mehr notwendig. Ausnahme: Bei Bundestagsabgeordneten, die eine Abgeordnetenentschädigung erhalten, ruht die Altersrente in Höhe von 80 Prozent; höchstens jedoch in Höhe der Entschädigung.

(b) Wer schon **vor Vollendung des 65. Lebensjahres** eine Altersrente für langjährig Versicherte, eine Altersrente für schwer behinderte Menschen, Berufsunfähige oder Erwerbsunfähige, eine Altersrente wegen Arbeitslosigkeit oder nach Altersteilzeitarbeit oder eine Altersrente für Frauen erhält, kann auch während des Rentenbezuges in bestimmtem Umfang noch arbeiten und Geld hinzuverdienen, ohne seine Altersrente zu verlieren. Zum Hinzuverdienst rechnet auch vergleichbares Einkommen (Vorruhestandsgeld, Bezüge aus einem öffentlich-rechtlichen Amtsverhältnis, z.B. als Minister, Entschädigungen für Abgeordnete). Allerdings sind hinsichtlich der Höhe des Verdienstes Hinzuverdienstgrenzen zu beachten, die nicht überschritten werden dürfen. Wird der Hinzuverdienst nur während eines Teils eines Monats erzielt, ist nur der tatsächlich erzielte Verdienst, jedoch die volle monatliche Hinzuverdienstgrenze maßgebend.

Welche Hinzuverdienstgrenze im Einzelfall gilt, ist davon abhängig, ob die genannten Altersrenten als Vollrente oder als Teilrente in Anspruch genommen werden. Je niedriger der Anteil der Rente ist, umso mehr darf hinzuverdient werden. Es können folgende Anteile der Altersrente mit unterschiedlichen Hinzuverdienstgrenzen bezogen werden:

- Vollrente (Altersrente in voller Höhe),
- $2/_3$-Teilrente (Altersrente in Höhe von zwei Dritteln der Vollrente),
- $1/_2$-Teilrente (Altersrente in Höhe der Hälfte der Vollrente),
- $1/_3$-Teilrente (Altersrente in Höhe von einem Drittel der Vollrente).

Wer eine Altersrente in voller Höhe – also als **Vollrente** – bezieht, darf bis einschließlich des Monats der Vollendung des 65. Lebensjahres nur bis zu einem Siebtel der monatlichen Bezugsgröße aus einer Berufstätigkeit als Arbeitsentgelt oder Arbeitseinkommen hinzuverdienen. Dieser Betrag gilt sowohl in den alten als auch in den neuen Bundesländern. Zweimal im Kalenderjahr ist ein Überschreiten der genannten Beträge bis zur doppelten Höhe zulässig. Wird die maßgebende Hinzuverdienstgrenze überschritten (der Versicherte muss dies seinem Rentenversicherungsträger mitteilen), endet der Anspruch auf eine Vollrente. Dennoch braucht der Altersrentenanspruch nicht vollständig zu entfallen. Sollte der höhere Grenzwert für eine niedrigere Teilrente eingehalten sein, wird diese vom Rentenversicherungsträger gezahlt, ohne dass ein gesonderter Antrag zu stellen ist. Wer später wieder weniger verdient, so dass die Hinzuverdienstgrenze für die Vollrente erneut eingehalten ist, muss dagegen einen Antrag auf die höhere Rente stellen.

Wer eine Altersrente als **Teilrente** erhält, darf bis einschließlich des Monats der Vollendung des 65. Lebensjahres im Rahmen der Mindesthinzuverdienstgrenze bei der $1/_3$-Teilrente das 23,3fache, bei der $1/_2$-Teilrente das 17,5fache und bei der $2/_3$-Teilrente das 11,7fache des aktuellen Rentenwerts, vervielfältigt mit 1,5 Entgeltpunkten, als Arbeitsentgelt oder Arbeitseinkommen hinzuverdienen. Diese Hinzuverdienstgrenze stellt auf Versicherte ab, die – gemessen an allen Versicherten – in den letzten drei Kalenderjahren vor Rentenbeginn jeweils nur einen halben Durchschnittsverdienst (entspricht jeweils 0,5 Entgeltpunkten) oder weniger erzielt haben. Bei höheren Verdiensten in den drei Kalenderjahren ist die entsprechend höhere individuelle Hinzuverdienstgrenze zu beachten. Diese ganz persönliche, auf den einzelnen Versicherten abstellende Hinzuverdienstgrenze wird ermittelt, indem bei der Grenzwertberechnung nicht pauschal mit 1,5 Entgeltpunkten, sondern mit der höheren individuellen Entgeltpunktzahl der letzten drei Kalenderjahre (z. B. mit 3,0 Entgeltpunkten bei einem Durchschnittsverdiener) vervielfältigt wird. Maßgebend ist die Summe der Entgeltpunkte der letzten drei Kalenderjahre vor Rentenbeginn. Infolge der unterschiedlichen Einkommensverhältnisse in den alten und neuen Bundesländern ist auch der für die Hinzuverdienstgrenze bei Teilrenten maßgebende aktuelle Rentenwert verschieden. Auch bei den Teilrenten ist zweimal pro Kalenderjahr ein Überschreiten der an sich maßgebenden Beträge bis zur doppelten Höhe zulässig. Wird die maßgebende Hinzuverdienstgrenze für eine bestimmte Teilrente überschritten (der Versicherte muss dies seinem Rentenversicherungsträger mitteilen), so endet der Altersrentenanspruch nicht vollständig, wenn der höhere Grenzwert für eine niedrigere Teilrente eingehalten wird. Der Rentenversicherungsträger zahlt dann diese niedrigere Leistung, ohne dass ein gesonderter Antrag zu stellen ist. Wer später wieder weniger verdient, so dass die Hinzuverdienstgrenze für eine höhere Teilrente (oder Vollrente) erneut eingehalten ist, muss dagegen einen Antrag auf die höhere Rente stellen.

3. Renten wegen Erwerbsminderung

(a) Renten wegen teilweiser Erwerbsminderung. Teilweise erwerbsgemindert ist der Versicherte, der wegen Krankheit oder Behinderung auf nicht absehbare Zeit außerstande ist, unter den üblichen Bedingungen des allgemeinen Arbeitsmarktes mindestens sechs Stunden täglich erwerbstätig zu sein. Anspruch auf eine Rente wegen teilweiser Erwerbsminderung haben auch Versicherte, die vor dem 2. Januar 1961 geboren sind und deren Erwerbsfähigkeit wegen Krankheit oder Behinderung im Vergleich zu einem gesunden Versicherten mit ähnlicher Ausbildung und gleichwertigen Kenntnissen und Fähigkeiten auf weniger als sechs Stunden gesunken ist. Die Entscheidung, ob bei ausgeübter Berufstätigkeit weiterhin eine teilweise Erwerbsminderung vorliegt, trifft der Rentenversicherungsträger, dem jede Aufnahme einer Berufstätigkeit mitgeteilt werden soll. Ist der Versicherte nicht mehr teilweise erwerbsgemindert, endet die Rentenzahlung. Bei versäumter Meldung der Arbeitsaufnahme kann der Rentenanspruch auch rückwirkend entfallen. Nach Vollendung des 65. Lebensjahres sind regelmäßig keine Einkommensgrenzen zu beachten, weil dann die Regelaltersrente gezahlt wird. Eine Rente wegen teilweiser Erwerbsminderung wird abhängig vom erzielten Hinzuverdienst in voller Höhe oder in Höhe der Hälfte geleistet, sofern weiterhin eine teilweise Erwerbsminderung vorliegt. Hierbei sind Mindesthinzuverdienstgrenzen zu beachten. Im Rahmen der Mindesthinzuverdienstgrenzen darf der teilweise erwerbsgeminderte Rentner bei der Rente in Höhe der Hälfte das 25,8fache und bei der Rente in voller Höhe das 20,7fache des aktuellen Rentenwertes, vervielfältigt mit 1,5 Entgeltpunkten, als Arbeitsentgelt oder Arbeitseinkommen hinzuverdienen.

Diese Hinzuverdienstgrenze stellt auf Versicherte ab, die – gemessen an allen Versicherten – in den letzten drei Kalenderjahren vor Eintritt der teilweisen Erwerbsminderung jeweils nur einen halben Durchschnittsverdienst (entspricht jeweils 0,5 Entgeltpunkten) oder weniger erzielt haben. Bei höheren Verdiensten in den drei Kalenderjahren ist die entsprechend höhere individuelle Hinzuverdienstgrenze zu beachten. Diese ganz persönliche, auf den einzelnen Versicherten abstellende Hinzuverdienstgrenze wird ermittelt, indem bei der Grenzwertberechnung nicht pauschal mit 1,5 Entgeltpunkten, sondern mit der höheren individuellen Entgeltpunktzahl der letzten drei Kalenderjahre (z. B. mit 3,0 Entgeltpunkten bei einem Durchschnittsverdiener) vervielfältigt wird. Maßgebend ist die Summe der Entgeltpunkte der letzten drei Kalenderjahre vor Eintritt der teilweisen Erwerbsminderung. Infolge der unterschiedlichen Einkommensverhältnisse in den alten und neuen Bundesländern ist auch der für die Hinzuverdienstgrenze bei Renten wegen teilweiser Erwerbsminderung maßgebende aktuelle Rentenwert verschieden. Bei den Renten wegen teilweiser Erwerbsminderung ist zweimal pro Kalenderjahr ein Überschreiten der an sich maßgebenden Beträge bis zur doppelten Höhe zulässig. Wird die maßgebende Hinzuverdienstgrenze für die in voller Höhe gezahlte Rente wegen teilweiser Erwerbsminderung überschritten, so wird die Rente wegen teilweiser Erwerbsminderung in Höhe der Hälfte geleistet, wenn der höhere Grenzwert für diese Rente eingehalten wird. Bei Überschreiten des Grenzwertes für die in Höhe der Hälfte gezahlte Rente wegen teilweiser Erwerbsminderung wird die Rente wegen teilweiser Erwerbsminderung nicht mehr gezahlt. Der Rentenversicherungsträger zahlt die niedrigere Leistung, ohne dass ein gesonderter Antrag zu stellen ist. Allerdings ist der Versicherte verpflichtet, seinem Rentenversicherungsträger das Überschreiten der Hinzuverdienstgrenze mitzuteilen. Wer später wieder weniger verdient, so dass die Hinzuverdienstgrenze für die (höhere) Rente wegen teilweiser Erwerbsminderung eingehalten ist, erhält dann wieder die (höhere) Rente wegen teilweiser Erwerbsminderung, sofern eine teilweise Erwerbsminderung vorliegt. Auch diese Einkommensverminderung soll der Versicherte seinem Rentenversicherungsträger mitteilen. Bestimmte Sozialleistungen (z. B. Krankengeld aufgrund einer Arbeitsunfähigkeit nach Beginn der Rente) sind dem Arbeitsentgelt oder Arbeitseinkommen gleichgestellt. Zum Hinzuverdienst rechnet auch vergleichbares Einkommen (Vorruhestandsgeld, Bezüge aus einem öffentlich-rechtlichen Amtsverhältnis, z. B. als Minister, Entschädigungen für Abgeordnete).

(b) Renten wegen voller Erwerbsminderung. Voll erwerbsgemindert ist der Versicherte, der wegen Krankheit oder Behinderung auf nicht absehbare Zeit außerstande ist, unter den üblichen Bedingungen des allgemeinen Arbeitsmarkts mindestens drei Stunden täglich erwerbstätig zu sein. Die Entscheidung, ob bei ausgeübter Berufstätigkeit weiterhin eine volle Erwerbsminderung vorliegt, trifft der Rentenversicherungsträger, dem jede Aufnahme einer Berufstätigkeit mitgeteilt werden soll. Ist der Versicherte nicht mehr voll erwerbsgemindert, kann noch ein Anspruch auf die niedrigere Rente wegen teilweiser Erwerbsminderung gegeben sein. Bei versäumter Meldung der Arbeitsaufnahme kann der Anspruch auf die Rente wegen voller Erwerbsminderung auch rückwirkend entfallen. Nach Vollendung des 65. Lebensjahres sind regelmäßig keine Einkommensgrenzen zu beachten, weil dann die Regelaltersrente gezahlt wird. Eine Rente wegen voller Erwerbsminderung wird abhängig vom erzielten Hinzuverdienst in voller Höhe, in Höhe von drei Vierteln, in Höhe der Hälfte oder in Höhe eines Viertels geleistet, sofern weiterhin eine volle Erwerbsminderung vorliegt. Die Hinzuverdienstgrenze beträgt bei der Rente in voller Höhe ein Siebtel der monatlichen Bezugsgröße. Bei den nicht in voller Höhe gezahlten Renten sind Mindesthinzuverdienstgrenzen zu beachten. Im Rahmen der Mindesthinzuverdienstgrenzen darf der voll erwerbsgeminderte Rentner bei der Rente in Höhe von einem Viertel das 25,8fache, bei der Rente in Höhe von der Hälfte das 20,7fache und bei der Rente in Höhe von drei Vierteln das 15,6fache des aktuellen Rentenwertes, vervielfältigt mit 1,5 Entgeltpunkten, als Arbeitsentgelt oder Arbeitseinkommen hinzuverdienen. Diese Hinzuverdienstgrenze stellt auf Versicherte ab, die – gemessen an allen Versicherten – in den letzten drei Kalenderjahren vor Eintritt der vollen Erwerbsminderung jeweils nur einen halben Durchschnittsverdienst (entspricht jeweils 0,5 Entgeltpunkten) oder weniger erzielt haben. Bei höheren Verdiensten in den drei Kalenderjahren ist die entsprechend höhere individuelle Hinzuverdienstgrenze zu beachten. Diese ganz persönliche, auf den einzelnen Versicherten abstellende Hinzuverdienstgrenze wird ermittelt, indem bei der Grenzwertberechnung nicht pauschal mit 1,5 Entgeltpunkten, sondern mit der höheren individuellen Entgeltpunktzahl der letzten drei Kalenderjahre (z. B. mit 3,0 Entgeltpunkten bei einem Durchschnittsverdiener) vervielfältigt wird. Maßgebend ist die Summe der Entgeltpunkte der letzten drei Kalenderjahre vor Eintritt der vollen Erwerbsminderung. Bei den Renten wegen voller Erwerbsminderung ist zweimal pro Kalenderjahr ein Überschreiten der an sich maßgebenden Beträge bis zur doppelten Höhe zulässig. Wird die maßgebende Hinzuverdienstgrenze für die in voller Höhe gezahlte Rente wegen voller Erwerbsminderung überschritten, so wird die Rente wegen voller Erwerbsminderung in Höhe von drei Vierteln geleistet, wenn der höhere Grenzwert für diese Rente eingehalten wird. Bei Überschreiten des Grenzwertes für die in Höhe von drei Vierteln gezahlte Rente wegen voller Erwerbsminderung wird die Rente nur noch in Höhe der Hälfte gezahlt. Bei Überschreiten des Grenzwertes für die in Höhe der Hälfte gezahlte Rente wegen voller Erwerbsminderung wird die Rente nur noch in Höhe von einem Viertel gezahlt. Wird auch die Hinzuverdienstgrenze für die in Höhe von einem Viertel gezahlte Rente wegen voller Erwerbsminderung überschritten, wird die Rente wegen voller Erwerbsminderung nicht mehr gezahlt. Der Rentenversicherungsträger zahlt die niedrigeren Leistungen, ohne dass ein gesonderter Antrag zu stellen ist. Allerdings ist der Versicherte verpflichtet, seinem Rentenversicherungsträger das Überschreiten der Hinzuverdienstgrenze mitzuteilen. Wer später wieder weniger verdient, so dass die Hinzuverdienstgrenze für eine (höhere) Rente wegen voller Erwerbsminderung eingehalten ist, erhält dann wieder die (höhere) Rente wegen voller Erwerbsminderung, sofern eine volle Erwerbsminderung vorliegt. Auch diese Einkommensverminderung soll der Versicherte seinem Rentenversicherungsträger mitteilen. Bestimmte Sozialleistungen (z. B. Verletztengeld) sind dem Arbeitsentgelt oder Arbeitseinkommen gleichgestellt. Zum Hinzuverdienst rechnet auch vergleichbares Einkommen (Vorruhestandsgeld, Bezüge aus einem öffentlich-rechtlichen Amtsverhältnis, z. B. als Minister, Entschädigungen für Abgeordnete). *(P)*

I

▶ **Insolvenzsicherung**

Eine der wesentlichen Errungenschaften des BetrAVG ist der Schutz von Versorgungsansprüchen und gesetzlich unverfallbaren Versorgungsanwartschaften vor der Insolvenz des Arbeitgebers. Die Insolvenzversicherung geschieht durch den → PSV, einem privatrechtlichen Versicherungsverein auf Gegenseitigkeit, bei denen die Arbeitnehmer und Rentner durch den Arbeitgeber versichert sind. Der Arbeitgeber ist Versicherungsnehmer beim PSV und diesem gegenüber beitragspflichtig.

I. Gesetzlicher und privatrechtlicher Insolvenzschutz

Tritt ein → Sicherungsfall ein, insbesondere dadurch, dass der Arbeitgeber zahlungsunfähig wird, hat der Arbeitnehmer einen Versicherungsanspruch, und zwar unabhängig davon, ob der Arbeitgeber pflichtgemäß Beitragszahlungen an den PSV geleistet hat oder nicht. Dieser Versicherungsanspruch gegen den PSV tritt an die Stelle des Versorgungsanspruchs; der Versorgungsberechtigte kann im Versorgungsfall Ansprüche nur noch gegen den Träger der Insolvenzsicherung geltend machen. In den Genuss des gesetzlichen Insolvenzschutzes kommt jeder Rentner und jeder Arbeitnehmer mit einer gesetzlich unverfallbaren Versorgungsanwartschaft einschließlich der Nichtarbeitnehmer gem. § 17 Abs. 1 Satz 2 BetrAVG, die vom persönlichen Geltungsbereich des BetrAVG erfasst werden, und die eine betriebliche Altersversorgung in einem geschützten Durchführungsweg zugesagt erhalten haben.

Der gesetzliche Insolvenzschutz kann durch die Vertragsparteien der betrieblichen Altersversorgung weder herbeigeführt noch ausgeschlossen werden (BAG AP § 1 BetrAVG Besitzstand Nr. 5). Eine freiwillige Versicherung für den Insolvenzfall beim PSV ist also rechtlich unzulässig; die Zahlung von Beiträgen kann keinen Versicherungsanspruch auslösen (BGH AP § 17 BetrAVG Nr. 5

und 7); umgekehrt muss der PSV auch leisten, wenn der Arbeitgeber keine Beitragszahlungen an den PSV erbracht hat.

Soweit ein Versorgungsanspruch oder eine Versorgungsanwartschaft nicht dem gesetzlichen Insolvenzschutz unterliegt, etwa weil sie gegenüber einem Mehrheitsgesellschafter und Geschäftsführer einer GmbH erteilt ist oder die Höchstgrenzen des gesetzlichen Insolvenzschutzes übersteigt, können die Vertragsparteien versuchen, privatrechtlich einen Insolvenzschutz außerhalb des PSV zu vereinbaren. Dies geschieht in der Praxis vor allen Dingen darüber, dass der Arbeitgeber bzw. der die Versorgung Versprechende zur Finanzierung der Versorgungsverpflichtung eine Rückdeckungsversicherung abschließt und die Ansprüche aus dieser **Rückdeckungsversicherung** dem Versorgungsberechtigten **verpfändet.** Im Insolvenzfall führt die Verpfändung zu einem Absonderungsrecht nach § 50 InsO. Das verpfändete Recht an der Rückdeckungsversicherung kann vom Insolvenzverwalter nicht verwertet werden.

II. Voraussetzungen der Insolvenzsicherung

Betriebliche Versorgungsverpflichtungen gegenüber Betriebsrentnern und Arbeitnehmern mit einer gesetzlich unverfallbaren Versorgungsanwartschaft werden vom PSV übernommen, wenn ein Sicherungsfall bei dem die Versorgung versprechenden Arbeitgeber eintritt, soweit die Versorgung in einem der gesicherten Durchführungswege durchgeführt wird.

1. Sicherungsfälle

Als → Sicherungsfall nennt § 7 Abs. 1 Satz 1 und Satz 4 Nr. 1–3 BetrAVG die **Insolvenzeröffnung,** die **Abweisung** des Antrags auf Eröffnung des Insolvenzverfahrens **mangels Masse,** den **außergerichtlichen Vergleich** bei Zustimmung des PSV, die vollständige **Beendigung der Betriebstätigkeit,** wenn ein Antrag auf Eröffnung des Insolvenzverfahrens nicht gestellt worden ist und ein Insolvenzverfahren offensichtlich mangels Masse nicht in Betracht kommt. Bis zum 1. 1. 1999 gab es darüber hinaus noch den Sicherungsfall der wirtschaftlichen Notlage. Dieser Sicherungsfall ist im Rahmen der Insolvenzrechtsreform gestrichen worden. Ein derartiger Widerruf von Versorgungsleistungen wegen wirtschaftlicher Notlage, der nach der früheren Rechtsprechung auch nur zulässig war, wenn der PSV zustimmte oder die Zustimmung durch ein Arbeitsgericht ersetzt worden war, ist heute nicht mehr zulässig (BAG AP § 7 BetrAVG Widerruf Nr. 24). Die schlechte wirtschaftliche Situation eines Arbeitgebers berechtigt diesen nicht zur Einstellung von Versorgungszahlungen; eine → Änderung der Versorgungszusage ist nur dann zulässig, wenn die hierfür von der Rechtsprechung entwickelten Kriterien erfüllt sind.

2. Anspruchsberechtigte

(a) Der PSV haftet nach Eintritt der Leistungsunfähigkeit des Arbeitgebers für die Ansprüche derjenigen, die im Insolvenzfall bereits **Versorgungsempfänger** waren (§ 7 Abs. 1 BetrAVG). Dies sind alle Arbeitnehmer, die bei Eintritt eines Sicherungsfalles alle Voraussetzungen für den Bezug einer Leistung der betrieblichen Altersversorgung erfüllt haben. Hierunter fallen nicht nur Personen, die bereits Versorgungsleistungen beziehen, sondern auch solche, bei denen der Anspruch entstanden ist, die aber noch keine Versorgungsleistungen vom Arbeitgeber erhalten haben (BAG AP § 7 BetrAVG Nr. 91). Hierzu gehören beispielsweise Personen, denen eine betriebliche Invalidenrente in Anlehnung an die gesetzliche Rentenversicherung zugesagt worden ist und die vor oder nach Eintritt der Insolvenz ihres Arbeitgebers bei dem Sozialversicherungsträger eine Erwerbsunfähigkeitsrente beantragt haben und deren Antrag mit Wirkung auf einen Zeitpunkt vor Insolvenzeintritt entsprochen wird (BAG AP § 7 BetrAVG Nr. 13). Auch soweit ein Arbeitnehmer noch nach Erfüllung der Leistungsvoraussetzungen für die betriebliche Altersversorgung weiter arbeitet, gilt er als Versorgungsempfänger (BGH AP § 7 BetrAVG Nr. 7). Unerheblich ist, ob das Arbeitsverhältnis des Versorgungsempfängers bis zum Versorgungsfall fortbestand oder schon vorher endete (BAG AP § 7 BetrAVG Nr. 92). Auch der Arbeitnehmer, der bereits eine Betriebsrente aus einer unverfallbaren Versorgungsanwartschaft bezieht, ist Versorgungsempfänger i. S. d. § 7 Abs. 1 BetrAVG. Ein Arbeitnehmer, der die Voraussetzungen zur Inanspruchnahme der vorgezogenen Altersrente aus der gesetzlichen Rentenversicherung erfüllt, wird dann als Versorgungsempfängers behandelt, wenn er vor Eintritt des Sicherungsfalls die vorzeitige gesetzlichen Altersrente beantragt hat und deren Voraussetzungen erfüllt. Das Verlangen nach der Betriebsrente gem. § 6 BetrAVG muss dagegen nicht vor Eintritt des Sicherungsfalls geschehen (BGH AP § 17 BetrAVG Nr. 2). Auch wenn ein Arbeitnehmer nach Inanspruchnahme der vollen Leistungen der gesetzlichen Rentenversicherung im Rahmen eines geringfügigen Arbeitsverhältnisses für seinen Arbeitgeber weiter arbeitet, ist bereits der Versorgungsfall „Alter" eingetreten und der Arbeitnehmer, unabhängig davon, ob er bereits Betriebsrente bezieht, Versorgungsempfänger (BAG AP § 7 BetrAVG Nr. 108).

(b) Gesetzlich unverfallbare Versorgungsanwartschaften sind gem. § 7 Abs. 2 BetrAVG insolvenzgesichert. Der Insolvenzschutz besteht nicht nur für **unverfallbare Anwartschaften** aus Arbeitsverhältnissen, die bei Eintritt des Insolvenzfalls bereits beendet waren, sondern auch für Anwartschaften von Arbeitnehmern, die zum Zeitpunkt des Sicherungsfalls im Unternehmen beschäftigt sind und die Unverfallbarkeitsfristen des § 1 b BetrAVG erfüllt haben. Versorgungsanwartschaften aus der Zeit vor In-Kraft-Treten des BetrAVG (1974), die nach der Rechtsprechung des BAG (AP § 242 BGB Ruhegehalt Nr. 156) aufgrund Richterrechts unverfallbar sind, sind ebenfalls insolvenzgeschützt (BAG AP § 7 BetrAVG Nr. 38).

Die vertragliche Vereinbarung der Unverfallbarkeit einer Versorgungsanwartschaft vor den Fristen des § 1 b BetrAVG führt nicht zur Erweiterung des Insolvenzschutzes, da dieser durch vertragliche Vereinbarungen nicht ausgedehnt werden darf (BAG NZA 2000, 1290). Hat der insolvent gewordene Arbeitgeber die Berücksichtigung von Vordienstzeiten zugesagt, so ist das für den Insolvenzschutz grundsätzlich ohne Bedeutung. Nur wenn ausnahmsweise Vordienstzeiten bei einem früheren Arbeitgeber unmittelbar an das Arbeitsverhältnis bei dem insolventen Arbeitgeber herangereicht haben und jenes Arbeitsverhältnis von einer Versorgungszusage begleitet war, werden diese Vordienstzeiten auch mit Wirkung für den Insolvenzschutz berücksichtigt (BAG AP § 7 BetrAVG Nr. 54).

Durch die Anknüpfung an die gesetzliche → Unverfallbarkeit wirkt sich die Veränderung der Unverfallbarkeitsfristen seit dem 1.1.2001 auch unmittelbar auf den Insolvenzschutz aus. Anwartschaften aus Entgeltumwandlungszusagen, die ab dem 1.1.2001 erteilt sind (§ 30f Satz 2 BetrAVG), sind sofort gesetzlich unverfallbar und damit insolvenzgeschützt (§ 1b Abs. 5 BetrAVG).

Alle Inhaber einer gesetzlich unverfallbaren Versorgungsanwartschaft, bei denen ein Sicherungsfall eingetreten ist, haben bei Eintritt des Versorgungsfalles einen Anspruch gegen den PSV. Bei der Berechnung kommt es auf die tatsächlichen Verhältnisse im Zeitpunkt des Sicherungsfalles und nicht auf die tatsächlichen Verhältnisse im Zeitpunkt des Versorgungsfalles an. Arbeitnehmer oder ausgeschiedene Arbeitnehmer mit einer unverfallbaren Versorgungsanwartschaft werden hinsichtlich der Berechnung der Höhe der unverfallbaren Versorgungsanwartschaften genau so behandelt, als wären sie zum Zeitpunkt des Eintritts des Sicherungsfalls aus dem Unternehmen ausgeschieden (Berechnung nach § 2 BetrAVG, vergl. § 7 Abs. 2 BetrAVG).

(c) Auch Personen, die **nicht Arbeitnehmer** sind und die aus Anlass ihrer Tätigkeit für ein Unternehmen eine Versorgungszusage erhalten haben (§ 17 Abs. 1 Satz 2 BetrAVG), genießen Insolvenzschutz. Vom → persönlichen Geltungsbereich des BetrAVG ausgeschlossen sind Unternehmer. Bei einem Wechsel von einer Arbeitnehmertätigkeit zu einer nicht insolvenzgeschützten Tätigkeit erstreckt sich der Insolvenzschutz nur auf den Teil des betrieblichen Versorgungsanspruchs, der auf die Arbeitnehmertätigkeit entfällt (BGH AP § 17 BetrAVG Nr. 5).

3. Geschützte Durchführungswege

Der gesetzliche Insolvenzschutz wird auf alle Durchführungswege erstreckt, bei denen durch die Insolvenz des Arbeitgebers die Leistungen der betrieblichen Altersversorgung gefährdet werden. Die Pflicht des Arbeitgebers, die von ihm zugesagten Altersversorgungsleistungen gegen Insolvenz beim PSV zu versichern, besteht unabhängig davon, ob beim Arbeitgeber oder dem die Versorgung durchführenden Versorgungsträger genügend finanzielle Mittel aktuell vorhanden sind. Auch wenn der Arbeitgeber beispielsweise für eine von ihm selbst erteilte unmittelbare Versorgungszusage eine → Rückdeckungsversicherung abgeschlossen hat, befreit ihn dies nicht von der Insolvenzsicherungspflicht, da die Mittel aus Rückdeckungsversicherung im Insolvenzfall an die Insolvenzmasse fallen. Nur Versorgungszusagen in Durchführungswegen, in denen von der vertraglichen Gestaltung her ausgeschlossen ist, dass eine Insolvenz des Arbeitgebers die Zahlung von Versorgungsleistungen beeinträchtigt, bedürfen keines Insolvenzschutzes.

Insolvenzsicherungspflichtig ist deshalb die → **unmittelbare Versorgungszusage**, die → **Unterstützungskassenzusage** und die → **Pensionsfondszusage.** Bei einer → **Direktversicherungszusage** besteht Insolvenzschutz nur, wenn der Arbeitgeber die Ansprüche aus dem Versicherungsvertrag abgetreten, verpfändet oder beliehen hat und bei einer Anwartschaft auf eine Direktversicherung darüber hinaus dann, wenn der Arbeitnehmer hinsichtlich der Leistungen des Versicherers widerruflich bezugsberechtigt ist. Bei einer → **Pensionskassenzusage** besteht dagegen keine Insolvenzsicherungspflicht. Ebenso wie bei einer Direktversicherung mit unwiderruflichem Bezugsrecht des Arbeitnehmers ist ein Eingriff in die Rechtsstellung des Versorgungsberechtigten durch den Arbeitgeber bzw. Insolvenzverwalter ohne Mitwirkung des Arbeitnehmers rechtlich nicht möglich (soweit nicht eine wirtschaftliche Belastung durch Verpfändung, Beleihung oder Abtretung erfolgt ist). Die Zustimmung des Arbeitnehmers zu einer Beleihung einer Direktversicherung mit unwiderruflichem Bezugsrecht führt nicht zum Wegfall des Insolvenzschutzes, solange kein → Versicherungsmissbrauch im Sinne des § 7 Abs. 5 BetrAVG vorliegt (BAG NZA 1996, 880). Entrichtet ein Arbeitgeber die Beiträge zu einer Direktversicherung mit unwiderruflichem Bezugsrecht nicht vertragsgemäß an die Lebensversicherungsgesellschaft, unterliegen die dadurch eintretenden Einbußen des Arbeitnehmers nach der Rechtsprechung des BAG (BAG AP § 7 BetrAVG Lebensversicherung Nr. 1) nicht dem Insolvenzschutz. Hieran hat der Gesetzgeber trotz berechtigter Kritik bislang nichts geändert.

III. Anspruchsumfang bei Insolvenz

1. Grundsatz

Erfüllt ein Arbeitgeber seine Versorgungsverpflichtungen nicht, weil bei ihm ein Sicherungsfall eingetreten ist, hat der PSV als Träger der Insolvenzsicherung die Leistung anstelle und damit in dem Umfange zu erbringen, in welchem der insolvente Arbeitgeber zur Leistung verpflichtet gewesen wäre. Der Pensionssicherungsverein hat die Versorgungsleistungen so zu erbringen, wie sie in der Versorgungszusage vereinbart sind. Vertraglich vorgesehene Anpassungen hat der PSV zu erbringen (BAG NZA 1994, 943). Dagegen ist der PSV nicht zur → **Anpassung** laufender Leistungen gemäß § 16 BetrAVG verpflichtet (BAG AP § 16 BetrAVG Nr. 28).

2. Entstehen und Fälligkeit des Anspruchs

Der Anspruch gegen den PSV entsteht bei laufenden Versorgungsverpflichtungen mit Beginn des Kalendermonats, der auf den Eintritt des Sicherungsfalls folgt (§ 7 Abs. 1a Satz 1 BetrAVG). Hat der Arbeitgeber in den letzten Monaten vor Eintritt des Sicherungsfalls keine Versorgungsleistungen mehr erbracht, muss der PSV für die **Rückstände** bis zu sechs Monate vor dem Entstehen der Leistungspflicht eintreten (§ 7 Abs. 1a Satz 3 BetrAVG – gilt nicht für den Sicherungsfall des außergerichtlichen Vergleichs).

In der Regel setzen die Zahlungen des PSV jedoch nicht sofort ein, da dieser zunächst die zur Leistungsfeststellung erforderlichen Unterlagen und Auskünfte einholen und prüfen muss. Die erstmalige **Fälligkeit** von Leistungen des PSV wird durch die Verweisung auf § 11 des Versicherungsvertragsgesetzes in § 7 Abs. 1 Satz 3 BetrAVG hinausgeschoben; Geldleistungen sind erst nach Beendigung der zur Feststellung des Versicherungsfalls und des Umfangs der Leistungen des Versicherers nötigen Erhebungen fällig. Ist der Anspruch unstreitig, können Abschläge gezahlt werden (§ 11 Abs. 2 VVG). Hat der PSV den Leistungsumfang festgestellt, sind die inzwischen aufgelaufenen Renten nachzuzahlen.

Bei ausgeschiedenen oder noch aktiven Arbeitnehmern mit einer gesetzlich unverfallbaren Versorgungsanwartschaft beginnt die Zahlungspflicht des PSV zu dem Zeitpunkt, der als Versorgungsfall in der Versorgungszusage festgelegt ist.

Die Zahlungspflicht endet mit Ablauf des Sterbemonats des Versorgungsberechtigten, soweit in der Versorgungszusage des Arbeitgebers nicht etwas anderes bestimmt ist (§ 7 Abs. 1a Satz 2 BetrAVG).

3. Anspruchshöhe bei unverfallbaren Anwartschaften

Bei insolvenzgeschützten Anwartschaften, die auf einer unmittelbaren Versorgungszusage oder einer Zusage auf Unterstützungskassen-Leistungen beruhen, richtet sich die Höhe des Anspruchs bei Eintritt des Versorgungsfalls nach § 2 Abs. 1 BetrAVG, soweit es sich nicht um eine Zusage aus Entgeltumwandlung oder eine beitragsorientierte Leistungszusage handelt. Dabei wird die Betriebszugehörigkeit bis zum Eintritt des Sicherungsfalls berücksichtigt (§ 7 Abs. 2 Satz 4 BetrAVG). Praktisch bedeutet dies, dass der Wert der Anwartschaften nach § 2 BetrAVG so ermittelt wird, als wäre bei Eintritt des Sicherungsfalls das Arbeitsverhältnis beendet worden.

Wird ein Betrieb im Rahmen eines Insolvenzverfahrens veräußert, ist § 613a BGB insoweit nicht anwendbar, wie diese Vorschrift die Haftung des Betriebserwerbers für schon begründete Ansprüche der vom → **Betriebsübergang** erfassten Arbeitnehmer vorsieht. Insoweit haben die Verteilungsgrundsätze des Insolvenzverfahrens Vorrang. Das bedeutet für Versorgungsanwartschaften, dass der Betriebserwerber nur den Teil der Leistung schuldet, den der Arbeitnehmer bei ihm erdient hat. Für die beim Veräußerer bis zur Insolvenz erdienten unverfallbaren Anwartschaften haftet der PSV.

Durch den Verweis auf die Höhe einer unverfallbaren Anwartschaft bei einem Ausscheiden eines Arbeitnehmers bei der Berechnung der Höhe der insolvenzgesicherten Anwartschaft müssen die unterschiedlichen Arten der Berechnung einer unverfallbaren Anwartschaft, wie sie in § 2 BetrAVG für unterschiedliche **Durchführungswege** und unterschiedliche Zusagearten vorgenommen werden, auch bei der Berechnung der Höhe der unverfallbaren Anwartschaft in einem Sicherungsfall beachtet werden. Änderungen der Bemessungsgrundlagen nach Eintritt des Sicherungsfalls bleiben daher außer Betracht (§ 7 Abs. 2 Satz 3 BetrAVG i. V. m. § 2 Abs. 5 BetrAVG). Dies bedeutet zum Beispiel bei endgehaltsabhängigen Versorgungszusagen, dass bei der Betriebsrentenberechnung auf die Höhe des Gehalts zum Zeitpunkt des Sicherungsfalls abgestellt wird. Veränderungen der Bemessungsgrundlagen in der Zeit danach wirken sich weder zum Vorteil noch zum Nachteil des insolvenzgeschützten Betriebsrentenanwärters aus. Eine vertraglich versprochene Anpassung der Rentenanwartschaft nach variablen Bezugsgrößen ist nach Eintritt des Sicherungsfalls nicht insolvenzgesichert (BAG NZA 1995, 887). Etwas anderes gilt, wenn eine Dynamisierung in festen Steigerungssätzen versprochen ist.

Änderungen der Versorgungszusage nach dem Eintritt des Sicherungsfalls berühren die Höhe der insolvenzgesicherten Anwartschaft nicht. Der PSV hat von sich aus keine rechtliche Möglichkeit, die Versorgungszusage zu ändern, selbst wenn die Versorgungszusage zu einer → Überversorgung der Arbeitnehmer führt (BAG AP § 1 BetrAVG Besitzstand Nr. 5). Eine Kürzung der erreichbaren Endrente durch eine vorhergehende Änderung der Versorgungszusage kann bei Eintritt eines nachfolgenden Sicherungsfalls nicht dazu führen, dass der erreichte Besitzstand zum Zeitpunkt der Neuordnung durch die Berechnung nach § 7 Abs. 2 BetrAVG unterschritten wird (BAG a. a. O.).

Bei einer unverfallbaren Anwartschaft auf eine Direktversicherung wird die Anwartschaft nicht ratierlich berechnet, sondern deren Höhe auf die von dem Versicherer aufgrund des Versicherungsvertrags zu erbringende Versicherungsleistung beschränkt (versicherungsvertragliche Lösung, § 7 Abs. 2 Satz 3 i. V. m. § 2 Abs. 2 Satz 2 BetrAVG).

Bei einer unverfallbaren Anwartschaft aus einer Pensionsfondszusage wird die Höhe der Anwartschaft zwar grundsätzlich ratierlich gemäß § 2 Abs. 1 BetrAVG berechnet (§ 7 Abs. 2 Satz 5 BetrAVG); für die in der Praxis hier häufigen Beitragszusagen mit Mindestleistung gelten jedoch andere Regeln.

Bei Anwartschaften aus Entgeltumwandlungszusagen ist zu differenzieren, ob diese bis zum 31. 12. 2000 erteilt worden sind oder danach (§ 30g Abs. 1 BetrAVG). Für die bis zum 31. 12. 2000 erteilten Zusagen sind die gleichen Regeln anzuwenden wie für arbeitgeberfinanzierte Zusagen. Für Entgeltumwandlungszusagen ab 2001 bemisst sich die Anwartschaft nach der vom Zeitpunkt der Zusage auf betriebliche Altersversorgung bis zum Eintritt des Sicherungs-falls erreichten Anwartschaft auf Leistungen aus den bis dahin umgewandelten Entgeltbestandteilen (§ 7 Abs. 2 Satz 3 BetrAVG i. V. m. § 2 Abs. 5 a BetrAVG). Diese Art der Berechnung gilt auch für Anwartschaften aus beitragsorientierten Leistungszusagen.

Anwartschaften aus einer Beitragszusage mit Mindestleistung werden bei Eintritt eines Sicherungsfalls berechnet nach dem plan-mäßig zuzurechnenden Versorgungskapital auf der Grundlage der bis zum Eintritt des Sicherungsfalls geleisteten Beiträge, mindes-tens jedoch die Summe der bis dahin zugesagten Beiträge, soweit sie nicht rechnungsmäßig für einen biometrischen Risikoausgleich verbraucht worden sind (§ 7 Abs. 2 Satz 5 BetrAVG i. V. m. § 2 Abs. 5 b BetrAVG).

4. Höchstgrenzen

§ 7 Abs. 3 BetrAVG beschränkt den Umfang der vom Pensions-sicherungsverein im Insolvenzfall zu erbringenden Leistungen für Betriebsrentenansprüche von Spitzenverdienern. Bis zum 31. 12. 1998 galt eine Höchstgrenze für gesicherte Leistungen für monat-liche Betriebsrentenzahlungen von höchsten dem Dreifachen der im Zeitpunkt der ersten Fälligkeit geltenden Beitragsbemessungs-grenze in der gesetzlichen Rentenversicherung. Dies bedeutete beispielsweise für 1998, dass in den alten Bundesländern ein Be-triebsrentenanspruch von monatlich bis zu 25.200 DM insolvenz-geschützt war. Diese Höchstgrenze ist im Rahmen der Insolvenz-rechtsreform zum 1. 1. 1999 auf das Dreifache der Bezugsgröße gemäß § 18 SGB IV abgesenkt worden. Im Jahre 2006 beträgt die Höchstgrenze 7.350 Euro im Monat. Maßgeblich ist die im Zeit-punkt der ersten Fälligkeit bestehende Bezugsgröße (BAG NZA 2005, 113).

Bei Kapitalleistungen sieht § 7 Abs. 3 Satz 2 BetrAVG eine Um-rechnung vor, die auf einem fiktiven zehnjährigen Leistungsbezug beruht. Insolvenzgeschützt ist insoweit im Jahre 2006 eine Kapital-leistung von maximal 882.000 Euro (30 fache jährliche Bezugs-größe gemäß § 18 SGB IV in den alten Bundesländern).

Für Ansprüche aus Entgeltumwandlungen galt vorübergehend eine erheblich niedrigere Höchstgrenze; diese ist jedoch mit Wirkung vom 1.7.2002 durch das HZvNG gestrichen worden ist, so dass jetzt einheitliche Höchstgrenzen für arbeitgeberfinanzierte Zusagen und Entgeltumwandlungszusagen gelten.

5. Anzurechnende Leistungen

Der Anspruch gegenüber dem PSV mindert sich um die Leistung, die der Arbeitgeber oder ein sonstiger Träger der Versorgung tatsächlich erbringt (§ 7 Abs. 4 BetrAVG). Soweit ein Arbeitgeber bei einem gerichtlichen oder außergerichtlichen Vergleich weiterhin Teile der Versorgungsansprüche selbst übernimmt, tritt der PSV nicht ein. Umgekehrt bleibt der PSV bei einem quotalen Vergleich auf Dauer zur Leistung der Versorgungsansprüche in Höhe der von ihm übernommenen Quote verpflichtet. Eine nachträgliche Verbesserung der wirtschaftlichen Lage führt nur dann zu einer Eintrittspflicht des Arbeitgebers, wenn ein Insolvenzplan in einem Insolvenzverfahren beschlossen worden ist. In diesem Falle ist vorzusehen, dass bei einer nachhaltigen Besserung der wirtschaftlichen Lage des Arbeitgebers die vom PSV zu erbringenden Leistungen ganz oder zum Teil vom Arbeitgeber wieder übernommen werden (§ 7 Abs. 4 Satz 5 BetrAVG).

6. Ausschluss der Haftung bei Versicherungsmissbrauch

In bestimmten Fällen, in denen vermutet wird, dass Zweck der Versorgungszusage die Inanspruchnahme des PSV ist, wird der Anspruch gegen PSV wegen → Versicherungsmissbrauchs in § 7 Abs. 5 BetrAVG ausgeschlossen. Dies betrifft vor allen Dingen Leistungsverbesserungen innerhalb der letzten beiden Jahre vor Eintritt des Sicherungsfalls.

IV. Durchführung der Insolvenzsicherung bei Eintritt eines Sicherungsfalls

1. Mitteilungspflichten

Wenn ein Insolvenzverfahren eröffnet wird, hat der **Insolvenzverwalter** dem PSV die Eröffnung des Insolvenzverfahrens, Namen und Anschriften der Versorgungsempfänger und die Höhe ihrer Versorgung mitzuteilen, ebenso wie die Namen und Anschriften der Personen mit einer unverfallbaren Versorgungsanwartschaft einschließlich der Höhe ihrer Anwartschaft (§ 11 Abs. 3 BetrAVG).

Der Arbeitgeber, die Versorgungsträger und die Versorgungsberechtigten haben dem Insolvenzverwalter die hierfür notwendigen Auskünfte zu erteilen (§ 11 Abs. 4 BetrAVG).

Wird bei Eintritt eines Sicherungsfalls kein Insolvenzverfahren eröffnet (§ 7 Abs. 1 Satz 4 BetrAVG) oder das Insolvenzverfahren mangels Masse eingestellt, haben der **Arbeitgeber** oder die sonstigen Träger der Versorgung die entsprechenden Daten an den PSV mitzuteilen (§ 11 Abs. 5 BetrAVG).

Der **PSV** teilt den Betriebsrentnern und den Versorgungsanwärtern, die ihm gegenüber anspruchsberechtigt sind, den Inhalt und den Umfang ihrer Versorgungsansprüche und -anwartschaften mit. Der PSV erteilt hierzu einen sog. **Leistungsbescheid,** der jedoch keine rechtsbegründende, sondern lediglich eine rechtsbestätigende Funktion hat (BGH AP § 9 BetrAVG Nr. 4). Eine falsche Mitteilung kann jedoch Schadensersatzansprüche gegenüber dem PSV auslösen. Versorgungsanwärtern gegenüber erteilt der PSV einen **Anwartschaftsausweis.** In diesem wird die Höhe der bei Vollendung des 65. Lebensjahres zu beanspruchenden Altersrente beziffert.

Unterlässt der PSV die Mitteilung, haben die Betriebsrentner und Versorgungsanwärter ihren Anspruch oder ihre Anwartschaft spätestens ein Jahr nach dem Sicherungsfall beim PSV anzumelden. Bei rechtzeitiger Anmeldung erbringt der PSV auch rückwirkend Versorgungsleistungen. Melden die Rentner oder Anwärter ihre Ansprüche erst später an, muss der PSV erst ab demjenigen Monat Leistungen erbringen, in dem die Anmeldung erfolgt (§ 9 Abs. 1 Satz 2 BetrAVG), es sei denn, dass der Berechtigte an der rechtzeitiger Anmeldung ohne sein Verschulden verhindert war (etwa infolge fehlender Kenntnis über die Insolvenz). Hat der PSV einem Arbeitnehmer mit einer unverfallbaren Versorgungsanwartschaft einen Anwartschaftsausweis erteilt, bedarf es zum Erhalt des Anspruchs bei Eintritt des Versorgungsfalls keiner ausdrücklichen Anmeldung mehr. Die Rentenansprüche unterliegen dann lediglich den allgemeinen Vorschriften zur → Verjährung (BAG DB 2000, 1236).

2. Abwicklung über Lebensversicherungsunternehmen

Der Pensionssicherungsverein übernimmt die Versorgungsleistungen des insolventen Arbeitgebers, unabhängig davon, ob dieser seiner Beitragspflicht nach § 10 BetrAVG genügt hat. Er überträgt in der Regel die Abwicklung einem **Konsortium von Lebensversicherern.** Diese Möglichkeit ist in § 8 Abs. 1 BetrAVG vorgesehen. Ist die betriebliche Altersversorgung über einen **Pensionsfonds** durchgeführt worden, kann der Pensionssicherungsverein die gegen ihn gerichteten Ansprüche mit Zustimmung der Bundesanstalt für Finanzdienstleistungsaufsicht auf den Pensionsfonds übertragen, wenn die dauernde Erfüllbarkeit der Leistungen aus dem Pensionsplan sichergestellt werden kann (§ 8 Abs. 1 a BetrAVG).

3. Abfindungsbefugnis

Ebenso wie ein Arbeitgeber hat der PSV gemäß § 8 Abs. 2 BetrAVG die Möglichkeit, kleine Anwartschaften auf Altersversorgung oder geringfügige Betriebsrenten ohne Zustimmung des Arbeitnehmers abzufinden. Die Grenzen für eine zulässige → Abfindung sind zum 1. 1. 2005 herabgesetzt worden. Abgefundenen werden darf eine Betriebsrente, wenn der Monatsbetrag der aus der Anwartschaft resultierenden laufenden Leistung bei Erreichen der vorgesehenen Altersgrenze oder die laufende Leistung 1 % der monatlichen Bezugsgröße des § 18 SGB IV nicht übersteigen würde (2006: 24,50 €). Unabhängig von dieser Grenze kann der PSV gemäß § 8 Abs. 2 Satz 3 BetrAVG eine Abfindung an eine Lebensversicherung zahlen, bei dem der Versorgungsberechtigte bereits zum Zeitpunkt des Eintritt des Sicherungsfalls im Rahmen einer Direktversicherung versichert ist. Dies betrifft vor allen Dingen Fälle, in denen eine unverfallbare Anwartschaft auf eine Direktversicherung durch Verpfändungen oder Beleihungen des insolventen Arbeitgebers beschädigt worden ist.

4. Forderungsübergang

Mit Eröffnung des Insolvenzverfahrens gehen die insolvenzgeschützten Ansprüche und unverfallbaren Anwartschaften auf Leistungen der betrieblichen Altersversorgung auf den Pensionssicherungsverein gemäß § 9 Abs. 2 BetrAVG über. Danach kann der Versorgungsberechtigte seine Ansprüche nur noch gegen den PSV geltend machen. Akzessorische Sicherungsrechte werden vom Forderungsübergang miterfasst (§§ 401, 412 BGB). Dies betrifft beispielsweise auch Rechte aus einem Schuldbeitritt eines

Dritten (BAG AP § 9 BetrAVG Nr. 11). Der Forderungsübergang bewirkt einerseits, dass der Arbeitnehmer mit dem Pensionssicherungsverein einen zahlungskräftigen Schuldner erhält und der Pensionssicherungsverein andererseits versuchen kann, sich aus den Sicherungsrechten zu befriedigen. Bei Insolvenzen von Personenhandelsgesellschaften ist dies für den Pensionssicherungsverein vor allen Dingen wegen der **Nachhaftung** ausgeschiedener persönlich haftender Gesellschafter von wirtschaftlichem Interesse (§ 160 HGB: Haftung des ausscheidenden persönlich haftenden Gesellschafters für die bis zum Ausscheiden begründeten Verbindlichkeiten, wenn sie vor Ablauf von fünf Jahren nach dem Ausscheiden fällig sind und daraus Ansprüche gegen ihn gerichtlich geltend gemacht sind). Darüber hinaus existiert eine derartige Nachhaftung bei → Spaltung von Unternehmen gemäß § 133 Abs. 3 UmwG für fünf Jahre; bei Betriebsaufspaltungen wird der Haftungszeitraum auf zehn Jahre erweitert durch § 134 UmwG.

In den Sicherungsfällen, in denen es nicht zur Eröffnung eines Insolvenzverfahrens kommt, tritt der gesetzliche Forderungsübergang mit der Mitteilung an den Versorgungsberechtigten ein (Übersendung des Leistungsbescheids bzw. des Anwartschaftsausweises).

Wird die betriebliche Altersversorgung über eine Unterstützungskasse durchgeführt, findet nicht nur ein Übergang der Forderung des Arbeitnehmers gegen den Arbeitgeber auf den PSV gemäß § 9 Abs. 2 BetrAVG statt, sondern darüber hinaus geht nach § 9 Abs. 3 BetrAVG das Vermögen der Unterstützungskasse einschließlich der Verbindlichkeiten auf den PSV über. Dies gilt auch dann, wenn die Unterstützungskasse noch über hinreichende finanzielle Mittel verfügt, um die bestehenden Versorgungsverbindlichkeiten zu erfüllen (BAG AP § 9 BetrAVG Nr. 13). Soweit der PSV aus dem Kassenvermögen seine Forderung befriedigen kann, wird der Umfang des Forderungsübergangs nach § 9 Abs. 2 BetrAVG reduziert (BAG AP § 9 BetrAVG Nr. 16).

Ein **Vermögensübergang** wie bei einer Unterstützungskasse findet auch bei einem Pensionsfonds statt, wenn die Aufsichtsbehörde die Genehmigung zur Übertragung der Leistungspflicht des PSV auf den Pensionsfonds nach § 8 Abs. 1a BetrAVG nicht erteilt (§ 9 Abs. 3a BetrAVG). *(M)*

▶ Invalidenrente

Die Invalidität bzw. Erwerbsunfähigkeit gehört zu den ursprünglichen, durch die gesetzliche Rentenversicherung geschützten Risiken. Bereits mit der Institutionalisierung der gesetzlichen Rentenversicherung durch das „Gesetz betreffend die Invaliditäts- und Alterssicherung" aus dem Jahr 1889 standen Fragen der sozialen Sicherung bei Gesundheitsschäden im Vordergrund, die vor allem in der Arbeiterrentenversicherung auftraten. 1911 kam für den Bereich der Angestelltenversicherung die Berufsunfähigkeit hinzu. Die sich daraus entwickelten Tatbestände der Erwerbsunfähigkeit und der Berufsunfähigkeit stellten zwei Stufen des Invaliditätsbegriffs dar. Heute sind die Berufs- und Erwerbsunfähigkeit aus der gesetzlichen Rentenversicherung verschwunden und ersetzt worden durch ein zweistufiges Modell der Erwerbsminderung (→ Erwerbsminderungsrente). *(P)*

▶ Invaliditätsrente, betriebliche

Betriebliche Altersversorgung kann nicht nur als Leistung nach Erreichen eines bestimmten Alters gewährt werden, sondern auch wegen Invalidität (§ 1 BetrAVG). Der **Begriff** der Invalidität ist im Betriebsrentenrecht nicht selbst definiert. Die Voraussetzungen für die Gewährung einer Invaliditätsrente können in der Versorgungszusage näher festgelegt werden. Es ist deshalb durch Auslegung der Versorgungszusage zu ermitteln, wann der Versorgungsfall der Invalidität eintritt. Das Verständnis wird dadurch erschwert, dass Betriebsrentenzusagen die Begriffe Erwerbsunfähigkeit, Berufsunfähigkeit, verminderte Erwerbsfähigkeit, Arbeitsunfähigkeit und Dienstunfähigkeit neben dem Begriff der Invalidität verwenden und das Sozialversicherungsrecht zum 1. 1. 2001 seine Begrifflichkeiten geändert hat – § 43 SGB VI kennt jetzt die Rente wegen teilweiser und voller **Erwerbsminderung** (→ Erwerbsunfähigkeitsrente), während früher Rente wegen Berufsunfähigkeit bzw. Rente wegen Erwerbsunfähigkeit geleistet wurde (vgl. §§ 33 Abs. 3, 240, 302a SGB VI). Werden die Begriffe der Invalidität in der Versorgungszusage nicht eigens definiert, greift die Rechtsprechung bei der Auslegung auf die sozialversicherungsrechtlichen Begriffe zurück (BAG NZA

2001, 326). Da die sozialversicherungsrechtlichen Begriffe sich geändert haben, ist bei der Auslegung sinnvollerweise auf den Begriff zurückzugreifen, der zum Zeitpunkt der Erteilung der Versorgungszusage gegolten hat. In der Sache hat sich durch die geänderte Begrifflichkeit in der Sozialversicherung für das Betriebsrentenrecht nicht viel geändert; für die Auslegung kann die **Berufsunfähigkeit** i. d. R. mit der teilweisen Erwerbsminderung und die **Erwerbsunfähigkeit** mit der vollen Erwerbsminderung gleichgesetzt werden.

Soweit die Versorgungszusage nicht die sozialversicherungsrechtlichen Begriffe der verminderten Erwerbsfähigkeit, Berufs- oder Erwerbsunfähigkeit verwendet, sondern beispielsweise den Begriff der **Dienstunfähigkeit,** muss zur Auslegung die Rechtsprechung zu §§ 42 ff BBG herangezogen werden, falls die Versorgungsregelung nicht eine eigenständige Definition gibt (wie etwa der → Essener Verband, vgl. BAG AP § 5 BetrAVG Nr. 9).

Der Versorgungsfall der Invalidität kann von der Voraussetzung abhängig gemacht werden, dass das Arbeitsverhältnis geendet hat (BAG NZA 1985, 60). Wird der Versorgungsfall der Invalidität davon abhängig gemacht, dass der Sozialversicherungsträger die Rentenzahlungen aufgenommen hat (BAG AP § 1 BetrAVG Invaliditätsrente Nr. 6), kann es zu einem parallelen Bezug von Arbeitsentgelt und betriebliche Invaliditätsrente kommen, da die gesetzliche Rente wegen Erwerbsminderung nicht von der Beendigung eines Beschäftigungsverhältnisses abhängig gemacht wird.

Wird eine betriebliche Invaliditätsrente nur für den Fall zugesagt, dass der Arbeitnehmer infolge Berufsunfähigkeit aus dem Arbeitsleben **ausscheidet,** kommt es auf die Form der Vertragsbeendigung nicht an. Stimmt etwa ein schwer behinderter Arbeitnehmer einem Auflösungsvertrag zu, weil er sich nicht mehr hinreichend leistungsfähig fühlt, und führt sein Leiden schließlich zur Anerkennung der Berufsunfähigkeit, so sind damit die vertraglichen Voraussetzungen der betrieblichen Invaliditätsrente erfüllt (BAG AP § 1 BetrAVG Invaliditätsrente Nr. 1). Dies gilt auch, wenn ein Arbeitnehmer zunächst aus gesundheitlichen Gründen ausscheidet und später rückwirkend die Berufsunfähigkeit festgestellt wird (BAG NZA 1991, 147).

Der Versorgungsfall der Invalidität kann auch von weiteren einschränkenden Voraussetzungen abhängig gemacht werden, z. B. von einem **Arbeitsunfall,** dass die Invalidität nach Vollendung eines bestimmten **Mindestalters** (z. B. 50. Lebensjahr) eintritt (BAG AP § 1 BetrAVG Invaliditätsrente Nr. 7) oder vom Ablauf der Lohnfortzahlungsfrist (BAG NZA 1990, 147).

Die Zahlung einer Invaliditätsrente kann von einer bestimmten Mindestbetriebszugehörigkeitszeit abhängig gemacht werden. Macht die Versorgungszusage die Zahlung einer Invaliditätsrente von einer bestimmten → **Wartezeit** und einem Ausscheiden aus dem Arbeitsverhältnis oder der Aufnahme der Rentenzahlungen durch den gesetzlichen Rentenversicherungsträger abhängig, kann die Wartezeit vom Arbeitnehmer noch bis zur Erfüllung der letzten Leistungsvoraussetzung zurückgelegt werden (BAG AP § 1 Betr-AVG Wartezeit Nr. 23; BAG AP § 1 BetrAVG Invaliditätsrente Nr. 6). Wartezeiten können für Altersversorgungsleistungen und Invaliditätsleistungen unterschiedlich ausgestaltet sein; sie können auch je nach Ursache für die Invalidität variieren (kürzere Wartezeit bei einer Invalidität wegen Arbeitsunfalls).

Betriebliche Versorgungszusagen können die Gewährung einer betrieblichen Invaliditätsrente bei einer **befristeten** gesetzlichen **Rente** wegen verminderter Erwerbsfähigkeit (§ 102 Abs. 2 SGB VI) ausschließen. Ist dies nicht geschehen, besteht grundsätzlich ein Anspruch auf betriebliche Invaliditätsrente, wenn in der Versorgungszusage auf das gesetzliche Rentenversicherungsrecht Bezug genommen worden ist und im Übrigen die Leistungsvoraussetzungen erfüllt sind.

Ob die betriebliche Invaliditätsrente unverändert weitergezahlt wird, wenn der Arbeitnehmer die **Altersgrenze** für den Bezug betrieblicher Altersleistungen überschreitet, oder ob ab diesem Zeitpunkt eine betriebliche Altersrente nach der hierfür festgelegten Formel gezahlt wird, ist in der Versorgungszusage festzulegen. Hat der Arbeitnehmer das Arbeitsverhältnis mit dem Arbeitgeber aufgrund eines Invaliditätsfalls beendet, ohne die Voraussetzungen für eine betriebliche Invaliditätsrente erfüllt zu haben, kann er bei Erreichen der Altersgrenze betriebliche Altersleistungen beanspruchen, wenn er die dafür in der Versorgungszusage festgelegten Voraussetzungen für eine Altersrente erfüllt und die Anwartschaft auf betriebliche Altersleistungen bei seinem Ausscheiden unverfallbar war (BAG AP § 1 BetrAVG Wartezeit Nr. 16).

In der Versorgungszusage kann vorgesehen werden, dass zur Feststellung der Erwerbsunfähigkeit der Arbeitnehmer sich einer ärztlichen Begutachtung unterziehen muss. In der Regel werden auch **Mitteilungspflichten** über die Dauer des Bezugs einer gesetzlichen Rente wegen Erwerbsminderung in der Versorgungszusage vorgesehen.

Die **Höhe** der Invaliditätsrente wird in der Versorgungszusage bestimmt. Häufig werden wie in der gesetzlichen Rentenversicherung → Zurechnungszeiten vorgesehen, die bestimmte Beschäftigungszeiten fingieren, um die Invaliditätsrente auf ein bestimmtes Mindestniveau anzuheben. *(M)*

▶ Investmentfonds

1. Allgemeines

In einem Investmentfonds bündelt eine Kapitalgesellschaft die Gelder vieler Anleger, um sie nach dem Prinzip der Risikomischung in verschiedene Vermögenswerte (beispielsweise börsennotierte Wertpapiere, Geldmarktinstrumente, Immobilien, stille Beteiligungen) anzulegen und zu verwalten. Damit bezeichnet der Begriff die Gesamtheit der von Anlegern eingezahlten Gelder und der hierfür angeschafften Vermögenswerte. Der Anleger kann nicht direkt über die zugrunde liegenden originären Werte verfügen, weil er sich an einer Miteigentümergemeinschaft beteiligt hat. In Deutschland werden Investmentfonds als Sondervermögen von Kapitalanlagegesellschaften (= Investmentgesellschaften) betrieben, die als Kreditinstitute gelten und den Vorschriften des Gesetzes über Kapitalanlagegesellschaften bzw. seit dem 1.1.2004 dem Investmentgesetz genügen müssen.

2. Prinzip

Das Prinzip des Investmentfonds-Sparens ist einfach. Der Anleger zahlt monatlich in einen Fonds ein (→ Fondssparpläne), und die Fondsgesellschaft investiert die Beiträge in ausgewählte Aktien oder Rentenpapiere. In Spezialfällen können auch Anteile an Immobilien, Rohstoffe oder Währungen hinzukommen.

Der Sparer nutzt mit seinem Fondsanteil die Renditechancen der Wertpapiere, ohne das Auf und Ab der Börse ständig beobachten zu müssen. Die Streuung des Vermögens gleicht Schwankungen aus und begrenzt das Risiko. Fonds können die erzielten Erträge jährlich ausschütten oder wieder anlegen (so genannte thesauierende Fonds). Langfristig macht sich der Sparer den so genannten Cost-Average-Effekt zu Nutzen: Durch den regelmäßig in immer gleicher Höhe investierten Anlagebetrag erwerben die Anleger in Zeiten hoher Kurse weniger Zertifikate ihrer Fonds und bei niedrigen Kursen mehr. Längerfristig kommen sie so zu einem günstigen Durchschnittskurs. Fondsgesellschaften lassen sich ihre Arbeit mit einem Ausgabeaufschlag bezahlen, der in der Regel zwischen vier und sechs Prozent liegt.

3. Förderung

Eine staatliche Förderung im Rahmen der Riesterförderung ist möglich, wenn das gesparte Vermögen frühestens zum 60. Lebensjahr als monatliche Rente ausgezahlt wird. Wird der Fondssparvertrag früher aufgelöst, muss die gesamte Förderung zurückgezahlt werden.

Ein nach den Regelungen der Riester-Rente staatlich geförderter Investmentfonds dürfte weniger Durchschnittsrendite bringen als klassische Investmentfonds, da der Anteil an sicheren Rentenpapieren und Anleihen besonders groß ist.

4. Altersvorsorgefonds

So genannte AS-Fonds (Altersvorsorge-Sondervermögen) sind seit 1998 zugelassen und wurden speziell für die Altervorsorge entwickelt. Investiert wird in Aktien, Rentenpapieren und in offene Immobilienfonds. Mindestens 51 Prozent des Kapitals muss in Aktien und Immobilien angelegt sein. Der Aktienanteil kann zwischen 21 und 75 Prozent schwanken, der Immobilienanteil ist auf maximal 30 Prozent begrenzt. Ein entsprechender Fondssparplan hat eine Laufzeit von mindestens 18 Jahren oder bis zum 60. Lebensjahr. *(P)*

J

▶ Jeweiligkeitsklausel

Eine betriebliche Versorgungszusage kann auf eine jeweilige andere Regelung Bezug nehmen.

Beispiele: „Es gelten die jeweiligen Unterstützungskassenrichtlinien der Firma X"; „Sie erhalten eine betriebliche Altersversorgung gemäß den bei uns geltenden Betriebsvereinbarungen"; „Die Firma gewährt eine betriebliche Altersversorgung gemäß den Richtlinien des Bochumer Verbandes".

Durch eine solche Jeweiligkeitsklausel wirken **Änderungen** der in Bezug genommenen Regelung **automatisch** für oder gegen den Versorgungsberechtigten. Wird auf die beim Arbeitgeber geltenden Bestimmungen in der Versorgungszusage verwiesen, ist dies im Zweifel als dynamische Verweisung auf die jeweils geltende Versorgungsordnung zu verstehen (BAG AP § 1 BetrAVG Ablösung Nr. 23). Eine Verweisung auf eine konkrete Versorgungsregelung zu einem bestimmten Zeitpunkt muss vom Arbeitgeber deutlich gemacht werden. Eine Jeweiligkeitsklausel wirkt auch über das Ende des Arbeitsverhältnisses hinaus für und gegen Rentner (BAG AP § 1 BetrAVG Ablösung Nr. 19).

→ Änderungen von Versorgungszusagen infolge von Jeweiligkeitsklauseln unterwirft das BAG der gleichen **Verhältnismäßigkeitskontrolle** wie bei abändernden Betriebsvereinbarungen (BAG AP § 5 BetrAVG Nr. 25). Bei einem Eingriff in die Versorgungsanwartschaft müssen also je nach Intensität des Eingriffs zwingende, triftige oder sachlich-proportionale Gründe vorliegen. Über den Rechtsgedanken des Wegfall der Geschäftsgrundlage gestattet das BAG (AP § 1 BetrAVG Überversorgung Nr. 4) wegen einer planwidrigen Überversorgung entgegen § 2 Abs. 5 BetrAVG bei einer Jeweiligkeitsklausel sogar einen Eingriff in den erdienten Besitzstand eines ausgeschiedenen Arbeitnehmers. *(M)*

K

▶ **Karrieredurchschnittsplan**

Ein Karrieredurchschnittsplan stellt ein → Versorgungsmodell der betrieblichen Altersversorgung dar, in dem die Höhe der betrieblichen Altersrente in Abhängigkeit von dem jeweils in den einzelnen Jahren der Betriebszugehörigkeit bezogenen Einkommen zugesagt wird. Beispielsweise wird pro Beschäftigungsjahr ein Steigerungsbetrag von 0,5 % des jeweils bezogenen Einkommens zugesagt. Dieser Betrag wird als Nominalbetrag für jedes Dienstjahr festgeschrieben. Die Endrente ergibt sich aus der aufaddierten Summe der jährlich erdienten Steigerungsbeträge. Dies setzt voraus, dass für jedes Beschäftigungsjahr das vom Versorgungsberechtigten verdiente Einkommen nachvollzogen wird. Auch wenn damit rechnerisch Ähnliches geleistet werden muss wie bei der Berechnung der gesetzlichen Altersrente, ist für den Arbeitnehmer nicht immer leicht zu ermitteln, welche Betriebsrente sich für ihn ergibt.

Beispiel: Bei einem Steigerungsbetrag von 0,5 % des jeweiligen Einkommens ergibt sich für einen Arbeitnehmer, der 1980 mit 40 Jahren in ein Unternehmen eingetreten ist, folgende Betriebsrente:

Jahr	Einkommen	Steigerungsbetrag
1980	1500 €	7,50 €
1981	1700 €	8,50 €
1982	1800 €	9,00 €
1983	1800 €	9,00 €
1984	1850 €	9,25 €
1985	1900 €	9,50 €
1986	1900 €	9,50 €
1987	1930 €	9,65 €
1988	1950 €	9,75 €
1989	1950 €	9,75 €
1990	1950 €	9,75 €
1991	1950 €	9,75 €
1992	1950 €	9,75 €
1993	1950 €	9,75 €
1994	1960 €	9,80 €
1995	1970 €	9,85 €

1996	Einkommen:	1980 €	Steigerungsbetrag:	9,90 €	
1997		1980 €		9,90 €	
1998		1990 €		9,95 €	
1999		2000 €		10,00 €	
2000		2000 €		10,00 €	
2001		2000 €		10,00 €	
2002		2100 €		10,50 €	
2003		2100 €		10,50 €	
2004		2170 €		10,85 €	
2005		2200 €		11,00 €	
Rente:				252,65 €	*(M)*

▶ **Kündigung**

Die Kündigung ist bei einer länger dauernden Vertragsbeziehung die Willenserklärung eines Vertragspartners, gerichtet an den anderen Vertragspartner, dass die gemeinsame Vertragsbeziehung nicht fortgesetzt werden soll. Im Arbeitsrecht denkt man bei einer Kündigung vor allen Dingen an die ordentliche oder außerordentliche Kündigung zur Beendigung des Arbeitsverhältnisses, die seit 1.5.2000 schriftlich erfolgen muss (§ 623 BGB). Aber auch Betriebsvereinbarungen zwischen Arbeitgeber und Betriebsrat und Tarifverträge zwischen Gewerkschaften und Arbeitgeberverbänden bzw. Arbeitgebern können durch Kündigung beendet werden.

I. Kündigung des Arbeitsverhältnisses

Für die betriebliche Altersversorgung bedeutet die Kündigung des Arbeitsverhältnisses, dass bei einer erteilten Versorgungszusage ein weiteres Anwachsen der Versorgungsanwartschaft nach dem Ablauf der Kündigungsfrist ausgeschlossen ist. Ob der Arbeitnehmer die betriebliche Versorgungsanwartschaft behält, hängt davon ab, ob die Voraussetzungen für die → **Unverfallbarkeit** schon vorliegen oder nicht. Bei Versorgungszusagen, die ab dem 1.1. 2001 erteilt sind, muss die Zusage mindestens 5 Jahre bestanden haben; ältere Versorgungszusagen wurden nach 10 Jahren Zusagedauer bzw. 3 Jahren Zusagedauer und 12 Jahren Betriebszugehörigkeit unverfallbar. Außerdem muss der Arbeitnehmer beim Ausscheiden das 30. Lebensjahr (bei älteren Versorgungszusagen das 35. Lebensjahr) vollendet haben. Sind die Unverfallbarkeitsfristen nicht erfüllt, verfällt mit dem Ausscheiden des Arbeitnehmers aus dem Arbeitsverhältnis die Versorgungsanwartschaft, wenn der Arbeitgeber – wie in der Praxis die Regel – den Eintritt des Versorgungsfalls während der Dauer der Beschäftigung beim Arbeitgeber zur Bedingung für die Zahlung einer Betriebsrente gemacht hat.

Eine **Kündigung der betrieblichen Versorgungszusage** getrennt vom Arbeitsverhältnis („Teilkündigung") ist unzulässig. Grundsätzlich zulässig ist eine **Änderungskündigung** mit dem Ziel, das Arbeitsverhältnis fortzusetzen, aber mit einer geänderten Versorgungszusage oder unter Wegfall der Versorgungszusage. Will der Arbeitgeber einseitig gegenüber einem Arbeitnehmer den Inhalt der Versorgungszusage ändern oder diese beseitigen, muss er das Arbeitsverhältnis insgesamt kündigen und dem Arbeitnehmer ein Arbeitsverhältnis zu geänderten Bedingungen anbieten. Der Arbeitnehmer kann bei Vorliegen der allgemeinen Kündigungsschutzvoraussetzungen (§§ 1, 23 KSchG) innerhalb von drei Wochen das veränderte Angebot unter dem Vorbehalt annehmen, dass die Änderung der Arbeitsbedingungen nicht sozial ungerechtfertigt ist (§ 2 KSchG) und innerhalb von 3 Wochen **Feststellungsklage** beim Arbeitsgericht erheben (§ 4 KSchG). Erklärt der Arbeitnehmer den Vorbehalt nicht, endet das Arbeitsverhältnis mit Ablauf der Kündigungsfrist; der Arbeitnehmer behält, sofern die Versorgungszusage bereits gem. § 1b BetrAVG unverfallbar ist, die Versorgungsanwartschaft.

Erhebt der Arbeitnehmer fristgemäß eine Änderungskündigungsschutzklage, so ist das Änderungsangebot des Arbeitgebers vom Gericht daran zu messen, ob **dringende betriebliche Erfordernisse** gem. § 1 Abs. 2 KSchG es bedingen und ob sich der Arbeitgeber bei einem an sich anerkennenswerten Anlass zur Änderungskündigung darauf beschränkt hat, nur solche Änderungen vorzuschlagen, die der Arbeitnehmer billigerweise hinnehmen muss. Die Kürzung einer betrieblichen Versorgungszusage stellt dabei eine Entgeltabsenkung dar, die sich nur dann rechtfertigen lässt, wenn bei Aufrechterhaltung der bisherigen Personalkosten weitere, betrieblich nicht mehr auffangbare Verluste entstehen, die absehbar zu einer Reduzierung der Belegschaft oder zu einer Schließung des Betriebes führen. Erforderlich ist hierzu ein umfassender Sanierungsplan, der alle gegenüber der beabsichtigten Änderungskündigung milderen Mittel ausschöpft (BAG NZA 2003, 147). Ein weniger strenger Maßstab, wie ihn das BAG bei der Anpassung vertraglicher Nebenabreden im Wege der Änderungskündigung anwendet (BAG NZA 2003, 1030), ist bei einer betrieblichen Versorgungszusage nicht anzunehmen, da es sich bei der betrieblichen Altersversorgung um Entgelt von einiger Bedeutung für den Lebensabend des Arbeitnehmers handelt. Eine Änderungskündigung ist deshalb für den Arbeitgeber in einem Prozess sehr schwer zu begründen.

II. Kündigung einer Betriebsvereinbarung

Betriebsvereinbarungen zwischen Betriebsrat und Arbeitgeber können, soweit nichts anderes vereinbart ist, mit einer Frist von drei Monaten gekündigt werden. Eine Form ist hierfür nicht vorgeschrieben. Kündigungsschutz genießt eine Betriebsvereinbarung nicht. Die Ausübung des Kündigungsrechts bedarf **keiner Rechtfertigung** und unterliegt keiner gerichtlichen Kontrolle. Dies gilt auch für Betriebsvereinbarungen über betriebliche Altersversorgung (BAG NZA 2000, 322). Die Frage der Wirksamkeit der Kündigung ist von der Frage nach den **Rechtsfolgen der Kündigung** für die Arbeitnehmer zu trennen. Welche Folgen die Kündigung einer Betriebsvereinbarung über betriebliche Altersversorgung für die betroffenen Arbeitnehmer hat, ist in Rechtsprechung und Lehre nach wie vor stark umstritten.

Zwar gelten gem. § 77 Abs. 6 BetrVG nach Ablauf einer Betriebsvereinbarung ihre Regelungen weiter, bis sie durch eine andere Abmachung ersetzt werden. Dies gilt jedoch nur, soweit in der Betriebsvereinbarung Gegenstände der erzwingbaren Mitbestimmung geregelt sind. Ein → Mitbestimmungsrecht des Betriebsrats besteht jedoch bei der betrieblichen Altersversorgung nicht darüber, ob und in welchem Umfang der Arbeitgeber Mittel zur betrieblichen Altersversorgung zur Verfügung stellt, sondern nur hinsichtlich der Verteilung der Mittel. Wenn ein Arbeitgeber eine Betriebsvereinbarung über betriebliche Altersversorgung kündigt, **wirkt** sie deshalb nach der Rechtsprechung des BAG **nicht nach** (BAG NZA 1990, 67).

Die Kündigung einer Betriebsvereinbarung über betriebliche Altersversorgung bewirkt nicht nur eine → Schließung des Versorgungswerks für die Zukunft für neu eintretende Arbeitnehmer. Mit dem Wegfall der unmittelbaren und zwingenden Wirkung der → Betriebsvereinbarung über betriebliche Altersversorgung entfällt vielmehr die Rechtsgrundlage für die Entstehung von Versorgungsansprüchen für alle betriebsangehörigen Arbeitnehmer, die noch keinen Vollanspruch erdient haben (BAG NZA 2000, 322). Die Befugnisse des Arbeitgebers, durch Kündigung einer Betriebsvereinbarung auf die Versorgungsanwartschaften der Arbeitnehmer einzuwirken, gehen jedoch nicht weiter als die Möglichkeiten der Betriebspartner im Rahmen von Abänderungsvereinbarungen. Da die → Änderung von Versorgungszusagen, die auf einer Betriebsvereinbarung beruhen, durch eine nachfolgende Betriebsvereinbarung sachlicher Gründe bedarf und da Eingriffe in **Versorgungsbesitzstände** von der Rechtsprechung nach den Grundsätzen des **Vertrauensschutzes** und der Verhältnismäßigkeit überprüft werden, ist auch nach einer Kündigung einer Betriebsvereinbarung über betriebliche Altersversorgung der Besitzstand je nach den Gründen für die Kündigung aufrechtzuerhalten. Dies führt dazu, dass nur bei einem triftigen Grund bei einem endgehaltsabhängigen System die Versorgungsanwartschaften in der Höhe aufrechterhalten werden, als wären die Arbeitnehmer mit Ablauf der Betriebsvereinbarung aus dem Unternehmen ausgeschieden (BAG NZA 2002, 575). Hatte der Arbeitgeber dagegen für die Kündigung keine sachlich-proportionalen Gründe, wachsen die Versorgungsanwartschaften entsprechend der gekündigten Betriebsvereinbarung weiter an (BAG NZA 2000, 498). Die hieraus resultierenden Anwartschaften sind weiterhin Ansprüche aus einer Betriebsvereinbarung (BAG NZA 2000, 322).

III. Kündigung eines Tarifvertrages

Beruht die Versorgungszusage auf einen Tarifvertrag, kann der Tarifvertrag durch eine der Tarifvertragsparteien innerhalb der vom Tarifvertrag festgelegten Frist ordentlich gekündigt werden. Ist keine ordentliche Kündigungsfrist festgelegt, ist von einer dreimonatigen Kündigungsfrist entsprechend § 77 Abs. 5 BetrVG auszugehen (BAG NZA 1997, 1234). Die Kündigung bedarf keines Grundes. Nach Ablauf der Kündigungsfrist wirken die Normen des Tarifvertrags weiter, bis sie durch eine andere Abmachung ersetzt werden **(Nachwirkung,** § 4 Abs. 5 TVG). Bei einem Tarif-vertrag über betriebliche Altersversorgung wachsen daher die Ver-sorgungsanwartschaften weiter entsprechend dem bisherigen Tarif-vertrag an, bis eine andere individuelle oder kollektivvertragliche Vereinbarung getroffen worden ist. *(M)*

▶ **Kürzung**

Zur Möglichkeit, Betriebsrenten und Anwartschaften hierauf zu kürzen, → Änderung von Versorgungszusagen. *(M)*

L

▶ **Lebensversicherung**

1. Arten

Es sind zu unterscheiden (1) die Kapitallebensversicherung, (2) die Risikolebensversicherung und (3) die Sterbegeldversicherung. Bei der Lebensversicherung sind zu unterscheiden der (1) der Versicherungsnehmer, (2) Versicherte, (3) der Bezugsberechtigte und (4) Versicherer.

Es gibt viele Arten von Lebensversicherungen, die von der klassischen Lebensversicherung bis zur fondsgebundenen Lebensversicherung reichen. Die Auswahl der Lebensversicherung hängt von der Performance ab.

Die Risikolebensversicherung bietet einen hohen Todesfallschutz zu geringen Beiträgen. Es gibt die klassische Risikoversicherung mit einer gleich bleibenden Versicherungssumme, Risikoversicherungen für zwei verbundene Personen, eine Lebensversicherung mit fallender Todesfallleistung (etwa zur Darlehensabsicherung) usw. Bei Risikolebensversicherungen gibt es große Beitragsunterschiede.

Die Sterbegeldversicherung dient dazu die Kosten der Beerdigung zu versichern. Es werden auch Sterbegeldversicherungen ohne Gesundheitsprüfung angeboten.

2. Lebensversicherung und fondsgebundene Lebensversicherung

(a) Bei der klassischen Art der Lebensversicherung wird ein Kapital oder eine Rentenleistung bei Erreichen der Altersgrenze fällig. Da das Berufsunfähigkeitsrisiko in der gesetzlichen Rentenversicherung nur begrenzt versichert ist, sollte diesem Umstand Rechnung getragen werden.

(b) Die fondsgebundene Lebensversicherung ist eine spezielle Art der Lebensversicherung, die die Risikovorsorge und den Absicherungsgedanken für das Alter mit dem Aktiensparen in Form von

Investmentfonds verbindet. Die Altersvorsorge ist in aller Regel ein langer Prozess. Sie erstreckt sich im Allgemeinen über mehrere Jahrzehnte. Kursschwankungen des Aktienmarktes sind in der Vergangenheit daher immer ausgeglichen worden. Das Risiko wird abgemildert, wenn die letzten Jahre der Versicherung einen Umtausch der Anlage in eine Rentenanlage vorsehen. Die fondsgebundene Lebensversicherung ist nach dem gleichen Schema wie eine Lebensversicherung aufgebaut. Es sind die Beitragssumme, die Versicherungssumme und die Ablaufsumme zu unterscheiden. Ziel der fondsgebundenen Lebensversicherung ist im Todesfall eine garantierte Todesfallsumme zur Verfügung zu stellen und im Erlebensfall die angesammelten Fondsanteile inklusive der Wertzuwächse auszuzahlen.

(c) Die fondsgebundene Lebensversicherung ist i. d. R. wie die klassische Rentenversicherung aufgebaut. Sie legt aber je nach Satzung in den unterschiedlichsten Wertpapieren an. Es gibt risikoreiche und weniger risikoreiche Anlagen. Hilfen bei der Anlageentscheidung können sich aus dem Internet ergeben (www.lebensversicherung.de; www.akademischerdienst.de). Die Lebensversicherung schwankt in ihrem Wert wie die Aktienmärkte. Langfristig haben sich die Schwankungen in der Vergangenheit wieder ausgeglichen.

3. Risikolebensversicherung

(a) Die Lebenserwartung betrug bei Frauen 1991 79,08 und bei Männern 72,68 Jahre. Sie wird voraussichtlich bis zum Jahre 2025 auf 82,6 bzw. 76,2 Jahre steigen. Die Renten müssen daher im Durchschnitt zehn Jahre länger gezahlt werden. Von gesunden Versicherten müssen daher Versicherungen von beachtlicher Höhe abgeschlossen werden. Die Risikolebensversicherung ist von besonderem Interesse für junge Familien, den Haupternährer der Familie, Berufsstarter und Existenzgründer sowie zur Absicherung großer finanzieller Verpflichtungen (Hausbau, Unternehmensgründung).

(b) Es gibt zwei Hauptformen. Das sind die konstante Todesfallversicherung und die linear oder degressiv fallende Versicherung. Die fallende Risikoversicherung ist etwas preisgünstiger. Aber das Todesfallrisiko ist für eine Altersversorgung nur unzureichend gesichert. Da auch bei der Risikolebensversicherung Überschüsse anfallen, gibt es zwei Möglichkeiten diese Gelder zu verbrauchen. Es kann ein Todesfallbonus vereinbart werden. Alsdann erhöht sich die Todesfallleistung. Es kann auch eine Beitragsverrechnung gewählt werden. Hier verringert sich der Zahlbetrag des Beitrags. Bei der Risikolebensversicherung werden Gesundheitsfragen gestellt. Für besonders gefährliche Berufe werden Gesundheitszuschläge erhoben.

(c) Die Beiträge sind abhängig vom Eintrittsalter, wegen der unterschiedlichen Lebenserwartung vom Geschlecht, von der Laufzeit von den Gesundheitsverhältnissen und von der Höhe der Versicherungssumme. Die Beitragshöhe der einzelnen Versicherer sollte sorgfältig verglichen werden. Hilfestellung kann aus dem Internet bezogen werden (www. lebensversicherung.de; www. akademischerdienst.de).

4. Sterbegeldversicherung

(a) Die Sterbegeldversicherung der gesetzlichen Krankenkassen wurde gestrichen. Ab einem gewissen Alter kann es sinnvoll sein die Kosten der Beerdigung zu versichern. Im Versicherungsantrag wird man nur ungern sämtliche Krankheiten aufzählen. Sterbegeldversicherungen werden daher vielfach ohne Gesundheitsprüfung angeboten.

(b) Im Allgemeinen besteht voller Versicherungsschutz bei Unfalltod, nach sechs Monaten bei Einmalzahlung, nach 18 Monaten bei monatlicher Zahlung.

(c) Die Beiträge der Sterbeversicherung können aus dem Internet abgerufen werden (www.sterbe-geld-versicherung.de; www. bestattungsvorsorge24.de) *(Sch)*

▶ Leistungszusage

Bei einer Leistungszusage in der betrieblichen Altersversorgung verspricht der Arbeitgeber dem Arbeitnehmer bei Eintritt des Versorgungsfalls eine bestimmte Leistung. Diese kann in einem bestimmten Geldbetrag als laufende Rente oder als Kapitalbetrag bestehen oder in einem bestimmten Prozentsatz des letzten Einkommens o.Ä. Die Leistungszusage ist die in Deutschland nach wie vor verbreitetste Form der betrieblichen Altersversorgung. Die → Versorgungsmodelle, die die Leistungszusage im Einzelnen ausgestalten, können erheblich voneinander abweichen. Gemeinsam ist ihnen, dass bei Erteilung der Versorgungszusage feststeht, wie hoch die betriebliche Altersversorgung bei Eintritt des Versorgungsfalls ist oder zumindest, wie sie sich errechnet. Im Gegensatz zur Leistungszusage verspricht der Arbeitgeber bei einer → Beitragszusage, bestimmte Beiträge zur Finanzierung einer Versorgungsleistung aufzubringen. Die Verpflichtung bezieht sich nur auf die Zahlung dieser Beiträge; ob und in welcher Höhe aus dem Beitrag eine Leistung resultiert, steht nicht fest. Die Höhe der Leistung kann erst zum Zeitpunkt des Eintritts des Versorgungsfalls ermittelt werden. Reine Beitragszusagen sind als betriebliche Altersversorgung grundsätzlich nicht zulässig, allerdings hat der Gesetzgeber seit 1999 die Umwandlung von Beiträgen in Leistungszusagen (→ beitragsorientierte Leistungszusage) und seit 2002 → Beitragszusagen mit Mindestleistung als betriebliche Altersversorgung in das BetrAVG aufgenommen. *(M)*

▶ **Liquidation**

Alle Handelsgesellschaften – Personengesellschaften (GbR, OHG, KG) und Kapitalgesellschaften (GmbH, AG, Genossenschaft) – können aufgelöst werden. Die Auflösung führt nicht unmittelbar zur Beendigung der Gesellschaft, sondern es muss zunächst die Gesellschaft abgewickelt werden mit dem Ziel, die Gesellschaftsgläubiger zu befriedigen und das verbleibende Vermögen unter die Gesellschafter zu verteilen. Eine Gesellschaft wird i.d.R. erst nach Abschluss des Abwicklungsverfahrens im Handelsregister gelöscht (anders bei einer Löschung von Amts wegen oder einer Auflösung nach Abweisung eines Insolvenzantrags mangels Masse). Die Auflösung einer Gesellschaft im Rahmen einer **Insolvenz** führt durch die gesetzliche → Insolvenzsicherung für Betriebsrenten und unverfallbare Versorgungsanwartschaften zu einer Eintrittspflicht des → PSV.

Möglich ist auch eine **freiwillige Liquidation,** wenn der Arbeitgeber die operative Tätigkeit einstellt und das Unternehmen rechtswirksam auflöst. Die Liquidatoren haben dabei u.a. die Aufgabe, die laufenden Geschäfte zu beendigen und die Verpflichtungen der aufgelösten Gesellschaft zu erfüllen (vgl. § 70 GmbHG, § 149 HGB). Eine Liquidation ohne das Vorliegen einer Insolvenz setzt die vollständige Befriedigung aller Gläubiger voraus. Für Betriebsrentenverpflichtungen heißt dies im Grundsatz, dass eine Gesellschaft erst aufgelöst werden kann, wenn der letzte Betriebsrentenanspruch erfüllt ist.

Um eine Auflösung nicht um Jahrzehnte zu verzögern (bis zum Sterben des letzten Rentners), sieht § 4 Abs. 4 BetrAVG die Möglichkeit vor, dass eine Versorgungszusage von einer Pensionskasse oder einem Unternehmen der Lebensversicherung übernommen werden kann, wenn die Betriebstätigkeit eingestellt und das Unternehmen liquidiert wird. Eine Zustimmung des Arbeitnehmers oder das Versorgungsempfängers ist nicht erforderlich. Es müssen allerdings ab Rentenbeginn sämtlich auf den Rentenbestand entfallende Überschussanteile zur Erhöhung der laufenden Leistungen verwendet werden (§ 16 Abs. 3 Nr. 2 BetrAVG). Eine → **Übertragung** auf andere Versorgungsträger, etwa eine Unterstützungskasse oder einen Pensionsfonds, ist nicht zulässig. Diese Konstruktion einer Übertragung auf eine Lebensversicherung oder eine Pensionskasse bewirkt einen Schutz der Versorgungsberechtigten gegen Insolvenz und den Wertverfall der Betriebsrente.

Wird das Arbeitsverhältnis im Rahmen der Liquidation beendet, ist eine → **Abfindung** einer unverfallbaren Versorgungsanwartschaft grundsätzlich gem. § 3 Abs. 1 BetrAVG nicht zulässig, es sei denn, es handelt sich um eine geringfügige Rente im Sinne des § 3 Abs. 2 BetrAVG. Laufende Betriebsrenten, die ab dem 1. 1. 2005 und später erstmals gezahlt werden, dürfen ebenfalls nicht abgefunden werden (§§ 3 Abs. 1, 30g Abs. 2 BetrAVG). Betriebsrenten, bei denen der Versorgungsfall früher eingetreten ist, dürfen mit Zustimmung des Rentners abgefunden werden. Wird ein Arbeitnehmer zunächst während eines Insolvenzverfahrens weiterbeschäftigt und das Unternehmen erst später im Laufe des Insolvenzverfahrens liquidiert und dessen Betriebstätigkeit vollständig eingestellt, können die während des Insolvenzverfahrens erdienten Teile der Anwartschaft ohne Zustimmung des Arbeitnehmers abgefunden werden (§ 3 Abs. 4 BetrAVG). *(M)*

M

▶ **Mitbestimmung des Betriebsrats**

Die betriebliche Altersversorgung unterliegt als betriebliche Sozialleistung der Mitbestimmung des Betriebsrats. Ausgangspunkt der erzwingbaren Mitbestimmung des Betriebsrats sind § 87 Abs. 1 Nr. 8 BetrVG (Mitbestimmung bei der Form, Ausgestaltung und Verwaltung von **Sozialeinrichtungen**) und § 87 Abs. 1 Nr. 10 BetrVG (Mitbestimmung bei Fragen der betrieblichen **Lohngestaltung**). Hinzu kommt die Möglichkeit, außerhalb der erzwingbaren Mitbestimmung freiwillige Betriebsvereinbarungen nach § 88 BetrVG abzuschließen.

Der Arbeitgeber ist jedoch in seiner Entscheidung, ob er seinen Arbeitnehmern eine von ihm finanzierte betriebliche Altersversorgung zusagt, frei. Weder BetrAVG noch BetrVG verpflichten den Arbeitgeber zur Erteilung von Versorgungszusagen. Lediglich im Bereich der → Entgeltumwandlung gibt es gem. § 1a BetrAVG einen Rechtsanspruch von Arbeitnehmern. Das Mitbestimmungsrecht des Betriebsrats bezieht sich deshalb vor allen Dingen auf die Ausgestaltung des Leistungsplans.

I. Umfang des Mitbestimmungsrechts

1. Persönlicher Geltungsbereich

Das Mitbestimmungsrecht des Betriebsrats umfasst in persönlicher Hinsicht nur die **Arbeitnehmer** i. S. d. § 5 Abs. 1 BetrVG, also nicht **leitende Angestellte. Rentner** und bereits ausgeschiedene Arbeitnehmer werden nach ständiger Rechtsprechung des BAG (AP § 1 BetrAVG Betriebsvereinbarung Nr. 1) vom Mitbestimmungsrecht des Betriebsrats nicht erfasst. Bereits aus betriebsverfassungsrechtlichen Gründen werden deshalb Rentner und mit einer unverfallbaren Versorgungsanwartschaft ausgeschiedene Arbeitnehmer nicht von einer abändernden Betriebsvereinbarung, mit der eine betriebliche Versorgungsregelung verschlechtert wird, erfasst.

2. Betriebsverfassungsrechtliche Grenzen

Die Mitbestimmungsrechte nach § 87 BetrVG bestehen nur, soweit eine gesetzliche oder **tarifliche Regelung** nicht besteht (§ 87 Abs. 1 Einleitungssatz BetrVG). Wird eine betriebliche Altersversorgung über einen Versorgungstarifvertrag geregelt, besteht kein Mitbestimmungsrecht. Von besonderer Bedeutung ist dieser Ausschluss für die → Entgeltumwandlung, da es einerseits einen gesetzlichen Anspruch auf Entgeltumwandlung gibt (§ 1a BetrAVG) und andererseits nach § 17 Abs. 5 BetrAVG eine Entgeltumwandlung von Entgeltansprüchen, die auf einem Tarifvertrag beruhen, nur vorgenommen werden kann, soweit dies durch Tarifvertrag vorgesehen oder durch Tarifvertrag zugelassen ist (s. II.5.).

3. Betriebsrentenrechtliche Grenzen

Da der Arbeitgeber in seiner Entscheidung frei ist, ob er Versorgungszusagen erteilt, unterliegt auch das Mitbestimmungsrecht des Betriebsrats inhaltlichen Grenzen. Die Freiheit des Arbeitgebers, zu entscheiden, in welchem Umfang er finanzielle Mittel für die betriebliche Altersversorgung zur Verfügung stellen will, darf durch die Mitbestimmung des Betriebsrats nicht beschränkt werden. Dies führt dazu, dass bestimmte **Grundentscheidungen** des Arbeitgebers **mitbestimmungsfrei** sind (BAG AP § 87 BetrVG 1972 Altersversorgung Nr. 1 bis 3). Die Mitbestimmung des Betriebsrats bezieht sich vor allen Dingen auf die Verteilung der vom Arbeitgeber vorgegebenen Mittel, also auf die Ausgestaltung des Leistungsplans und damit primär Fragen der Verteilungsgerechtigkeit.

(a) Der Arbeitgeber entscheidet frei darüber, ob er überhaupt eine betriebliche Altersversorgung einführt; er kann auch frei darüber entscheiden, neu eintretenden Arbeitnehmern keine Versorgungszusage mehr zu erteilen. Der Betriebsrat kann somit weder die **Einführung** einer betrieblichen Altersversorgung erzwingen, noch die **Schließung** eines Versorgungswerks für die Zukunft verhindern. Verbleibt allerdings nach der Schließung eines Versorgungswerks ein Verteilungsspielraum, muss der Arbeitgeber das Mitbestimmungsrecht des Betriebsrats beachten (BAG AP § 87 BetrVG 1972 Altersversorgung Nr. 16).

(b) Der Arbeitgeber kann frei entscheiden, in welcher Höhe er finanzielle Mittel bereitstellen will. Er kann den → **Dotierungsrahmen** mitbestimmungsfrei vorgeben, und zwar auch bei Änderung des Versorgungswerks. Der Dotierungsrahmen umschreibt den voraussichtlichen Gesamtaufwand des Arbeitgebers für alle von ihm erteilten Versorgungszusagen. Ob der Arbeitgeber auch für verschiedene Arbeitnehmergruppen getrennte Dotierungsrahmen mitbestimmungsfrei vorgeben kann, ist umstritten.

(c) Der Arbeitgeber kann frei bestimmen, welchen **Durchführungsweg** er für die betriebliche Altersversorgung wählt. Jeder Durchführungsweg hat insbesondere wegen der steuerrechtlichen Unterschiede andere Auswirkungen auf die Kosten.

(d) Der Arbeitgeber kann mitbestimmungsfrei entscheiden, welchen **Personenkreis** er in die betriebliche Altersversorgung einbeziehen will. Dies beruht darauf, dass der Arbeitgeber selbst den Zweck festlegen kann, den er mit der Gewährung von Leistungen der betrieblichen Altersversorgung verfolgen will. Die Grenzziehung darf allerdings nicht gegen den → Gleichbehandlungsgrundsatz verstoßen.

(e) Ändert der Arbeitgeber nachträglich die mitbestimmungsfreien Grundentscheidungen, hat dies i. d. R. Auswirkungen auf den Verteilungsplan, so dass in der Praxis bei jeder Änderung der Grundentscheidungen der Betriebsrat beteiligt wird. Nur bei der → **Änderung** einzelner Zusagen oder der vollständigen Schließung eines Versorgungswerks oder der Kündigung einer Betriebsvereinbarung wird der Betriebsrat nicht eingeschaltet.

II. Durchführung der Mitbestimmung bei der betrieblichen Altersversorgung

Soweit ein Mitbestimmungsrecht des Betriebsrats besteht, hat der Arbeitgeber den Betriebsrat über die geplanten Maßnahmen rechtzeitig und umfassend zu informieren. Die Verhandlungen zwischen Betriebsrat und Arbeitgeber können entweder zu einer formlosen, nicht normativ wirkenden **Regelungsabrede** führen oder zu einer schriftlich niedergelegten, normativ wirkenden **Betriebsvereinbarung**. Kommt eine Einigung nicht zustande, kann jede Seite die Einigungsstelle anrufen, deren Spruch die fehlende Einigung ersetzt. Im Rahmen des Mitbestimmungsrechts hat jede Seite ein Initiativrecht.

1. Mitbestimmung bei Sozialeinrichtungen

Nach § 87 Abs. 1 Nr. 8 BetrVG unterliegt dem Mitbestimmungsrecht des Betriebsrats die Form, die Ausgestaltung und Verwaltung von Sozialeinrichtungen, deren Wirkungsbereich auf den Betrieb, das Unternehmen oder den Konzern beschränkt ist. Eine **Sozialeinrichtung** ist ein zweckgebundenes, besonders zu verwaltendes Sondervermögen, das auf eine gewisse Dauer eingerichtet ist und nach allgemeinen Richtlinien soziale Leistungen gewährt (BAG AP § 87 BetrVG 1972 Sozialeinrichtung Nr. 7). Hierzu gehören im Bereich der betrieblichen Altersversorgung **Pensionskassen, Pensionsfonds** und **Unterstützungskassen,** nicht aber Direktversicherungen oder Finanzierungsinstrumente, die der Arbeitgeber zur Finanzierung von Versorgungszusagen benutzt, wie Rückdeckungsversicherungen (BAG AP § 87 BetrVG 1972 Altersversorgung Nr. 1) oder Anlagefonds.

Der Betriebsrat bestimmt mit, in welcher Rechtsform die Sozialeinrichtung betrieben wird – wobei die Wahlfreiheit sehr beschränkt ist, weil der Arbeitgeber den Durchführungsweg allein auswählen kann und die zulässigen Rechtsformen für Unterstützungskassen, Pensionskassen und Pensionsfonds auf wenige Formen beschränkt sind.

Das Mitbestimmungsrecht des Betriebsrats bezieht sich auf die Aufstellung des **Leistungsplans,** Fragen der Vermögensverwaltung und -anlage, die Wahl der Verwaltungsorgane und in welchem Verfahren das Mitbestimmungsrecht ausgeübt werden soll.

Möglich sind die zweistufige und die organschaftliche Lösung. Bei der **zweistufigen Lösung** werden die mitbestimmungspflichtigen Fragen zunächst zwischen Arbeitgeber und Betriebsrat ausgehandelt und der Arbeitgeber hat dann dafür zu sorgen, dass die soziale Einrichtung die getroffene Regelung übernimmt. Bei der **organschaftlichen Lösung** wird der Betriebsrat von vornherein in den Organen der Unterstützungskasse, der Pensionskasse oder des Pensionsfonds paritätisch beteiligt und die mitbestimmungspflichtigen Fragen in den satzungsgemäßen Beschlussgremien der Sozialeinrichtung behandelt (BAG AP § 87 BetrVG 1972 Altersversorgung Nr. 5). Ist der Betriebsrat in den Entscheidungsgremien, die über mitbestimmungspflichtige Fragen entscheiden, nicht gleichberechtigt beteiligt, ist der Betriebsrat wie bei einer zweistufigen Lösung gesondert zu beteiligen (BAG AP § 87 BetrVG 1972 Altersversorgung Nr. 16).

2. Mitbestimmung bei Direktzusagen und Direktversicherungen

Nach § 87 Abs. 1 Nr. 10 BetrVG sind mitbestimmungspflichtig Fragen der betrieblichen Lohngestaltung, insbesondere die Aufstellung von Entlohnungsgrundsätzen und die Einführung und Anwendung von neuen Entlohnungsmethoden sowie deren Änderung. Da Leistungen der betrieblichen Altersversorgung ein – zur Versorgung bestimmtes – Entgelt für die vom Arbeitnehmer erbrachte Gesamtheit von Arbeitsleistungen darstellen, sind Entgeltfragen betroffen.

Wird die betriebliche Altersversorgung als **Direktzusage** erbracht, so ergibt sich das Mitbestimmungsrecht des Betriebsrats aus § 87 Abs. 1 Nr. 10 BetrVG. Pensionsrückstellungen sind kein Sondervermögen im Sinne des § 87 Abs. 1 Nr. 8 BetrVG.

Auch wenn die betriebliche Altersversorgung über einen selbständigen Versorgungsträger erbracht wird, sind Fragen der betrieblichen Lohngestaltung betroffen. Notwendig ist stets auch eine Regelung der Altersversorgung im Grundverhältnis zwischen Arbeitgeber und Arbeitnehmer. Deshalb besteht ein Mitbestimmungsrecht nach § 87 Abs. 1 Nr. 10 BetrVG auch bei der Durchführung über eine **Direktversicherung.** Das Mitbestimmungsrecht greift jedoch nicht ein in das Verhältnis von Arbeitgeber und Versicherung. Der Betriebsrat hat zwar mitzubestimmen, wenn Arbeitnehmer zu Versicherungsbeiträgen herangezogen werden sollen, nicht jedoch bei der Auswahl des Versicherungsunternehmens, mit dem der Arbeitgeber die Lebensversicherungsverträge abschließt (BAG NZA 1993, 953).

3. Besonderheiten bei Gruppenkassen

Da das Mitbestimmungsrecht nach § 87 Abs. 1 Nr. 8 BetrVG voraussetzt, dass die Sozialeinrichtung sich auf den Betrieb, das Un-

ternehmen oder den Konzern bezieht, ist dieses Mitbestimmungsrecht nicht gegeben, wenn eine Sozialeinrichtung von mehreren
Arbeitgebern getragen wird. Bilden mehrere Trägerunternehmen,
die nicht in einem Unterordnungskonzern miteinander verbunden sind, eine Unterstützungskasse oder eine Pensionskasse (sog.
Gruppenkassen) oder einen überbetrieblichen Pensionsfonds,
greift jedoch das Mitbestimmungsrecht bei der betrieblichen Lohngestaltung gemäß § 87 Abs. 1 Nr. 10 BetrVG. Jeder Arbeitgeber benötigt die Zustimmung seines Betriebsrats für den Verteilungsplan
der Gruppenkasse, soweit seine Arbeitnehmer davon betroffen
sind. Wird über den Leistungsplan in der Gruppenkasse mehrheit-
lich entschieden, können die Betriebspartner ihre Entscheidung
nicht umsetzen, wenn sie dafür in der Gruppenkasse keine Mehrheit erhalten. Es ist mithin nicht auszuschließen, dass auf diese
Weise ein Verteilungsplan zustande kommt, der von dem Betriebsrat eines Trägerunternehmens nicht akzeptiert wird (BAG AP § 87
BetrVG 1972 Altersversorgung Nr. 13 und 18).

4. Besonderheiten bei der Entgeltumwandlung

Grundsätzlich steht dem Betriebsrat zwar auch ein Mitbestimmungsrecht bei der Ausgestaltung einer betrieblichen Altersversorgung im Wege von Entgeltumwandlungen zu. Es hat jedoch nur
einen engen Anwendungsraum, da es einerseits bei Bestehen einer
tariflichen oder gesetzlichen Regelung nicht greift, andererseits
nicht die mitbestimmungsfreien Grundentscheidungen des Arbeitgebers umfasst.

Soweit es sich um eine → Entgeltumwandlung aufgrund des gesetzlichen Anspruchs gem. § 1a BetrAVG handelt, ist ein Mitbestimmungsrechts hinsichtlich des umwandelbaren Entgelts durch § 1a
und § 17 Abs. 5 BetrAVG weitgehend ausgeschlossen (§ 87 BetrVG).
Denkbar ist ein Mitbestimmungsrecht hinsichtlich der Rahmenbedingungen, etwa der Dauer der Entgeltumwandlung oder der Mo-
dalitäten der Fortsetzung der Versicherung mit eigenen Beiträgen
gem. § 1a Abs. 4 BetrAVG bei Beschäftigungszeiten ohne Entgeltanspruch. Der Mitbestimmung unterliegt dagegen auf der Leistungs-
seite das → **Versorgungsmodell** und die Aufteilung in die abgesicherten Risiken (Alters-, Invaliditäts- und Hinterbliebenenleistungen).

Letzteres gilt auch für die Entgeltumwandlung außerhalb des Anspruchs gem. § 1 a BetrAVG: Bietet ein Arbeitgeber einer Mehrzahl von Arbeitnehmern eine Entgeltumwandlungszusage an, kann der Betriebsrat, soweit eine tarifvertragliche Regelung nicht besteht, darüber mitbestimmen, in welche Art von Zusage die wertgleiche Umwandlung in einen Versorgungsanspruch erfolgt. Die Wertgleichheit darf dabei durch die Betriebsvereinbarung nie verletzt werden (§ 1 Abs. 2 Nr. 3 BetrAVG).

III. Zuständigkeit

Es hängt grundsätzlich vom Geltungsbereich der gewährten Altersversorgung ab, ob der Betriebsrat, der Gesamtbetriebsrat oder der Konzernbetriebsrat zuständig ist. In einem Unternehmen mit mehreren Betrieben ist der **Gesamtbetriebsrat** für die Regelung einer unternehmenseinheitlichen Altersversorgung zuständig (BAG NZA 2003, 992). Unerheblich ist es, ob in den einzelnen Betrieben verschiedene Altersversorgungssysteme existieren. Entscheidend ist vielmehr, ob eine einheitliche Regelung notwendig ist. Diese Zuständigkeit gilt auch für Übergangsregelungen, die dem Schutz der Besitzstände in einzelnen Betrieben dienen (BAG AP § 1 BetrAVG Ablösung Nr. 1).

Der **Konzernbetriebsrat** ist zuständig für die Gestaltung einer konzernweiten betrieblichen Altersversorgung, z. B. bei einer Konzernunterstützungskasse (BAG NZA 1994, 554). Besteht diese zwar, erhalten aber die Angestellten in einem einzigen Konzernunternehmen zusätzliche Versorgungsleistungen, so ist für diese zusätzliche Versorgung nicht der Konzernbetriebsrat, sondern der Gesamtbetriebsrat des betreffenden Unternehmens zuständig, solange keine konzerneinheitliche Zusatzregelung in Betracht kommt (BAG DB 1981, 2181).

IV. Rechtsfolgen bei Verletzung des Mitbestimmungsrechts

Wird der zuständige Betriebsrat bei der Einführung oder bei der Änderung von Versorgungsordnungen übergangen, so kann er seine Rechte im **Beschlussverfahren** vor den Arbeitsgerichten geltend machen (§§ 2 a, 80 ff ArbGG).

Die Verletzung des Mitbestimmungsrechts führt außerdem zur **Unwirksamkeit** der Maßnahme gegenüber dem einzelnen Arbeitnehmer (BAG AP § 87 BetrVG 1972 Altersversorgung Nr. 16), und zwar auch dann, wenn die betriebliche Altersversorgung über einen selbständigen Versorgungsträger durchgeführt wird.

Sollen die Leistungen eines betrieblichen Versorgungswerks gekürzt werden, kann der Arbeitgeber zwar mitbestimmungsfrei den Dotierungsrahmen kürzen, er muss aber mit dem Betriebsrat eine Einigung darüber herbeiführen, wie die gekürzten Mittel zu verteilen sind. Geschieht dies nicht, ist die vom Arbeitgeber angeordnete einseitige **Kürzung** unwirksam, und zwar auch, soweit Betriebsrentner von der Kürzung betroffen sind (BAG NZA 1999, 780).

Auf die Unwirksamkeit einer die Arbeitnehmer begünstigenden Regelung kann sich ein Arbeitgeber nur berufen, soweit die Arbeitnehmer nicht bereits auf Grundlage der mitbestimmungswidrigen Regelung Vorkehrungen getroffen haben (BAG AP § 87 BetrVG 1972 Altersversorgung Nr. 6). *(M)*

N

▶ **Nachversicherung**

1. Allgemeines

Personen, die mit Rücksicht auf eine anderweitige Anwartschaft auf eine lebenslängliche Versorgung von der Versicherungspflicht in der gesetzlichen Rentenversicherung befreit oder versicherungsfrei waren, müssen nachträglich wieder in die gesetzliche Rentenversicherung einbezogen werden, wenn sie ohne Anspruch oder Anwartschaft auf Versorgung aus der Beschäftigung ausgeschieden sind oder ihren Versorgungsanspruch verloren haben (beispielsweise der Beamte, der aus dem öffentlichen Dienst ausgeschieden ist, ohne dass ihm eine lebenslängliche Versorgung zum Zeitpunkt des Ausscheidens gewährt wird). Die Nachversicherung (§ 8 SGB VI) führt dazu, dass die Zeiten der Versicherungsfreiheit oder die Befreiung von der Versicherungspflicht nachträglich so behandelt werden, als seien während dieser Zeiten Pflichtbeiträge gezahlt worden.

2. Personenkreis

Für folgende Personen ist eine Nachversicherung möglich:
- Beamte oder Richter auf Lebenszeit, auf Zeit oder auf Probe, Berufssoldaten und Soldaten auf Zeit sowie Beamte auf Widerruf im Vorbereitungsdienst,
- sonstige Beschäftigte von Körperschaften, Anstalten oder Stiftungen des öffentlichen Rechts, deren Verbänden einschließlich der Spitzenverbände oder ihrer Arbeitsgemeinschaften,
- satzungsgemäße Mitglieder geistlicher Genossenschaften, Diakonissen oder Angehörige ähnlicher Gemeinschaften,
- Lehrer und Erzieher an nicht-öffentlichen Schulen oder Anstalten.

3. Voraussetzung

Voraussetzung der Nachversicherung ist, dass im Zeitpunkt des Ausscheidens keine lebenslängliche Versorgung gewährt wird. Der

Grund des Ausscheidens aus der versicherungsfreien Beschäftigung ist unerheblich. Eine Nachversicherung findet nicht statt, wenn der Beamte verstorben ist, es sei denn, es wären bei Durchführung der Nachversicherung Renten wegen Todes zu zahlen.

4. Wirkung

Die Nachversicherung begründet ein neues Versicherungsverhältnis. Die nachversicherten Beschäftigungszeiten stehen einer rentenversicherungspflichtigen Beschäftigung oder Tätigkeit gleich, da die Nachversicherungsbeiträge als rechtzeitig entrichtete Pflichtbeiträge gelten. Soweit die Nachversicherung nicht aufgeschoben ist, wird sie „real" durchgeführt, also durch Entrichtung von Beiträgen. Für deren Höhe ist z. B. der zum Zeitpunkt der Zahlung der Beiträge gültige Beitragssatz maßgeblich, außerdem werden die zugrunde gelegten Entgelte dynamisiert. Ist die Nachversicherung erfolgt, werden auch Kindererziehungszeiten anrechenbar, die bei Fortdauer der Versicherungsfreiheit nicht hätten berücksichtigt werden können.

5. Fiktive Nachversicherung

Neben dieser „echten" Nachversicherung gibt es – als Kriegsfolgen – zahlreiche Tatbestände „fiktiver" Nachversicherung (beispielsweise § 72 Gesetz zu Art. 131 GG oder § 99 AKG). Bei ihr werden keine Beiträge entrichtet. Die Beschäftigungszeiten „gelten" als nachversichert. Erst wenn Leistungen aus der gesetzlichen Rentenversicherung gewährt werden, sind die auf die nachzuversichernden Zeiten entfallenden Rententeile zu erstatten. Diese fiktive Nachversicherung erfasst insbesondere Personen, die am 8. Mai 1945 noch im öffentlichen Dienst standen und ohne Versorgungsansprüche ausgeschieden sind. *(P)*

▶ **Näherungsverfahren**

Mit dem von der Finanzverwaltung entwickelten Näherungsverfahren wird in der betrieblichen Altersversorgung die Höhe der **voraussichtlichen Sozialversicherungsrente** geschätzt, soweit dies für die Berechnung der Höhe der Betriebsrente erforderlich ist. Bei allen → Gesamtversorgungssystemen ist die Höhe der betrieblichen Altersrente von der Höhe der Sozialversicherungsrente abhängig.

Bei Eintritt des Versorgungsfalls kann i. d. R. die tatsächlich vom Rentenversicherungsträger gezahlte Rente zur Grundlage der Berechnung der Betriebsrente genommen werden. Da zu einem früheren Zeitpunkt die persönlichen Entgeltpunkte, die in die → Rentenberechnung einfließen, noch nicht feststehen, muss die voraussichtliche Sozialversicherungsrente geschätzt werden, wenn die Höhe der Betriebsrente berechnet werden muss. Praktisch relevant ist dies vor allen Dingen bei der Berechnung der Höhe von → **Pensionsrückstellungen** nach § 6 a EStG und bei der Ermittlung der als Betriebsausgaben abzugsfähigen Zuwendungen an Unterstützungskassen nach § 4 d EStG für Unternehmen, die eine Gesamtversorgungszusage erteilt haben. Die Finanzbehörden haben hier ein sog. Näherungsverfahren zur Berücksichtigung von Renten aus der gesetzlichen Rentenversicherung bei der Bewertung von Pensionsverpflichtungen entwickelt. Dieses Näherungsverfahren wird i. d. R. auch bei der Berechnung der erreichbaren Vollrente angewandt, wenn die **Höhe** einer → unverfallbaren Anwartschaft gem. § 2 BetrAVG errechnet werden soll (§ 2 Abs. 5 Satz 2 BetrAVG). Das Näherungsverfahren, das bislang mit Modifikationen i. d. F. des BMF-Schreibens vom 5. 10. 2001 galt, ist für Unverfallbarkeitsberechnungen ab 16. 12. 2005 und für Rückstellungen für Bilanzstichtage ab 30. 6. 2006 mit BMF-Schreiben vom 16. 12. 2005 geändert worden.

Das bisherige Näherungsverfahren setzt die Rente eines Arbeitnehmers für jedes Versicherungsjahr mit einem bestimmten Steigerungssatz der maßgebenden Bezüge an. Zugrunde gelegt wird das sozialversicherungspflichtige Bruttoeinkommen, die Versicherungsjahre nach Vollendung des 20. Lebensjahres und ein Steigerungssatz, der bei kleinen und mittleren Einkommen 1,09 % der maßgebenden Bezüge beträgt. Liegt das sozialversicherungspflichtige Bruttoeinkommen über 62 % der → Beitragsbemessungsgrenze, sinkt der Steigerungssatz bei jedem Prozentpunkt oberhalb von 62 % um je 0,0075 Prozentpunkte. Bei einem Einkommen in Höhe der Beitragsbemessungsgrenze beträgt der Steigerungssatz deshalb $38 \times 0{,}0075$ Prozentpunkte $= 0{,}285$ Prozentpunkte weniger als der Grundsteigerungssatz von 1,09 %, somit 0,805 %. Die Berücksichtigung von Versicherungsjahren nach Vollendung des 20. Lebensjahres führt i. d. R. zum Ansatz von 45 Versicherungsjahren. Die so errechnete Sozialversicherungsrente ist ggf. um den Zugangsfaktor (→ Rentenberechnung) zu kürzen, wenn mit der Inanspruchnahme der vorzeitigen Altersrente zu rechnen ist. Da die Entwicklung des aktuellen Rentenwerts (→ Rentenberechnung) die Rentenanpassung dämpft, wird die zu erwartende Sozialversicherungsrente außerdem mit einem Korrekturfaktor multipliziert, der 2001 0,9039 betrug und für Versorgungsfälle ab 2010 0,8611 beträgt.

Beträgt das sozialversicherungspflichtige Bruttoeinkommen bei einem Arbeitnehmer z. B. 2.000 € und wird der Versorgungsfall erst nach 2010 eintreten, wird nach dem Näherungsverfahren die Sozialversicherungsrente wie folgt errechnet:

Versicherungsjahre × Steigerungssatz × Korrekturfaktor × Einkommen.

$$45 \times 1,09\,\% \times 0,8611 \times 2.000\,€ = 844,74\,€$$

Bei einem sozialversicherungspflichtigen Bruttoeinkommen in Höhe der Beitragsbemessungsgrenze (2006: 5.250 €) führt die Verminderung des Steigerungssatzes zu folgender nach dem Näherungsverfahren geschätzter Sozialversicherungsrente:

$$45 \times 0,805\,\% \times 0,8611 \times 5.250\,€ = 1.637,65\,€.$$

Das Näherungsverfahren vom 16. 12. 2005 lehnt sich stärker an die → Rentenberechnung der gesetzlichen Sozialversicherungsrente an. Wie bei der Rentenberechnung wird die voraussichtliche Rente aus der Multiplikation der drei Faktoren persönliche Entgeltpunkte, aktueller Rentenwert und Zugangsfaktoren ermittelt. Die persönlichen Entgeltpunkte, die bis zum Bilanzstichtag oder bis zum Ausscheidensstichtag in der Vergangenheit erdient wurden, werden nach einer neu konzipierten Näherungsformel bestimmt. Diese differenziert hinsichtlich des angenommenen Versicherungsbeginnalters entsprechend der Höhe des sozialversicherungspflichtigen Einkommens. Die maßgebenden Bezüge werden zum Stichtag ermittelt. Für die zukünftig zu erdienenden jährlichen Entgeltpunkte wird das Verhältnis von individuellem sozialversicherungspflichtigem Entgelt zum Durchschnittsentgelt in der gesetzlichen Rentenversicherung fortgeschrieben. Durch die Berücksichtigung des aktuellen Rentenwertes entfällt die Notwendigkeit eines Korrekturfaktors. Der Zugangsfaktor wird bei einer Rente wegen Alters mit Vollendung des 65. Lebensjahres mit 1,0 angesetzt. *(M)*

O

▶ **Öffentlicher Dienst**

I. Die Entwicklung der Zusatzversorgung

1. Zusatzversorgung und Finanzierung

(a) Zusatzversorgungseinrichtung. Die Altersversorgung im öffentlichen Dienst ist **außerordentlich vielgestaltig.** Die Hauptversorgungsform ist die Pflichtversicherung der Arbeitnehmer durch den öffentlichen Arbeitgeber bei einer Zusatzversorgungseinrichtung, die für den öffentlichen Dienst regelmäßig in der Rechtsform einer Anstalt des öffentlichen Rechts geführt wird. Von besonderer Bedeutung ist die Zusatzversorgung für Arbeitnehmer bei der → VBL (Versorgungsanstalt des Bundes und der Länder, Karlsruhe). Die Zusatzversorgung der Arbeitnehmer wird durch Tarifverträge, aber auch die Beteiligungsvereinbarungen der Arbeitgeber mit der VBL oder vergleichbaren Einrichtungen sichergestellt. Die Versorgungssysteme des öffentlichen Dienstes zeichnen sich aber auch durch ein Verbundsystem aus, nach dem Versicherungszeiten durch Vereinbarungen zwischen den einzelnen Versorgungsanstalten aufeinander angerechnet werden können.

(b) Die Finanzierung der Altersversorgung erfolgt in der Privatwirtschaft regelmäßig nach einem Anwartschaftsdeckungsverfahren. Es werden Rückstellungen gebildet oder eine versicherungsförmige Versorgung gewählt. Dagegen beruht die Finanzierung der Zusatzversorgung auf dem Generationenvertrag. Der öffentliche Arbeitgeber zahlt für die Versorgung der Arbeitnehmer Umlagen, die an dem zu erwartenden Aufwand orientiert sind (vgl. § 59 VBLS; §§ 75, 76 VBLS 2000).

Als monatliche Umlage ist ein bestimmter Vomhundertsatz des zusatzversorgungsfähigen Entgelts des Versicherten zu entrichten. Das zusatzversorgungspflichtige Entgelt entspricht – von einigen Ausnahmen abgesehen – dem steuerpflichtigen Arbeitsentgelt. Der

Umlagesatz wird für einen Deckungsabschnitt von fünf Jahren festgesetzt. Er ist so zu bemessen, dass die in dieser Zeit voraussichtlich zu erbringenden Leistungen durch die von den beteiligten
Arbeitgebern zu zahlenden Umlagen, die Vermögenserträge sowie
aus dem Anstaltsvermögen selbst finanziert werden können. Der
Umlagesatz beträgt seit dem 1.1.1999 für Versicherungen aus dem
alten Bundesgebiet 7,7 % und seit dem 1.1.2002 7,86 %, für Versicherungen aus dem Beitrittsgebiet, die erst am 1.1.1997 begonnen haben, 1 %, bzw. seit In-Kraft-Treten der Änderungstarifver-
träge 1,2 %. Seit dem 1.1.1999 werden die Arbeitnehmer wieder
an der Finanzierung der Zusatzversorgung beteiligt. Der Umlage-
Beitrag West des Arbeitnehmers beträgt ab 1.1.1999 1,25 % und
ab 1.1. 2002 1,41 %. Der Umlagebetrag Ost beträgt ab 1.1.2003
0,2 % (§ 76 VBLS).

(c) Freiwillige Versicherung. Nach § 26 I ATV wird den Pflichtversicherten die Möglichkeit eröffnet, durch Entrichtung eigener Beiträge unter Inanspruchnahme der steuerlichen Förderung (Son-
derabgabenabzug, Zulage) bei der Zusatzversorgungseinrichtung
nach deren Satzungsvorschriften eine zusätzliche kapitalgedeckte
Altersvorsorge im Rahmen der betrieblichen Altersversorgung aufzubauen. Nach Beendigung der Pflichtversicherung kann die freiwillige Versicherung – unabhängig davon, ob eine steuerliche
Förderung möglich ist – längstens bis zum Eintritt des Versicherungsfalles (§ 5 ATV) fortgesetzt werden. Die Fortsetzung ist innerhalb einer Ausschlussfrist von drei Monaten nach Beendigung der
Pflichtversicherung geltend zu machen. Die freiwillige Versicherung wird in zwei Formen angeboten, als VBLdynamik Chance A
und R; die erste ist ein Aktienfonds, die zweite ein Rentenfonds
mit entsprechend geringerem Risiko.

2. Entwicklung der Zusatzversorgung

(a) Alte Bundesländer. Die Zusatzversorgung und damit die Rechte
und Pflichten der Arbeitnehmer und Arbeitgeber ergaben sich
(1) im Bereich des Bundes, der Länder und der Gemeinden aus
dem Versorgungstarifvertrag (VersTV) vom 4.11.1966 in der jeweiligen Fassung. Im VersTV wird der Anspruch auf Versorgung
garantiert, aber Art und Höhe nicht umfassend geregelt. Die mate-

rielle Ausgestaltung der Zusatzversorgung war in der Satzung der VBL geregelt, die durch den Verwaltungsrat beschlossen wird, in dem die Arbeitnehmerseite jedoch nicht paritätisch vertreten ist; bei der Satzung der VBL handelt es sich um allgemeine Versicherungsbedingungen; **(2)** im Bereich bestimmter Gemeinden aus dem Versorgungstarifvertrag für die Arbeitnehmer kommunaler Verwaltungen und Betriebe (VersTV-G) vom 6.3.1967 m.spät. Änd. Für die Beschäftigten vieler Gemeinden gilt der VersTV-G. In ihm ist nicht nur der Anspruch der Beschäftigten, sondern sind auch die Anspruchsvoraussetzungen geregelt. Daneben bestehen zahlreiche weitere Versorgungstarifverträge.

(b) Neue Bundesländer. Durch den Tarifvertrag zur Einführung der Zusatzversorgung im Tarifgebiet Ost (TV EZV-O) vom 1.2.1996 ist mit Wirkung vom 1.1.1997 die Zusatzversorgung im öffentlichen Dienst eingeführt worden.

3. Rechtsprechung des BVerfG und deren Auswirkungen

(a) Das Leistungsrecht der Zusatzversorgung war Gegenstand mehrerer **Entscheidungen des BVerfG.** Mit Beschluss vom 15.7. 1998 wurde der Gesetzgeber zur Neuregelung des § 18 BetrAVG verpflichtet (BAG BetrAVG § 18 Nr. 26 = NZA 1999, 194). In § 18 BetrAVG ist die unverfallbare Versorgungsanwartschaft geregelt. Im Beschluss vom 25.8.1999 sind die satzungsrechtlichen Regelungen zur Berechnung der Zusatzrente von Teilzeitbeschäftigten für verfassungswidrig erachtet worden (BVerfG ZTR 1999, 521). In der Halbanrechnungsentscheidung vom 22.3.2000 hat das BVerfG ein Strukturelement der bisherigen Zusatzversorgung in Frage gestellt (BVerfG AP BetrAVG § 18 Nr. 27 = NZA 2000, 996). Die Zusatzversorgung war als Gesamtversorgung ausgestaltet. Die Grundversorgung wurde durch Leistungen der Zusatzversorgung so aufgestockt, dass beide Leistungen eine bestimmte Höhe der Gesamtversorgung erreichten. Diese betrug nach 40 Jahren 91,75 % des letzten Nettoeinkommens. Im Rahmen der gesamtversorgungsfähigen Zeit wurden rentenversicherungspflichtige Zeiten außerhalb des öffentlichen Dienstes zur Hälfte und Pflichtversicherungszeiten im öffentlichen Dienst voll berücksichtigt. Das BVerfG hat dies für verfassungswidrig erachtet. Es hat gleichzeitig gerügt, dass das Satzungsrecht der VBL eine Komplexität erreicht habe, die es dem einzelnen Versicherten kaum mehr ermögliche zu überschauen, welche Leistungen er erhalte. Die Grenze des verfassungsmäßig Zulässigen sei erreicht; es hat den Satzungsgeber aufgefordert, eine Neuregelung vorzunehmen.

(b) Bereits in der Tarifrunde 2000 haben sich die Tarifpartner darauf geeinigt, unverzüglich Verhandlungen aufzunehmen, um eine dauerhafte Finanzierbarkeit der Zusatzversorgung des öffentlichen Dienstes sicherzustellen. Es war beabsichtigt, einen Systemwechsel vorzunehmen. Für die Arbeitgeberseite stand im Vordergrund der Überlegungen (1) ein einfaches, transparentes und übersichtliches Leistungsrecht, (2) Unabhängigkeit der Leistungshöhe von externen Bezugssystemen, (3) ausschließliche Berücksichtigung der Betriebstreue im öffentlichen Dienst, (4) kalkulierbares und steuerbares Finanzierungssystem, (5) Leistungsbegrenzungen, (6) Eröffnung von Flexibilisierungsmöglichkeiten sowie (7) Beibehaltung der Arbeitnehmerbeteiligung. Von Gewerkschaftsseite wurde gefordert (1) Sicherung eines angemessenen Versorgungsniveaus, (2) Berücksichtigung sozialer Komponenten, (3) Stabilisierung der wirtschaftlichen Belastungen des Arbeitnehmers, (4) Nutzung der steuerlichen Möglichkeiten und (5) Erhaltung der Wettbewerbsfähigkeit der Zusatzversorgung im Rahmen der betrieblichen Altersversorgung.

(c) Die Tarifvertragsparteien haben sich auch in Ausfüllung des Beschlusses des BVerfG vom 22. 3. 2000 am 13. 11. 2001 auf einen Altersvorsorgeplan geeinigt, der zugleich Geschäftsgrundlage des Tarifvertrages über die betriebliche Altersversorgung der Beschäftigten des öffentlichen Dienstes (Tarifvertrag Altersversorgung – ATV) vom 1. 3. 2002 und des inhaltsgleichen Altersvorsorge-TV-Kommunal (ATV K) vom 1. 3. 2002 ist. Das bisherige Gesamtversorgungssystem wird mit Ablauf des 31. 12. 2000 geschlossen und durch ein Punktemodell ersetzt, in dem diejenigen Leistungen zugesagt werden, die sich ergeben würden, wenn eine Gesamtbeitragsleistung von 4 v. H. des zusatzversorgungspflichtigen Entgelts vollständig in ein kapitalgedecktes System eingezahlt würde. Das Jahr 2001 wird im Rahmen des Übergangsrechts berücksichtigt.

(d) Die Satzung der VBL ist wiederholt geändert worden. Sie musste insbesondere an den Systemwechsel angepasst werden. Die Satzung der Versorgungsanstalt des Bundes und der Länder in der bis zum 31.12.2000 geltenden Fassung stammt vom 22.12. 1966 (VBLS 2000). Die Satzung der Versorgungsanstalt des Bundes und der Länder (VBLS) vom 19.9.2002 (BAnz. Nr.1 vom 3.1.2003) ist inzwischen wiederholt geändert worden. Mit der 4.Änderung der VBLS wird vom 1.1.2004 im Abrechnungsverband Ost schrittweise ein Kapitaldeckungsverfahren eingeführt. Hier bestehen noch relativ geringe Rentenbelastungen, so dass ein Wechsel des Finanzierungssystems schrittweise möglich ist. Bei der schrittweisen Einführung des Kapitaldeckungsverfahrens werden zusätzlich zur Umlage Beiträge erhoben (vgl. § 66a VBLS). Der Umlageanteil des Arbeitnehmers wird vom 1.1.2004 als Eigenanteil des Pflichtversicherten an den vom Arbeitgeber zu zahlenden Beiträgen im Kapitaldeckungsverfahren erhoben. Soweit die Versorgung kapitalgedeckt ist, unterliegt sie der nachgelagerten Besteuerung.

II. Versicherungspflicht

1. Voraussetzungen der Versicherungspflicht

Arbeitnehmer, die zu einem bei der VBL beteiligten Arbeitgeber in einem Arbeitsverhältnis stehen, sind bei der VBL pflichtversichert (§ 2 ATV), wenn **(a)** sie das 17.Lebensjahr vollendet haben, **(b)** vom Beginn der Pflichtversicherung bis zur Vollendung des 65.Lebensjahres die Wartezeit von 60 Umlagemonaten erfüllen können und **(c)** bei denen aufgrund eines Tarifvertrages oder bei nicht tarifgebundenen Arbeitnehmern aufgrund eines arbeitsvertraglich in Bezug genommenen Tarifvertrages die Pflicht zur Versicherung besteht. Die Pflichtversicherung beginnt frühestens mit der Anmeldung durch den Arbeitgeber; sie endet mit der Abmeldung, spätestens mit dem Wegfall ihrer Voraussetzungen.

2. Ausnahmen von der Versicherungspflicht

(a) Besonderheiten bestehen für das wissenschaftliche Personal an Hochschulen oder Forschungseinrichtungen (§ 2 II ATV). Sie sind auf ein nicht mehr als fünf Jahre befristetes Arbeitsverhältnis eingestellt. Haben sie bisher keine Pflichtversicherungszeiten, sind sie auf ihren Antrag von der Pflichtversicherung zu befreien. Der Antrag ist innerhalb von zwei Monaten nach Beginn des Arbeitsverhältnisses zu stellen. Zugunsten der befreiten Beschäftigten werden Versorgungsanwartschaften auf eine freiwillige Versicherung begründet, die aus den Beiträgen des Arbeitgebers finanziert werden.

(b) Weitere Ausnahmen von der Versicherungspflicht ergeben sich aus § 2 Abs. 3 ATV i. V. m. der Anlage 2 zum ATV. Hierzu gehören Beschäftigte, die das 65. Lebensjahr vollendet haben, Studenten und anderweitig Versorgte, freiwillig Versicherte im Versorgungswerk der Presse, bei der Bahnversicherungsanstalt B versicherte Beschäftigte. Einzelheiten Anl. A. Seit dem 1. 1. 2002 sind geringfügig Beschäftigte nicht mehr von der Versicherungspflicht ausgenommen.

III. Leistungen der Zusatzversorgung

1. Arten der Rente

Die Zusatzversorgung zahlt **(a)** Betriebsrenten aufgrund einer Pflichtversicherung als Altersrenten für Versicherte, Erwerbsminderungsrenten für Versicherte, Hinterbliebenenrenten für Witwen, Witwer und Waisen der Versicherten, **(b)** Betriebsrenten aufgrund einer freiwilligen Versicherung als Altersrente für Versicherte, Erwerbsminderungsrente für Versicherte, Hinterbliebenenrenten für Witwen, Witwer und Waisen der Versicherten, **(c)** Abfindungen sowie **(d)** Beitragserstattungen (§§ 4, 25 VBLS). Der Versicherungsfall tritt bei Versicherten i. d. R. am Ersten des Monats ein, von dem an der Anspruch auf gesetzliche Rente wegen Alters als Vollrente bzw. wegen teilweiser oder voller Erwerbsminderung besteht. Der Anspruch ist durch Bescheid des gesetzlichen Rentenversicherungsträgers nachzuweisen (§ 5 ATV). Den in der gesetzlichen Rentenversicherung Pflichtversicherten, bei denen der Versicherungsfall eingetreten ist und die die Wartezeit erfüllt haben, wird auf ihren schriftlichen Antrag von der Zusatzversorgungseinrichtung eine Betriebsrente gezahlt (§ 5 ATV). Hinterbliebenenrenten werden beim Tod des Versicherten oder des Rentenberechtigten gezahlt. Betriebsrenten werden erst nach Erfüllung der Wartezeit von 60 Kalendermonaten gewährt (§ 6 ATV). Dabei wird jeder Kalendermonat berücksichtigt, für den mindestens für einen Tag Aufwendungen für die Pflichtversicherung nach §§ 16, 18 erbracht wurden. Die Wartezeit gilt als erfüllt, wenn der Versicherungsfall durch einen Arbeitsunfall eingetreten ist, der im Zusammenhang mit dem die die Pflicht zur Versicherung steht, oder wenn die/der Versicherte infolge eines solchen Arbeitsunfalls gestorben ist (§ 6 ATV).

2. Höhe der Zusatzrente

(a) Die **monatliche Betriebsrente** errechnet sich aus der Summe der bis zum Beginn der Betriebsrente (§ 5 S. 4 ATV) erworbenen Versorgungspunkte (§ 8 ATV), multipliziert mit dem Messbetrag von vier Euro (§ 7 ATV). Die Betriebsrente wegen teilweiser Erwerbsminderung beträgt die Hälfte der Betriebsrente, die sich bei voller Erwerbsminderung ergeben würde. Die Betriebsrente mindert sich für jeden Monat, für den der Zugangsfaktor nach § 77 SGB VI herabgesetzt ist, um 0,3 v. H., höchstens jedoch um 10,8 v. H. (§ 7 Abs. 4 ATV). Bei dem Prozentsatz von 4 v. H. wird unterstellt, dass für jeden Versicherten ein Beitrag von 4 v. H. seines zusatzversorgungspflichtigen Entgelts entrichtet und am Kapitalmarkt angelegt worden wäre. Damit ergibt sich folgende Grundformel für die Rentenberechnung: Zusatzrente = Summe aller Versorgungspunkte × Messbetrag. Der Messbetrag dient der Umrechnung der Versorgungspunkte in Geld.

(b) Die Anzahl der Versorgungspunkte für ein Kalenderjahr ergibt sich aus dem Verhältnis eines Zwölftels des zusatzversorgungspflichtigen Jahresentgelts zum Referenzentgelt von 1000 Euro, multipliziert mit dem Altersfaktor (§ 8 ATV). Der Altersfaktor beinhaltet eine jährliche Verzinsung von 3,25 v. H. während der Anwartschaftsphase und von 5,25 v. H. während des Rentenbezugs. Der Altersfaktor ist aus einer § 8 ATV beigefügten Tabelle ablesbar. Damit ergibt sich folgende Rechenformel: Versorgungspunkte = (Individuelles Jahresarbeitsentgelt: Referenzentgelt × Altersfaktor). Die Rentenhöhe ist damit abhängig von der gesamten Erwerbsbiographie im öffentlichen Dienst.

(c) Das Referenzentgelt ist ein statischer Wert, der festgelegt werden muss. Das Referenzentgelt und der Messbetrag stehen in einem inneren Zusammenhang. Die Rechenformel lautet: Messbetrag = (Referenzentgelt × 4) : 1000.

(d) Der Altersfaktor ergibt sich aus einer Tabelle in § 8 ATV. Die für einen Beitrag zu erwerbenden Versorgungspunkte werden umso höher bewertet, je jünger der Arbeitnehmer ist. Der Altersfaktor wurde unter Beachtung versicherungsmathematischer Gesetzmäßigkeiten ermittelt. Da Verzinsungseffekte berücksichtigt werden, ist bei jüngeren Menschen der Verzinsungseffekt höher. Für die Erarbeitung des Altersfaktors waren biometrische Gesetzmäßigkeiten maßgebend.

(e) Die Leistungshöhe wird durch eine soziale Komponente nach § 9 ATV und durch einen Bonus nach § 19 ATV beeinflusst. In § 9 ATV ist vorgesehen, dass für jeden vollen Kalendermonat ohne Arbeitsentgelt, in dem das Arbeitsverhältnis nach § 15 BErzGG ruht, Versorgungspunkte berücksichtigt werden, die sich bei einem zusatzversorgungspflichtigen Entgelt von 500 € ergeben. Ferner werden Versorgungspunkte gutgebracht, wenn ein Versicherungsfall wegen teilweiser oder voller Erwerbsminderung vor Vollendung des 60. Lebensjahres eintritt. Schließlich erhalten am 1. 1. 2002 bereits 20 Jahre Pflichtversicherte besondere Versorgungspunkte. Nach § 19 ATV stellt die Zusatzversorgungseinrichtung jährlich für das vorangehende Geschäftsjahr fest, in welchem Umfang aus Überschüssen Bonuszahlungen geleistet werden können.

(g) Berechnungsbeispiel: Bei einem individuellen Jahresarbeitsentgelt von 25.000 € und einem angenommenen Referenzentgelt von 10.000 € ergibt sich ein Messbetrag von (10.000 × 0,4 =) 40 €. Bei einer Beitragsentrichtung im Alter von 27 Jahren ergibt sich aus der Tabelle ein Altersfaktor von 2,2. Damit ergeben sich die Versorgungspunkte: (25.000 : 10.000) × 2,2 = 5,5. Die monatliche Rente beträgt mithin: Versorgungspunkte × Messbetrag. 5,50 × 40 € = 220 € geteilt durch 12 = monatlicher Rentenbaustein von 18,33 €.

3. Anpassung

Die Betriebsrenten werden, beginnend ab dem Jahre 2002, zum 1. Juli eines jeden Jahres um 1 v. H. dynamisiert (§ 11 ATV). Die dynamisierte Rente wird additiv gezahlt.

4. Abfindung

Nach § 43 VBLS können Betriebsrenten, die 30 € nicht übersteigen abgefunden werden. Die Abfindung von Betriebsrenten aus der freiwilligen Versicherung in Anlehnung an das Punktemodell VBLextra ergibt sich aus § 12 der Allgemeinen Versicherungsbedingungen für freiwillige Versicherung. Insoweit ergeben sich aus der 4. Satzungsänderung der VBL zahlreiche Änderungen.

5. Beitragserstattung

Die beitragsfrei Versicherten, die die Wartezeit (§ 34 VBLS) nicht erfüllt haben, können bis zur Vollendung des 67. Lebensjahres die Erstattung der von ihnen geleisteten Beiträge verlangen (Einzelheiten § 44 VBLS).

6. Nebenpflichten

(a) Der Arbeitgeber des öffentlichen Dienstes hat umfangreiche Aufklärungs- und Informationspflichten über die Zusatzversorgung. Verspricht er eine Zusatzversorgung über eine Versorgungseinrichtung, muss er für den Abschluss des Versicherungsvertrages einstehen, wenn die Zusatzversorgungseinrichtung den Zugang des Versicherungsantrages bestreitet oder sonstige Versicherungshindernisse eintreten. Dies gilt dann nicht, wenn sie sich weigern, die übrigen tariflichen Bedingungen zu übernehmen. Hat ein öffentlicher Arbeitgeber die Abmeldebescheinigung aus der Zusatzversorgung fehlerhaft ausgefüllt, kann auch dann Berichtigung verlangt werden, wenn die Fristen gegenüber der VBL abgelaufen sind. Der Verschaffungsanspruch kann eingeschränkt sein, wenn der Arbeitgeber aus der Zusatzversorgungskasse ausgetreten ist.

(b) Der Zusatzversorgungseinrichtung sind alle für die Prüfung des Anspruchs auf Betriebsrente notwendigen Angaben zu machen und die erforderlichen Nachweise beizubringen. Werden die Verpflichtungen nicht erfüllt, kann die Betriebsrente zurückbehalten werden (Einzelheiten § 20 ATV). Pflichtversicherte erhalten jeweils nach Ablauf eines Jahres Versicherungsnachweise über die erworbenen Rentenanwartschaften (§ 21 ATV). In § 21 ATV sind Ausschlussfristen für die Erhebung von Ansprüchen geregelt.

III. Bisherige Regelung und Besitzstand

1. Leistungsvoraussetzungen der Zusatzversorgungseinrichtungen

Die Leistungsvoraussetzungen der Versorgungsrente (§ 37 VBLS a. F.): **(a)** Erfüllung der Wartezeit; diese beträgt grundsätzlich 60 Beitrags-/Umlagemonate. Sie gilt bei Arbeitsunfall als erfüllt (§ 38 VBLS a. F.). **(b)** Eintritt eines Versicherungsfalls. Der Versicherungsfall entspricht bei Versicherten in der gesetzlichen Rentenversicherung grundsätzlich denen der gesetzlichen Rentenversicherung (vgl. § 39 VBLS a. F.). **(c)** Anspruch auf **Gesamtversorgung/Versorgungsrente.** Dieser besteht, wenn bei Eintritt des Versicherungsfalles Versicherungspflicht bei der Zusatzversorgungseinrichtung besteht und die Wartezeit erfüllt ist. Dagegen ist nur ein Anspruch auf Versicherungsrente gegeben, wenn der Versicherungsfall eintritt und nur eine freiwillige Weiterversicherung oder eine beitragsfreie Versicherung bestand. Dies ist zumeist bei vorzeitiger Beendigung des Arbeitsverhältnisses der Fall. In diesem Fall wird der versicherungsmathematische Gegenwert der zur Zusatzversorgungseinrichtung entrichteten Beiträge/Umlagen bezahlt **(Versicherungsrente). (d)** Antragstellung.

Die **Versicherungsrente** unterschied sich elementar von der **Versorgungsrente.** Sie ist abhängig von der Summe der während des Versicherungsverlaufs gezahlten Beiträge bzw. ab 1. 1. 1978 vom erzielten Entgelt. Sie ist nicht dynamisierbar. Sie wird nach der Staffel der §§ 44, 44a VBL-Satzung gezahlt. Die nicht dynamisierbare Versicherungsrente ist i. d. R. wesentlich niedriger als die dynamisierte Versorgungsrente. Eine Ausnahme ist dann gegeben, wenn lange Beitragszeiten in der gesetzlichen Rentenversicherung bestehen und verhältnismäßig kurze Zeiten der Pflichtversicherung in der VBL.

2. Gesamtversorgung

Die Versorgungsrente richtet sich nach der versorgungsfähigen Zeit und dem versorgungsfähigen Entgelt.

(a) Die gesamtversorgungsfähige Zeit wird errechnet aus der Zahl der Monate, in denen für den Versicherten Pflichtbeiträge bzw.

Umlagen an die zuständige Versorgungseinrichtung gezahlt worden sind, zuzüglich der Hälfte der übrigen Versicherungszeiten, also der Beitrags-, Ersatz-, Ausfall- und ggf. Zurechnungszeiten. Hierzu gehörten anders als bei Beamten keine Tropendienstzeiten. Die Gesamtmonatszahl wird durch 12 geteilt. Es ergaben sich gesamtversorgungsfähige Jahre. Seit 1992 werden mithin nicht mehr nur volle Jahre zugrunde gelegt (§ 42 VBLS a. F.). Der Steigerungssatz betrug für jedes Jahr der gesamtversorgungsfähigen Zeit 1,875 v. H. insgesamt jedoch höchstens 75 v. H. (Brutto-Versorgungssatz). Eine Ausnahme bestand dann, wenn die Zusatzversorgungszeit erst nach dem 50. Geburtstag des Versicherten begonnen wurde. In diesem Falle erhielt der Versicherte für jedes festgestellte Jahr 1,6 v. H. (§ 41 VBLS a. F.).

(b) Das gesamtversorgungsfähige Entgelt war das dynamisierte, d. h. an die wirtschaftliche Entwicklung angepasste beitragspflichtige bzw. umlagepflichtige Entgelt des Monatsdurchschnitts der letzten drei Kalenderjahre vor Eintritt des Versicherungsfalles (z. B. Entgelt 1999 × Anpassungsfaktor, Entgelt 2000 × Anpassungsfaktor usw.). Der Anpassungsfaktor richtete sich nach Erhöhung oder Verminderung der Versorgungsbezüge der Versorgungsempfänger des Bundes, deren Versorgungsbezüge ein Ortszuschlag nicht zugrunde lag. Der Divisor betrug für drei Jahre 36, obwohl im Rahmen des beitrags- bzw. umlagepflichtigen Entgelts das 13. Monatsgehalt (Sonderzuwendung anlässlich des Weihnachtsfestes) berücksichtigt wird (§ 43 VBLS a. F.).

(c) Versorgungsrentner hatten von ihren Bezügen keine Sozialversicherungsbeiträge zu entrichten; die gesetzliche Sozialversicherungsrente wurde nur nach ihrem Ertragswert besteuert. Insoweit hat sich die Rechtslage nach dem → Alterseinkünftegesetz geändert. Im Jahre 1967 lag die durchschnittliche Belastung eines aktiven Arbeitnehmers bei 18 % Abzügen, im Jahre 1981 bei 31 %. Dies hat dazu geführt, dass zahlreiche Rentner höhere Einnahmen als im aktiven Dienst erzielten. Durch ÄndTV zum VersTV und VersTV-G wurde die Überversicherung abgeschmolzen. Im Prinzip ist die Gesamtversorgung auf einen Prozentsatz des fiktiven Nettoarbeitsentgelts gekürzt worden. Das fiktive Nettoarbeitsentgelt ist dadurch zu errechnen, dass von dem gesamtversorgungsfähigen Entgelt Lohnsteuer nach Lohnsteuerklasse III/0 sowie Beiträge zur gesetzlichen Krankenversicherung, Rentenversicherung und Arbeitslosenversicherung abgezogen werden (vgl. § 23 VersTV-G, § 41 II a–c VBLS a. F.). In den Besitzstandsregelungen des Tarifvertrages ist vorgesehen, dass derjenige Teil der Zusatzversorgungsrente, der nach der neuen Rentenformel zu kürzen wäre, als Ausgleichsrente weitergezahlt wird. Die Besitzstandsrente wird jedoch nicht an wirtschaftliche Verhältnisse angepasst und allmählich aufgesogen. Der Abbau der Überversorgung ist rechtswirksam.

3. Anpassung der Versorgungsrente

(a) Die Gesamtversorgungsrente wurde zu demselben Zeitpunkt wie die Bezüge der Versorgungsempfänger des Bundes, deren Versorgungsbezügen ein Ortszuschlag nicht zugrunde liegt, erhöht (§ 56 VBL-Satzung a. F. bis 30. 11. 2001). Bislang wurde die Versorgungsrente bei Beginn als Differenzbetrag zwischen der Rente aus der gesetzlichen Rentenversicherung und der Gesamtversorgung errechnet. Im Laufe der Bezugsdauer entwickelten sich beide Renten unabhängig voneinander, also die Rente aus der gesetzlichen Rentenversicherung entsprechend dem Rentenanpassungsgesetz und die Versorgungsrente entsprechend den Veränderungen der Beamtenversorgung. Die Summe beider Renten braucht daher nicht mehr mit dem Betrag der dynamisierten Gesamtversorgung übereinzustimmen. Um diesem Ergebnis abzuhelfen, wurde ab 1. 12. 1981 die sog. Spitzanrechnung eingeführt. Hinfort wurde bei der Anpassung der gesetzlichen Rente die Versorgungsrente um den Betrag gekürzt, um den die gesetzliche Rente angehoben wurde. Andererseits wurde bei jeder Veränderung der Beamtenversorgung die Gesamtversorgung wie bisher verändert und die Versorgungsrente unter Anrechnung der aktuellen gesetzlichen Rente wieder entsprechend angepasst. Durch dieses System wird sichergestellt, dass eine Versorgungsrente in der Höhe zu zahlen ist, die zusammen mit der gesetzlichen Rente einen Betrag in Höhe der jeweiligen Gesamtversorgung ergibt.

(b) Die **Satzungen der Zusatzversorgungseinrichtungen** können vorsehen, dass aufgetretene Überzahlungen unabhängig vom Wegfall der Bereicherung zurückgezahlt werden müssen. Nur in besonderen Einzelfällen kann die VBL daran gehindert sein, eine unterbliebene Anrechnung von gesetzlichen Renten nachzuholen.

(c) Für den Personalrat können bei dem Abbau der Überversorgung Mitbestimmungsrechte erwachsen.

IV. Mindest- und Besitzstandsrenten sowie Übergangsregelung

1. Mindestrenten

(a) Erreicht die Versorgungsrente nicht den Betrag der Versicherungsrente, so wird diese als **Versorgungsrente** gezahlt (§ 40 Abs. 4 VBLS a. F.). Dies geschieht, weil während des Beschäftigungsverhältnisses durch eigene Beitragsleistung eine Anwartschaft aufgebaut wurde, die mindestens dem versicherungsmathematischen Gegenwert der eingezahlten Beiträge entsprechen muss. Der Wert beträgt pro Jahr 15 % (monatlich 1,25 % der eingezahlten Beiträge bzw. ab 1. 1. 1978 0,03125 % der erzielten Entgelte).

(b) In bestimmten Fällen der Gesamtversorgung wird mindestens das beamtenrechtliche Mindestruhegeld gezahlt (§ 41 4 VBLS a. F.).

(c) War der Arbeitnehmer bereits am 31. 12. 1966 bei einer Zusatzversorgungseinrichtung versichert, kann die Zusatzversorgungsleistung nach damaligem Satzungsrecht zu berechnen sein (§ 92 VBL-Satzung).

2. Übergangsregelungen des ATV

Das bisherige Versorgungssystem ist zum 31. 12. 2000 geschlossen worden. Es bedarf daher der Überführung des alten Rechts in das neue Versorgungssystem.

(a) Am 31. 12. 2001 Versorgungsrentenberechtigte. Die Versorgungsrenten, die sich ohne Berücksichtigung von Nichtzahlungs- und Ruhensregelungen ergeben, und die Ausgleichsbeträge nach dem bis zum 31. 12. 2000 geltenden Zusatzversorgungsrecht werden für die am 31. 12. 2001 Versorgungsrentenberechtigten und versorgungsrentenberechtigten Hinterbliebenen zum 31. 12. 2001 festgestellt. Die insoweit festgestellten Versorgungsrenten werden als Besitzstandsrenten weitergezahlt und nach § 11 ATV dynamisiert. Die abbaubaren Ausgleichsbeträge werden nicht dynamisiert. Stirbt ein Versorgungsrentenberechtigter, gelten die Vorschriften des Punktemodells für Hinterbliebene entsprechend (§ 30 ATV).

(b) Am 31. 12. 2001 Versicherungsrentenberechtigte. Für Versicherungsrentenberechtigte und versicherungsrentenberechtigte Hinterbliebene, deren Versicherungsrente spätestens am 31. 12. 2001 begonnen hat, wird die am 31. 12. 2001 maßgebende Versicherungsrente festgestellt und als Besitzstandsrente weitergezahlt.

3. Versorgungsanwartschaft

(a) Unverfallbare Versorgungsanwartschaften. Auch im öffentlichen Dienst werden unter den **Voraussetzungen von § 1 b BetrAVG** Versorgungsanwartschaften unverfallbar. Wechselt der Arbeitnehmer aus dem Beamtenstatus in den Arbeitnehmerstatus, so brauchten Beamtenzeiten bei der Berechnung der Unverfallbarkeitsfrist nicht berücksichtigt zu werden. Indes hatte die Ausgestaltung der unverfallbaren Versorgungsanwartschaften in § 18 BetrAVG eine besondere Anpassung an die Verhältnisse des öffentlichen Dienstes gefunden, bei der gelegentlich angeführt wurde, dass sie eine wesentliche Verschlechterung gegenüber der Privatwirtschaft enthalte und deshalb zu Rechtsbedenken Anlass gebe. Eine Übergangsregelung ist in § 30 d BetrAVG enthalten, die aber wohl verfassungswidrig ist (vgl. BAG 15. 2. 2005 – 3 AZR 298/04).

Das BVerfG hatte in drei Entscheidungen (BVerfG 1 BvR 1554/89, 1 BvR 963/94, 1 BvR 964/94) die gesamte Regelung des § 18 BetrAVG a. F. für verfassungswidrig erklärt. Dasselbe wird aber nach der Begründung auch für § 18 BetrAVG i. d. F. des RRG gelten. Die Ungleichbehandlung der Verfallbarkeit von betrieblichen Altersrenten in der Privatwirtschaft und im öffentlichen Dienst verletzt den allgemeinen Gleichheitssatz. Art. 12 I GG schützt Arbeitnehmer vor einem Verfall von betrieblichen Versorgungsanwartschaften, soweit dadurch die freie Wahl eines anderen Arbeitsplatzes in unverhältnismäßiger Weise eingeschränkt wird. In den Entscheidungsgründen war dem Gesetzgeber aufgegeben worden, bis zum 31. 12. 2000 eine Neuregelung vorzunehmen. Der öffentliche Arbeitgeber ist aber nicht angehalten, die Regelungen der Privatwirtschaft auf den öffentlichen Dienst zu übertragen. Da für

die öffentlichen Kassen erhebliche Zusatzbelastungen erwachsen, können Nachzahlungsansprüche ausgeschlossen werden. Durch das Erste Gesetz zur Änderung des Gesetzes zur Verbesserung der betrieblichen Altersversorgung vom 21.12.2000 (BGBl.I 1914) ist § 18 BetrAVG völlig neu gestaltet worden.
Die Übergangsregelungen folgen aus § 30 d BetrAVG.

(b) Nach § 18 Abs.1 BetrAVG werden vom persönlichen Geltungsbereich erfasst alle Personen, die einem Zusatzversorgungssystem angehören. In § 18 Abs.2 BetrAVG wird geregelt, wie der Wert der unverfallbaren Versorgungsanwartschaft zu berechnen ist. Der monatliche Betrag der Zusatzrente beträgt für jedes Jahr der aufgrund des Arbeitsverhältnisses bestehenden Pflichtversicherung bei einer Zusatzversorgungseinrichtung 2,25 v. H., höchstens jedoch 100 v. H. der Leistung, die bei dem höchstmöglichen Versorgungssatz zugestanden hätte. Der Wert wird in zwei Rechenschritten ermittelt. Im ersten Schritt wird die Vollleistung ermittelt. Sie ist nichts anderes als die Versorgungsrente, die dem Arbeitnehmer fiktiv mit Erreichen des 65. Lebensjahres zugestanden hätte. Sie errechnet sich aus der Differenz zwischen der Gesamtversorgung und der Grundversorgung. Als Grundversorgung wird immer eine nach dem Näherungsverfahren ermittelte fiktive Rente der gesetzlichen Rentenversicherung in Abzug gebracht (§ 18 Abs. 2 S. 2 lit.f BetrAVG). Im zweiten Schritt wird die Vollleistung mit 2,25 % pro Jahr der Pflichtversicherung (versicherte Betriebszugehörigkeit) multipliziert. Im Allgemeinen wirkt sich die Neuregelung gegenüber dem früheren Recht für den Arbeitnehmer günstig aus. Da bei der Berechnung der Vollrente auf die Regelaltersgrenze abgestellt wird, enthält § 18 Abs. 2 Nr. 2 BetrAVG eine Abschlagsregelung für den Fall des vorzeitigen Renteneintritts. Nach § 18 Abs. 4 BetrAVG ist eine jährliche Anpassung vorgesehen. § 18 BetrAVG ist durch Art. 8 RRG 1999 geändert worden. Die Regelungen sind wesentlich vereinfacht worden.

Bei Personen, die Anspruch auf eine Vollversorgung nach beamtenrechtlichen Vorschriften haben und deswegen in der gesetzlichen Rentenversicherung versicherungsfrei sind, dürfen die Ansprüche für eine unverfallbare Versorgungsanwartschaft nicht hinter dem Rentenanspruch zurückbleiben, der sich ergeben hätte, wenn der Arbeitnehmer für die Zeit der versicherungsfreien Beschäftigung in der gesetzlichen Rentenversicherung nachversichert worden wäre (§ 18 Abs. 9 BetrAVG).

(c) Nach § 17 III BetrAVG kann in Tarifverträgen von den Regelungen des BetrAVG abgewichen werden. Gleichwohl werden in den Tarifverträgen des öffentlichen Dienstes die Regelungen des § 18 BetrAVG nicht übernommen werden können.

4. Übergangsregelungen für Anwartschaften der Versicherten

(a) Für die Versicherten werden die Anwartschaften (Startgutschriften) nach dem am 31. 12. 2000 geltenden Recht der Zusatzversorgung entsprechend den §§ 33 und 34 ATV ermittelt. Die Anwartschaften werden alsdann in Versorgungspunkte umgerechnet, indem der Anwartschaftsbetrag durch den Messbetrag von vier Euro geteilt wird. Die Versorgungspunkte werden einem Versorgungskonto gutgeschrieben (Einzelheiten § 32 ATV).

(b) Höhe der Anwartschaften für am 31. 12. 2001 schon und am 1. 1. 2002 noch Pflichtversicherte. Die Anwartschaften dieses Personenkreises berechnen sich nach § 18 Abs. 2 BetrAVG, soweit sich aus § 33 Abs. 2 ATV nichts anderes ergibt.

(c) Höhe der Anwartschaften für am 1. 1. 2002 beitragsfrei Versicherte. Die Startgutschriften der am 1. 1. 2002 beitragsfrei Versicherten werden nach der am 31. 12. 2001 geltenden Versicherungsrentenberechnung ermittelt. *(Sch)*

P/Q

▶ **Pensionsfonds**

Als **neuen** → **Durchführungsweg** ab 1.1.2002 sieht das BetrAVG die Versorgungszusage über einen Pensionsfonds vor. Bei einem Pensionsfonds wird die Altersversorgung über eine rechtsfähige Versorgungseinrichtung in der Rechtsform einer Aktiengesellschaft oder eines Pensionsfondsvereins auf Gegenseitigkeit durchgeführt. Diese Versorgungseinrichtung gewährt dem Arbeitnehmer oder seinen Hinterbliebenen einen **Rechtsanspruch** auf die Leistungen. Definiert wird der Pensionsfonds nicht im BetrAVG, sondern in **§ 112 VAG**.

I. Grundlagen

Ein Pensionsfonds ist eine rechtsfähige Versorgungseinrichtung, die

(1) im Wege des Kapitaldeckungsverfahrens Leistungen der betrieblichen Altersversorgung für einen oder mehrere Arbeitgeber zugunsten von Arbeitnehmern erbringt,

(2) die Höhe der Leistungen oder die Höhe der für diese Leistungen zu entrichtenden künftigen Beiträge nicht für alle im Pensionsplan vorgesehenen Leistungsfälle durch versicherungsförmige Garantien zusagen darf,

(3) den Arbeitnehmern einen eigenen Anspruch auf Leistung gegen den Pensionsfonds einräumt und

(4) verpflichtet ist, die Leistung als lebenslange Altersrente oder in Form eines Auszahlungsplans mit anschließender Restverrentung (§ 1 Abs. 1 S. 1 Nr. 4 AltZertG) zu erbringen.

Der Pensionsfonds erbringt daher Zahlungen aufgrund von Beiträgen, die er im Wege des **Kapitaldeckungsverfahrens** seit Erteilung des Versorgungsversprechens erhebt. Der Pensionsfonds ist ein selbständiger Versorgungsträger, der für einen oder mehrere Arbeitgeber zugunsten der berechtigten Arbeitnehmer die betriebliche Altersversorgung durchführt. Es müssen stets Altersversorgungsleistungen durchgeführt werden, es können aber auch zusätzlich Invaliditäts- oder Hinterbliebenenleistungen durchgeführt werden.

Die im Rahmen eines Geschäftsplanes ausgestalteten Bedingungen zur planmäßigen Leistungserbringung im Versorgungsfall nennt man **Pensionsplan** (§ 112 Abs. 1 Satz 2 VAG). Dieser kann beitragsbezogen oder leistungsbezogen ausgestaltet sein (§ 112 Abs. 1 S. 3 VAG). Typischerweise erfolgt eine betriebliche Versorgungszusage auf eine Pensionsfondsleistung als → **Beitragszusage mit Mindestleistung.** Es wird ein bestimmter Beitrag zugunsten des Arbeitnehmers aufgewendet, der von Pensionsfonds angelegt wird. Welche Versorgungsleistung dem Arbeitnehmer dann aus dem angelegten Geld gewährt werden kann, hängt von dem vom Pensionsfonds erwirtschafteten Ertrag ab. Eine garantierte Mindestverzinsung wie bei Versicherungen gibt es nicht. Die höheren Renditechancen hinsichtlich der angelegten Beiträge, insbesondere aber die höheren Risiken verbieten es Pensionsfonds, versicherungsförmige Garantien abzugeben. Arbeitsrechtlich wird dies höhere Risiko durch die garantierte Mindestleistung abgesichert, für die der Arbeitgeber einzustehen hat und die im Insolvenzfall vom Pensionssicherungsverein abgesichert wird. Die Beiträge können variabel ausgestaltet sein, beispielsweise vom Gewinn des Unternehmens im jeweiligen Geschäftsjahr abhängen.

Ist der Pensionsplan **leistungsbezogen** ausgestaltet, kann es für den Arbeitgeber notwendig werden, Nachschüsse in den Pensionsfonds zu erbringen oder unmittelbare Zahlungen an den Arbeitnehmer zu leisten, wenn der Pensionsfonds nicht die erwarteten Erträge erwirtschaftet.

Die Besonderheit des Pensionsfonds liegt vor allen Dingen in der gegenüber Pensionskassen und Direktversicherungen wesentlich **liberalisierten Vermögensanlage** (§ 115 VAG). Während beispielsweise Pensionskassen nur maximal 35 Prozent der Anlagemittel in Aktien investieren dürfen, existiert eine derartige Grenze für Pensionsfonds nicht. Die Grenzen des Anlagenrisikos sind in einer Rechtsverordnung (Verordnung über die Anlage des gebundenen Vermögens von Pensionsfonds – Pensionsfonds-KapitalanlagenVO vom 21. 12. 2001) festgelegt. Um die Sicherheit der angelegten Mittel zu gewährleisten, werden der Geschäftsbetrieb und die Ausstattung des Pensionsfonds mit Eigenkapital durch die Bundesanstalt für Finanzdienstleistungsaufsicht überwacht. Die notwendige Kapitalausstattung von Pensionsfonds ist in § 114 VAG sowie in der Verordnung über die Kapitalausstattung von Pensionsfonds vom 20. 12. 2001 geregelt. Im Gegensatz zur Pensionskasse kann der Pensionsfonds die Durchführung der Kapitalanlage und der Versicherung auf Dritte übertragen. Vor Aufnahme des Geschäftsbetriebs benötigt ein Pensionsfonds die Erlaubnis der Bundesanstalt für Finanzdienstleistungsaufsicht (§ 112 Abs. 2 VAG).

II. Rechtsbeziehungen

Wie bei allen anderen Formen der Durchführung der betrieblichen Altersversorgung über einen Versorgungsträger sind bei einer Pensionsfondsversorgung Rechtsbeziehungen zwischen drei handelnden Rechtssubjekten vorhanden: Arbeitgeber, Arbeitnehmer, Pensionsfonds.

Im arbeitsrechtlichen Grundverhältnis verspricht der **Arbeitgeber** dem **Arbeitnehmer,** dass er über einen Pensionsfonds Versorgungsleistungen für ihn erbringt, und zwar entweder in Form einer → Beitragszusage mit Mindestleistung oder als → Leistungszusage. Erbringt der Pensionsfonds die versprochenen Leistungen nicht oder nicht in voller Höhe, weil der Arbeitgeber nicht die zugesagten Beiträge erbracht hat oder der Pensionsfonds aufgrund seiner Vermögensanlage die versprochene Leistung nicht erbringen kann, hat der Arbeitgeber die versprochene Leistung selbst zu erbringen (§ 1 Abs. 1 Satz 3 BetrAVG).

Arbeitgeber und **Pensionsfonds** schließen einen Vertrag zugunsten des Arbeitnehmers, bei dem der Arbeitgeber sich zu Beitragszahlungen an den Pensionsfonds verpflichtet. Der Pensionsfonds legt diese Beiträge innerhalb des rechtlich erlaubten Rahmens an und erbringt im Versorgungsfall eine lebenslange Altersrente an die begünstigten Arbeitnehmer.

Bei Eintritt des Versorgungsfalls hat der **Arbeitnehmer** gegen den **Pensionsfonds** einen Anspruch auf die Versorgungsleistungen. Die

Leistungen werden entsprechend der Versorgungszusage als **lebenslange Altersrente** erbracht oder in Form eines → **Auszahlungsplans** mit einer Restverrentung gem. § 1 Abs. 1 Satz 1 Nr. 4 AltZertG. Eine einmalige Kapitalzahlung ist nicht zulässig. Insofern trägt der Pensionsfonds immer das Risiko, wie lange ein Versorgungsberechtigter lebt („das biometrische Risiko der Langlebigkeit"). Dagegen trägt der Arbeitnehmer bei einer Beitragszusage hinsichtlich der Höhe der Altersrente das Risiko, welche Erträge der Pensionsfonds mit den eingezahlten Beiträgen erwirtschaftet hat („das Anlagerisiko"). Erreichen die dem Arbeitnehmer auszuzahlenden Altersversorgungsleistungen nicht die Summe der zugesagten Beiträge des Arbeitgebers (abzüglich eines biometrischen Risikoausgleichs), hat für die Differenz der Arbeitgeber selbst einzustehen (§ 1 Abs. 2 Nr. 2 BetrAVG); insofern trägt der Arbeitgeber das negative Kapitalanlagenrisiko.

Die Pensionsfondszusage gehört zu den Durchführungswegen der betrieblichen Altersversorgung, die → steuerlich gefördert werden.

III. Betriebsrentenrechtliche Besonderheiten

Wegen des erhöhten Anlagerisikos und der Ausfallhaftung des Arbeitgebers sind Pensionsfondszusagen wie unmittelbare Versorgungszusagen und Unterstützungskassenzusagen über den PSV → **insolvenzgeschützt**. Arbeitgeber, die eine derartige Versorgungszusage erteilt haben, müssen gemäß § 10 BetrAVG Beiträge an den PSV zahlen.

Scheidet ein Arbeitnehmer aus dem Arbeitsverhältnis mit einer unverfallbaren Versorgungsanwartschaft aus einer Pensionsfondszusage aus, berechnet sich die Höhe der unverfallbaren Versorgungsanwartschaft zwar grundsätzlich nach dem ratierlichen Verfahren wie bei einer unmittelbaren Versorgungszusage, wobei der Arbeitgeber die Lücke zwischen der vom Pensionsfonds zur Verfügung gestellten Deckungsrückstellung und der **Höhe** der ratierlich berechneten **Versorgungsanwartschaft** selbst aufbringen muss (§ 2 Abs. 3a BetrAVG). Da jedoch in der Regel im Rahmen von Pensionsfondszusagen Beitragszusagen mit Mindestleistung erteilt werden, wird die → Höhe der unverfallbaren Versorgungsanwart-

schaft bestimmt aus dem dem Arbeitnehmer planmäßig zuzurechnenden Versorgungskapital auf der Grundlage der bis zu seinem
Ausscheiden geleisteten Beiträge einschließlich der hierauf erzielten Erträge (§ 2 Abs. 5b BetrAVG). Aufgrund der Mindestleis-
tungsgarantie muss ihm dabei im Versorgungsfall mindestens die
Summe der bis zu seinem Ausscheiden zugesagten Beiträge, so
weit sie rechnungsmäßig nicht für einen biometrischen Risikoausgleich verbraucht wurden, ausgezahlt werden.

Der Arbeitnehmer kann nach Beendigung des Arbeitsverhältnisses gegenüber seinem ehemaligen Arbeitgeber, der eine Pensionsfondszusage erteilt hat, verlangen, dass dieser den → **Übertragungswert** auf seinen neuen Arbeitgeber überträgt (§ 4 Abs. 3
BetrAVG). *(M)*

▶ **Pensionskasse**

Pensionskassen sind rechtsfähige Versorgungseinrichtungen, die
dem Arbeitnehmer oder seinen Hinterbliebenen auf ihre Leistungen einen Rechtsanspruch gewähren, wobei die Versorgung im
Wege einer Lebensversicherung erfolgt (§ 1b Abs. 3 Satz 1 Betr-
AVG). Versorgungszusagen über Pensionskassen abzuwickeln,
stellt einen der möglichen → Durchführungswege der betrieblichen
Altersversorgung dar.

Die Pensionskassen können privatrechtlich oder öffentlich-recht-
lich organisiert sein. Die öffentlich-rechtlichen Pensionskassen
dienen der Versorgung der Arbeitnehmer im öffentlichen Dienst.
Sie sind organisiert als Körperschaften des öffentlichen Rechts
(→ VBL). Die privatrechtlichen Pensionskassen sind zumeist als
Versicherungsvereine auf Gegenseitigkeit, selten als Aktiengesellschaften organisiert. **Privatrechtliche Versicherungsunternehmen**
unterliegen der Versicherungsaufsicht durch die Bundesanstalt für
Finanzdienstleistungsaufsicht mit Sitz in Berlin.

Ein Arbeitgeber kann für sein Unternehmen eine eigene Pensionskasse einrichten. Ferner ist es denkbar, dass Pensionskassen
sich auf ganze Wirtschaftszweige erstrecken und den diesen angehörigen Arbeitgebern die Möglichkeit zum Beitritt geben. Schließlich können auch die Arbeitnehmer sämtlicher Unternehmen bzw.

Betriebe eines Konzerns von der Pensionskasse erfasst sein. Demgemäß wird begrifflich zwischen Betriebspensions-, Gruppenpensions- und Konzernpensionskassen unterschieden.

Wie alle anderen Formen der Durchführung der betrieblichen Altersversorgung über einen Versorgungsträger sind bei einer Pensionskassenversorgung Rechtsbeziehungen zwischen drei handelnden Rechtssubjekten vorhanden: Arbeitgeber, Arbeitnehmer, Pensionskasse.

Sagt der Arbeitgeber seinen Arbeitnehmern Pensionskassenleistungen zu, so ist er verpflichtet, alles zu unternehmen, damit seine Arbeitnehmer im Versorgungsfall Versorgungsleistungen aus der Pensionskasse erhalten. Insbesondere muss der Arbeitgeber die erforderlichen **Beiträge** für die Leistungen der Pensionskasse erbringen. Außerdem muss er gegenüber der Pensionskasse sämtliche notwendigen Erklärungen rechtzeitig und umfassend abgeben. Eine Verletzung dieser Pflichten kann Schadensersatzansprüche begründen. Allein aus dem Beitritt des Arbeitgebers zu einer Pensionskasse kann der Arbeitnehmer ohne besondere vertragliche Zusage keinen Anspruch auf Beteiligung an deren Versorgungswerk herleiten (BAG AP § 242 BGB Ruhegehalt Nr. 128).

Der Arbeitgeber ist **Träger** der Pensionskasse. Er finanziert die Leistungen der Pensionskasse. Häufig beteiligen sich die Arbeitnehmer an der Aufbringung des notwendigen Beitragsaufkommens.

Die Arbeitnehmer sind regelmäßig **Mitglied** der Pensionskasse. Die Anmeldung geschieht durch den Arbeitgeber. Durch den zwischen dem Arbeitnehmer und der Pensionskassen abgeschlossenen Versicherungsvertrag wird der Arbeitnehmer Versicherter und Versicherungsnehmer. Es besteht ein unwiderrufliches → **Bezugsrecht** des Arbeitnehmers auf die Versicherungsleistungen. Aufgrund des bestehenden Rechtsanspruchs hat der Arbeitnehmer sich bei Eintritt des Versorgungsfalls an die Pensionskasse zu halten. Verstößt die Satzung der Pensionskasse gegen den → Gleichbehandlungsgrundsatz, steht dem benachteiligten Arbeitnehmer sowohl gegenüber dem Arbeitgeber als auch gegenüber der Pensionskasse ein Erfüllungsanspruch zu (BAG NZA 2003, 380).

Scheidet der Arbeitnehmer vor Eintritt des Versorgungsfalles bei seinem Arbeitgeber aus, endet das Mitgliedschaftsrecht des Arbeitnehmers in der Pensionskasse oder es kommt zum Ruhen. Die Versicherung kann in eine beitragsfreie Versicherung umgewandelt werden, soweit der Arbeitnehmer Beiträge erbracht hat oder die Unverfallbarkeitsvoraussetzungen erfüllt sind. Wenn die Satzung der Pensionskasse dies zulässt, kann der Arbeitnehmer auch freiwilliges Mitglied mit dem Recht auf Fortführung der Versicherung bleiben, selbst wenn die Versorgungsanwartschaft noch nicht unverfallbar geworden ist (BAG AP § 1 BetrAVG Pensionskasse Nr. 1).

Wegen der Kontrolle der Pensionskassen durch die Bundesanstalt für Finanzdienstleistungsaufsicht und der versicherungsrechtlichen Stellung des Arbeitnehmers als unwiderruflich Bezugsberechtigtem besteht keine → Insolvenzsicherungpflicht und keine Pflicht zur Beitragszahlung an den PSV.   *(M)*

▶ **Pensionsrückstellungen**

Betriebliche Versorgungszusagen, die ein Arbeitgeber aus seinem eigenen Vermögen finanziert (→ unmittelbare Versorgungszusage), ohne Dritte als Versorgungsträger einzuschalten, sind bereits bei ihrer Erteilung Verbindlichkeiten, deren Eintritt und Höhe jedoch zu diesem Zeitpunkt ungewiss sind, da zu diesem Zeitpunkt nicht feststeht, ob der Arbeitnehmer z. B. den Versorgungsfall erlebt und wie lange er nach Eintritt des Versorgungsfalls leben wird. Nach allgemeinen bilanzrechtlichen Grundsätzen sind ungewisse Verbindlichkeiten in der **Bilanz** schon bei ihrer Entstehung und nicht erst bei ihrer späteren Erfüllung auszuweisen. Auch eine Betriebsrente wird im Laufe des Arbeitslebens von einem Arbeitnehmer erdient und muss deshalb in jedem Jahr bilanziell berücksichtigt werden. § 249 HGB schreibt deshalb für alle ab dem 1. 1. 1987 erteilten Versorgungszusagen eine Pflicht zur Passivierung von Pensionsverpflichtungen vor; für ältere Versorgungszusagen besteht ein Passivierungswahlrecht.

Entsprechend dieser handelsrechtlichen Verpflichtung zum Ausweis von Pensionsverpflichtungen in der Bilanz besteht **steuerrechtlich** eine Pflicht zur Bildung von Pensionsrückstellungen für ab dem 1. 1. 1987 erteilte unmittelbare Versorgungszusagen (str.), soweit diese die Voraussetzungen des §6a EStG erfüllen; für vorher erteilte Versorgungszusagen besteht auch steuerrechtlich ein Passivierungswahlrecht. In der Steuerbilanz kann eine Pensionsrückstellung allerdings nur dann gebildet werden, wenn ein entsprechender Ansatz für die Pensionsverpflichtung auch in der Handelsbilanz besteht (BFH BStBl. 1993 II, 792).

Eine Pensionsverpflichtung entsteht, wenn und sobald ihr Rechtsgrund eine Bindung des Arbeitgebers gegenüber dem einzelnen Pensionsberechtigten hervorruft. Der Arbeitgeber darf die versprochenen Pensionsleistungen dem Arbeitnehmer grundsätzlich nicht mehr entziehen können. Dem entsprechend kann gem. §6a Abs.1 EStG eine Pensionsrückstellung nur gebildet werden, wenn und soweit der Pensionsberechtigte einen Rechtsanspruch auf einmalige oder laufende Pensionsleistungen hat, die versprochenen Pensionsleistungen nicht von künftigen gewinnabhängigen Bezügen abhängig sind, die Pensionszusage keine steuerschädlichen Vorbehalte enthält und diese schriftlich erteilt ist.

Während arbeitsrechtlich eine Zusage auf betriebliche Altersversorgung nicht **schriftlich** erteilt sein muss, fordert das Steuerrecht für die Bildung von Pensionsrückstellungen die schriftliche Erteilung einer Pensionszusage. Die Pensionszusage muss eindeutige Angaben zu Art, Form, Voraussetzungen und Höhe der in Aussicht gestellten künftigen Leistungen enthalten. Bei → Gesamtzusagen reicht der Nachweis einer schriftlichen Bekanntmachung in geeigneter Form, z. B. durch ein Protokoll über den Aushang im Betrieb. Für Pensionsverpflichtungen, die auf einer → betrieblichen Übung oder dem Grundsatz der → Gleichbehandlung beruhen, können keine Pensionsrückstellungen gebildet werden – es sei denn, dem Arbeitnehmer ist eine schriftliche Auskunft gem. §4a BetrAVG erteilt.

Die Pensionszusage muss dem Versorgungsberechtigten einen Rechtsanspruch auf die Versorgungsleistungen einräumen und sie nicht etwa als freiwillig und jederzeit widerrufbar bezeichnen. Die Versorgungszusage darf deshalb nicht Einschränkungen enthalten, die es dem Arbeitgeber erlauben, sich ohne größere Schwierigkeiten wieder von der Pensionsverpflichtung zu befreien. Erlaubt ist lediglich ein Vorbehalt, dass der Arbeitgeber die Pensionszusage bei geänderten Verhältnissen nach billigem Ermessen widerrufen darf, insbesondere dann, wenn die bei der Erteilung der Pensionszusage maßgebenden Verhältnisse sich nachhaltig so wesentlich geändert haben, dass der Firma die Aufrechterhaltung der zugesagten Leistungen auch unter objektiver Beachtung der Belange des Pensionsberechtigten nicht mehr zugemutet werden kann (Abschnitt 41 Abs. 4 EStR). Bestimmte → **Widerrufsvorbehalte** sind steuerunschädlich, erlauben also die Bildung von Pensionsrückstellungen.

Ist eine verbindliche Pensionszusage erteilt, kann der Arbeitgeber für Arbeitnehmer, bei denen der Versorgungsfall noch nicht eingetreten ist, **erstmalig** in dem Wirtschaftsjahr Pensionsrückstellungen bilden, bis zu dessen Mitte der Pensionsberechtigte des 28. Lebensjahr vollendet hat, oder in dem Wirtschaftsjahr, in dessen Verlauf die Versorgungsanwartschaft gesetzlich → unverfallbar geworden ist. Die Altersgrenze ist für unmittelbare Versorgungszusagen, die ab 1.1.2001 erteilt worden sind, von 30 auf 28 Jahre herabgesetzt worden. Bei Eintritt des Versorgungsfalls kann in jedem Fall eine Pensionsrückstellung gebildet werden (§ 6a Abs. 2 EStG).

Die Höhe der zu bildenden Pensionsrückstellung richtet sich gem. § 6a Abs. 3 EStG nach dem Teilwertverfahren. Dabei wird unterstellt, dass das im Versorgungsfall erforderliche Kapital versicherungsmathematisch durch betragsmäßig gleich bleibende Jahresbeträge verdient sein muss. Durch die jährlich vorzunehmende Zuführung zur Pensionsrückstellung wird steuerrechtlich ein Vorgang nachgebildet, der der Prämienzahlung an eine Lebensversicherung ähnelt. Eine Pensionsrückstellung darf höchstens mit dem **Teilwert** der Pensionsverpflichtung angesetzt werden. Ausgangspunkt ist dabei der Wert aller künftig zu erbringenden Pensionsleistungen, abgezinst auf den Stichtag und unter Berücksichtigung der Wahrscheinlichkeit ihres Anfalls nach der voraussichtlichen Lebenserwartung des Pensionsberechtigten **(Barwert).** Der Rechnungszinsfuß, mit dem die künftigen Pensionsleistungen und der Barwert der Jahresbeträge abzuzinsen ist, beträgt gem. § 6a Abs. 3 Satz 3 EStG 6 %. Die Sterbewahrscheinlichkeiten finden über die Richttafeln von Heubeck Eingang in die Berechnung.

Die **Höhe** der Pensionsrückstellung ergibt sich für den jeweiligen Bilanzstichtag, soweit der Versorgungsfall noch nicht eingetreten ist und der Arbeitnehmer das Arbeitsverhältnis noch nicht beendet hat, aus dem Barwert der künftigen Pensionsleistungen unter Abzug des Barwerts der künftig noch aufzubringenden Jahresbeträge. Nach Beendigung des Arbeitsverhältnisses, aber vor Eintritt des Versorgungsfalls ist der für die Pensionsrückstellung anzusetzende Teilwert identisch mit dem Barwert der Versorgungsanwartschaft; nach Eintritt des Versorgungsfalls mit dem Barwert der künftig fällig werdenden Pensionsleistungen. Als **Zuführung** zur Pensionsrückstellung ist jedes Jahr der Unterschiedsbetrag zwischen dem Teilwert der Pensionsverpflichtung am Schluss des Wirtschaftsjahres und am Schluss des vorangegangenen Wirtschaftsjahres möglich. Besonderheiten ergeben sich bei Änderungen der Versorgungszusage und der Erteilung von Versorgungszusagen in einem höheren Alter. Die Zuführungen zur Pensionsrückstellung mindern den Gewinn. Nach Eintritt des Versorgungsfalls mindert sich der Barwert der Pensionsverpflichtung wegen der mit zunehmendem Alter geringer werdenden Lebenserwartung des Pensionsberechtigten und der damit einhergehenden Verringerung der künftigen Pensionsleistung; die Pensionsrückstellung ist deshalb in jedem Wirtschaftsjahr um den Betrag aufzulösen, um den sich der Barwert der Pensionsverpflichtung mindert. Die Pensionszahlungen werden dagegen steuerrechtlich beim Arbeitgeber als Betriebsausgaben behandelt. *(M)*

▶ **Pensionssicherungsverein**

Der Pensionssicherungsverein ist der **Träger der Insolvenzsicherung** für die betriebliche Altersversorgung. Durch ihn werden Betriebsrentenansprüche und unverfallbare Anwartschaften auf betriebliche Altersversorgung dadurch vor der Insolvenz des die Versorgung versprechenden Arbeitgebers geschützt, dass der Arbeitgeber, der eine betriebliche Altersversorgung verspricht, die insolvenzsicherungspflichtig ist, Beiträge an eine Versicherung zahlen muss, die dann bei Vorliegen eines Sicherungsfalls die Versorgungsverpflichtungen des Arbeitgebers übernimmt.

Der PSV als Träger der Insolvenzsicherung ist als privatrechtlicher Versicherungsverein a. G. durch die Bundesvereinigung der

Deutschen Arbeitgeberverbände, den Bundesverband der Deutschen Industrie und den Verband der Lebensversicherungsunternehmen zum 1. 1. 1975 gegründet worden. Als Versicherung unterliegt er der Aufsicht durch die Bundesanstalt für Finanzdienstleistungsaufsicht (§ 14 Abs. 1 Satz 3 BetrAVG). Der PSV hat seinen **Sitz** in Köln (Adresse: PSVaG, Berlin-Kölnische Allee 2–4, 50969 Köln, Tel. 0221/936 590, Internet: www.psvag.de).

Der Zweck des PSV ist die Gewährleistung der betrieblichen Altersversorgung in der Bundesrepublik **Deutschland** sowie seit dem 1. 1. 2002 auch im Großherzogtum **Luxemburg** für den Fall der Insolvenz eines Arbeitgebers.

Die Mittel für die Durchführung der → Insolvenzsicherung werden aufgrund öffentlich-rechtlicher Verpflichtung durch Beiträge der versicherungspflichtigen Arbeitgeber aufgebracht (§ 10 BetrAVG). Als ein mit den Aufgaben und Befugnissen der öffentlichen Verwaltung **beliehenes Unternehmen** wird er hinsichtlich der Beitragspflicht der Arbeitgeber wie eine Behörde tätig. Er kann durch einen Verwaltungsakt die Beitragspflichtigkeit eines Arbeitgebers feststellen **(Beitragsgrundlagenbescheid)**, bezifferte **Beitragsbescheide** erlassen, den Arbeitgeber durch einen Auskunftsbescheid zur Erfüllung seiner Mitteilungspflichten nach § 11 BetrAVG auffordern und aus den Beitragsbescheiden unmittelbar die Zwangsvollstreckung betreiben (§ 10 Abs. 4 BetrAVG). Für Beitragsstreitigkeiten sind die Verwaltungsgerichte zuständig.

Eine Vorausfinanzierung der vom PSV zu erbringenden Leistungen findet nicht statt. Der PSV finanziert sich im Rentenwertumlageverfahren (vgl. § 10 Abs. 2 BetrAVG), d. h. der Beitrag bemisst sich nach der Summe der in einem Kalenderjahr entstehenden Ansprüche auf laufende Rentenleistungen (Rentenzahlungen von in dem betreffenden Jahr insolvent werdenden Arbeitgebern und von Versorgungsfällen aus unverfallbaren Anwartschaften der in früheren Jahren insolvent gewordener Arbeitgeber). Gravierende → Sicherungsfälle von Arbeitgebern mit einer großen Anzahl von Arbeitnehmern führen zu einer deutlichen Erhöhung des Schadensvolumens und damit zu erhöhten **Beitragssätzen.** Fehlt es an gravierenden Insolvenzen, ermäßigt sich der Beitrag entsprechend. Die Höhe des von einem einzelnen Arbeitgeber zu zahlenden Beitrags an den PSV wird für die einzelnen Durchführungswege unterschiedlich berechnet (§ 10 Abs. 3 BetrAVG). Beitragspflichtig sind Arbeitgeber, die eine betriebliche Altersversorgung als Direktzusage, über eine Unterstützungskasse oder einen Pensionsfonds zugesagt haben oder eine Direktversicherungszusage mit widerruflichem Bezugsrecht erteilt haben oder die Ansprüche aus einem Direktversicherungsvertrag abgetreten oder beliehen haben.

Ende 2005 waren beim PSV ca. 55.000 Arbeitgeber mit insolvenzsicherungpflichtiger betrieblicher Altersversorgung als Mitglieder gemeldet. Insgesamt standen 8,5 Millionen Versorgungsberechtigte unter Insolvenzschutz. Das Beitragsvolumen betrug ca. 1,2 Mrd. €; der Beitragssatz 4,9 Promille.

Der Pensionssicherungsverein übernimmt die Versorgungsleistungen des insolventen Arbeitgebers, unabhängig davon, ob dieser seiner Beitragspflicht nach § 10 BetrAVG genügt hat. Er überträgt in der Regel die Abwicklung einem Konsortium von Lebensversicherern. Diese Möglichkeit ist in § 8 Abs. 1 BetrAVG vorgesehen.

Im Insolvenzfall haben sowohl der Arbeitgeber wie der Insolvenzverwalter gegenüber dem Pensionssicherungsverein bestimmte Auskunfts- und **Mitteilungspflichten** (§ 11 BetrAVG); umgekehrt hat der Pensionssicherungsverein gegenüber den anspruchsberechtigten Arbeitnehmern Mitteilungspflichten gemäß § 9 Abs. 1 BetrAVG.

Mit Eröffnung des Insolvenzverfahrens gehen die insolvenzgeschützten Ansprüche und unverfallbaren Anwartschaften auf Leistungen der betrieblichen Altersversorgung auf den Pensionssicherungsverein gemäß § 9 Abs. 2 BetrAVG über. Danach kann der Versorgungsberechtigte seine Ansprüche nur noch gegen den PSV geltend machen.

Der Pensionssicherungsverein informiert über seinen Rechtsstandpunkt zu Problemen der betrieblichen Altersversorgung über **Merkblätter.** In ihnen kann man sich informieren, wenn es zweifelhaft ist, ob der Pensionssicherungsverein in bestimmten Fällen Insolvenzschutz gewähren wird. Die Merkblätter befinden sich in fast allen großen Kommentaren zum BetrAVG und können im Internet unter www.psvag.de abgerufen werden.

Streitigkeiten zwischen dem Arbeitgeber und dem PSVaG hinsichtlich der Beitragspflicht und der damit zusammenhängenden Auskunftspflicht (§ 10 und § 11 Abs. 1 und 2 BetrAVG) sind vor den Verwaltungsgerichten auszutragen. **Rechtsstreitigkeiten** zwischen Arbeitgeber und PSV einschließlich von Streitigkeiten selbständiger Versorgungsträger gegen den PSV sind vor den Gerichten für Arbeitssachen auszutragen (§ 2 Abs. 1 Nr. 6 ArbGG). Dies gilt gemäß § 3 ArbGG auch für gemäß § 9 Abs. 2 BetrAVG auf den Pensionssicherungsverein übergegangene Forderungen der Arbeitnehmer gegen ihren Arbeitgeber bzw. den Insolvenzverwalter. Rechtsstreitigkeiten mit dem PSV werden häufig im Wege der Feststellungsklage geführt, da es nur in seltenen Fällen um Einzelheiten der Berechnung der Rente geht und da der Pensionssicherungsverein als beliehenes Unternehmen prozessrechtlich vom BAG (DB 1988, 291) wie ein öffentlicher Arbeitgeber behandelt wird. *(M)*

▶ **Pfändungsschutz**

1. Allgemeines

Die im Sozialgesetzbuch ausgewiesenen Leistungen der gesetzlichen Rentenversicherung unterliegen, soweit sie Geldleistungen sind, im Wege der Zwangsvollstreckung dem Gläubigerzugriff und können im Rahmen des § 54 SGB I gepfändet werden.

2. Grundsätze

Die Pfändung nach § 829 ZPO bewirkt, dass der Schuldner zwar nach wie vor Inhaber der Forderung ist, dass er aber nichts mehr veranlassen darf, was die Rechtsstellung des Gläubigers bezüglich des gepfändeten Teils der Forderung beinträchtigen würde. Die gepfändete Forderung und er Umfang der Pfändung müssen sich für alle Beteiligten – das sind der Gläubiger, der Schuldner und der Drittschuldner – klar und eindeutig aus dem so genannten Pfändungs- und Überweisungsbeschluss des Vollstreckungsgerichts ergeben, ohne dass es hierzu noch einer besonderen Ergänzung bedarf. Der Drittschuldner (also der Rentenversicherungsträger) muss in dem Pfändungs- und Überweisungsbeschluss so bezeichnet sein, dass seine Identität zweifelsfrei feststeht. Für einen Rentenversicherungsträger, der im Pfändungs- und Überweisungsbeschluss nicht als Drittschuldner bezeichnet ist, entfaltet der Beschluss auch dann keine Rechtswirkung, wenn er als zuständiger Leistungsträger Schuldner der gepfändeten Forderung ist. Aus diesem Grund darf der benannte Drittschuldner einen solchen Beschluss weder an den leistenden Träger weiterleiten, noch darf er diesen dem Gläubiger als zuständigen Leistungsträger benennen.

3. Pfändbare Leistungen

Ansprüche auf Dienst- oder Sachleistungen unterliegen nicht der Pfändung, auch wenn sie betragsmäßig beziffert und berechnet werden können, da sie regelmäßig auf die persönlichen Bedürfnisse des Versicherten zugeschnitten sind und insoweit zweckgerichtet erbracht werden. Pfändbare Leistungen sind laufende und einmalige Geldleistungen. Hierzu gehören:

- Beitragsersattungen
- Hinterbliebenenrentenabfindungen
- Renten und Rentennachzahlungen
- Leistungen der Kindererziehung und
- das Übergangsgeld.

Unpfändbar sind Ansprüche auf

- Erziehungsgeld und vergleichbare Leistungen der Länder,
- Mutterschaftsgeld nach dem MuSchG, soweit das Mutterschaftsgeld nicht aus einer Teilzeitbeschäftigung während der Elternzeit herrührt, bis zur Höhe des Erziehungsgeldes nach dem BErzGG,
- Wohngeld, soweit nicht die Pfändung wegen Ansprüche erfolgen, die Gegenstand des Wohngeldgesetzes sind,
- Geldleistungen, die dafür bestimmt sind, den durch einen Körper- oder Gesundheitsschaden bedingten Mehraufwand auszugleichen (beispielsweise Leistungen nach dem Bundesversorgungsgesetz oder das Pflegegeld).

Die aufgezeigten Ansprüche unterliegen im Wesentlichen nicht dem Leistungskatalog der gesetzlichen Rentenversicherung. Die Unpfändbarkeit der Leistung eines anderen Sozialleistungsträgers kann im Hinblick auf einen Zusammenrechnungsbeschluss Bedeutung gewinnen.

4. Umfang der Pfändung

Die Pfändung laufender Geldleistungen der gesetzlichen Rentenversicherung (also im Wesentlichen Renten und Rentennachzahlungen) hat sich an den Vorschriften über die Pfändung von
Arbeitseinkommen (§§ 80 bis 850 k ZPO) zu orientieren. Sind
Renten gepfändet, ist stets von der so genannten Nettorente auszugehen. Leistungsbestandteile, die der Rentner als Beitrag zur
Kranken- und Pflegeversicherung zu entrichten hat, unterliegen
nach § 850 e Nr. 1 ZPO nicht der Pfändung. Hat das Vollstre-
ckungsgericht den pfändbaren bzw. pfändfreien Betrag unter Angabe der berücksichtigten unterhaltsberechtigten Angehörigen vorgegeben, ist diese Vorgabe für den Drittschuldner verbindlich. Dies
geschieht insbesondere im Rahmen der Unterhaltspfändung nach
§ 850 d ZPO oder der Dauerpfändung wegen laufender Wohnraum-
kosten (beispielsweise Miete). Wird statt des konkreten pfändbaren
Betrages allgemein auf die Tabelle zu § 850 c ZPO Bezug genommen (so genannter „Blankettbeschluss"), muss der Rentenversicherungsträger als Drittschuldner von sich aus die unterhaltsberechtigten Angehörigen berücksichtigen und den der Pfändung
unterliegenden Betrag anhand der Tabelle zu § 850 c ZPO bestimmen. Die Pfändungsfreigrenzen ändern sich jeweils zum 1. Juli
eines jeden zweiten Jahres und werden durch die so genannte
Pfändungsfreigrenzenbekanntmachung veröffentlicht.

5. Schutz bei geförderter Altersvorsorge

Das angesparte geförderte Altersvorsorgevermögen einschließlich der Zulagen und Erträge (siehe auch → Riester-Rente) kann in
der Ansparphase nicht übertragen oder gepfändet werden. Es
kann also beispielsweise nicht zur Kreditsicherung verwendet werden. Geschützt ist jedoch nur das Vermögen, das mittels der Beiträge bis hin zu den Höchstgrenzen für den Sonderausgabenabzug
angespart wurde. Überzahlungen können also übertragen oder
gepfändet werden. In der Auszahlungsphase ist die Altersvorsorgevermögen ebenfalls vor Übertragung und Pfändung besonders geschützt. Geschützt ist das angesparte Vermögen. Wird aus dem
Vermögen eine monatliche Rente ausgezahlt, kann diese – wie
Renten der gesetzlichen Rentenversicherung – im Rahmen der
Pfändungsfreigrenzen gepfändet werden. *(P)*

▶ **Pfichtversicherung**

Die gesetzliche Rentenversicherung ist eine staatlich organisierte Versicherung. Der Staat regelt die Organisation und die Ausgestaltung des Versicherungsverhältnisses und lässt den Arbeitnehmern, die eine abhängige Beschäftigung ausüben – bis auf wenige Ausnahmen –, keine Wahl, ob sie ihr beitreten wollen oder nicht. Sie sind bei Vorliegen der gesetzlichen Voraussetzungen pflichtversichert. Selbständige werden dagegen überwiegend nicht von der Versicherungspflicht erfasst. Die Pflichtversicherung war lange Zeit der einzige Zugang zur gesetzlichen Rentenversicherung. Zunächst nur Arbeiter, dann ab 1911 auch Angestellte und ab 1938 auch Handwerker. Seit 1972 öffnete sich die gesetzliche Rentenversicherung auf Antrag auch den Selbständigen.

Über Fragen der Versicherungspflicht entscheiden im Regelfall die Krankenkassen, bei Selbständigen der Rentenversicherungsträger. Gegen die Entscheidung steht der Rechtsweg offen.   *(P)*

▶ **Portabilität**

Unter Portabilität versteht man im Betriebsrentenrecht die Möglichkeit der → Übertragung von Versorgungsverpflichtungen. Sie ist trotz einiger Verbesserungen nur eingeschränkt möglich, wenn eine Versorgungsanwartschaft von einem Arbeitgeber auf einen Nachfolgearbeitgeber übertragen wird. Zu den Einzelheiten siehe → Übertragung der Versorgungsverpflichtung. Im europäischen Rechtsraum wird unter Portabilität teilweise auch die Möglichkeit verstanden, bei einem Arbeitgeberwechsel die Versorgungsanwartschaft zu behalten. Dies ist eine Frage der → Unverfallbarkeit der Versorgungsanwartschaft.   *(M)*

▶ **Private Rentenversicherung**

Die private Rentenversicherung verbindet Kapitalanlage und Versicherung. Während des aktiven Arbeitslebens zahlt man monatliche Beiträge ein und erhält später dafür eine zusätzliche private Rente vom Versicherer. Die Einzahlungen werden dabei in der Regel mit einer garantierten Mindestverzinsung angelegt. Hinzu können Überschussbeteiligungen kommen, die jedoch nicht garantiert sind. Private Rentenversicherungen haben ein sehr geringes Risiko und bieten mittlere Ertragschancen. Sie eignen sich besonders für jüngere, sicherheitsbewusste Anleger.

Bei der privaten Rentenversicherung unterscheidet man zwei Arten von Versicherung:

(a) aufgeschobene Rentenversicherung. Die Rentenzahlungen beginnen zu einem in der Zukunft festgelegten Zeitpunkt, z. B. mit dem 60. Lebensjahr.

(b) sofort beginnende Rentenversicherung. Die Rentenzahlungen beginnen sofort bei Vertragsabschluss.

Auch bei den Einzahlungsbedingungen sind zwei Varianten zu unterscheiden:

(a) laufende Einzahlungen. Der Versicherte zahlt regelmäßig, z. B. monatlich, in die Rentenversicherung ein.

(b) Einmalzahlung. Der Versicherte zahlt einen Einmalbetrag ein und erhält danach den Anspruch auf eine lebenslange Rentenzahlung, z. B. bei der sofort beginnenden Rente.

Förderfähig im Rahmen der → Riester-Rente ist grundsätzlich die Versicherung mit laufenden Einzahlungen und damit auch mit aufgeschobener Rentenzahlung bis zum Lebensende.   *(P)*

▶ **Private Versorgungsbezüge**

Private Versorgungsbezüge können u. a. Leistungen aus privaten Lebensversicherungen oder Rentenversicherungen sein. Dies sind Versicherungen, bei denen der Arbeitnehmer selbst Versicherungsnehmer ist. Zu den privaten Versorgungsbezügen gehören auch Kaufpreisrenten, etwa aus dem Verkauf des Hauses oder der Eigentumswohnung, Versorgungsrenten und Leibrentenversprechen. Wenn der Arbeitnehmer die Beiträge für die private Lebensversicherung oder eine sonstige Form der → Eigenvorsorge ohne Beteiligung des Arbeitgebers erbracht hat, kommt eine → Anrechnung nach § 5 Abs. 2 S. 1 BetrAVG nicht in Betracht. Von der → **betrieblichen** Altersversorgung her gesehen sind alle Einkünfte, die sich der Einzelne aus eigener Initiative durch Konsumverzicht geschaffen hat gleichwertig, ob es sich um Rentenbestandteile aus freiwilliger Weiterversicherung handelt, um Einkünfte aus Grundbesitz oder sonstigem Vermögen oder um Leistungen aus einer privaten → Lebensversicherung. Z.T. wird in der Literatur unterstellt, dass alle Leistungen, die nicht auf einer unmittelbaren Finanzierung durch den Arbeitnehmer beruhen, anrechenbar sind. Das ist wohl unrichtig, bedarf aber einer sorgfältigen Prüfung, wenn der Arbeitgeber versteckte Zuwendungen leistet. *(Sch)*

▶ **Pro-rata-temporis-Verfahren** → Unverfallbare Anwartschaft, Höhe

▶ **Quotierung** → Unverfallbare Anwartschaft, Höhe

R

▶ **Ratierliches Berechnungsverfahren** → Unverfallbare Anwartschaft, Höhe

▶ **Regelaltersrente**

In der gesetzlichen Rentenversicherung besteht Anspruch auf die so genannte Regelaltersrente, wenn der Versicherte das 65. Lebensjahr vollendet und die allgemeine Wartezeit von fünf Jahren erfüllt hat. Wer die Regelaltersrente – trotz erfüllter Wartezeit – nach Vollendung des 65. Lebensjahres nicht in Anspruch nimmt, erhält eine höhere Rente. Die Altersgrenze für die Regelaltersrente soll ab 2012 schrittweise von 65 auf 67 Jahre angehoben werden. Nach dem Beschluss der Bundesregierung vom 1. 2. 2006 soll die Altersgrenze für die Jahrgänge 1947 bis 1958 um jeweils einen Monat, für die Jahrgänge 1959 bis 1964 jeweils um weitere zwei Monate steigen. Damit können Versicherte der Jahrgänge 1964 und jünger die Regelaltersrente erst mit 67 Jahren in Anspruch nehmen.

Jahrgang	Rentenbeginn
1947	65 Jahre + 1 Monat
1948	65 Jahre + 2 Monate
1949	65 Jahre + 3 Monate
1950	65 Jahre + 4 Monate
1951	65 Jahre + 5 Monate
1952	65 Jahre + 6 Monate
1953	65 Jahre + 7 Monate
1954	65 Jahre + 8 Monate
1955	65 Jahre + 9 Monate
1956	65 Jahre + 10 Monate
1957	65 Jahre + 11 Monate
1958	66 Jahre
1959	66 Jahre + 2 Monate
1960	66 Jahre + 4 Monate
1961	66 Jahre + 6 Monate
1962	66 Jahre + 8 Monate
1963	66 Jahre + 10 Monate
1964	67 Jahre

(P)

▶ **Rente wegen verminderter Erwerbsfähigkeit**

Die Rente wegen verminderter Erwerbsfähigkeit wurde zum 1. 1. 2001 abgeschafft und ersetzt durch eine zweistufige Erwerbsminderungsrente (→ Erwerbsminderungsrente). *(P)*

▶ **Rentenberechnung**

1. Allgemeines

Das Rentenreformgesetz 1992 hat das Recht der gesetzlichen Rentenversicherung in das Sozialgesetzbuch eingeordnet und das Rentenrecht vereinfacht. Auch die Rentenberechnung wurde leichter und für den Versicherten und Rentner transparenter gemacht. Die Höhe der Rente richtet sich nach der Höhe der während des Arbeitslebens durch Beiträge versicherten Arbeitsentgelte und Arbeitseinkommen (= Grundsatz der Lohn- und Beitragsbezogenheit der Rente). Der Rentenbetrag ist davon abhängig, in welchem Verhältnis das persönliche Arbeitseinkommen, von dem Beiträge zur Rentenversicherung einbehalten wurden, zum durchschnittlichen Arbeitseinkommen aller Versicherten gestanden hat und wie lange Beiträge zur Rentenversicherung gezahlt wurden.

2. Rentenformel und ihre Faktoren

Der Monatsbetrag der Rente ergibt sich nach § 64 SGB VI, wenn
(1) die unter Berücksichtigung des Zugangsfaktors ermittelten persönlichen Entgeltpunkte,
(2) der Rentenartfaktor und
(3) der aktuelle Rentenwert

mit ihrem Wert bei Rentenbeginn vervielfältigt werden. Die Rente wird centgenau ausgezahlt. Für die Höhe der Rente sind somit nur drei Faktoren maßgebend. Hierbei ist lediglich der Faktor „persönliche Entgeltpunkte" vom individuellen Versicherungsleben des einzelnen Versicherten abhängig. Die weiteren Faktoren der Rentenformel sind gesetzlich festgelegt oder werden durch Rechtsverordnung der Bundesregierung bestimmt.

(a) Persönliche Entgeltpunkte. Die persönlichen Entgeltpunkte spiegeln das individuelle Versicherungsleben des einzelnen Versicherten, insbesondere den Umfang und die Höhe seiner gesamten Beitragsleistung wider. Je größer die Summe der persönlichen Entgeltpunkte ist, desto höher wird die Rente. Das in den einzelnen Kalenderjahren durch Beiträge versicherte Arbeitsentgelt oder Arbeitseinkommen wird in Entgeltpunkte umgerechnet. Im Gesetz ist bestimmt, dass die Versicherung eines Arbeitsentgelts oder Arbeitseinkommens in Höhe des Durchschnittsentgelts des jeweiligen Kalenderjahres einen vollen Entgeltpunkt ergibt. Das Durchschnittsentgelt beträgt im Jahr 2006 derzeit 29.304 Euro in den alten und 24.603 Euro in den neuen Bundesländern. Hat beispielsweise ein Versicherter 45 Jahre lang immer einen individuellen Verdienst in Höhe des für die einzelnen Jahre festgelegten Durchschnittsverdienstes gehabt, so hat er 45 Entgeltpunkte. Für beitragsfreie Zeiten werden hingegen Entgeltpunkte angerechnet, deren Höhe von den in der übrigen Zeit versicherten Arbeitsentgelte oder Arbeitseinkommen abhängig ist (so genanntes Beitragsdichtemodell). Die Summe der errechneten Entgeltpunkte setzt sich u. a. zusammen aus Entgeltpunkten für Beitragszeiten, beitragsfreien Zeiten, Zuschläge für beitragsgeminderte Zeiten und Zuschlägen oder Abschlägen aus einem durchgeführten Versorgungsausgleich oder Rentensplitting unter Ehegatten.

Die persönlichen Entgeltpunkte eines Versicherten werden hiernach ermittelt, indem die Summe der errechneten Entgeltpunkte mit dem maßgeblichen Zugangsfaktor multipliziert wird.

(b) Der aktuelle Rentenwert ist die monatliche Altersrente, die sich aus den Beiträgen eines Durchschnittsverdieners für ein Kalenderjahr, also aus einem persönlichen Entgeltpunkt ergibt. Der Wert wird jährlich durch Rechtsverordnung der Bundesregierung auf Basis der vom Statistischen Bundesamt dokumentierten Einkommensentwicklung in Deutschland festgelegt. Derzeit gibt es für einen Entgeltpunkt in den alten Bundesländern eine Monatsrente von 26,13 Euro. In den neuen Ländern sind es 22,97 Euro.

(c) Der Rentenartfaktor stellt das Verhältnis der verschiedenen Rentenarten zur Altersrente dar. Deshalb entspricht er bei der Berechnung der Altersvollrente 1,0. Bei der Erwerbsminderungsvollrente, die in ihrer Höhe der Altersvollrente entspricht, ist er ebenfalls 1,0. Für alle anderen Rentenarten entspricht er einem Teilbetrag von 1,0.

3. Persönliche Entgeltpunkte

Die persönlichen Entgeltpunkte – § 66 SGB VI – stellen den Faktor innerhalb der Rentenformel dar, der die individuellen Verhältnisse des Versicherten während seines gesamten Erwerbslebens widerspiegelt. Sie ergeben sich aus der Summe Entgeltpunkte für

- Beitragszeiten,
- beitragsfreie Zeiten,
- Zuschläge für beitragsgeminderte Zeiten,
- Zu- oder Abschläge aus dem Versorgungsausgleich oder Rentensplitting unter Ehegatten,
- Zuschläge aus der Zahlung von Beiträgen bei vorzeitiger Inanspruchnahme einer Rente wegen Alters oder bei Abfindung von Anwartschaften auf betriebliche Altersversorgung,
- Zuschläge aus geringfügiger versicherungsfreier Beschäftigung und
- Zuschläge für Beitragszeiten nach Beginn einer Rente wegen Alters

vervielfältigt mit dem Zugangsfaktor. Für Waisenrenten werden die persönlichen Entgeltpunkte noch um einen „Zuschlag bei Waisenrenten" – § 78 SGB VI – erhöht. Für Witwen- und Witwerrenten kommt ggf. ein Zuschlag an persönlichen Entgeltpunkten gem. § 78a SGB VI in Betracht.

Maßgebend für die der Rente zugrunde zu legenden persönlichen Entgeltpunkte sind nach § 66 Abs. 2 SGB VI die Entgeltpunkte

- des Versicherten bei Renten wegen Alters, wegen Minderung der Erwerbsfähigkeit und bei Erziehungsrenten,
- des verstorbenen Versicherten bei Witwen- und Witwerrenten sowie bei Halbwaisenrenten und
- der zwei verstorbenen Versicherten mit den höchsten Renten bei Vollwaisenrenten.

Wird eine Rente wegen Alters als Teilrente beansprucht – § 42 SGB VI –, ist die Summe Entgeltpunkte für die der Rente zugrunde zu legenden persönlichen Entgeltpunkte maßgebend, die der ersten Rente wegen Alters zugrunde gelegt wurde. Der Monatsbetrag einer solchen Teilrente wird aus dem Teil der Summe aller Entgeltpunkte ermittelt, der dem Anteil der Teilrente an der Vollrente entspricht.

Mit den Teilrenten wegen Alters nicht vergleichbar sind Renten wegen verminderter Erwerbsfähigkeit, die wegen Überschreitens der Hinzuverdienstgrenzen als Rente wegen teilweiser Erwerbsminderung nicht in voller Höhe, sondern nur zur Hälfte oder als Rente wegen voller Erwerbsminderung nicht in voller Höhe, sondern nur in Höhe von drei Vierteln, der Hälfte oder einem Viertel geleistet werden dürfen. Auch bei Überschreiten der jeweiligen Hinzuverdienstgrenzen bleibt der Anspruch – anders als bei den Altersrenten, die vor Vollendung des 65. Lebensjahres geleistet werden – auf die jeweilige Rente wegen verminderter Erwerbsfähigkeit bestehen; sie ist lediglich nicht in voller Höhe zu leisten. Ihr Monatsbetrag ist aus dem Teil der Summe Entgeltpunkte zu ermitteln, der dem Anteil der teilweise zu leistenden Rente an der jeweiligen Rente in voller Höhe entspricht.

(a) Entgeltpunkte für Beitragszeiten. Entgeltpunkte für Beitragszeiten ergeben sich, indem die Beitragsbemessungsgrundlage – das ist grundsätzlich der individuelle Verdienst des einzelnen Versicherten bis zur Beitragsbemessungsgrenze – durch das Durchschnittsentgelt aller Versicherten für dasselbe Kalenderjahr geteilt wird. War der individuelle Verdienst höher als das Durchschnittsentgelt, ergeben sich dabei mehr als ein Entgeltpunkt; war er niedriger, führt er zu weniger Entgeltpunkten. Das Durchschnittsentgelt aller Versicherten wird alljährlich von der Bundesregierung durch Rechtsverordnung mit Zustimmung des Bundesrates bekannt gegeben. Die Durchschnittsentgelte sind beginnend mit dem Kalenderjahr 1891 in der Anlage 1 zum SGB VI aufgeführt.

Kindererziehungszeiten erhalten für jeden Kalendermonat 0,0833 Entgeltpunkte. Treffen Kindererziehungszeiten mit sonstigen Beitragszeiten zusammen, sind die Entgeltpunkte für die sonstigen Beitragszeiten je Kalendermonat um 0,0833 Entgeltpunkte (bis zur Beitragsbemessungsgrenze) zu erhöhen.

Für nachgezahlte freiwillige Beiträge (beispielsweise Nachzahlung für Ausbildungszeiten) werden Entgeltpunkte nach dem so genannten „In-Prinzip" ermittelt. Das bedeutet, dass die Beitragsbemessungsgrundlage durch das Durchschnittsentgelt des Jahres geteilt wird, in dem die Beiträge nachgezahlt werden. Bei der Nachzahlung von Beiträgen bei Heiraterstattung (§ 282 SGB VI), den nach dem WGSVG nachgezahlten freiwilligen Beiträgen (z. B. §§ 8, 9 WGSVG) und den Nachzahlungen, die vor dem 1. 1. 1992 erfolgt sind, gilt das „Für-Prinzip", d. h. bei der Ermittlung der Entgeltpunkte wird die Beitragsbemessungsgrundlage durch das Durchschnittsentgelt des Jahres geteilt, für das die Beiträge gelten sollen.

Weitere Besonderheiten gelten für Bezugszeiten von Lohnersatzleitungen, für die Beiträge gezahlt worden sind, Wehr- und Zivildienstzeiten, Behinderte in geschützten Einrichtungen, Inflationsbeiträgen, Berliner und saarländischen Beiträgen, Zeiten der Berufsausbildung oder Mindestentgeltpunkten bei geringem Arbeitsentgelt. Auch für Beitragszeiten, die nach dem 8. 5. 1945 im Beitrittsgebiet zurückgelegt wurden, gelten besondere Regelungen (so genannte Anhebung auf das „West-Niveau").

(b) Entgeltpunkte für beitragsfreie und beitragsgeminderte Zeiten.
Entgeltpunkte für beitragsfreie Zeiten, das sind Anrechnungszeiten, Ersatzzeiten und die Zurechnungszeit, werden über die so genannte Gesamtleistungsbewertung ermittelt. Beitragsfreie Zeiten sind also nicht Zeiten, in denen der Versicherte nicht der gesetzlichen Rentenversicherung angehörte und aus diesem Grund entsprechende Lücken in seinem Versicherungsleben aufweist. Die Bewertung der beitragsfreien Zeiten ergibt sich aus der Gesamtleistung an Beiträgen in einem belegungsfähigen Zeitraum. Dieser belegungsfähige Zeitraum, der für alle Versicherten einheitlich auf das gesamte Versicherungsleben abstellt, schließt dabei Beitragslücken mit ein. Freiwillige Beiträge werden dabei ebenfalls einbezogen. Sofern Lücken im Versicherungsleben nicht vorliegen, entspricht der Gesamtleistungswert dem durchschnittlichen Beitragswert. Liegen Lücken vor, verringert sich der Wert entsprechend. Dem zu bildenden Durchschnittswert liegt entweder eine Grund-

bewertung aus allen Beiträgen oder eine Vergleichsbewertung aus ausschließlich vollwertigen Beiträgen zugrunde. Beitragsgeminderte Zeiten erhalten einen Zuschlag an Entgeltpunkten, wenn der Wert aus der Vergleichsbewertung der höhere ist. Hierdurch wird erreicht, dass diesen Zeiten mindestens der Wert zugrunde gelegt wird, den sie als beitragsfreie Zeiten hätten.

In der Gesamtleistungsbewertung werden Berücksichtigungszeiten mit einbezogen. So können eventuell vorhandene Lücken ausgefüllt werden. Berücksichtigungszeit ist zum einen die Zeit der Erziehung eines Kindes bis zu dessen vollendetem 10. Lebensjahr, soweit die Voraussetzungen für die Anrechnung einer Kindererziehungszeit auch in dieser Zeit vorliegen. Darüber hinaus kann auf Antrag auch die Zeit der nicht erwerbsmäßigen Pflege eines Pflegebedürftigen eine Berücksichtigungszeit sein. Die Berücksichtigungszeiten wirken sich somit nicht originär auf die Rentenhöhe aus. Sie spielen nur eine Rolle bei der Berechnung des Gesamtleistungswertes für die Bewertung beitragsfreier und beitragsgeminderter Zeiten. Hierbei sind jedem Kalendermonat 0,0625 Entgeltpunkte zuzuordnen, es sei denn, das dieser Kalendermonat als Beitragszeit bereits einen höheren Wert hat. Im Ergebnis wirken sich damit die Berücksichtigungszeiten erhöhend auf den Gesamtleistungswert aus.

Soweit beitragsfreie Zeiten mit Zeiten zusammentreffen, die bei einer bereits bewilligten oder künftigen „Beamtenversorgung" oder entsprechenden Versorgung angerechnet worden oder anzurechnen sind, bleiben diese bei der Gesamtleistungsbewertung unberücksichtigt.

Nach der **Grundbewertung** werden jedem Kalendermonat beitragsfreier Zeiten Entgeltpunkte zugrunde gelegt, die sich ergeben, wenn die Summe der Entgeltpunkte für Beitragszeiten und Berücksichtigungszeiten durch die Anzahl der belegungsfähigen Monate geteilt wird. Belegungsfähig sind die Kalendermonate vom vollendetem 17. Lebensjahr bis zum maßgebenden Endzeitpunkt. Endzeitpunkt ist entweder die Kalendermonat vor Beginn der zu berechnenden Rente oder der Eintritt der maßgebenden Minderung der Erwerbsfähigkeit oder der Tod des Versicherten bei einer Hinterbliebenenrente. Die Anzahl der Monate des Gesamtzeitraums ist zu mindern um nicht belegungsfähige Monate (also Anrechnungs- und Ersatzzeiten oder Zeiten des Rentenbezugs). Die nicht belegungsfähigen Monate können sich auch um eine so genannte „Pauschalzeit" erhöhen.

Im Rahmen der **Vergleichsbewertung** erhalten beitragsfreie Zeiten (also Anrechnungszeiten, Ersatzzeiten oder die Zurechnungszeit) entweder den Durchschnittswert aus der Grundbewertung aus allen Beiträgen oder den Wert aus der Vergleichsbewertung aus ausschließlich vollwertigen Beiträgen. Für jeden Kalendermonat werden Entgeltpunkte in der Höhe zugrunde gelegt, die sich ergibt, wenn die Summe der Entgeltpunkte aus der Grundbewertung ohne Entgeltpunkte für beitragsgeminderte Zeiten, Berücksichtigungszeiten, die auch beitragsfreie Zeiten sind, und Beitragszeiten oder Berücksichtigungszeiten, in denen eine Rente aus eigener Versicherung bezogen worden ist, durch die Anzahl der belegungsfähigen Monate geteilt wird. Dabei sind von den belegungsfähigen Monaten aus der Grundbewertung die Kalendermonate mit Entgeltpunkten für die vorstehend genannten Zeiten abzusetzen. Der Vergleichswert errechnet sich also aus ausschließlich vollwertigen Beiträgen. Ergibt sich aus der Vergleichsbewertung ein höherer Wert, so ist dieser für jeden Kalendermonat der beitragsfreien Zeit zugrunde zu legen. In diesem Fall ist die Summe der Entgeltpunkte für beitragsgeminderte Zeiten um einen Zuschlag so zu erhöhen, dass mindestens der Wert erreicht wird, den diese Zeiten als beitragsfreie Zeiten erhalten hätten.

Der sich aus der Gesamtleistungsbewertung ergebene Wert wird ggf. für bestimmte Kalendermonate mit Anrechnungszeiten begrenzt.

(c) Zu- oder Abschläge bei Versorgungsausgleich und Rentensplitting. Ein zugunsten oder zu Lasten eines Versicherten durchgeführter Versorgungsausgleich aufgrund einer Ehescheidung ergibt einen Zuschlag (Bonus) oder Abschlag (Malus) an Entgeltpunkten. Diese Entgeltpunkte sind zu ermitteln, indem der Monatsbetrag der übertragenen und/oder begründeten Rentenanwartschaften aus dem Versorgungsausgleich durch den bei Ende der Ehezeit maßgebenden aktuellen Rentenwert geteilt wird. Der ermittelte Zuschlag ist gleichmäßig auf die in der Ehezeit liegenden Kalendermonate, der Abschlag zu gleichen Teilen auf die in der Ehezeit liegenden Kalendermonate mit Beitragszeiten und beitragsfreien Zeiten aufzuteilen.

Ein Zuschlag an Entgeltpunkten kann auch begrenzt werden. Er darf zusammen mit den in der Ehezeit bereits vorhandenen Entgeltpunkten den Wert nicht übersteigen, der sich ergibt, wenn die Anzahl der Kalendermonate der Ehezeit durch sechs geteilt wird. Diese Regelung gewährleistet, dass für jedes Jahr der Ehezeit höchstens zwei Entgeltpunkte zugrunde gelegt werden.

Ein unter Ehegatten durchgeführtes Rentensplitting wird durch Zuschläge oder Abschläge an Entgeltpunkten berücksichtigt.

(d) Zuschläge aus Zahlung von Beiträgen. Rentenminderungen, die durch die vorzeitige Inanspruchnahme einer Rente wegen Alters entstehen, können durch die Zahlung von Beiträgen ausgeglichen werden. Eine solche Beitragszahlung ist zulässig bis zur Vollendung des 65. Lebensjahres. Sind Beiträge gezahlt worden, wird aus ihnen ein Zuschlag an Entgeltpunkten ermittelt.

(e) Zuschläge aus geringfügiger versicherungsfreier Beschäftigung. Für ein Arbeitsentgelt aus geringfügiger versicherungsfreien Beschäftigung, für das allein der Arbeitgeber den Pauschalbeitrag zur gesetzlichen Rentenversicherung in Höhe von 12 Prozent getragen hat, ist ein Zuschlag an Entgeltpunkten zu ermitteln. Hierfür wird das erzielte geringfügige Entgelt zunächst durch das Durchschnittsentgelt desselben Kalenderjahres geteilt. Das Ergebnis wird mit 12 Prozent vervielfältigt und durch den allgemeinen Beitragssatz geteilt.

(f) Zuschläge aus Beiträgen nach Beginn einer Rente wegen Alters. Hierbei handelt es sich um Zuschläge an Entgeltpunkten aus Beiträgen nach Beginn einer Rente wegen Alters, wenn die Rente als Teilrente in Anspruch genommen wurde. Damit wirken sich die neben dem Teilrentenbezug gezahlten Beiträge aus einer versicherten Beschäftigung immer rentensteigernd beim Bezug einer sich unmittelbar anschließenden späteren Vollrente wegen Alters aus.

4. Zugangsfaktor

Vor- und Nachteile einer unterschiedlichen Rentenbezugsdauer werden durch den so genannten Zugangsfaktor vermieden. Der

Zugangsfaktor richtet sich nach dem Alter des Versicherten bei Rentenbeginn oder Tod. Er bestimmt, in welchem Umfang Entgeltpunkte bei der Ermittlung des Monatsbetrags der Rente als persönliche Entgeltpunkte zu berücksichtigen sind. Der Zugangsfaktor beträgt nach § 77 Abs. 2 Satz 1 SGB VI für Entgeltpunkte, die noch nie Grundlage persönlicher Entgeltpunkte waren

(a) bei Renten wegen Alters:
- 1,0, wenn die Rente vom Ablauf des Kalendermonats der Vollendung des 65. Lebensjahres oder eines für den Versicherten maßgebenden früheren Lebensalters beansprucht wird,
- 0,003 weniger als 1,0 für jeden Kalendermonat, den die Rente wegen Alters vor Vollendung des 65. Lebensjahres oder eines für den Versicherten maßgebenden früheren Lebensalters beansprucht wird,
- 0,005 mehr als 1,0 für jeden Kalendermonat, den die Rente trotz erfüllter Wartezeit erst nach Vollendung des 65. Lebensjahres beansprucht wird,

(b) bei Renten wegen verminderter Erwerbsfähigkeit und bei Erziehungsrenten:
- 1,0, wenn die Rente vom Ablauf des Kalendermonats der Vollendung des 63. Lebensjahres beansprucht wird,
- 0,003 weniger als 1,0 für jeden Kalendermonat, den die Rente vor Ablauf des Kalendermonats der Vollendung des 63. Lebensjahres beansprucht wird,

(c) bei Hinterbliebenenrenten:
- 1,0, wenn die Rente vom Ablauf des Kalendermonats der Vollendung des 63. Lebensjahres des Versicherten beansprucht wird,
- 0,003 weniger als 1,0 für jeden Kalendermonat, der sich vom Ablauf des Sterbemonats bis zum Ablauf des Kalendermonats der Vollendung des 63. Lebensjahres des Versicherten ergibt,
- 0,005 mehr als 1,0 für jeden Kalendermonat, den der Versicherte trotz erfüllter Wartezeit eine Rente wegen Alters nach Vollendung des 65. Lebensjahres nicht beansprucht hat.

Bei Renten wegen verminderter Erwerbsfähigkeit, der Erziehungsrente und Renten wegen Todes ist, wenn die Rente vor Vollendung des 60. Lebensjahres des Versicherten beginnt bzw. der Versicherte vor Vollendung des 60. Lebensjahres verstorben ist, für die Bestimmung des Zugangsfaktors der Zeitpunkt maßgebend, zu dem der Versicherte sein 60. Lebensjahr vollenden würde. Damit kann sich höchstens ein auf 0,892 (= 1,0 − [36 × 0,003]) geminderter Zugangsfaktor ergeben. Waren Entgeltpunkte in einer früheren Rente bereits Grundlage persönlicher Entgeltpunkte, bleiben für sie der bisherige Zugangsfaktor maßgebend. Lagen Entgeltpunkte einer Rente wegen teilweiser Erwerbsminderung zugrunde, bleibt der bisherige Zugangsfaktor nur für die Hälfte dieser Entgeltpunkte maßgebend, für die andere Hälfte ist er erstmals zu bestimmen. Verschiedene Fallgestaltungen sind denkbar.

5. Zuschlag bei Waisenrenten

Waisenrenten werden aus den persönlichen Entgeltpunkten aus rentenrechtlichen Zeiten und einen Zuschlag an persönlichen Entgeltpunkten berechnet. Die Höhe des Zuschlags richtet sich nach der Anzahl der Kalendermonate mit rentenrechtlichen Zeiten und dem Zugangsfaktor des verstorbenen Versicherten. Dabei werden Kalendermonate mit Beitragszeiten in vollem Umfang berücksichtigt. Kalendermonate mit sonstigen rentenrechtlichen Zeiten werden in dem Verhältnis berücksichtigt, in dem die Anzahl der Kalendermonate mit Beitragszeiten und Berücksichtigungszeiten zur Anzahl der für die Grundbewertung belegungsfähigen Monate steht. Bei der Berechnung des Zuschlags werden jedem Kalendermonat bei Halbwaisenrenten 0,0833 Entgeltpunkte zugrunde gelegt. Bei Vollwaisenrenten ist der Zuschlag aus den rentenrechtlichen Zeiten des verstorbenen Versicherten mit der höchsten Rente zu berechnen. Bei seiner Ermittlung sind für jeden zu berücksichtigenden Kalendermonat 0,0750 Entgeltpunkte zugrunde zu legen. Auf den Zuschlag sind in diesen Fällen ggf. die persönlichen Entgeltpunkte des verstorbenen Versicherten mit der zweithöchsten Rente anzurechnen. Die Anrechnung ist deshalb gerechtfertigt, weil der Berechnung der persönlichen Entgeltpunkte aus rentenrechtlichen Zeiten bei Vollwaisenrenten ggf. die Versicherungskonten zweier verstorbener Versicherter zugrunde zu legen sind.

6. Zuschlag bei Witwen- und Witwerrenten

Witwen- und Witwerrenten erhalten, wenn der Versicherte nach dem 31. 12. 2001 verstorben ist, einen Zuschlag an persönlichen Entgeltpunkten für die Kalendermonate, in denen der überlebende Ehegatte Kinder bis zur Vollendung des dritten Lebensjahres erzogen hat (§ 78a SGB VI). Keinen Zuschlag an persönlichen Entgeltpunkten gibt es für die Witwe/den Witwer, wenn der Ehegatte vor dem 1. 1. 2002 verstorben ist oder die Ehe vor diesem Zeitpunkt geschlossen wurde und mindestens ein Ehegatte vor dem 2. 1. 1962 geboren ist. In diesen Fällen ist die (große) Witwen- oder Witwerrente weiterhin mit dem Rentenartfaktor 0,6 zu berechnen; es gilt weiterhin „altes Recht".

Der Umfang des Zuschlags an persönlichen Entgeltpunkten richtet sich nach der Anzahl an Kalendermonaten mit Berücksichtigungszeiten wegen Kindererziehung, die dem überlebenden Ehegatten vom Ablauf des Monats der Geburt des Kindes – bei Geburten am Ersten eines Kalendermonats vom Geburtsmonat an – zugeordnet sind. Den ersten 36 Kalendermonaten werden je Kalendermonat 0,1010 Entgeltpunkte, jedem weiteren Kalendermonat 0,0505 Entgeltpunkte zugeordnet. Während des Sterbevierteljahres gibt es keinen Zuschlag. Bei der Zuordnung der Kinderberücksichtigungszeiten zum überlebenden Ehegatten und hinsichtlich des Zeitpunkts, von dem an der Zuschlag an persönlichen Entgeltpunkten zur Witwen- oder Witwerrente zu leisten ist, sind Besonderheiten zu beachten.

7. Aktueller Rentenwert

Innerhalb der Rentenformel ist der aktuelle Rentenwert der für die Rentendynamik maßgebende Faktor, der für alle Rentenbezieher gleich hoch ist und der nicht individuell beeinflusst werden kann. Er stellt den Betrag dar, der dem Monatsbetrag einer Rente wegen Alters entspricht, der sich aus der Versicherung eines Durchschnittsverdieners für ein Kalenderjahr ergibt. Der aktuelle Rentenwert wurde erstmals zum 30. 6. 1992 bestimmt und wird seither fortgeschrieben. Er ergibt sich aus einer komplizierten Formel, die die Bruttolohn- und -gehaltssumme, den so genannten Altersvorsorgeanteil, den Beitragssatz der Rentenversicherung und den so genannten Nachhaltigkeitsfaktor ins Verhältnis setzt. Die Formel ist zuletzt wie folgt festgelegt worden:

$$ARW_t = ARW_{t-1} \ \frac{BE_{t-1}}{BE_{t-2}} \ \frac{100 - AVA_{2010} - RVB_{t-1}}{100 - AVA_{2010} - RVB_{t-2}} \left(\left(1 - \frac{RQ_{t-1}}{RQ_{t-2}} \right) \alpha + 1 \right),$$

Erläuterung der Abkürzungen:

ARW_t = zu bestimmender aktueller Rentenwert ab dem 1. Juli

ARW_{t-1} = bisheriger aktueller Rentenwert

BE_{t-1} = Bruttolohn- und -gehaltssumme je durchschnittlich beschäftigten Arbeitnehmer im vergangenen Kalenderjahr

BE_{t-2} = Bruttolohn- und -gehaltssumme je durchschnittlich beschäftigten Arbeitnehmer im vorvergangenen Kalenderjahr unter Berücksichtigung der Veränderung der beitragspflichtigen Bruttolohn- und -gehaltssumme je durchschnittlich beschäftigtem Arbeitnehmer ohne Beamte einschließlich der Bezieher von Arbeitslosengeld

AVA_{2010} = Altersvorsorgeanteil für das Jahr 2010 in Höhe von 4 vom Hundert

RVB_{t-1} = durchschnittlicher Beitragssatz in der Rentenversicherung der Arbeiter und der Angestellten im vergangenen Kalenderjahr

RVB_{t-2} = durchschnittlicher Beitragssatz in der Rentenversicherung der Arbeiter und der Angestellten im vorvergangenen Kalenderjahr

RQ_{t-1} = Rentnerquotient im vergangenen Kalenderjahr

RQ_{t-2} = Rentnerquotient im vorvergangenen Kalenderjahr

(a) Der so genannte **Altersvorsorgeanteil** (AVA) meint den fiktiven Beitragssatz zur privaten Altersvorsorge. Er steigt in 0,5 Prozentpunktschritten von 0,5 Prozent im Jahr 2002 auf 4 Prozent im Jahr 2009. Die dämpfende Wirkung dieses Faktors auf die Rentenanpassung tritt jeweils ein Jahr später ein, also erstmals im Jahr 2003 und letztmals im Jahr 2010. Nach heute geltender Rechtslage endet die dämpfende Wirkung allerdings ein Jahr später, also im Jahr 2011.

(b) Der **Nachhaltigkeitsfaktor** (letzter Term in der Rentenformel) wurde eingeführt, um die Finanzierbarkeit des Rentensystems „nachhaltig" zu sichern. Der Nachhaltigkeitsfaktor sieht vor, dass sich in den Rentenanpassungen die Veränderungen des Verhältnisses von Rentenempfängern zu Beitragszahlern widerspiegeln. Er stellt sicher, dass die jährlichen Rentenanpassungen dann niedriger ausfallen, wenn sich das zahlenmäßige Verhältnis von Rentner zu Beitragszahlern verschlechtert. Mit dem Parameter α wird ergänzend gesteuert, in welchem Verhältnis sich Rentner und Beitragszahler bei einer Verschlechterung der Relation an der Mehrbelastung beteiligen müssen. α wird mit 0,25 angesetzt. Das bedeutet, dass sich die Rentner nur zu einem Viertel an der Verschlechterung der Relation Beitragszahler/Rentner beteiligen müssen.

(c) Schutz- und Sicherungsklausel. Um zu verhindern, dass es durch die Anwendung der Rentenanpassungsformel trotz positiver Einkommensentwicklung zu Minusanpassungen kommt, hat der Gesetzgeber eine Sicherungsklausel eingeführt. Danach sind die Faktoren bezüglich der Veränderung des durchschnittlichen Beitragssatzes in der allgemeinen Rentenversicherung und der Nachhaltigkeitsfaktor so weit nicht anzuwenden, als die Wirkung dieser Faktoren in ihrem Zusammenwirken den bisherigen Aktuellen Rentenwert verringert. Die Sicherungsklausel kam bereits 2005 zum Tragen. Nach der Rentenwertbestimmungsverordnung 2005 entsprechen die Aktuellen Rentenwerte seit Juli 2005 in Höhe von 26,13 Euro/West und 22,97 Euro/Ost den bisher geltenden Werten. Durch die Berücksichtigung der Lohn- und Gehaltsentwicklung (Zuwachs von 0,12 Prozent West und 0,21 Prozent Ost), des Beitragssatzes (keine Veränderung zum Vorjahr), des gestiegenen Altersvorsorgeanteils (2004: 1,0) sowie des Nachhaltigkeitsfaktor (0,9939) hatten ich sowohl der aktuelle Rentenwert West wie Ost verringert. Entwickeln sich allerdings die Entgelte negativ, kann es aber durchaus zu einer Minusanpassung kommen.

(d) Zukünftig soll ein so genannter **Nachfolgefaktor** in die Rentenformel aufgenommen werden. Er soll dafür sorgen, dass die durch das Zusammenspiel von Altersvorsorgefaktor, Nachhaltigkeitsfaktor und Sicherungsklausel unterbliebenen Dämpfungen der Rentenanpassungen in Zeiten positiver Lohnentwicklung nachgeholt werden. Nach dem Rentenanpassungsbericht 2005 soll dies ab dem Jahr 2012 in fünf Schritten zu jeweils 0,4 Prozent nachgeholt werden. *(P)*

▶ **Rentenformel** → Rentenberechnung

▶ **Rentnergesellschaft**

Unter Rentnergesellschaften versteht man im Betriebsrentenrecht Unternehmen, die nicht mehr ihrer ursprünglichen wirtschaftlichen Tätigkeit nachgehen, sondern deren Zweck nur noch darin besteht, die laufenden Rentenverpflichtungen gegenüber **Betriebsrentnern** und ggf. die Verpflichtungen aus unverfallbaren Anwartschaften **ausgeschiedener Arbeitnehmer** abzuwickeln. Derartige Rentnergesellschaften entstehen, wenn bei einem → Betriebsübergang nach § 613 a BGB der Betriebsnachfolger zwar alle aktiven Arbeitnehmer einschließlich der bei ihnen bestehenden Versorgungsverpflichtungen übernimmt, der bisherige Betriebsinhaber aber seine Geschäftstätigkeit einstellt, ohne sein Unternehmen zu → liquidieren. Da nur bestehende Arbeitsverhältnisse vom Betriebsübergang nach § 613 a BGB erfasst werden, gehen Versorgungsverpflichtungen gegenüber Betriebsrentnern und aus unverfallbaren Versorgungsanwartschaften bereits ausgeschiedener Arbeitnehmer nicht auf dem Betriebserwerber über (BAG AP § 613 a BGB Nr. 6). Wegen der Anwendbarkeit des § 613 a BGB auf → Unternehmensumwandlungen (§ 324 UmwG) können Rentnergesellschaften auch bei Unternehmensspaltungen und Ausgliederungen entstehen.

Die Aufgabe dieser Gesellschaft besteht dann lediglich darin, die bestehenden Versorgungsverpflichtungen abzuwickeln. Derartige Rentnergesellschaften stehen nicht mehr im wirtschaftlichen Wettbewerb und erwirtschaften damit auch nicht mehr den typischen Unternehmergewinn. Daraus wird teilweise geschlossen, dass derartige Rentnergesellschaften zwar zur Anpassungsprüfung verpflichtet sind; da sie jedoch keinen Gewinn mehr erzielen, müssten sie jedoch die Betriebsrenten nach § 16 BetrAVG nicht mehr anpassen. Dies liegt insbesondere dann nahe, wenn die Rentnergesellschaft kapitalmäßig nur mit den → Pensionsrückstellungen nach § 6 a EStG ausgestattet worden ist, da zukünftige → **Anpassungen** nach § 16 BetrAVG nicht in den Pensionsrückstellungen berücksichtigt werden (§ 6 a Abs. 3 Nr. 1 Satz 4 EStG). Andererseits muss auch bei einer Einstellung der Betriebstätigkeit und → Liquidation eines Unternehmens bei einer Übertragung der Versorgungsverpflichtungen auf eine Pensionskasse oder ein Lebensversicherungsunternehmen sichergestellt sein, dass ab Rentenbeginn die Überschussanteile zur Leistungserhöhung verwendet werden, eine Anpassung also gewährleistet ist. Diese Überschussanteile hat der Arbeitgeber letztendlich auch aus seinen Beiträgen zu finanzieren. Insofern wird für eine Rentnergesellschaft, die im Wege der Spaltung deshalb entstanden ist, um ein Unternehmen in Zukunft frei von Altersversorgungsverbindlichkeiten führen zu können oder gar auf diesem Wege besser verkaufen zu können, vertreten, dass das ursprünglich verpflichtete Unternehmen verpflichtet ist, für eine ausreichende Kapitalausstattung der Rentnergesellschaft zu sorgen, damit diese auch zukünftig Anpassungsleistungen erbringen kann (str.). *(M)*

▶ Riester-Rente

1. Allgemeines

Die private Altersvorsorge ist neben der gesetzlichen Rentenversicherung und der betrieblichen Altersversorgung die dritte Säule der Alterssicherung. Hierzu werden alle Formen der privaten Vermögensbildung gezählt, die der Vorsorge im Alter dienen können, also beispielsweise private Lebens- und Rentenversicherungen, der Erwerb von Immobilien oder der Kauf von Aktien. Seit 2002 gibt es bei der privaten Altersvorsorge eine grundlegende und tief greifende Neuerung: Der Staat fördert unter bestimmten Bedingungen die private zusätzliche Altersvorsorge auf zwei Wegen: mit finanziellen Zuschüssen oder mit Steuerersparnissen. Diese geförderte zusätzliche Altersvorsorge wird Riester-Rente genannt. Die Förderung in Form von finanziellen Zuschüssen (Zulagen) richtet sich in erster Linie an in der gesetzlichen Rentenversicherung pflichtversicherte Personen. Die Förderung durch Steuerersparnisse erfolgt im Rahmen des Sonderausgabenabzugs bei der jährlichen Steuererklärung.

2. Berechtigter Personenkreis

Förderberechtigt sind grundsätzlich alle, die von der Absenkung des Niveaus der gesetzlichen Rentenversicherung betroffen sind, also die in der gesetzlichen Rentenversicherung Pflichtversicherten sowie die Beamten, da auch deren Versorgungsniveau entsprechend abgesenkt wurde. Voraussetzung ist weiterhin, dass die Betreffenden in Deutschland unbeschränkt der Steuerpflicht unterliegen müssen. Auf die Staatsangehörigkeit kommt es dabei nicht an. Konkret handelt es sich um:

- rentenversicherungspflichtige Arbeitnehmer
- Selbständige, wenn sie Pflichtbeiträge an die gesetzliche Rentenversicherung zahlen
- Beamte, Richter und Soldaten sowie gleichgestellte Personen, die in der gesetzlichen Rentenversicherung versicherungsfrei oder von der Versicherungspflicht befreit sind, weil ihnen eine beamtenähnliche Versorgung gewährleistet wird
- Bezieher von Entgeltersatzleistungen, beispielsweise Krankengeld, Unterhaltsgeld, Arbeitslosengeld I oder II (wenn für sie Pflichtbeiträge an die gesetzliche Rentenversicherung gezahlt werden)
- Kindererziehende (wenn für sie Kindererziehungszeiten in der gesetzlichen Rentenversicherung angerechnet werden)
- Geringfügig Beschäftigte (wenn sie auf die Versicherungsfreiheit verzichtet haben und daher Pflichtbeiträge an die gesetzliche Rentenversicherung gezahlt werden)
- Nicht erwerbsmäßig tätige Pflegepersonen
- Wehr- und Zivildienstleistende
- Bezieher von Vorruhestandsgeld
- Amtsträger (beispielsweise Staatssekretäre, Senatoren und Minister)
- Pflichtversicherte nach dem Gesetz über die Altershilfe von Landwirten
- Arbeitsuchende, die aufgrund der Anrechnung von Einkommen keine Leistungen nach dem SGB III erhalten
- Ehepartner von zulagenberechtigten Personen, die keinen eigenen Anspruch haben.

Es reicht aus, wenn die persönlichen Voraussetzungen nur für einen Teil des Jahres (beispielsweise bei einer Beschäftigung von nur drei Monaten im Jahr) vorliegen.

Ausgeschlossen sind Versicherte, die nur freiwillige Beiträge zur gesetzlichen Rentenversicherung zahlen. Ebenso sind von der staatlichen Förderung auch Selbständige und geringfügig Beschäftigte ausgeschlossen, wenn sie keine Pflichtbeiträge zur gesetzlichen Rentenversicherung zahlen, und Personen, die in berufsständischen Versorgungseinrichtungen pflichtversichert sind. Weiterhin ausgeschlossen sind Bezieher einer Vollrente wegen Alters, Bezieher einer Erwerbsminderungsrente, Sozialhilfebezieher sowie Bezieher von Leistungen für Bergbauversicherte.

3. Förderfähige Anlageformen

Als förderungsfähige Altersvorsorgeverträge können alle Anlageformen gewählt werden, die von der Bundesanstalt für Finanzdienstleistungsaufsicht zertifiziert worden sind (→ Zertifizierung).

(a) Zu den zertifizierten Anlageformen gehören:
- private Rentenversicherungen
- Lebensversicherungen
- Banksparpläne oder
- Aktienfonds-Sparpläne.

Ein solcher Vertrag kann abgeschlossen werden mit
- Lebensversicherungsunternehmen
- Pensionskassen, Pensionsfonds
- Kreditinstituten
- Finanzdienstleistungsunternehmen in Deutschland
- Kapitalgesellschaften in Deutschland oder
- Finanzdienstleistungsunternehmen oder Kapitalgesellschaften mit Sitz in einem anderen Staat der Europäischen Gemeinschaften oder mit Zweigstellen entsprechender ausländischer Unternehmen, die nach den Aufsichtsvorschriften in Deutschland Geschäfte betreiben oder Dienstleistungen erbringen dürfen.

Entscheidend ist, dass es sich um einen von der Bundesanstalt für Finanzdienstleistungsaufsicht zertifizierten Vertrag handelt; Verträge, die eine solche Zertifizierung nicht aufweisen, sind nicht förderungsfähig. Nicht förderungsfähig sind beispielsweise Einzelaktien, geschlossene Immobilienfonds oder auch Beteiligungen an Betrieben.

(b) Neben den von der Bundesanstalt für Finanzdienstleistungsaufsicht zertifizierten Altersvorsorgeverträgen, sind auch **betriebliche Altersversorgungsformen** zugelassen. Hierzu zählen

- die Direktversicherung
- die Pensionskasse und
- der Pensionsfonds.

Für die betriebliche Altersvorsorge gelten besondere eigene Steuervorteile. Die steuerliche Förderung erfolgt durch Steuerfreibeträge für die Aufwendungen zur betrieblichen Altersvorsorge und die Möglichkeit der Pauschalbesteuerung bis zu bestimmten Höchstbeträgen. Sofern der Arbeitnehmer selbst Beiträge zur betrieblichen Altersvorsorge aufwendet, die aus seinem bereits versteuerten Arbeitslohn stammen, kann für diese Aufwendungen ebenfalls eine Förderung durch Grund- und Kinderzulagen erfolgen.

Der Gesetzgeber hat für die betriebliche Altersversorgung darauf verzichtet, eine Zertifizierung vorzuschreiben, da durch das Gesetz zur Verbesserung der betrieblichen Altersvorsorge (BetrAVG) für diese Anlageprodukte bereits ein Mindeststandard besteht, durch den die im AltZertG aufgezählten Kriterien weitgehend erfüllt werden.

(c) Wohneigentum. In Deutschland gelegenes Wohneigentum (Haus, Eigentumswohnng) ist förderungsfähig, sofern es sich um selbst genutztes Wohneigentum handelt. Die Förderung erfolgt auf der Basis eines Darlehens aus der im Rahmen eines Altersvorsorgevertrages bereits angesparten Summe der Beiträge, Zulagen und Erträge, wobei jedoch nur selbst eingezahltes und gefördertes Kapital entnommen werden kann. Ein Teil dieser Summe kann entnommen werden, um den Erwerb oder die Herstellung von selbst genutztem Wohneigentum zu finanzieren (die Entnahme zum Zwecke der Umschuldung oder für Umbaumaßnahmen bereits im Besitz befindlicher Immobilien ist nicht möglich). Eine Entnahme kann somit immer nur dann erfolgen, wenn vorher mindestens die entsprechende Summe angespart wurde.

Das Darlehen ist zinslos und muss nicht versteuert werden. Die Entnahme von angesparten Beiträgen zur Immobilienfinanzierung ist nur bei privaten Altersvorsorgeverträgen, nicht aber im Rahmen der betrieblichen Altersversorgung möglich.

Es gibt jedoch Mindest- und Höchstgrenzen, bis zu denen die Entnahme als Darlehen zulässig ist. So werden mindestens 10.000

Euro und höchstens 50.000 Euro an den Zulageberechtigten ausgezahlt.

Zur Auszahlung des Darlehens muss ein entsprechender Antrag bei der ZfA (→ Zulageverfahren) gestellt werden. Mit diesem Antrag verpflichtet sich der Zulageberechtigte, das Darlehen spätestens mit Beginn des zweiten Jahres nach Auszahlung des Altersvorsorge-Eigenheimbetrages in monatlich gleichen Raten zurückzuzahlen. Die Rückzahlung muss bis zur Vollendung des 65. Lebensjahres des Zulageberechtigten beendet sein. Die Rückzahlung erfolgt auf einen vom Zulageberechtigten zu bestimmenden Altersvorsorgevertrag.

Durch die vollständige Rückzahlung ist gewährleistet, dass der gesamte Ansparbetrag wieder auf dem Vorsorgevertrag enthalten ist, bevor die lebenslange Rentenzahlung beginnt. Trotzdem ist bei Beginn der Auszahlungsphase das Gesamtkapital geringer als ohne den Vorgang der Entnahme für den Erwerb von selbst genutztem Wohneigentum, da die Wachstumserträge des entnommenen Betrages für die Zeit der Entnahme zwangsläufig nicht vorhanden sind. Aus dem Blickwinkel der Förderung des Wohneigentums hat der Berechtigte somit durch den Vorgang der Entnahme faktisch einen Kredit erhalten, für den keine Zinsen anfallen.

Wird das Wohneigentum nicht mehr selbst genutzt oder verkauft, müssen die anteilig im noch nicht zurückgezahlten Altersvorsorge-Eigenheimbetrag enthaltenen staatlichen Zulagen wieder an die ZfA zurückgezahlt werden. Zusätzlich muss der Restbetrag für Zwecke der Versteuerung ab dem Zeitpunkt der Entnahme mit 5 Prozent (Zins und Zinseszins) verzinst werden. Die bisher gewährten staatlichen Förderungen müssen aber dann nicht zurückgezahlt werden, wenn die noch nicht zurückgezahlte Restsumme des entnommenen Darlehens innerhalb einer angemessenen Frist entweder in ein Ersatzobjekt investiert wird oder erneut in einen (zertifizierten) Altersvorsorgevertrag eingezahlt wird. In diesem Fall bleibt die bereits gezahlte staatliche Förderung erhalten und muss nicht zurückgezahlt werden.

Die Bundesregierung will ab 2007 Wohneigentum besser in die staatliche Förderung im Rahmen der Riester-Rente integrieren. Dazu muss sichergestellt werden, dass Immobilien und andere Riester-Produkte steuerlich gleich behandelt werden. Bausparkassen,

Banken und andere Institutionen haben hierzu Modelle entwickelt. Konkrete Schritte sind noch nicht bekannt.

4. Höhe der Förderung

Eine Förderung ist als Altersvorsorgezulage und ggf. als zusätzlicher Sonderausgabenabzug nach § 10a EStG (Günstigerprüfung) möglich. Die Höhe Förderung als Altersvorsorgezulage ist abhängig von der Anzahl der Kinder, vom rentenversicherungspflichtigen Entgelt des Vorjahres und von der Zahlung bestimmter Mindesteigenbeträge. Außerdem hat der Gesetzgeber für die Einführung der Förderung als Altersvorsorgezulage einen Übergangszeitraum von insgesamt acht Jahren vorgesehen, während dessen sich bestimmte Berechnungswerte ändern.

Die steuerliche Förderung im Rahmen eines erhöhten Sonderausgabenabzuges ist abhängig von der individuellen Einkommenssituation und der steuerlichen Veranlagung.

(a) Förderung als Altersvorsorgezulage. Wer selbst einen Eigenanteil leistet, erhält vom Staat eine Förderung durch Zulagen. Jeder Förderberechtigte erhält eine Grundzulage. Dazu kommt pro Kind, für das Kindergeld bezogen wird, eine Kinderzulage. Bei verheirateten, zusammenlebenden Eltern wird die Kinderzulage dem Vertrag der Mutter gutgeschrieben, nur auf Antrag dem Vater. Die Berechnung erfolgt immer bezogen auf einen bestimmten Veranlagungszeitraum. Das ist das Kalenderjahr bzw. das Beitragsjahr. Die jährliche Grundzulage und die jährliche Kinderzulage betragen:

Veranlagungs-zeitraum	jährliche Grundzulage	jährliche Kinderzulage pro Kind
2004/2005	76 EUR	92 EUR
2006/2007	114 EUR	138 EUR
ab 2008	154 EUR	185 EUR

Um die volle Zulage gutgeschrieben zu bekommen ist es erforderlich, einen Eigenanteil zu leisten. Der Eigenanteil ergibt zusammen mit den Zulagen den Mindesteigenbetrag, einen bestimmten Prozentsatz des rentenversicherungspflichtigen Einkommens des Vorjahres. Dieser Prozentsatz beträgt

- in den Jahren 2004 und 2005: 2 Prozent, maximal jedoch 1.050 Euro
- in den Jahren 2006 und 2007: 3 Prozent, maximal jedoch 1.575 Euro und
- ab 2008: 4 Prozent, maximal 2.100 Euro.

Zur Berechnung des Mindesteigenbeitrages wird der ggf. reduzierte Eigenanteil um die oben bereits ermittelte höchst mögliche Altersvorsorgzulage reduziert. Der so verbliebene Betrag ist der Mindesteigenbeitrag, für den allerdings noch Untergrenzen in Form von Sockelbeträgen zu beachten sind. Dies bedeutet, dass der Mindesteigenbeitrag – abhängig vom Veranlagungszeitraum und von der Anzahl der Kinder, für die eine Kinderzulage zusteht – folgende Werte nicht unterschreiten darf:

Veranlagungs- zeitraum	Anzahl der für die Kinder- zulage zu berücksichtigenden Kinder	Sockelbetrag für Mindesteigenbeitrag
bis 2004	kein Kind	45 EUR
	ein Kind	38 EUR
	zwei oder mehr Kinder	30 EUR
ab 2005	einheitlich	60 EUR

Der erforderliche Mindesteigenbetrag hängt somit neben der Höhe des Vorjahreseinkommens von der Höhe der Zulagen ab. Verdient ein Lediger ohne Kinder im Jahr 2004 beispielsweise 30.000 Euro (rentenversicherungspflichtiges Einkommen), so beträgt der Mindesteigenbeitrag für das Jahr 2005 zwei Prozent von 30.000 Euro, also 600 Euro. Da er eine Zulage in Höhe von 76 Euro erhält, muss er selbst einen Eigenbeitrag von 524 Euro leisten. Anders, wenn er zwei Kinder hätte: dann erhielte er nicht nur seine eigene Zulage, sondern noch zwei Kinderzulagen von jeweils 92 Euro, insgesamt also Zulagen in Höhe von 260 Euro. Um den Mindesteigenbeitrag von 600 Euro zu erreichen, wäre dann ein Eigenbeitrag von 340 Euro zu leisten.

Erreichen die Zulagen die Höhe des Mindesteigenbeitrags, ist trotzdem ein Eigenbeitrag in Höhe des Sockelbetrags zu leisten. Das sind seit 2005 einheitlich 60 Euro.

Um die Zulage zu erhalten, muss spätestens zwei Jahre nach Ablauf des Sparjahres ein Antrag auf Zulage gestellt werden (→ Zulageverfahren). Unmittelbar Förderberechtigte können die Zulage auf maximal zwei Verträge verteilen. Sie können sich beispielsweise an einer betrieblichen Altersversorgung beteiligen und daneben noch einen Vertrag mit einem privaten Anbieter eines Altersvorsorgeprodukts abschließen. Ehegatten mit einer vom Partner abgeleiteten Förderberechtigung können die Zulage nicht auf mehrere Verträge verteilen. Sie erhalten die Grundzulage nur für den ersten Altersvorsorgevertrag, für den sie den Zulagenantrag im jeweiligen Beitragsjahr gestellt haben.

(b) Förderung im Rahmen des erhöhten Sonderausgabenabzugs. Der gesamte Altersvorsorgeaufwand (also Eigenleistung plus Zulagen) kann auch im Rahmen des Sonderausgabenabzugs (§ 10a EStG) bei der jährlichen Steuererklärung (Anlage AV) geltend gemacht werden. Ist die Steuerersparnis durch den Sonderausgabenabzug höher als die ausgezahlte Zulage, wird die Differenz dem Steuerpflichtigen durch das Finanzamt bei Erteilung des Einkommensteuerbescheides zusätzlich gutgeschrieben (die gezahlte Altersvorsorgezulage verbleibt hingegen auf dem Anlagekonto). Unabhängig vom individuellen Einkommen können als Sonderausgabenabzug nachfolgende Altersvorsorgeaufwendungen geltend gemacht werden, die sich aus Eigenbeiträgen und Altersvorsorgezulage zusammensetzen:

Veranlagungszeitraum	Altersvorsorgeaufwendungen als Sonderausgabenabzug
2004 und 2005	bis zu 1.050 EUR
2006 und 2007	bis zu 1.575 EUR
ab 2008 jährlich	bis zu 2.100 EUR

Bei Sonderausgabenabzug können Altersvorsorgebeiträge aus mehr als zwei Verträgen geltend gemacht werden.

5. Ruhen und Kündigung

Der Altersvorsorgevertrag kann jederzeit ruhen. Das bedeutet, dass keine Beiträge mehr eingezahlt werden, aber das angesparte Vermögen kann weiterhin Zinserträge erzielen. Ruht allerdings der

Vertrag während des gesamten Beitragsjahres, besteht in diesem Jahr auch kein Anspruch auf die Zulage oder den Sonderausgabenabzug.

Der Altersvorsorgevertrag kann außerdem mit einer Kündigungsfrist von maximal drei Monaten zum Quartalsende gekündigt und das angesparte Kapital entnommen werden. Sofern das Kapital nicht unmittelbar in einen anderen zertifizierten Altersvorsorgevertrag übertragen wird, verliert der Sparer die staatlichen Zulagen; auch bei der Einkommensteuer gewährte Steuervorteile aufgrund des Sonderausgabenabzugs müssen zurückgezahlt werden. Außerdem müssen die angefallenen Zinsen und Wertsteigerungen versteuert werden.   *(P)*

▶ **Rückdeckungsversicherung**

Bei einer Rückdeckungsversicherung schließt ein Versicherungsnehmer mit einem Versicherungsunternehmen eine Versicherung für den Fall ab, dass er von einem Dritten in Anspruch genommen wird. Im Bereich der betrieblichen Altersversorgung ist es nicht unüblich, dass ein Arbeitgeber eine Rückdeckungsversicherung abschließt, um das Risiko einer von ihm selbst eingegangenen Versorgungsverpflichtung über eine Versicherung abzudecken. Die Rückdeckungsversicherung kann das Versorgungsrisiko des Arbeitgebers bei einer unmittelbaren Versorgungszusage abdecken oder die von einer Unterstützungskasse übernommene Versorgungsverpflichtung (**rückgedeckte Unterstützungskasse).** Die Rückdeckungsversicherung kann dabei die Versorgungsverpflichtung des Arbeitgebers oder der Unterstützungskasse teilweise oder voll (kongruent) abdecken.

Die Mittel aus der Rückdeckungsversicherung stehen bei Eintritt des → Versorgungsfalls dem Arbeitgeber oder der Unterstützungskasse zu, die sie für die Altersversorgungsleistungen des Arbeitnehmers verwenden. Da in der Rückdeckungsversicherung i. d. R. der Arbeitnehmer als versicherte Person bezeichnet wird, ist sie häufig nicht leicht von der Direktversicherung zu unterscheiden. Im Unterschied zur → Direktversicherung ist jedoch der **Arbeitnehmer nicht Bezugsberechtigter.** Der Arbeitnehmer kann die Mittel aus der Rückdeckungsversicherung nicht in Anspruch nehmen. Die

Rückdeckungsversicherung stellt deshalb keine Form der betrieblichen Altersversorgung dar, sondern lediglich ein Finanzierungsinstrument des Arbeitgebers.

Bei Eintritt des Insolvenzfalles beim Arbeitgeber nimmt der Insolvenzverwalter die Mittel aus der Rückdeckungsversicherung in Anspruch. Arbeitnehmer und Arbeitgeber können allerdings vereinbaren, die Rückdeckungsversicherung mit ihren Rechten und Ansprüchen an den Versorgungsberechtigten zu verpfänden. Durch die **Verpfändung** wird das Recht an der Rückdeckungsversicherung verdinglicht und führt im Falle der Insolvenz zu einem Absonderungsrecht nach § 50 InsO. Auf diese Weise kann durch Vertrag eine insolvenzfeste Versorgungsverpflichtung begründet werden (sinnvoll bei nicht → insolvenzgeschützten Versorgungsanwartschaften und -ansprüchen).   *(M)*

▶ **Rückzahlung**

Im Rahmen der staatlich geförderten zusätzlichen privaten Altersvorsorge siehe auch → Riester-Rente (Ziffer 3 c Wohnungseigentum) sowie → Schädliche Verwendung.   *(P)*

▶ **Ruhegeld**

Älterer Ausdruck für → Betriebsrente. Zu den Einzelheiten → betriebliche Altersversorgung.   *(M)*

▶ **Rürup-Rente**

Die Rürup-Rente ist eine private Leibrentenversicherung, die bestimmte Bedingungen erfüllen muss: Sie darf nur als Leibrente an den Versicherten ausgezahlt werden, jedoch nicht vor Vollendung des 60. Lebensjahres. Die Ansprüche dürfen nicht vererblich, nicht übertragbar, nicht beleihbar, nicht veräußerbar und nicht kapitalisierbar sein. Eine Hinterbliebenenversorgung oder eine Sicherung gegen das Risiko der Erwerbsminderung ist nicht möglich, kann aber durch den Abschluss einer ergänzenden Zusatzversicherung abgesichert werden. Anders als die Riester-Rente und die betriebliche Altersversorgung steht die Rürup-Rente jedem offen.

Staatlich gefördert wird die Rürup-Rente im Rahmen des Sonderausgabenabzugs. Im Jahr 2005 sind 60 Prozent der eingezahlten Beiträge als Sonderausgaben steuerlich absetzbar. Die Höchstgrenze beträgt für Alleinstehende 12.000 Euro und für gemeinsam veranlagte Ehepaare 24.000 Euro. Bis 2025 werden sukzessive jährlich zwei Prozent mehr der Beiträge anerkannt, bis 100 Prozent abzugsfähig sind, d. h. 20.000 Euro bzw. 40.000 Euro.

Die Leistungen der Rürup-Rente werden wie die Renten aus der gesetzlichen Rentenversicherung besteuert. *(P)*

S

▶ **Sachliche Gründe** → Änderung von Versorgungszusagen

▶ **Schädliche Verwendung**

1. Allgemeines

Im Rahmen der staatlich geförderten zusätzlichen privaten Altersvorsorge gebrauchter Begriff, der eine Verwendung des angesparten Kapitals zu anderen Zwecken als zur Altersvorsorge als „schädlich" qualifiziert.

2. Formen

(a) Eine schädliche Verwendung liegt dann vor, wenn das angesparte Altersvorsorgevermögen nicht zur Altersvorsorge in Form lebenslanger Leistungen verwendet wird. Dies ist z. B. denkbar, wenn der Altersvorsorgevertrag gekündigt und das mit staatlicher Förderung gebildete Vermögen an den Berechtigten ausgezahlt wird. Bei einer solchen schädlichen Verwendung werden die in dem Altervorsorgevermögen enthaltenen Zulagen sowie die ggf. gewährten zusätzlichen Steuervorteile durch den Sonderausgabenabzug vom Anbieter einbehalten und an die zentrale Zulagenstelle zurückgezahlt. Dabei sind ggf. auch die im ausgezahlten Kapital enthaltene Zinsen, Erträge und Wertsteigerungen nachträglich zu versteuern.

Steht zu Beginn der Auszahlungsphase allerdings nur ein monatlicher Auszahlungsbetrag der Rente in Höhe von bis zu ein Prozent der Bezugsgröße zur Verfügung, kann sich der Anleger die so genannte Kleinbetragsrente abfinden lassen.

(b) Von schädlicher Verwendung wird auch gesprochen, wenn im Todesfall das Altersvorsorgevermögen vererbt wird (und nicht auf den überlebenden Ehegatten übertragen wird). Auch in diesen Fällen müssen die in dem Altervorsorgevermögen enthaltenen Zulagen sowie die ggf. gewährten Steuervorteile zurückgezahlt werden und die ggf. im ausgezahlten Kapital enthaltenen Zinsen, Erträge und Wertsteigerungen nachträglich versteuert werden.

Ist ein zulageberechtigter Ehegatte verstorben, hat der überlebende Ehegatte die Möglichkeit, das von dem Verstorbenen angesparte Altersvorsorgekapital ohne steuerliche Nachteile in einen eigenen Altersvorsorgevertrag einfließen zu lassen. Bei dem Vertrag des überlebenden Ehegatten muss es sich nicht um einen bestehenden Vertrag handeln; er kann auch eigens für die Übertragung des Kapitals des Verstorbenen ein neuer Vertrag abgeschlossen werden. Der überlebende Ehegatte muss selbst nicht zulageberechtigt sein. Steuerliche Nachteile entstehen nur dann, wenn der überlebende Ehegatte das angesparte Altersvorsorgekapital nicht in einen Altersvorsorgevertrag übernimmt, sondern eine Einmalauszahlung verlangt. In diesem Fall sind Zulagen und ggf. Vorteile aus Sonderausgaben zurückzuzahlen und der angesparte Zuwachs aus dem Altersvorsorgekapital zu versteuern. Gleiches gilt, wenn das Angesparte auf einen anderen Erben, der zum Zeitpunkt des Todes nicht Ehegatte nach § 26 EStG war, übergeht.

(c) Bei dauerhaftem Verzug ins Ausland und Verlust der unbeschränkten Steuerpflicht in Deutschland handelt es sich ebenfalls um schädliche Verwendung. Allerdings kann man bei der zentralen Zulagenstelle einen formlosen Antrag auf Stundung stellen; dieser wird in der Regel bis zum Beginn der Auszahlungsphase der Rente zinslos bewilligt. Zu Beginn der Auszahlungsphase kann man dann einen Antrag auf Verlängerung der Stundung stellen; dieser wird in der Regel ebenfalls bewilligt, wenn man sich verpflichtet, 15 Prozent der monatlichen Riester-Rentenzahlung zur Tilgung an die zentrale Zulagenstelle zu zahlen. *(P)*

▶ ## Schließung des Versorgungswerks

Wenn ein Arbeitgeber ein Versorgungswerk schließt, erteilt er ab einem bestimmten Stichtag neu eintretenden Arbeitnehmern keine betriebliche Versorgungszusage mehr. Die Versorgungszusagen gegenüber den vor dem Stichtag eingetretenen Arbeitnehmern werden hiervon nicht berührt. Die Schließung des Versorgungswerks ist für den Arbeitgeber die einfachste Form der Leistungseinschränkung. Sie leitet häufig eine → Änderung der betrieblichen Versorgungszusagen insgesamt ein, da eine Spaltung der Arbeitnehmerschaft in einen Teil mit und einen Teil ohne betriebliche Altersversorgung personalpolitisch i. d. R. nicht erwünscht ist.

Erteilt der Arbeitgeber normalerweise **individuelle** → **Versorgungszusagen,** muss er lediglich diese Praxis einstellen. Das Ende einer → Gesamtzusage oder einer → betrieblichen Übung muss der Arbeitgeber erklären. In der Schließung eines Versorgungswerks liegt kein Verstoß gegen den → Gleichbehandlungsgrundsatz.

Beruht die betriebliche Altersversorgung auf einer **Betriebsvereinbarung,** muss die Betriebsvereinbarung vor der Schließung gekündigt werden. Nach Ablauf der Kündigungsfrist brauchte der Arbeitgeber keine Versorgungszusagen mehr zu erteilen; Betriebsvereinbarungen über betriebliche Altersversorgung haben keine Nachwirkung. Dagegen entfaltet ein **Tarifvertrag** über betriebliche Altersversorgung auch nach der → Kündigung eine Nachwirkung, die nur durch eine abweichende (Einzel-)Vereinbarung beseitigt werden kann. *(M)*

▶ Selbständige

1. Allgemeines

Die gesetzliche Rentenversicherung ist als Pflichtversicherung ausgestaltet worden, um zunächst den Arbeitnehmern in einem abhängigen Beschäftigungsverhältnis gegen die Risiken Erwerbsminderung und Alter zu schützen. Schrittweise ist der Versicherungszwang auch auf andere Personengruppen ausgedehnt worden, die für schutzbedürftig angesehen wurden. So unterliegen auch Gruppen von Selbständigen dem Versicherungszwang. Der Gesetzgeber hat daneben den Selbständigen die Möglichkeit eingeräumt, auf Antrag der Pflichtversicherung anzugehören.

2. Versicherungspflichtige Selbständige

Einige Selbständige sind kraft Gesetzes versicherungspflichtig, weil ihre wirtschaftliche Situation typischerweise den gleichen Risiken ausgesetzt ist wie die eines abhängig Beschäftigten. Hierzu gehören nach § 2 SGB VI:

- Lehrer und Erzieher, die im Zusammenhang mit ihrer selbständigen Tätigkeit keinen versicherungspflichtigen Arbeitnehmer beschäftigen (als Lehrtätigkeit ist dabei nicht nur das Unterrichten an Schulen, Universitäten und sonstigen Bildungseinrichtungen, sondern schlechthin das Übermitteln von Wissen, Können und Fertigkeiten in Form von Gruppen- und Einzelunterricht zu verstehen. Das Erteilen von Nachhilfeunterricht rechnet demzufolge ebenso dazu wie das Unterweisen in praktischen Tätigkeiten wie Golf- oder Tennisspielen, Skilaufen, Reiten, Segeln oder Autofahren)
- Pflegepersonen, die in der Kranken-, Wochen-, Säuglings- oder Kinderpflege tätig sind und im Zusammenhang mit ihrer selbständigen Tätigkeit keinen versicherungspflichtigen Arbeitnehmer beschäftigen (gemeint sind hier selbständige Krankenschwestern, Physiotherapeuten, Masseure, medizinische Bademeister und Ergotherapeuten, die zwar auf eigene Rechnung, aber auf ärztliche Anordnung tätig sind).
- Hebammen und Entbindungspfleger
- Seelotsen
- Künstler und Publizisten (nach Maßgabe des Künstlersozialversicherungsgesetzes. Hiernach besteht Versicherungspflicht, wenn die künstlerische und publizistische Tätigkeit erwerbsmäßig und nicht nur vorübergehend ausgeübt wird und im Zusammenhang mit dieser Tätigkeit nicht mehr als ein Arbeitnehmer beschäftigt wird, es sei denn, die Beschäftigung erfolgt lediglich zur Berufsausbildung oder ist geringfügig)
- Hausgewerbetreibende (das sind selbständig Tätige, die in eigener Arbeitsstätte im Auftrag und für Rechnung von Gewerbetreibenden, gemeinnützigen Unternehmen oder öffentlich-rechtlichen Körperschaften gewerblich arbeiten)
- Küstenschiffer und Küstenfischer
- Gewerbetreibende, die in die Handwerksrolle eingetragen sind (gemeint sind Handwerker)
- Scheinselbständige (das sind Selbständige, die im Zusammenhang mit der selbständigen Tätigkeit keinen versicherungspflichtigen Arbeitnehmer beschäftigen, dessen Arbeitsentgelt aus diesem Beschäftigungsverhältnis regelmäßig 400 Euro im Monat

übersteigt und auf Dauer – also nicht nur vorübergehend – und im Wesentlichen nur für einen Auftraggeber tätig sind. Über die Versicherungspflicht entscheidet die Deutsche Rentenversicherung Bund)

- Bezieher eines Existenzgründerzuschusses (das sind Personen, die im Rahmen einer „Ich-AG" von der Bundesagentur für Arbeit einen Existenzgründungszuschuss erhalten. Auf die Art der Selbständigkeit kommt es nicht an).

3. Antragspflichtversicherung

Selbständige, die nicht kraft Gesetzes versicherungspflichtig sind, können nach § 4 Abs. 2 SGB VI die Versicherungspflicht innerhalb von fünf Jahren nach Aufnahme der selbständigen Tätigkeit oder dem Ende der Versicherungspflicht beantragen. Zu den selbständig Tätigen gehören die Selbständigen in freien Berufen (beispielsweise Ärzte, Architekten, Rechtsanwälte, Wirtschaftsprüfer, Steuerberater), Gewerbetreibende (beispielsweise Einzelhandelskaufleute, Handelsvertreter, Versicherungskaufleute, Makler), mitarbeitende Gesellschafter, soweit kein sozialversicherungsrechtlich relevantes Beschäftigungsverhältnis vorliegt (→ Gesellschafter-Geschäftsführer).

4. Beiträge

Selbständig Tätige, die versicherungspflichtig sind, müssen grundsätzlich den so genannten Regelbeitrag zahlen. Der Regelbeitrag richtet sich nach einem Arbeitseinkommen in Höhe der Bezugsgröße. Auf Antrag kann auch ein dem tatsächlichen Einkommen entsprechender Beitrag, jedoch mindestens nach einem Einkommen von monatlich 400 Euro gezahlt werden. In den ersten drei Kalenderjahren nach Aufnahme der selbständigen Erwerbstätigkeit muss der Selbständige nur den halben Regelbeitrag zahlen. Auf Antrag ist allerdings die volle Beitragszahlung möglich.   *(P)*

▶ **Sicherungsfall**

Unter Sicherungsfall versteht man im Betriebsrentenrecht diejenigen Ereignisse, die grundsätzlich eine Eintrittspflicht des Pensionssicherungsvereins auslösen. Für die Arbeitnehmer und Betriebsrentner stellt der Sicherungsfall den Auslöser für den Eintritt der gesetzlichen → Insolvenzsicherung ihrer Betriebsrenten dar; für den als Versicherungsverein auf Gegenseitigkeit organisierten → PSV, der Betriebsrentenansprüche gegen Insolvenz versichert, stellt ein Sicherungsfall den Eintritt des Versicherungsfalls dar. Der Arbeitgeber wird in diesem Fall von seiner Leistungspflicht ganz oder teilweise frei; allerdings gehen die Ansprüche und Anwartschaften der Versorgungsberechtigten gegen den Arbeitgeber auf den PSV über (§ 9 Abs. 2 BetrAVG). Die Sicherungsfälle werden abschließend in § 7 Abs. 1 Satz 1 und Satz 4 BetrAVG aufgezählt.

Wichtigster Sicherungsfall ist die **Eröffnung des Insolvenzverfahrens** über das Vermögen des Arbeitgebers. Ein Eröffnungsbeschluss wird gem. § 27 InsO durch ein Amtsgericht als Insolvenzgericht erlassen.

Der Eröffnung des Insolvenzverfahrens gleich steht gem. § 7 Abs. 1 Satz 4 Nr. 1 BetrAVG die **Abweisung** des Antrags auf Eröffnung des Insolvenzverfahrens **mangels Masse,** wenn das Vermögen des Arbeitgebers voraussichtlich nicht ausreichen wird, um die Kosten des Insolvenzverfahrens zu decken (§ 26 InsO).

Hat der Arbeitgeber die **Betriebstätigkeit** in Deutschland vollständig **beendet** und kommt ein Insolvenzverfahren offensichtlich mangels Masse nicht in Betracht und ist ein **Antrag auf** Eröffnung des **Insolvenzverfahrens nicht gestellt** worden, fingiert § 7 Abs. 1 Satz 4 Nr. 3 BetrAVG ebenfalls den Eintritt eines Sicherungsfalls. Durch diese Regelung soll die Stellung sinnloser Insolvenzanträge vermieden werden (BAG NZA 1986, 156). Zur Beendigung der Betriebstätigkeit gehört beispielsweise die Entlassung des Personals, die Abmeldung des Gewerbebetriebs und die Veräußerung oder Stilllegung der Produktionseinrichtung. Die Masselosigkeit muss dabei nicht schon bei der Betriebseinstellung vorliegen und offensichtlich sein (BAG NZA 1998, 941). In einem derartigen Fall müssen die Betriebsrentner nicht selbst klären, ob ein Insolvenzantrag geboten ist oder mangels Masse sinnlos erscheint. Sie können sich darauf beschränken, den PSV von der Betriebs- und Zahlungseinstellung zu unterrichten. Der PSV hat dann nach Übergang der Forderungsrechte auf sich (§ 9 Abs. 2 BetrAVG) die insolvenzrechtlich gebotenen Entscheidungen zu treffen (BAG NZA 1986, 156).

Weiterer Sicherungsfall ist gem. § 7 Abs. 1 Satz 4 Ziff. 2 BetrAVG der **außergerichtliche Vergleich** des Arbeitgebers mit seinen Gläubigern zur Abwendung eines Insolvenzverfahrens, wenn dem Vergleich der PSV zustimmt. Der Vergleich setzt die Zustimmung aller Gläubiger voraus, die von dem Vergleich erfasst werden. Auch die einzelnen Arbeitnehmer und Betriebsrentner müssen zur Wirksamkeit des Vergleichs diesem zustimmen, ohne dass eine entsprechende Verpflichtung besteht. Der PSV kann insoweit nicht für die Versorgungsberechtigten handeln, er hat weder eine gesetzliche Vertretungsmacht noch eine Verfügungsbefugnis für den Abschluss außergerichtlicher Vergleiche über Versorgungsrechte der Arbeitnehmer (BAG NZA 2000, 1290).

Bis zum 1. 1. 1999 gab es darüber hinaus noch den Sicherungsfall der → **wirtschaftlichen Notlage.** Dieser Sicherungsfall ist im Rahmen der Insolvenzrechtsreform gestrichen worden. Ein derartiger Widerruf von Versorgungsleistungen wegen wirtschaftlicher Notlage, der nach der früheren Rechtsprechung auch nur zulässig war, wenn der PSV zustimmte oder die Zustimmung durch ein Arbeitsgericht ersetzt worden ist, ist heute nicht mehr zulässig (BAG AP § 7 BetrAVG Widerruf Nr. 24).

Die Insolvenz eines **ausländischen Arbeitgebers** stellt grundsätzlich keinen Sicherungsfall gem. § 7 BetrAVG dar, da das deutsche Insolvenzrecht nicht das im Ausland befindliche Vermögen umfasst. Nur wenn ein ausländischer Arbeitgeber über eine gewerbliche Niederlassung im Inland verfügt, unterliegt diese dem deutschen Insolvenzrecht und die Insolvenz des in Deutschland befindlichen Vermögens kann dann einen Sicherungsfall auslösen (vgl. zum Konkursrecht BAG AP § 9 BetrAVG Nr. 13).

Die → **Liquidation** eines Unternehmens stellt keinen Sicherungsfall dar. Ansprüche von Rentnern und Versorgungsanwärtern müssen wie diejenigen aller anderen Gläubiger befriedigt werden. *(M)*

▶ Sozialversicherung

1. Allgemeines

Die deutsche Sozialversicherung besteht aus fünf Zweigen: Der Kranken-, Unfall- und Rentenversicherung (mit den Wurzeln in der

Bismarckschen Sozialgesetzgebung), der Arbeitslosenversicherung (1927 eingeführt) und der Pflegeversicherung (1995 eingeführt). Der Begriff fasst damit ganz unterschiedliche Einzelsysteme, wie die Kranken- und Rentenversicherung als Vorsorgesystem und der Unfallversicherung als Entschädigungssystem zusammen.

Die einzelnen Sozialversicherungszweige werden von mehreren Verwaltungsträgern geführt. Sie werden als Versicherungsträger bezeichnet und besitzen eine eigene Rechtspersönlichkeit (Körperschaften des öffentlichen Rechts).

Die innere Organisation der Sozialversicherung ist geprägt durch die Selbstverwaltung, die von Arbeitgeber und Arbeitnehmer getragen wird.

Die Finanzierung der Sozialversicherung basiert auf einer Zwangsversicherung mit Beitragszahlung. In einigen Zweigen werden die Einnahmen durch Zuschüsse des Staates ergänzt.

2. Organisation

(a) Kranken- und Pflegeversicherung. Träger der Krankenversicherung sind die Krankenkassen, die sich auf sieben Kassenarten verteilen: Die Allgemeine Ortskrankenkassen, die Betriebskrankenkassen, die Innungskrankenkassen, die See-Krankenkasse, die landwirtschaftlichen Krankenkassen, die Bundesknappschaft und die Ersatzkassen. Die meisten Versicherten können ihre Krankenkasse frei wählen, lediglich für die Seekasse und die Bundesknappschaft bestehen noch feste Zuständigkeiten. Die landwirtschaftlichen Krankenkassen wurden ganz aus dem Wahlrecht herausgenommen. Die soziale Pflegeversicherung wird von den Pflegekassen geführt, die bei den Krankenkassen errichtet wurden.

(b) Unfallversicherung. Träger der gesetzlichen Unfallversicherung sind zum einen die nach Branchen gegliederten Berufsgenossenschaften und zum anderen verschiedene Einrichtungen der öffentlichen Hand (beispielsweise die Unfallkasse des Bundes).

(c) Rentenversicherung. Träger der gesetzlichen Rentenversicherung sind die Deutsche Rentenversicherung Bund (früher Bundesversicherungsanstalt für Angestellte und Verband Deutscher Rentenversicherungsträger), die Regionalträger (früher die Landesversicherungsanstalten) sowie die Deutsche Rentenversicherung Knappschaft-Bahn-See.

(d) Arbeitslosenversicherung. Träger der Arbeitsförderung ist die Bundesagentur für Arbeit.

3. Rechtliche Grundlage

Das Sozialgesetzbuch bildet die Kodifikation des Sozialversicherungsrechts. Es besteht aus folgenden Büchern:

- SGB I – Allgemeiner Teil
- SGB II – Grundsicherung für Arbeitsuchende (seit 2005)
- SGB III – Arbeitsförderung (seit 1998)
- SGB IV – Gemeinsame Vorschriften
- SGB V – Gesetzliche Krankenversicherung (seit 1989)
- SGB VI – Gesetzliche Rentenversicherung (seit 1992)
- SGB VII – Gesetzliche Unfallversicherung (seit 1997)
- SGB VIII – Kinder- und Jugendhilfe
- SGB IX – Rehabilitation und Teilhabe behinderter Menschen (seit 2001)
- SGB X – Sozialverwaltungsverfahren und Sozialdatenschutz
- SGB XI – Pflegeversicherung (seit 1995)
- SGB XII – Sozialhilfe (seit 2005) *(P)*

▶ Spaltung von Unternehmen

Die Spaltung eines Unternehmens ist ein Unterfall der → Unternehmensumwandlung. Bei der Spaltung werden Teile des Vermögens eines Rechtsträgers auf einen anderen übertragen. Dies kann geschehen gehen durch **Aufspaltung** – der Rechtsträger überträgt sein gesamtes Vermögen auf mehrere andere Rechtsträger – oder **Abspaltung** – der Rechtsträger überträgt einen Teil seines Vermögens auf einen anderen Rechtsträger und bleibt im Übrigen bestehen (möglich auch als **Ausgliederung,** wenn der übertragende Rechtsträger Anteilsinhaber des neuen Rechtsträgers wird).

Während Vermögensgegenstände, Forderungen und Rechtsbeziehungen im Spaltungsvertrag oder Spaltungsbeschluss gem. § 126 Abs. 1 Nr. 9 UmwG frei den neu entstehenden Rechtsträgern zugeordnet werden können, wird diese umwandlungsrechtliche Zu-

ordnung bei Arbeitsverhältnissen beschränkt durch § 613 a BGB
i. V. m. § 324 UmwG. Wenn ein → **Betriebsübergang** oder ein Betriebsteilübergang stattfindet, gehen die Arbeitsverhältnisse und damit die Versorgungsanwartschaften der beschäftigten Arbeitnehmer
mit dem Betrieb über. Nur wenn ein Betriebsübergang nicht stattfindet oder wenn ein Arbeitnehmer nicht eindeutig einem Betrieb
zuzuordnen ist (Mitglied einer Stabsabteilung), kann mit Zustimmung des Arbeitnehmers (str.) das Arbeitsverhältnis auf einen anderen als den bisherigen Arbeitgeber übergeleitet werden. Im Übrigen → Unternehmensumwandlung, → Betriebsübergang.   *(M)*

▶ **Steuer**

1. Allgemeines

Die steuerliche Behandlung von Aufwendungen für die Altersvorsorge einerseits (also beispielsweise der Beiträge zur gesetzlichen Rentenversicherung) und der sich daraus ergebenden
Alterseinkünfte andererseits (also beispielsweise Renten aus der
gesetzlichen Rentenversicherung oder einer berufsständischen Versorgung) wurden zum 1. 1. 2005 durch das Alterseinkünftegesetz
neu geregelt. Eine Neuregelung war erforderlich geworden, weil
sich das Bundesverfassungsgericht nach 1980 und 1992 nunmehr
zum dritten Male im Jahr 2001/2002 mit der Problematik befassen
musste und am 6. 3. 2002 entschied, dass die unterschiedliche Besteuerung von Beamtenpensionen und gesetzlichen Renten für mit
dem Gleichbehandlungsgebot des Art. 3 GG unvereinbar sei.

2. Steuerrecht bis 31. 12. 2004

(a) Steuerliche Behandlung von Beiträgen. Grundsätzlich sind die
Beiträge zur gesetzlichen Rentenversicherung zur Hälfte vom Arbeitnehmer und zur Hälfte vom Arbeitgeber zu zahlen. Der Beitrag des Arbeitgebers wird steuerfrei zusätzlich zum Arbeitsentgelt
des Arbeitnehmers gezahlt. Dieser Anteil stellt für den Arbeitnehmer eine steuerfreie Einnahme dar. Das bedeutet, der Arbeitnehmer zahlt auf diesen Beitragsanteil zur gesetzlichen Rentenversicherung keine Lohnsteuer (§ 3 Nr. 62 EStG). Der Arbeitneh-
merbeitrag zur gesetzlichen Rentenversicherung dagegen wird aus

versteuertem Einkommen gezahlt. Für den Arbeitnehmer sind Abzugsmöglichkeiten im Rahmen des Sonderausgabenabzugs vorgesehen. Diese Abzugsmöglichkeiten sind allerdings im Rahmen von Höchstbeträgen begrenzt. Der so genannte Vorwegabzug (§ 10 c Abs. 2 EStG a. F.) in Höhe von 3.068 Euro für einen ledigen Arbeitnehmer wird bei Arbeitnehmern wegen des Anspruchs auf steuerfreie Arbeitgeberanteile zur gesetzlichen Sozialversicherung bereits um 16 Prozent des Arbeitslohnes gekürzt. Das bedeutet, dass sich der Vorwegabzug bereits bei einem Arbeitslohn in Höhe von 19.175 Euro steuerlich für den Arbeitnehmer nicht mehr auswirkt.

Somit standen nach dem Recht bis zum 31. 12. 2004 dem Arbeitnehmer bei höherem Arbeitslohn nur noch steuerliche Vergünstigungen für seine begrenzt abzugsfähigen Sonderausgaben (Beiträge zur Krankenversicherung, Pflegeversicherung, Rentenversicherung, Arbeitslosenversicherung; Lebensversicherung, Haftpflichtversicherung etc.) in Höhe von max. 2.001 Euro (zuzüglich ggf. 184 Euro freiwillige Pflegeversicherungsbeiträge) zur Verfügung. Da die Abziehbarkeit der Sondeausgaben auf Höchstbeträge begrenzt ist, sind schon bei niedrigeren Arbeitsverdiensten die gesetzlichen Vorsorgeaufwendungen nicht mehr voll abzugsfähig.

(b) Steuerliche Behandlung von Rentenleistungen. Renten aus der gesetzlichen Rentenversicherung sind seit jeher steuerpflichtig. Sie wurden jedoch als Leibrenten nur teilweise, und zwar mit dem Ertragsanteil, zur Einkommensteuer herangezogen. Dem lag die Erwägung zugrunde, dass die laufenden Rentenzahlungen sich aus dem Ertragsanteil sowie dem Kapitalanteil zusammensetzen. Der Kapitalanteil ist hingegen steuerfrei. Dies gilt auch für Renten aus privaten Versicherungsverträgen, für Bezüge aus betrieblichen Pensionskassen, aus Direktversicherungen sowie aus berufsständischen Versorgungseinrichtungen und aus der Zusatzversorgung des öffentlichen Dienstes. Diese Leistungen werden als Leibrenten in einen Teil „Vermögens- bzw. Kapitalverzehr" und in einen Teil „Zinsertrag" aufgespalten. Die Höhe des zu versteuernden Ertragsanteils hängt vom Alter bei Renteneintritt ab. Der Ertragsanteil unterscheidet sich nach der Art der Rente. Es wird unterschieden zwischen lebenslänglichen Leibrenten (Altersrenten und große Witwen-/Witwerrente, soweit sie lebenslang gezahlt werden) und abgekürzten Leibrenten (Erwerbsminderungsrenten, kleine Witwen-/Witwerrente, Waisenrente und Erziehungsrente). Die Prozentsätze sind im EStG festgeschrieben. Der Satz beträgt beispielsweise bei einem 60-Jährigen 32 Prozent und bei einem 65-Jährigen 27 Prozent, das bedeutet, etwa ein Drittel bzw. ein Viertel der Rente ist steuerpflichtiges Einkommen.

Bei Leibrenten, die auf eine bestimmte Zahl von Jahren festgelegt sind (so genannte abgekürzte Leibrenten), hängt die Höhe des Ertragsanteils nicht vom Alter des Empfängers zu Beginn der Rentenzahlung ab, sondern von der Dauer der abgekürzten Leibrente. Je kürzer die Laufzeit dieser Rente, desto geringer ist der Ertragsanteil. Auch für diese Ermittlung gibt es eine entsprechende Tabelle. Von dem auf diese Weise ermittelten Ertragsanteil können die Pauschalbetrage für Sonderausgaben und Werbungskosten abgesetzt werden. Absetzbar sind außerdem – wie bei allen Steuerpflichtigen – die Beiträge zur Kranken- und Pflegeversicherung. Praktisch waren Renten der gesetzlichen Rentenversicherung steuerfrei. Zu einer tatsächlichen Ertragsanteilsbesteuerung der Rente kam es regelmäßig lediglich dann, wenn neben der Rente vom Rentenempfänger selbst oder von dessen mit ihm zusammen zu veranlagenden Ehegatten noch weitere Einkünfte bezogen wurden, die voll zu besteuern sind (wie z. B. solche aus nichtselbständiger Arbeit). In diesen Fällen wurden in der Regel der steuerfrei bleibende Grundfreibetrag und die anderen steuerlichen Abzugsbeträge, z. B. wegen Sonderausgaben oder außergewöhnlicher Belastungen, überschritten, so dass eine Einkommensteuer festzusetzen war.

3. Steuerrecht ab 1. 1. 2005

Bei der Neuordnung der steuerrechtlichen Behandlung von Altersvorsorgeaufwendungen und Altersbezügen wird der schrittweise Übergang zur so genannten **nachgelagerten Besteuerung** (Steuerentlastung der Altersvorsorgebeiträge – Besteuerung der darauf beruhenden Renten) vollzogen. Das bedeutet: In der Erwerbsphase bleiben die Aufwendungen zur Altersvorsorge steuerfrei. Später in der Auszahlungsphase sind die Altersbezüge des Ruheständlers in vollem Umfang, unter Berücksichtigung der dann geltenden Freibeträge, steuerpflichtig. Der Steuerpflichtige kann während der Ansparphase über die Beiträge zur Altersvorsorge nicht verfügen. Die Beiträge bleiben daher steuerfrei. Im Gegenzug werden die Altersbezüge zu dem Zeitpunkt steuerpflichtig, zu dem sie dem Steuerpflichtigen tatsächlich zufließen.

(a) Steuerliche Behandlung von Beiträgen. Bei der steuerlichen Absetzungsmöglichkeit für Vorsorgeaufwendungen wird in Altersvorsorgeaufwendungen und sonstige Vorsorgeaufwendungen getrennt. Daneben gibt es Abzugsmöglichkeiten für Beiträge zur „Riester-Rente" und zur betrieblichen Altersversorgung.

- **Altersvorsorgeaufwendungen.** Unter Altersvorsorgeaufwendungen fallen Beiträge zur gesetzliche Rentenversicherung, zur landwirtschaftlichen Alterskasse, an berufsständische Versorgungseinrichtungen sowie die so genannte → Rürup-Rente. Alle Beiträge zu den genannten Versicherungen sind ab 2005 zu mindestens 60 Prozent steuerlich abziehbar. Jährlich steigt dieser Anteil um zwei Prozentpunkte. Ab dem Jahr 2025 sind die Beiträge damit vollständig abziehbar, allerdings dann nur bis zu einem Höchstbetrag von 20.000 Euro (bei Ledigen).

- **Sonstige Vorsorgeaufwendungen,** die nicht zu den Altersvorsorgeaufwendungen gehören, können weiterhin begrenzt als Sonderausgaben abgezogen werden. Es handelt sich dabei um Beiträge zur Kranken-, Pflege- und Arbeitslosenversicherung, aber auch zu privaten Haftpflicht- und Risikoversicherungen. Ab 2005 beläuft sich der Höchstbetrag für die abziehbaren sonstigen Vorsorgeaufwendungen grundsätzlich auf 2.400 Euro. Dieser Betrag ermindert sich auf 1.500 Euro für Steuerpflichtige, die einen steuerfreien Arbeitgeberanteil zur Krankenversicherung haben.

- Der Sonderausgabenabzug für **Beiträge zur „Riester-Rente"** ist bis zu den hiefür vorgesehenen Höchstbeträgen voll abziehbar. Für **Beiträge zur betrieblichen Altersvorsorge** gibt es ebenfalls eigene Steuervergünstigungen.

Damit es durch die Systemumstellung nicht zu Schlechterstellungen kommt, gewährt der Gesetzgeber außerdem den Abzug von Vorsorgeaufwendungen nach bisherigem Recht für einen Übergangszeitraum mittels einer so genannten Günstigerprüfung. Dabei wird geprüft, ob der Abzug aller gesetzlichen Vorsorgeaufwendungen nach altem Recht oder neuem Recht für Steuerpflichtige günstiger ist. Ab dem Jahr 2011 wird dieser Vorteil schrittweise abgebaut und er entfällt im Jahr 2020.

(b) Steuerliche Behandlung von Rentenleistungen. Nachgelagert besteuert werden Leibrenten und andere Leistungen aus den gesetzlichen Rentenversicherungen, den landwirtschaftlichen Alterskassen, berufsständischen Versorgungseinrichtungen und Leibrentenversicherungen, die die Zahlung einer monatlichen, auf das Leben des Steuerpflichtigen bezogenen lebenslangen Leibrente nicht vor Vollendung des 60. Lebensjahrs des Berechtigten vorsehen. Damit werden die Leistungen nachgelagert besteuert, die in der Ansparphase als Altersvorsorgebeiträge steuerfrei gestellt werden. Bei Abschluss einer privaten Leibrente, in der das Risiko der Erwerbsminderung und/oder das der Hinterbliebenenrente mit abgesichert wird, werden in der Auszahlungsphase nach den gleichen Regeln wie die gesetzlichen Renten nachgelagert besteuert. Die nachgelagert besteuerten Leistungen werden ab dem Jahr 2005 einheitlich zu 50 Prozent der Besteuerung unterliegen. Dies gilt auch für alle Bestandsrenten der gesetzlichen Rentenversicherungen, den landwirtschaftlichen Alterskassen, berufsständischen Versorgungseinrichtungen und die in dem Jahr 2005 erstmals gezahlten Leistungen. Der steuerpflichtige Anteil der Rente wird für jeden neu hinzukommenden Rentnerjahrgang bis zum Jahre 2020 in Schritten von zwei Prozentpunkten auf 80 Prozent und anschließend in Schritten von einem Prozentpunkt bis zum Jahre 2040 auf 100 Prozent angehoben. Der sich nach Maßgabe dieser Prozentsätze ergebende steuerfrei bleibende Teil der Jahresbruttorente im Folgejahr nach dem Rentenbeginn wird für jeden Rentnerjahrgang als Festbetrag bestimmt und auf Dauer festgeschrieben. Die Festschreibung gilt erst ab dem Jahr, das auf das Jahr des ersten Rentenbezugs folgt. Damit wird vermieden, dass in Abhängigkeit vom Renteneintrittsmonat im Jahr des Rentenbeginns sowie vor oder nach einer Rentenanpassung bei ansonsten gleichem

Sachverhalt ein unterschiedlicher steuerfreier Teil der Rente dauerhaft festgeschrieben wird.

Bei einer Änderung der Rentenhöhe, beispielsweise durch Einkommensanrechnung oder durch einen Wechsel von einer Teil- zu einer Vollrente (oder umgekehrt) kommt es zu einer Anpassung des steuerfreien Teils der Rente in dem entsprechenden Verhältnis. Dabei wird der steuerfreie Teil der Rente in dem Verhältnis angepasst, in dem der veränderte Jahresbetrag der Rente zum Jahresbetrag der Rente steht, der der Ermittlung des steuerfreien Teils der Rente zugrunde liegt.

Sofern eine „Riester-Rente" zur Auszahlung kommt, unterliegen diese Leistungen von Beginn an der vollen nachgelagerten Besteuerung, da sie vom Beginn der Ansparphase der steuerlichen Förderung unterliegen.

Um eine Doppelbesteuerung auszuschließen, hat der Gesetzgeber eine so genannte Öffnungsklausel eingeführt. Rentnerinnen und Rentner, die mindestens zehn Jahre Beiträge in Höhe eines Betrags oberhalb des Höchstbetrages zur gesetzlichen Rentenversicherung geleistet haben, können für die auf diese Beiträge beruhenden Renten die günstigere Besteuerung mit dem Ertragsanteil wählen.

Voraussetzungen für die Anwendung der Öffnungsklausel sind:
- Formloser Antrag des Steuerpflichtigen beim Finanzamt und
- Nachweis des Steuerpflichtigen, dass die Rente auf bis zum 31.12.2004 geleistete Beiträge oberhalb der Beitragsbemessungsgrenze der gesetzlichen Rentenversicherung beruht und dieser Höchstbetrag mindestens zehn Jahre überschritten wurde.

Der Ertragsanteil der Rente entspricht dann nicht mehr dem nach dem Recht bis 31.12.2004, sondern richtet sich nach § 22 Nr. 1 Satz 3 Buchst. a Doppelbuchst. bb EStG neuer Fassung. Er liegt dann beispielsweise bei einem Rentenbeginn mit vollendetem 65. Lebensjahr bei 18 Prozent (altes Recht = 27 Prozent).

Diese Ausnahmeregelung betrifft in erster Linie Versicherte berufständischer Versorgungseinrichtungen, die ihren Versicherten die Möglichkeit geben, Beiträge oberhalb der Beitragsbemessungsgrenze zu entrichten. Diese Beiträge waren wegen mangelnder steuerlicher Abzugsmöglichkeiten entsprechend hoch zu versteuern. Bei einer ebenfalls entsprechenden Besteuerung in der Auszahlungsphase wäre diese Besteuerung dem Verbot der Doppelbesteuerung nicht gerecht geworden.

Die im Steuerrecht bestehenden Freibeträge, wie Versorgungsfreibetrag, Arbeitnehmerpauschalbetrag für Versorgungsbezieher und Altersentlastungsbetrag werden ab 2005 schrittweise für jeden neu hinzukommenden Rentnerjahrgang entsprechend der stufenweisen Erhöhung der zu versteuernden Rentenanteile vermindert. Mit dem Übergang zur nachgelagerten Besteuerung verlieren diese Freibeträge ihre Rechtfertigung.

4. Verfahren

Voraussichtlich ab 2007 haben die Träger der gesetzlichen Rentenversicherung, der Gesamtverband der landwirtschaftlichen Alterskassen, die Pensionskassen und Pensionsfonds, die berufsständischen Versorgungseinrichtungen und die privaten Versicherungsunternehmen jährlich Rentenbezugsmitteilungen an eine zentrale Stelle der Finanzverwaltung mitzuteilen. Eingerichtet wurde die zentrale Stelle bei der Deutschen Rentenversicherung Bund, wo bereits entsprechende Aufgaben für die Riester-Rente wahrgenommen werden (→ Zulageverfahren). Hier werden die Daten zusammengeführt und an die jeweils zuständige Landesfinanzbehörde übermittelt. Diese treffen in einem automatisierten Verfahren eine Vorauswahl, ob voraussichtlich eine Steuerpflicht vorliegen wird. Das Ergebnis der Vorauswahl wird anschließend den zuständigen Finanzämtern mitgeteilt. Das Finanzamt wird ggf. die Steuerpflichtigen zur Abgabe einer Steuererklärung auffordern. Voraussetzung für dieses Verfahren ist, dass die Rentenbezieher eine Identifikationsnummer haben (§ 139b AO). Dies ist voraussichtlich ab 2007 der Fall. *(P)*

▶ **Steuerliche Förderung**

Die zusätzliche private Altersversorgung (→ Riester-Rente, → Rürup-Rente) wird auch steuerlich im Rahmen des **Sonderausgabenabzugs** gefördert. Der Sonderausgabenabzug bewirkt, dass für den Teil des Einkommens, der für eine zusätzliche geförderte

Altersvorsorge aufgewendet wird, keine Steuern gezahlt werden müssen. Je höher dabei die Eigenleistung und der Steuersatz sind, umso höher fällt die Steuerersparnis aus. Im Rahmen der Riester-Rente ist der Sonderausgabenabzug nur bis zu bestimmten Höchstwerten möglich. Unabhängig vom individuellen Einkommen können als Sonderausgabenabzug nachfolgende Altersvorsorgeaufwendungen geltend gemacht werden, die sich aus Eigenbeiträgen und Altersvorsorgezulage zusammensetzen:

Veranlagungszeitraum	Altersvorsorgeaufwendungen als Sonderausgabenabzug
2004 und 2005	bis zu 1.050 EUR
2006 und 2007	bis zu 1.575 EUR
ab 2008 jährlich	bis zu 2.100 EUR

(P)

T

▶ Tarifvertrag

Unter einem Tarifvertrag versteht man einen schriftlichen Vertrag zwischen einem Arbeitgeberverband oder einem oder mehreren Arbeitgebern einerseits und einer oder mehreren Gewerkschaften andererseits über die Regelung von Arbeits- und Wirtschaftsbedingungen. Im sog. normativen Teil eines Tarifvertrags werden u. a. **Rechtsnormen** über den Inhalt, den Abschluss und die Beendigung von Arbeitsverhältnissen festgelegt; im sog. schuldrechtlichen Teil regeln die Tarifvertragsparteien ihre Rechte und Pflichten. Fragen der betrieblichen Altersversorgung gehören zum Inhalt des Arbeitsverhältnisses und können deshalb durch Tarifvertrag geregelt werden. An die Normen des Tarifvertrags sind die Mitglieder der Tarifvertragsparteien gebunden (§ 3 TVG), also die Mitglieder der vertragschließenden Gewerkschaft und des vertragschließenden Arbeitgeberverbands bzw. der Arbeitgeber. In der Praxis beziehen **tarifgebundene** Arbeitgeber Arbeitnehmer, die nicht Mitglied der Gewerkschaft sind, meistens dadurch in den Geltungsbereich eines Tarifvertrags ein, dass sie auf diesen im Arbeitsvertrag Bezug nehmen. Werden die tarifvertraglichen Arbeitsbedingungen üblicherweise auf alle Arbeitsverhältnisse erstreckt, kann ein Arbeitgeber nicht einzelne Arbeitnehmer ohne Verstoß gegen den Gleichbehandlungsgrundsatz von einer tarifvertraglichen Versorgungsregelung ausnehmen (BAG AP § 1 BetrAVG Zusatzversorgungskassen Nr. 48). Das Bundesministerium für Wirtschaft und Arbeit kann einen Tarifvertrag auch für allgemeinverbindlich erklären (§ 5 TVG) – dann gelten seine Normen auch für nicht tarifgebundene Arbeitgeber und Arbeitnehmer in seinem Geltungsbereich.

Für den Bereich der herkömmlichen arbeitgeberfinanzierten betrieblichen Altersversorgung kommt in der Privatwirtschaft die Begründung von Ruhegeldansprüchen durch Tarifvertrag nur relativ selten vor. Sie existieren beispielsweise in der **Bauwirtschaft,** im

Bäckerhandwerk, bei Verlagen sowie in der Land- und Forstwirtschaft. Im Bereich des **öffentlichen Dienstes** sind durch Tarifverträge Ansprüche auf satzungsmäßige Versorgung durch Versorgungsanstalten (→ VBL) und → Zusatzversorgungskassen begründet worden.

Da nach §§ 17 Abs. 5 i. V. m. 30 h BetrAVG nach dem 29. 6. 2001 → **Entgeltumwandlungen** von Entgeltansprüchen, die auf einem Tarifvertrag beruhen, nur vorgenommen werden dürfen, soweit dies durch Tarifvertrag vorgesehen oder durch Tarifvertrag zugelassen ist und andererseits § 1a BetrAVG einen Anspruch der Arbeitnehmer auf Entgeltumwandlung vorsieht, sind seit dem zweiten Halbjahr 2001 eine Vielzahl von Tarifverträgen zur Entgeltumwandlung abgeschlossen worden (vgl. nur den Tarifvertrag zur Entgeltumwandlung für die Betriebe der Eisen-, Metall- und Elektroindustrie in der Bundesrepublik Deutschland vom 4. 9. 2001, den Tarifvertrag über eine Zusatzrente im Baugewerbe vom 15. Mai 2001, den Tarifvertrag über Einmalzahlungen und Altersvorsorge für die Chemische Industrie vom 18. September 2001). Die Tarifverträge unterscheiden sich darin, welche Gehaltsbestandteile im Einzelnen umgewandelt werden können und ob der Arbeitgeber bei einer Entgeltumwandlung selbst Zuschüsse zu einer betrieblichen Altersversorgung gewährt und in welcher Höhe. Soweit der Arbeitgeber über das umgewandelte Entgelt hinaus selbst Versorgungsleistungen verspricht, handelt es sich um herkömmliche betriebliche Altersversorgung, die nicht unter die gesetzlichen Regelungen zur Entgeltumwandlung fällt. Allerdings können die Tarifvertragsparteien für die Arbeitnehmer Günstigeres, etwa im Hinblick auf die → Unverfallbarkeit, vereinbaren. *(M)*

▶ **Teilzeitbeschäftigte**

Der Begriff hat in der gesetzlichen Rentenversicherung Bedeutung für den Anspruch auf Leistungen und bei der Rentenberechnung.

Im Modell der zweistufigen Erwerbsminderungsrente (→ Erwerbsminderung) setzt der Bezug einer halben Erwerbsminderungsrente voraus, dass der Versicherte zwar mehr als drei Stunden aber unter sechs Stunden täglich arbeiten kann. Zur Deckung des Lebensunterhalts muss der Versicherte weiteres Einkommen erzielen. Dies kann entweder durch eine Teilzeitbeschäftigung geschehen oder durch den Bezug von Sozialleistungen wie das Arbeitslosengeld. Diese Rahmenbedingungen erfordern es, dass ein ausreichendes Angebot an qualifizierten Teilzeitarbeitsplätzen geschaffen wird (vgl. § 81 SGB IX).

Der Versicherte hat die Möglichkeit, Altersrente nicht nur in voller Höhe (als Vollrente), sondern auch als Teilrente zu erhalten (→ Vollrente und Teilrente). Deshalb hat der Gesetzgeber die Möglichkeit geschaffen, dass Versicherte, die wegen der beabsichtigten Inanspruchnahme einer Teilrente ihre Arbeitsleistung einschränken wollen, dies mit ihrem Arbeitgeber zu erörtern. Diese in § 42 Abs. 2 SGB VI eingeflossene arbeitsrechtliche Regelung soll die Schaffung von Teilzeitarbeitsplätzen fördern. Dabei wird vor allem an eine eingeschränkte Weiterarbeit mit entsprechend niedrigerem Arbeitsentgelt beim bisherigen Arbeitgeber gedacht. Die Regelungen des Teilzeit- und Befristungsgesetzes sind dabei zu beachten.

Teilzeitbeschäftigte Mütter oder Väter erhalten während einer Kinderberücksichtigungszeit eine Höherbewertung der Beitragszeiten. Voraussetzung ist, dass mindestens 25 Jahre mit rentenrechtlichen Zeiten vorhanden sind. Die in dieser Zeit erzielten Entgelte werden – soweit es Zeiten ab 1992 betrifft – bei der Rentenberechnung um 50 Prozent auf maximal 100 Prozent des Durchschnittseinkommens aufgewertet. Dasselbe gilt für Pflichtbeitragszeiten aufgrund einer nicht erwerbsmäßigen Pflege eines Kindes bis zu seinem 18. Lebensjahr.

Zur Einbeziehung von Teilzeitbeschäftigten in betriebliche Versorgungssysteme → Gleichbehandlung III.3. *(P/M)*

▶ **Triftiger Grund** → Änderung von Versorgungszusagen, → Besitzstand, → Dreistufentheorie

U

▶ **Überschussanteile**

Bei versicherungsmäßig durchgeführter Altersversorgung (→ Lebensversicherung, → Direktversicherung, → Pensionskasse, → Beitragszusage mit Mindestleistung) fallen in der Versicherung Überschussanteile an. Diese werden regelmäßig zur Erhöhung der Versicherungsleistung verwandt. Namentlich in der betrieblichen Altersversorgung kann sich der Arbeitgeber die Überschussanteile vorbehalten. In der → Lebensversicherung können die Überschussanteile zur Beitragssenkung oder zur Erhöhung der Versicherungssumme verwandt werden. *(Sch)*

▶ **Übertragung der Versorgungsverpflichtung**

Eine betriebliche Versorgungsverpflichtung ist grundsätzlich von demjenigen Arbeitgeber zu erfüllen, der einmal die Versorgungszusage erteilt hat und bei dem der Arbeitnehmer beschäftigt war. Eine **Übertragung** der Versorgungsverpflichtung auf eine andere Person, die die Versorgungszusage bei Eintritt des Versorgungsfalls erfüllen muss, erlaubt das BetrAVG nur, wenn diese Person ein neuer Arbeitgeber des Versorgungsberechtigten ist. Nur ausnahmsweise bei → Liquidation des Arbeitgebers kann die Versorgungszusage von einer Pensionskasse oder einer Lebensversicherung übernommen werden (§ 4 Abs. 4 BetrAVG). Die Übertragung der Versorgungsverpflichtung auf einen **Nachfolgearbeitgeber** kann dadurch geschehen, dass sich Arbeitnehmer und ehemaliger und neuer Arbeitgeber auf eine unveränderte **Übernahme** der Versorgungszusage einigen, aber auch dadurch, dass der Wert der vom Arbeitnehmer bisher erworbenen unverfallbaren Anwartschaft auf den neuen Arbeitgeber übertragen wird. Bei einer Zusage auf eine betriebliche Altersversorgung über eine Pensionskasse, einen Pensionsfonds oder eine Direktversicherung, die nach dem 31. Dezember 2004 erteilt wurde, hat der Arbeitnehmer einen Anspruch auf **Übertragung des Übertragungswerts.**

Eine Übertragung der Versorgungsverpflichtung auf andere Personen als den Arbeitgeber des Arbeitnehmers wird dagegen vom BetrAVG ausgeschlossen. § 4 BetrAVG beinhaltet insoweit ein **Übertragungsverbot,** da man davon ausgeht, dass ein Arbeitnehmer nicht einschätzen kann, ob ein anderer Versorgungsschuldner in gleicher Weise solvent ist wie der versprechende Arbeitgeber. Da für gesetzlich → unverfallbare Anwartschaften und Betriebsrenten der Insolvenzschutz durch den → PSV besteht, wird durch das Übertragungsverbot auch das wirtschaftliche Interesse des PSV geschützt.

I. Übertragungsverbot

Alle gesetzlich unverfallbaren Versorgungsanwartschaften und alle laufenden Betriebsrenten dürfen nicht auf andere Schuldner übertragen werden, als diejenigen, die in § 4 Abs. 2–4 BetrAVG genannt sind. Das Übertragungsverbot gilt für alle Anwartschaften und Rentenansprüche, die gegenüber den Personen erteilt worden ist, die in den → persönlichen Geltungsbereich des BetrAVG fallen, also z. B. auch für unverfallbare Versorgungsanwartschaften von Fremdgeschäftsführern einer GmbH. Nicht betroffen sind dagegen verfallbare Versorgungsanwartschaften oder Versorgungsanwartschaften, die nur aufgrund einer vertraglichen Vereinbarung unverfallbar sind.

Ein Übernahmevertrag, der gegen das Übertragungsverbot verstößt, ist nach § 134 BGB nichtig. Dies gilt auch dann, wenn der AN der Übertragung ausdrücklich zugestimmt hat, da das Übertragungsverbot → unabdingbar ist (§ 17 Abs. 3 BetrAVG). Verpflichtet bleibt der ursprüngliche Versorgungsschuldner. Er hat im Zweifel die Betriebsrente und die Beiträge zum Pensionssicherungsverein zu zahlen, auf seine Insolvenz und seine wirtschaftliche Lage (§ 7 und § 16 BetrAVG) kommt es weiterhin an. Ob daneben im Wege des Schuldbeitritts auch der Dritte gegenüber dem AN haftet, muss man durch Auslegung des gescheiterten Übernahmevertrags ermitteln.

Da das Übertragungsverbot nach Einführung des gesetzlichen Insolvenzschutzes vor allen Dingen als Vorschrift zum Schutze des Pensionssicherungsvereins wirkt, der PSV aber keinen Schutz gegen sich selbst benötigt, hat das BAG dem PSV die Möglichkeit eröffnet, auch der Übertragung einer Versorgungsanwartschaft oder Betriebsrente auf einen anderen Versorgungsträger zuzustimmen als diejenigen, die in § 4 Abs. 1 BetrAVG genannt sind (BAG NZA 1988, 21). Eine derartige Zustimmung erteilt der PSV jedoch nicht, wie er in einer geschäftsplanmäßigen Erklärung verkündet hat (DB 1982, 230). Verfassungsrechtlich ist dies bedenklich (BVerfG DB 1988, 1905).

II. Erlaubte Übertragungen auf einen Nachfolgearbeitgeber

Nach § 4 BetrAVG in der bis zum 31. 12. 2004 geltenden Fassung konnten unverfallbare Versorgungsanwartschaften eines ausgeschiedenen Arbeitnehmers von dem neuen Unternehmen, bei dem der ausgeschiedene Arbeitnehmer beschäftigt wird, oder von einer Pensionskasse oder einem Lebensversicherungsunternehmen oder einem öffentlich-rechtlichen Versorgungsträger übernommen werden. Die zu einer Übernahme von Versorgungsverbindlichkeiten berechtigten Rechtsträger wurden damit vom Gesetz beschränkt, um die Haftungsmasse für den versorgungsberechtigten Arbeitnehmer zu erhalten. § 4 BetrAVG a. F. sah auch keinen Anspruch des Arbeitnehmers auf Abschluss eines Schuldübernahmevertrags vor (BAG AP § 4 BetrAVG Nr. 5). Außerdem wurde zum bisherigen Recht vertreten, dass eine Übernahme nach § 4 BetrAVG nur als unveränderte Übernahme zulässig ist, nicht jedoch eine gleichzeitige inhaltliche Änderung der Versorgungszusage.

Das ab 1. 1. 2005 geltende Recht beschränkt die freie Übertragbarkeit von unverfallbaren Versorgungsanwartschaften und laufenden Betriebsrenten auf einen Nachfolgearbeitgeber. Erlaubt wird nun allerdings nicht nur die unveränderte Übernahme der Versorgungszusage, sondern auch die Übertragung des Werts der Versorgungsanwartschaft. Der Begriff „Übertragung" wird vom Gesetz dabei als Oberbegriff für beide Übertragungsarten benutzt; die schon bisher erlaubte Übertragung im Wege der befreienden Schuldübernahme wird als **„Übernahme"** bezeichnet; die neue Übertragung des Übertragungswerts als **„Übertragung"**.

1. Einvernehmliche Übertragung auf einen Nachfolgearbeitgeber

Übertragen werden kann eine **unverfallbare Versorgungsanwartschaft** auf einen Nachfolgearbeitgeber. Erforderlich ist nach wie vor grundsätzlich ein Einvernehmen zwischen Arbeitnehmer, ehemaligem und neuem Arbeitgeber. Erlaubt ist aber jetzt nicht nur die **Übernahme der Versorgungszusage,** so wie sie bei dem alten Arbeitgeber bestand, sondern auch die **Übertragung des Werts** der vom Arbeitnehmer beim alten Arbeitgeber erworbenen unverfallbaren Anwartschaft auf betriebliche Altersversorgung auf einen neuen Arbeitgeber, wenn dieser eine wertgleiche Zusage erteilt (§ 4 Abs. 2 Nr. 2 BetrAVG). Die praktischen Schwierigkeiten bei unterschiedlichen Leistungsplänen von altem und neuem Arbeitgeber bei einer Übertragung der Versorgungsanwartschaft können so überwunden werden. Der alte Arbeitgeber muss lediglich den Wert der erworbenen Anwartschaft berechnen, ihn an den neuen Arbeitgeber überweisen und der neue Arbeitgeber muss dem Arbeitnehmer eine Versorgungszusage erteilen, die im Wert der alten entspricht. So kann dieser die Versorgungszusage besser in ein bereits bei ihm bestehendes Versorgungswerk integrieren, den Verwaltungsaufwand für betriebliche Altersversorgung reduzieren und Risiken, die für ihn in einer ihm unbekannten Versorgungsordnung beispielsweise durch unklare Formulierungen stecken, vermeiden. Eine Zustimmungspflicht gibt es bei der einvernehmlichen Übertragung nicht.

Zum Zeitpunkt der Übertragung muss das Arbeitsverhältnis mit dem neuen Arbeitgeber bestehen. Die Übertragung muss nicht sofort zu Beginn des Arbeitsverhältnisses vorgenommen werden. Eine Übertragung nach Ende des Arbeitsverhältnisses ist ausgeschlossen. Betriebsrenten können nicht übertragen werden, weil es an einem neuen Arbeitgeber fehlt. Das neue Arbeitsverhältnis muss nicht unmittelbar an das bisherige Arbeitsverhältnis anschließen.

2. Übertragungsanspruch

Ein Arbeitnehmer hat ein Recht auf Übertragung der Versorgungsanwartschaft, wenn die bisherige betriebliche Versorgungszusage versicherungsförmig durchgeführt worden ist (§ 4 Abs. 3 BetrAVG). Damit sich Arbeitgeber und Versorgungsträger auf die

Neuregelung rechtzeitig einstellen können, gilt dieser Übertragungsanspruch nur für Zusagen, die nach dem 31. Dezember 2004 erteilt werden (§ 30 b BetrAVG). Ist bisher die Altersversorgung über einen Pensionsfonds, eine Pensionskasse oder eine Direktversicherung durchgeführt worden, kann der ausgeschiedene Arbeitnehmer von seinem **bisherigen Arbeitgeber** verlangen, dass der Übertragungswert auf den neuen Arbeitgeber übertragen wird. Bei Durchführung der Altersversorgung über eine Direktzusage oder über eine Unterstützungskasse beim bisherigen Arbeitgeber besteht ein derartiger Übertragungsanspruch des Arbeitnehmers nicht. Damit soll verhindert werden, dass der Arbeitgeber im Unternehmen gebundene Pensionsrückstellungen bei dessen Ausscheiden vorzeitig kapitalisieren muss.

Um dem bisherigen Arbeitgeber eine gewisse Planungssicherheit zu geben, muss der Arbeitnehmer das Übertragungsrecht innerhalb eines Jahres nach Beendigung des Arbeitsverhältnisses ausüben. Die zeitliche Grenze von einem Jahr ist jedoch nur für den Übertragungsanspruch des § 4 Abs. 3 BetrAVG vorgesehen, während die einvernehmliche Übertragung nach § 4 Abs. 2 BetrAVG von Arbeitnehmer, ehemaligem und jetzigem Arbeitgeber auch zu einem wesentlich späteren Zeitpunkt vorgenommen werden darf.

Da Zweck der neuen gesetzlichen Regelung die Vermeidung von kleineren zerstückelten Betriebsrentenansprüchen ist, schließt § 4 Abs. 3 Ziff. 2 BetrAVG einen Übertragungsanspruch aus, wenn der Übertragungswert den Jahreswert der im Jahr der Übertragung geltenden → Beitragsbemessungsgrenze in der gesetzlichen Rentenversicherung übersteigt.

Wenn ein Rechtsanspruch auf Übertragung des Übertragungswerts gegenüber dem bisherigen Arbeitgeber besteht, kann der Arbeitnehmer auch gegenüber dem **neuen Arbeitgeber** verlangen, dass dieser eine dem Übertragungswert wertgleiche Zusage erteilt und diese über einen Pensionsfonds, eine Pensionskasse oder eine Direktversicherung durchführt. Der neue Arbeitgeber darf die betriebliche Versorgungszusage nicht selbst (über eine Direktzusage) oder über eine Unterstützungskasse durchführen; er muss einen der drei versicherungsförmigen Durchführungswege wählen. Er hat er die Möglichkeit, einen Durchführungsweg zu wählen, der am besten zu dem in seinem Unternehmen existierenden Versorgungssystem passt oder der am wenigsten zusätzliche Risiken oder Belastungen für ihn beinhaltet. Auch hinsichtlich der Wahl des Versorgungsträgers (z. B.: welche Versicherung?) und des Versorgungsmodells ist der Arbeitgeber in den Grenzen billigen Ermessens frei, solange es sich um eine wertgleiche Zusage handelt. Entspricht der Inhalt der beabsichtigten Versorgungszusage nicht den Vorstellungen des Arbeitnehmers, etwa weil eine Umschichtung zwischen Alters- und Invaliditätsleistung vorgenommen werden soll, besteht für den Arbeitnehmer nur die Möglichkeit, von der Geltendmachung des Übertragungsanspruchs oder der Vereinbarung der Übertragung des Übertragungswerts Abstand zu nehmen.

3. Übertragungswert

Hinsichtlich der Höhe des Übertragungswerts, der auf den neuen Arbeitgeber übertragen wird, differenziert § 4 Abs. 5 BetrAVG je nachdem, ob beim bisherigen Arbeitgeber die Altersversorgung einerseits direkt oder über eine Unterstützungskasse, andererseits versicherungsförmig (über eine Pensionskasse, einen Pensionsfonds oder Direktversicherung) durchgeführt worden ist. Bei einer Direktzusage oder einer Unterstützungskassenzusage ist der Übertragungswert gleich dem Barwert der nach § 2 BetrAVG bemessenen künftigen Versorgungsleistung im Zeitpunkt der Übertragung. Dieser wird nach versicherungsmathematischen Grundsätzen errechnet. Er entspricht nicht der vom Arbeitgeber bislang gebildeten → Pensionsrückstellung nach § 6a EStG. Bei einer Direktversicherung, einer Pensionskasse oder einem Pensionsfonds entspricht der Übertragungswert dem bis zum Übertragungszeitpunkt beim Versorgungsträger gebildeten Kapital. Ein Stornoabzug wie bei der Inanspruchnahme des Rückkaufswerts ist nicht zulässig. Vielmehr sind dem Zeitwert die bis dahin entstandenen Überschuss- und Schlussüberschussanteile hinzuzurechnen.

4. Auskunftsanspruch des Arbeitnehmers

Wie hoch der Übertragungswert ist, hat der bisherige Arbeitgeber dem Arbeitnehmer auf dessen Verlangen schriftlich mitzuteilen (§ 4a Abs. 1 Nr. 2 BetrAVG). Außerdem hat der Arbeitnehmer einen Anspruch gegenüber dem neuen Arbeitgeber oder Versorgungsträger, ihm auf sein Verlangen schriftlich mitzuteilen, in welcher Höhe aus dem Übertragungswert ein Anspruch auf Altersversorgung erwächst und ob eine Invaliditäts- oder Hinterbliebenenversorgung besteht.

5. Rechtsfolgen der Übertragung

Bei einer wirksamen Übertragung der Versorgungsverbindlichkeit wird der bisherige Arbeitgeber von seiner Leistungspflicht frei, die Versorgungsansprüche des Arbeitnehmers richten sich ausschließlich gegen den neuen Arbeitgeber (§ 4 Abs. 6 BetrAVG). Mit der Erteilung einer neuen Versorgungszusage verändert sich zwar nicht der Wert, aber der Inhalt der Versorgungsanwartschaft. Außerdem verliert der Arbeitnehmer den bisherigen Versorgungsschuldner und erhält mit Erteilung der neuen Zusage einen neuen. Die daraus resultierenden Probleme, insbesondere für → Unverfallbarkeit und → Insolvenzschutz löst der Gesetzgeber dadurch, dass für die neue Anwartschaft die entsprechende Geltung der Regelungen über → Entgeltumwandlung vorgeschrieben wird (§ 4 Abs. 2 Ziff. 2 BetrAVG a. E.; § 4 Abs. 3 Satz 4 BetrAVG). Die neu erteilte Zusage nach Übertragung des Übertragungswerts ist damit sofort unverfallbar (§ 1 b Abs. 5 BetrAVG). Die Anwartschaft unterliegt von Anfang an dem gesetzlichen Insolvenzschutz gem. §§ 7 ff BetrAVG. Bei der unwiderleglichen Vermutung des → Versicherungsmissbrauchs in § 7 Abs. 5 Satz 3 BetrAVG bei Erteilung einer Versorgungszusage oder Verbesserung einer Versorgungszusage in den beiden letzten Jahren vor Eintritt des Sicherungsfalles macht das Gesetz nunmehr auch eine Ausnahme für im Rahmen von Übertragungen gegebenen Zusagen, soweit der Übertragungswert die Beitragsbemessungsgrenze in der gesetzlichen Rentenversicherung nicht übersteigt.

III. Übertragung ohne Zustimmung des Arbeitnehmers bei Liquidation

Stellt das Unternehmen seine Betriebstätigkeit ein und wird liquidiert, wird die Schwierigkeit des Arbeitgebers, von allen versorgungsberechtigten Arbeitnehmern und Rentnern die Zustimmung zu einer Übertragung einholen zu müssen, vom Gesetz in § 4

Abs. 4 BetrAVG dadurch umgangen, dass eine Übertragung auf einen insolvenzfesten Versorgungsträger auch ohne Zustimmung der Versorgungsberechtigten möglich ist. Die Versorgungsverpflichtung muss von einer **Pensionskasse** oder einem Unternehmen der **Lebensversicherung** übernommen werden. Außerdem müssen die Überschussanteile ab Rentenbeginn zur Erhöhung der laufenden Leistungen verwendet werden.

IV. Übertragung beim Betriebsübergang und bei Unternehmensumwandlung

Bei einem → **Betriebsübergang** gehen die aktiven Arbeitsverhältnisse auf den Betriebserwerber über und damit auch die bei diesen bestehenden Versorgungsanwartschaften. Versorgungsanwartschaften bereits ausgeschiedener Arbeitnehmer und Rentenansprüche verbleiben beim Betriebsveräußerer. Vertragliche Regelungen zwischen altem und neuem Betriebsinhaber, die eine andere Zuordnung der Versorgungsverbindlichkeit vorsehen, sind nur zulässig, wenn sie nicht gegen das Übertragungsverbot des § 4 BetrAVG verstoßen und die Arbeitnehmer zustimmen. Die Zuordnung der Versorgungsverbindlichkeiten ausschließlich an den bisherigen Betriebsinhaber oder an den Betriebserwerber verstößt daher in der Regel gegen § 4 BetrAVG oder scheitert an der fehlenden Zustimmung des PSV.

Im Rahmen einer Übertragung von Versorgungsverpflichtungen bei einer **Unternehmensspaltung** findet § 4 BetrAVG keine Anwendung (BAG NZA 2005, 639). Unverfallbare Anwartschaften ausgeschiedener Arbeitnehmer und Betriebsrentenansprüche können im Spaltungs- und Übernahmevertrag oder im Spaltungsplan frei zugeordnet werden. Bei einer Verschmelzung gehen alle Versorgungsverbindlichkeiten auf den übernehmenden Rechtsträger über (§ 20 UmwG). *(M)*

▶ **Überversorgung**

Mit Überversorgung wird allgemein der Zustand bezeichnet, dass ein Rentner nach Eintritt des Versorgungsfalls über ein höheres Einkommen aus Sozialversicherungsrente und Betriebsrente verfügt als vorher als aktiver Arbeitnehmer. Verglichen wird hierbei das jeweilige Nettoeinkommen.

Eine **planwidrige Überversorgung** kann bei betrieblichen Versorgungszusagen vor allen Dingen bei → Gesamtversorgungssystemen auftreten. Wird eine Betriebsrente in Höhe eines bestimmten Prozentsatzes vom letzten Bruttoeinkommen unter Anrechnung der Sozialversicherungsrente versprochen, kann die Erhöhung der Abzüge durch Steuern und Sozialversicherungsbeiträge bei den Löhnen der aktiven Arbeitnehmern dazu führen, dass Rentner im Durchschnitt bei einem Nettolohnvergleich besser gestellt werden als aktive Arbeitnehmer (Beispiel: eine Versorgungszusage aus dem Jahr 1965 sieht 75 % vom letzten Bruttoeinkommen unter Anrechnung der Sozialversicherungsrente vor, der Gesamtversorgungsgrad betrug damit 1965 101 % des letzten Nettolohns; im Jahr 1981 betrug der Gesamtversorgungsgrad 115 % des letzten Nettolohns).

Bringt eine Versorgungszusage klar zum Ausdruck, dass sie die Überschreitung einer bestimmten Gesamtversorgungsobergrenze vermeiden will und Rentner keinesfalls besser stellen will als vergleichbare aktive Arbeitnehmer, kann die Erhöhung der Abgabenlast bei aktiven Arbeitnehmern dazu führen, dass die ursprünglich sachgerechte Obergrenze ihr Ziel verfehlt. Hierin sieht die Rechtsprechung einen **Wegfall der Geschäftsgrundlage.**

Eine derartige planwidrige Überversorgung berechtigt den Arbeitgeber zu einer einseitigen Kürzung der erteilten Versorgungszusage. Ob eine planwidrige Überversorgung vorliegt, hängt von dem in der jeweiligen Versorgungsordnung angestrebten Versorgungsgrad ab. Will der Arbeitgeber mit einer Versorgungszusage erkennbar erreichen, dass der bisherige Lebensstandard erhalten bleibt, kann er sich bei einer deutlichen Überschreitung des Gesamtversorgungsgrads auf einen Wegfall der Geschäftsgrundlage berufen und die Versorgung entsprechend den geänderten Verhältnissen anpassen (durch → Widerruf oder abändernde Betriebsvereinbarung). Eine Verhandlungspflicht gegenüber dem einzelnen Arbeitnehmer verneint das BAG (AP § 1 BetrAVG Überversorgung Nr. 4) bei einer Gesamtzusage. Soweit ein Betriebsrat existiert, ist bei einer Neuordnung stets das Mitbestimmungsrecht des Betriebsrats zu beachten (BAG AP § 1 BetrAVG Ablösung Nr. 6).

Bestand das Versorgungsziel nicht in einer Vollversorgung, sondern in einer geringeren Versorgung und ist der angestrebte Versorgungsgrad in der Versorgungszusage erkennbar, kann auch die Überschreitung des ursprünglich angestrebten Versorgungsgrades **(relativen Überversorgung)** zu einem Anpassungsrecht des Arbeitgebers führen (BAG NZA 1999, 780).

Der angestrebte Versorgungsgrad ist dabei zum Zeitpunkt der Errichtung der Versorgungsordnung zu bestimmen, nicht zum Zeitpunkt des Abschlusses des einzelnen Arbeitsvertrags (BAG AP § 1 BetrAVG Überversorgung Nr. 10). Auch die Feststellung einer Überversorgung und ihr Abbau erfordern nach der Rechtsprechung des BAG (AP § 1 BetrAVG Überversorgung Nr. 9) keine einzelfallbezogene Betrachtung. Eine Neuregelung muss sich aber an die ursprüngliche Geschäftsgrundlage halten. Nur die planwidrig eingetretene Überversorgung darf abgebaut werden, nicht die Versorgung umstrukturiert oder abgesenkt werden (BAG NZA 1999, 780). Die Neuordnung darf auch in zeitanteilig erdiente → Besitzstände eingreifen (BAG AP § 1 BetrAVG Ablösung Nr. 26); anders als bei anderen → Änderungen von Versorgungszusagen müssen rentennahe Jahrgänge nicht besonders geschützt werden (BAG AP § 1 BetrAVG Ablösung Nr. 15); in einer anderen Entscheidung verneint das BAG sogar einen Vertrauensschutz in Zahlungsansprüche auf laufende Rente bei einer planwidrigen Überversorgung (BAG § 1 BetrAVG Ablösung Nr. 19).

Ist einem Arbeitnehmer von vornherein eine Versorgung von mehr als 100 % des letzten Nettoeinkommens versprochen, ist ein Arbeitgeber an eine derartige **planmäßige Überversorgung** gebunden (BAG AP § 1 BetrAVG Ablösung Nr. 13). Eine Ausnahme hiervon macht das BAG wiederum für den **öffentlichen Dienst** (BAG AP § 1 BetrAVG Überversorgung Nr. 9), die öffentlich-rechtlichen Rundfunkanstalten (BAG AP § 1 BetrAVG Überversorgung Nr. 3, 11) und die Sozialversicherungsträger (BAG AP § 1 BetrAVG Ablösung Nr. 40), die allesamt die Gebote der Wirtschaftlichkeit und Sparsamkeit zu beachten haben und deshalb auch eine planmäßige Überversorgung abbauen dürfen. Weshalb das öffentliche Haushaltsrecht zivilrechtliche Grundsätze verdrängen kann, ist allerdings bislang nicht geklärt. *(M)*

▶ **Umfassungszusage**

Bei einer Umfassungszusage oder **Eigenbeitragszusage** erbringt der Arbeitnehmer aus seinem Arbeitsentgelt Beiträge zur Finanzierung von Leistungen der betrieblichen Altersversorgung; im Gegenzug erbringt der Arbeitgeber entsprechend der getroffenen Versorgungsvereinbarung über eine Direktversicherung, eine Pensionskasse oder einen Pensionsfonds eine betriebliche Versorgungsleistung aus den **Beiträgen,** die der **Arbeitnehmer** aufgrund der Versorgungsvereinbarung gezahlt hat. Von einer Entgeltumwandlung unterscheidet sich die Umfassungszusage dadurch, dass der Arbeitnehmer zwar nicht auf das Entgelt verzichtet, aber der Arbeitnehmer gegenüber dem Versorgungsträger zur Zahlung der Beiträge aus seinem Arbeitseinkommen verpflichtet ist. Die Beiträge führt der Arbeitnehmer aus seinem versteuerten und verbeitragten Einkommen ab. Von einer privaten Altersversorgung unterscheidet sich die Umfassungszusage dadurch, dass der Arbeitgeber über seine Zusage die Garantie für die aus den Beiträgen folgenden Leistungen übernimmt.

Die Beteiligung der Arbeitnehmer an der betrieblichen Altersversorgung durch eigene Beiträge war bislang bei Pensionskassen verbreitet, ohne dass die Eigenbeitragsanteile zur betrieblichen Altersversorgung zählten. Die mit Wirkung vom 1.1.2003 (§ 30 e BetrAVG) eingeführte Möglichkeit der Umfassungszusage ermöglicht die Einbeziehung dieser Eigenbeiträge in den Schutz des BetrAVG und vor allen Dingen in die steuerliche Förderung gemäß § 82 Abs. 2 EStG. Vorgesehen ist diese Möglichkeit vor allen Dingen nach dem ATV vom 1.3.2002 für den öffentlichen Dienst.

Die Umfassungszusage kommt zustande über eine **Versorgungsvereinbarung** zwischen Arbeitgeber und Arbeitnehmer. Bei dieser muss die Höhe und die Dauer der von Arbeitnehmer zu leistenden Beiträge an den Versorgungsträger festgelegt werden und die daraus resultierende Leistungspflicht des Arbeitgebers. Als Durchführungswege kommen gemäß § 1 Abs. 2 Nr. 4 BetrAVG nur **Pensionsfonds, Pensionskassen** und **Direktversicherungen** in Betracht. Auf die Umfassungszusage wird das Recht der → Entgeltumwandlungszusagen entsprechend angewandt.

Soweit der Arbeitnehmer mit dem Arbeitgeber eine **Entgeltumwandlungsvereinbarung** getroffen hat und er bei fortbestehendem Arbeitsverhältnis **kein Entgelt** erhält (z. B. während eines Krankengeldbezugs oder während einer Elternzeit), kann der Arbeitnehmer gem. § 1 a Abs. 4 BetrAVG die Versicherung oder Versorgung mit eigenen Beiträgen fortsetzen. Da der Arbeitgeber für die Leistungen aus diesen Beiträgen einzustehen hat (§ 1 a Abs. 4 Satz 2 BetrAVG), ergibt sich hier eine gesetzlich vorgesehene Umfassungszusage, auf die das Recht der Entgeltumwandlung entsprechend angewendet wird (§ 1 a Abs. 4 Satz 3 BetrAVG).   *(M)*

▶ Unabdingbarkeit

Die Arbeitnehmerschutzvorschriften des BetrAVG sind wie viele arbeitsrechtliche Vorschriften unabdingbar, d. h. von den Bestimmungen des Gesetzes darf in einem **Einzelvertrag** nicht **zuungunsten des Arbeitnehmers** abgewichen werden (§ 17 Abs. 3 Satz 3 BetrAVG). Auch Betriebsvereinbarungen sind vollständig an die Vorschriften des BetrAVG gebunden. Zulässig sind dagegen grundsätzlich Abweichungen vom Gesetz, die für den Arbeitnehmer günstiger sind. Günstigere Vereinbarungen können allerdings nicht zu Lasten des PSV vereinbart werden, da der → Insolvenzschutz von unverfallbaren Versorgungsanwartschaften und Versorgungsansprüchen von der Solidargemeinschaft aller sicherungspflichtigen Arbeitgeber finanziert wird. Arbeitgeber und Arbeitnehmer dürfen deshalb zwar vereinbaren, dass eine Versorgungsanwartschaft bereits nach zwei Jahren Zusagedauer unverfallbar ist; insolvenzgeschützt gem. § 7 BetrAVG ist diese vertraglich unverfallbare Anwartschaft jedoch nicht. Durch die Unabdingbarkeit des § 1 b BetrAVG ausgeschlossen ist eine Vereinbarung, dass die → Unverfallbarkeit erst nach 15 Jahren Zusagedauer eintritt.

Wenn eine einzelne Vereinbarung zwischen Arbeitgeber und Arbeitnehmer den Arbeitnehmer gegenüber dem Gesetz benachteiligt, liegt ein Verstoß gegen ein Gesetz vor, so dass die vertragliche Regelung gem. § 134 BGB **nichtig** ist.

In **Tarifverträgen** darf von verschiedenen Normen des BetrAVG abgewichen werden. Hierzu zählen die §§ 2 bis 5, 16, 18a Satz 1,

27 und 28 BetrAVG. Dementsprechend können die Tarifvertragsparteien eigene Regeln für die Berechnung der → Höhe der unverfallbaren Versorgungsanwartschaft aufstellen, die Möglichkeiten
der → Abfindung, → Übertragung, → Anrechnung oder → Auszehrung erweitern oder einschränken und andere Regelungen für die
→ Anpassung von Betriebsrenten vereinbaren. Auch der Anspruch
auf → Entgeltumwandlung gem. § 1a BetrAVG ist tarifdispositiv.
Abgesehen davon, dass nach § 17 Abs. 5 BetrAVG eine Entgeltumwandlung von tarifvertraglichen Entgeltansprüchen ohnehin nur
zulässig ist, soweit dies durch Tarifvertrag vorgesehen oder durch
Tarifvertrag zugelassen ist, können die Tarifvertragsparteien deshalb eigenständige Regeln für die Entgeltumwandlung treffen, die
nicht mit § 1a BetrAVG übereinstimmen.

Haben **nicht tarifgebundene** Arbeitsvertragsparteien die Geltung
des einschlägigen Tarifvertrags einzelvertraglich vereinbart, wirken
für den Arbeitnehmer auch nachteilige Normen des in Bezug genommenen Tarifvertrags. Erforderlich ist die Bezugnahme auf den
räumlich, betrieblich, fachlich und persönlich maßgebenden Tarifvertrag, der bei einer Tarifbindung der Parteien ohnehin gelten
würde.

Von der Regelung der → Unverfallbarkeit in § 1b BetrAVG, der
Inanspruchnahme → vorzeitiger Altersleistungen in § 6 BetrAVG
und dem → Insolvenzschutz (§§ 7 bis 15 BetrAVG) kann auch
durch Tarifvertrag nicht abgewichen werden.   *(M)*

▶ **Unmittelbare Versorgungszusage**

Bei der unmittelbaren Versorgungszusage oder Direktzusage verpflichtet sich der **Arbeitgeber,** einem Arbeitnehmer oder mehreren
Arbeitnehmern nach Eintritt des Versorgungsfalls Versorgungsleistungen **selbst** zu erbringen. Die Ausdrücke „unmittelbare Versorgungszusage", „Direktzusage", „Pensionsverpflichtung" und „Pensionszusage" werden synonym verwendet. Es bestehen rechtliche
Beziehungen nur zwischen Arbeitnehmer und Arbeitgeber. Letz-
terer verspricht Ersterem, an diesen selbst Leistungen der betrieblichen Altersversorgung zu erbringen. Arbeitgeber und Versorgungsträger sind identisch. Dritte sind nicht beteiligt. Das gilt auch

dann, wenn die Leistungen verbandsspezifisch angeglichen werden, z. B. im Rahmen sog. „Konditionenkartelle" wie beim Essener oder → Bochumer Verband. Die Verwaltung erfolgt dann zentral, aber die Deckungsmittel verbleiben bei den zugehörigen Mitgliedsunternehmen.

Der Arbeitgeber übernimmt allein das Versorgungsrisiko. Werden nicht einmalige Kapitalleistungen, sondern laufende Renten zugesagt, besteht für den Arbeitgeber das Risiko über die Ungewissheit des Zeitpunkts des Versorgungsfalls und dessen Dauer. Die versicherungsmathematische Kalkulierbarkeit dieser Risiken steigt mit zunehmender Unternehmensgröße. Die unmittelbare Versorgungszusage ist nach wie vor der am weitesten verbreitete → Durchführungsweg der betrieblichen Altersversorgung.

Der Arbeitgeber kann die von ihm erteilten Versorgungszusagen bei einem Unternehmen der Versicherungswirtschaft ganz (kongruent) oder teilweise (partiell) rückdecken. Da der Arbeitgeber hier nur sein eigenes Risiko absichert und nur er bei Eintritt des Versorgungsfalls Ansprüche aus dem Versicherungsvertrag geltend machen kann, handelt es sich bei einer durch eine → **Rückdeckungsversicherung** abgesicherten Direktzusage immer noch um eine unmittelbare Versorgungszusage, nicht etwa um eine → Direktversicherung, bei der der Arbeitnehmer gegenüber der Versicherung anspruchsberechtigt ist.

Die Finanzierung der Versorgungsverpflichtung aus einer unmittelbaren Versorgungszusage geschieht durch → **Pensionsrückstellungen** gem. § 6a EStG. Da Pensionsrückstellungen mit Erteilung der Versorgungszusage bereits vor Eintritt des Versorgungsfalles gebildet werden, frühestens in dem Wirtschaftsjahr, in dem der Versorgungsberechtigte das 28. Lebensjahr vollendet hat, kann ein Unternehmen, das Gewinne zu versteuern hat, durch die Bildung von Pensionsrückstellungen zunächst Steuern sparen, allerdings werden später entsprechend Steuern bei Auflösung der Pensionsrückstellungen durch Auszahlung der Betriebsrente an den Arbeitnehmer fällig. Der Steuerstundungseffekt stellt bei Gewinn erwirtschaftenden Unternehmen einen wesentlichen betriebswirtschaftlichen Anreiz für die Erteilung von unmittelbaren Versorgungszusagen her; je nach Gewinnsituation und Entwicklung der beschäftigten versorgungsberechtigten Arbeitnehmer kann über die Verzinsung der eingesparten Steuern das für die Finanzierung der unmittelbaren Versorgungszusage erforderliche Kapital ganz oder teilweise aufgebracht werden.

Steuerliche Voraussetzung für die Bildung einer Pensionsrückstellung ist, dass eine Direktzusage **schriftlich** erteilt worden ist unter Einräumung eines Rechtsanspruchs. Aus diesem Grund werden unmittelbare Versorgungszusagen in der Regel schriftlich erteilt, auch wenn dies für die arbeitsrechtliche Wirksamkeit nicht erforderlich ist. Aus dem gleichen Grund sind unmittelbare Versorgungszusagen mit einem allgemeinen → **Widerrufsvorbehalt** sehr selten, da für sie keine Pensionsrückstellungen gebildet werden dürfen. Steuerunschädlich und daher in der Praxis sehr verbreitet sind dagegen bestimmte in Abschnitt 41 Abs. 4 Einkommensteuer-Richtlinien vorgesehene Vorbehalte, z. B. ein Vorbehalt, die zugesagten Leistungen zu kürzen oder einzustellen, wenn die wirtschaftliche Lage des Unternehmens sich nachhaltig so wesentlich verschlechtert hat, dass ihm ein Aufrechterhalten der zugesagten Leistungen nicht mehr zugemutet werden kann. Die steuerunschädlichen Vorbehalte haben arbeitsrechtlich jedoch nur eine eingeschränkte Bedeutung, da die Rechtsprechung des Bundesarbeitsgerichts eigene Kriterien für den Widerruf und die Kürzung von Versorgungszusagen entwickelt hat, die andererseits auch dann gelten, wenn derartige steuerunschädliche Vorbehalte nicht erklärt sind.   *(M)*

▶ **Unternehmensumwandlung**

Bei einer Unternehmensumwandlung wird die Organisationsform des Unternehmens geändert. Dies kann geschehen durch Wechsel der Rechtsform des Unternehmens oder durch Übertragung eines Teils oder des gesamten Gesellschaftsvermögens auf einen anderen Rechtsträger. Das UmwG, das seit 1995 die Arten der Umwandlung von Gesellschaften („Rechtsträgern") abschließend regelt, kennt neben dem Formwechsel (§§ 190 bis 304 UmwG) die Verschmelzung (§§ 2 bis 122 UmwG), die Spaltung (§§ 123 bis 173 UmwG) und die Vermögensübertragung (§§ 174 bis 189 UmwG).

Während bei dem **Formwechsel** das Vermögen des Rechtsträgers unverändert bleibt, findet bei den übrigen Formen einer **übertragenden Umwandlung** eine Übertragung von Vermögen eines Rechtsträgers auf einen anderen statt, und zwar nicht durch Übertragung einzelner Vermögensgegenstände, sondern durch gesellschaftsrechtlich geregelte Gesamtrechtsnachfolge.

Bei der **Verschmelzung** übertragen ein oder mehrere Rechtsträger unter Auflösung ohne Abwicklung ihr Vermögen als Ganzes auf einen anderen schon bestehenden oder aus diesem Anlass neu gegründeten Rechtsträger.

Bei der **Spaltung** werden Teile des Vermögens eines Rechtsträgers auf einen anderen übertragen. Dies kann geschehen durch Aufspaltung – der Rechtsträger überträgt sein gesamtes Vermögen auf mehrere andere Rechtsträger – oder Abspaltung – der Rechtsträger überträgt einen Teil seines Vermögens auf einen anderen Rechtsträger und bleibt im Übrigen bestehen (möglich auch als Ausgliederung, wenn der übertragende Rechtsträger Anteilsinhaber des neuen Rechtsträgers wird).

Die **Vermögensübertragung** unterscheidet sich von der Verschmelzung und der Spaltung durch die an den übertragenden Rechtsträger zu erbringende Gegenleistung. Statt der Gewährung von Anteilen oder Mitgliedschaften erfolgt eine sonstige Gegenleistung, in der Regel in Form von Geld. Ansonsten entspricht die Vollübertragung im Wesentlichen der Verschmelzung und die Teilübertragung der Spaltung.

Arbeitsrechtlich wird über § 324 UmwG klargestellt, dass die gesetzlichen Regelungen zum → **Betriebsübergang** gem. § 613 a Abs. 1, 4 bis 6 BGB in allen Fällen der übertragenden Umwandlung Anwendung finden. Während ansonsten Rechtsverhältnisse und Verbindlichkeiten durch Umwandlungsvertrag oder -beschluss frei zugeordnet werden können, findet die **Zuordnung von Arbeitsverhältnissen** ihre Grenzen in den zwingenden Vorschriften des § 613 a BGB. Wenn ein Betriebsübergang oder ein Betriebsteilübergang stattfindet, können Arbeitsverhältnisse nicht getrennt vom Betrieb z. B. durch einen Spaltungsvertrag anderweitig zugeordnet werden. Nur wenn ein Betriebsübergang nicht stattfindet oder wenn ein Arbeitnehmer nicht eindeutig einem Betrieb zuzuordnen ist (Mitglied einer Stabsabteilung), kann mit Zustimmung des Arbeitnehmers (str.) das Arbeitsverhältnis auf einen anderen als den bisherigen Arbeitgeber übergeleitet werden.

Die betrieblichen Versorgungsverpflichtungen **aktiver Arbeitnehmer** gehen stets zusammen mit dem Arbeitsverhältnis auf den übernehmenden Rechtsträger über. Die Verpflichtungen aus dem Arbeitsverhältnis und die Verpflichtungen aus einer **Versorgungszusage** können nicht im Rahmen einer Unternehmensumwandlung auf verschiedene Rechtsträger verteilt werden.

Da § 613 a BGB eine Schutzvorschrift zugunsten bestehender Arbeitsverhältnis ist, wird hierdurch die Übertragung von Versorgungsansprüchen von **Betriebsrentnern** und unverfallbaren **Versorgungsanwartschaften** bereits **ausgeschiedener Arbeitnehmer** nicht beschränkt. Diese Verpflichtungen können deshalb bei einer Spaltung frei durch den Spaltungs- und Übernahmevertrag bzw. durch den Spaltungsplan den neu entstehenden Rechtsträgern zugeordnet werden. Eine Zustimmung des Arbeitnehmers oder des PSV ist nicht erforderlich (BAG NZA 2005, 639; a.A. LG Hamburg DB 2006, 941). Allerdings darf eine Versorgungsverbindlichkeit eines Arbeitnehmers nicht auf verschiedene Rechtsträger übertragen werden.

Wenn die betriebliche Altersversorgung über einen **selbständigen Versorgungsträger** durchgeführt wird, muss bei der Unternehmensumwandlung der Übergang der Rechtsbeziehungen zu dem selbständigen Versorgungsträger gesondert geregelt werden. Übernimmt derjenige Rechtsträger, der die Versorgungsverpflichtungen übernimmt, nicht die Rechtsbeziehungen zu der Unterstützungskasse, Pensionskasse etc., muss er für die Versorgungsverpflichtungen selbst aufkommen.

Hinsichtlich der Unverfallbarkeitsfristen, der Berechnung der Höhe der Betriebsrente und dem Zusammentreffen von verschiedenen Versorgungszusagen nach einer Umwandlung ergeben sich keine Unterschiede zum → Betriebsübergang.

Im Umwandlungsvertrag oder im Umwandlungsbeschluss müssen die durch die Umwandlung eintretenden **Folgen für die Arbeitnehmer** dargestellt werden (§ 5 Abs. 1 Ziff. 9 UmwG). Bezogen auf die betriebliche Altersversorgung bedeutet dies, dass angegeben werden muss, bei welchem Rechtsträger die Versorgungsverpflichtungen der aktiven Arbeitnehmer und bei welchem Rechtsträger die Versorgungsverpflichtungen aus den unverfallbaren Anwartschaften ausgeschiedener Arbeitnehmer und die Versorgungsansprüche der Betriebsrentner verbleiben, welche Auswirkungen die Unternehmensumwandlung auf bestehende Betriebsvereinbarungen oder Tarifverträge über betriebliche Altersversorgung hat, wie die Rechtsbeziehungen zu bestehenden selbständigen Versorgungsträgern wie Unterstützungskassen oder Pensionskassen fortgeführt werden, ob sich die Haftungsverhältnisse für betriebliche Versorgungszusagen ändern und ob Veränderungen der Versorgungszusagen im Zusammenhang mit der Unternehmensumwandlung geplant sind. Soweit im Rahmen der Unternehmensumwandlung ein Betriebsübergang nach § 613 a BGB stattfindet, sind darüber hinaus die vom Übergang betroffenen Arbeitnehmer vom bisherigen Arbeitgeber oder vom neuen Inhaber gem. § 613 a Abs. 5 BGB zu **unterrichten.**

Nach § 22 UmwG (i. V. m. §§ 125, 176, 177, 204 UmwG) ist den Gläubigern der an einer Unternehmensumwandlung beteiligten Rechtsträgern Sicherheit zu leisten, wenn sie glaubhaft machen, dass durch die Unternehmensumwandlung die Erfüllung ihrer Forderungen gefährdet wird. Eine derartige **Sicherheitsleistung** ist für Betriebsrentner und Versorgungsanwärter nicht erforderlich, soweit diese ausreichend über den → PSV gem. §§ 7 ff BetrAVG vor Insolvenz geschützt sind (vgl. BAG AP § 374 AktG Nr. 1). Eine Sicherheitsleistung ist deshalb i. d. R. nicht erforderlich. Ausnahmen sind denkbar bei einer Erhöhung der Versorgungszusage innerhalb der letzten zwei Jahre, bei älteren → Entgeltumwandlungszusagen (vor dem 1. 1. 2001), soweit diese nicht über eine → Direktversicherung mit unwiderruflichen Bezugsrecht durchgeführt worden sind und noch nicht gesetzlich unverfallbar sind, und bezüglich der gem. § 16 BetrAVG vorzunehmenden → Anpassung von Betriebsrenten.

Wird eine **Personengesellschaft** (OHG, KG) umgewandelt und erlischt damit die **Haftung** der persönlich haftenden Gesellschafter, haftet der bisherige persönlich haftende Gesellschafter für alle innerhalb der nächsten fünf Jahre fällig werdenden Betriebsrentenzahlungen persönlich (§§ 45, 224 UmwG); danach haftet nur noch der durch die Verschmelzung entstandene Rechtsträger bzw. die aus dem Formwechsel hervorgegangene Gesellschaft.

Auch bei einer → **Spaltung** haften die an der Spaltung beteiligten Rechtsträger gesamtschuldnerisch für die vor Wirksamwerden der Spaltung begründeten Verbindlichkeiten für die innerhalb von fünf Jahren fällig werdenden Versorgungsansprüche (§ 133 Abs. 1 UmwG). Bei einer **Betriebsaufspaltung** haftet die Anlagegesellschaft für die innerhalb eines Zeitraums von zehn Jahren fällig werdenden Versorgungsleistungen aus vor der Spaltung begründeten Versorgungsverpflichtungen (§ 134 Abs. 2 UmwG). *(M)*

▶ **Unterstützungskasse**

Unterstützungskassen sind nach der gesetzlichen Definition des § 1b Abs. 4 BetrAVG rechtsfähige Versorgungseinrichtungen, die eine betriebliche Altersversorgung durchführen und die auf ihre Leistungen keinen Rechtsanspruch gewähren.

Wie bei Direktversicherungen, Pensionskassen und Pensionsfonds wird die betriebliche Altersversorgung bei einer Unterstützungskassenzusage mittelbar über einen Versorgungsträger durchgeführt. Unterstützungskassen gehören zu den ältesten Formen der betrieblichen Altersversorgung. Sie sind entstanden aus unselbständigen Hilfs- und Unterstützungseinrichtungen, aus denen der Arbeitgeber selbst Versorgungsleistungen erbrachte, auf die aber ein Rechtsanspruch nicht bestehen sollte. Diese unselbständigen Sondervermögen waren zunächst steuerlich begünstigt. Durch Änderung der Steuergesetzgebung im Jahre 1934 wurden nur noch Sondervermögen in rechtlich selbständigen Kassen steuerlich begünstigt. Dies führte zu einer rechtlichen Verselbständigung der Unterstützungskassen. Der Ausschluss des Rechtsanspruchs blieb erhalten, da so vermieden werden konnte, dass Unterstützungskassen der Versicherungsaufsicht unterliegen. Grundsätzlich werden nämlich Versicherungsunternehmen, die auf ihre Leistungen einen Rechtsanspruch gewähren, gem. § 1 VAG durch die **Versicherungsaufsicht** der Bundesanstalt für Finanzdienstleistungsaufsicht (früher: Bundesaufsichtsamt für das Versicherungswesen) kontrolliert. Von dieser Aufsicht sind Unterstützungskassen seit 1940 **befreit** unter der Voraussetzung, dass sie einen Rechtsanspruch auf die von ihnen in Aussicht gestellten Versorgungsleistungen ausdrücklich ausschließen. Diese historische Entwicklung führt dazu, dass Unterstützungskassen in ihren Satzungen und Versorgungsrichtlinien auch heute noch beständig darauf hinweisen, dass ein Rechtsanspruch auf ihre Leistungen nicht besteht und dass auch das BetrAVG es vermeidet, von einem Rechtsanspruch oder einer Anwartschaft auf eine betriebliche Altersversorgung aus einer Unterstützungskassenzusage zu sprechen. Nach dem BetrVG von 1952 fiel die Unterstützungskasse unter dem Begriff der „Wohlfahrtseinrichtung", nach dem heutigen Betriebsverfassungsrecht gehört die Unterstützungskasse zu den Sozialeinrichtungen gem. § 87 Abs. 1 Nr. 8 BetrVG (→ Mitbestimmung des Betriebsrats).

Heute werden Unterstützungskassen in der Regel als eingetragene **Vereine** oder in Form einer **GmbH** betrieben. Selten ist wegen der bestehenden Staatsaufsicht eine Unterstützungskasse in der Form einer Stiftung.

Die Unterstützungskasse wird von den sie tragenden Unternehmen finanziert („dotiert"). Dem Unternehmen steht es grundsätzlich frei, wie es die Unterstützungskasse finanziert, ob mit laufend gleich bleibenden Beträgen oder je nach seiner wirtschaftlichen Situation mit größeren oder kleineren Geldbeträgen. Die Grenzen werden hier durch steuerrechtliche Vorschriften gesetzt (§ 4 d EStG). Unterstützungskassen werden häufig auch durch Rückdeckungsversicherungen finanziert. Bei einer **rückgedeckten Unterstützungskasse** schließt die Unterstützungskasse einen Gruppenversicherungsvertrag mit einer Lebensversicherung ab, die dafür sorgt, dass die Unterstützungskasse bei Eintritt des Versorgungsfalls bei einem Arbeitnehmer die Mittel für die Auszahlung der Versorgungsleistungen erhält. Wird der gesamte Verpflichtungsumfang der Unterstützungskasse von einer Rückdeckungsversicherung abgesichert, spricht man von einer **kongruent** rückgedeckten Unterstützungskasse, sonst von einer **partiell** rückgedeckten Unterstützungskasse. Die Beiträge für die Rückdeckungsversicherung muss der Arbeitgeber finanzieren.

In der Vermögensanlage sind die Unterstützungskassen grundsätzlich frei. Sie können beispielsweise das Kassenvermögen dem

Trägerunternehmen gegen eine angemessene Verzinsung darlehensweise wieder zur Verfügung stellen.

Eine Unterstützungskasse kann die betriebliche Altersversorgung für ein einzelnes Unternehmen durchführen, aber auch für mehrere Unternehmen eines Konzerns (**Konzernunterstützungskasse**) oder mehrere voneinander unabhängige Unternehmen (**Gruppenunterstützungskasse**). Eine Gruppenunterstützungskasse, die Arbeitnehmer mehrerer Trägerunternehmen versorgt, muss Leistungen nur erbringen, solange der Arbeitgeber, der die Versorgung zugesagt hat, zu den Trägerunternehmen gehört. Scheidet ein Arbeitgeber aus dem Kreis der Trägerunternehmen der Unterstützungskasse aus, so endet die Leistungspflicht der Kasse. Stattdessen muss der Arbeitgeber die Versorgungszusage unmittelbar erfüllen (BAG AP § 1 BetrAVG Unterstützungskassen Nr. 32).

Der **Ausschluss des Rechtsanspruchs** auf Versorgungsleistungen in den Satzungen und Versorgungsrichtlinien der Unterstützungskassen, aber auch in den individuell erteilten Unterstützungskassenzusagen führt nicht dazu, dass der Arbeitgeber sich ohne weiteres von der einmal erteilten Versorgungszusage lösen kann. Nach der Rechtsprechung des Bundesarbeitsgerichts (BAG AP § 1 BetrAVG Unterstützungskassen Nr. 4) kann der Ausschluss des Rechtsanspruchs nur als Vorbehalt anerkannt werden, die Versorgungszusage aus sachlichen Gründen zu widerrufen. Der → Widerruf muss dabei in genereller Form ausgeübt werden und der Billigkeit entsprechen. Die Widerrufsgründe müssen umso schwerer wiegen, je stärker die betroffenen Besitzstände sind und je tiefer in diese eingegriffen werden soll. Da die über eine Unterstützungskasse zugesagte betriebliche Altersversorgung Versorgungs- und Entgeltcharakter hat, hat das Bundesverfassungsgericht diese Beschränkung des Widerrufsrechts durch das BAG akzeptiert (BVerfG AP § 1 BetrAVG Unterstützungskassen Nr. 2 und 11). Praktisch muss deshalb heute davon ausgegangen werden, dass ein Rechtsanspruch auf Unterstützungskassenleistungen besteht und dass ein Arbeitgeber sich von einer Unterstützungskassenzusage nur unter den gleichen Voraussetzungen durch einen Widerruf oder eine abändernde Betriebsvereinbarung lösen kann wie von jeder anderen Versorgungszusage. Geringfügige Abweichungen hinsichtlich der Widerrufsmöglichkeiten gibt es allenfalls bei Versorgungszusagen, die vor dem In-Kraft-Treten des BetrAVG (22. 12. 1974) erteilt worden sind (→ **Änderung** von Versorgungszusagen).

Da die Unterstützungskasse zwar rechtlich selbständig, aber vom Arbeitgeber in vollem Umfang wirtschaftlich abhängig ist, hat der Arbeitgeber die Unterstützungskasse – ggf. durch Nachschüsse – in den Stand zu setzen, die zugesagten Leistungen zu erbringen. Einer Unterstützungskasse kann sich gegenüber einem Arbeitnehmer nicht auf ihre Vermögenslosigkeit berufen. Hinsichtlich der Beurteilung der wirtschaftlichen Lage als Rechtfertigung für eine Änderung der Versorgungszusage oder eine Verweigerung der → Anpassung der laufenden Betriebsrenten gem. § 16 BetrAVG, aber auch hinsichtlich des Eintritts eines → Sicherungsfalls gem. § 7 BetrAVG kommt es auf die **wirtschaftliche Lage des Trägerunternehmens** an (BAG AP § 1 BetrAVG Unterstützungskassen Nr. 23). Soweit eine Unterstützungskasse von einem Arbeitnehmer in Anspruch genommen wird, hat sie gegenüber dem Arbeitgeber als Trägerunternehmen einen Aufwendungserstattungsanspruch gem. § 670 BGB, gegebenenfalls auch einen Anspruch auf Vorschuss (§ 669 BGB), um die Leistungen erbringen zu können. Diese Ansprüche kann der Arbeitnehmer nach einem obsiegenden Urteil gegenüber der Unterstützungskasse sich pfänden und überweisen lassen.

Bei einer Unterstützungskassenzusage besteht zwischen Arbeitgeber und Arbeitnehmer eine **Versorgungszusage,** in der sich der Arbeitgeber verpflichtet, dafür Rechnung zu tragen, dass die Unterstützungskasse nach Maßgabe ihrer Versorgungsrichtlinien Leistungen erbringt. Er muss dementsprechend dafür sorgen, dass die Unterstützungskasse die versprochenen Leistungen auch erbringen kann; andernfalls muss er selbst dem Arbeitnehmer gegenüber die Verpflichtung erfüllen (BAG AP § 1 BetrAVG Unterstützungskassen Nr. 17). Zahlt die Unterstützungskasse nicht, muss sich der Arbeitnehmer zunächst an die Unterstützungskasse halten. Ist diese finanziell nicht in der Lage, die vorgesehene Leistung zu erbringen, weil ihr die entsprechenden Mittel fehlen, kann der Arbeitnehmer auch direkt den Arbeitgeber verklagen. Wegen der subsidiären Haftung des Arbeitgebers (§ 1 Abs. 1 Satz 3 BetrAVG) wird heute üblicherweise empfohlen, bei ausbleibenden Zahlungen stets die Unterstützungskasse und das Trägerunternehmen zu verklagen.

Betriebsrentenrechtlich werden Unterstützungskassenzusagen weitgehend genauso wie unmittelbare Versorgungszusagen behandelt. Ein Rechtsanspruch auf Umwandlung von Entgelt gem. § 1 a BetrAVG in eine Unterstützungskassenzusage besteht nicht. Es besteht auch kein Anspruch auf Übertragung des Übertragungswerts, wenn der bisherige Arbeitgeber eine Unterstützungskassenzusage erteilt hatte. Unterstützungskassenzusagen sind durch den PSV → insolvenzgeschützt. *(M)*

▶ Unverfallbare Anwartschaft, Höhe

Wenn ein Arbeitnehmer vor Eintritt des Versorgungsfalles aus dem Arbeitsverhältnis mit einer unverfallbaren Versorgungsanwartschaft auf eine Betriebsrente ausscheidet, hat er noch nicht die gesamten Arbeitsleistungen erbracht, für die der Arbeitgeber seine Versorgungszusage erteilen wollte. Ein mit einer unverfallbaren Versorgungsanwartschaft ausgeschiedener Arbeitnehmer kann deshalb bei Eintritt des Versorgungsfalles nicht den vollen Rentenanspruch erhalten, sondern nur einen Teilbetrag. Als Grundregel sieht § 2 BetrAVG eine Berechnung der Höhe der unverfallbaren Versorgungsanwartschaft in der Weise vor, dass die erreichbare Vollrente im Verhältnis von tatsächlicher zu möglicher Betriebszugehörigkeit des Arbeitnehmers gekürzt wird. Dies hatte bereits die vorgesetzliche Rechtsprechung zur Unverfallbarkeit (BAG AP BGB § 242 Ruhegehalt Nr. 156) so vorgesehen. Diese **ratierliche Berechnung** geht gedanklich von einer arbeitgeberfinanzierten unmittelbaren Versorgungszusage auf eine betriebliche Altersrente mit einer echten Leistungszusage aus. Eine ratierliche Berechnung ausgeschlossen ist für den vom Arbeitnehmer selbst finanzierten Anteil einer Altersversorgung bei einer vertraglich vorgesehenen **Eigenbeteiligung** des Arbeitnehmers an der Versorgungszusage. Andere Berechnungsvorschriften gelten für die Anwartschaft aus einer → **Entgeltumwandlung,** aus einer → **Umfassungszusage,** aus einer → **beitrags-**

orientierten **Leistungszusage** und aus einer → **Beitragszusage mit Mindestleistung** (§ 2 Abs. 5 a und 5 b BetrAVG). Bei Anwartschaften auf Leistungen aus einer Direktversicherung, einer Pensionskasse oder einem Pensionsfonds geht das Gesetz zwar von einer ratierlichen Berechnung als Grundfall aus; in der Praxis sind jedoch andere Berechnungsmethoden gebräuchlich und zulässig.

I. Ratierliche Berechnung

Bei der ratierlichen Berechnung der Höhe der unverfallbaren Versorgungsanwartschaft wird zunächst ermittelt, wie hoch die Betriebsrente wäre, wenn der Arbeitnehmer nicht vorzeitig ausgeschieden wäre, sondern bis zum Eintritt des Versorgungsfalls im Unternehmen geblieben wäre. Ausgangspunkt ist also die **erreichbare Vollrente** und nicht etwa nur die bis zum Zeitpunkt des Ausscheidens nach der der Zusage zugrunde liegenden Versorgungsformel erdiente Rente. Die Vollrente wird dann im Verhältnis von **tatsächlicher** Betriebszugehörigkeit (Beginn bis Ende des Arbeitsverhältnisses) zu **möglicher Betriebszugehörigkeit** (Beginn des Arbeitsverhältnisses bis Altersgrenze) gekürzt. Der so errechnete Teilanspruch wird mathematisch häufig so ausgedrückt:

$$T = V \times \frac{m}{n}$$

Dabei bezeichnet T den Teilanspruch, V die erreichbare Vollrente, m die tatsächliche Betriebszugehörigkeit und n die mögliche Betriebszugehörigkeit.

Dieser Teilanspruch gemäß § 2 Abs. 1 Satz 1 BetrAVG ist ein Mindestanspruch; die Versorgungszusage kann also eine für den Arbeitnehmer günstigere Regelung treffen. Eine ungünstigere Regelung können Arbeitnehmer und Arbeitgeber nicht vereinbaren (§ 17 Abs. 3 Satz 3 BetrAVG); nur die Tarifvertragsparteien können eine ungünstigere Berechnung vereinbaren (§ 17 Abs. 3 Satz 1 BetrAVG). Für den → öffentlichen Dienst trifft § 18 Abs. 2 BetrAVG eine Sonderregelung.

1. Unverfallbarkeitsfaktor

Die tatsächliche und die mögliche Betriebszugehörigkeit werden grundsätzlich exakt nach Tagen errechnet; eine Rundung nach Mo-

naten ist zulässig (BAG DB 1983, 2640). Beginn der Betriebszugehörigkeit ist in jedem Falle der Beginn des Arbeitsverhältnisses,
auch dann, wenn nach der Versorgungsformel zur Errechnung der
Rente erst Zeiten ab Vollendung eines bestimmten Lebensjahres
zählen. Dabei steht ein Berufsausbildungsverhältnis gem. § 17
Abs. 1 Satz 1 BetrAVG einem Arbeitsverhältnis gleich, so dass als
Beginn der Betriebszugehörigkeit auch der Beginn eines Ausbil-
dungsverhältnisses zählen kann (BAG NZA 2004, 264). Die gesetzliche oder vertragliche Anrechnung von Vordienstzeiten wirkt sich
i. d. R. auch auf den Unverfallbarkeitsfaktor aus (Ausnahmen: Soldaten auf Zeit und Abgeordnete, vgl. § 8 Abs. 3 SVG, § 4 AbgG).

Die mögliche Betriebszugehörigkeit endet grundsätzlich mit der
Vollendung des 65. Lebensjahres. Nur wenn in der Versorgungsregelung eine frühere feste Altersgrenze vorgesehen ist, wird diese
berücksichtigt. Unterschiedliche Altersgrenze für Männer und
Frauen sind allerdings seit der Entscheidung des EuGH vom 17. 5.
1990 (NZA 1990, 775) nicht mehr zulässig (→ Gleichbehandlung).

2. Erreichbare Vollrente bei Altersleistungen

Die erreichbare Vollrente ergibt sich aus der jeweiligen Versorgungszusage. Sie ist abhängig von dem der Zusage zugrunde liegenden → Versorgungsmodell. Es ist nach der Versorgungszusage auf
dem Stand zum Zeitpunkt des Ausscheidens auszurechnen, welche
betriebliche Altersrente der Arbeitnehmer erhalten würde, wenn er
bis zur festen Altersgrenze im Betrieb verblieben wäre. Zukünftige,
ungewisse Faktoren werden bei der Berechnung ausgeblendet.
Dementsprechend beeinflussen spätere **Änderungen** der Versorgungszusage die Höhe der unverfallbaren Anwartschaft nicht (§ 2
Abs. 5 Satz 1 BetrAVG), und zwar auch, wenn sie sich zugunsten
des Arbeitnehmers auswirken (BAG AP § 2 BetrAVG Nr. 46). Da
bei einer gehaltsabhängigen Zusage (→ **Endgehaltssystem)** zum
Zeitpunkt des Ausscheidens des Arbeitnehmers noch nicht absehbar ist, welches Gehalt der Arbeitnehmer bei dem Unternehmen
verdient hätte, wenn er bis zum Eintritt des Versorgungsfalls im Unternehmen geblieben wäre, wird von dem Gehalt zum Zeitpunkt
des Ausscheidens ausgegangen. Auch andere variable Faktoren,
von denen die Höhe einer zugesagten Versorgung abhängen kann,

etwa die Beitragsbemessungsgrenze in der gesetzlichen Rentenversicherung, die Versorgung eines vergleichbaren Beamten, der Unternehmensgewinn, werden auf die zum Zeitpunkt des Ausscheidens feststehenden Daten festgeschrieben. Dagegen müssen alle vertraglich vorgesehenen und bereits feststehenden Veränderungen des Versorgungsanspruchs bis zum Erreichen der Altersgrenze berücksichtigt werden. Sind zum Beispiel neben einem Grundbetrag bestimmte Steigerungsbeträge in Abhängigkeit von der Dienstzeit vorgesehen, sind auch die Jahre zwischen dem Ausscheiden und dem Erreichen der Altersgrenze zu berücksichtigen.

Besondere Schwierigkeiten ergeben sich, wenn die Höhe der zugesagten Altersrente Schwankungen im Zeitablauf unterworfen ist. Hier wird man als Bemessungsgrundlage im Sinne des § 2 Abs. 5 BetrAVG nicht die Zahl, die sich zufällig zum Zeitpunkt des Ausscheidens des Arbeitnehmers ergibt, für die Zeit bis zum Erreichen der Altersgrenze fortschreiben können, sondern man wird den Durchschnitt während der bisherigen Betriebszugehörigkeit als Bemessungsgrundlage nehmen müssen. Dieses Problem kann sich beispielsweise stellen bei Teilzeitarbeitsverhältnissen mit unterschiedlichem Arbeitsumfang oder Zusagen, die vom Unternehmensgewinn abhängig sind.

Bei → **Gesamtversorgungszusagen,** bei der die Höhe der zugesagten betrieblichen Altersversorgung von der dem Arbeitnehmer zustehenden Rente aus der gesetzlichen Rentenversicherung abhängig ist, wird bei der Berechnung des Vollanspruchs die volle zu erwartende gesetzliche Sozialversicherungsrente rechnerisch mitberücksichtigt (§ 2 Abs. 5 Satz 2 BetrAVG). Die gesetzliche Sozialversicherungsrente wird dabei nach einem → Näherungsverfahren errechnet, das das Bundesfinanzministerium für die Errechnung von Pensionsrückstellungen nach § 6a EStG entwickelt hat. Statt die Berechnung nach dem Näherungsverfahren vorzunehmen, muss der Arbeitgeber auf Verlangen des Arbeitnehmers die voraussichtliche Sozialversicherungsrente individuell berechnen und bei der Höhe der Betriebsrente diesen Wert berücksichtigen. Die erforderlichen Daten hierfür kann der Arbeitnehmer über einen Auskunftsantrag beim zuständigen Rentenversicherungsträger abfragen.

3. Der Teilanspruch

Der mit dem Unverfallbarkeitsfaktor multiplizierte Vollanspruch ergibt diejenige Altersrente, die ein mit einer unverfallbaren Versorgungsanwartschaft ausgeschiedener Arbeitnehmer bei Eintritt des Versorgungsfalles „Alter" erhält. Die so errechnete unverfallbare Anwartschaft wird zwischen dem Ausscheiden des Arbeitnehmers und dem Eintritt des Versorgungsfalls nicht dynamisiert; erst danach setzt die → Anpassungsprüfungspflicht nach § 16 BetrAVG ein.

Der nach § 2 BetrAVG errechnete Teilanspruch kann über oder unter dem nach der Versorgung **erdienten Anspruch** liegen. Selbst wenn ein Arbeitnehmer bereits den maximal erzielbaren Rentenanspruch erdient hat, etwa weil die Versorgungszusage nicht mehr als 20 oder 30 Dienstjahre honoriert, wird bei einem Ausscheiden mit einer unverfallbaren Anwartschaft nur der ratierliche Anspruch aufrechterhalten. Auch wenn in der Versorgungszusage eine Mindestrente versprochen wird, wird diese ratierlich gekürzt. Bei einer Versorgungszusage mit einem hohen Sockelbetrag und geringen Steigerungsbeträgen ist die ratierlich berechnete Anwartschaft geringer als die erdiente; bei relativ hohen Steigerungsbeträgen kurz vor Eintritt des Versorgungsfalls ist dagegen die ratierlich berechnete Anwartschaft höher als die erdiente. Insgesamt führt die Berechnungsmethode des § 2 BetrAVG zu einer Verstetigung des Anwachsens der Anwartschaft und zu einer Begünstigung von Arbeitnehmern, die mit relativ höherem Alter ein Arbeitsverhältnis mit einer Versorgungszusage beginnen.

Beispiele: Ein Arbeitnehmer tritt in ein Unternehmen mit Vollendung des 35. Lebensjahres ein und scheidet mit Vollendung des 55. Lebensjahres aus. Feste Altersgrenze in der Versorgungszusage ist die Vollendung des 65. Lebensjahres. Die tatsächliche Betriebszugehörigkeit beträgt 20 Jahre, die mögliche Betriebszugehörigkeit beträgt 30 Jahre. Der Unverfallbarkeitsfaktor beträgt $^2/_3$.

(a) Festbetragszusage: In der Versorgungszusage ist vorgesehen, dass ein Arbeitnehmer pro Dienstjahr 5 € erhält. Die erreichbare Vollrente beträgt 30×5 € = 150 €. Die unverfallbare Anwartschaft beträgt $^2/_3$ von 150 € = 100 €.

In der Versorgungszusage ist vorgesehen, dass ein Arbeitnehmer für die ersten zehn Dienstjahre 200 € erhält, danach für jedes Dienstjahr

5 €. Die erreichbare Vollrente beträgt 200 € + (20*5 €) = 300 €. Die unverfallbare Anwartschaft beträgt $^2/_3$ von 300 € = 200 € (auch wenn die erdiente Anwartschaft bereits nach zehn Jahren 200 € betrug).

(b) Endgehaltssystem: In der Versorgungszusage ist vorgesehen, dass ein Arbeitnehmer 0,5 % des ruhegeldfähigen Einkommens pro anrechnungsfähigem Dienstjahr erhält. Das ruhegeldfähige Einkommen zum Zeitpunkt des Ausscheidens beträgt 2000 €. Die erreichbare Vollrente beträgt 30 × 0,5 % × 2000 € = 300 €. Die unverfallbare Anwartschaft beträgt $^2/_3$ von 300 € = 200 €.

In der Versorgungszusage ist vorgesehen, dass ein Arbeitnehmer 0,5 % des ruhegeldfähigen Einkommens pro anrechnungsfähigem Dienstjahr erhält, bei maximal 20 anrechnungsfähigen Dienstjahren. Das ruhegeldfähige Einkommen zum Zeitpunkt des Ausscheidens beträgt 2000 €. Die erreichbare Vollrente beträgt 20 × 0,5 % × 2000 € = 200 €. Die unverfallbare Anwartschaft beträgt $^2/_3$ von 200 € = 133,33 € (auch wenn der Arbeitnehmer bereits 20 Jahre im Betrieb war).

(c) Kapitalzusage: In der Versorgungszusage ist vorgesehen, dass ein Arbeitnehmer bei Eintritt des Versorgungsfalles 6000 € erhält. Die unverfallbare Anwartschaft beträgt $^2/_3$ von 6000 € = 4000 €.

4. Bedeutung des ratierlichen Anspruchs

Die Höhe der ratierlich berechneten unverfallbaren Versorgungsanwartschaft ist nicht nur wichtig für den Fall, dass ein Arbeitnehmer vor Eintritt des Versorgungsfalls aus dem Unternehmen ausscheidet. Sie wird auch in folgenden anderen Fällen benötigt:

Bei Eintritt eines → Sicherungsfalls haftet der PSV in Höhe der bis zu diesem Zeitpunkt erreichten ratierlich berechneten unverfallbaren Anwartschaft (§ 7 Abs. 2 BetrAVG).

Bei → Änderung einer Versorgungszusage ist der ratierlich berechnete Teil der Anwartschaft als Besitzstand besonders geschützt.

Bei Bezug einer → vorzeitigen Altersrente (§ 6 BetrAVG) wird eine Kürzung der betrieblichen Altersrente entsprechend § 2 Abs. 1 BetrAVG als zulässig eingesehen (bei älteren Zusagen oder bei entsprechender Vereinbarung).

Beim Versorgungsausgleich werden die in der Ehezeit erworbenen Versorgungsansprüche nach dem ratierlichen Verfahren ermittelt.

5. Besonderheiten bei den Versorgungsfällen „Tod" und „Invalidität"

Die Unverfallbarkeit bezieht sich auf alle Leistungen der Alters-, Invaliditäts- und Hinterbliebenenversorgung. Ist ein Arbeitnehmer mit einer unverfallbaren Anwartschaft auf Leistungen der betrieblichen Altersversorgung aus dem Unternehmen ausgeschieden, und tritt bei diesem vor Erreichen der Altersgrenze der Versorgungsfall „Tod" oder „Invalidität" ein, wird der Versorgungsanspruch ebenfalls nach dem ratierlichen Berechnungsverfahren ermittelt. Dass das Arbeitsverhältnis noch bestanden haben muss, wenn die Invalidität eintritt, kann in der Versorgungszusage nicht festgeschrieben werden, da dies gegen § 1b BetrAVG i. V. m. § 17 Abs. 3 Satz 3 BetrAVG verstoßen würde (BAG NZA 1999, 318). Bezüglich der erreichbaren Vollrente ist allerdings auf die in der Versorgungsregelung vorgesehene Invalidenrente oder Hinterbliebenenrente abzustellen und diese mit dem Unverfallbarkeitsfaktor zu kürzen. Auch wenn die betriebliche Invalidenrente in der Regel niedriger ist als die betriebliche Altersrente, wird die Invalidenrente bei einem Arbeitnehmer, der mit einer unverfallbaren Anwartschaft ausgeschieden ist, noch einmal gekürzt (BAG NZA 2002, 1395). Dies kann bei Arbeitnehmern, bei denen die Invalidität kurz nach dem Ausscheiden eintritt, zu erheblichen Kürzungen der Betriebsrente führen. Arbeitnehmer werden deshalb häufig davor gewarnt, das Arbeitsverhältnis zu beenden, wenn die Bewilligung einer Invaliditätsrente in nächster Zeit zu erwarten ist.

Beispiel: Ein Arbeitnehmer tritt in ein Unternehmen mit Vollendung des 35. Lebensjahres ein und scheidet mit Vollendung des 55. Lebensjahres aus. Feste Altersgrenze in der Versorgungszusage ist die Vollendung des 65. Lebensjahres. Die Invalidität tritt mit Vollendung des 59. Lebensjahres ein. In der Versorgungszusage ist vorgesehen, dass ein Arbeitnehmer pro Dienstjahre 5 € erhält. Die erreichbare Invalidenvollrente beträgt 24 × 5 € = **120 €**. Die unverfallbare Anwartschaft beträgt $^2/_3$ von 120 € = **80 €**.

Bei Versorgungszusagen, die die ersten Dienstjahre hinsichtlich der Steigerungsbeträge geringer bewerten als die darauf folgenden, kann die so errechnete Invalidenrente unter Umständen höher ausfallen als die unverfallbare Anwartschaft auf eine Altersrente.

413

Um dies zu vermeiden, sieht § 2 Abs. 1 Satz 2 BetrAVG vor, dass die gesetzlich unverfallbare Anwartschaft auf eine Invaliditäts- oder Hinterbliebenenrente der Höhe nach begrenzt ist auf den Betrag, den der Arbeitnehmer oder seine Hinterbliebenen erhalten hätten, wenn zum Zeitpunkt des Ausscheidens der Versorgungsfall eingetreten wäre.

Beispiel: Ein Arbeitnehmer tritt in ein Unternehmen mit Vollendung des 35. Lebensjahres ein und scheidet mit Vollendung des 45. Lebensjahres aus. Feste Altersgrenze in der Versorgungszusage ist die Vollendung des 65. Lebensjahres. Die Invalidität tritt mit Vollendung des 50. Lebensjahres ein. Eine Versorgungszusage sieht einen Grundbetrag von 10 € nach zehnjährigen Betriebszugehörigkeit vor und danach pro Dienstjahr Steigerungsbeträge von je 10 €. Bei Invalidität wird eine Invaliditätsrente in Höhe der vollen Altersrente gewährt. Die volle Altersrente mit Vollendung des 65. Lebensjahres beträgt 10 € + (20 × 10 €) = 210 €. Die unverfallbare Anwartschaft auf eine betriebliche Altersrente beträgt $^{10}/_{30}$ von 210 € = 70 €. Nach § 2 Abs. 1 Satz 2 BetrAVG darf die Invalidenrente nicht höher sein als der Betrag, in der Arbeitnehmer erhalten hätte, wenn im Zeitpunkt des Ausscheidens der Versorgungsfall eingetreten wäre. Mit Vollendung des 50. Lebensjahres hätte der Arbeitnehmer erhalten 10 € + (5 × 10 €) = **60 €**. Diesen geringeren Betrag erhält der Arbeitnehmer.

II. Besonderheiten bei unverfallbaren Anwartschaften aus Entgeltumwandlung, bei beitragsorientierten Leistungszusagen und bei Beitragszusagen mit Mindestleistung

1. Entgeltumwandlung

Für ab dem 1. 1. 2001 vereinbarte Versorgungszusagen aus Entgeltumwandlung sieht § 2 Abs. 5a BetrAVG für Direktzusagen, Pensionsfonds- und Unterstützungskassenzusagen eine abweichende Berechnung der Höhe der unverfallbaren Versorgungsanwartschaft vor. Hier sind die Versorgungsleistungen aufrechtzuerhalten, die der Arbeitnehmer bis zu seinem Ausscheiden durch die Entgeltumwandlung finanziert hat. Dieses Verfahren ist vor dem Hintergrund der Herkunft der Mittel für die Altersversorgung gerechter als eine Quotierung nach § 2 Abs. 1 BetrAVG. Hat der Arbeitnehmer nur ein- oder zweimal auf einen bestimmten Gehaltsbestandteil, beispielsweise das Weihnachtsgeld, verzichtet und ist insoweit das Entgelt in eine Leistungszusage des Arbeitgebers umgewandelt worden, würde eine zeitratierliche Quotierung des daraus resultierenden Versorgungsanspruchs dazu führen, dass der Arbeitnehmer ein Weniger an Altersversorgung erhält als er tatsächlich finanziert hat. Umgekehrt müsste ein Arbeitgeber dann, wenn ein Arbeitnehmer laufend auf einen bestimmten Gehaltsbestandteil zugunsten einer Leistungszusage auf betriebliche Altersversorgung verzichtet hat, bei einer zeitratierlichen Berechnung einen Teil der unverfallbaren Versorgungsanwartschaft selbst finanzieren, wenn der Arbeitnehmer die Entgeltumwandlung erst nach längerer Betriebszugehörigkeit vereinbart hat. Diese – beim ersten Beispiel – zu geringe Altersleistung für den Arbeitnehmer oder die – beim zweiten Beispiel – vom Arbeitgeber zu finanzierende Deckungslücke tritt jedoch nicht ein, wenn die Anwartschaft darauf begrenzt wird, was sich aus den bis zum Ausscheiden verwendeten Beiträgen ergibt. Aus diesem Grund sieht § 2 Abs. 5 a BetrAVG vor, dass sich die unverfallbare Anwartschaft aus einer Entgeltumwandlung in eine Direktzusage, Pensionsfonds- oder Unterstützungskassenzusage aus den bis dahin umgewandelten Entgeltbestandteilen errechnet. Die versicherungsmathematische Umrechnung umfasst dabei nicht nur die umgewandelten Entgeltbeträge, sondern auch die bis zum Ausscheiden erzielten Erträge. Da § 2 Abs. 5 a BetrAVG nur für nach dem 31. Dezember 2000 erteilte Zusagen gilt, kann die dargestellte Deckungslücke sich jedoch weiterhin für Entgeltumwandlungszusagen ergeben, die davor vereinbart worden sind. Arbeitnehmer und Arbeitgeber können jedoch vereinbaren, dass die Höhe der unverfallbaren Anwartschaft sich auf die umgewandelten Entgeltbestandteile erstreckt (§ 30g Abs. 1 Satz 2 BetrAVG), und zwar auch mit Wirkung für den Insolvenzschutz.

2. Beitragsorientierte Leistungszusagen

Da bei beitragsorientierten Leistungszusagen ebenfalls vom Arbeitgeber zu finanzierende Deckungslücken oder zu geringe Leistungen für den Arbeitnehmer auftreten können, hat der Gesetzgeber auch bei beitragsorientierten Leistungszusagen ab dem 1. 1. 2001 die Höhe der unverfallbaren Versorgungsanwartschaft auf die Leistungen beschränkt, die aus den bisher erbrachten Beiträgen resultieren. Eine Quotierung der aus den Beiträgen resultierenden Leistung nach dem Verhältnis von tatsächlicher zu möglicher Betriebszugehörigkeit findet nach dem Gesetzeswortlaut nicht statt (str.).

3. Beitragszusage mit Mindestleistung

Da der Arbeitgeber bei der Beitragszusage mit Mindestleistung in der Regel über die Beiträge die Altersversorgungsleistungen vollständig abdecken will (und nur ausnahmsweise zur Zahlung der garantierten Mindestleistung verpflichtet wird), ist für die Berechnung der Höhe einer unverfallbaren Anwartschaft das ratierliche Berechnungsverfahren ebenfalls nicht interessengerecht. § 2 Abs. 5 b BetrAVG sieht daher als aufrechtzuerhaltende Anwartschaft das dem Arbeitnehmer planmäßig zuzurechnende Versorgungskapital auf der Grundlage der bis zu seinem Ausscheiden geleisteten Beiträge vor, bestehend aus den Beiträgen und den bis zum Eintritt des Versorgungsfalls erzielten Erträgen. Mindestens muss der Arbeitnehmer aber die Summe der bis dahin zugesagten Beiträge erhalten, soweit sie nicht rechnungsmäßig für einen biometrischen Risikoausgleich verbraucht worden sind, also etwa zur Absicherung einer Invaliditäts- oder Hinterbliebenenversorgung, soweit diese Risiken in der Versorgungszusage abgesichert werden sollten.

III. Besonderheiten bei Direktversicherungen

Soweit der Arbeitgeber die betriebliche Altersversorgung über einen externen Versorgungsträger durchführt, müssen sowohl bei den Unverfallbarkeitsvoraussetzungen überhaupt als auch bei der Berechnung der Höhe der unverfallbaren Anwartschaft die Besonderheiten berücksichtigt werden, die sich aus der Einschaltung eines Dritten in die Vertragsbeziehungen ergibt. Nach dem Grundgedanken des BetrAVG soll jede Versorgungsanwartschaft eines mit einer unverfallbaren Anwartschaft ausgeschiedenen Arbeitnehmers ratierlich berechnet werden. Bei Durchführung über eine Direktversicherung oder Pensionskasse konfligiert dies jedoch mit dem Ziel des Arbeitgebers, die Risiken der betrieblichen Altersversorgung auf ein Unternehmen der Versicherungswirtschaft auszulagern und auf das Zahlen von Prämien an die Versicherungsgesellschaft zu beschränken. Eine Versicherungsgesellschaft zieht jedoch zunächst vom Deckungskapital die Abschlusskosten ab. Wenn die Direktversicherung erst im Laufe des Arbeitsverhältnisses zugesagt wird oder wenn der Arbeitnehmer relativ früh nach Eintritt der Unverfallbarkeitsvoraussetzungen aus dem Arbeitsverhältnis ausscheidet, bleibt die vom Versicherer nach dem Versicherungsvertrag aufgrund der Beiträge des Arbeitgebers zu erbringende Versicherungsleistung hinter der ratierlich berechneten Versorgungsanwartschaft zurück. Würde der Arbeitgeber zur Aufrechterhaltung der ratierlich berechneten Versorgungsanwartschaft verpflichtet, müsste er in derartigen Fällen selbst einen Teil der betrieblichen Altersversorgung nachfinanzieren. § 2 Abs. 2 Satz 1 BetrAVG sieht in der Tat einen **Ergänzungsanspruch** des Arbeitnehmers gegenüber dem Arbeitgeber vor, soweit der nach § 2 Abs. 1 BetrAVG berechnete ratierliche Anspruch über die vom Versicherer nach dem Versicherungsvertrag aufgrund der Beiträge des Arbeitgebers zu erbringende Versicherungsleistung hinausgeht. Beitragsanteile, die der Arbeitnehmer selbst finanziert hat, sind dabei nicht zu berücksichtigen. Diese **arbeitsrechtliche Lösung** wird wegen des möglicherweise bestehenden Ergänzungsanspruchs von Arbeitgebern in der Praxis deshalb meistens vermieden.

§ 2 Abs. 2 Satz 2 BetrAVG eröffnet dem Arbeitgeber eine andere, **versicherungsrechtliche Lösung** zur Aufrechterhaltung der unverfallbaren Anwartschaft bei einer Direktversicherung. Danach kann der Arbeitgeber innerhalb von drei Monaten nach Ausscheiden des Arbeitnehmers von diesem verlangen, dass sich die Ansprüche des Anwärters auf die vom Versicherer zu erbringende Versicherungsleistung beschränken, wenn er bestimmte soziale Auflagen erfüllt. Das **Wahlrecht** zwischen der arbeits- und versicherungsrechtlichen Lösung steht nur dem Arbeitgeber zu, nicht dem Arbeitnehmer. Die notwendigen Erklärungen gegenüber dem Arbeitnehmer und der Versicherung muss der Arbeitgeber innerhalb einer Frist von drei Monaten abgeben. Gibt er innerhalb der Frist keine Erklärung ab oder erfüllt die sozialen Auflagen nicht, ist die Versorgungsanwartschaft nach der ratierlichen Berechnungsmethode aufrechtzuerhalten.

417

Die versicherungsrechtliche Lösung will erreichen, dass der Arbeitnehmer weitgehend in die Rechte aus dem Versicherungsvertrag eintritt und ihn mit eigenen Mitteln fortsetzen kann. Die **sozialen Auflagen** für den Arbeitgeber sollen verhindern, dass der Arbeitnehmer durch die Entscheidung des Arbeitgebers Nachteile erleidet.

Nach der **ersten sozialen Auflage** muss das → Bezugsrecht aus dem Versicherungsvertrag spätestens drei Monate nach dem Ausscheiden dem Arbeitnehmer unwiderruflich zustehen. Eine Abtretung oder Beleihung der Rechte aus dem Versicherungsvertrag darf nicht mehr vorhanden sein oder muss rückgängig gemacht worden seien. Eventuelle Beitragsrückstände müssen innerhalb der Dreimonatsfrist ausgeglichen sein.

Nach der **zweiten sozialen Auflage** müssen die Überschussanteile der Versicherung nach dem Versicherungsvertrag vom Versicherungsbeginn an zur Verbesserung der Versicherungsleistung verwendet werden. Da die Versicherungsunternehmen i.d.R. höhere Renditen erwirtschaften als den aufsichtsrechtlich vorgeschriebenen Rechnungszinsfuß, führt dies zu einer erheblichen Steigerung der Versicherungsleistung.

Nach der **dritten sozialen Auflage** muss dem Arbeitnehmer nach dem Versicherungsvertrag das Recht eingeräumt sein, die Versicherung nach seinem Ausscheiden mit eigenen Beiträgen fortzusetzen. Damit erhält der Arbeitnehmer die Möglichkeit (nicht die Pflicht), die bisherige betriebliche Altersversorgung zur privaten Eigenvorsorge weiter zu verwenden, ohne Kosten für den Abschluss eines neuen Versicherungsvertrags aufwenden zu müssen. In der Regel wird dem Arbeitnehmer hierzu die Versicherungsnehmereigenschaft eingeräumt. Allerdings nimmt der ausgeschiedene Arbeitnehmer mit seinem einzelnen Versicherungsvertrag nicht mehr an eventuellen Vorteilen eines vom bisherigen Arbeitgeber abgeschlossenen Gruppenversicherungsvertrags teil.

Mit der versicherungsrechtlichen Lösung bekommt der Arbeitnehmer zwar eine Stellung wie ein Versicherungsnehmer eingeräumt, der Gesetzgeber will jedoch sicherstellen, dass die Anwartschaft für Versorgungszwecke erhalten bleibt. Nach § 2 Abs. 2 Satz 4 BetrAVG darf deshalb ein Arbeitnehmer die Ansprüche aus dem Versicherungsvertrag wieder abtreten noch beleihen noch verpfänden, soweit das geschäftsplanmäßige Deckungskapital durch Beitragszahlungen des Arbeitgebers gebildet worden ist. Ausgeschlossen ist darüber hinaus die Inanspruchnahme des Rückkaufswerts der Versicherung in Höhe des gebildeten Deckungskapitals (§ 2 Abs. 2 Satz 5 BetrAVG). Dies gilt auch dann, wenn die Versicherung gekündigt wird. Die gegenteilige Vorschrift des § 176 Abs. 1 VVG findet insoweit keine Anwendung. Bei diesem **Verfügungsverbot** handelt es sich um ein gesetzliches Verbot i. S. des § 134 BGB. Zahlt der Versicherer trotzdem den Rückkaufswert an den Arbeitnehmer aus, ist es str., ob er die nicht geschuldete Leistung gem. § 812 BGB zurückfordern kann oder ob dies gem. § 817 Satz 2 BGB ausgeschlossen ist.

IV. Besonderheiten bei Pensionskassen

Die Höhe der unverfallbaren Versorgungsanwartschaft bei einer Pensionskassenzusage wird weitgehend wie bei einer Direktversicherungszusage bestimmt. Auch hier hat der Arbeitgeber eine Wahlmöglichkeit zwischen der **ratierlichen Berechnung** und der **versicherungsrechtlichen Lösung** innerhalb von drei Monaten nach Ausscheiden des Arbeitnehmers. Die sozialen Auflagen, die der Arbeitgeber für die versicherungsrechtliche Lösung erfüllen muss, unterscheiden sich geringfügig. Da bei → Pensionskassen der Arbeitnehmer Versicherungsnehmer ist und unwiderruflich bezugsberechtigt ist, ist die Einräumung eines unwiderruflichen Bezugsrechts und das Verbot eine Abtretung oder Beleihung wie in der ersten sozialen Auflage des § 2 Abs. 2 BetrAVG nicht erforderlich. Wie in der zweiten sozialen Auflage müssen die Überschussanteile, die aufgrund des Finanzierungsverfahrens nach dem aufsichtsbehördlich genehmigten Geschäftsplan regelmäßig entstehen, vom Beginn der Versicherung an zur Verbesserung der Versicherungsleistung verwendet werden. Anders als bei der Direktversicherung kann diese Auflage auch dadurch erfüllt werden, dass sich die Versorgungsanwartschaft entsprechend der Entwicklung des Arbeitsentgelts steigert, etwa im Rahmen eines endgehaltsbezogenen → Versorgungsmodells. Eine Dynamisierung der Anwartschaft nach Ausscheiden des Arbeitnehmers ist nicht erforderlich (§ 2 Abs. 5 BetrAVG). Wie bei der Direktversicherung muss dem ausgeschiedenen Arbeitnehmer die Möglichkeit eröffnet sein, die Versicherung mit eigenen Beiträgen fortzusetzen. Für den Arbeitnehmer gelten die gleichen Verfügungsbeschränkungen wie bei einer Direktversicherung.

V. Besonderheiten bei Pensionsfonds

Bei Pensionsfonds gibt es grundsätzlich nur eine arbeitsrechtliche Lösung: der Arbeitgeber hat den ratierlich berechneten Teilanspruch selbst zu erfüllen, soweit die vom Pensionsfonds auf der Grundlage des Pensionsplans berechnete Deckungsrückstellung nicht ausreicht (§ 2 Abs. 3 a BetrAVG). Maßgeblich sind dabei der Pensionsplan und die Geschäftsunterlagen zum Zeitpunkt des Ausscheidens des Arbeitnehmers (§ 2 Abs. 5 Satz 3 BetrAVG). Die praktische Relevanz dieser Vorschrift ist jedoch gering, da die meisten Pensionsfonds Beitragszusagen mit Mindestleistung finanzieren (II. 3).

VI. Besonderheiten bei Unterstützungskassen

Für die Berechnung der Höhe einer unverfallbaren Anwartschaft aus einer Unterstützungskassenzusage verweist § 2 Abs. 4 BetrAVG auf die Berechnungsvorschriften für die unmittelbare Versorgungszusage (§ 2 Abs. 1 BetrAVG). *(M)*

▶ **Unverfallbarkeit**

Zusagen auf Leistungen der betrieblichen Altersversorgung enthalten in aller Regel eine Vertragsklausel, dass die Versorgungsleistung nur dann gewährt wird, wenn der Arbeitnehmer bis zum Eintritt des Versorgungsfalls in einem Arbeitsverhältnis zum Arbeitgeber gestanden hat.

Beispiel für eine Verfallklausel: Versorgungsleistungen werden nur gewährt, wenn der Mitarbeiter bei Eintritt des Versorgungsfalls in einem Arbeitsverhältnis zum Unternehmen gestanden hat oder nach Eintritt des Versorgungsfalls aus den Diensten des Unternehmens ausgeschieden ist.

Diese **Verfallklausel** bedeutet, dass ein Arbeitnehmer, der vor Eintritt des Versorgungsfalls aus dem Unternehmen ausgeschieden ist, grundsätzlich keine Betriebsrente erhält. Der Verfall von betrieblichen Versorgungsanwartschaften bei einer Beendigung des Arbeitsverhältnisses vor Eintritt des Versorgungsfalls war bis zum Anfang der 70er Jahre in der deutschen Wirtschaft betriebliche Praxis. Eine solche Regelung schränkt die Möglichkeiten für einen Arbeitsplatzwechsel erheblich ein und nimmt einem Arbeitnehmer, der unter Umständen jahrelang in Erwartung einer Betriebsrente Arbeitsleistungen im Unternehmen erbracht hat, nach einer Kündigung die Aussicht auf eine Betriebsrente im Alter. Das BAG (AP § 242 BGB Ruhegehalt Nr. 156) hat in seiner Grundsatzentscheidung vom 10. 3. 1972 derartige Verfallklauseln als einen Verstoß gegen Treu und Glauben angesehen, wenn der Arbeitnehmer mehr als 20 Jahre im Betrieb gearbeitet hatte und das Arbeitsverhältnis durch den Arbeitgeber vor dem 65. Lebensjahr gekündigt worden war. Diese Rechtsprechung ist Ausgangspunkt für die Einführung der Unverfallbarkeit im BetrAVG vom 19. 12. 1974 geworden.

Man bezeichnet eine Betriebsrentenanwartschaft als **unverfallbar,** wenn ein Arbeitgeber die Anwartschaft auch dann aufrechterhalten muss, wenn der Arbeitnehmer vor Eintritt eines Versorgungsfalls aus dem die Grundlage des Versorgungsversprechens bildenden Arbeitsverhältnis ausscheidet. Die Fristen, nach denen eine betriebliche Versorgungsanwartschaft unverfallbar wird, sind durch das BetrAVG ab dem 22. 12. 1974 und durch das Altersvermögensgesetz (AVmG) ab dem 1. 1. 2001 verkürzt worden. Da die Unverfallbarkeitsfristen ein Mobilitätshemmnis sind – auch im Hinblick auf die Freizügigkeit der Arbeitnehmer in Europa – und Arbeitnehmerinnen den Aufbau einer betrieblichen Altersversorgung erschweren, gibt es auf europäischer und deutscher Ebene Überlegungen, die Unverfallbarkeitsfristen weiter zu verkürzen.

I. Die Unverfallbarkeitsfristen im Überblick

Hinsichtlich des Eintritts der Unverfallbarkeit ist danach zu unterscheiden, ob die Versorgungszusage vor dem 1. 1. 2001 erteilt worden ist oder nach dem 1. 1. 2001.

Für **nach dem 1. 1. 2001** erteilte Versorgungszusagen gelten gem. § 1 b Abs. 1 BetrAVG folgende Unverfallbarkeitsvoraussetzungen:

- bei Ausscheiden aus dem Arbeitsverhältnis vor Eintritt des Versorgungsfalls muss die **Versorgungszusage** mindestens **fünf Jahre** bestanden haben;
- der Arbeitnehmer muss bei Ausscheiden das **30. Lebensjahr** vollendet haben.

Bei einer betrieblichen Altersversorgung aus einer **Entgeltumwandlung,** die ab dem 1.1.2001 vereinbart worden ist, tritt die gesetzliche Unverfallbarkeit sofort ein. Der Arbeitnehmer behält also auch dann seine Anwartschaft auf betriebliche Altersversorgung, wenn das Arbeitsverhältnis etwa während der Probezeit aufgelöst worden ist.

Für Versorgungszusagen, die **vor dem 1.1.2001** erteilt worden sind, gilt grundsätzlich gem. § 30f BetrAVG das bisherige Recht. Danach behält ein Arbeitnehmer, dem Leistungen der betrieblichen Altersversorgung zugesagt worden sind, seine Anwartschaft, falls sein Arbeitsverhältnis vor Eintritt des Versorgungsfalls endet,

- wenn er in diesem Zeitpunkt mindestens das **35. Lebensjahr** vollendet hat,
- und entweder die **Versorgungszusage** für ihn mindestens **zehn Jahre** bestanden hat
- oder der Beginn der **Betriebszugehörigkeit** mindestens **zwölf Jahre** zurückliegt und die **Versorgungszusage** für ihn mindestens **drei Jahre** bestanden hat.

Damit jedoch Anwartschaften aus Altzusagen nicht später unverfallbar werden als Zusagen, die unmittelbar nach dem 1.1.2001 erteilt worden sind, werden auch Zusagen, die vor dem 1.1.2001 erteilt worden sind, bei einem Ausscheiden eines Arbeitnehmers unverfallbar, wenn die Zusage ab dem 1.1.2001 fünf Jahre bestanden hat und der Arbeitnehmer bei Beendigung des Arbeitsverhältnisses das 30. Lebensjahr vollendet hat.

Bei → **Entgeltumwandlungszusagen,** die **vor dem 1.1.2001** erteilt sind, gilt hinsichtlich der gesetzlichen Unverfallbarkeit die bisherige Regelung (§ 30f Abs. 2 BetrAVG). Das BAG hat jedoch Entgeltumwandlungszusagen nach altem Recht dahin gehend ausgelegt, dass der Arbeitgeber dem Arbeitnehmer eine von vornherein unentziehbare Rechtsposition einräumen und damit die Unverfallbarkeit der Anwartschaft zusagen wollte (BAG NZA 1994, 507).

Hat zum Beispiel der Arbeitgeber dem Arbeitnehmer vor dem 1.1.2001 eine Direktversicherung nach Gehaltsumwandlung zugesagt, so liegt darin in der Regel eine Zusage der (vertraglichen) Unverfallbarkeit (BAG NZA 1996, 761).

Die Unverfallbarkeitsfristen (früher § 1 BetrAVG, jetzt § 1 b BetrAVG) sind zwingend. Von ihnen kann nicht zum Nachteil des Arbeitnehmers abgewichen werden (§ 17 Abs. 3 Satz 2 BetrAVG). Es steht den Arbeitsvertragsparteien jedoch frei, kürzere Unverfallbarkeitsfristen zu vereinbaren (**vertragliche Unverfallbarkeit**).

Der Grund für das Ausscheiden des Arbeitnehmers ist unerheblich. Das Arbeitsverhältnis kann durch Kündigung des Arbeitnehmers, Kündigung des Arbeitgebers oder einvernehmlich beendet worden sein (zu der – seltenen – Möglichkeit, eine betriebliche Versorgungszusage bei einer fristlosen Kündigung des Arbeitsverhältnisses durch den Arbeitgeber trotz Unverfallbarkeit zu widerrufen, → Widerrufsvorbehalte).

In den **neuen Bundesländern** ist das BetrAVG erst zum 1.1.1992 in Kraft gesetzt worden, so dass betriebliche Versorgungszusagen i. S. des BetrAVG erst ab diesem Zeitpunkt erteilt werden konnten. Erst ab Erteilung der Zusage nach dem 1.1.1992 begannen die Unverfallbarkeitsfristen hinsichtlich der Zusagedauer (nicht hinsichtlich der Betriebszugehörigkeit) zu laufen.

Die Bedeutung der gesetzlichen Unverfallbarkeit liegt zum einen darin, dass der Arbeitnehmer unabhängig von vertraglichen Regelungen in jedem Falle beim Ausscheiden aus den Arbeitsverhältnis die Anwartschaft auf die betriebliche Altersversorgung behält, zum anderen darin, dass nach Erreichen der gesetzlichen Unverfallbarkeitsfristen die Versorgungsanwartschaft gegen **Insolvenz** des Arbeitgebers über den PSV **geschützt** ist.

Beispiele:
- Ein Arbeitnehmer ist am 1.3.1965 geboren. Er ist am 1.5.1995 in das Unternehmen eingetreten und hat an diesem Tag eine Versorgungszusage erhalten. Die gesetzliche Unverfallbarkeit tritt am 1.5.2005 ein (Altzusage, § 30 f BetrAVG; Versorgungszusage 10 Jahre – älter als 35 Jahre).
- Ein Arbeitnehmer ist am 1.3.1965 geboren. Er ist am 1.5.2001 in das Unternehmen eingetreten und hat an diesem Tag eine Versorgungszusage erhalten. Die gesetzliche Unverfallbarkeit tritt am

1.5.2006 ein (Neuzusage; §1b BetrAVG; Versorgungszusage 5 Jahre – älter als 30 Jahre).

- Ein Arbeitnehmer ist am 1.3.1965 geboren. Er ist am 1.5.1999 in das Unternehmen eingetreten und hat an diesem Tag eine Versorgungszusage erhalten. Die gesetzliche Unverfallbarkeit tritt am 1.1. 2006 ein (Übergangsfall; §30f BetrAVG; grundsätzlich Zusagedauer von 10 Jahren erforderlich, ausreichend aber Bestand der Zusage für 5 Jahre ab dem 1.1.2001 – älter als 30 und 35 Jahre).

- Ein Arbeitnehmer ist am 1.3.1965 geboren. Er ist am 1.5.1990 in das Unternehmen eingetreten und hat am 1.9.1999 eine Versorgungszusage erhalten. Die gesetzliche Unverfallbarkeit tritt am 1.9.2002 ein (Altzusage; §30f BetrAVG; Versorgungszusage 3 Jahre; Betriebszugehörigkeit von mehr als 12 Jahren – älter als 35 Jahre).

- Ein Arbeitnehmer ist am 1.3.1965 geboren. Er ist am 1.5.1990 in das Unternehmen eingetreten und hat am 1.3.2001 eine Versorgungszusage erhalten. Die gesetzliche Unverfallbarkeit tritt am 1.3. 2006 ein (Neuzusage; §1b BetrAVG; Versorgungszusage 5 Jahre – älter als 30 Jahre).

- Ein Arbeitnehmer ist am 1.3.1978 geboren. Er ist am 1.10.1998 in das Unternehmen eingetreten und hat an diesem Tage eine Versorgungszusage erhalten. Die gesetzliche Unverfallbarkeit tritt am 1.3. 2008 ein (Übergangsfall; §30f BetrAVG; grundsätzlich Zusagedauer von 10 Jahren erforderlich und Vollendung des 35. Lebensjahres; ausreichend aber Bestand der Zusage für 5 Jahre ab dem 1.1.2001 und Vollendung des 30. Lebensjahres; hier Eintritt der Unverfallbarkeit mit Vollendung des 30. Lebensjahres).

- Ein Arbeitnehmer ist am 1.3.1965 geboren. Er ist am 1.5.1987 in das Unternehmen (VEB) in Leipzig eingetreten; ihm ist am 1.8.1998 eine Versorgungszusage erteilt worden. Die gesetzliche Unverfallbarkeit tritt am 1.8.2001 ein (Altzusage neue Bundesländer; Versorgungszusage 3 Jahre; Betriebszugehörigkeit mehr als 12 Jahre – älter als 35 Jahre).

II. Zusagedauer

Eine Versorgungszusage muss bis zum Erreichen der Unverfallbarkeit 5 (bei Neuzusagen), 10 (bei Altzusagen) oder 3 (bei Altzusagen bei 12-jähriger Betriebszugehörigkeit) Jahre bestanden haben. Für die Ermittlung der Zusagedauer stellen sich damit weitestgehend identische Probleme – nur die Anzahl der zurückzulegenden Jahre ist unterschiedlich.

1. Beginn

Der Lauf der Unverfallbarkeitsfrist beginnt mit der Erteilung der → Versorgungszusage. Dies ist der Zeitpunkt, zu dem der Arbeitgeber an seine Versorgungszusage nach allgemeinem Vertragsrecht gebunden ist. Bei allen Versorgungszusagen, die vom Arbeitgeber im Hinblick auf eine Vielzahl von Arbeitnehmern erteilt worden sind, gilt als Zeitpunkt der Zusage der Eintritt des Arbeitnehmers in den Kreis der Begünstigten, also bei einem Versorgungswerk für alle Arbeitnehmer des Betriebs der Eintritt in den Betrieb. Begründet der Arbeitgeber eine Versorgungszusage mit kollektivem Bezug neu, beginnt die Zusagedauer mit dem Tag der Bekanntmachung oder dem Tag des In-Kraft-Tretens. Für → Gesamtzusagen beginnt die Zusagedauer damit zum Beispiel mit dem Aushang am schwarzen Brett bzw. bei bestehender Gesamtzusage mit Eintritt des Arbeitnehmers in den Betrieb. Die Versorgungsverpflichtung aus einer → betrieblichen Übung beginnt dann, wenn der Arbeitgeber nicht mehr frei ist, ob er die Leistung erbringen will. Wird die Zusage auf den → Gleichbehandlungsgrundsatz gestützt, gilt als Zusagezeitpunkt derjenige, an dem den anderen Arbeitnehmern mit vergleichbaren Gruppenmerkmalen eine Versorgungszusage durch den Arbeitgeber erteilt wurde. Wird die betriebliche Altersversorgung durch eine → Betriebsvereinbarung, einen → Tarifvertrag oder eine Sprecherausschussrichtlinie neu begründet, beginnt die Zusagedauer mit dem vereinbarten Datum des In-Kraft-Tretens. Dabei können diese Kollektivvereinbarungen den Tag des In-Kraft-Tretens hinausschieben oder rückdatieren. Wird ein Arbeitnehmer in einen Betrieb eingestellt, indem es bereits eine Betriebsvereinbarung über betriebliche Altersversorgung gibt, beginnt die Zusage i.d.R. mit dem Beginn des Arbeitsverhältnisses.

Erteilt ein Arbeitgeber eine Versorgungszusage vor Beginn des Arbeitsverhältnisses, beginnt die Unverfallbarkeitsfrist erst mit dem Beginn des Arbeitsverhältnisses zu laufen (BAG NZA 2004,152).

Macht ein Arbeitgeber die Aufnahme in ein betriebliches Altersversorgungswerk oder die ausdrückliche Erteilung einer Versorgungszusage von einer bestimmten zeitlichen Bedingung abhängig, etwa einer bestimmten Betriebszugehörigkeitszeit oder der Vollendung eines bestimmten Lebensalters, spricht man von einer **Vorschaltzeit**. Durch eine solche Zusage, später eine Versorgungszusage zu erteilen, kann der Beginn der Unverfallbarkeitsfrist nicht hinausgeschoben werden. Ist das Erstarken einer Versorgungsanwartschaft zum Vollrecht nur noch vom Fortbestand des Arbeitsverhältnisses abhängig, ist bereits eine Zusage im Sinne des § 1 b BetrAVG erteilt (BAG AP § 1 BetrAVG Wartezeit Nr. 3 und 10). Eine Anwartschaft auf eine Anwartschaft gibt es nicht, sondern es besteht bereits dann eine Anwartschaft auf eine betriebliche Versorgungsleistung, wenn nur noch eine bestimmte Zeit ablaufen und das Arbeitsverhältnis fortbestehen muss, bis ein Anspruch auf Zahlung einer Betriebsrente entsteht (BAG NZA 2004, 789). Dies gilt unabhängig davon, ob eine Vorschaltzeit vor der Erteilung einer Einzelzusage oder der Aufnahme in ein betriebliches Versorgungswerk vorgesehen ist.

Beispiele: Einem Arbeitnehmer wird bei Einstellung zugesagt, dass er nach einer Betriebszugehörigkeitszeit von 10 Jahren eine Versorgungszusage erhält. Einem Arbeitnehmer wird bei Einstellung zugesagt, dass er am Ende der Probezeit von sechs Monaten eine Versorgungszusage erhält; es wird ein unbefristetes Arbeitsverhältnis abgeschlossen. In beiden Fällen beginnt die Unverfallbarkeitsfrist bereits mit der Einstellung.

Etwas anderes gilt, wenn die Erteilung der Versorgungszusage von der Erfüllung einer Voraussetzung abhängig gemacht wird, die in der freien Disposition des Arbeitgebers steht. Wird zum Beispiel einem außertariflichen Mitarbeiter bei seiner Einstellung zugesagt, dass er dann eine Versorgungszusage erhält, wenn er zum Kreis der leitenden Angestellten gehört, beginnt die Unverfallbarkeitsfrist erst zu dem Zeitpunkt, wo dieser Arbeitnehmer leitender Angestellter wird, da es dem Arbeitgeber völlig freisteht, ob er den Mitarbeiter zum leitenden Angestellten macht oder nicht. Auch wenn der Arbeitgeber die Erteilung einer Versorgungszusage von objektiven Merkmalen abhängig macht, die er ohne weiteres wieder beseitigen kann, kann noch nicht von einer festen Zusage ausgegangen werden (BAG AP § 1 BetrAVG Wartezeit Nr. 12).

Auch wenn ein Arbeitgeber verspricht, den Arbeitnehmer später in eine **Unterstützungskasse** aufzunehmen, kann eine derartige

Vorschaltzeit den Beginn der Unverfallbarkeitsfrist nicht hinausschieben (BAG AP § 1 BetrAVG Wartezeit Nr. 4 und 5).

Verspricht ein Arbeitgeber, zugunsten eines Arbeitnehmers eine **Direktversicherung** abzuschließen (§ 1 b Abs. 2 BetrAVG) oder ihn in eine Pensionskasse oder einen Pensionsfonds aufzunehmen (§ 1 b Abs. 3 BetrAVG), so beginnen dann, wenn der Arbeitgeber den Versicherungsvertrag nicht abschließt, die Unverfallbarkeitsfristen mit Erteilung der Zusage (BAG AP § 1 BetrAVG Lebensversicherung Nr. 1). Da der Arbeitgeber bereits mit der Zusage, eine Direktversicherung abzuschließen, eine Versorgungszusage erteilt, haftet er für deren Erfüllung (§ 1 Abs. 1 Satz 3 BetrAVG), unabhängig davon, ob ihm der Abschluss der Direktversicherung noch möglich ist. Das Gleiche muss gelten, wenn der Arbeitgeber die Direktversicherung nicht unverzüglich, sondern erst in einem gewissen zeitlichen Abstand abschließt. Auch hier beginnt die Unverfallbarkeitsfrist mit Erteilung der Versorgungszusage und nicht etwa erst mit dem Abschluss der Versicherung (str.). Nur für den Fall, dass der Arbeitgeber dem Arbeitnehmer keine ausdrückliche Versorgungszusage erteilt, bestimmt § 1 b Abs. 2 Satz 4 BetrAVG, dass als Zusagezeitpunkt der Versicherungsbeginn gilt, frühestens jedoch der Beginn der Betriebszugehörigkeit.

2. Dauer

Die Unverfallbarkeitsfrist muss spätestens im Zeitpunkt des Ausscheidens des Arbeitnehmers zurückgelegt sein. Die Frist muss bis auf den letzten Tag erfüllt sein; ein Unterschreiten der Frist um nur wenige Tage lässt eine unverfallbare Anwartschaft nicht entstehen.

Beispiel: Ist ein Arbeitnehmer am 2. 1. 1994 in ein Unternehmen mit einer Versorgungszusage eingetreten und scheidet er am 31. 12. 2003 aus dem Unternehmen aus, verfällt die Versorgungsanwartschaft, da die Zusage (nach altem Recht, § 30 f BetrAVG) keine zehn Jahre bestanden hat. Anders wäre dies, wenn der Arbeitnehmer am 1. 1. 1994 in das Unternehmen eingetreten wäre.

Die Unverfallbarkeitsfrist muss der Versorgungsberechtigte als Arbeitnehmer (oder als diesem gleichgestellte Person nach § 17 Abs. 1 Satz 2 BetrAVG, → BetrAVG, persönlicher Geltungsbereich) im Unternehmen verbracht haben. Nicht ausreichend sind

Zeiten als Unternehmer, da diese nicht in den Schutzbereich des § 17 Abs. 1 BetrAVG fallen. Feststellungsklagen, dass zu einem bestimmten Arbeitgeber ein Arbeitsverhältnis bestanden hat, können bei einer kollektiven Versorgungsordnung u. U. nachträglich zu einer unverfallbaren Versorgungsanwartschaft führen (vgl. für ein fingiertes Arbeitsverhältnis zwischen einem Leiharbeitnehmer und einem Entleiherbetrieb BAG DB 2003, 2181; für einen freien Mitarbeiter BAG DB 2003, 2554).

3. Unterbrechungen

Eine Unterbrechung des Arbeitsverhältnisses verhindert den Eintritt der Unverfallbarkeit. Auch wenn ein Arbeitsverhältnis zunächst beendet wird und der Arbeitgeber den Arbeitnehmer später wieder einstellt, beginnt die Unverfallbarkeitsfrist wieder neu zu laufen (BAG NZA 2001, 1310). Die Rechtsprechung des BAG im Kündigungsschutzrecht, die für die Erfüllung der Wartezeit des § 1 KSchG kurzfristige rechtliche Unterbrechungen außer Acht lässt, wenn beide Arbeitsverhältnisse in einem engen sachlichen Zusammenhang stehen (BAG AP § 1 KSchG 1969 Wartezeit Nr. 10), ist auf den Bestand einer Versorgungszusage aus Gründen der Rechtssicherheit nicht anzuwenden. Selbst wenn Arbeitgeber und Arbeitnehmer nach Ausspruch einer Eigenkündigung des Arbeitnehmers vereinbaren, dass der Arbeitnehmer zurückkehren soll unter Anrechnung der früheren Beschäftigungs- und Zusagezeiten, können die Dienstzeiten aus den beiden unterbrochenen Arbeitsverhältnissen für die gesetzliche Unverfallbarkeit nicht zusammengerechnet werden (BAG NZA 2004, 152). Ob dies auch dann gilt, wenn an einem Tag des Arbeitsverhältnis beendet wird und am nächsten Tag Arbeitgeber und Arbeitnehmer vereinbaren, das Arbeitsverhältnis fortzusetzen, ist offen; in diesem Fall können sie jedoch die Anrechnung von → Vordienstzeiten vereinbaren.

4. Änderung der Versorgungszusage

Eine nachträgliche Änderung der Versorgungszusage unterbricht nicht den Lauf der Unverfallbarkeitsfristen. Weder die Änderung der zugesagten Leistungshöhe noch der Voraussetzungen für den Bezug der Altersversorgung noch die Änderung des Durchführungswegs berühren den Lauf der Unverfallbarkeitsfrist. Die Erhöhung des Leistungsversprechens durch eine neue Versorgungszusage setzt nicht etwa eine neue Unverfallbarkeitsfrist in Gang, sondern es gilt auch für spätere zusätzliche Versorgungszusagen der ursprüngliche Zusagezeitpunkt als derjenige, an dem die Unverfallbarkeitsfrist beginnt. Dies gilt auch dann, wenn **weitere** Direktversicherungen für denselben Arbeitnehmer abgeschlossen werden oder die ursprünglich zugesagte Unterstützungskassenrente im Laufe des Arbeitsverhältnisses durch eine wesentlich höhere Direktzusage ersetzt wird (BAG AP § 1 BetrAVG Nr. 5; AP § 1 BetrAVG Wartezeit Nr. 11). Wenn allerdings zwischen zwei nacheinander erteilten verschiedenen Versorgungszusagen kein innerer Zusammenhang besteht, kann für die ältere und die neuere Zusage jeweils getrennt eine unterschiedliche Unverfallbarkeitsfrist laufen (BAG BetrAV 1992, 229). Insbesondere laufen wegen der unterschiedlichen Herkunft der finanziellen Mittel unterschiedliche Unverfallbarkeitsfristen, wenn neben die arbeitgeberfinanzierte betriebliche Altersversorgung eine arbeitnehmerfinanzierte Entgeltumwandlungszusage tritt oder umgekehrt neben die Entgeltumwandlungszusage eine vom Arbeitgeber finanzierte betriebliche Altersversorgung.

5. Übernahme der Versorgungszusage durch eine andere Person

Übernimmt ein Dritter die Verpflichtung aus der Versorgungszusage, etwa im Wege der → Übertragung, unterbricht dies nicht die Unverfallbarkeitsfristen. Da diese Rechtsfolge bei einem → Betriebsübergang oder einer → Unternehmensumwandlung bereits nach § 613a BGB eintritt, hat die Regelung in § 1b Abs. 1 Satz 3 BetrAVG nur eine Bedeutung für die vertragliche Übernahme oder für Versorgungsberechtigte, die nicht Arbeitnehmer sind.

III. Betriebszugehörigkeitsdauer

Bei **Versorgungszusagen,** die **vor dem 1.1.2001** erteilt worden sind, kann es neben der Zusagedauer auf die Dauer der Betriebszugehörigkeit ankommen, da derartige Altzusagen auch bei einer Zusagedauer von 3 Jahren und einer Betriebszugehörigkeit von 12 Jahren unverfallbar werden. Dies betrifft Fälle, in den Versorgungszusagen erst im Laufe des Arbeitsverhältnisses erteilt worden sind. Die Betriebszugehörigkeit beginnt mit dem vertraglich vorgesehenen Beschäftigungsbeginn. Wenn der Arbeitnehmer aus tatsächlichen oder rechtlichen Gründen vorübergehend seine Arbeitsleistung nicht erbringt, wird hierdurch die Zugehörigkeit zum Betrieb nicht unterbrochen. Die Inanspruchnahme der → Elternzeit (§§ 15 ff BErzGG) lässt ebenso wie früher die Zeit des gesetzlichen Erziehungsurlaubs den Bestand des Arbeitsverhältnisses unberührt. Die Elternzeit unterbricht nicht den Lauf der Unverfallbarkeitsfristen des § 1 b BetrAVG und die Dauer der Betriebszugehörigkeit. Der Arbeitgeber ist aber nicht gehindert, Zeiten des Erziehungsurlaubs von Steigerungen einer Anwartschaft auf Leistungen der betrieblichen Altersversorgung bei einer dienstzeitabhängigen Versorgungszusage auszunehmen (BAG NZA 1994, 794). Bezieht einer Arbeitnehmerin jedoch während des Mutterschaftsurlaubs Entgelt vom Arbeitgeber, muss diese Zeit anwartschaftssteigernd berücksichtigt werden (EuGH NZA 2005, 347). Bei einer rechtlichen **Unterbrechung** eines Arbeitsverhältnisses beginnt die Unverfallbarkeitsfrist mit dem Beginn des neuen Arbeitsverhältnisses neu zu laufen. Eine Zusammenrechnung von Zusagedauer oder Betriebszugehörigkeit erfolgt bei zeitlichem Abstand selbst bei Begründung des zweiten Beschäftigungsverhältnisses bei demselben Arbeitgeber grundsätzlich nicht (BAG AP § 1 BetrAVG Wartezeit Nr. 6). Zwar steht es den Arbeitsvertragsparteien frei, vertraglich **Vordienstzeiten** bei einer Unterbrechung des Arbeitsverhältnisses zu vereinbaren; dies kann auch zu einer vertraglichen Unverfallbarkeit führen, nicht jedoch zu einer gesetzlichen Unverfallbarkeit mit der Folge des gesetzlichen Insolvenzschutzes nach §§ 7 ff BetrAVG.

In bestimmten gesetzlichen Regelungen werden Betriebszugehörigkeitszeiten fiktiv auf Zeiten ausgedehnt, zu denen der Arbeitnehmer noch gar nicht dem Betrieb angehörte. Solche gesetzliche Anrechnung von Vordienstzeiten existieren für Wehr- und Zivildienstleistende, Soldaten auf Zeit, Abgeordnete und Beschäftigte unter Tage (vgl. näher § 9 Abs. 3 BVSG NRW, § 9 BVSG Saarland). Es kann auch vertraglich zwischen Arbeitgeber und Arbeitnehmer eine Anrechnung von Vordienstzeiten vereinbart werden. Dies kann nicht nur Auswirkungen auf die Höhe der Betriebsrente haben, sondern auch auf die Betriebszugehörigkeitszeit zur Erreichung der Unverfallbarkeit. Ist die Vereinbarung über die Anrechnung von Vordienstzeiten nach dem Urteil des BAG zur Unverfallbarkeit von Versorgungsanwartschaften vom 10.3.1972 (AP BGB § 242 Ruhegehalt Nr. 156) getroffen worden, ist im Zweifel davon auszugehen, dass die Anrechnung von Vordienstzeiten auch die Betriebszugehörigkeit umfasst. War die Vordienstzeit von einer Versorgungszusage begleitet und reicht die Vordienstzeit an das neue Arbeitsverhältnis heran, so wirkt sich der frühere Eintritt der Unverfallbarkeit auch auf den gesetzlichen Insolvenzschutz aus (BAG DB 1984, 2518), jedenfalls dann, wenn die Versorgungszusage aus dem früheren Arbeitsverhältnis noch verfallbar war. War die frühere Versorgungsanwartschaft bereits unverfallbar, besteht keine Notwendigkeit eine weitere insolvenzgeschützte gesetzlich unverfallbare Anwartschaft zu begründen (BAG DB 1995, 1867).

IV. Vollendung des 30. Lebensjahres

Damit ein Arbeitnehmer eine betriebliche Versorgungsanwartschaft bei Ausscheiden aus einem Unternehmen behält, muss er zu diesem Zeitpunkt das 30. Lebensjahr vollendet haben. Für vor dem 1.1.2001 erteilte Versorgungszusagen gilt weiterhin die Vollendung des 35. Lebensjahres als Voraussetzung für die Unverfallbarkeit einer Versorgungsanwartschaft (§ 30f BetrAVG).

V. Sonderregelung für den Vorruhestand

Eine Sonderregelung trifft das BetrAVG für Arbeitnehmer mit einer Versorgungsanwartschaft, die aufgrund einer Vorruhestandsregelung ausscheiden. Diese erwerben eine unverfallbare Versorgungsanwartschaft unabhängig von den zeitlichen Fristen des § 1b Abs. 1 Satz 1 BetrAVG, wenn sie aufgrund einer Vorruhestandsregelung ausscheiden und bei einem Verbleib im Arbeitsverhältnis bis zum Eintritt des Versorgungsfalls einen Betriebsrentenanspruch aufgrund der erteilten Versorgungszusage erlangt hätten (BAG DB 1995, 1867). Diese Regelung soll Arbeitnehmern ermöglichen, ihr Arbeitsverhältnis aufgrund einer Vorruhestandsregelung zu beenden, ohne hieran durch einen sonst eintretenden Verfall einer Betriebsrentenanwartschaft gehindert zu werden. Nach der Ablösung des Vorruhestandsgesetzes durch das Altersteilzeitgesetz hat diese Norm praktische Relevanz nur noch im Bereich der tariflichen Vorruhestandsregelungen.

VI. Beendigung des Arbeitsverhältnisses vor Eintritt des Versorgungsfalles

Die gesetzliche Unverfallbarkeit nach § 1 b BetrAVG tritt nur dann ein, wenn das Ausscheiden vor Eintritt des Versorgungsfalles erfolgt. Wird das Arbeitsverhältnis beendet wegen eines Versorgungsfalles, geht es nicht mehr um die Erfüllung von Unverfallbarkeitsvoraussetzungen, sondern darum, ob ein Anspruch aus der erteilten betrieblichen Versorgungszusage besteht. Nimmt beispielsweise jemand die vorzeitige Altersgrenze aus der gesetzlichen Rentenversicherung in Anspruch und scheidet aus dem Arbeitsverhältnis aus, kann der Arbeitnehmer die betriebliche Altersrente beanspruchen, wenn er die sonstigen Leistungsvoraussetzungen der Versorgungszusage erfüllt, unabhängig davon, ob er zu diesem Zeitpunkt die Unverfallbarkeitsfristen erreicht hat oder nicht (BAG AP BetrAVG § 6 Nr. 16).

VII. Rechtsfolgen

Sind die Voraussetzungen für eine gesetzlich unverfallbare Versorgungsanwartschaft nach § 1 b BetrAVG erfüllt, behält der Arbeitnehmer beim Ausscheiden aus dem Arbeitsverhältnis die Versorgungsanwartschaft, und zwar unabhängig davon, wie und aus welchem Grund des Arbeitsverhältnis beendet worden ist. Bei einem Ausscheiden vor der im Gesetz vorgesehenen Mindestdauer verfällt die Betriebsrentenanwartschaft, soweit sich nicht Arbeitgeber und Arbeitnehmer vertraglich über eine Unverfallbarkeit einigen. Eine gesetzlich unverfallbare Versorgungsanwartschaft ist vor Insolvenz des Arbeitgebers durch Versicherung beim PSV geschützt.

Bei Eintritt des Versorgungsfalles hat der Arbeitnehmer einen Anspruch auf Betriebsrente in der nach § 2 BetrAVG zu errechnenden → Höhe. Eine in der Versorgungszusage vorgesehene → Wartezeit kann der Versorgungsberechtigte auch noch nach Beendigung des Arbeitsverhältnisses erfüllen (§ 1b Abs. 1 Satz 5 Betr-AVG). Dies gilt auch dann, wenn der Arbeitnehmer wegen eines Versorgungsfalles ausgeschieden ist (z. B. Invalidität) und er bis zu der in der Versorgungsregelung vorgesehenen Altersgrenze die Wartezeit für die betriebliche Altersrente noch zurücklegen kann.

VIII. Besonderheiten bei Durchführung der betrieblichen Altersversorgung über einen selbständigen Versorgungsträger

Grundsätzlich gelten die vorstehenden Ausführungen für alle → Durchführungswege der betrieblichen Altersversorgung, also unabhängig davon, ob der Arbeitgeber die Betriebsrente aus seinem eigenen Vermögen bezahlt oder die Finanzierung über einen externen Versorgungsträger durchführt. Da bei Letzterem ein Dritter an dem Versorgungsverhältnis beteiligt ist, regelt das Gesetz in § 1b Abs. 2 bis 4 BetrAVG einige Besonderheiten, die sich aus dem jeweiligen Dreiecksverhältnis zwischen Arbeitgeber, Arbeitnehmer und Versorgungsträger ergeben.

1. Direktversicherung

Da Versorgungszusage und Abschluss des Versicherungsvertrages bei Durchführung der betrieblichen Altersversorgung über eine → Direktversicherung nicht notwendig zeitlich zusammenfallen müssen, bedarf es einer besonderen Regelung über den Beginn der Unverfallbarkeitsfristen: als Zeitpunkt der Erteilung der Versorgungszusage gilt nach § 1b Abs. 2 Satz 4 BetrAVG der **Versicherungsbeginn.** Unter dem Versicherungsbeginn versteht man den Beginn des Zeitraums, für den eine Versicherungsprämie zu zahlen ist. Da versicherungsvertraglich der Versicherungsbeginn zurückdatiert werden kann, ist als frühester Zeitpunkt für den Beginn der Unverfallbarkeitsfristen der Beginn der Betriebszugehörigkeit vorgesehen. Ein Hinausschieben des Versicherungsbeginns kann jedoch nicht dazu führen, vom Arbeitnehmer eine längere Betriebsbindung zu erreichen als nach den allgemeinen Unverfallbarkeitsfristen vorgesehen (BAG DB 1983, 2474). Schließt der Arbeitgeber entgegen seiner Zusage keinen Versicherungsvertrag zugunsten des Arbeitnehmers ab, wird er diesem gegenüber schadensersatzpflichtig und muss ihn bei einem Ausscheiden nach Ablauf der

Unverfallbarkeitsfristen so stellen, als hätte er die Versicherung rechtzeitig abgeschlossen.

Hat ein Arbeitgeber zugunsten eines Arbeitnehmers eine Direktversicherung abgeschlossen, so wird durch den Abschluss einer **weiteren Lebensversicherung** zugunsten des Arbeitnehmers keine neue Unverfallbarkeitsfrist in Gang gesetzt (BAG DB 1981, 1622), es sei denn, zwischen beiden Versicherungen besteht kein sachlicher Zusammenhang.

Wenn eine Anwartschaft auf Leistungen der betrieblichen Altersversorgung aus einer Direktversicherung unverfallbar ist, darf der Arbeitgeber das zugunsten des Arbeitnehmers bestehende **Bezugsrecht** wegen der Beendigung des Arbeitsverhältnisses **nicht** mehr **widerrufen.** Das Widerrufsverbot wirkt allerdings nur arbeitsrechtlich im Verhältnis zwischen Arbeitgeber und Arbeitnehmer, nicht zwischen Arbeitgeber und Lebensversicherer. Verstößt der Arbeitgeber gegen das Widerrufsverbot in § 1 b Abs. 2 Satz 1 BetrAVG, macht der Arbeitgeber sich gegenüber dem Arbeitnehmer schadensersatzpflichtig (BAG NZA 1988, 159). Dieser Schadensersatzanspruch ist eben so wie eine unmittelbare Versorgungszusage insolvenzgeschützt (h. M.).

Hat der Arbeitgeber die Ansprüche aus dem Versicherungsvertrag abgetreten, beliehen oder verpfändet, muss der Arbeitgeber den mit einer unverfallbaren Versorgungsanwartschaft ausgeschiedenen Arbeitnehmer bei Eintritt des Versicherungsfalles so stellen, als ob die **Abtretung, Beleihung** oder **Verpfändung** nicht erfolgt wäre (§ 1 b Abs. 2 Satz 3 BetrAVG). Wenn der Arbeitgeber zulässigerweise auch nach Ausscheiden des Arbeitnehmers die Versicherungsverträge als Kreditsicherungsmittel verwendet hat, muss er bei Eintritt des Versorgungsfalls diese Nutzung rückgängig machen.

2. Pensionskasse

Da bei Durchführung der betrieblichen Altersversorgung über eine Pensionskasse betriebliche Versorgungsleistungen auch über ein Versicherungsverhältnis gewährt werden, bestimmt § 1 b Abs. 3 Satz 2 BetrAVG genauso wie bei der Direktversicherung als Beginn der Unverfallbarkeitsfrist den **Versicherungsbeginn,** frühestens jedoch den Beginn der Betriebszugehörigkeit.

Da bei Pensionskassen der Arbeitnehmer Mitglied der Kasse und Versicherungsnehmer ist, kann der Arbeitgeber das **Bezugsrecht nicht widerrufen**; auch eine Beleihung oder Abtretung der Ansprüche aus dem Versicherungsvertrag durch den Arbeitgeber ist nicht denkbar. Deshalb werden Verbote wie in § 1b Abs. 2 BetrAVG in § 1b Abs. 3 BetrAVG nicht ausgesprochen, sondern es wird auf die entsprechende Anwendung des § 1b Abs. 1 BetrAVG verwiesen. Die Versicherung wird üblicherweise als prämienfreie Versicherung fortgeführt. Die eigenen Beiträge, die Arbeitnehmer üblicherweise an Pensionskassen erbringen, werden diesem nach einem Ausscheiden mit einer unverfallbaren Anwartschaft nicht zurückerstattet, sondern ebenfalls fortgeführt. Da die Zusage des Arbeitgebers auf Pensionskassenleistungen i. d. R. die Eigenbeitragsanteile der Arbeitnehmer mitumfasst, wäre eine Erstattung nach § 3 BetrAVG i. V. m. § 1 Abs. 2 Nr. 4 BetrAVG unzulässig.

3. Pensionsfonds

Hinsichtlich des Bestehens einer unverfallbaren Versorgungsanwartschaft differenziert das Gesetz nicht zwischen der Pensionskasse und dem Pensionsfonds. Dies liegt daran, dass im Gegensatz zur Direktversicherung das Bezugsrecht des Arbeitnehmers beim Pensionsfonds aufgrund des gesetzlich einzuräumenden Rechtsanspruchs (§ 112 Abs. 1 Nr. 3 VAG) von Anfang an unwiderruflich ist.

4. Unterstützungskasse

Die Voraussetzungen für die Unverfallbarkeit einer Anwartschaft auf Leistungen einer Unterstützungskasse werden in § 1b Abs. 4 BetrAVG etwas kompliziert umschrieben, da formell die → Unterstützungskasse auf ihre Leistungen keinen Rechtsanspruch gewährt und deshalb im Gesetz der Begriff der „Anwartschaft" vermieden werden soll. Inhaltlich wird jedoch keine andere Regelung getroffen als bezüglich der Anwartschaften aus unmittelbaren Versorgungszusagen. Als Zusagezeitpunkt wird der Zeitpunkt definiert, von dem an der Arbeitnehmer zum Kreis der Begünstigten der Unterstützungskasse gehört. Eine Umgehung der Unverfallbarkeitsfristen durch Vorschaltzeiten wird von der Rechtsprechung ebenso wie bei allen anderen Durchführungswegen unterbunden.

Nach Eintritt der Unverfallbarkeitsvoraussetzungen werden ausscheidende Arbeitnehmer denjenigen Arbeitnehmern gleichgestellt, die im Betrieb verblieben sind. Diese Gleichstellung bezieht sich allerdings nur auf denjenigen Leistungsplan, der im Zeitpunkt des Ausscheidens aus dem Unternehmen gilt (§ 2 Abs. 5 BetrAVG), und bedeutet nicht, dass unverfallbar Ausgeschiedene Betriebsrentenleistungen in gleicher Höhe erhalten wie diejenigen Arbeitnehmer, die bis zum Eintritt des Versorgungsfalls dem Unternehmen geblieben sind (§ 2 Abs. 4 BetrAVG). *(M)*

V

▶ **VBL (Versorgungsanstalt des Bundes und der Länder)**

1. Historische Wurzeln

Die Einführung der Zusatzversorgung im öffentlichen Dienst hat seinen Grund in der Erhöhung und Ergänzung der Sozialversicherungsrente und nach dem Ersten. Weltkrieg zu Beginn des 20. Jahrhunderts in verwaltungs- und dienstrechtlichen Problemen. Neben den Beamten wurden in größerer Zahl Arbeiter und Angestellte beschäftigt. Zurzeit stehen mehr als die Hälfte der Beschäftigten in einem privatrechtlichen Dienstverhältnis. Die Zusatzversorgung sollte die Unterschiede in der Altersversorgung ausgleichen. Zum Teil ist die Zusatzversorgung aber wesentlich älter. Schon 1859 gründete die preußische Staatseisenbahnverwaltung Einheitskassen, die auch nach der Einführung der gesetzlichen Rentenversicherung nicht geschlossen wurden, weil ihre Leistungen höher als die der gesetzlichen Rentenversicherung waren. Die Post hatte bis zur Jahrhundertwende nur Beamte. Die übrigen Beschäftigten blieben ausschließlich in der gesetzlichen Rentenversicherung versichert. Unmittelbarer Anlass der Zusatzversorgung war, dass langjährig beschäftigte Bedienstete zu Beamten ernannt wurden. Wenn die Post flexibel einzusetzende Beschäftigte behalten wollte, musste sie Anreize schaffen. Das führte am 1. 1. 1926 zur Gründung der Versorgungsanstalt der Deutschen Reichspost (VAP) in Dresden. Am 1. 1. 1949 wurde der Sitz nach Stuttgart verlegt. Da der Plan der VAP gescheitert war, ihr auch die Zusatzversorgung der übrigen Reichsbediensteten zu übertragen, schloss der Reichsminister der Finanzen am 17. 9. 1928 mit mehren Gewerkschaften ein Abkommen betreffend die zusätzliche Alters- und Hinterbliebenenversorgung der Arbeiter bei den Reichsverwaltungen. Hiernach waren die Arbeiter bei der neu gegründeten Zusatzversorgungsanstalt des Reiches und der Länder zu versichern. Da die ZRL noch nicht gegründet war, verfügte der RFM durch Erlass vom 28. 10. 1928 die Satzung der ZRL. Am 26. 2. 1929 errichtete das Deutsche Reich und das Land Preußen die Zusatzversorgungsanstalt als nicht rechtsfähige Anstalt. Die Rechtsfähigkeit wurde der Anstalt durch das Land Preußen verliehen. Die Angestellten waren zunächst nicht bei der ZRL versichert. Sie waren nach einem weiteren Abkommen vom 9. 10. 1928 verpflichtet, sich bei der Reichsversicherungsanstalt in einer höheren Einkommensklasse zu versichern als ihrem Monatseinkommen entsprach. Aufgrund des Reichsgesetzes vom 13. 9. 1933 wurde die Satzung der ZRL neu gefasst. Hiernach konnten die Angestellten wählen zwischen der Überversorgung und der Versicherung bei der ZRL. Nach dem Zweiten Weltkrieg lief die Zusatzversorgung im öffentlichen Dienst nur langsam wieder an. Am 23. 5. 1950 übernahm der Bundesminister für Finanzen die Aufsicht über die Anstalt. Am 1. 10. 1952 trat eine neue Fassung der Satzung in Kraft. Diese wurde in den Jahren 1960 bis 1965 überarbeitet. Am 4. 11. 1966 wurde der Versorgungstarifvertrag abgeschlossen, der die Arbeitgeber verpflichtete ihre Arbeitnehmer bei der Versorgungsanstalt zu versichern. Parallel dazu liefen die Tarifvertragsverhandlungen zum Tarifvertrag über der Versorgung der Arbeitnehmer kommunaler Verwaltungen und Betriebe (VersTV-G) vom 6. 3. 1967. Die Tarifverträge führten zu einer grundlegenden Änderung der Satzung der VBL vom 22. 12. 1966, die mit 41 Änderungen bis zum 31. 12. 2000 gegolten hat. Nach Entscheidungen des BVerfG zur Altersversorgung im → öffentlichen Dienst haben die Tarifvertragsparteien den Tarifvertrag über die betriebliche Altersversorgung der Beschäftigten des öffentlichen Dienstes (Tarifvertrag Altersversorgung – ATV –) vom 1. 3. 2002 geschlossen, der am 31. 1. 2003 und am 12. 3. 2003 geändert worden ist. Die völlige Umgestaltung der Altersversorgung machte auch eine Änderung der VBL-Satzung erforderlich. Die Satzung der Versorgungsanstalt des Bundes und der Länder (VBLS) vom 19. 12. 2002 (BAnz. Nr. 1 vom 3. 1. 2003) ist inzwischen wiederholt geändert worden.

2. Verfassung der Anstalt

Die Versorgungsanstalt des Bundes und der Länder ist eine rechtsfähige Anstalt des öffentlichen Rechts. Sie hat ihren Sitz in

Karlsruhe (§ 1 VBLS). Zweck der Anstalt ist es, den Beschäftigten der Beteiligten (§§ 19 ff VBLS) im Wege privatrechtlicher Versicherung eine zusätzliche Alters-, Erwerbsminderungs- und Hinterbliebenenversorgung zu gewähren (§ 2 VBLS). Organe der Anstalt sind der Vorstand und der Verwaltungsrat (§ 4 VBLS). Der Vorstand besteht aus dem Vorsitzenden und 16 weiteren Mitgliedern. Der Vorsitzende und zwei weitere Mitglieder sind hauptamtlich tätig. Mindestens eines dieser Mitglieder muss die Befähigung zum Richteramt oder zum höheren Verwaltungsdienst haben. Der Vorsitzende führt die Dienstbezeichnung Präsident der Versorgungsanstalt des Bundes und der Länder. Die hauptamtlichen Mitglieder und sechs weitere Mitglieder werden von der Aufsichtsbehörde im Einvernehmen mit der Mehrzahl der an der Anstalt beteiligten Länder für fünf Jahre ernannt. Die übrigen Mitglieder ernennt der Verwaltungsrat nach dem Vorschlag der Gewerkschaften aus dem Kreis der Versicherten für die gleiche Zeitdauer. Die Ernennungen können jederzeit widerrufen werden. Die hauptamtlichen Mitglieder führen die Geschäfte der laufenden Verwaltung, die in § 7 VBLS genau definiert sind. Der Vorstand ist beschlussfähig, wenn der Präsident oder in seiner Vertretung ein anderes hauptamtliches Mitglied und mindestens neun Mitglieder anwesend sind. Der Verwaltungsrat besteht aus 38 Mitgliedern. 19 Mitglieder werden von der Aufsichtsbehörde und 19 Mitglieder werden von der Aufsichtsbehörde nach dem Vorschlag der Gewerkschaften berufen (§§ 10 ff VBLS). Die Aufgaben des Verwaltungsrats ergeben sich aus § 12 VBLS. Ihm obliegt insbesondere über die Änderung des Satzung, über Änderungsbestimmungen und Versicherungsbedingungen zu beschließen. Beteiligte der VBL sind (1) die Bundesrepublik Deutschland, (2) die Länder oder Mitglieder einer Landesgruppe, die Mitglied der Tarifgemeinschaft deutscher Länder ist, (3) Gemeinden, Gemeindeverbände und sonstige Mitglieder eines Mitgliedsverbandes der Vereinigung kommunaler Arbeitgeberverbände (VKA), (4) sonstige juristische Personen des öffentlichen Rechts und deren Verbände, wenn sie das für einen Beteiligten der Ziff. 1 bis 3 geltende Tarifrecht oder ein Tarifrecht wesentlich gleichen Inhalts anwenden, (4) die Fraktionen des Bundestages, der Parlamente der Bundesländer und der kommunalen Vertretungskörperschaften, wenn sie das für einen Beteiligten der Ziff. 1 bis 3 geltende Tarifrecht oder ein Tarifrecht wesentlich gleichen Inhalts anwenden (§ 19 VBLS). Die Beteiligungsvereinbarung wird zwischen der Anstalt und dem Arbeitgeber schriftlich vereinbart. Die Rechte und Pflichten der Beteiligten ergeben sich aus § 21 VBLS. Die Beteiligungsvereinbarung kann mit einer Frist von sechs Monaten gekündigt werden (§ 22 VBLS). Scheidet ein Beteiligter aus, enden die Pflichtversicherungen der bei ihm im Arbeitsverhältnis stehenden Arbeitnehmer.

3. Versicherung bei der VBL

(a) Für die Versicherung bei der VBL sind drei Rechtsbeziehungen zu unterscheiden: (1) Die Beziehung zwischen Arbeitgebern und Arbeitnehmern, (2) zwischen Arbeitgebern und der VBL und (3) den Versicherten und der Anstalt. Das Rechtsverhältnis zwischen Arbeitgebern und Arbeitnehmern ist arbeitsrechtlich geregelt. Bund, Länder und Gemeinden haben Tarifverträge abgeschlossen (→ öffentlicher Dienst). Aufgrund dieser Tarifverträge sind sie verpflichtet, ihre Bediensteten bei der VBL zu versichern. Die Versicherung entsteht nicht durch Arbeits- oder Tarifvertrag. Die VBL als Anstalt des öffentlichen Rechts kann nicht als gemeinsame Einrichtung der Tarifvertragsparteien geführt werden, wenngleich sie schon aufgrund der Vertretung im Vorstand und im Verwaltungsrat erheblichen Einfluss ausüben können (§ 4 Abs. 2 TVG). Aus diesem Grunde kommt eine unmittelbare Einwirkung der arbeitsvertraglichen und tariflichen Bestimmungen auf das Satzungsrecht nicht in Betracht.

(b) In der Zeit von 1929 bis 1966 wurde die Zusatzversorgung des Versicherten aus einem Grundbetrag von 19,5 % der durchschnittlichen monatlichen Entgelte des Versicherten in den letzten drei Kalenderjahren vor dem Versicherungsfall und einem Steigerungsbetrag von 0,38 % jährlich der insgesamt versicherten Entgelte berechnet. Hierdurch wurde die → Versorgungslücke zwischen der gesetzlichen Rente und der → Beamtenversorgung zu Beginn geschlossen. Da die Versorgung nicht dynamisiert war, wurde sie auf die Dauer nicht beibehalten.

(c) In der Zeit von 1967 bis 2001 wurde die Zusatzversorgung im Rahmen eines beamtenrechtsähnlichen Gesamtversorgungssystems berechnet. Durch die Versorgungsrente wurde die Rente aus der gesetzlichen Rentenversicherung auf ein ähnliches Niveau wie die Beamtenversorgung aufgestockt. Es war eine endgehaltsbezogene Berechnung der Versorgung auf der Grundlage eines fiktiven Nettoarbeitsentgelts aus den letzten drei Jahren. Als zusatzversorgungspflichtige Zeit wurde die Zeit der Pflichtversicherung voll und die sie übersteigende Zeit zur Hälfte berücksichtigt. Hierdurch wurde eine beamtenähnliche Versorgung erreicht. Dieses System wurde aufgrund der Abhängigkeit von externen Berechnungsfaktoren und der Rechtsprechung des BVerfG geschlossen. (1) Die Berechnung der Zusatzversorgung war abhängig von der Beamtenversorgung, der Sozialversicherungsrente, die abgesenkt wurde und zur Steigerung der Zusatzversorgung führte und dem Steuerrecht, weil auf ein fiktives Nettoarbeitsentgelt abgestellt wurde. (2) Maßgebend für die Änderung waren aber mehrere Entscheidungen des BVerfG. Mit drei Grundsatzentscheidungen hat das BVerfG zur Altersversorgung im → öffentlichen Dienst Stellung genommen. In der 1. Entscheidung vom 15.7.1998 (AP BetrAVG § 18 Nr. 26 = NZA 1999, 194) wurde die Berechnung der Betriebsrente als rechts- und verfassungswidrig erachtet. Darauf wurde § 18 BetrAVG geändert. In einer zweiten Entscheidung wurde die Berechnung der Rente von Teilzeitbeschäftigten beanstandet (BVerfG 27.11.1997 AP BetrAVG § 2 zu RuhegeldG Hamburg = NJW 1998, 247 = NZA 1998, 1215). In der dritten, der sog. Halbanrechnungsentscheidung vom 22.3.2000 (AP BetrAVG § 18 Nr. 27 = NJW 2000, 3341 = NZA 2000, 996) hat das Gericht in Frage gestellt, dass Dienstzeiten außerhalb des öffentlichen nur zur Hälfte, dagegen die des öffentlichen Dienstes voll angerechnet würden. Damit war die Grundlage des Gesamtversorgungssystems beseitigt. (3) Es bestand aber noch ein weiterer Grund, der zur Aufgabe des bisherigen Systems zwang. Das Altersvermögensgesetz vom 26.6.2001 sah in § 3 Nr. 63 EStG steuerliche Erleichterungen bei der selbst finanzierten Altersversorgung vor und daneben staatliche Fördermaßnahmen nach § 10a EStG. Hiervon waren jedoch Versorgungsberechtigte nach einem Gesamtversorgungssystem ausgeschlossen. → Altersvermögensgesetz, → Private Altersversorgung.

(d) Aufgrund dieser Rechtslage mussten die Tarifvertragspartner ein neues Versorgungssystem einführen. Sie haben ein Versorgungspunktesystem gewählt. Mit der Neuordnung der Versorgung wurde das bisherige Gesamtversorgungssystem rückwirkend zum 31. 12. 2000 geschlossen. Für das Jahr 2001 gilt noch eine Übergangsphase. Die Neuregelungen treten zum 1. 1. 2002 in Kraft. Es werden die Leistungen zugesagt, die sich ergeben, wenn eine Gesamtbeitragsleistung von 4 % vollständig in ein kapitalgedecktes System eingezahlt würde. Das bedeutet, dass für jeden Versicherten ein Beitrag von 4 % seines zusatzversorgungspflichtigen Entgelts entrichtet und am Kapitalmarkt angelegt wird. → Öffentlicher Dienst

3. Freiwillige Versicherung

(a) Es war Ziel der Tarifvertragsparteien mit dem neuen System auch den Aufbau einer steuerlich förderfähigen kapitalgedeckten, freiwilligen Altersvorsorge bei den Zusatzversorgungskassen zu ermöglichen. Die freiwillige Versicherung wird von der VBL als → Pensionskasse durchgeführt.

(b) Nach § 54 VBLS wird den Pflichtversicherten die Möglichkeit eröffnet, durch Entrichtung eigener Beiträge unter Inanspruchnahme der steuerlichen Förderung (Sonderausgabenabzug, Zulage) eine zusätzliche kapitalgedeckte Altersvorsorge im Rahmen der betrieblichen Altersversorgung aufzubauen. Für die Durchführung stehen zwei Wege zur Verfügung. Die freiwillige Versicherung kann durchgeführt werden als Versicherung in Anlehnung an das Punktemodell. Es ist im Prinzip eine Aufstockung der Pflichtversicherung nach dem Punktemodell. Sie kann aber auch durchgeführt werden als fondsgebundene Rentenversicherung. Durch sie soll die Anlage am Kapitalmarkt stärker genutzt werden. Es handelt sich um eine → Beitragszusage mit Mindestleistung im Rahmen eines Hybrismodells. Ein Teil der Beiträge ist so anzulegen, dass im Versicherungsfall mindestens die Summe der eingezahlten vorhanden ist und in Form von Rentenleistungen ausgekehrt werden kann. Der Teil, der nicht zur Deckung der zugesagten Mindestleistung benötigt wird, kann unter Renditegesichtspunkten auf dem Kapitalmarkt angelegt werden.

(c) Die Einzelheiten der freiwilligen Versicherung sind in besonderen Versicherungsbedingungen geregelt (www.vbl.de).

4. Rechtsschutzsystem

(a) Bei der VBL besteht ein Schiedsgerichtssystem. Das Schiedsgericht besteht aus einer oder mehreren Kammern. Jede Kammer ist mit einem Vorsitzenden und zwei Beisitzern besetzt. Der Vorsitzende und sein Vertreter werden von der Aufsichtsbehörde im Einvernehmen mit dem Verwaltungsrat bestellt. Ein Beisitzer und sein Vertreter werden auf Vorschlag der Beteiligtenvertreter bestellt (§ 55 VBLS). Das Oberschiedsgericht besteht aus dem Vorsitzenden und sechs Beisitzern. Der Vorsitzende und sein Vertreter werden durch den Präsidenten des BGH bestellt. Das Oberschiedsgericht entscheidet in der Besetzung mit dem Vorsitzenden und zwei Beisitzern, von denen einer auf Vorschlag der Versichertenvertreter im Verwaltungsrat bestellt sein muss (§ 56 VBLS). Das Schiedsgericht entscheidet über Klagen gegen Entscheidungen der Anstalt über den Antrag auf Versicherungsleistungen (§ 46 Abs. 2 VBLS) und über freiwillige Versicherungsleistungen nach § 14 Abs. 2 der Versicherungsleistungen in Anlehnung an das Punktemodell sowie gegen sonstige Entscheidungen der Anstalt über Rechte und Pflichten aus dem Versicherungs-, dem Beteiligungs- oder dem Leistungsverhältnis (§ 57 VBLS). Das Schiedsgericht entscheidet aufgrund mündlicher Verhandlung. Gegen die Entscheidung des Schiedsgerichts ist unter den Voraussetzungen des § 57 VBLS die Berufung an das Oberschiedsgericht möglich. Die Berufung ist innerhalb eines Monats bei dem Schiedsgericht einzulegen (§ 58 VBLS).

(b) Da das Rechtsverhältnis zwischen der VBL und den Versicherten privatrechtlich ausgestaltet ist, sind für Rechtsstreitigkeiten die ordentlichen Gerichte zuständig. Eine Zuständigkeit der Arbeitsgerichte besteht nicht (§ 2 ArbGG). Eine Klage in den in §§ 57 ff VBLS geregelten Ansprüchen wird erst nach Erschöpfung des Schiedsgerichtsverfahrens zulässig sein. *(Sch)*

443

▶ Verjährung

I. Gesetzliche Rentenversicherung

1. Allgemeines

Ansprüche auf Sozialleistungen müssen innerhalb einer angemessenen Frist geltend gemacht werden. Der Gesetzgeber hat deshalb für alle Sozialgesetzbücher eine Verjährungsregelung in § 45 SGB I vorgesehen. Danach verjähren Ansprüche auf Sozialleistungen innerhalb von vier Jahren nach Ablauf des Kalenderjahres, in dem sie entstanden sind.

2. Verjährungsfrist

Die Verjährungsfrist beginnt mit dem ersten Tag des Kalenderjahres (also 1.1.), das dem Kalenderjahr folgt, in dem der Leistungsanspruch entstanden ist. Die Verjährungsfrist läuft mit Ende des vierten Jahres (also 31.12.) ab.

Der Leistungsanspruch entsteht, sobald die für den Anspruch im Gesetz bestimmten Voraussetzungen erfüllt sind (§ 40 Abs. 1 SGB I). Im Regelfall bedeutet das Entstehen eines Leistungsanspruchs auch, dass diese Ansprüche fällig werden. Bei Ansprüchen auf wiederkehrende Leistungen (also beispielsweise Renten der gesetzlichen Rentenversicherung) kann nach ständiger Rechtsprechung das so genannte Stammrecht auf eine Leistung nicht verjähren. Der Verjährung unterliegen allerdings die Ansprüche auf Auszahlung der einzelnen, jeweils fälligen Bezüge.

3. Rentenversicherung

In der gesetzlichen Rentenversicherung haben die Verjährungsregelungen Auswirkungen auf das Beitragsrecht. Die Ansprüche des Versicherungsträgers auf Pflichtbeiträge verjähren in vier Jahren nach Ablauf des Kalenderjahres, in dem sie fällig geworden sind (§ 25 Abs. 1 SGB IV). Solange sie nicht verjährt sind, können sie wirksam entrichtet werden. Freiwillige Beiträge sind grundsätzlich nur dann wirksam entrichtet, wenn sie bis zum 31. März des Folgejahres gezahlt werden (§ 197 Abs. 2 SGB VI).

II. Betriebliche Altersversorgung

Bei der **Verjährung** von Ansprüchen aus betrieblicher Altersversorgung muss man unterscheiden zwischen der Verjährung von monatlichen Rentenzahlungen und der Verjährung des Betriebsrentenanspruchs überhaupt (dem Rentenstammrecht). Durch das Schuldrechtsmodernisierungsgesetz vom 26. 11. 2001 ist die Verjährung von Betriebsrentenansprüchen eigens neu in § 18 a BetrAVG geregelt worden (Art. 5 Abs. 35 Schuldrechtsmodernisierungsgesetz). Danach verjährt der Anspruch auf Leistungen aus der betrieblichen Altersversorgung (das Rentenstammrecht) in 30 Jahren. Die Ansprüche auf regelmäßig wiederkehrende Leistungen unterliegen der regelmäßigen Verjährung des BGB, also nach § 195 BGB in der Fassung des Schuldrechtsmodernisierungsgesetzes nach drei Jahren.

Da bei Ansprüchen aus betrieblicher Altersversorgung die Arbeitsverhältnisse in der Regel bereits vor dem 1. 1. 2002 begründet worden sind, ist die Übergangsvorschrift des Art. 229 § 6 EGBGB zu beachten. Die Verjährungsvorschriften haben sich zum 1. 1. 2003 geändert. Für bereits entstandene Ansprüche verbleibt es gemäß Art. 229 § 6 Abs. 3 EGBGB bei der früheren Verjährungsfrist von zwei Jahren für laufende Renten gemäß § 196 Abs. 1 Nr. 8 BGB in der vor dem Schuldrechtsmodernisierungsgesetz geltenden Fassung. Bei Organmitgliedern juristischer Personen galt bislang die vierjährige Verjährungsfrist des § 197 BGB. Insoweit ist die Übergangsvorschrift des § 6 Abs. 4 des Art. 229 EGBGB zu beachten.

Der **Verfall** von Ansprüchen auf Leistungen der betrieblichen Altersversorgung aufgrund tariflicher → Ausschlussfristen kommt lediglich in Betracht, wenn sich dies eindeutig aus dem Tarifvertrag ergibt. Im Zweifel ist davon auszugehen, dass die Tarifvertragsparteien Versorgungsansprüche nicht den tariflichen Ausschlussfristen unterwerfen (BAG DB 1990, 1572). Laufende Versorgungsbezüge unterfallen nicht der tariflichen Ausschlussfrist des § 70 Abs. 2 BAT (BAG AP § 70 BAT Nr. 11). Von der tariflichen Ausschlussfrist des § 16 des Bundesrahmentarifvertrages für das Baugewerbe werden allenfalls die einzelnen Versorgungsraten der betrieblichen Altersversorgung – nicht jedoch das Stammrecht selbst – erfasst (BAG DB 1983, 2786). *(P/M)*

▶ **Verminderte Erwerbsfähigkeit** → Erwerbsminderung

▶ **Versicherungsmissbrauch**

Im Recht der betrieblichen Altersversorgung spricht man von Versicherungsmissbrauch, wenn eine Versorgungszusage erteilt oder erhöht wird, deren Zweck vor allen Dingen darin liegt, anschließend den → PSV in Anspruch nehmen zu können. Der Ausschluss der Leistungspflicht des PSV in derartigen Fällen ist in § 7 Abs. 5 BetrAVG geregelt.

Nach § 7 Abs. 5 Satz 1 BetrAVG kommt ein Versicherungsmissbrauch in Betracht, falls bei objektiver Beurteilung der wirtschaftlichen Lage des Arbeitgebers die Annahme gerechtfertigt ist, der alleinige oder überwiegende **Zweck der Zusage** sei es gewesen, den Träger der Insolvenzsicherung in Anspruch zu nehmen (BAG AP § 7 BetrAVG Nr. 58). Der PSV muss Verbesserungen der Versorgungszusage durch den Arbeitgeber hinnehmen und für eine unverfallbare Versorgungsanwartschaft Insolvenzschutz leisten, falls nicht einer der Fälle des Versicherungsmissbrauchs i. S. d. § 7 Abs. 5 BetrAVG vorliegt (BAG AP § 7 BetrAVG Nr. 73).

Wenn bei Erteilung oder Verbesserung der Versorgungszusage wegen der **wirtschaftlichen Lage** des Arbeitgebers zu erwarten war, dass die Zusage nicht erfüllt wird, wird gemäß § 7 Abs. 5 Satz 2 BetrAVG ein Missbrauch vermutet. Eine derartige Vermutung ist gerechtfertigt, wenn aufgrund der wirtschaftlichen Lage des Arbeitgebers ernsthaft damit zu rechnen war, dass die erteilte Versorgungszusage nicht erfüllt werde (BAG AP § 7 BetrAVG Missbrauch Nr. 4). Von einem Versicherungsmissbrauch kann jedoch dann nicht gesprochen werden, wenn dem Arbeitnehmer zwar wirtschaftliche Schwierigkeiten seines Arbeitgebers bekannt sind, er aber angenommen hat und auch annehmen durfte, dass die vorgesehene Sanierung erfolgreich sein werde und die → Insolvenzsicherung nicht in Anspruch genommen werden müsse (BAG AP § 7 BetrAVG Lebensversicherung Nr. 2).

Eine unwiderlegliche **Missbrauchsvermutung** stellt § 7 Abs. 5 Satz 3 BetrAVG für alle Leistungsverbesserungen auf, die in den letzten beiden Jahren vor Eintritt des → Sicherungsfalls vorgenommen worden sind. Darunter werden nicht nur bloße Verbesserungen einer Versorgungszusage verstanden, sondern auch die Neuerteilung einer Versorgungszusage (BAG NZA 1999, 650). Dies wird in der Neufassung des § 7 Abs. 5 Satz 3 BetrAVG ab 1. 1. 2005 ausdrücklich klargestellt.

Bei neu erteilten → **Entgeltumwandlungszusagen** kann man allerdings nicht von einem Versicherungsmissbrauch ausgehen, weil es sich um eine arbeitnehmerfinanzierte Versorgungszusage handelt, auf die der Arbeitnehmer jedenfalls im Rahmen des § 1 a BetrAVG unabhängig von der wirtschaftlichen Lage des Arbeitgebers einen Rechtsanspruch hat. Zumindest für Entgeltumwandlungszusagen, die ab dem 1. 1. 2002 erteilt worden sind und bei denen Beträge von bis zu vier Prozent der → Beitragsbemessungsgrenze in der gesetzlichen Rentenversicherung für eine betriebliche Altersversorgung verwendet werden, sieht § 7 Abs. 5 Satz 3 Nr. 1 BetrAVG einen Insolvenzschutz auch für Zusagen innerhalb der letzten zwei Jahre vor Eintritt des Sicherungsfalls vor.

Auch soweit eine Versorgungszusage von einem ehemaligen auf einen neuen Arbeitgeber gemäß § 4 BetrAVG **übertragen** wird und in diesem Rahmen der neue Arbeitgeber eine Zusage erteilt, macht das Gesetz mit Wirkung ab 1. 1. 2005 eine Ausnahme für die im Rahmen von → Übertragungen gegebenen Zusagen, soweit der Übertragungswert die Beitragsbemessungsgrenze in der gesetzlichen Rentenversicherung nicht übersteigt.   *(M)*

▶ Versicherungspflicht

1. Allgemeines

Die gesetzliche Rentenversicherung unterscheidet zwischen der Versicherungspflicht kraft Gesetzes und der freiwilligen Versicherung. Die Versicherungspflicht wird an bestimmte Sachverhalte geknüpft, wie die Aufnahme einer abhängigen Beschäftigung oder – bei Selbständigen – auf Antrag. Das so entstandene Versicherungsverhältnis begründet Beitragspflichten und Leistungsrechte. Es liegt nicht mehr in der freien Entscheidung des Versicherten, wie lange der die Versicherung fortsetzen will. Solange er ein abhängiges Beschäftigungsverhältnis ausübt oder selbständig tätig bleibt, bleibt er pflichtversichert.

2. Personenkreis

Versicherungspflichtig sind in der gesetzlichen Rentenversicherung (§ 1 SGB VI):

- Personen, die gegen Arbeitsentgelt oder zu ihrer Berufsausbildung beschäftigt sind; während des Bezugs von Kurzarbeiter- oder Winterausfallgeld nach dem SGB III besteht die Versicherungspflicht fort (also Arbeiter und Angestellte und ganz allgemein Arbeitnehmer; Auszubildende unterliegen auch dann der Rentenversicherungspflicht, wenn sie kein Arbeitsentgelt beziehen)
- behinderte Menschen, die in anerkannten Werkstätten für behinderte Menschen oder in anerkannten Blindenwerkstätten oder für diese Einrichtungen in Heimarbeit tätig sind oder in Anstalten, Heimen oder gleichartigen Einrichtungen in gewisser Regelmäßigkeit Leistung erbringen, die einem Fünftel der Leistung eines voll erwerbsfähigen Beschäftigten in gleichartiger Beschäftigung entspricht
- Personen, die in Einrichtungen der Jugendhilfe oder in Berufsbildungswerken oder ähnlichen Einrichtungen für behinderte Menschen für eine Erwerbstätigkeit befähigt werden sollen
- Auszubildende, die in einer außerbetrieblichen Einrichtung im Rahmen eines Berufsausbildungsvertrages nach dem Berufsbildungsgesetz ausgebildet werden
- Mitglieder geistlicher Genossenschaften, Diakonissen und Angehörige ähnlicher Gemeinschaften während ihres Dienstes für die Gemeinschaft und während der Zeit ihrer außerschulischen Ausbildung
- Deutsche bei einer amtlichen Vertretung im Ausland.
  Versicherungspflichtig sind auch (§ 2 SGB VI)
- Lehrer und Erzieher, die im Zusammenhang mit ihrer selbständigen Tätigkeit keinen versicherungspflichtigen Arbeitnehmer beschäftigen (als Lehrtätigkeit ist dabei nicht nur das Unterrichten an Schulen, Universitäten und sonstigen Bildungseinrichtun-

gen, sondern schlechthin das Übermitteln von Wissen, Können und Fertigkeiten in Form von Gruppen- und Einzelunterricht zu verstehen. Das Erteilen von Nachhilfeunterricht rechnet demzufolge ebenso dazu wie das Unterweisen in praktischen Tätigkeiten wie Golf- oder Tennisspielen, Skilaufen, Reiten, Segeln oder Autofahren)

- Pflegepersonen, die in der Kranken-, Wochen-, Säuglings- oder Kinderpflege tätig sind und im Zusammenhang mit ihrer selbständigen Tätigkeit keinen versicherungspflichtigen Arbeitnehmer beschäftigen (gemeint sind hier selbständige Krankenschwestern, Physiotherapeuten, Masseure, medizinische Bademeister und Ergotherapeuten, die zwar auf eigene Rechnung, aber auf ärztliche Anordnung tätig sind)
- Hebammen und Entbindungspfleger
- Seelotsen
- Künstler und Publizisten (nach Maßgabe des Künstlersozialversicherungsgesetzes. Hiernach besteht Versicherungspflicht, wenn die künstlerische und publizistische Tätigkeit erwerbsmäßig und nicht nur vorübergehend ausgeübt wird und im Zusammenhang mit dieser Tätigkeit nicht mehr als ein Arbeitnehmer beschäftigt wird, es sei denn, die Beschäftigung erfolgt lediglich zur Berufsausbildung oder ist geringfügig)
- Hausgewerbetreibende (das sind selbständig Tätige, die in eigener Arbeitsstätte im Auftrag und für Rechnung von Gewerbetreibenden, gemeinnützigen Unternehmen oder öffentlich-rechtlichen Körperschaften gewerblich arbeiten)
- Küstenschiffer und Küstenfischer
- Gewerbetreibende, die in die Handwerksrolle eingetragen sind (gemeint sind Handwerker)
- Scheinselbständige (Das sind Selbständige, die im Zusammenhang mit der selbständigen Tätigkeit keinen versicherungspflichtigen Arbeitnehmer beschäftigen, dessen Arbeitsentgelt aus diesem Beschäftigungsverhältnis regelmäßig 400 Euro im Monat übersteigt und auf Dauer – also nicht nur vorübergehend – und im Wesentlichen nur für einen Auftraggeber tätig sind. Über die Versicherungspflicht entscheidet die Deutsche Rentenversicherung Bund)

- Bezieher eines Existenzgründerzuschusses (Das sind Personen, die im Rahmen einer „Ich-AG" von der Bundesagentur für Arbeit einen Existenzgründungszuschuss erhalten. Auf die Art der Selbständigkeit kommt es nicht an).

Schließlich sind versicherungspflichtig (§ 3 SGB VI) Personen in der Zeit:
- für die ihnen Kindererziehungszeiten anzurechnen sind,
- in der sie einen Pflegebedürftigen nicht erwerbsmäßig wenigstens 14 Stunden wöchentlich in seiner häuslichen Umgebung pflegen, wenn der Pflegebedürftige Anspruch auf Leistungen aus der sozialen oder einer privaten Pflegeversicherung hat
- in der sie aufgrund gesetzlicher Pflicht mehr als drei Tage Wehr- oder Zivildienst leisten
- für die sie von einem Leistungsträger Krankengeld, Verletztengeld, Versorgungskrankengeld, Übergangsgeld oder Arbeitslosenhilfe beziehen, wenn sie im letzten Jahr vor Beginn der Leistung zuletzt versicherungspflichtig waren
- für die sie von der Bundesagentur für Arbeit Arbeitslosengeld II beziehen (mit Ausnahmen)
- für die sie Vorruhestandsgeld beziehen, wenn sie unmittelbar vor Beginn der Leistung versicherungspflichtig waren.

Auf Antrag einer Stelle, die ihren Sitz in Deutschland hat, können versicherungspflichtig werden (§ 4 SGB VI):
- Entwicklungshelfer, im Sinne des Entwicklungshelfer-Gesetzes, die Entwicklungsdienst oder Vorbereitungsdienst leisten
- Deutsche, die für eine begrenzte Zeit im Ausland beschäftigt sind
- Personen, die für eine begrenzte Zeit im Ausland beschäftigt sind und die Staatsangehörigkeit eines Staates haben, in dem die Verordnung (EWG) Nr. 1408/71 anzuwenden ist, wenn sie die allgemeine Wartezeit von fünf Jahren erfüllt haben und nicht nach den Rechtsvorschriften eines anderen Staates pflichtversichert oder freiwillig versichert sind.

Auf eigenen Antrag können versicherungspflichtig werden:
- Personen, die nicht nur vorübergehend selbständig tätig sind, wenn sie die Versicherungspflicht innerhalb von fünf Jahren

nach der Aufnahme der selbständigen Tätigkeit oder dem Ende der Versicherungspflicht aufgrund dieser Tätigkeit beantragen

- Personen, die eine Sozialleistung beziehen oder bei Krankheit oder Rehabilitation ohne Krankengeldanspruch, wenn sie nicht bereits kraft Gesetzes versicherungspflichtig sind. *(P)*

▶ **Versorgungsanspruch**

Ein Versorgungsanspruch auf eine betriebliche Altersversorgung entsteht nach Eintritt des → **Versorgungsfalls** beim Arbeitnehmer und dem Erfüllen der **Leistungsvoraussetzungen** aufgrund einer → Versorgungszusage des Arbeitgebers. Mit dem Eintritt der in der Versorgungszusage festgelegten Bedingung, also dem Erreichen eines bestimmten Alters, dem Eintritt der Invalidität oder eines Todes, wird aus der → Versorgungsanwartschaft ein Versorgungsanspruch, wenn gleichzeitig oder später die in der Versorgungszusage festgelegten Leistungsvoraussetzungen erfüllt sind. Mit Eintritt des Versorgungsfalls muss der Arbeitgeber bzw. der die Versorgung durchführende Versorgungsträger jetzt die Versorgungsleistungen an den Arbeitnehmer bzw. seine Hinterbliebenen erbringen. Verpflichteter aus der Versorgungszusage ist stets der Arbeitgeber. Er haftet auch dann für die zugesagten Leistungen, wenn er die Durchführung der betrieblichen Altersversorgung Dritten überträgt, wie z. B. einer Lebensversicherung, einer Pensionskasse, einem Pensionsfonds oder einer Unterstützungskasse. Grundsätzlich müssen die selbständigen Versorgungsträger bei einer entsprechenden Versorgungszusage des Arbeitgebers den Versorgungsanspruch des Arbeitnehmers erfüllen, bei deren Weigerung hat allerdings der Arbeitgeber dem Arbeitnehmer die versprochene Versorgungsleistung zu verschaffen (BAG AP § 1 BetrAVG Gleichbehandlung Nr. 26).

Der Versorgungsanspruch **endet** zu dem Zeitpunkt, der in der Versorgungszusage vorgesehen ist. Dies ist bei betrieblichen Altersrentenleistungen in der Regel der Tod des Versorgungsberechtigten; bei betrieblichen Hinterbliebenenrenten, insbesondere bei Waisenrenten, wird häufig ein anderer Zeitpunkt festgelegt. Nach Eintritt des Versorgungsfalls konnte ein Versorgungsanspruch einverständlich zwischen Arbeitgeber und Arbeitnehmer geändert, erlassen oder abgefunden werden. Dies ist für laufende Leistungen, die erstmals seit dem 1. Januar 2005 oder später gezahlt worden sind, nicht mehr zulässig (§ 3 i. V. m. § 30 g Abs. 2 BetrAVG).

Vor Eintritt des Versorgungsfalls und der in der Versorgungszusage festgelegten Leistungsvoraussetzungen besteht noch kein Versorgungsanspruch, sondern lediglich eine → **Versorgungsanwartschaft.** *(M)*

▶ Versorgungsanwartschaft

Mit der Erteilung einer Versorgungszusage durch den Arbeitgeber erwirbt der Arbeitnehmer noch keinen Anspruch auf Zahlung einer Betriebsrente; dieser entsteht erst, wenn die in der → Versorgungszusage genannten Leistungsvoraussetzungen erfüllt sind und der → Versorgungsfall (das Erreichen eines bestimmten Alters, i. d. R. das 65. Lebensjahr, Invalidität oder Tod) eingetreten ist. Bis diese Bedingungen eingetreten sind, besteht auf die zugesagte Versorgungsleistung eine Anwartschaft. Diese aus der Versorgungszusage resultierende Versorgungsanwartschaft ist durchaus für Arbeitgeber und Arbeitnehmer verbindlich, der versorgungsberechtigte Arbeitnehmer erbringt für die im Laufe seines Arbeitslebens ständig steigende Versorgungsanwartschaft fortlaufend Arbeitsleistungen, während der Arbeitgeber das Versorgungsrisiko des Arbeitnehmers in dem von der Versorgungszusage bestimmten Umfang absichert. Vor Eintritt der **aufschiebenden Bedingung** „Versorgungsfall" besteht nur noch kein → Versorgungsanspruch des Arbeitnehmers.

Da fast alle Versorgungszusagen als Leistungsvoraussetzung den Eintritt des Versorgungsfalls während der Beschäftigung im Unternehmen vorsehen und damit den Verfall der Versorgungsanwartschaft bei einer vorzeitigen Beendigung des Arbeitsverhältnisses, steht die Versorgungsanwartschaft deshalb grundsätzlich auch unter einer auflösenden Bedingung, nämlich dem Ende des Arbeitsverhältnisses vor Eintritt des Versorgungsfalls. Da das Betriebsrentenrecht derartige Verfallklauseln nur bis zu einer bestimmten Dauer seit Erteilung der Versorgungszusage billigt (heute: 5 Jahre, § 1 b BetrAVG; früher: 10 Jahre bzw. 3 Jahre bei 12 Jahren Betriebszugehörigkeit), unterscheidet man heute zwischen **verfallbaren** und **unverfallbaren Versorgungsanwartschaften.** Während verfallbare Anwartschaften bei einer Beendigung des Arbeitsverhältnisses erlöschen, werden → unverfallbare Versorgungsanwartschaften auch nach Beendigung des Arbeitsverhältnisses aufrechterhalten und führen bei Eintritt des Versorgungsfalls zu einem in der → Höhe reduzierten Versorgungsanspruch.

Da das Erstarken der Versorgungsanwartschaft zu einem Vollrecht, einem Versorgungsanspruch, nur davon abhängt, dass das Arbeitsvertragsverhältnis bis zum Versorgungsfall nicht beendet wird, und der Arbeitnehmer in Erwartung einer Versorgungsleistung laufend Arbeitsleistungen erbringt, hat die Versorgungsanwartschaft bereits einen gewissen Wert. Dies führt dazu, dass zwar Arbeitgeber und Arbeitnehmer gemeinsam sich über eine Änderung der Versorgungszusage einigen können, soweit sie dabei nicht gegen → unabdingbare Vorschriften des BetrAVG verstoßen (z. B. das Verbot der → Abfindung unverfallbarer Versorgungsanwartschaften bei Ausscheiden aus dem Arbeitsverhältnis). Eine einseitige → **Änderung** der Versorgungszusage durch den Arbeitgeber, die zu einer Beeinträchtigung der Versorgungsanwartschaft führt, ist dagegen nur unter engen von der Rechtsprechung ausgestalteten Voraussetzungen möglich. *(M)*

▶ **Versorgungsfall**

Mit dem Versorgungsfall wird in der betrieblichen Altersversorgung dasjenige Ereignis umschrieben, das einen Versorgungsanspruch gegenüber dem (ehemaligen) Arbeitgeber auslöst.

Wann ein Arbeitgeber betriebliche Versorgungsleistungen zu erbringen hat, ergibt sich aus der → Versorgungszusage. Da es sich bei der herkömmlichen betrieblichen Altersversorgung grundsätzlich um eine freiwillige Sozialleistung des Arbeitgebers handelt, besteht hinsichtlich des Leistungskatalogs Vertragsfreiheit; in der Versorgungszusage können nur Altersversorgungsleistungen vorgesehen sein, aber auch zusätzlich Invaliditäts- und/oder Hinterbliebenenleistungen. Auch in einer → Entgeltumwandlungszusage können alle drei Versorgungsfälle abgesichert werden, müssen es aber nicht. Anders als in der gesetzlichen Rentenversicherung wird das den Versorgungsfall auslösende Ereignis nicht gesetzlich definiert, sondern die **Leistungsvoraussetzungen** werden in der Versorgungszusage für jede einzelne Rentenart privatautonom festgelegt. Schranken ergeben sich lediglich aus den zwingenden Vorschriften des BetrAVG (§ 17 Abs. 3, → Unabdingbarkeit), dem → Gleichbehandlungsgrundsatz und Grundrechtsschranken, die auch Privatpersonen beachten müssen.

1. Versorgungsfall Alter

Der Versorgungsfall Alter tritt in der betrieblichen Altersversorgung ein, wenn ein Versorgungsberechtigter die in der Versorgungszusage vorgesehene feste Altersgrenze erreicht und die Leistungsvoraussetzungen für den Bezug von Altersleistungen erfüllt hat.

(a) Normalerweise legt die Versorgungszusage die feste **Altersgrenze** selbst fest. Dies kann ausdrücklich geschehen oder sich aus dem Gesamtzusammenhang der Versorgungszusage ergeben. Üblich ist als feste Altersgrenze die Vollendung des 65. Lebensjahres. Eine Bezugnahme auf die Altersgrenzen in der gesetzlichen Rentenversicherung ist zwar möglich, kann aber zu Auslegungsschwierigkeiten führen, wenn, wie im RRG 1992 geschehen oder zzt. geplant, Altersgrenzen verändert werden oder – wie 1972 – eine flexible Altersgrenze eingeführt wird (vgl. BAG AP § 6 BetrAVG Nr. 15 und 19). Eine niedrigere Altersgrenze als das 65. Lebensjahr kann in der Versorgungszusage festgelegt werden, ist aber für den gesetzlichen → Insolvenzschutz nur verbindlich, wenn die dann einsetzenden Leistungen dazu dienen sollen, die Versorgung des Arbeitnehmers nach dessen Ausscheiden aus dem Beruf oder aus dem Erwerbsleben zu sichern (BAG AP § 7 BetrAVG Nr. 33). Die Wahl des Ruhestandsalters muss auf sachlichen, nicht außerhalb des Dienstverhältnisses liegenden Gründen beruhen (BAG AP § 7 BetrAVG Nr. 19). Eine regelmäßige Altersgrenze, deren Unterschreitung grundsätzlich die Annahme einer Altersversorgung ausschließt (60 Jahre?), ist angesichts der Vielgestaltigkeit der Arbeitsverhältnisse und der unterschiedlichen Anforderungen und Erwartungen an die Leistungsfähigkeit von Arbeitnehmern im fortgeschrittenen Alter für die betriebliche Altersversorgung nicht anzuerkennen. Höhere Altersgrenzen als das 65. Lebensjahr können in betrieblichen Versorgungssystemen zwar vereinbart werden, dies ist jedoch selten und angesichts der Möglichkeit der Inanspruchnahme einer → vorzeitigen Altersrente gemäß § 6 BetrAVG in der Praxis von geringer Relevanz. Unterschiedliche Altersgrenzen für Männer und Frauen verstoßen gegen das → Gleichbehandlungsgebot (EuGH DB 1990, 1824).

Mit dem Erreichen der festen Altersgrenze kann ein Arbeitnehmer bei Erfüllung der übrigen Leistungsvoraussetzungen die **volle** versprochene betriebliche **Altersrente** beanspruchen. Jedes Ausscheiden des Arbeitnehmers vor der festen Altersgrenze stellt ein Ausscheiden aus dem Arbeitsverhältnis dar, bei dem der Arbeitgeber die Anwartschaft auf betriebliche Versorgungsleistungen nur aufrechterhalten muss, wenn diese bereits → unverfallbar ist (Ausnahme: bei Inanspruchnahme → vorzeitiger Altersrente gem. § 6 BetrAVG oder von → Invaliditätsrente). Die feste Altersgrenze ist von Bedeutung für die Berechnung der → Höhe der unverfallbaren Versorgungsanwartschaft und der Höhe der vom PSV zu übernehmenden Versorgungsleistungen, wenn sich ein → Sicherungsfall während des Bestehens des Arbeitsverhältnisses ereignet.

Der Versorgungsfall Alter wird vorverlegt, wenn ein Arbeitnehmer gem. § 6 BetrAVG eine → **vorzeitige Altersleistung** in Anspruch nimmt.

(b) Zu den üblichen Leistungsvoraussetzungen für den Bezug von Altersleistungen gehört, dass ein Anspruch auf betriebliche Versorgungsleistungen erst dann besteht, wenn der Arbeitnehmer aus den Diensten des Unternehmens ausgeschieden ist. Durch eine **Ausscheidensklausel** soll der Parallelbezug von Entgelt und Leistungen der betrieblichen Altersversorgung vermieden werden.

Nicht selten wird in der Versorgungszusage eine bestimmte Mindestbetriebszugehörigkeitszeit als Voraussetzung für den Eintritt des Versorgungsfalls genannt. Durch Auslegung ermittelt wird, ob durch eine solche → **Wartezeit** der Beginn des Versorgungsfalls aufgeschoben werden soll oder von vornherein ausgeschlossen ist. In der Praxis werden vielfach ausschließende Wartezeiten vereinbart.

Keine Voraussetzung für den Eintritt des Versorgungsfalls ist, dass die betriebliche Versorgungsanwartschaft zu diesem Zeitpunkt schon unverfallbar ist, da die Unverfallbarkeit nur das Problem des Aufrechterhaltens der Versorgungsanwartschaft bei einem Ausscheiden des Arbeitnehmers **vor Eintritt** des Versorgungsfalls betrifft, nicht dagegen das Ausscheiden **wegen eines Versorgungsfalls.**

Ist der Arbeitnehmer allerdings bereits vor Eintritt des Versorgungsfalls aus dem Unternehmen ausgeschieden, tritt der Versorgungsfall bei einem Arbeitnehmer nur dann ein, wenn er Inhaber einer **unverfallbaren Versorgungsanwartschaft** (§ 1 b BetrAVG) ist.

In der Versorgungszusage kann die Zahlung betrieblicher Versorgungsleistungen darüber hinaus davon abhängig gemacht werden, dass der Arbeitnehmer einen entsprechenden **Antrag** stellt. In der Versorgungszusage kann vorgesehen sein, dass Versorgungsansprüche erst nach Antragstellung entstehen oder dass sie bis zur Antragstellung zunächst ruhen und erst danach ausgezahlt werden. Auf die Verpflichtung zur Antragstellung hat der Arbeitgeber die Arbeitnehmer hinzuweisen.

2. Versorgungsfall Invalidität

Die Voraussetzungen für die Gewährung einer → **Invaliditätsrente** können in der Versorgungszusage näher festgelegt werden. Wird der Begriff der Invalidität in der Versorgungszusage nicht eigens definiert, greift die Rechtsprechung bei der Auslegung auf die sozialversicherungsrechtlichen Begriffe zurück (BAG NZA 2001, 326). Der Versorgungsfall der Invalidität kann von der Voraussetzung abhängig gemacht werden, dass das Arbeitsverhältnis geendet hat (BAG NZA 1985, 60) oder dass der Sozialversicherungsträger die Rentenzahlungen aufgenommen hat (BAG AP § 1 BetrAVG Invaliditätsrente Nr. 6).

Die Zahlung einer Invaliditätsrente kann von einer bestimmten Mindestbetriebszugehörigkeitszeit abhängig gemacht werden. **Wartezeiten** können für Altersversorgungsleistungen und Invaliditätsleistungen unterschiedlich ausgestaltet sein; sie können auch je nach Ursache für die Invalidität variieren (z. B. kürzere Wartezeit bei einer Invalidität wegen eines Arbeitsunfalls).

3. Versorgungsfall Tod

Voraussetzung dieses Versorgungsfalls ist der Tod des durch die Versorgungszusage begünstigten Arbeitnehmers, unter Umständen auch zusätzlich seines Ehepartners. Eine betriebliche Versorgungszusage kann → Hinterbliebenenrenten für die hinterbliebenen Ehegatten **(Witwen- und Witwerrente)** oder für die hinterbliebenen Kinder **(Waisenrente)** vorsehen. Manche Versorgungszusagen beschränken die Hinterbliebenenversorgung darauf, dass der Versorgungsfall während des Arbeitslebens eingetreten sein muss, oder darauf, dass der Versorgungsfall erst nach dem Beginn der Altersrente eintritt.

Hinterbliebenenrenten werden häufig nur unter gewissen vertraglichen Einschränkungen zugesagt, um das Risiko für den Arbeitgeber überschaubar zu halten. *(M)*

▶ Versorgungslücke

Die Leistungen der gesetzlichen Sozialversicherung können nach Abzug der Beiträge für die Krankenversicherung und die Pflegeversicherung häufig nur zwischen 40 % und 50 % der vor dem Rentenbeginn bezogenen Bruttogehälter betragen. Da die gesetzlichen Renten nur noch bis 2005 regelmäßig unversteuert bleiben und das Nettogehalt eines verheirateten Durchschnittsverdieners ca. 70 % des Bruttoeinkommens ausmacht, betragen die Nettosozialversicherungsrenten zwischen 60 % und 70 % des Nettoaktiveinkommens. Zu berücksichtigen bleibt allerdings, dass die Statistiken von einem Arbeitsleben ausgehen, das nur noch in den seltensten Fällen erreicht wird. Das Niveau der betrieblichen Altersversorgung ist unterschiedlich. Es reicht von einer sog. Zigarettenpension bis zu einer Vollversorgung. Die durchschnittliche Betriebsrente aller Betriebsrentner lag 1990 bei rund 400 DM. Es lässt sich nur individuell berechnen, wie groß die Versorgungslücke zwischen Sozialversicherungsrente, betrieblicher Altersversorgung und letztem Nettoeinkommen ist. Diese Versorgungslücke muss durch → Eigenersparnisbildung geschlossen werden. *(Sch)*

▶ **Versorgungsmodelle**

Welche Leistungspflichten der Arbeitgeber bei einer Zusage der betrieblichen Altersversorgung übernimmt, hängt vor allen Dingen von dem gewählten Versorgungsmodell ab. Ein Versorgungsmodell beschreibt, welche Leistungen der Arbeitnehmer bei Eintritt des Versorgungsfalls erwarten kann bzw. welche Beiträge der Arbeitgeber zur betrieblichen Altersversorgung erbringt. Die unterschiedlichen Versorgungsmodelle beziehen sich vor allen Dingen auf die betriebliche Altersrente. Soweit eine Invaliden- und/oder Hinterbliebenenrente versprochen wird, wird diese i. d. R. als Prozentsatz der Altersrente festgelegt; nur selten besteht für diese ein anderes Versorgungsmodell. Die Versorgungsmodelle sichern in unterschiedlicher Weise die Risiken des Arbeitnehmers bei Erreichen der Altersgrenze ab, bauen sich im Laufe des Arbeitslebens unterschiedlich auf und beinhalten auch für den Arbeitgeber unterschiedliche Risiken, in welchem Umfang er Altersleistungen erbringen muss (s. dazu die Beschreibung der einzelnen Versorgungsmodelle).

Statt von unterschiedlichen Versorgungsmodellen spricht man auch von unterschiedlichen Leistungsplänen, Versorgungssystemen, Versorgungsformeln oder Gestaltungsformen der betrieblichen Altersversorgung.

In der Ausgestaltung der Höhe der Leistungen der betrieblichen Altersversorgung ist der Arbeitgeber vorbehaltlich der Wahrung der → Mitbestimmungsrechte des Betriebsrats grundsätzlich frei. Die Altersversorgung kann von der **Leistung** her definiert werden, also von dem, was der Arbeitnehmer bei Eintritt des Versorgungsfalls erhält. Sie kann aber auch vom **Beitrag** her definiert werden, den ein Arbeitgeber für die Altersversorgung aufwendet. Für Ersteres wird manchmal der englische Fachbegriff → „defined benefit", für Letzteres → „defined contribution" verwendet. Die reine Zusage eines bestimmten Beitrags für die betriebliche Altersversorgung ist im deutschen Recht nach wie vor nicht zulässig, auch wenn in letzter Zeit durch Änderungen des BetrAVG weitgehende Annäherungen an die im angelsächsischen Rechtsraum verbreiteten → Beitragszusagen stattgefunden haben.

Die Höhe der Leistungen der betrieblichen Altersversorgung kann in Beziehung gesetzt werden zum Verdienst oder der Dauer der Betriebszugehörigkeit des Arbeitnehmers oder zur Höhe der Sozialversicherungsrente, aber auch zu bestimmten wirtschaftlichen Daten des Unternehmens oder völlig unabhängig davon festgelegt werden. Sie kann statisch oder dynamisch ausgestaltet werden. Sie kann auch einen unterschiedlichen Versorgungsbedarf verschiedener Arbeitnehmer widerspiegeln.

Unterschiedliche Versorgungsmodelle sind dabei sowohl bei der arbeitgeberfinanzierten betrieblichen Altersversorgung als auch bei der Entgeltumwandlung, aber auch bei Kombinationen aus beiden möglich.

I. Leistungszusagen

Gebräuchlich sind als Versorgungsformen, die die Höhe der betrieblichen Altersversorgung von der zu erwartenden Leistung für den Arbeitnehmer her bestimmen, folgende Typen von Versorgungsmodellen, die jeweils noch näher ausdifferenziert und auch kombiniert sein können:

1. Gesamtversorgungssysteme

→ Gesamtversorgungssysteme beruhen auf der Überlegung, dass die betriebliche Altersversorgung Ergänzungsfunktion hat. Sie soll zusammen mit den Leistungen aus der gesetzlichen Rentenversicherung eine Vollversorgung des Betriebsrentners sichern. Für die Privatwirtschaft birgt eine Gesamtversorgungszusage nicht kalkulierbare Risiken. Die Höhe der Versorgung hängt von der Entwicklung der gesetzlichen Rentenversicherung ab. Ist sie rückläufig, muss der Arbeitgeber für die Absenkung der Sozialversicherungsrente einstehen, wenn beispielsweise eine Gesamtversorgung von 75 % der letzten Bezüge abzüglich der Rente aus der gesetzlichen Rentenversicherung zugesagt worden ist. Derartige **Anrechnungssysteme,** bei denen ein bestimmter Prozentsatz des letzten Gehalts zugesagt wird, jedoch unter Anrechnung der Sozialversicherungsrente, waren im öffentlichen Dienst und in Unternehmen, die dem öffentlichen Dienst nahe standen, verbreitet. Im Zuge sinkender Sozialversicherungsrenten sind derartige Versorgungsmodelle weitgehend abgeschafft und in andere Leistungspläne überführt worden.

Ein ähnliche Ausgestaltung der betrieblichen Altersversorgung wie bei einem Anrechnungssystem existiert bei einem **Limitierungssystem,** in dem ein bestimmter Prozentsatz eines Bruttoeinkommens versprochen wird, das jedoch unter Einschluss der Sozialversicherungsrente nicht mehr als einen bestimmten Prozentsatz des letzten Bruttoeinkommens übersteigen darf.

2. Endgehaltssysteme

Viele Versorgungszusagen sehen eine Altersrente in Abhängigkeit vom letzten Gehalt des Arbeitnehmers vor. Diese endgehaltsabhängigen Systeme gewähren einen bestimmten Prozentsatz des letzten Einkommens als Altersversorgung zur Abdeckung der im Alter bestehenden Versorgungslücke. Die Zusagen können **dienstzeitunabhängig** oder **dienstzeitabhängig** gestaltet sein. Üblich sind beispielsweise Regelungen, wonach eine betriebliche Altersrente für jedes Beschäftigungsjahr in Höhe eines bestimmten Prozentsatzes vom letzten Gehalt gewährt wird (z. B. 0,5 % pro Beschäftigungsjahr); → Endgehaltssysteme.

3. Karrieredurchschnittspläne

Versorgungszusagen können auch statt des letzten Gehalts den Durchschnitt aller bezogenen Gehälter als Berechnungsbasis für die Höhe der betrieblichen Altersrente nehmen. Hier wird beispielsweise pro Beschäftigungsjahr ein Steigerungsbetrag von etwa 0,5 % des jeweils bezogenen Einkommens zugesagt. Dieser Betrag wird als Nominalbetrag für jedes Dienstjahr festgeschrieben. Die Endrente ergibt sich aus der aufaddierten Summe der jährlich erdienten Steigerungsbeträge; → Karrieredurchschnittspläne.

4. Festbetragssysteme

Versorgungszusagen können einfach einen bestimmten DM- oder Euro-Betrag als laufende Altersrente versprechen. Ein Arbeitnehmer kann auch für jedes zurückgelegte Beschäftigungsjahr einen bestimmten Betrag zugesagt erhalten. Sockel- und Steigerungsbeträge können unterschiedlich hoch sein. Solche Zusagen unterliegen im besonderen Maße der inflationsbedingten Auszehrung, da sie – wie jede andere betriebliche Versorgungszusage – im Anwartschaftszeitraum nicht angepasst werden müssen. Dies kann vermieden werden, indem die Steigerungsbeträge pro Dienstjahr in Relation zu einer bestimmten Bezugsgröße, z. B. der Beitragsbemessungsgrenze der gesetzlichen Rentenversicherung jeweils angehoben werden (**Eckwertsystem**). Um Einkommensunterschiede auch bei der Altersversorgung zu berücksichtigen, können die Steigerungsbeträge auch variieren, je nachdem, in welcher Gehaltsstufe oder Lohngruppe ein Arbeitnehmer seine Beschäftigungszeit verbracht hat; → Festbetragssysteme.

5. Beitragsorientierte Leistungszusagen

Hier erklärt der Arbeitgeber, einen festgelegten laufenden Beitragsaufwand für Versorgungszwecke zu reservieren. Ein bestimmtes Beitragsvolumen wird also vorgegeben. Im Rahmen ergebnisorientierter Versorgungssysteme erhalten die Arbeitnehmer z. B. einen bestimmten Anteil des Jahresüberschusses als Barwert für die Versorgungszusage. Die Einzelbeträge werden nach versicherungsmathematischen Grundsätzen in eine bei Eintritt des Versorgungsfalles zu gewährende Altersversorgungsleistung umgerechnet; → beitragsorientierte Leistungszusagen.

II. Beitragszusagen

Den bisherigen Versorgungsmodellen ist es gemeinsam, dass der Arbeitgeber mit der Versorgungszusage eine bestimmte Leistung verspricht, also ein – versicherungsmathematisch errechenbares – Versorgungsrisiko (Langlebigkeit!) übernimmt. Da mit der Verlängerung der durchschnittlichen Lebenserwartung ("demographische Entwicklung") die von den Arbeitgebern zu tragenden Kosten der betrieblichen Altersversorgung im Laufe der Zeit gestiegen sind, hat es in den letzten Jahren Forderungen nach Anerkennung von Altersversorgungszusagen gegeben, die sich ausschließlich über den **Beitrag** des Arbeitgebers definieren, bei denen also ein Arbeitgeber beispielsweise verspricht, einen bestimmten DM- oder €- Betrag zugunsten eines Arbeitnehmers an eine Lebensversicherungsgesellschaft zu zahlen; → Beitragszusagen.

Mit Einführung der → **Beitragszusage mit Mindestleistung** ab dem 1. 1. 2002 (§ 1 Abs. 2 Ziff. 2 BetrAVG) hat der Gesetzgeber diesem Wunsch mit Einschränkungen nachgegeben. Hiernach kann der Arbeitgeber sich verpflichten, Beiträge zur Finanzierung von Leistungen der betrieblichen Altersversorgung an einen Pensionsfonds, eine Pensionskasse oder eine Direktversicherung zu zahlen; der Arbeitnehmer erhält dann die Leistungen der Altersversorgung aus dem Versorgungskapital, das aus den gezahlten Beiträgen resultiert, also die vom Arbeitgeber eingezahlten Beiträge einschließlich der daraus erzielten Erträge. Da die Erträge, insbesondere angesichts der liberalisierten Anlagevorschriften für den Pensionsfonds auch negativ sein können, bleibt der Arbeitgeber jedoch verpflichtet, dafür Sorge zu tragen, dass der Arbeitnehmer zumindest die Summe der zugesagten Beiträge erhält.

III. Arbeitnehmerfinanzierte Versorgungsmodelle

Allen bisherigen Versorgungsmodellen ist gemeinsam, dass ihre Mittel vom Arbeitgeber aufgebracht werden. Alle vorgenannten Versorgungsmodelle sind grundsätzlich aber auch mit Systemen denkbar, bei denen die Mittel nicht vom Arbeitgeber, sondern aufgrund einer Entgeltumwandlung vom Arbeitnehmer aufgebracht werden (→ **Entgeltumwandlungszusagen**).

Bei Pensionsfonds, Pensionskassen und Direktversicherungen ist es auch möglich, dass die Arbeitnehmer sich selbst mit eigenen Beiträgen an der Finanzierung der betrieblichen Altersversorgung beteiligen (vorgesehen nach dem ATV vom 1. 3. 2002 für den öffentlichen Dienst) und der Arbeitgeber lediglich über seine Zusage die Garantie für die hieraus folgenden Leistungen übernimmt (→ **Umfassungszusage** oder → **Eigenbeitragszusage**). Hier wird das Recht der Entgeltumwandlungszusagen entsprechend angewandt, soweit die zugesagten Leistungen im Wege der Kapitaldeckung finanziert werden (§ 1 Abs. 2 Nr. 4 BetrAVG). *(M)*

▶ Versorgungszusage

Die Versorgungszusage (auch: Pensionszusage, Ruhegeldzusage, Betriebsrentenzusage) stellt in der betrieblichen Altersversorgung die Rechtsgrundlage dafür dar, dass der Arbeitnehmer bei Eintritt

des → Versorgungsfalles von seinem Arbeitgeber Leistungen der
betrieblichen Altersversorgung verlangen kann. Eine Verpflichtung
des Arbeitgebers, Betriebsrentenleistungen zu erbringen, besteht
nur dann, wenn nach allgemeinen Rechtsvorschriften ein Ver-
pflichtungsgrund hierfür entstanden ist. Ein Arbeitgeber ist nicht
verpflichtet, seinen Arbeitnehmern Leistungen der betrieblichen
Altersversorgung zu gewähren (BAG AP § 242 BGB Ruhegehalt
Nr. 1). Einen gesetzlichen Rechtsanspruch auf betriebliche Altersversorgung gibt es seit 1.1.2002 gem. § 1 a BetrAVG nur im Hinblick auf die **Umwandlung** künftiger **Entgeltansprüche** in betriebliche Altersversorgung (→ Entgeltumwandlung).

I. Vertragsfreiheit

Im Rahmen der Privatautonomie kann der Arbeitgeber grundsätzlich **frei entscheiden,** ob er in seinem Unternehmen betriebliche Versorgungszusagen erteilen will, welchen Arbeitnehmern
gegenüber und in welcher konkreten Ausgestaltung. Die Versorgungszusage darf allerdings nicht gegen die unabdingbaren Vorschriften des BetrAVG, allgemeine arbeitsrechtliche Vorschriften
oder höherrangige Normen (z. B. Grundrechte des GG) verstoßen.

Unter welchen Voraussetzungen der Arbeitgeber betriebliche
Versorgungsleistungen gewähren will, legt zunächst einmal dieser
fest. Vor allen Dingen früher orientierte sich manche Ausgestaltung an der gesetzlichen Rentenversicherung, ohne dass dies
rechtlich notwendig wäre, zumal die Grenzen von der Rechtsprechung im Bereich des Arbeitsrechts häufig enger gezogen sind als
im Bereich der Gestaltungsfreiheit des Gesetzgebers in der gesetzlichen Rentenversicherung.

Der Arbeitgeber kann die Zusage auf den Versorgungsfall **Alter**
beschränken, muss also die Versorgungsfälle **Invalidität** und **Tod**
nicht vorsehen. Bei einer Hinterbliebenenversorgung kann der Arbeitgeber lediglich für den hinterbliebenen Ehegatten eine Witwen-
oder Witwerversorgung vorsehen. Er kann aber auch Waisenrenten versprechen.

Versorgungszusagen sind in ihrer **Ausgestaltung** ausgesprochen
vielfältig. Je nach dem vom Arbeitgeber mit der Altersversorgung
verfolgten Zweck kann die Versorgungszusage unterschiedliche

Arten von Leistungszusagen (→ Versorgungsmodelle) enthalten und über verschiedene → Durchführungswege abgewickelt werden. Einen gewissen Einfluss auf die Ausgestaltung der betrieblichen Versorgungszusagen hat die → Mitbestimmung des Betriebsrats bei der Ausgestaltung von Versorgungszusagen nach § 87 Abs. 1 Nr. 8 und 10 BetrVG.

Da es sich bei der betrieblichen Altersversorgung um ein über mehrere Jahrzehnte sich erstreckendes Vertragsverhältnis handelt, unterliegt es regelmäßig historischen **Veränderungen.** Es existiert deshalb in der Praxis eine Vielzahl von Versorgungssystemen, die häufig sogar nacheinander für dasselbe Arbeitsverhältnis Geltung beanspruchen.

Die meisten juristischen Probleme im Betriebsrentenrecht bestehen in Fragen, wie die Vertragsklauseln in Versorgungszusagen auszulegen sind und ob sie den gesetzlichen Vorschriften bzw. den von der Rechtsprechung entwickelten Kriterien genügen und ob die im Zeitablauf erfolgten → Änderungen der Versorgungszusage rechtmäßig waren.

II. Die Versorgungszusage als Vertrag

Auch wenn der Arbeitgeber frei darüber entscheiden kann, ob er eine Versorgungszusage erteilt – nach Erteilung der Versorgungszusage ist der Arbeitgeber hieran wie bei jedem anderen Vertrag **gebunden.** Er kann sich hiervon nicht ohne weiteres wieder lösen; nur in ganz bestimmten Ausnahmefällen erlaubt das Betriebsrentenrecht die → Änderung von Versorgungszusagen oder gar deren → Widerruf. Zusagender der Leistung der betrieblichen Altersversorgung ist bei einer Versorgungszusage stets der Arbeitgeber. Dies gilt auch dann, wenn er verspricht, die Altersversorgungsleistung nicht **unmittelbar,** sondern **mittelbar** über einen Versorgungsträger (Direktversicherung, Pensionskasse, Pensionsfonds oder Unterstützungskasse) zu erbringen.

Eine Versorgungszusage muss, um verbindlich zu sein, **nicht schriftlich** erteilt werden. Allerdings gehört die Tatsache einer Zusage der betrieblichen Altersversorgung und ihre nähere Ausgestaltung zu den Bestandteilen des Arbeitsentgelts, die der Arbeitgeber spätestens einen Monat nach dem Beginn des Arbeitsverhältnisses oder der Änderung einer wesentlichen Vertragsbedingung (z. B.: Erteilung einer Versorgungszusage) in die Niederschrift über die wesentlichen Arbeitsbedingungen nach §§ 2 bzw. 3 NachwG aufzunehmen hat. Die meisten Versorgungszusagen werden bereits deshalb schriftlich erteilt, weil nach § 6a Abs. 1 Nr. 3 EStG eine → Pensionsrückstellung für eine Pensionsverpflichtung nur gebildet werden darf, wenn die Pensionszusage schriftlich erteilt ist und die Pensionszusage eindeutige Angaben zu Art, Form, Voraussetzungen und Höhe der in Aussicht gestellten künftigen Leistungen enthält.

Dass eine Versorgungszusage auch ohne Schriftform entstehen kann, erkennt § 1b Abs. 1 Satz 4 BetrAVG dadurch an, dass es Versorgungsverpflichtungen erwähnt, die auf → betrieblicher Übung oder dem Grundsatz der → Gleichbehandlung beruhen.

III. Begründungsformen der Versorgungszusage

Eine Versorgungszusage wird entweder als **Einzelzusage** von einem Arbeitgeber mit einem einzelnen Arbeitnehmer vereinbart oder richtet sich von vornherein an eine Vielzahl von Arbeitnehmern eines Unternehmens (→ **„Versorgungswerk"**, „Versorgungsordnung", „Betriebsvereinbarung über betriebliche Altersversorgung", „Richtlinien über die Gewährung einer betrieblichen Altersversorgung", „Ruhegehaltsplan" u. Ä.). Begründungsformen einer Versorgungszusage sind individualrechtliche Vereinbarungen über eine Einzelzusage, eine Gesamtzusage oder vertragliche Einheitsregelung, eine betriebliche Übung oder der Gleichbehandlungsgrundsatz oder Kollektivvereinbarungen (Betriebsvereinbarungen, Tarifverträge, Richtlinien nach dem Sprecherausschussgesetz).

1. Individualrechtliche Vereinbarung

Eine Versorgungszusage kann durch **einzelvertragliche Vereinbarung** zwischen Arbeitgeber und Arbeitnehmer erteilt werden. Dies kann durch Aufnahme in den Arbeitsvertrag geschehen, aber auch durch einen gesonderten Vertrag. Auch die getrennt vom Arbeitsvertrag erteilte Versorgungszusage ist Bestandteil des Arbeitsvertrages und kann nicht etwa unabhängig von diesem vom Arbeitgeber gekündigt werden (→ Kündigung). Unter bestimmten Voraussetzungen ist ein → Widerruf der Versorgungszusage durch den Arbeitgeber zulässig.

Hinsichtlich des Zustandekommens einer einzelvertraglichen Zusage ist ein Vertragsschluss nach den Regeln des bürgerlichen Rechts erforderlich, also wie bei jedem anderen Vertrag durch Angebot und Annahme (§§ 145 ff BGB). Die Annahme des Vertragsangebotes des Arbeitgebers durch den Arbeitnehmer erfolgt häufig stillschweigend. Eine ausdrückliche Annahme durch den Arbeitnehmer wird in der Regel nicht erwartet (§ 151 BGB), weil dieser durch die Annahme des für ihn vorteilhaften Angebots ausschließlich begünstigt wird (BAG AP § 242 BGB Ruhegehalt Nr. 24). Als Angebot des Arbeitgebers genügt auch eine sog. **„Blankettzusage"**, dass er überhaupt eine Altersversorgung gewährt. Die spätere Konkretisierung hat der Arbeitgeber nach billigem Ermessen vorzunehmen (§ 315 Abs. 3 BGB – BAG AP § 242 BGB Ruhegehalt Nr. 110). Verspricht ein Arbeitgeber eine Versorgung wie im öffentlichen Dienst, so muss er eine entsprechende Altersversorgung gewähren, unabhängig davon, ob er Mitglied einer → Zusatzversorgungskasse des öffentlichen Dienstes ist oder werden kann (BAG AP § 1 BetrAVG Zusatzversorgungskassen Nr. 18). Dagegen enthält eine pauschale Verweisung auf Regelungen des BAT bei einem Unternehmen, das nicht in den Geltungsbereich des BAT fällt, noch keine Versorgungszusage, obwohl § 46 BAT einen Anspruch des Arbeitnehmers auf zusätzliche Alters- und Hinterbliebenenversorgung nach Maßgabe eines besonderen Tarifvertrages vorsieht (BAG AP § 1 BetrAVG Zusatzversorgungskassen Nr. 16).

Werden betriebliche Versorgungszusagen gleichen Inhalts einer Vielzahl von Arbeitnehmern gegenüber erteilt, spricht man von **vertraglichen Einheitsregelungen.** Gegenüber der echten Einzelzusage unterscheidet sich eine vertragliche Einheitsregelung zunächst nur dadurch, dass auf diese das Recht der Allgemeinen Geschäftsbedingungen (§§ 305 ff BGB) Anwendung findet, da sich in den Verträgen vorformulierte Vertragsbedingungen des Arbeitgebers befinden. Ansonsten handelt es sich lediglich um eine Vielzahl von Einzelzusagen, die rechtlich nicht anders behandelt werden. Wird der kollektive Bezug in der einzelnen Zusage deutlich gemacht, bestehen für den Arbeitgeber erleichterte Möglichkeiten der → Änderung der Versorgungszusage.

Bei einer → **Gesamtzusage** erteilt der Arbeitgeber einer Gesamtheit von Arbeitnehmern oder einer bestimmten Arbeitnehmergruppe eine Zusage, etwa durch Rundschreiben oder mündliche Bekanntgabe einer Versorgungsordnung o. Ä. oder durch Aushang am schwarzen Brett. Von der vertraglichen Einheitsregelung unterscheidet sich die Gesamtzusage vor allen Dingen dadurch, dass der Arbeitgeber nicht mit den einzelnen Arbeitnehmern ausformulierte Verträge abschließt, sondern dass der Arbeitgeber ein allgemeines Vertragsangebot abgibt, das die einzelnen Arbeitnehmer ausdrücklich oder stillschweigend annehmen. Der Kollektivbezug ist hier von vornherein ersichtlich.

2. Betriebliche Übung

Ein Anspruch auf betriebliche Altersversorgung kann auch durch → betriebliche Übung entstehen (§ 1b Abs. 1 Satz 4 BetrAVG). Wenn ein Arbeitgeber durch gleichförmiges und mehrfach wiederholtes Verhalten bei den Arbeitnehmern ein schützenswertes Vertrauen darauf begründet, ihnen werde eine bestimmte Leistung auch in Zukunft gewährt, er wolle sich durch dieses Verhalten auch entsprechend für die Zukunft verpflichten, spricht man von einer betrieblichen Übung (BAG NZA 2004, 1099). Bei der betrieblichen Übung erweckt der Arbeitgeber durch ein bestimmtes Verhalten ein Vertrauen, das auf einen Vertragsbindungswillen schließen lässt; bei einer Gesamtzusage erfolgt dagegen eine ausdrückliche Erklärung des Arbeitgebers.

3. Gleichbehandlung

Erteilt ein Arbeitgeber aufgrund eines erkennbar generalisierenden Prinzips Versorgungszusagen, so hat ein Arbeitnehmer grundsätzlich Anspruch darauf, so gestellt zu werden wie andere vergleichbare Arbeitnehmer bei Vorliegen gleicher Voraussetzungen. Wenn einzelne Arbeitnehmer oder Gruppen von Arbeitnehmern ohne sachlichen Grund keine Versorgungszusage oder eine schlechtere Versorgungszusage erhalten als die übrigen Arbeitnehmer, haben die benachteiligten Arbeitnehmer einen Anspruch auf betriebliche Altersversorgung nach den gleichen Grundsätzen wie die übrigen Arbeitnehmer. Ein derartiger Anspruch wegen der Verletzung des → Gleichbehandlungsgebotes ist rechtlich genauso zu behandeln wie eine Versorgungszusage (§ 1b Abs. 1 Satz 4 BetrAVG).

4. Kollektivvereinbarungen

Viele betriebliche Versorgungsregelungen werden durch eine → **Betriebsvereinbarung** begründet, also einem schriftlichen Vertrag zwischen Arbeitgeber und Betriebsrat. Dies liegt nicht nur daran, dass der Betriebsrat bei der Ausgestaltung von betrieblichen Versorgungswerken ein Mitbestimmungsrecht nach § 87 Abs. 1 Nr. 8 bzw. 10 BetrVG hat, sondern auch daran, dass sich Versorgungszusagen, die über eine Betriebsvereinbarung zustande gekommen sind, leichter ändern lassen als einzelvertragliche Versorgungszusagen.

Tarifverträge – schriftliche Vereinbarungen zwischen einer Gewerkschaft und einem oder mehreren Arbeitgeber oder einem Arbeitgeberverband – über die Verpflichtung zur Zahlung von Betriebsrenten sind für die herkömmliche betriebliche Altersversorgung nur in einzelnen Branchen verbreitet, insbesondere für die Arbeitnehmer des öffentlichen Dienstes (→ VBL, → Zusatzversorgungskasse), Journalisten (Presseversorgungswerk) und Arbeitnehmer des Baugewerbes. Da gem. § 17 Abs. 5 BetrAVG eine → **Entgeltumwandlung** von Entgeltansprüchen, die auf einem → Tarifvertrag beruhen, nur vorgenommen werden darf, soweit dies durch Tarifvertrag vorgesehen oder durch Tarifvertrag zugelassen ist, gibt es dagegen viele Tarifverträgen, die sich mit der Zulässigkeit und Ausgestaltung einer betrieblichen Altersversorgung im Wege einer Entgeltumwandlung beschäftigen.

Für **leitende Angestellte** besteht darüber hinaus die Möglichkeit, **Richtlinien** über die betriebliche Altersversorgung zwischen dem Sprecherausschuss der leitenden Angestellten und dem Arbeitgeber zu vereinbaren.

IV. Inhalt der Versorgungszusage

Der Inhalt von Versorgungszusagen ist in der Praxis sehr unterschiedlich – sowohl was die Ausführlichkeit als auch was die Ausgestaltung der Vertragsbedingungen im Einzelnen betrifft. Im Folgenden wird auf bestimmte **typische Inhalte** hingewiesen.

Bei einer kollektivbezogenen Versorgungszusage wird in der Versorgungszusage i. d. R. zunächst beschrieben, wer zum Kreis der Begünstigten **(Versorgungsberechtigten,** Teilnahmeberechtigten) gehört. Der Ausschluss bestimmter Personen oder Personengruppen muss sich stets vor dem Gebot der → Gleichbehandlung und dem Verbot der Diskriminierung rechtfertigen lassen.

Typischer Inhalt einer Versorgungszusage ist die Beschreibung, welche **Versorgungsleistungen** der Arbeitgeber gewähren will, ob es nur eine Altersrente sein soll oder auch Leistungen bei → Invalidität oder bei Tod des Arbeitnehmers. Im letzteren Fall können nur Leistungen für den überlebenden Ehegatten oder zusätzlich auch für die Kinder vorgesehen sein (→ Hinterbliebenenrente). Für jede einzelne Leistungsart werden die **Voraussetzungen** und die Höhe der gewährten Leistungen beschrieben. In fast allen Versorgungszusagen findet sich eine Vertragsklausel, dass der Mitarbeiter bei Eintritt des Versorgungsfalles in einem Arbeitsverhältnis zum Unternehmen gestanden haben muss **(Verfallklausel)**. Damit wird ein Anspruch auf betriebliche Altersversorgung ausgeschlossen, wenn der Versorgungsfall erst nach Beendigung des Arbeitsverhältnisses eintritt. Die Wirksamkeit einer solchen Verfallklausel wird begrenzt durch die → Unverfallbarkeit von Versorgungsanwartschaften nach § 1 b BetrAVG.

Für die Altersrente wird festgelegt, ab welchem Lebensjahr der Arbeitnehmer die volle Altersrente beanspruchen kann (**„feste Altersgrenze"**). Ansonsten wird vielfach festgelegt, welche Beschäftigungszeiten für die Berechnung der Höhe der Altersversorgungsleistung berücksichtigt werden und welche nicht (**„anrechnungsfähige Dienstzeit"**); hier kann beispielsweise vorgesehen werden, dass Zeiten, in denen das Arbeitsverhältnis ruht (→ Erziehungszeiten/Elternzeit), bei der Berechnung nicht mitzählen. Es kann auch ein bestimmter Mindestzeitraum festgelegt sein, den ein Mitarbeiter erfüllt haben muss, um Versorgungsleistungen beanspruchen zu können (→ Wartezeit). Vereinzelt werden auch Betriebszugehörigkeitszeiten, die bei einem anderen Arbeitgeber verbracht wurden, als Dienstzeit vertraglich anerkannt (→ Vordienstzeiten).

Die **Höhe** der zugesagten Versorgungsleistung wird je nach dem vereinbarten → Versorgungsmodell umschrieben. Bei gehaltsabhängigen Versorgungssystemen wird sinnvollerweise definiert, welche Gehaltsbestandteile bei der Berechnung der Altersversorgung mit berücksichtigt werden („ruhegeldfähiges Einkommen") – gehört eine Jahressonderzahlung, eine Prämie, der Dienstwagen (BAG NZA 2002, 394) zum **ruhegeldfähigen Einkommen?**

Häufig finden sich in der Versorgungszusage Regelungen, wie sich eine → **Teilzeitbeschäftigung** oder eine vorgezogene Inanspruchnahme der Altersrente (→ **vorzeitiger Altersrente)** auf die Höhe der Betriebsrente auswirkt. Ein Hinweis darauf, dass eine Versorgungsanwartschaft nach einer gewissen Zeit unverfallbar wird und wie sich in diesem Fall die Höhe der Versorgungsleistungen berechnet, befindet sich in vielen Versorgungszusagen, ohne dass dies unbedingt notwendig wäre, da die unabdingbaren Vorschriften zur → Unverfallbarkeit (§§ 1 b, 2 BetrAVG) auch ohne ausdrückliche Erwähnung angewendet werden müssen.

Üblich sind Regelungen zum Beginn und zum Ende der Auszahlung von betrieblichen Versorgungsleistungen sowie zu bestimmten **Nebenpflichten** der Vertragsparteien wie etwa der Vorlage der Lohnsteuerkarte, des Rentenbescheids und ggf. einer Lebensbescheinigung durch den Betriebsrentner oder Mitteilungspflichten bei einer durch Dritte verursachten Invalidität oder die Pflicht des Arbeitgebers, die Versorgungsverpflichtungen gegen → Insolvenz beim Pensionssicherungsverein zu versichern. Ebenso wie die Pflicht des Arbeitgebers, alle drei Jahre zu prüfen, ob die Höhe der laufenden Betriebsrenten angepasst werden muss (möglich ist auch eine Anpassungsgarantie), ergeben sich diese Pflichten auch ohne ausdrückliche Erwähnung in der Versorgungszusage aus dem BetrAVG oder allgemeinen arbeitsrechtlichen Grundsätzen zu den Nebenpflichten in einem Arbeitsverhältnis.

Fast jede Versorgungszusage enthält im Interesse des Arbeitgebers → **Widerrufsvorbehalte,** in denen das Unternehmen sich vorbehält, unter bestimmten Voraussetzungen die versprochenen Versorgungsleistungen zu kürzen oder einzustellen. Diese Widerrufsvorbehalte haben historisch einen steuerrechtlichen Hintergrund (Abschnitt 41 Abs. 4 Einkommensteuerrichtlinien), aber nur eine eingeschränkte arbeitsrechtliche Bedeutung. So berechtigt beispielsweise eine Handlung des Arbeitnehmers, die den Arbeitgeber zu einer fristlosen Kündigung berechtigen würde, entgegen dem Wortlaut des steuerrechtlich erlaubten Widerrufsvorbehalts in Abschnitt 41 Abs. 4 Satz 3 Nr. 2 d) Einkommensteuerrechtlinien nur in seltenen Ausnahmefällen zum → Widerruf der Versorgungszusage.

Versorgungszusagen, die einer Vielzahl von Arbeitnehmern erteilt worden sind, enthalten in neuerer Zeit aufgrund der Rechtsprechung des BAG zur erleichterten Änderbarkeit von individuellen Versorgungszusagen mit kollektivem Bezug bei **Betriebsvereinbarungsoffenheit** (BAG NZA 1987, 168) vereinzelt den Hinweis, das die Versorgungszusage durch eine nachfolgende Betriebsvereinbarung abgelöst oder abgeändert werden kann. Die Rechtsprechung kontrolliert bei einer derartigen Vertragsklausel die Billigkeit der → Änderung der Versorgungszusage durch eine ablösende Betriebsvereinbarung nach den gleichen Kriterien, als wäre die Versorgungszusage im Rahmen einer Betriebsvereinbarung erteilt worden.

V. Auslegung

Versorgungszusagen werden wie jede andere vertragliche Regelung gemäß §§ 133, 157 BGB ausgelegt. In Rechtsstreiten um betriebliche Altersversorgung sind Auslegungsprobleme einer der am häufigsten auftretenden Streitpunkte. Berücksichtigt werden muss bei einer Auslegung, dass die Versorgungszusage häufig vor einem anderen rechtlichen Hintergrund (anderen arbeits- und steuerrechtlichen Gesetzen und gerichtlichen Entscheidungen) formuliert worden ist.

Soweit ein Arbeitgeber Altersversorgungszusagen gegenüber einer Vielzahl von Arbeitnehmern weitgehend einheitlich abfasst, ist ab dem 1.1.2003 bei der Auslegung die **Unklarheitenregel** des § 305 c Abs. 2 BGB anzuwenden (vgl. Art. 229 § 5 EGBGB). Das BAG wendet allerdings auch unabhängig von dieser Vorschrift bereits seit langem auf Altersversorgungszusagen die Unklarheitenregel an (BAG AP § 242 BGB Ruhegehalt Nr. 160). Bleiben nach der Auslegung von Versorgungsrichtlinien Zweifel, welches von mehreren Auslegungsergebnissen gilt, muss sich der Arbeitgeber an der für ihn ungünstigeren Auslegung festhalten lassen, soweit er nicht die Betroffenen über einen hiervon abweichenden Inhalt belehrt hat (BAG NZA 1999, 267).

VI. Inhaltskontrolle

Zwar gilt auch bei der Ausgestaltung der betrieblichen Versorgungszusagen der Grundsatz der Vertragsfreiheit. Die Versorgungszusagen dürfen aber nicht gegen **höherrangiges Recht** verstoßen. Hierzu zählen das europäische Recht, das Grundgesetz, die arbeitsrechtlichen Gesetze, insbesondere das BetrAVG, Tarifverträge und Betriebsvereinbarungen. Versorgungszusagen aufgrund einer Betriebsvereinbarung oder eines Tarifvertrags dürfen nicht gegen höherrangige Gesetze verstoßen. Für die Praxis wichtig ist hier vor allen Dingen der Grundsatz des gleichen Entgelts für Männer und Frauen bei gleicher oder gleichwertiger Arbeit in Art. 141 EG-Vertrag, der allgemeine arbeitsrechtliche → **Gleichbehandlungsgrundsatz** und seine einzelnen gesetzlichen Ausprägungen.

Generelle einzelvertragliche Versorgungszusagen, insbesondere vertragliche Einheitsregelungen und Gesamtzusagen unterwirft das BAG darüber hinaus einer gerichtlichen **Billigkeitskontrolle** (BAG AP § 242 BGB Ruhegehalt Unterstützungskassen Nr. 1). Das Verbot von überraschenden oder unangemessenen Vertragsklauseln ergibt sich heute aus §§ 305 ff BGB.

Auch Betriebsvereinbarungen über betriebliche Altersversorgung werden vom BAG einer Inhaltskontrolle unterzogen (AP § 242 BGB Ruhegehalt Nr. 142). Wichtig ist eine solche Kontrolle nach dem Grundsatz der **Verhältnismäßigkeit** vor allen Dingen bei der → Änderung von Versorgungszusagen durch eine Betriebsvereinbarung.

(M)

▶ Vollrente und Teilrente

Versicherte können die Altersrente nicht nur in voller Höhe (so genannte Vollrente), sondern auch als Teilrente erhalten. Teilrenten werden um Umfang von

• zwei Dritteln,

- der Hälfte und
- einem Drittel

der Vollrente gezahlt.

Ob eine Altersrente als Teilrente gezahlt wird, hängt vom Hinzuverdienst ab (→ Hinzuverdienst). Es gibt eine allgemeine Hinzuverdienstgrenze für die Vollrente und nach dem Umfang der Teilrenten gestaffelte individuellen Hinzuverdienstgrenzen für die jeweiligen Teilrenten.

Beim Überschreiten der niedrigsten Hinzuverdienstgrenze entfällt zwar der Anspruch auf die Vollrente, es kann aber Anspruch auf eine der drei Teilrenten bestehen, soweit die jeweils maßgebende Hinzuverdienstgrenze eingehalten wird. Erst wenn die Hinzuverdienstgrenze für die Drittel-Teilrente überschritten wird, besteht kein Anspruch auf Altersrente mehr. Eine niedrigere Teilrente wird jeweils von Amts wegen gezahlt; wird ein geringerer Verdienst erzielt, so dass ggf. eine höhere Teilrente oder eine Vollrente zusteht, ist ein Antrag erforderlich.

Versicherte haben die Wahl zwischen allen Teilrenten, soweit sie bis zur Vollendung des 65. Lebensjahr deren Hinzuverdienstgrenzen einhalten. Siehe auch → Teilzeitbeschäftigte. *(P)*

▶ **Vorruhestand**

Arbeitnehmer, die in den Vorruhestand getreten sind und so genanntes Vorruhestandsgeld bezogen haben, waren in der gesetzlichen Rentenversicherung versicherungspflichtig. Das Vorruhestandsgeld ist keine Leistung der gesetzlichen Rentenversicherung. Es wurde vom Arbeitgeber aufgrund tarifvertraglicher Vereinbarung gezahlt. Das Vorruhestandsgesetz wurde durch das Gesetz über die Altersteilzeitarbeit vom 23. 7. 1996 ersetzt. Es hat nur noch Bedeutung für vor dem 31. 12. 1989 abgeschlossene Verträge. Siehe auch → Altersteilzeit. *(P)*

▶ **Vorschaltzeit**

Bei einer Vorschaltzeit wird der Zeitpunkt der Erteilung der Versorgungszusage hinausgeschoben; der Arbeitnehmer wartet während der Vorschaltzeit darauf, eine Versorgungszusage zu erhalten. Eine solche Zusage auf eine Zusage, die zu einer Anwartschaft auf eine Versorgungsanwartschaft führt („Wir werden Ihnen nach Ablauf der Probezeit von einem halben Jahr eine Versorgungszusage erteilen"), ist für den Beginn der → Unverfallbarkeitsfrist irrelevant, wenn das Erstarken der Anwartschaft zum Vollrecht nur noch vom Fortbestand des Arbeitsverhältnisses und vom Eintritt des Versorgungsfalles abhängt (BAG NZA 2004, 789). Etwas anderes gilt nur dann, wenn dem Arbeitgeber nach der Versorgungsregelung noch ein Entscheidungsspielraum verbleibt, ob er die Versorgungszusage erteilt, etwa wenn dem Arbeitnehmer für den Fall des Erreichens einer bestimmte Beförderungsstufe eine Versorgungszusage in Aussicht gestellt wird oder falls ihm Prokura erteilt wird (BAG AP § 1 BetrAVG Wartezeit Nr. 12).   *(M)*

▶ Vorzeitige Altersrente

Die vorzeitige Altersrente ist in der gesetzlichen Rentenversicherung und in der betrieblichen Altersversorgung eine Altersrente, die von einem Versorgungsberechtigten **vor** Erreichen des Alters für den Bezug der normalen Altersrente bezogen werden kann. In der gesetzlichen Rentenversicherung setzt die **Regelaltersrente** mit der Vollendung des 65. Lebensjahres ein (§ 35 SGB VI). In der betrieblichen Altersversorgung kann der Versorgungsberechtigte mit der in der Versorgungszusage festgelegten **festen Altersgrenze** die volle Altersrente in Anspruch nehmen. Sie liegt dort meistens ebenfalls bei der Vollendung des 65. Lebensjahres, kann von der Versorgungszusage aber auch früher oder später gelegt werden. Die flexible Altersgrenze ist in der gesetzlichen Rentenversicherung mit dem Rentenreformgesetz vom 16. 10. 1972 eingeführt worden. Um einen Gleichklang von gesetzlicher und betrieblicher Altersvorsorge zu erreichen, sieht § 6 BetrAVG vor, dass ein Arbeitnehmer, der die vorzeitige gesetzliche Rente in Anspruch nimmt, auch vorzeitig die Betriebsrente vom Arbeitgeber oder von dem die Versorgung durchführenden Versorgungsträger verlangen kann, wenn er die Leistungsvoraussetzungen nach der betrieblichen Versorgungszusage erfüllt.

I. Die vorzeitige Altersrente in der gesetzlichen Rentenversicherung

Renten wegen Alters werden nach dem SGB VI geleistet als

- Regelaltersrente
- Altersrente für langjährige Versicherte
- Altersrente für schwer behinderte Menschen
- Altersrente wegen Arbeitslosigkeit oder nach Altersteilzeitarbeit
- Altersrente für Frauen.

Die vom Gesetzgeber bereits durch das Rentenreformgesetz 1999 eingeleiteten Maßnahmen sehen langfristig die Abschaffung der Altersrente wegen Arbeitslosigkeit oder nach Altersteilzeitarbeit sowie die Altersrente für Frauen vor. Darüber hinaus wurden die Altersgrenzen angehoben (siehe auch → Altersrente).

Versicherte haben die Möglichkeit, trotz Anhebung der Altersgrenzen, mit 60 oder 63 Jahren in Rente zu gehen. Sie müssen dann aber einen versicherungsmathematischen Abschlag von 0,3 Prozent je Monat, den sie vor der für ihren Geburtstag vorgesehenen Altersgrenze ihre Rente beanspruchen, hinnehmen. Versicherte, für die bereits die Altersgrenze von 65 Jahren gilt, wie beispielsweise Arbeitslose ab Geburtsmonat Dezember 1941 und Frauen ab Geburtsmonat Dezember 1944, müssen einen Rentenabschlag in Höhe von 18 Prozent hinnehmen, wenn sie bereits mit 60 Jahren die Rente beanspruchen wollen.

Rentenabschläge bei vorzeitiger Altersrente können Versicherte ganz oder teilweise durch Beitragszahlungen ausgleichen. Der Ausgleichsbetrag ergibt sich aus folgender Formel:

Minderung der persönlichen Entgeltpunkte × Ausgleichsfaktor × Zugangsfaktor

Der Ausgleichsfaktor errechnet sich, indem der Beitragssatz auf das vorläufige Durchschnittsentgelt – jeweils im Zeitpunkt der Zahlung – angewandt wird. Die Beiträge können sowohl vor Inanspruchnahme der vorzeitig beginnenden Rente gezahlt werden, aber auch noch nach dem Rentenbeginn bis zur Vollendung des 65. Lebensjahres. Teilzahlungen sind zulässig.

II. Die vorzeitige Altersrente in der betrieblichen Altersversorgung

1. Voraussetzungen

Um die betriebliche Altersrente vorzeitig in Anspruch nehmen zu können, muss der Versorgungsberechtigte **Altersrente aus der gesetzlichen Rentenversicherung** in Anspruch nehmen, und zwar vor Vollendung des **65. Lebensjahres.** Ob und wann er dies darf, bestimmt sich nach dem Recht der gesetzlichen Rentenversicherung (§§ 36 ff, 236 ff SGB VI). Renten für Bergleute nach § 45 SGB VI als Sonderform einer Rente wegen verminderter Erwerbsfähigkeit stellen keine Altersleistungen der gesetzlichen Rentenversicherung i. S. d. § 6 BetrAVG dar.

Um zu vermeiden, dass bereits die Inanspruchnahme der gesetzlichen → Teilrente wegen Alters nach § 42 SGB VI betriebliche Versorgungsansprüche auslöst, ist § 6 BetrAVG dahin gehend ergänzt worden, dass nur die Inanspruchnahme der gesetzlichen Altersrente als **Vollrente** betriebliche Altersversorgungsansprüche auslösen kann.

Ein Arbeitnehmer nimmt die gesetzliche Altersrente vorzeitig in Anspruch, wenn er nach einem berechtigten Antrag gegenüber dem Rentenversicherungträger einen Anspruch auf eine vorzeitige Altersrente besitzt. Eine tatsächliche Zahlung muss nicht erfolgt sein. In der Regel wird sich der Arbeitgeber die **Inanspruchnahme** durch Vorlage des Rentenversicherungsbescheids nachweisen lassen.

Das Recht zur Inanspruchnahme der vorzeitigen Altersrente nach § 6 BetrAVG soll allerdings die rechtlich möglichen Vertragsgestaltungen bei einer betrieblichen Versorgungszusage nicht aushebeln. Hat der Versorgungsberechtigte mit Ausnahme der festen Altersgrenze die übrigen vertraglichen **Leistungsvoraussetzungen** noch nicht erfüllt, kann er die vorzeitige betriebliche Altersrente nicht beanspruchen.

Zu diesen Leistungsvoraussetzungen kann die Erfüllung einer → **Wartezeit** gehören, also eine Mindestbetriebszugehörigkeitszeit, die vor Eintritt des Versorgungsfalls zurückgelegt sein muss. Nimmt ein Arbeitnehmer die vorgezogene gesetzliche Altersrente in Anspruch, ist aber eine nach der Versorgungszusage erforderliche Wartezeit nicht erfüllt, kann aber noch bis zum 65. Lebensjahr zurückgelegt werden, dann kann er die Leistung aus der Versorgungszusage nach Ablauf der Wartezeit verlangen (BAG AP § 6 BetrAVG Nr. 2). Die Versorgungszusage kann außerdem vorsehen, dass der Arbeitnehmer vor dem Bezug einer Betriebsrente aus dem Unternehmen **ausscheidet.**

Zu den Leistungsvoraussetzungen gehört nicht, dass der Arbeitnehmer zum Zeitpunkt der Inanspruchnahme der vorzeitigen Altersrente bereits die → **Unverfallbarkeitsvoraussetzungen** erfüllt hat (BAG AP § 6 BetrAVG Nr. 16). Verlangt ein Arbeitnehmer gemäß § 6 BetrAVG seine Betriebsrente, der zuvor wegen Invalidität aus dem Arbeitsverhältnis ausgeschieden ist, ist zu unterscheiden: Hatte er zum Zeitpunkt des Ausscheidens die Unverfallbarkeitsfristen erfüllt, wird die Fälligkeit der Betriebsrente nicht dadurch berührt, dass eine bisher bezogene Erwerbsunfähigkeitsrente in ein flexibles Altersruhegeld umgewandelt wird (LAG Hamm NZA 1989, 216). Hatte er dagegen die Unverfallbarkeitsfristen zum Zeitpunkt des Ausscheidens noch nicht erfüllt und sah die betriebliche Versorgungszusage keine Invaliditätsleistung vor, besteht keine Versorgungsanwartschaft mehr, so dass ein Anspruch auf vorzeitige Altersrente auch nicht durch Inanspruchnahme der flexiblen Altersgrenze ausgelöst werden kann. Die Sachlage ist anders, wenn die betriebliche Versorgungszusage betriebliche Invaliditätsleistungen vorsieht.

Der Arbeitnehmer muss die vorzeitigen Altersleistungen vom Arbeitgeber **verlangen.** Er muss dem Arbeitgeber gegenüber nachweisen, dass er die gesetzliche Altersrente vorzeitig in Anspruch nimmt (am besten durch Vorlage des Rentenbescheids). Die Erklärung kann der Arbeitnehmer gegenüber dem Arbeitgeber, bei Durchführung durch einen selbständigen Versorgungsträger wie z. B. eine Unterstützungskasse auch gegenüber dem Versorgungsträger abgeben. Bei zwischenzeitlicher Insolvenz des Arbeitgebers ist das Verlangen an den PSV zu richten (BGH AP § 17 BetrAVG Nr. 2).

Wenn der vom Arbeitgeber eingeschaltete Versorgungsträger sich weigert, die vorzeitige Versorgungsleistung zu erbringen, beispielsweise weil bei einer Lebensversicherung der Versicherungsfall noch nicht eingetreten ist, hat der Arbeitgeber aus dem arbeitsrechtlichen Versorgungsverhältnis dem Arbeitnehmer die vorzeitige betriebliche Altersrente zu verschaffen, notfalls aus eigenen Mitteln (BAG AP § 1 BetrAVG Lebensversicherung Nr. 22).

2. Höhe der vorzeitigen Altersrente

Das BetrAVG enthält zur Berechnung der vorzeitigen Altersrente keine Bestimmungen. Deshalb kommt es in erster Linie auf den **Inhalt der Versorgungszusage** an. Fehlt eine ausdrückliche Regelung in der Versorgungszusage, muss nach den Regeln über eine ergänzende Vertragsauslegung entschieden werden.

(a) Für **Direktversicherungs-** und **Pensionskassenzusagen** führt dies unabhängig davon, ob dies ausdrücklich in der Versorgungszusage vorgesehen ist, zu einer Begrenzung der Versicherungs- (= Versorgungs-)leistung auf das geschäftsplanmäßige Deckungskapital, wobei die Versicherungswirtschaft keinen Stornoabzug vornimmt und auch die für den Versicherungsfall vorgesehene Überschussbeteiligung vorzeitig ausgezahlt wird, soweit sie nach dem Versicherungsvertrag dem Arbeitnehmer zusteht.

(b) Bei **Direktzusagen** und **Unterstützungskassenzusagen** ist hinsichtlich der Berechnung der Höhe der vorzeitigen Altersrente zunächst danach zu unterscheiden, ob eine ausdrückliche Regelung in der Versorgungszusage getroffen wurde oder nicht.

Dass eine **Kürzung** der zugesagten betrieblichen Altersrente bei vorzeitiger Inanspruchnahme **vertraglich** vorgesehen werden kann, ist unstreitig. Dies ergibt sich bereits daraus, dass bei einer vorzeitigen Inanspruchnahme der betrieblichen Altersrente das rechtliche und wirtschaftliche Verhältnis von Leistung und Gegenleistung auf beiden Seiten verschoben wird: Der Arbeitnehmer arbeitet weniger (erbringt eine niedrigere Leistung); der Arbeitgeber zahlt über einen längeren Zeitraum Betriebsrente (erbringt eine höhere Gegenleistung). Darüber hinaus tritt die Fälligkeit der Gegenleistung früher ein; der Arbeitgeber kann dadurch das Versorgungskapital nicht mehr anlegen und damit Zinsen erwirtschaften; außerdem muss er mit der Anpassungsprüfung gemäß § 16 BetrAVG früher beginnen. Jede vertragliche Kürzungsregel muss die Interessen des Arbeitgebers und des Versorgungsberechtigten angemessen berücksichtigen. Des BAG nimmt insoweit eine **Billigkeitskontrolle** vor (BAG AP § 6 BetrAVG Nr. 29).

Vertraglich kann in der Versorgungszusage vorgesehen werden, dass die Betriebsrente in dem Fall einer vorzeitigen Inanspruchnahme **zeitratierlich** gemäß § 2 Abs. 1 BetrAVG nach dem Verhältnis von tatsächlicher und möglicher Betriebszugehörigkeit gekürzt wird (BAG AP § 6 BetrAVG Nr. 1), also so getan wird, als würde der Arbeitnehmer mit der Inanspruchnahme der vorzeitigen Altersrente mit einer unverfallbaren Versorgungsanwartschaft aus dem Unternehmen ausscheiden. Zulässig ist es auch, eine Begrenzung auf die **nach dem Leistungsplan erdiente Anwartschaft** vorzusehen, soweit in der Versorgungszusage Steigerungsbeträge pro Dienstjahr vorgesehen sind (BAG NZA 1996, 39). Das Verhältnis von Leistung und Gegenleistung am ehesten wiederherstellen kann eine **versicherungsmathematische Kürzung** der versprochenen Altersleistung, wobei in der Praxis versicherungsmathematische Abschläge in der Größenordnung zwischen 0,3 und 0,6 % pro Monat der vorgezogenen Anspruchnahme üblich sind (BAG NZA 2002, 93). Der Pensionssicherungsverein nimmt in allen Fällen (auch in denjenigen, in denen eine vertragliche Kürzung nicht vorgesehen ist) eine Kürzung bei vorzeitiger Inanspruchnahme um 0,5 % für jeden Monat der vorgezogenen Altersrente vor. Diese Praxis hat das BAG (AP § 6 BetrAVG Nr. 4) gebilligt.

Sieht die Versorgungszusage **keine Kürzung** der Betriebsrente bei vorzeitiger Inanspruchnahme vor, ist eine ergänzende Vertragsauslegung vorzunehmen. Dabei ist zu differenzieren zwischen Versorgungszusagen aus der Zeit vor In-Kraft-Treten des BetrAVG (22. 12. 1974) und **nach In-Kraft-Treten des BetrAVG.** Da die Arbeitgeber mit In-Kraft-Treten des § 6 BetrAVG von der Möglichkeit der vorzeitigen Inanspruchnahme der betrieblichen Altersrente wussten, kann bei einem Fehlen einer Kürzungsregelung für den Fall einer vorzeitigen Inanspruchnahme bei einer Versorgungszusage nach dem 22. 12. 1974 nur von einem fehlenden Kürzungswillen des Arbeitgebers ausgegangen werden. Allerdings kann die Auslegung der Versorgungszusage ergeben, dass bei einer vorzeitigen Altersrente nur die bis zu diesem Zeitpunkt nach dem Leistungsplan erdienten Rentenbausteine gezahlt werden sollen (BAG NZA 2002, 93). Bei

Versorgungszusagen aus der Zeit **vor In-Kraft-Treten des BetrAVG** wendet das BAG im Wege der ergänzenden Vertragsauslegung auf die Höhe des vorzeitigen betrieblichen Altersrentenanspruchs § 2 BetrAVG entsprechend an, so dass die Rente entsprechend der geringeren Betriebszugehörigkeitsdauer zu kürzen ist (BAG AP § 6 BetrAVG Nr. 1). Die längere Rentenzahldauer kann der Arbeitgeber ohne ausdrückliche Vereinbarung nicht durch einen versicherungsmathematischen Abschlag berücksichtigen. Lediglich der PSV darf aufgrund seiner allgemeinen Versicherungsbedingungen auch bei einer fehlenden Kürzungsregelung die Rente um jeden Monat des vorgezogenen Beginns um 0,5 % zu kürzen (BAG AP § 6 BetrAVG Nr. 4). Der Arbeitgeber kann allerdings eine ältere Versorgungsordnung nach Einführung des flexiblen Altersruhegelds ergänzen und eine Kürzung nach billigenm Ermessen vorsehen. An dieser Kürzungsregelung ist der Betriebsrat zu beteiligen (BAG AP § 6 BetrAVG Nr. 3). Ohne Zustimmung des Betriebsrats ist die Einführung eines versicherungsmathematischen Abschlags unwirksam (BAG AP § 6 BetrAVG Nr. 10).

(c) Besondere Berechnungsprobleme ergeben sich bei einer vorgezogenen Altersrente aus einer → **Gesamtversorgungszusage.** Die Betriebsrente wird hier in Abhängigkeit von der Sozialversicherungsrente gewährt. Beide Rententeile zusammen dürfen nach den üblichen Versorgungszusagen eine bestimmte Gesamtversorgungsobergrenze nicht überschreiten. Welche Funktion eine solche Gesamtversorgungsobergrenze für die Berechnung einer Betriebsrente bei einer unverfallbaren Versorgungsanwartschaft oder bei einer zeitratierlichen Kürzung im Rahmen der Berechnung der Höhe der vorgezogenen betrieblichen Altersrente hat, kann nur durch Auslegung der Versorgungszusage ermittelt werden. Sie kann als Berechnungsvorschrift oder als Begrenzungsvorschrift wirken. Ist erst für beide Teile der Vollanspruch zu berechnen und zu kürzen oder ist nur zu kürzen, wenn auch die niedrigere Betriebsrente die Obergrenze überschreitet?

Dient der Gesamtversorgungsbedarf durchgängig als Berechnungsfaktor der betrieblichen Versorgungsleistungen, handelt es sich um eine **Berechnungsvorschrift.** Dies ist bei Versorgungssystemen der Fall, die ähnlich wie eine Beamtenversorgung aufgebaut sind (pro Dienstjahr 1,875 % vom letzten Bruttoeinkommen unter Anrechnung der Sozialversicherungsrente), oder bei Versorgungssystemen, die auch eine Mindestrente unter Berücksichtigung des Gesamtversorgungsbedarfs vorsehen („Werden durch Sozialversicherungsrente und Betriebsrente 50 % des letzten Monatsgehalts nicht erreicht, wird die Betriebsrente so erhöht, dass die Versorgung 50 % des Monatsgehaltes ausmacht"). In einem solchen Fall sind Sozialversicherungsrente und Betriebsrente bis zur festen Altersgrenze hochzurechnen und die Betriebsrente ist dann entsprechend der Gesamtversorgungsobergrenze zu kürzen. Die gekürzte Betriebsrente wird bei einer zeitratierlichen Kürzung bei vorzeitiger Inanspruchnahme nochmals gekürzt (BAG AP § 2 BetrAVG Nr. 4).

Dient die Obergrenze der Vermeidung einer Überversorgung, wirkt sie als **Begrenzungsvorschrift.** Dies ist der Fall, wenn die Berechnung der Betriebsrente grundsätzlich nicht vom Versorgungsbedarf abhängt, sondern nur feste Beträge oder Steigerungssätze kennt („Als Betriebsrente werden 25 € pro Dienstjahr gewährt. Die Betriebsrente und die Rente aus der gesetzlichen Rentenversicherung dürfen nicht mehr als 70 Prozent des zuletzt bezogenen Bruttogehaltes betragen"). Hier ist zunächst die Voll- oder Teilrente unabhängig von der Höchstbegrenzungsklausel zu berechnen. Erst dann, wenn die so berechnete zeitratierlich gekürzte Rente unter Einschluss der Sozialversicherungsrente die Höchstgrenze überschreitet, darf sie gekürzt werden (BAG AP § 6 BetrAVG Nr. 12). Im Zweifel ist eine Höchstbegrenzungsklausel so auszulegen, dass Voll- oder Teilrenten zunächst unabhängig von der Höchstbegrenzungsklausel zu berechnen sind und dass diese Renten erst bei Überschreiten der Höchstgrenzen zu kürzen sind (BAG AP § 6 BetrAVG Nr. 18). Allerdings kann eine Versorgungsregelung für die Inanspruchnahme der vorzeitigen Altersrente auch eine andere billigenswerte Regelung treffen (BAG AP § 6 BetrAVG Nr. 21).

(d) Besondere Berechnungsschwierigkeiten ergeben sich dann, wenn ein Arbeitnehmer, der mit einer → **unverfallbaren Versor-**

gungsanwartschaft aus dem Unternehmen ausgeschieden ist, den daraus resultierenden Betriebsrentenanspruch gemäß § 6 BetrAVG vorzeitig in Anspruch nimmt. Die Höhe der unverfallbaren Anwartschaft eines vorzeitig ausgeschiedenen Arbeitnehmers wird nach § 2 BetrAVG zeitratierlich nach dem Verhältnis von tatsächlicher zu möglicher Betriebszugehörigkeit errechnet. Grundlage ist dabei die erreichbare Vollrente mit Vollendung des 65. Lebensjahres (bzw. einer anderen festen Altersgrenze). Diese wegen der geringeren Betriebszugehörigkeit zeitratierlich gekürzte Anwartschaft will der Arbeitnehmer nun vorzeitig gem. § 6 BetrAVG in Anspruch nehmen und für einen längeren Zeitraum beziehen.

Diese doppelte Verschiebung des Leistungs-/Gegenleistungs-Verhältnisses durch die geringere Betriebszugehörigkeit einerseits und die vorzeitige Inanspruchnahme der Leistungen aus der unverfallbaren Anwartschaft andererseits rechtfertigt nach der Rechtsprechung des BAG auch ohne ausdrückliche Regelung in der Versorgungszusage eine zweite zeitratierliche Kürzung des Versorgungsanspruchs. Die Versorgungszusage kann als **zweite Kürzung** auch versicherungsmathematische Abschläge vorsehen. Eine weitere Kürzung wegen der fehlenden Betriebstreue zwischen vorgezogenem Ruhestand und der in der Versorgungsordnung festgelegten festen Altersgrenze kann dagegen in einer Versorgungszusage nicht vereinbart werden. Sie benachteiligt den Betriebsrentner unangemessen (BAG NZA 2002, 672).

Bis vor kurzem war – gebilligt durch die Rechtsprechung des BAG (AP § 6 BetrAVG Nr. 17; AP § 1 BetrAVG Besitzstand Nr. 9) – eine dreifache Kürzung in einem solchen Fall nicht unüblich. Die vorzeitige Inanspruchnahme einer Altersrente wurde als besonderen Versorgungsfall angesehen und auf dieser Basis die Betriebsrente, die sich bei einem Verbleib des Arbeitnehmers im Betrieb bis zur vorzeitigen Inanspruchnahme der Altersrente ergeben hätte, berechnet, also ohne Berücksichtigung von Steigerungsbeträge zwischen dem vorgezogenen Ruhestand und der festen Altersgrenze und danach wurde aus diesem Anspruch die unverfallbare Versorgungsanwartschaft berechnet und danach dieser Anspruch erneut ratierlich gekürzt wegen seiner vorzeitigen Inanspruchnahme. Diese Kürzungsmethode wird vom BAG (NZA 2002, 93)

inzwischen verworfen. Es ist nunmehr zunächst der ratierliche Anspruch gemäß § 2 BetrAVG zu berechnen, also die erreichbare Endrente mit der regelmäßigen Altersgrenze (65) zu berücksichtigen.
Sieht dann die Versorgungszusage versicherungsmathematische
Abschläge für die vorzeitige Inanspruchnahme der betrieblichen
Altersrente vor, kann die so errechnete unverfallbare Anwartschaft
versicherungsmathematisch gekürzt werden; eine weitere Kürzung
wegen nicht erreichter Steigerungsbeträge hat jedoch zu unterbleiben. Besteht dagegen keine besondere Kürzungsregelung für
die vorzeitige Inanspruchnahme der betrieblichen Altersrente gemäß § 6 BetrAVG, kann der Arbeitgeber einen weiteren „untechni-
schen versicherungsmathematischen Abschlag" vornehmen durch
eine zweite zeitratierliche Kürzung.

Beispiel: Ein am 1. 5. 1940 geborener Arbeitnehmer war vom 1. 5. 1970
bis 30. 4. 1990 bei einem Unternehmen beschäftigt. Die zu Beginn des
Arbeitsverhältnisses erteilte Versorgungszusage sieht eine Betriebsrente für die Vollendung des 65. Lebensjahres in Höhe von 10 DM pro
Dienstjahr vor. Eine Kürzungsregelung für die vorzeitige Altersrente ist
in der Versorgungszusage nicht vorgesehen. Ab 1. 5. 2003 nimmt der
Arbeitnehmer die vorzeitige Altersrente aus der gesetzlichen Rentenversicherung in Anspruch und verlangt die Betriebsrente.

Die erreichbare Vollrente bis zur Vollendung des 65. Lebensjahres beträgt

$$35 \times 10 \text{ DM} = 350 \text{ DM}.$$

Die unverfallbare Versorgungsanwartschaft beträgt

$$20 : 35 \times 350 \text{ DM} = 200 \text{ DM}$$

Bei einer Altzusage ohne eigenständige Kürzungsregelung beträgt die
vorgezogene Betriebsrente aus der unverfallbaren Versorgungsanwartschaft

$$33 : 35 \times 200 \text{ DM} = 188,57 \text{ DM} = 96,41 \text{ €}.$$

Sieht die Versorgungsregelung stattdessen einen versicherungsmathematischen Abschlag von 0,3 % pro Monat der vorgezogenen Inanspruchnahme vor, errechnet sich die Betriebsrente wie folgt:

Unverfallbare Versorgungsanwartschaft: 200 DM
Kürzung um 24 × 0,3 % = 7,2 %
200 DM × 7,2 % = 14,40 DM
vorzeitige Altersrente: 185,60 DM = 94,90 €. *(P/M)*

W

▶ **Waisenrente** → Hinterbliebenenrente

▶ **Wartezeit**

I. Gesetzliche Rentenversicherung

1. Allgemeines

Alle Renten der gesetzlichen Rentenversicherung setzen die Erfüllung einer Wartezeit voraus. Die Wartezeit hat – wie bei jeder anderen Versicherung auch – die Funktion, schlechte Risiken von der Rentenversicherung fern zu halten.

2. Altersrenten

Die Wartezeiten betragen für einen Anspruch auf
- Regelaltersrente — 5 Jahre
- Altersrente für langjährig Versicherte — 35 Jahre
- Altersrente für schwer behinderte Menschen — 35 Jahre
- Altersrente wegen Arbeitslosigkeit oder nach Altersteilzeitarbeit — 15 Jahre
- Altersrente für Frauen — 15 Jahre

Auf die Wartezeiten von 5 und 15 Jahren werden Kalendermonate mit Beitragszeiten und Ersatzzeiten angerechnet.

Auf die Wartezeit von 35 Jahren werden sämtliche rentenrechtliche Zeiten – also auch Anrechnungszeiten und Berücksichtigungszeiten – angerechnet.

Die Wartezeiten können auch zusammen oder allein mit den sich aus einem zugunsten des Versicherten durchgeführten Versorgungsausgleich ermittelten Monaten und aus Zuschlägen an Entgeltpunkten für Arbeitsentgelt aus geringfügiger versicherungsfreier Beschäftigung erfüllt werden.

3. Erwerbsminderungsrente

Als Mindestversicherungszeit wird die Erfüllung der allgemeinen Wartezeit vor Eintritt der Minderung der Erwerbsfähigkeit gefordert. Diese allgemeine Wartezeit kann tatsächlich erfüllt sein oder als vorzeitig erfüllt gelten.

(a) Die allgemeine Wartezeit beträgt fünf Jahre. Auf die allgemeine Wartezeit werden Kalendermonate mit Beitrags- und Ersatzzeiten angerechnet. Die Wartezeit kann auch zusammen oder allein mit Monaten aus dem Versorgungsausgleich oder dem Rentensplitting oder aus einer geringfügigen versicherungsfreien Beschäftigung erfüllt werden. Da die allgemeine Wartezeit vor Eintritt des Leistungsfalls der Erwerbsminderung erfüllt sein muss, sind auf die Wartezeit nur die vor diesem Zeitpunkt zurückgelegten Beitragszeiten und Ersatzzeiten anzurechnen. Erst nach Eintritt der Erwerbsminderung entrichtete Beiträge können nicht angerechnet werden.

(b) Ist die allgemeine Wartezeit vor Eintritt des Leistungsfalls nicht erfüllt, ist dennoch ein Rentenanspruch möglich, wenn die Wartezeit als vorzeitig erfüllt gilt. Dies ist der Fall, wenn der Versicherte
- wegen eines Arbeitsunfalls oder einer Berufskrankheit,
- wegen einer Wehrdienstbeschädigung,
- wegen einer Zivildienstbeschädigung oder
- wegen eines Gewahrsams i. S. des § 1 HHG

erwerbsgemindert wurde. Voraussetzung ist, dass der Betreffende bei Eintritt der Erwerbsminderung „Versicherter" gewesen ist, also mindestens ein rechtswirksamer, auf die Wartezeit des zu beurteilenden Rentenanspruchs anrechenbarer Beitrag vorhanden ist.

Die allgemeine Wartezeit ist auch vorzeitig erfüllt, wenn der Versicherte vor Ablauf von sechs Jahren nach Beendigung einer Ausbildung voll erwerbsgemindert geworden ist. Diese Möglichkeit der vorzeitigen Wartezeiterfüllung gilt ausdrücklich nicht für den Leistungsfall der teilweisen Erwerbsminderung. Zusätzliche Voraussetzung für die besondere vorzeitige Wartezeiterfüllung bei voller Erwerbsminderung ist – wie beim Arbeitsunfall bzw. der Berufskrankheit –, dass in den letzten zwei Jahren vorher mindestens ein Jahr mit Pflichtbeiträgen für eine versicherte Beschäftigung oder Tätigkeit belegt ist. Der Zweijahreszeitraum verlängert sich hier allerdings ggf. um Zeiten einer schulischen Ausbildung nach Vollendung des 17. Lebensjahres bis zur Höchstdauer von sieben Jahren. Bei der Ausbildung, die innerhalb des Zeitraums von sechs Jahren vor Eintritt der vollen Erwerbsminderung liegen muss, kann es sich um eine schulische oder berufliche Ausbildung handeln.

4. Rente an Hinterbliebene

Für das Entstehen eines Anspruchs auf eine Rente wegen Todes ist neben den sonstigen Voraussetzungen die Erfüllung der allgemeinen Wartezeit durch den verstorbenen Versicherten/die verstorbene Versicherte erforderlich. Sie kann real, fiktiv oder vorzeitig erfüllt werden.

(a) Die allgemeine Wartezeit beträgt 5 Jahre, auf die Kalendermonate mit Beitrags- und Ersatzzeiten angerechnet werden. Die Wartezeit kann auch mit den sich aus dem Versorgungsausgleich, aus einem unter Ehegatten durchgeführten Rentensplitting und/oder aus einer geringfügigen versicherungsfreien Beschäftigung ergebenden Monaten erfüllt werden.

(b) Die allgemeine Wartezeit gilt als erfüllt, wenn der verstorbene Versicherte bis zum Tod bereits eine Rente bezogen hat.

(c) Ferner besteht die Möglichkeit der vorzeitigen Wartezeiterfüllung, wenn der Versicherte wegen
- eines Arbeitsunfalls oder einer Berufskrankheit,
- einer Wehr- oder Zivildienstbeschädigung oder
- eines Gewahrsams (§ 1 Häftlingshilfegesetz)

verstorben ist. Im Falle des Todes aufgrund eines Arbeitsunfalls oder einer Berufskrankheit ist die vorzeitige Wartezeiterfüllung nur möglich, wenn der verstorbene Versicherte bei Eintritt des Arbeitsunfalls oder der Berufskrankheit versicherungspflichtig war oder in den letzten zwei Jahren davor mindestens ein Jahr (12 Kalendermonate) mit Pflichtbeiträgen für eine versicherte Beschäftigung oder Tätigkeit hatte.

II. Betriebliche Altersversorgung

Mit der Wartezeit bezeichnet man eine bestimmte Leistungsvoraussetzung in der betrieblichen Altersversorgung. Der Versorgungsberechtigte muss bis zu einem bestimmten Lebensalter eine bestimmte Dauer der Betriebszugehörigkeit erreicht haben, um einen Versorgungsanspruch zu erhalten. Derartige **leistungsauschlie-ßende Wartezeiten** führen dazu, dass ältere Arbeitnehmer, die bis zu dem festgesetzten Lebensalter die erforderliche Betriebszugehörigkeitsdauer nicht mehr erreichen können, von vornherein keinen Versorgungsanspruch erwerben. Wartezeiten von bis zu 20 Jahren werden von der Rechtsprechung gebilligt (BAG § 1 BetrAVG Wartezeit Nr. 13). Wird etwa eine Wartezeit von 20 Jahren bei einer festen Altersgrenze von 65 Jahren in der Versorgungszusage vorgesehen, kann ein Arbeitnehmer, der mit 47 Jahren in ein Unternehmen eintritt, keine Anwartschaft auf eine betriebliche Altersversorgung erwerben. Solche Festlegungen des begünstigten Personenkreises sind rechtlich zulässig; sie können auch dadurch erreicht werden, dass von der Versorgungsregelung ArbN ausgeschlossen werden, die ein bestimmtes Alter erreicht haben (BAG AP § 1 BetrAVG Wartezeit Nr. 2 z. B.: keine Versorgungszusage für Arbeitnehmer, die bei ihrem Eintritt älter als 45 Jahre sind). Eine solche Regelung verstößt nicht gegen den Gleichbehandlungsgrundsatz (BAG DB 2005, 1748). Allerdings werden überlange Wartezeiten auf EU-Ebene kritisch gesehen, weshalb hier mit einer gesetzlichen Beschränkung in der Zukunft zu rechnen ist. Wird allerdings die Wartezeit nicht auf ein bestimmtes Lebensalter begrenzt, hat sie die Bedeutung eines Herausschiebens der Fälligkeit des Versorgungsanspruchs **(aufschiebende Wartezeit)**. Wird die Altersversorgung im o. g. Beispiel nicht davon abhängig gemacht, dass die Wartezeit bis zur Altersgrenze von 65 Jahren erfüllt sein muss, kann der Versorgungsberechtigte mit Vollendung des 67. Lebensjahres eine betriebliche Altersrente beanspruchen (vgl. BAG AP § 1 BetrAVG Wartezeit Nr. 1).

Kann ein Arbeitnehmer bei einer leistungsausschließenden Wartezeit die erforderliche Betriebszugehörigkeitszeit bei Eintritt in das Unternehmen grundsätzlich noch erbringen, erwirbt der Arbeitnehmer eine Versorgungsanwartschaft, die gem. § 1 b BetrAVG unverfallbar wird. Die erforderliche Wartezeit kann der Arbeitnehmer auch außerhalb des Unternehmens erfüllen (§ 1 b Abs. 1 Satz 5 BetrAVG). Dabei ist es unerheblich, aus welchen Gründen der Arbeitnehmer aus dem Unternehmen ausscheidet und ob er danach noch ein Arbeitsverhältnis eingeht oder beispielsweise erwerbsunfähig ist (BAG AP § 1 BetrAVG Wartezeit Nr. 16). Die → **Unverfallbarkeitsfristen** sind damit von einer Wartezeit zu unterscheiden. Die Unverfallbarkeitsfristen betreffen die Frage, ob ein Arbeitnehmer seine Versorgungsanwartschaft behält, wenn das Arbeitsverhältnis vorzeitig beendet wird, während eine Wartezeit eine Leistungsvoraussetzung definiert. Eine Wartezeit ist auch von einer Vorschaltzeit zu unterscheiden. Bei einer → Vorschaltzeit wird der Zeitpunkt der Erteilung der Versorgungszusage hinausgeschoben; der Arbeitnehmer „wartet" während der Vorschaltzeit darauf, eine Versorgungszusage zu erhalten.

Ein **vorzeitiges Altersruhegeld** gem. § 6 BetrAVG kann ein Arbeitnehmer erst nach Erfüllung der Wartezeit und der sonstigen Leistungsvoraussetzungen verlangen. Die Arbeitnehmer kann diese Anspruchsvoraussetzungen auch nach seinem vorzeitigen Ausscheiden aus dem Arbeitsverhältnis erfüllen, zwar auch, wenn die Anwartschaft auf Versorgungsleistungen bei Eintritt in den Ruhestand noch nicht unverfallbar war (BAG AP § 6 BctrAVG Nr. 16). *(P/M)*

▸ Wechsel des Durchführungsweges

Für die Durchführung einer betrieblichen Versorgungszusage stehen bekanntlich fünf → Durchführungswege zur Verfügung: Direktzusage, Direktversicherung, Pensionskasse, Pensionsfonds, Unterstützungskasse. Für ein Unternehmen kann es z. B. bei einem Unternehmenszusammenschluss oder aus steuerrechtlichen oder anderen finanziellen Überlegungen sinnvoll sein, den einmal gewählten Durchführungsweg zu wechseln. Wird am Inhalt der Versorgungszusage nichts geändert, also weiterhin eine betriebliche Altersrente, eine betriebliche Invalidenrente, eine betriebliche Hinterbliebenenrente in gleicher Höhe und zu gleichen Bedingungen zugesagt, wird dies allgemein für die betroffenen Arbeitnehmer für unproblematisch gehalten. Angesichts der Ausfallhaftung des Arbeitgebers (§ 1 Abs. 1 Satz 3 BetrAVG) für jede Versorgungsform, die über einen externen Versorgungsträger durchgeführt wird, ist dies grundsätzlich auch richtig. Da sich die arbeitsrechtlichen und steuerrechtlichen Vorschriften für die einzelnen Durchführungswege in Einzelheiten unterscheiden, sind diese **Unterschiede** bei einem Wechsel jedoch zu bedenken. Dies betrifft vor allen Dingen bis zum 1.1.2005 die unterschiedliche Besteuerung; bei einem Wechsel von einer Direktzusage zu einer Direktversicherung ist zu beachten, dass die → Höhe der unverfallbaren Versorgungsanwartschaft in der Praxis anders ermittelt wird; bei einem Wechsel zu einer Unterstützungskasse ist zu beachten, dass hier ein → Widerruf möglich ist.

Bei individuell erteilten Versorgungszusagen ist daher immer eine **Zustimmung** der betroffenen Arbeitnehmer erforderlich; gegebenenfalls kann hierüber auch eine (freiwillige) Betriebsvereinbarung abgeschlossen werden. Mitbestimmungspflichtig ist ein Wechsel des Durchführungsweges nicht. Deshalb kann der Arbeitgeber bei einer durch → **Betriebsvereinbarung** begründeten Versorgungszusage den Durchführungsweg ohne Zustimmung des Betriebsrats wechseln; wegen der dann erforderlichen Zustimmung der einzelnen Arbeitnehmer wird der Arbeitgeber jedoch in der Praxis hierüber eine Einigung mit dem Betriebsrat versuchen. *(M)*

▶ **Widerruf**

Kollektivrechtlich (durch Betriebsvereinbarung oder Tarifvertrag) begründete Versorgungszusagen können durch → Kündigung der Betriebsvereinbarung oder des Tarifvertrags beendet werden. Individualrechtlich begründete Versorgungszusagen lassen sich einseitig vielfach nur durch eine Änderungskündigung (§ 2 KSchG) beseitigen – sieht man einmal von den Möglichkeiten der → Änderung von Individualzusagen mit Kollektivbezug ab. In drei Fällen hat jedoch der Arbeitgeber die Möglichkeit zu einem **einseitigen** Widerruf der betrieblichen Versorgungszusage: bei einer Treuepflichtverletzung, bei einem Wegfall der Geschäftsgrundlage und bei Vorliegen bestimmter sachlicher Gründe, wenn die betriebliche Altersversorgung über eine Unterstützungskasse durchgeführt werden soll. Die steuerunschädlichen → **Widerrufsvorbehalte** stellen dagegen keinen eigenständigen Rechtsgrund zum Widerruf von Versorgungszusagen dar, sondern umschreiben nur (in einer zum großen Teil veralteten Fassung), was nach allgemeinem

Zivilrecht über die Lehre vom Wegfall der Geschäftsgrundlage bei Vertragsverhältnissen mit einer langen Zeitdauer ohnehin gilt.

Die Widerrufserklärung ist eine einseitige empfangsbedürftige Willenserklärung. Soweit der Widerruf nicht einen Einzelfall betrifft oder der → Dotierungsrahmen vom Arbeitgeber auf null reduziert wird, hat der Betriebsrat bei der Ausübung des Widerrufsrechts ein → **Mitbestimmungsrecht.** Wird der Betriebsrat vom Arbeitgeber nicht beteiligt, ist der Widerruf rechtsunwirksam.

I. Widerruf wegen Treuepflichtverletzung

Leistungen der betrieblichen Altersversorgung sind Gegenleistungen des Arbeitgebers für bereits erbrachte Betriebstreue bzw. die gesamten vom Arbeitnehmer erbrachten Arbeitsleistungen. Deshalb berechtigt nicht jede Vertragsverletzung oder jeder Grund zur fristlosen Entlassung den Arbeitgeber zum Widerruf der Versorgungszusage. Vielmehr bleibt nach Eintritt der Unverfallbarkeit grundsätzlich die erreichte unverfallbare Versorgungsanwartschaft aufrechterhalten, auch wenn das Arbeitsverhältnis zum Beispiel durch eine **fristlose Kündigung** des Arbeitgebers beendet wird. Der weitergehende steuerrechtlich zulässige → Widerrufsvorbehalt bei fristloser Entlassung ist arbeitsrechtlich nicht mehr wirksam.

Versorgungsleistungen und Ansprüche aus unverfallbaren Anwartschaften lassen sich nur dann widerrufen, wenn die Verfehlungen des Arbeitnehmers so schwerwiegend sind, dass die Berufung auf die Versorgungszusage **arglistig** erscheint. Dabei kommt es weniger auf die Höhe des eingetretenen Schadens an, als vielmehr auf die Begleitumstände und das Gewicht der Pflichtverletzung. Letztlich muss sich das Berufen des Arbeitnehmers auf die ihm erteilte Versorgungszusage als rechtsmissbräuchlich darstellen. Dies ist nur dann anzunehmen, wenn der Arbeitnehmer seine Stellung über lange Zeit hinweg dazu missbraucht hat, den Arbeitgeber zu schädigen und so die von ihm erbrachte Betriebstreue beziehungsweise die **Arbeitsleistungen** in ihrer Gesamtheit sich im Rückblick als **wertlos** darstellen (BAG AP § 1 BetrAVG Treuebruch Nr. 10). Auch ein hoher Schaden beim Arbeitgeber kann allein nicht den Widerruf einer Versorgungszusage rechtfertigen (BGH AP § 1 BetrAVG Treuebruch Nr. 12). Ein Widerruf kann allerdings dann gerechtfertigt sein, wenn der Schaden so hoch ist, dass durch ihn die Existenz des Unternehmens selbst gefährdet worden ist (BGH NZA 2000, 318).

Die **Konkurrenztätigkeit** bei einem Wettbewerber bei fehlendem Wettbewerbsverbot (BAG AP § 1 BetrAVG Treuebruch Nr. 9) oder **Straftaten** gegen den Arbeitgeber bei langjähriger unbeanstandeter Tätigkeit (BAG AP § 1 BetrAVG Treuebruch Nr. 7) führt dagegen nicht dazu, dass die Berufung auf die erteilte Versorgungszusage durch den Arbeitnehmer rechtsmissbräuchlich erscheint. Allenfalls dann, wenn der Arbeitnehmer seine Verfehlungen bis zum Ablauf der Unverfallbarkeitsfristen verheimlichen konnte, kann die Berufung auf die Unverfallbarkeit arglistig sein und der Arbeitgeber die Versorgungszusage widerrufen (BAG AP § 1 BetrAVG Treuebruch Nr. 5).

Den **teilweisen Widerruf** von Versorgungszusagen mit dem Inhalt, dass die Zeit der Treuepflichtverletzung für die Versorgungshöhe unberücksichtigt bleibt, hat das BAG zunächst für zulässig gehalten (BAG AP § 1 BetrAVG Treuebruch Nr. 2). Das BAG hat allerdings in Zweifel gezogen, ob an dieser Rechtsprechung festzuhalten ist (BAG AP § 1 BetrAVG Treuebruch Nr. 7).

II. Wegfall der Geschäftsgrundlage

Betriebliche Versorgungszusagen mit ihren weit in die Zukunft reichenden Wirkungen erliegen immer gewissen Unsicherheiten. Je nach Ausgestaltung der Versorgungszusage sind dabei für den zusagenden Arbeitgeber die Risiken der zukünftigen Entwicklung unterschiedlich groß. Gerade wenn ein Arbeitgeber wie bei einer bruttolohnbezogenen → Gesamtversorgungszusage sowohl die Risiken der Entwicklung des Sozialversicherungsrente als auch der Belastung des Bruttolohns mit Abzügen für Sozialversicherungsbeiträge und Steuern übernimmt, hat er die hierdurch eintretenden Schwankungen und Mehrbelastungen im Hinblick auf die von ihm zu gewährende Betriebsrente selbst zu tragen. Nur bei krassen und **unvorhersehbaren Änderungen,** die zu einer gravierenden Störung im Verhältnis von Leistung und Gegenleistung führen, kann von einem Wegfall der Geschäftsgrundlage gesprochen werden (BAG AP § 242 BGB Ruhegehalt Nr. 152 und 153). Dabei ist jedoch stets zu beachten, welches Risiko der Arbeitgeber selbst vertragsgemäß durch die von ihm erteilte Versorgungszusage übernommen hat.

Die Geschäftsgrundlage kann jedoch auch dann entfallen, wenn der von den Parteien gemeinsam vorausgesetzte **Zweck** wegen Änderungen der tatsächlichen oder rechtlichen Verhältnisse **nicht** mehr **erreichbar** ist – entweder, weil der angestrebte Erfolg einer vertraglichen Regelung auf Dauer vereitelt wird oder weil der Erfolg bereits unabhängig von der vertraglich geschuldeten Leistung auf planwidrige Weise eintritt. Bringt eine Versorgungszusage klar zum Ausdruck, dass sie die Überschreitung einer bestimmten Gesamtversorgungsobergrenze vermeiden will und Rentner keinesfalls besser stellen will als vergleichbare aktive Arbeitnehmer, kann durch die Erhöhung der Abzüge durch Steuern und Sozialversicherungsbeiträge bei den Löhnen der aktiven Arbeitnehmern die ursprünglich sachgerechte Obergrenze ihr Ziel verfehlen und durch sie Rentner im Durchschnitt bei einem Nettolohnvergleich besser stellen als aktive Arbeitnehmer. Eine derartige **planwidrige** → **Überversorgung** berechtigt den Arbeitgeber zu einer einseitigen Kürzung der erteilten Versorgungszusage. Eine Neuregelung muss sich aber an die ursprüngliche Geschäftsgrundlage halten. Nur die planwidrig eingetretene Überversorgung darf abgebaut werden, nicht die Versorgung umstrukturiert oder abgesenkt werden (BAG NZA 1999, 780). Die Neuordnung darf auch in zeitanteilig erdiente → Besitzstände eingreifen (BAG AP § 1 BetrAVG Ablösung Nr. 26). Ist einem Arbeitnehmer von vornherein eine Versorgung von mehr als 100 % des letzten Nettoeinkommens versprochen, ist ein Arbeitgeber an eine derartige **planmäßige Überversorgung** gebunden (BAG AP § 1 BetrAVG Ablösung Nr. 13 – Ausnahme: öffentlicher Dienst).

Eine Anpassungsbefugnis wegen Wegfalls der Geschäftsgrundlage kann auch dann bestehen, wenn sich die zugrunde gelegte **Rechtslage** nach Erteilung der Zusage ganz wesentlich und unerwartet **geändert** hat und dies beim Arbeitgeber zu erheblichen Mehrbelastungen geführt hat (BAG AP § 1 BetrAVG Ablösung Nr. 26). Bejaht hat dies das BAG (AP § 1 BetrAVG Unterstützungskassen Nr. 8) für die Einführung des gesetzlichen → Insolvenzschutzes und der → flexiblen Altersgrenze im BetrAVG, verneint jedoch für die Einführung der → Unverfallbarkeit und die Pflicht zur → Anpassungsprüfung nach § 16 BetrAVG. Wird die finanzielle Belastung des Arbeitgebers vergrößert, weil dieser gegen den → Gleichbehandlungsgrundsatz verstoßen hat, kann dieser sich nicht auf einen Wegfall der Geschäftsgrundlage berufen (BAG AP § 1 BetrAVG Gleichberechtigung Nr. 8).

Eine → **wirtschaftliche Notlage** des Arbeitgebers wurde früher von der Rechtsprechung als ein Wegfall der Geschäftsgrundlage angesehen, der zum Widerruf auch insolvenzgeschützter betrieblicher Versorgungsrechte berechtigte, jedoch gleichzeitig wegen des in § 7 Abs. 1 Satz 3 Nr. 5 BetrAVG früher vorgesehenen Sicherungsfalls der wirtschaftlichen Notlage die Eintrittspflicht des PSV begründete. Seit der Streichung des Sicherungsfalls der wirtschaftlichen Notlage im Rahmen der Insolvenzrechtsreform mit Wirkung vom 1.1.1999 besteht diese Widerrufsmöglichkeit nicht mehr (BAG AP § 7 BetrAVG Widerruf Nr. 24). Ein Widerruf wegen anderer wirtschaftlicher Schwierigkeiten des Arbeitgebers ist deshalb seit diesem Zeitpunkt erst recht nicht mehr zulässig.

III. Widerruf bei Unterstützungskassenzusagen

Der Vorbehalt der Freiwilligkeit und der Ausschluss des Rechtsanspruchs bei Zusagen auf Leistungen einer Unterstützungskasse bedeutet für die betriebliche Altersversorgung nur, dass der Unterstützungskasse ein Widerrufsrecht zusteht, das an **sachliche Gründe** gebunden ist (BAG AP § 242 BGB Ruhegehalt – Unterstützungskassen Nr. 6). Der Widerruf muss dabei in genereller Form ausgeübt werden und der Billigkeit entsprechen. Die Widerrufsgründe müssen umso schwerer wiegen, je stärker die betroffenen Besitzstände sind und je tiefer in diese eingegriffen werden soll. Da die über eine Unterstützungskasse zugesagte betriebliche Altersversorgung Versorgungs- und Entgeltcharakter hat, hat das Bundesverfassungsgericht diese Beschränkung des Widerrufsrechts durch das BAG grundsätzlich akzeptiert (BVerfG AP § 1 BetrAVG Unterstützungskassen Nr. 2 und 11).

Zur Konkretisierung der Anforderungen an einen wirksamen Eingriff in eine Unterstützungskassenzusage hat das BAG ein dreistufiges Schema für den Schutz von Versorgungsanwartschaften entwickelt (BAG AP § 1 BetrAVG Ablösung Nr. 1), das sich aus dem Grundsatz der **Verhältnismäßigkeit** und des Vertrauensschutzes auf die erteilte Versorgungszusage ergibt. In laufende **Betriebsrenten** darf ein Arbeitgeber ohnehin nicht eingreifen, da der Arbeitnehmer hier bereits seine Arbeitsleistung für den Arbeitgeber voll erbracht hat und der Arbeitgeber nunmehr seine Gegenleistung erbringen muss. Derjenige nach § 2 BetrAVG zu errechnende Teilbetrag der **Versorgungsanwartschaft,** der zum Zeitpunkt des Widerrufs bereits erdient ist, darf nur aus zwingenden Gründen, z. B. wegen eines Wegfalls der Geschäftsgrundlage der Versorgungszusage entzogen werden. Bei endgehaltsbezogenen Versorgungszusagen wird das Vertrauen der Arbeitnehmer darauf, die erdiente Versorgungsanwartschaft werde entsprechend seinem Endgehalt weiter dynamisiert, besonders geschützt; ein Eingriff in diese Dynamik darf nur aus triftigen Gründen erfolgen (BAG AP § 1 BetrAVG Unterstützungskassen Nr. 4). Solche triftigen Gründe liegen insbesondere dann vor, wenn ohne einen derartigen Eingriff langfristig die Substanz des Unternehmens gefährdet wäre, weil das Unternehmen die Rente nicht mehr aus den Erträgen und Wertzuwächsen erwirtschaften könnte (BAG AP § 1 BetrAVG Besitzstand Nr. 13). Ein Eingriff in noch nicht erdiente Zuwachsraten ist dagegen schon aus sachlich-proportionalen Gründen möglich. Sie müssen nur nachvollziehbar erkennen lassen, welche Umstände und Erwägungen zur Änderung der Versorgungszusage Anlass gegeben haben und in einem angemessenen Verhältnis zu diesen Umständen stehen (BAG NZA 2003, 1407).

Die Billigkeitskontrolle nach der **Dreistufentheorie** des BAG wird heute in vielen Fällen einer → Änderung von Versorgungszusagen angewandt, jedoch nicht in allen. Auch für den Widerruf von Unterstützungskassenzusage gilt sie nur für sog. **Neuzusagen,** die nach dem In-Kraft-Treten des BetrAVG am 22. 12. 1974 erteilt sind. Bei **Altfällen,** bei denen der Arbeitnehmer vor In-Kraft-Treten des BetrAVG mit einer unverfallbaren Versorgungsanwartschaft aus den Diensten des Trägerunternehmens ausgeschieden war, und bei **Übergangsfällen,** bei denen die Versorgungszusage vor In-Kraft-Treten des BetrAVG erteilt worden ist, der Versorgungsfall aber erst unter Geltung des BetrAVG eingetreten ist, genügen für einen Eingriff in die erdiente Versorgungsanwartschaft aus verfassungsrechtlichen Gründen des Vertrauensschutzes für die Arbeitgeber (BVerfG AP § 1 BetrAVG Unterstützungskassen Nr. 2 und 11) bereits triftige Gründe (BAG AP § 1 BetrAVG Unterstützungskassen Nr. 3). Für die durch den Widerruf ausfallenden Leistungen hat jedoch der PSV einzutreten. Dem gesetzlichen Insolvenzschutz liegt der Gedanke zugrunde, dass entweder der Arbeitgeber oder der Insolvenzsicherungsträger für unverfallbare Versorgungsanwartschaften und Versorgungsansprüche aufkommen soll. Bei einem Widerruf von Unterstützungskassenleistungen oder entsprechenden unverfallbaren Anwartschaften aus triftigem Grund hat deshalb sowohl in Übergangsfällen (BVerfG AP § 1 BetrAVG Unterstützungskassen Nr. 11) als auch in Altfällen (BAG AP § 7 BetrAVG Widerruf Nr. 15) der PSV einzutreten. Er ist vor dem Widerruf einzuschalten. Ob diese Möglichkeit nach der Abschaffung des Sicherungsfalls der wirtschaftlichen Notlage seit dem 1. 1. 1999 für den Widerruf von Unterstützungskassenzusage noch besteht, ist höchstrichterlich noch nicht geklärt; das Fehlen einer Übergangsvorschrift spricht jedoch dafür, dass die Möglichkeit eines Widerrufs aus triftigem Grund in Alt- und Übergangsfällen nicht mehr besteht.

Da bei Festsetzung eines neuen Dotierungsrahmens der Betriebsrat über die Verteilung der danach vorhandenen Mittel mitzubestimmen hat, kann ein Widerruf von Versorgungszusagen, der einen neuen Verteilungsspielraum auslöst, nur mit **Zustimmung des Betriebsrats** erfolgen; andernfalls ist der Widerruf unwirksam (BAG AP § 1 BetrAVG Geschäftsgrundlage Nr. 3). Wird allerdings durch den Widerruf kein Verteilungsspielraum mehr eröffnet, weil der Arbeitgeber den → Dotierungsrahmen auf null reduziert, bedarf es keiner → Mitbestimmung des Betriebsrats. Ein einseitiger Widerruf des Arbeitgebers ist daher heute nur noch zulässig, wenn kein Betriebsrat existiert, der Betriebsrat dem Widerruf zustimmt (formlos oder durch Betriebsvereinbarung) oder nach dem Widerruf kein Verteilungsspielraum mehr besteht. *(M)*

▶ **Widerrufsvorbehalte**

Aus der Tradition der betrieblichen Altersversorgung als einer freiwilligen Sozialleistung des Arbeitgebers heraus haben früher Versorgungszusagen die Freiwilligkeit betont oder in Vertragsklauseln versucht zu umschreiben, dass der Arbeitgeber nur bereit ist, betriebliche Versorgungsleistungen unter bestimmten für ihn günstigen wirtschaftlichen und rechtlichen Voraussetzungen zu erbringen, andernfalls jedoch nicht. Bei einer Versorgungszusage auf eine → Unterstützungskassenleistung geht sogar heute noch der Gesetzestext (§ 1 b Abs. 4 BetrAVG) von seinem Wortlaut von einem fehlenden Rechtsanspruch des Arbeitnehmers aus. Die in Widerrufsvorbehalten zum Ausdruck kommende fehlende Verbindlichkeit einer Versorgungszusage widerspricht jedoch einerseits die dem Arbeitgeber vom Steuergesetzgeber eingeräumte Möglichkeit, über → Pensionsrückstellungen nach § 6 a EStG für Direktzusagen Steuern zu sparen (bei einem jederzeit möglichen Widerruf könnte der Arbeitgeber Steuern sparen, ohne jemals hierfür eine Leistung erbringen zu müssen), andererseits dem inzwischen verbreiteten Verständnis von der → betrieblichen Altersversorgung als Entgelt für Betriebstreue oder als Entgelt für eine Gesamtheit von Arbeitsleistungen.

Werden Pensionszusagen mit Vertragsformulierungen erteilt wie: **„freiwillig und ohne Rechtsanspruch"**, „ein Rechtsanspruch auf die Leistungen besteht nicht", „jederzeitiger Widerruf vorbehalten", kann der Arbeitgeber steuerrechtlich wegen dieses „schädlichen Vorbehalts" (Abschnitt 41 Abs. 3 Einkommensteuerrichtlinien) keine Pensionsrückstellungen bilden, so dass in der Praxis bereits deshalb kaum derartige Vorbehalte vorkommen. Arbeitsrechtlich hat das BAG in einer sehr frühen Entscheidung (AP § 242 BGB Ruhegehalt Nr. 18) derartige Vertragsklauseln in ein Widerrufsrecht nach billigem Ermessen umgedeutet. Heutzutage ist allgemein anerkannt, dass derartige Vertragsklauseln keine rechtliche Bedeutung haben (vgl. für allgemeine Geschäftsbedingungen § 308 Nr. 4 BGB).

Bestimmte Vorbehalte, die den Widerruf unter verständiger Abwägung der berechtigten Interesse des Pensionsberechtigten einerseits und des Unternehmens andererseits nach billigem Ermessen erlauben, sind dagegen steuerrechtlich zulässig – bei deren Vereinbarung kann der Arbeitgeber Pensionsrückstellungen bilden. Die meisten Versorgungszusagen enthalten deshalb folgende **steuerunschädliche Vorbehalte** (Abschnitt 41 Abs. 4 Einkommensteuerrichtlinien):

,,Die Firma behält sich vor, die zugesagten Leistungen zu kürzen oder einzustellen, wenn
a) die wirtschaftliche Lage des Unternehmens sich nachhaltig so wesentlich verschlechtert, dass ihm eine Aufrechterhaltung der zugesagten Leistungen nicht mehr zugemutet werden kann, oder
b) der Personenkreis, die Beiträge, die Leistungen oder das Pensionierungsalter bei der gesetzlichen Sozialversicherung oder anderen Versorgungseinrichtungen mit Rechtsanspruch sich wesentlich ändern oder
c) die rechtliche, insbesondere die steuerrechtliche Behandlung der Aufwendungen, die zur planmäßigen Finanzierung der Versorgungsleistungen von der Firma gemacht werden oder gemacht worden sind, sich so wesentlich ändert, dass der Firma die Aufrechterhaltung der zugesagten Leistungen nicht mehr zugemutet werden kann, oder
d) der Pensionsberechtigte Handlungen begeht, die in grober Weise gegen Treu und Glauben verstoßen oder zu einer fristlosen Entlassung berechtigen würden.''

Steuerrechtlich erlaubt ist auch der allgemeine Vorbehalt:

,,Die Firma behält sich vor, die Leistungen zu kürzen oder einzustellen, wenn die bei Erteilung der Pensionszusage maßgebenden Verhältnisse sich nachhaltig so wesentlich geändert haben, dass der Firma die Aufrechterhaltung der zugesagten Leistungen auch unter objektiver Beachtung der Belange des Pensionsberechtigten nicht mehr zugemutet werden kann.''

Abschnitt 41 Abs. 4 Einkommensteuerrichtlinien trifft dabei lediglich eine Aussage dazu, dass bei Bestehen entsprechender Vorbehalte trotzdem steuerwirksam Pensionsrückstellungen nach § 6 a EStG gebildet werden können. Arbeitsrechtlich haben diese steuerrechtlichen Mustervorbehalte nur deklaratorische Bedeutung (BAG NZA 1989, 305). Sie enthalten nur den allgemeinen Hinweis auf die Kürzungs- und Widerrufsmöglichkeiten wegen **Wegfalls der Geschäftsgrundlage** (heute: § 313 BGB). Die Möglichkeit, eine Versorgungszusage wegen des Wegfalls der Geschäftsgrundlage zu widerrufen, besteht aber auch ohne einen derartigen Vorbehalt.

Nur bei **Unterstützungskassenzusagen** führt der fehlende Rechtsanspruch zu einer für den Arbeitgeber erleichterten Möglichkeit des → Widerrufs. *(M)*

▶ Wirtschaftliche Lage

Die wirtschaftliche Lage eines Arbeitgebers kann Einfluss auf den Bestand einer Versorgungszusage haben; s. dazu → Änderung von Versorgungszusagen. Sie hat auch Einfluss auf die → Anpassung von laufenden Betriebsrenten. *(M)*

▶ Wirtschaftliche Notlage

Eine wirtschaftliche Notlage des Arbeitgebers wurde früher von der Rechtsprechung als ein Wegfall der Geschäftsgrundlage angesehen, der zum → Widerruf auch insolvenzgeschützter betrieblicher Versorgungsrechte berechtigt (vgl. z. B. BAG AP § 242 BGB Ruhegehalt Nr. 175). Gleichzeitig sah § 7 Abs. 1 Satz 3 Nr. 5 BetrAVG früher vor, dass die wirtschaftliche Notlage einen → **Sicherungsfall** darstellt, der die Eintrittspflicht des PSV begründete. Eine wirtschaftliche Notlage wurde angenommen, wenn der Bestand des Unternehmens wegen wirtschaftlicher Schwierigkeiten ernsthaft gefährdet war. Vor einem Widerruf musste ein Sanierungsplan vorgelegt werden, der Sanierungsopfer des Arbeitgebers und aller anderen an der Wertschöpfung des Unternehmens beteiligten vergleichbaren Gläubiger vorsah. Einem Widerruf musste der PSV vorher zustimmen; bei einer Weigerung musste der PSV verklagt werden. Das → Mitbestimmungsrecht des Betriebsrats musste beachtet werden (BAG AP § 7 BetrAVG Widerruf Nr. 18).

Seit der **Streichung** des Sicherungsfalls der wirtschaftlichen Notlage im Rahmen der Insolvenzrechtsreform mit Wirkung vom 1. 1. 1999 besteht diese Widerrufsmöglichkeit nicht mehr (BAG AP § 7 BetrAVG Widerruf Nr. 24).

Da das BAG (AP § 1 BetrAVG Unterstützungskassen Nr. 1) beim Besitzstandsschutz erdienter Versorgungsanwartschaftsteile nicht zwischen verfallbaren und → unverfallbaren Versorgungsanwartschaften unterscheidet, konnten auch früher verfallbare Versorgungsanwartschaften, soweit sie bereits durch Arbeitsleistungen des Arbeitnehmers erdient waren, nur bei einer wirtschaftlichen Notlage des Arbeitgebers gekürzt oder gestrichen werden. Für diese nicht insolvenzgeschützten **verfallbaren Anwartschaften** wird auch heute noch teilweise in der Literatur vertreten, dass in sie bei einer wirtschaftlichen Notlage eingegriffen werden kann.   *(M)*

▶ **Witwen- und Witwerrente** → Hinterblienenrente

▶ **Wohnungseigentum**

Das Sparen auf die eigenen vier Wände ist für viele ein zentraler Bestandteil der Altersvorsorge. Zur Finanzierung des Wohnungseigentums kann auch ein staatlich geförderter Sparvertrag herangezogen werden. Hierzu → Riester-Rente, → Bausparkasse.   *(P)*

X / Y / Z

▶ **Zertifizierung**

Der Begriff ist im Zusammenhang mit der staatlichen Förderung von Altersvorsorgeprodukten von Bedeutung (→ Riester-Rente).

Um eine staatliche Förderung für ein Altersvorsorgeprodukt zu erhalten, muss der Zulageberechtigte Altersvorsorgebeiträge auf einen auf seinen Namen lautenden Altersvorsorgevertrag einzahlen, der die Voraussetzungen des Altersvorsorgeverträge-Zertifizierungsgesetzes (AltZertG) erfüllt. Das bedeutet, der Altersvorsorgevertrag muss als „förderungsfähig" anerkannt werden. Die Zertifizierung ist die Bestätigung, dass das private Altersvorsorgeprodukt die gesetzlich vorgegebenen Kriterien für die staatliche Förderung erfüllt.

Die Zertifizierung erfolgt nur auf Antrag des Anbieters von Vorsorgeprodukten. Der Zulageberechtigte selbst kann keinen Antrag auf Zertifizierung stellen. Der Antrag wird vom Anbieter bei der Zertifizierungsstelle, der Bundesanstalt für Finanzdienstleistungsaufsicht oder einer vom Bundesministerium für Finanzen beliehenen privaten Zertifizierungsstelle gestellt. Eine Liste aller zertifizierten Produkte findet sich auf der Homepage der Bundesanstalt für Finanzdienstleistungsaufsicht (www.bafin.de). Die Zertifizierung dient der Kenntlichmachung, ob ein Produkt die Voraussetzungen für einen Altersvorsorgevertrag erfüllt und damit förderfähig ist. Ob der Altersvorsorgevertrag wirtschaftlich tragfähig ist, ob die Zusage des Anbieters erfüllbar ist und die Vertragsbedingungen zivilrechtlich wirksam sind, überprüft die Zertifizierungsbehörde nicht. Die Zertifizierung ist demzufolge kein Gütesiegel und sagt nicht über die Qualität des Produkts aus. Inwieweit das Produkt tatsächlich lukrativ und renditeträchtig ist, wird durch die erfolgte Zertifizierung nicht zum Ausdruck gebracht.

Ob es sich um einen zertifizierten Altersvorsorgevertrag handelt, ist an der amtlichen Prüfnummer (sie wird im Bundesanzeiger veröffentlicht) und an einem Zusatz zu erkennen, der die Förderfähigkeit des Produktes bescheinigt. Dieser Zusatz hat folgenden Wortlaut: „Der Altersvorsorgevertrag ist zertifiziert worden und damit im Rahmen des § 10a des Einkommensteuergesetzes steuerlich förderungsfähig. Bei der Zertifizierung ist nicht geprüft worden, ob der Altersvorsorgevertrag wirtschaftlich tragfähig, die Zusage des Anbieters erfüllbar ist und die Vertragsbedingungen zivilrechtlich wirksam sind."

Seit dem In-Kraft-Treten des Alterseinkünftegesetzes zum 1. 1. 2005 reichen fünf kumulativ vorliegende Voraussetzungen für die Zertifizierung eines Altersvorsorgeproduktes. Ein Altersvorsorgevertrag im Sinne des Altersvorsorgeverträge-Zertifizierungsgesetzes liegt vor, wenn zwischen dem Anbieter und einer natürlichen Person (Vertragspartner) eine Vereinbarung in deutscher Sprache geschlossen wird,

- die für den Vertragspartner eine lebenslange und unabhängig vom Geschlecht berechnete Altersversorgung vorsieht, die nicht vor Vollendung des 60. Lebensjahres oder einer vor Vollendung des 60. Lebensjahres beginnenden Leistung aus einem gesetzlichen Alterssicherungssystem des Vertragspartners (Beginn der Auszahlungsphase) gezahlt werden darf; Leistungen aus einer ergänzenden Absicherung der verminderten Erwerbsfähigkeit oder Dienstunfähigkeit und einer zusätzlichen Absicherung der Hinterbliebenen können vereinbart werden; Hinterbliebene in diesem Sinne sind der Ehegatte und die Kinder, für die dem Vertragspartner zum Zeitpunkt des Eintritts des Versorgungsfalles ein Anspruch auf Kindergeld oder ein Freibetrag nach § 32 Abs. 6 des Einkommensteuergesetzes zugestanden hätte; der Anspruch auf Waisenrente oder Waisengeld darf längstens für den Zeitraum bestehen, in dem der Rentenberechtigte die Voraussetzungen für die Berücksichtigung als Kind im Sinne des § 32 des Einkommensteuergesetzes erfüllt;

- in welcher der Anbieter zusagt, dass zu Beginn der Auszahlungsphase zumindest die eingezahlten Altersvorsorgebeiträge für die Auszahlungsphase zur Verfügung stehen; sofern Beitragsanteile zur Absicherung der verminderten Erwerbsfähigkeit oder Dienstunfähigkeit oder zur Hinterbliebenenabsicherung

verwendet werden, sind bis zu 15 vom Hundert der Gesamtbeiträge in diesem Zusammenhang nicht zu berücksichtigen;
- die monatliche Leistungen für den Vertragspartner in Form einer lebenslangen Leibrente oder Ratenzahlungen im Rahmen eines Auszahlungsplans mit einer anschließenden Teilkapitalverrentung ab dem 85. Lebensjahr vorsieht; die Leistungen müssen während der gesamten Auszahlungsphase gleich bleiben oder steigen; Anbieter und Vertragspartner können vereinbaren, dass bis zu zwölf Monatsleistungen in einer Auszahlung zusammengefasst werden oder eine Kleinbetragsrente nach § 93 Abs. 3 des Einkommensteuergesetzes abgefunden wird; bis zu 30 vom Hundert des zu Beginn der Auszahlungsphase zur Verfügung stehenden Kapitals kann an den Vertragspartner außerhalb der monatlichen Leistungen ausgezahlt werden; die gesonderte Auszahlung der in der Auszahlungsphase anfallenden Zinsen und Erträge ist zulässig
- die vorsieht, dass die in Ansatz gebrachten Abschluss- und Vertriebskosten über einen Zeitraum von mindestens fünf Jahren in gleichmäßigen Jahresbeträgen verteilt werden, soweit sie nicht als Vomhundertsatz von den Altersvorsorgebeiträgen abgezogen werden;
- die dem Vertragspartner während der Ansparphase einen Anspruch gewährt,
  - den Vertrag ruhen zu lassen, oder
  - den Vertrag mit einer Frist von drei Monaten zum Ende eines Kalendervierteljahres zu kündigen, um das gebildete Kapital auf einen anderen auf seinen Namen lautenden Altersvorsorgevertrag desselben oder eines an deren Anbieters übertragen zu lassen oder
  - mit einer Frist von drei Monaten zum Ende eines Kalendervierteljahres die teilweise oder vollständige Auszahlung des gebildeten Kapitals für eine Verwendung im Sinne des § 92 a des Einkommensteuergesetzes zu verlangen

Bei Verträgen ab dem Jahr 2005 werden die Abschluss- und Vertriebskosten auf 5 Jahre aufgeteilt. Bei Altverträgen galt noch eine 10-jährige Aufteilung (damit wollte man die Verträge für die Anbieter attraktiver machen).

Bei Verträgen ab 2005 ist eine Kapitalentnahme von einmalig 30 Prozent zu Beginn der Auszahlungsphase fördererungsunschädlich. Bei Altverträgen bis Ende 2004 waren nur 20 Prozent möglich. Die ausgezahlten Summen sind steuerpflichtig.

Für Verträge, die ab 2006 zertifiziert werden, muss die Berechnung der Altersversorgung unabhängig vom Geschlecht erfolgen, so genannte Unisex-Tarife. Hierbei handelt es sich um eine geschlechtsneutrale Kalkulation von Beiträgen und Leistungen.

Die Informationspflichten der Anbieter sind ab 2005 kein Zertifizierungskriterium mehr, sind aber weiterhin gesetzlich vorgeschrieben. Neben der Offenlegung der effektiven Gesamtrendite aus den zu leistenden Beiträgen und ihre Berechnungsgrundlage muss der Anbieter seinem Vertragspartner jährlich über

- die Verwendung der eingezahlten Altersvorsorgebeiträge,
- das bisher gebildete Kapital,
- die einbehaltenen anteiligen Abschluss- und Vertriebskosten,
- die Kosten für die Verwaltung des gebildeten Kapitals,
- die wirtschaftlichen Erträge,
- bei Umwandlung eines bestehenden Vertrages in einen Altersvorsorgevertrag die bis zum Zeitpunkt der Umwandlung angesammelten Beiträge und Erträge

schriftlich mitzuteilen. Zur jährlichen Berichterstattung gehört auch die Information, ob und wie der Anbieter ethische, soziale und ökologische Belange bei der Verwendung der eingezahlten Beiträge berücksichtigt. *(P)*

▶ **Zulageverfahren**

Im Rahmen der „Riester-Rente" werden private Altersvorsorgeprodukte und Produkte der betrieblichen Altersvorsorge staatlich gefördert (→ Riester-Rente).

Grundsätzlich muss die Zulage beantragt werden. Bei einem privaten Altersvorsorgevertrag übersendet der Anbieter allen Anlegern, die bei ihm zu einem zertifizierten Altersvorsorgeprodukt einen Vertrag abgeschlossen haben, am Anfang eines Jahres für das Vorjahr einen ‚Antrag auf Altersvorsorgezulage'. In diesem Antrag hat der Anbieter bereits die ihm vorliegenden Daten (wie Name und Anschrift, Vertragsdaten etc.) vorgedruckt.

Wird die Riester-Förderung im Rahmen der betrieblichen Altersvorsorge in Anspruch genommen, wird dem Arbeitnehmer von der jeweiligen Versorgungseinrichtung der ‚Antrag auf Altersvorsorgezulage' übermittelt.

Der Anleger überprüft diesen Antrag, ergänzt ihn und nimmt ggf. Änderungen vor. Anschließend sendet er den Antrag unterschrieben an den Anbieter zurück. Dies muss innerhalb von zwei Jahren nach Ablauf des jeweiligen Beitragsjahres geschehen. Der Anbieter überprüft die Vertragsdaten und übernimmt sie in seine EDV (z. B. durch Einscannen). Aus den Daten wird ein Datensatz erstellt und an die Zentrale Zulagenstelle für Altersvermögen (ZfA), die bei der Deutschen Rentenversicherung Bund angesiedelt ist, übermittelt.

Der Anbieter ist gesetzlich verpflichtet, die für die Ermittlung und Überprüfung des Zulageanspruchs erforderlichen Daten zu erfassen. Er hat diese Daten spätestens bis zum Ende des auf das Kalendervierteljahr folgenden Monats nach amtlich vorgeschriebenem Datensatz durch Datenübermittlung auf amtlich vorgeschriebenem, maschinell verwertbarem Datenträger oder durch amtlich bestimmte Datenfernübertragung an die ZfA zu übermitteln.

Die Daten werden nach amtlich vorgeschriebenem Datensatz durch Datenübermittlung gemeldet. Die maschinellen Datensätze werden zwischen den Anbietern und der ZfA im XML-Format ausgetauscht. Die Datensätze müssen auch die für die ZfA relevanten Identifikationsmerkmale (Sozialversicherungsnummer oder Zulagenummer) enthalten.

Grundsätzlich müssen alle Anleger im Antrag ihre beitragspflichtigen Einnahmen angeben. Eine Ausnahme bilden lediglich die Beamten, Richter, Berufssoldaten u. Ä. Hier ist die jeweilige Besoldungsstelle verpflichtet, der ZfA die Einkommensdaten mitzuteilen.

Jede Änderung der Verhältnisse, die zu einer Minderung oder zum Wegfall des Zulageanspruchs führt, ist der ZfA zu melden. Dazu gehören beispielsweise

- die Änderung des Familienstandes, Geburt eines Kindes, Wegfall des Kindergeldes, andere Zuordnung der Kinderzulage, Änderungen bei der Familienkasse
- Wegfall oder Wechsel der Förderberechtigung
- Änderung des beruflichen Status
- Änderung bei der Verteilung der Zulage auf mehrere Verträge.

Die Änderungsmeldung ist spätestens bis zum Ende des auf das Kalendervierteljahr folgenden Monats zu melden. Der Anbieter übermittelt Änderungen nach amtlich vorgeschriebenem Datensatz durch Datenübermittlung auf amtlich vorgeschriebenem, maschinell verwertbarem Datenträger oder durch amtlich bestimmte Datenfernübertragung an die ZfA. Ergeben sich Änderungen zum Inhalt dieser Meldung, kann jederzeit eine weitere Meldung des gleichen Typs an die ZfA übersandt werden, in der die aktualisierten Daten übermittelt werden.

Die ZfA ermittelt anhand der vom Anbieter übermittelten Daten die Zulagehöhe für jeden Anleger. Dabei werden die Vorschriften des XI. Abschnittes des Einkommensteuergesetzes zugrunde gelegt.

Die ermittelte Zulage setzt sich aus der Grundzulage sowie der ggf. hinzukommenden Kinderzulage zusammen. Die Zulagehöhe wird dem Anbieter zeitnah mit amtlich vorgeschriebenem Datensatz übermittelt. Die Mitteilung enthält die der Berechnung zugrunde liegenden Daten (z. B. die Anzahl der Kinder). Der Anbieter erstellt einmal jährlich eine Bescheinigung gemäß § 92 EStG, die er dem Anleger übersendet. Dieser Bescheinigung kann der Anleger unter anderem die im abgelaufenen Beitragsjahr getroffenen, geänderten oder aufgehobenen Ermittlungsergebnisse entnehmen. Der Anleger kann bei seinem Anbieter innerhalb eines Jahres nach Ausstellung der Bescheinigung nach § 92 EStG einen Antrag auf Festsetzung der Zulage stellen. Den Antrag, dem Unterlagen beizufügen sind, mit denen die Unstimmigkeiten nachzuweisen sind, schickt der Anbieter auf dem Postweg zur ZfA. Dort wird der Antrag – erneut – geprüft und die Zulage festgesetzt. Der Anleger erhält hierüber von der ZfA einen Bescheid. Der Anbieter wird ebenfalls über den Ausgang des Verfahrens in Kenntnis gesetzt.

Sollte der Anleger mit dem Festsetzungsbescheid nicht einverstanden sein, hat er die Möglichkeit, Einspruch einzulegen. Sofern auch dieser ohne Erfolg bleibt, steht der Weg der Klageerhebung offen. Über die einzuhaltenden Fristen und Formen informiert der Festsetzung- bzw. Einspruchsbescheid. *(P)*

▶ Zusatzversorgungs- und Sonderversorgungssysteme

I. Gesetzliche Systeme

1. BRD

In der Bundesrepublik gibt es für bestimmte Berufsgruppen Zusatzversorgungssysteme. Dies gilt z. B. für die Presse.

2. DDR

In der ehemaligen DDR gab es eine Fülle von Zusatz- und Sonderversorgungssystemen, von denen nicht geklärt ist, ob wenigstens einige von ihnen betriebliche Altersversorgung darstellen. Sie haben auch bei der Abwicklung kaum noch Bedeutung.

II. Tarifliche Systeme

1. Begriff

Von Zusatzversorgungssystemen wird dann gesprochen, wenn zur gesetzlichen Rentenversicherung ein umfassendes System zusätzlicher Altersversorgung hinzutritt. Durch Zusatzversorgungssysteme wird der Arbeitgeber verpflichtet. Häufig sind aber überbetriebliche Einrichtungen oder gemeinsame Einrichtungen der Tarifvertragsparteien geschaffen worden.

2. Öffentlicher Dienst

Das wichtigste Zusatzversorgungssystem besteht für den → öffentlichen Dienst. Die Zusatzversorgung erfolgt regelmäßig durch die → VBL.

3. Zusatzversorgung Land- und Forstwirtschaft

(www.zla.de) Im Jahre 1973 wurde eine Zusatzversorgung für die Land- und Forstwirtschaft eingeführt (ZLF). Die Zusatzversorgung wird über die Zusatzversorgungskasse für Arbeitnehmer in der Land- und Forstwirtschaft (ZLA) abgewickelt. Sie ist eine Pensionskasse. Die ZLA erhebt Beiträge bei den land- und forstwirtschaftlichen Arbeitgebern. Außerdem finanziert sie sich aus Bundesmitteln. Grundlage der Zusatzversorgung ist der Tarifvertrag über die Zusatzversorgung für Arbeitnehmer der Land- und Forstwirtschaft vom 28. 11. 2000. Bei ihren Leistungen handelt es sich um Leistungen der betrieblichen Altersversorgung. Sie können mithin angerechnet werden, wenn daneben betriebliche Leistungen erbracht werden.

4. ZVK

(www.soka-bau.de) SOKA-Bau ist der gemeinsame Name für die Zusatzversorgungskasse des Baugewerbes VVaG (ZVK-Bau) und die Urlaubs- und Lohnausgleichskasse der Bauwirtschaft (ULAK). Sie ist eine gemeinsame Einrichtung der Tarifvertragsparteien (Zentralverband des Deutschen Baugewerbes e. V. und Hauptverband der Deutschen Bauindustrie e. V. und der Industriegewerkschaft Bauen-Agrar-Umwelt). Sie betreut 69.000 Baubetriebe mit über 700.000 Beschäftigten sowie 434.000 Rentner. Zu den Leistungen der SOKA-Bau gehören die Rentenbeihilfe, die Sicherung von Urlaubsansprüchen, die Berufsausbildung und der Lohnausgleich zur Aufrechterhaltung der Beschäftigungsverhältnisse im Winter. Sie bietet die BauRente ZukunftPlus an. Die Zusatzversorgung für das Baugewerbe ist im Bundesrahmentarifvertrag für das Baugewerbe (4. 7. 2002, zul. geänd. 29. 7. 2005) und dem Tarifvertrag über das Sozialkassenverfahren im Baugewerbe (VTV) vom 15. 12. 2005 geregelt. Es gibt verschiedene Renten. Da der Geltungsbereich des BRTV umfassend ist, kommt es immer wieder zu Rechtsstreitigkeiten, ob ein Unternehmen wegen der Altersversorgung vom BRTV erfasst wird. Der Beitragssatz liegt bei 19,50 %. Im Baunebengewerbe bestehen weitere Zusatzversorgungskassen.

5. Kirchliche Zusatzversorgungskassen

(www.kzvk.de) Sie gewährt den Beschäftigten im kirchlichen und caritativen Dienst im Bereich der Diözesen der Bundesrepublik Deutschland eine betriebliche Altersversorgung im Alter, bei Invalidität und für die Hinterbliebenen. Die KZVK wurde durch Beschluss der Vollversammlung des Verbandes der Diözesen

Deutschlands am 30. 8. 1976 als rechtlich selbständige Einrichtung in der Rechtsform einer Anstalt des öffentlichen Rechts gegründet. Steuerrechtlich ist sie eine Pensionskasse. Sie betreut ca. 434.000 Pflichtversicherte, 27.000 freiwillig Versicherte und über 9000 Dienstgeber im kirchlichen und caritativen Bereich. Sie gehört der Arbeitsgemeinschaft kommunaler und kirchlicher Alterversorgung (AKA) e. V. – Fachvereinigung Zusatzversorgung – an. Die Leistungen werden aufgrund der Satzung gewährt. Sie entspricht im Wesentlichen der geltenden Mustersatzung der AKA. Diese übernimmt das jeweilige Versorgungstarifrecht des → öffentlichen Dienstes.

6. Berufsständische Versorgung

Sie werden überwiegend von Freiberuflern genutzt, die natürlich keiner Tarifbindung unterliegen. *(Sch)*

▶ **Zwingende Gründe** → Änderung von Versorgungszusagen, → Besitzstand, → Dreistufentheorie

Buchanzeigen

Bubeck
**Guter Rat
bei Arbeitslosigkeit**

Arbeitslosengeld, Arbeitslosengeld II, Soziale
Sicherung, Rechtsschutz.
Mit Besonderheiten für
ältere Arbeitslose. Die
sogenannten »Hartz-
Gesetze« sind berücksich-
tigt.

10. Aufl. 2005. 232 S.   §
€ 9,50. dtv 5237

SGB · Sozialgesetzbuch

Sämtliche Bücher des Sozialgesetzbuches (I bis XII)
sowie Kurzarbeiter- und
WinterausfallgeldVO.

Textausgabe.
33. Aufl. 2006. 1489 S.
€ 14,50. dtv 5024
Neu im April 2006

Winkler
Sozialrecht von A–Z

Über 800 Stichworterläute-
rungen zum aktuellen Recht.
Dieser gut verständliche
Ratgeber berücksichtigt
die vielfältigen Fragen des
Sozialrechts in ihrer ganzen
Bandbreite.
Sie erfahren alles zu Sozial-
leistungen, Kranken-, Pflege-,
Renten- und Unfallversiche-
rung, Familienlastenaus-
gleich sowie Kinder- und
Jugendhilfe.

2. Aufl. 2006. Rd. 430 S.   §
Ca. € 11,50. dtv 5671
In Vorbereitung für
Sommer 2006

**SGB V · Gesetzliche
Krankenversicherung**

mit SGB I und IV und
EntgeltfortzahlungsG.

Textausgabe.
13. Aufl. 2005. 460 S.
€ 9,50. dtv 5559

Jürgensen
**Ratgeber Künstler-
sozialversicherung**

Vorteile, Voraussetzungen,
Verfahren.
Umfassende Information
über alle Aspekte der
Künstlersozialversicherung,
z.B. Versicherungspflicht,
Voraussetzungen und Gang
des Verfahrens.

1. Aufl. 2002. 218 S.   §
€ 10,–. dtv 5683

Sozialversicherung, sonstige Versicherungen und Altersvorsorge

SGB VI · Gesetzliche Rentenversicherung

U.a. mit Versorgungs-
ruhensG, FremdrentenG,
Fremdrenten- und Auslands-
renten-NeuregelungsG.

Textausgabe.
8. Aufl. 2005. 471 S.
€ 10,50. dtv 5561

VersR · Privatversicherungsrecht

mit VersicherungsaufsichtsG,
Altersvorsorgezertifizie-
rungsG, Versicherungs-
vertragsG, EinführungsG
zum VVG, Pflichtversiche-
rungsG, Kraftfahrzeug-
PflichtversicherungsVO,
Wettbewerbsrichtlinien der
Versicherungswirtschaft und
Auszügen aus BGB, HGB.

Textausgabe.
11. Aufl. 2006. 365 S.
€ 8,–. dtv 5579

Hering
Rechtsschutz- versicherung

Kosten der Rechtsverfol-
gung, Versicherungsschutz
und Leistungen, Lösungen
im Schadenfall.
Sie erfahren, welche Risiken
abgedeckt werden, was im
Versicherungsfall zu tun ist
und welche Möglichkeiten
es gibt, wenn Rechtsschutz
durch den Versicherer ab-
gelehnt wird.
Der Ratgeber bietet Ihnen
eine wichtige Hilfe für den
richtigen Umgang mit dem
Rechtsschutzversicherer.

1. Aufl. 2006. 222 S. €
€ 14,50. dtv 50635

Birk
Altersvorsorge

3. Aufl. Rd. 400 S. §
Ca. € 12,–. dtv 5646
In Vorbereitung

Schaub/Matthießen/Polster
Altersvorsorge von A–Z

Betriebliche Altersvorsorge -
Eigenvorsorge - Entgelt-
umwandlung - Gesetzliche
Rentenversicherung.
Ein schneller und leicht ver-
ständlicher Überblick über
die drei Säulen der Altersvorsorge.

1. Aufl. 2006. 523 S. §
€ 15,–. dtv 5695
Neu im August 2006

Köstler
Die neue Altersvorsorge

Staatlich geförderte Anlageformen auf dem Prüfstand.

1. Aufl. Rd. 190 S. €
Ca. € 9,50. dtv 50862
In Vorbereitung

Zeichenerklärung: § *Rechtsberater* € *Wirtschaftsberater*

Sozialversicherung, sonstige Versicherungen und Altersvorsorge

SGB XI · Soziale Pflegeversicherung

mit SGB I, SGB IV, Pflege-VersicherungsG (Auszug).

Textausgabe.
8. Aufl. 2006. 483 S.
€ 13,–. dtv 5581
Neu im Juli 2006

Schmidt
Guter Rat zur Pflegeversicherung

Alle wichtigen Rechtsfragen zu Versicherungspflicht, Beitragsbemessung, Pflegeleistungen.
Mit einem umfangreichen Adressteil im Anhang.

3. Aufl. 2000. 223 S.   §
€ 7,41. dtv 50619

Neuhaus/Schwane
Berufs- und Erwerbsunfähigkeitsversicherungen

Ratgeber für Verbraucher, der dabei hilft, Lücken in der privaten Risikovorsorge zu erkennen und die richtige Versicherungslösung auszuwählen.

1. Aufl. 2003. 188 S.   §
€ 9,50. dtv 5698

SGB VII · Gesetzliche Unfallversicherung

mit Nebenbestimmungen, Berufskrankheiten-VO, LeistungsR und Fremd-rentenR.

Textausgabe.
4. Aufl. 2005. 370 S.
€ 9,50. dtv 5578

Becker
Gesetzliche Unfallversicherung

Arbeits- und Wegeunfälle, Berufskrankheiten.
Sie werden umfassend informiert über den versicherten Personenkreis, die Voraussetzungen für die Anerkennung eines Unfalls oder einer Krankheit, einzelne Leistungen wie Heilbehandlung, Verletztengeld und -rente oder Umschulung sowie über Verfahren und Zuständigkeiten.
Service-Teil mit Mustern und Adressen.

1. Aufl. 2004. 279 S.   §
€ 13,–. dtv 50628

Zeichenerklärung: § *Rechtsberater*   € *Wirtschaftsberater*